U0462971

周远廉教授近照

作者简介

周远廉，1930年生，四川省资中县人，1955年毕业于四川大学历史系。中国社会科学院历史研究所研究员，1992年享受国务院"政府特殊津贴"。清史专家。出版学术专著：

《清太祖传》（独著），人民出版社，2004。

《清摄政王多尔衮全传》（与赵世瑜合著，1993年获吉林省长白山优秀图书二等奖），吉林文史出版社，1986；陕西人民出版社，2008（再版）。

《顺治帝》（独著，1993年获吉林省长白山优秀图书二等奖），吉林文史出版社，1993（初版），2004（再版）；陕西人民出版社，2008（再版）。

《康熙新传》（独著），故宫出版社，2013。

《乾隆皇帝大传》（独著，获"中南五省市优秀图书奖"和"全国畅销图书优秀奖"），河南人民出版社，1990；台湾大行出版社，1993；陕西人民出版社，2008（再版）。

《清高宗弘历》（独著），台湾万卷楼图书公司，2000。

《乾隆画像》（独著），中华书局，2005。

《清朝开国史研究》（独著），辽宁人民出版社，1981；故宫出版社收入《明清史学术文库》，2013（再版）。本书获辽宁出版局1981年优秀图书一等奖。

《清朝兴起史》（独著），吉林文史出版社，1986；广西师范大学出版社，2006（再版）。

《清代八旗王公贵族兴衰史》（与杨学琛合著，1986年获"第一届北方十五省市自治区哲学社会科学优秀图书一等奖"），辽宁人民出版社，1986；故宫出版社（收入《明清史学术文库》），2013（再版）。

《清代租佃制研究》（与谢肇华合著），辽宁人民出版社，1986。

《中国通史》（白寿彝总主编）之17卷、18卷《清》分卷（主编），上海人民出版社，1996。

《清朝通史》之《乾隆朝》分卷（独著），紫禁城出版社，2003。

《中国封建王朝兴亡史》（总主编，1998年获第十一届"中国图书奖"），广西人民出版社，1996。

《金川风云》（独著），中国电影出版社，2013。

《岳钟琪传》（独著），中国电影出版社，2013。

另出版长篇历史小说《香妃入宫》（独著，华艺出版社，1993）、《乾隆皇帝下江南》（独著，北京燕山出版社，1996）、《天下第一清官：清代廉臣张伯行》（独著，河南人民出版社，1999）、《宁远大将军岳钟琪》（独著，中国电影出版社，2013）。

周远廉◎主编

清朝兴亡史

【第一卷 | 创业开国】

周远廉　著

北京燕山出版社

图书在版编目（CIP）数据

清朝兴亡史/周远廉主编. — 北京：北京燕山出版社，2016.3
ISBN 978-7-5402-4103-2

Ⅰ．①清… Ⅱ．①周… Ⅲ．①中国历史－研究－清代 Ⅳ．①
K249.07

中国版本图书馆CIP数据核字(2016)第056637号

清朝兴亡史

周远廉　主编

第一卷《创业开国》

周远廉　著

责任编辑：满　懿
封面设计：一言文化传媒
责任校对：赵　媛　扈二军
出版发行：北京燕山出版社
社　　址：北京市丰台区东铁营苇子坑路138号C座
电　　话：010-65240430
邮　　编：100054
印　　刷：成都鑫成发印务有限公司
开　　本：889mm×1194mm　1/32
字　　数：522千字（第一卷）
印　　张：17（第一卷）
版　　次：2016年3月第1版
印　　次：2019年11月第2次印刷
定　　价：860.00元（全套）

序　言

从顺治元年（1644年）清君入主中原，到宣统三年（1911年）幼帝溥仪退位，清朝历经268年。如果加上之前清太祖努尔哈赤于1616年建元天命，到崇德八年（1643年）的28年，清朝则是296年。

纵观清代历史，不禁令人感到疑窦丛生。为什么起兵之时，只是建州左卫女真小部酋长之子，仅有阿哈、诸申、古楚30人的努尔哈赤，竟然能在38年的多次征战中，打败建州女真、海西女真儿十个部长的十几万兵士，成为辖有女真6万男丁的女真国王。六年以后，更打败明军20万，统一了建州、海西女真各部及一部分"野人女真"，成为君临辽宁全部、吉林、黑龙江部分的"大金汗国"。

为什么仅有7万满洲男丁、在位只17年的清太宗皇太极，能八攻明国、兵临燕京城下，使朝鲜臣服，吞并察哈尔，统一漠南蒙古和全部"野人女真"，消灭明国官军主力，奠定了问鼎神州的军事基础，统一了辽宁、吉林、黑龙江辽阔地域？

为什么只有6万满洲男丁的少年天子福临，能打败明朝百万官兵，以及大顺、大西农民军160万和南明福王、鲁王、唐王、桂王政权兵士一二百万，端坐紫禁城金銮殿宝座，统一了全国，辖治以汉族为主的1亿臣民？

为什么只有满洲15万男丁的康熙帝玄烨，能平定三藩之乱，收复了台湾，两克雅克萨，三征噶尔丹，逐准安藏，屡败强敌，统一了漠北、蒙古、西藏，开疆拓地。大清国土多达1100余万平方公里，国土之广，世界第一。社会经济也有了很大发展，人口增半，创立了"康熙盛世"？

为什么只有20万满洲男丁的乾隆皇帝弘历，能进行"十全武功"，统一准部、回部，使西北、北方彻底安定，西藏严格隶属中央，四川、青海宁谧，贵州改土归流得以坚持，云南南部民族地区牢固内附，从而奠定了近代中国的版图，广达1300余万平方公里的强大中国屹立于世界东方。同时，社会经济发展，国库充盈，库银长期保持在7000万两上下，文化发达，人口增至3亿，创建了"大清全盛之时"？

为什么天命年间，天聪、崇德年间，顺治朝、康熙朝、雍正朝、同治朝，同室操戈，"斧声烛影"，大臣诛黜，"莫须有"案，频繁发生？

常言"时势造英雄"，在客观条件（政治的、经济的、军事的等条件）尚未具备之时，哪怕帝君有"力拔山兮气盖世"的楚霸王之勇，神机妙算的孔明之智，也难以发动大规模的战争，进行重要改革，安邦定国，转危为安，建树功勋，名标青史。如果他不顾时代背景，盲目蛮干，逆流而行，滥征乱政，更会人神共愤，全军覆没，基业断送。而一旦时机成熟，有志君臣便能大显身手，开疆拓地，革旧立新，利民强国，对历史进程产生积极影响。这是问题的一个方面。另一方面，在客观条件基本具备之时，主观因素便有着重大作用。并不是在任何时候客观条件提出来的要求，都能立即实现，应当发生的局面也许来得较早，也许会延迟几十年，甚至宝贵时机还很有可能被白白错过，从而出现截然不同的结局。在这个过程中，人的因素，尤其是该王朝掌权者的意愿和才干，便显示了强大影响。接近现代，人们较为熟悉的清朝历史，便有不少这样的例子。

乾隆二十年至二十四年（1755—1759年）的准回之役，便显示了决策者的强大影响。此时虽然国库充盈，有足够的财力进行征战，但距顺治帝入主中原已逾百年，承平日久，因循苟且，八旗、绿营官兵疲弱懈怠，满洲王公大臣大都贪求安逸，怯懦畏缩，反对远征。这种情形自然不能说是已经具备了必须发兵且一定能胜的政治、军事条件，何况对方内部纷争激烈，不能对清王朝构成威胁，因而自然也不必非征不可，以防患于未然。在这可征可不征且不征之可能性很大的关键时刻，目光远大勇于进取的乾隆皇帝弘历，紧紧抓住准部内乱这一稍纵即逝的大好时机，痛斥懦臣，力排浮议，乾纲独断，下诏遣军征准讨回。虽曾一度败兵折将，几经反复，撤兵停征之议甚嚣尘上。但他严谴庸臣俗见，坚持用兵，终于统一了准部、回部，并审时度势，革除了准汗、回王自主其地的旧制，驻兵屯田，设官建置，征赋役，赈灾济贫，拓疆二万余里，这对安定清朝的西北，促进清王朝的鼎盛，奠定近代中国版图，增强国家的统一，推动中国前进和中华民族的发展，都起了重大作用。设若乾隆帝庸碌苟安，屈于谬议，不遣大军，或遇败而止，或得胜之后立即班师，听其维持旧制，不将其纳入清朝中央政府严格管辖的范围，则其后果之严重，就可想而知。这类重要事实，人们知之太少。

简而言之，王朝的盛衰，固然在根本上取决于社会发展的客观条件，但主观因素也会对历史进程产生影响。尤其是帝王将相最高统治集团本身的情况，及其怎样管理国家，更是不应忽视的重要因素。他们的所作所为，既受客观条件的制约，又能在相当大程度上促进王朝兴盛和加速其衰亡，从而对历史进程发生强烈影响。因此，认真研究清王朝兴、盛、衰、亡的历史，叙述清楚清王朝兴亡的基本情况，阐明其原因特点，探讨经验教训，对全面、详细、深入了解中国的历史，更好地进行生动活泼的爱国主义教育，应该是有所裨益的。

由于清朝的统治时间很长，内容非常丰富，史料又浩如烟海，如果没有甘坐冷板凳、锲而不舍、皓首穷经的决心，没有搜集到大量第一手的珍贵资料，没有长期仔细的研究，潜心著述，写出几部重要的学术专著，是很难写好清朝盛衰兴亡的历史，因此，至今没有出版一部多卷本的《清朝兴亡史》。

我虽然智商平庸，才疏学浅，但从事清史研究六十年，家中备有《清实录》《满文老档》《内国史院满文档案译编》《清代档案史料丛编》《康熙朝汉文满文朱批奏折》《雍正朝满文汉文朱批奏折》《宫中档乾隆朝奏折》《康熙起居注》，以及《清会典》《清文编》《清奏议》《清通考》《八旗通志》和一些文集、方志、笔记，可为写前清八朝五卷《清朝兴亡史》提供大量珍贵资料，奠定坚实的史料基础。于是，我安居斗室，读书静思，苦苦探索，年复一年，终于对若干重大问题，形成了自己的见解，出版了《清太祖传》《摄政王多尔衮传》《顺治帝》《康熙新传》《乾隆皇帝大传》《清朝开国史研究》《清朝兴起史》《清代租佃制研究》《清代八旗王公贵族兴衰史》《宁远大将军岳钟琪传》《金川风云》《中国封建王朝兴亡史》十二部学术著作，其中很多成果至今仍有参考价值。《开国史研究》《八旗贵族》《兴起史》《多尔衮传》《清太祖传》《顺治传》《乾隆传》等书陆续再版。

我对若干重大问题的论述，哪怕它是粗糙的、浅薄的、不周到的，甚至是谬误的，但总是我自己的拙见，不是炒别人的冷饭。比如，人们皆赞努尔哈赤奋勇苦斗，身经百战，所向披靡，完成了统一建州、海西女真各部的伟大事业，促进了新的民族——满族的形成和发展，建立了金国，为完全统一东北地区创造了有利条件，对中华民族的扩大和发展建树了功勋。但是，对其实行"豢养尼堪（汉人）"的错误政策，大杀抗金人员，将未杀的汉人全部逼为阿哈（奴仆），隶庄（农奴制拖克索）劳作，以致辽民大量逃走或死亡。不到六年，昔日"田人富谷"，"家给人足"，"都鄙廪庾皆满"的辽东"沃土"，突变为"国中大饥，斗米价银八两，人有相食者"的悲惨景况，人们对此很少涉及，甚至是根本没有叙述。

清太宗皇太极扩大八旗，吞并察哈尔，统一漠南蒙古和辽阔的黑龙江地区（领地多达一百六七十万平方公里），功勋卓著。他又征服朝鲜，八攻明国，兵临燕京城下，消灭了明国官军主力，奠定了问鼎神州的军事基础。皇太极在崇德七年、八年（1642—1643年）得意扬扬地宣称，"我朝兵强国富"，"国用饶裕"，"财物丰阜"。人们认可其说。可是，当时金国经济、民生的实际情形，却与此宣扬大相径庭。金国汗治国无方，虐待辽民，君富王富将富，辽民人口剧减，满洲男丁减半，田荒缺粮，百业凋敝。

摄政王多尔衮施行祸国殃民的圈地剃发五大弊政，该骂。顺治厉行"逃人法"，设立十三衙门，该抨击。可是，不要忽略了，正是多尔衮、顺治制定了儒家以"仁政"治国的基本制度和重要法令，永不加赋，严惩贪官，革除三饷、加派、召买，赋额以万历初年为准，为清朝能够延续二百多年，奠定了制度和重要政策的基础。

多部康熙传写道，玄烨勤政爱民，不贪金银，大免钱粮，抗俄逐准，开疆拓土，国库充盈，经济繁荣，社会稳定，文治武功兼备，形成了"康熙盛世"，是中国历史上的英君明主，是千古一帝或千年一帝。

玄烨的武功，确是可圈可点。但是，仅仅只讲了免赋治河、滋生人丁，就可说是文治兼备吗？那么，充盈国库的五千万两银从何来？督抚年俸二三百两，焉能供其养廉兴利犒赏三军？存留为何大减，地方公务怎能维持？钱粮大量亏空，根源何在等问题，均未见作者论述。我认为，康熙帝创立的大减存留、捐纳泛滥、广兴捐输、盐课翻番、关税倍增、广设皇庄、内帑如山、督抚规礼、允征火耗、准立名粮十大弊政，应该详细论述，才能全面、正确评价康熙帝，全面正确了解康熙年间历史。

嘉庆以后，中外交往频繁，外贸急剧发展，发生了鸦片战争等多次战争，外文资料数量庞大。设若不能精通外文，直接阅读，翻译原著，研究、运用，而仅只查看译书，或是外文没有过关，阅读原著时，一知半解，连蒙带猜，不知原文真义，也很难写好晚清七十年的历史。写晚清七十年兴亡史的作者周力农，在大洋洲、中国香港的大学，用英文教学、研究、著述二十余年，已经出版英文著作两部，中文著作三部，可以大量引用英文原书的资料，自然会研究出若干自己的见解。因此，我们撰写了多卷本四百万字的《清朝兴亡史》，敬请专家、读者斧正。

周远廉85岁写于岷江静庐

2016年3月

目　录
Contents

第一部分　太祖建立金国

第一编　建州国王（1587—1618年）

003　一、女真舍人

012　二、十三甲起兵

015　三、群雄争长

019　四、智勇双全　任贤用能　方针正确

025　五、大败九部联军　统一女真各部

029　六、建立八旗制度

029　（一）八旗制度出现的历史条件

031　（二）由牛录到八旗

035　（三）八旗制度的内容、性质及其影响

040　七、贵族集团的形成

040　（一）宗室贵族

042　（二）和硕贝勒、大贝勒

047　（三）异姓贵族

050　八、建州国的建立和发展

第二编　后金国汗（1619-1621年）

055　一、后金国之来历

056　二、龙虎将军

056　（一）建州左卫都督

059　（二）龙虎将军的册封

064　三、争执频仍

064　（一）致书明巡抚

069　（二）伐木之争

071　四、"七大恨"

082　五、萨尔浒之战

082　（一）腐朽明朝欲灭建州

089　（二）新兴后金大败明军

093　六、奴隶制成为占据统治地位的生产方式

093　（一）阿哈激增数以十万计

096 （二）广大阿哈主要从事农业劳动

098 （三）奴隶制是后金国主要的生产关系

103 七、国初四大疑案

103 （一）三都督舒尔哈齐之死

108 （二）皇长子褚英的执政及被诛

112 （三）大福晋富察氏的休离

116 （四）"太子"之废

第三编　大金国汗（1621—1626年）

128 一、辽东地区概况

131 二、辽沈之战

131 （一）坐失良机

135 （二）挥军猛攻

140 三、西征广宁

140 （一）按兵不动

142 （二）"经抚不和"

154 （三）轻取广宁

158 四、"豢养尼堪"

158 （一）"豢养尼堪"政策的提出

162 （二）迁丁隶民

165 （三）合食同住

168 （四）捕捉"无谷之人"

171 五、女真满洲贵族的发展

171 （一）汗、贝勒权势的膨胀

176 （二）优待女真官将

182 六、蒙古贵族的形成

182 （一）满蒙联盟的历史背景

186 （二）恩格德尔额驸

191 七、降金汉官的任用和疏远

191 （一）起用废官罪臣微员末将

198 （二）严责众汉官

200 （三）惩治刘兴祚

206 （四）痛斥李永芳

211 八、反金斗争蓬勃开展

216 九、天命十年十月的大屠杀和编丁隶庄

222 十、"虾阿哥"的贬责

222 （一）威震辽东的达尔汉虾

226 （二）扈尔汉的革任降职

232 十一、幽禁阿敦督堂

237 十二、额尔德尼的冤死

237 （一）"一代杰出之人"

240 （二）大巴克什的惨死

246 十三、审讯乌尔古岱额驸

246 （一）"哈达贝勒"

249 （二）惩治王督堂

252 十四、训斥四贝勒

257 十五、八和硕贝勒共治国政制

257 （一）共治国政制产生的历史条件

260 （二）共治国政制的基本内容

267 十六、宁远之战

267 （一）城下之败

271 （二）英明汗去世

第二部分　太宗统一东北

第一编　皇太极继位为汗

277 一、议立新汗

277 （一）大贝勒代善议立皇太极

283 （二）五份誓词

291 二、空前危机　革除弊政

291 （一）粮缺价贵"人相食"

295 （二）四面皆敌

296 （三）释放庄中奴仆为民

298 三、征剿扎鲁特部蒙古

300 四、一征朝鲜

308 五、宁锦大战
308 （一）金明议和
313 （二）战前准备
315 （三）双方兵力
317 （四）一攻锦州
321 （五）宁远鏖战
323 （六）再攻锦州
325 （七）胜负之因

328 六、兵临燕京城下
328 （一）大军出发
331 （二）直攻燕京
332 （三）退兵风波
334 （四）破塞入边
341 （五）兵临城下

344 七、计杀督师袁崇焕
344 （一）广渠门之战
347 （二）计虽拙劣，却收奇效

352 八、燕京之役点评
352 （一）"争主中原"

358 （二）战果辉煌

第二编　分庭抗礼　大清称帝

362 一、围攻大凌河城

373 二、四次破塞入边　蹂躏明朝腹地
373 （一）天聪八年　入掠宣大
379 （二）崇德元年　蹂躏畿辅
382 （三）崇德三年　大掠京畿山东
385 （四）崇德七年　纵掠燕齐鲁
390 （五）国富、君富、王富、将富，贫兵所得几何

402 三、松锦决战

408 四、统一漠南蒙古
408 （一）三角鼎立　"以西虏制东夷"
413 （二）满蒙联盟　四十九位贝勒朝盛京

422 五、东北地区尽隶大清
422 （一）"将远居他路之同一语言之诸申部众收居一处"
429 （二）"野人女真"悉为清帝子民

449 六、二征朝鲜

460 七、六大疑案
460 （一）大福晋阿巴亥殉汗
463 （二）废黜阿济格旗主

464 （三）幽禁二大贝勒阿敏

465 （四）三大贝勒莽古尔泰死后籍没

468 （五）惩治成亲王岳托

469 （六）压抑礼亲王代善

473 **八、改汗称帝　国号大清**

473 （一）"南面独坐"

476 （二）政府机构与满蒙汉八旗

484 （三）登基大典

489 **九、盛京皇宫**

498 **十、治国无方　虐待辽民**
　　　　田荒人逃　百业凋敝

498 （一）辽东经济民生明金对比

503 （二）金国辽东经济、民生实情的七大证据

526 **结　语**

第一部分

太祖建立金国

第一编　建州国王（1587—1618年）

一、女真舍人

明嘉靖三十八年（1559年），女真建州左卫苏克素浒河部赫图阿拉城（今辽宁省新宾满族自治县永陵镇老城村）酋长塔克世家，出生了一个男孩，取名努尔哈赤。这就是后来清王朝的第一个皇帝"太祖高皇帝"。

关于清"太祖"努尔哈赤的祖先，《武皇帝实录》中，有一段十分生动的记述。该书载称：长白山东北布库里山下，有一个湖泊，叫布儿里湖，恩古伦、正古伦、佛古伦三位仙女来浴于泊。浴后，佛古伦吞食神鹊衔来的仙果，感而怀孕，生下一子，"生而能言，倏尔长大"，姓爱新觉罗，名布库里雍顺，相貌非凡，举止奇异。佛古伦给他一条船，叫他顺流而下，将来当为国主。布库里雍顺乘船到了鳌朵里城（今黑龙江省依兰县南），平息了当地的纷争，被推为城主。这就是满洲的始祖，也是努尔哈赤最早的先祖。

这种说法固然并不准确，但是，这个美妙动人的传说，也不是全无根据的。它曲折地反映了努尔哈赤的祖先，曾经是女真某个部落的酋长。

女真的先人，是夏、商、周时期的肃慎。肃慎的后裔，发展成为汉、唐的挹娄、勿吉、靺鞨，宋、辽、元、明的女真，为开发我国东北、华北广大地区，促进中华民族的发展，丰富祖国文化宝藏，做出了重要贡献。

明代的女真，分为建州、海西和"野人"女真三大部分，其下各有若干大小不等的部落。建州、海西女真，原先以今黑龙江省依兰县为中心，散布于松花江流域和黑龙江中下游，东至海岸，入明以后，逐渐南徙。明末，建州女真，人丁滋生，部落日繁，分布在抚顺以东的浑河流域，东至长白山，南达鸭绿江。海西女真，陆续迁至开原边外辉发河流域，北到松花江中游。"野人"女真，部落众多，相继迁居建州、海西以东和以北的广阔地区，从松花江下游到黑龙江流域，东至海岸。

据可靠的文献记载，关于努尔哈赤的先祖，有籍可查的，可上溯到元末明初的建州女真一个部落的头人猛哥帖木儿，这就是《武皇帝实录》载述的努尔哈赤的六世祖都督孟特木，后来追尊为"肇祖原皇帝"。早先，猛哥帖木儿驻牧斡朵里（即上文所说鳌朵里），元朝时被封为斡朵里万户府的万户。

元亡明初，东北大乱，猛哥帖木儿率众南迁，移居图们江下游训春江（珲春江）流域，依附于高丽国，不久被朝鲜国王李成桂封为吾都里万户。

明成祖朱棣大力招抚女真各部酋长，设置卫所。永乐元年（1403年），始置建州卫军民指挥使司，以女真头人阿哈出为指挥使，赐诰印、冠带袭衣及钞币。[1]永乐三年（1405年）三月，明成祖朱棣特遣使臣王教化持敕书，前往招劝猛哥帖木儿归顺明朝，敕书说：

> "前者阿哈出来朝，言尔聪明，识达天道，已遣使赍敕谕尔。使者回复，言尔能恭敬朕命，归心朝廷，朕甚嘉之。今再遣千户王教化等，赐尔彩缎表里，尔可亲自来朝，与尔名分赏赐，令尔抚安军民，打围牧放，从便生理。其余头目人等，合与名分者，可与同来。若有合与名分，在彼管事不能来者，可明白开写来奏，一体给予名分赏赐。故敕。"[2]

这道敕书讲了六个问题：

第一，由于猛哥帖木儿"识达天道"，即能适应元亡明兴的局面，愿意放弃过去为元朝臣僚的"万户"职衔，敬遵中原新君的旨意，"归

①《明太宗实录》卷24。
②《朝鲜太宗实录》卷9。

心朝廷"，因而得到了明帝的嘉奖，遣派使臣前往诏谕。

第二，明帝谕劝猛哥帖木儿"亲自来朝"，以便给予"名分赏赐"。"名分"，就是官职。明帝依据设立女真卫所封授头人职衔的先例，要猛哥帖木儿亲自入京朝贡，从而封赐官职。猛哥帖木儿接受了这个职衔，就成为明帝的臣仆，当上了明朝政府的地方官员，就要"抚安军民"。这个"抚安军民"，包含着两层意思：一方面，猛哥帖木儿既然蒙受君恩，荣任要职，就得到了明帝授予的"抚安军民"之权，即得到了统治属下人员之权，可以凭此加强自己的势力，巩固自己的地位；另一方面，猛哥帖木儿身为明臣，有义务为朝廷效劳，要忠于皇帝，不能为非作歹，叛逆不法，也就是说要管辖部属，安分守法，禁止他们扰乱边境，劫掠人畜，这是一切女真卫所官员必尽的义务。因为这次是谕劝来朝，重点在招抚，故这层意思没有详述。

第三，明帝谕与猛哥帖木儿"赏赐"。"赏赐"虽只二字，却包含了重要的具体内容，有相当多的物质利益，即可以通过入京朝贡领取银帛衣帽等优厚赐物，出售土特产品，买回（或领赏）耕牛、农具、食盐等生产、生活必需用品，若遇特大天灾人祸，还可奏讨赐物（米、盐、牛等），渡过难关。

第四，明帝并不强迫女真卫所放弃旧俗，改从汉制，女真可以照样"打围牧放"，以农为主的可以照旧耕田种地，以打牲为主的继续进山猎捕兽禽，采挖人参，捞拾珠子，"从便生理"，一切都可依照多年传统继续进行。

第五，明帝不干预猛哥帖木儿属卫内部人员升降事务，给予他保举官员的权力，哪些头目当封，应授何职，皆由猛哥帖木儿"开写来奏"，依奏批准，授予"名分"（官职）。这样一来，不仅维护了猛哥帖木儿在部落中原有的影响，而且有利于扩大其势力，提高其威望，巩固其地位。

第六，有了这道敕书，成为明朝官员，猛哥帖木儿便得到了一个强大的后盾。过去，他只能以一个部落的女真头人的资格与朝鲜往来，不得不称臣纳贡。如果朝鲜国王施加压力，甚至发兵征剿，便只有孤军奋战，以少敌众，以弱对强。现在不一样了，受封之后，便成明朝地方军政机构官员、大明天朝的臣属，就可寻求明帝的支持，对付朝鲜的压制。

　　根据敕谕及王教化的劝说，猛哥帖木儿决定率领部众，归顺明帝，于永乐三年（1405年）九月初三日同王教化离家，前往北京叩拜皇帝。

　　猛哥帖木儿进京叩拜后，永乐皇帝授以建州卫指挥使之职，"赐印信、钑花金带"，赐其妻幞卓"衣服、金银、绮帛"。猛哥帖木儿害怕受到朝鲜兵马袭击，于永乐九年（1411年）迁往建州卫释家奴居住的奉州，在今吉林市南辉发河流域一带耕牧。永乐十一年至十四年（1413—1416年）间，明廷另设建州左卫，以猛哥帖木儿掌卫事。

　　猛哥帖木儿对明朝中央政府十分忠顺，除遣部众进呈礼品外，还多次赴京朝拜，贡献马匹方物。仅据《明实录》的记载，从永乐十一年至宣德八年（1413—1433年）的21年里，他就亲自入京朝贡七次，明廷依例宴待，赐予彩帛、表里等物。①

　　猛哥帖木儿忠诚为明帝效劳。永乐二十年（1422年）三月，明成祖朱棣率领大军亲征鞑靼和宁王阿鲁台，猛哥帖木儿随军征战。事后，为防鞑靼报复，猛哥帖木儿上疏说："达达（鞑靼）常川往来搅扰，边境去处，住坐不得"，奏准迁往朝鲜会宁居住。②

　　明帝以猛哥帖木儿忠顺尽力，一再嘉奖。宣德元年（1426年）正月晋为都督佥事，赐冠带，八年（1433年）二月再进右都督。③其弟指挥佥事凡察奉兄之命，于宣德七年（1432年）二月入京贡献马匹方物，领受钦赐钞币、绢、布，三月又因"招谕远夷归附"之功，升为都指挥佥事。④

　　明宣德八年（1433年）十月，原三万卫千户鞑靼杨木答兀儿，掳掠军民，叛逃，并"纠合各地野人"八百余名，围住猛哥帖木儿、凡察、阿古歹等部及明都指挥佥事裴俊营寨，烧毁阿谷大门。身为大明都督、聪睿机智、英勇顽强、威震各部的女真名酋猛哥帖木儿，为效忠明帝而奋勇战死，其子阿谷及家中其他男子亦皆死难，妇女牲畜被掳。努尔哈赤的先祖遭到了巨大的灾难。⑤

　　明宣德八年十月十九日猛哥帖木儿战死以后，其子董山（亦名董

---

①《明太宗实录》卷90、100、124；《明仁宗实录》卷5；《明宣宗实录》卷12、13、99。

②吴晗：《李朝实录史料》第303—306页。

③《明宣宗实录》卷13、99。

④《明宣宗实录》卷87、88。

⑤《明宣宗实录》卷99、108；吴晗：《李朝实录史料》第373、374页。

仓、充善）与阿古之妻，被"七姓野人"掳去，家财尽失，部众死亡亦多，余者"流离四散"，"存者无几"，唯凡察逃脱。后凡察竭力收集余部。

明帝以凡察救援都指挥佥事裴俊有功，升其为都督佥事，掌建州左卫事。不久，董山及阿古之妻被毛怜卫指挥哈儿秃等赎出。年轻的董山返回阿木河，并于明正统二年（1437年）被明帝封为建州左卫指挥使。正统五年（1440年），凡察、董山终于率领部分属民，逃出朝鲜，来到苏子河。

由于董山与凡察争掌卫权，吵闹不休，正统七年（1442年），明帝将建州左卫一分为二，一为建州左卫，升董山为左卫都督同知；另一为建州右卫，升凡察为右卫都督同知。

董山掌左卫初期，对明朝中央政府十分恭顺，多次入京朝贡，一再遣派属下头目奏报消息，引导部众效劳边疆，得到明廷好评。兼念其父死于国事，从优礼遇，厚赐布帛，允其购买耕牛农具，又从其所请，由都督同知晋为右都督，袭其父故职。可是，明朝官将常欺女真，勒索银财，招致女真严重不满。董山又看到蒙古也先势大，屡攻明国，并曾掳获正统皇帝，因而更改初衷，乘机作乱，伙同李满住、凡察，多次入境劫掠人畜，杀害官民，"一岁间入寇者九十七，杀掳人口十余万"，"自开原以及辽阳六百余里，数万余家，率被残破"，"辽东为之困敝"。

明廷十分恼怒，于成化三年（1467年），趁董山带领家属十余人及左卫右卫一批头人来京之际，将董山拘留，随即杀死。

同年九月二十四日，明帝又令总兵官赵辅等率兵5万（朝鲜记载为七万八千），征剿建州左卫、右卫，生擒97人，斩杀638人，俘获男妇151人，"获其马牛器仗无算，焚其巢寨，房屋一空"。朝鲜国王亦奉明帝诏旨，遣中枢府知事康纯率兵一万余，进攻建州卫李满住部，斩李满住及其子古纳哈等386人，生擒李满住之妻等男妇23人，获牛马229匹，焚烧庐舍195座及其积聚217所。

骁勇善战的女真名酋董山，中了明廷之计，就这样被杀身问斩，家破人亡，努尔哈赤的祖先遭到了第二次大的灾难。

董山有三个儿子，长子名拖落（又写为脱罗、妥罗），次子名脱一莫（又名妥义谟），三子名石报奇（又名锡宝齐篇古）。石报奇就是努尔哈赤的四世祖，其子福满，被追尊为"兴祖直皇帝"，成化五年（1469年）七月，脱罗"悔过来朝"，建州左卫都指挥佟那和札等奏保脱罗袭父职，帝命其降袭都指挥同知，"令统率本卫人民，依前朝贡，再犯不贷"。脱罗对明朝中央政府十分忠顺，亲自进京朝贡十二次，并以"在边有传报擒送之功"，升为都督佥事。弘治十八年（1505年）脱罗病故，其子脱原保袭职后，亦朝贡不绝。《明世宗实录》卷28载述："建州左卫女真都督脱原保等来朝，贡马，赐彩缎、纱绢、衣服、靴袜。"此后，《明实录》便无叙述脱原保的记载，相反，提到建州左卫首领入贡时，领头的却是章成，这表明脱原保的子孙已经没落，降为低级的小头人，不再是掌管左卫的首领了。

石报奇的第三子名福满，后被清朝追谥为"兴祖直皇帝"，福满事迹不详。福满的第四子名觉昌安，明人又称其为教场或叫场，后被清朝追谥为"景祖翼皇帝"，是努尔哈赤的祖父。觉昌安的第四子名塔克世，又名他失、塔失，是努尔哈赤的父亲，后被追谥为"景祖宣皇帝"。

由于努尔哈赤的兴起，明人开始注意其父其祖，略有记述，但对二人的身份、事迹，说法不一。张鼐的《辽夷略》说叫场是建州卫左都督佥事。马晋允的《明通纪辑要》说塔失是建州左卫指挥使。沈国元的《皇明从信录》、陈继儒的《建州考》、黄道周的《博物典汇·建夷考》、程开祜所辑《筹辽硕画·建夷考》，皆未载明觉昌安父子的官衔和身份。

清廷修订的《武皇帝实录》《满洲实录》《高皇帝实录》《满洲源流考》等书，也未提到景、显二祖的头衔。这样一来，明清文献，或含混其词，不予说明；或人言各殊，莫衷一是。究竟觉昌安、塔克世有无职衔，系何身份，势力强弱，就成了一个需要查明的问题。

明人的记载，都是努尔哈赤兴起以后的追述，难免不夹有偏见，或系道听途说。清朝的官书，又有为亲者讳的不足，皆难完全依以为据，不如明辽东官员的报告更为可靠。

抚顺马市，是建州女真与汉民交易货物的地方。万历六年（1578年）四月初七日，任大顺被委任为定辽后卫经历，前往抚顺城更替副断事罗厚，负责"抽收夷税银两，抚赏夷人"，七月初八日离职。任大顺于八月开具了在任期间"抽收夷税""抚赏夷人"清册，上报巡抚。这份清册虽有残缺，但直接讲到觉昌安的有三次：

　　"（五月）初三日，落雨。夷人叫场等四十五名到市，与买（卖人等交易，行使）猪牛等物，换过麻布粮食等货，一号起，三……抽税银五两二分四厘。"

　　"（五月）初三日，抚赏买卖夷人叫场等二十三名，牛二只（价银七钱五分，猪一只）价银一钱，盐一百五十五斤价银六钱二分，共用银一两四钱七分。"

　　"（七月）十二日，抚赏买卖夷人叫场等二十一名，牛一只（价银……）（猪）三只价银三钱七分，兀剌一双价银七分，红布四匹价银四钱八分，盐二百七十斤价银一两八分，共用银二两二钱八分。"①

　　根据任大顺撰写的《清册》，结合其他文献，我们可以了解到觉昌安的身份、地位及其行动的情况。《清册》载录建州女真分批入市的领头之人，有忙子、朱长革、张海、张乃奇、宁弓提、叫场、曹乃奇、失剌八、付羊公、来留住、扎力砍、龙豆、松塔、色失、哈屠合、忽失八、绰乞、小四、虎剌海、摆洪、勒克得、大有、艾马茶、咬郎、三章25人，以及进京朝贡回还的八当哈。这26人中，从《明实录》记述建州女真入贡的都督、都指挥名单中，可以找到9人，他们是：毛怜卫都指挥戳乞纳（即《清册》所列绰乞），建州左卫都督来留住（另一处写为右卫都督），建州右卫都督八当哈，毛怜卫都督付羊公，建州左卫都督松塔（另一处写为建州卫都督），毛怜卫都督失剌卜（即《清册》所列失剌八），左卫都督蟒子（即《清册》所列忙子），建州卫指挥使咬郎，建州左卫都督八汗（即《清册》所列摆洪）。从苕上愚公的《东夷考略》等明人著作中，还可以找到张海、色失二位酋长的名字。可见，《清册》所记女真入市的领头人，便是建州各部的酋长。照此看来，叫场（觉昌安）既然是率众入市的领头人之一，这就表明他也是建州女真的一部之长。

　　在这些女真酋长中，觉昌安的身份不算显贵，势力不大，地位不高。这从两个方面反映得十分清楚，首先是他的部众并不多。普通女真

　　① 辽宁省档案馆藏明档，乙105号，万历六年八月，《定辽后卫经历司呈报经手抽收抚赏夷人银两清册》。

进入马市交易，一般是跟随本部酋长前往，入市人数的多少，基本上可以反映出这个部落的大小和酋长势力的强弱。从万历六年（1578年）四月十六到七月初六的八十天里，《清册》开具的建州女真入市酋长有17人（不包括残缺未记及抚赏的人数），共24人次，按随行人数多少排列，其顺序是：朱长革，3次，430人；张海，2次，190人；张乃奇，3次，190人；色失，4次，170人；忙子，5次，165人；失剌八，1次，130人；绰奇，1次，90人；扎力砍，1次，80人；龙豆，1次，72人；来留住，1次，50余人；付羊公，1次，50人；松塔，1次，50人；叫场，1次，45人；忽失八，1次，40人；哈屠合，1次，20人。[①]在这17个酋长中，叫场带领部众入市的人数才45名，倒列第三，仅为朱长革、张海、张乃奇、色失、忙子等酋长的五分之一或四分之一，其势力的大小、部众的多少，是显而易见的，他不过是建州女真几十个部落中一个小部落的酋长而已。

另一方面，《明实录》对进京朝贡的女真首领，一般都要写明领众之人。从嘉靖三十八年（1559年）努尔哈赤出生这一年开始（这一年里，觉昌安四十来岁，正是年富力强的时候），到万历九年（1581年），这23年里，《明实录》载明朝贡的建州女真首领，按时间排列，有都督木力哈、都指挥忙哈答牙、都指挥戳乞纳，都督柳尚、胜革力、王忽、纳木章、安台失、来留住、八当哈、失利卜、大疼克、纳答哈、台恭、忙子、付羊公、章成、牙令哈、阿古、松塔、八汗，都指挥额苦、土满，指挥咬郎。[②]觉昌安（叫场）虽然常到抚顺马市做买卖，可是在《明实录》中却找不到他的名字，可见他或仅是作为一个小部头人附属于大部酋长之下跟随入京，或者是根本就没有到过北京，未能荣睹龙颜，而后一种可能性更大（明人记载皆未提及叫场入贡）。这正说明此时的觉昌安还只是一个僻处山区、默默无闻、不见经传的小部头人，诸申不多，地位不高，势力不大。

这是可以理解的，因为觉昌安的伯祖脱罗，大难之后，幸能豁免，

---

① 辽宁省档案馆藏明档，乙105号，万历六年八月，《定辽后卫经历司呈报经手抽收抚赏夷人银两清册》。

②《明世宗实录》卷522、523、535、538；《明穆宗实录》卷10、11、46、47、50、60、62、66；《明神宗实录》卷15、35、36、39、50、52、53、68、70、91、113、114、116、118。

降袭父职，自然心有余悸，谨小慎微，事迹不显。他的堂叔脱原保也无赫赫战功，而且从嘉靖二年（1523年）以后，就再未进京朝贡，不再统辖建州左卫，整个家族衰落了，觉昌安自然也难以承荫祖先遗泽，荣袭都督要职。但是，从《清册》及其他史料看，尽管出身不显，先天不足，觉昌安却不是一个听天由命、才具平凡的庸碌之辈，而是个很有艰苦奋斗精神、力图重振祖业的有为之士。

《清册》载述，万历六年（1578年）四月十六至七月十六的八十多天里，叫场至少三次带领部众，进入抚顺马市，买卖货物。其中一次，以"麻布粮食等货"，换过"猪牛等物"，计三十多号，抽税银五两二分四厘。此项记载虽然过分简略，五两多税银，似乎也只是区区小数，但问题并不简单，交易的商品也不算少。按照女真与汉民买卖的通例，基本上是女真以人参、皮张等土特产和马匹，买进耕牛、铁制农具等生产工具和生活用品。这在前述《清册》所载海西女真与汉民的贸易，已经反映得十分清楚。《武皇帝实录》也载称，建州女真地区，有"明珠、人参、黑狐、玄狐、红狐、貂鼠、猞狸狲、虎、豹、海獭、水獭、青鼠等皮，以备国用"，与明"互市交易"。[1]人参更是重要商品，大量向明售卖。[2]这种马市，基本上女真是卖多买少，明则处于贸易逆差。明档所记万历十一年（1583年）七至九月和十二年（1584年）一至三月，海西女真在开原镇北关、广顺关的马市，买进铧子、耕牛、衣服、缎绢等物，按时价计，约折银八百五十两。而卖出的商品，仅人参一项，照时价每斤九两银计算，三千六百一十九斤参当值银三万二千五百多两。至于貂皮四千七百余张，狐皮、狍皮、羊皮、豹皮三千余张，又可售银上万两。这样大量的货物买卖，才抽税银六百一十二两，由此推知，叫场入市抽的税银五两多，大致是价格五百两左右的交易额，表明其交易的商品数额是不小的，而由此获取的银两，也是不会少的。他还通过"抚赏"领取了很多物品，仅初三、十二日两次，就得到明臣给予的三头牛、四头猪、四百二十五斤盐以及兀剌、红布等物。

综上所述，努尔哈赤的父塔克世、祖觉昌安，是女真建州左卫的大小几十个部落之中一个小部的酋长，官衔是很普通的指挥使，因而努尔哈赤便成为女真舍人（未袭官衔的酋长之子），而且是一个小部酋长的舍人。

①《武皇帝实录》卷1。

②《武皇帝实录》卷2。

二、十三甲起兵

　　觉昌安不仅在经济上勤理财务，多次进入抚顺马市，卖出土特产，买进牛、铧、盐、布等物，扩大生产，提高产量，牟取利银，发财致富，而且在政治上也善能观望风色，临机应变，战阵厮杀，发奋图强。他与嘉靖末年至隆庆年间称雄建州的著名酋长王杲结为姻亲，以长子礼敦之女嫁与王杲之子阿台，又娶阿台之女为四子塔克世之妻，借以为靠。① 可是，当看到明廷发兵追剿王杲时，觉昌安就迅速转变了。王杲是建州右卫都指挥，剽悍好乱，屡掠东州、惠安。于嘉靖四十一年（1562年）设伏，生擒副总兵黑春"磔之"，深入辽阳，掠孤山，戮指挥王国柱等。万历二年（1574年）七月，又执抚顺游击裴承祖，将其剖腹惨杀。明廷大怒，发兵征剿。觉昌安与王杲是双重联姻，亲上加亲，照说应站在亲家的立场，跟从王杲，抗敌明兵。可是，明帝震怒，大军追剿，重兵压境，如若孤注一掷，与明对抗，无异于以卵击石，自取灭亡。是笃念至戚之谊，共抗明军，同归于尽，还是以本身安危为重，置亲不顾，临阵反戈，投奔明营，立功补过，免于灭顶之灾，这是两条截然不同的道路，通往两个利害悬殊的结局。在这决定整个家族生死存亡的关键时刻，觉昌安和塔克世毫不迟疑地选择了后一条通路，与王杲决裂，投到明宁远伯李成梁总兵官麾下，报告边情，指引道路，从征厮杀，为消灭王杲而竭尽全力。

　　明万历二年（1574年）十月，李成梁率军数万，攻取王杲之寨，纵火焚烧，杀掳人畜殆尽。王杲突围出走，三年（1575年）二月复纠众入掠，又为明兵击败，逃匿海西女真哈达部酋长王台处，七月被王台执送北京，磔于市。王杲之子阿台图报父仇，屡次纠众掠边。十一年（1583年）李成梁再领大军出击，取阿台的古勒寨及其同党阿海的莽子寨，杀阿台，"杲自是子孙靡孑遗"。

　　王杲、阿台之死及其家族的衰落，与觉昌安、塔克世为明兵向导，有着密切的关系。而觉昌安父子为李成梁做向导，攻打阿台，并因此而死于战乱之中，这就是清人所谓的景、显二祖之死。

　　明人记载一致认为，叫场、塔失是为明军引路进攻阿台而死于兵

① 《武皇帝实录》卷1；陈继儒：《建州考》。

火。例如：

王在晋《三朝辽事实录》总略载："先是李宁远捣阿台，努尔哈赤祖叫场、父塔失，并从征为向导……因兵火死于阿台城下。"

荅上愚公《东夷考略》载："初努尔哈赤祖叫场、父塔失，并从征阿台，为向导，死兵火。"

沈国元《皇明从信录》："其祖叫场、父塔失，并从征阿台为向导，死兵火。"

努尔哈赤也曾经承认这一事实。万历十七年（1589年），他还仅仅是一个小部寡民之长，急需倚赖明帝讨要职衔以"夸耀东夷"时，特遣"贡夷"马三非，奏述"祖、父与图王杲、阿台，有殉国忠"，"请得升职长东夷"。开原参政成逊、辽海参政粟在庭会查属实，"伊祖、父为向导剿王杲，后并死兵火，良然"，议准升为都督佥事。

明万历十一年（1583年）二月，觉昌安、塔克世死于古勒寨，这对努尔哈赤一家来说，固然是一大不幸，然而，如无其他变故，照说还是可以过得下去的。觉昌安父子是为明做向导，攻打王杲、阿台而死于战乱之中。王杲、阿台先后为乱三十余年，掳掠人畜，击杀军民，戕官毙吏，为明大患。万历三年（1575年）王杲就擒，明帝重赏将士，总督、巡抚、总兵官纷纷升官荫子，从征官兵各赏银币。觉昌安、塔克世既做向导有功，又有"殉国忠"，其家子侄理应援例获得重赏，升官晋职。如是这样，努尔哈赤家便可逢凶化吉，因祸得福。有了明帝的厚赏擢升和支持，他们几个二十多岁的有为青年，便可乘机招兵买马，扩大势力，称雄建州女真了。但是，恰恰相反，努尔哈赤一家陷入了逆境，险遭灭门之祸。

《武皇帝实录》卷1，对努尔哈赤一家的处境，作了如下叙述：

"（万历十一年二月）……被尼康外郎唆使大明兵，并杀觉常刚父子。后太祖奏大明曰，祖父无罪，何故杀之。诏下，言汝祖父，实是误杀。遂还其尸，仍与敕书三十道、马三十匹，复给都督敕书。太祖曰：'杀我祖父者，实尼康外郎唆使之也，但执此人与我，即甘心焉。'边臣曰：'尔祖父之死，因我兵误杀，故以敕书马匹与汝，又赐以都督敕书，事已完矣。今复如是，吾即助尼康外郎，筑城于甲板，令为尔满洲国主。'于是，国人信之，皆归尼康外郎。其五祖子孙，对神立誓，亦欲杀太祖以归之。尼康外郎又迫太祖往附，太祖曰：'尔乃吾父部下之人，反令我顺尔，世岂有百岁不死之人。终怀恨不服。'"

《武皇帝实录》的这段叙述，有些地方不够准确，如所谓"诏下"，"给都督敕书"等并无其事，叫场、塔失当时还是人微资浅，其名未能载于奏疏上达帝君，亦无授予都督的特旨，直到六年半以后努尔哈赤才因功、因势、因祖和父"殉国忠"而由都指挥进封都督佥事。但是，总的来看，它对努尔哈赤一家处境的表述，还是大体符合实际的。

第一，它载明努尔哈赤得罪了明朝边臣，种下了祸根。当时，辽东大捷，强"酋"就擒，明朝君臣踌躇满志，趾高气扬，蔑视"东夷"。在这样的气氛下，明朝边臣承认是"误杀"，送回叫场、塔失之尸，给予敕书、马匹，允许努尔哈赤袭封都指挥，这对天朝大帅来说，算是念其做向导之功，从优奖赏，恩赐已够为隆重了。可是，他们没有料到，一个二十五岁的小小女真努尔哈赤，竟然要求执送尼康外郎（又作尼堪外兰），以报杀害父、祖之仇。

这个要求，本来是合理的。努尔哈赤很清楚，父、祖之死，不管是误会，还是尼康外郎的挑唆，或者是蓄意所为，总是死于明兵之手，明朝君臣就是他的仇人，此仇不报，有何颜面生于世间。但是天朝"圣皇帝"威严无比，辽东守臣，"自视其身，如在霄汉"，小部酋长努尔哈赤，他敢向明帝索报父仇，那无异于以卵击石，飞蛾扑火，自取灭亡。怎么办？是忍气吞声，屈于威势，置父仇不顾，而谄事明帝，图求个人安乐，升官晋爵，当一个不孝之子；还是不畏强暴，挺身而起，直斥明廷，披甲上阵，浴血奋战，宁可玉碎，不为瓦全，做一个有血性、有骨气、威武不屈的大丈夫；或者是既要牢记大恨，誓死报仇，又要讲究策略，在力不能及之时，暂时克制，不把矛头指向明廷，而将怒火引及次要之敌，一则略释心头之恨，二则尽可能地避免明廷的敌视，从而蓄积力量，待机而动？刚毅聪睿的努尔哈赤采取了第三种方针，向明廷讨索仇人尼康外郎。不料，这一正当的要求，竟惹恼了骄横跋扈的明朝边将，被他们视为无理取闹，竟被严词训斥，一口拒绝。真是祸不单行，父、祖既死，又开罪于明帅，不仅得不到明廷的恩赐和支持，反将受其打击迫害，努尔哈赤的希望完全落空了。

第二，敌人引明为助，乘机威逼归服。尼康外郎与明将关系密切，为李成梁引路，击灭阿台有功。尼康外郎原来的势力并不大，部众不多，但是尼康做向导有功，努尔哈赤又为明帅所厌，因此明帅气势汹汹地对努尔哈赤宣称："事已完矣，今复如是，吾即助尼康外郎，筑城于甲板，令为尔满洲国主。"寥寥数言，震动极大。当时，王杲父子齐遭斩杀，同死者三四千人，建州各部酋长伤亡不少，叫场、塔失双双丧命，另一强"酋"王兀堂亦惨败遁逃，"建州部益弱"，明威大振，"东夷震慑"。在这样形势下，明帅的讲话，具有很大的权威性，他说要为尼康外郎筑城，要让尼康外郎主管建州女真，谁能怀疑，谁敢抗命？一下子就使尼康外郎威望剧升，势力激增，"于是国人信之，皆归尼康外郎，其五祖子孙，对神立誓，亦欲杀太祖以归之"[①]。尼康乘机"又迫太祖往附"，俨然以建州国君自居，这对努尔哈赤一家来说，又是一大威胁。

尽管身陷绝境，年方二十五岁的努尔哈赤，却没有被敌人吓倒，坚决不向尼康外郎屈服。他不顾寡不敌众、强弱悬殊的恶劣形势，毅然高举义旗，于万历十一年（1583年）五月，率领少数人马，猛攻秃隆城，打响了建立金国的第一仗，这就是历史上有名的"十三甲起兵"。

三、群雄争长

明万历十一年（1583年）五月，努尔哈赤以遗甲十三副起兵。当时的女真各部是什么样的局面？这是关系到努尔哈赤盛衰兴亡的重要问题，不能正确观察、掌握形势，就不能采取正确的方针策略，便难以由弱变强，由小变大，战胜敌人。在这一点上，努尔哈赤十分重视，判断异常准确，收效也特别显著。

《满洲实录》（满文体）对此情景，有一段总结性的叙述，译为汉文如下：

"时各地之国为乱。满洲国之苏克素护河部、浑河部、完颜部、栋鄂部、哲陈部、长白山纳殷部、鸭绿江部，东海之窝集部、瓦尔喀部、

---

① 《武皇帝实录》卷1。

库尔喀部，呼伦国之乌拉部、哈达部、叶赫部、辉发部，各地盗贼蜂起，各自僭称汗、贝勒、大人，每村每寨为主，各族为长，互相征伐，兄弟相杀，族众力强之人，欺凌、抢掠懦弱者，甚乱。"①

《满洲实录》将万历年间的女真分为"满洲国""东海""呼伦国"三大部分，"满洲国"就是建州女真，"呼伦国"是海西女真，"东海"女真是"野人"女真的一支（另一支为"黑龙江女真"，以住居黑龙江流域而得名）。

建州女真内部，陆续演变为苏克素护河部、浑河部、完颜部、栋鄂部、哲陈部、鸭绿江部、纳殷部、朱舍里部等。各部又分为若干小部，如苏克素护河部，有图伦、萨尔浒、嘉木湖、沾河、安图瓜尔佳等寨，浑河部包括杭嘉、栋嘉、扎库穆、兆嘉、巴尔达、贝欢等寨。由于王杲、阿台、阿海大败被杀，王兀堂遭重创溃逃销声匿迹，建州女真各部实力大损，一般都是人丁稀少、甲仗不全，尚未出现一个智勇双全、兵强马壮、威震各部的新首领。才虽平庸，势虽不盛，可建州女真各部之长却互不相下，称王争雄，甚至骨肉相残，干戈时起。栋鄂部诸酋长曾经集会商议决定共同出兵，攻打努尔哈赤家族，以报过去掠寨之仇，"遂以蟒血淬箭，以备用"，谁料，师尚未出，内争突起，"部中自相扰乱"。②努尔哈赤的堂叔康嘉，与人合谋，请哈达国兵，令族人兆嘉城主理岱导引，劫掠努尔哈赤的胡吉寨。朱舍里、纳殷二部，共引叶赫兵，抢掠努尔哈赤的洞寨。③

海西女真已由明初近百卫所演变成"呼伦国"的哈达、辉发、乌拉、叶赫四大部。哈达部，以居哈达河流域而得名，也有一部分人住柴

①《满洲实录》卷1，满文体。《满洲实录》，是记述清太祖努尔哈赤的实录，成书于后金天聪九年（1635年），以满、蒙、汉三种文字书写，有图，乾隆年间重绘三部。《满洲实录》依据《满文老档》删写而成，虽然编写时已作了一些更动，乾隆重绘可能又有所修改，但它毕竟是满族自己编写的载述早期历史的文献。而且《满文老档》残缺不全，目前所见最早从明万历三十五年（1607年）才开始载录，在此之前的事情，只有依靠《满洲实录》和《武皇帝实录》的记载，这两部书基本相同。经过查阅，发现《满洲实录》的满文体比汉文体更准确，改得少一些，尤其是此处所引的总结性叙述，比《武皇帝实录》的记载更为清楚，更为可靠。

②《满洲实录》卷1。

③《武皇帝实录》卷1。

河流域。万历初年的哈达酋长，姓纳喇氏，名万，尊称万汗。《明实录》记为王台，居哈达河北岸的哈达城，贡市在开原的广顺关，地近南，一般称为南关。王台对明十分忠顺，袭祖速黑忒塔山前卫左都督职，经常进京朝贡，入市马市，送还其他部落掠取的人口，万历三年（1575年）以缚送王杲，加龙虎将军勋衔。王台机智善战，得众心，势日强。他"远者招徕，近者攻取，其势愈盛"，拥有敕书七百道。[1]明人称其"所辖东尽灰扒（辉发）、兀剌（乌拉）等江夷，南尽清河、建州，北尽二奴（叶赫），延袤几千里，内属保寨，甚盛"，"耕牧三十年，东陲晏然"。[2]《清实录》亦言："彼时叶赫、乌拉、辉发及满洲所属浑河部，尽皆服之。"[3]然而，盛极转衰，王台年老，长子虎儿罕"好残杀"，部众离心，剽悍头目虎儿罕、白虎赤先后叛投叶赫。叶赫酋长清佳努、杨吉努为明塔鲁木卫都督佥事，因其祖父都督祝孔革为王台之叔王忠斩杀，贡敕及季勒诸寨被占，蓄意报仇，乘机用兵，尽夺季勒诸寨，联合其他部落频行入掠，虎儿罕不能敌，辉发、乌拉、建州各部亦脱离王台钤束，哈达势蹙，万历十年（1582年）王台忧愤而死，虎儿罕迅即去世。在这国难当头的危急时刻，王台三子康古陆、四子孟格布禄，与虎儿罕之子歹商，不齐心协力，共御外患，反而争分父业，械斗不休。康古陆还叛投叶赫，娶清佳努之女，纠合叶赫攻歹商，并强占继母温姐为妻（温姐是清佳努之妹，是康古陆正妻的姑姑），歹商势危。明廷以王台忠顺，出兵保其遗孤，万历十五年（1587年）十月攻孟格布禄，收其部众八百余，革其所袭龙虎将军职。万历十六年（1588年），擒康古陆，责其与侄歹商和好而释，不久其病死。有明廷相助，本可稳定局势，逐渐积蓄力量，再度强大。可是歹商却"酗酒好杀"，部众怨恨解体，形势更加恶化。万历十九年（1591年）往叶赫完亲，归途中，被岳父布寨（清佳努长子）遣人刺杀，孟格布禄执掌部政，势益孤弱。[4]

叶赫部，以居住叶赫河（今通河）流域而得名，在开原北，贡市在开原镇北关，一般简称为北关。万历初年，叶赫酋长为清佳努、杨吉努弟

---

① 《武皇帝实录》卷1；茗上愚公：《东夷考略》。

② 茗上愚公：《东夷考略》；《明神宗实录》卷190、203。

③ 《满洲实录》卷1；《武皇帝实录》卷1。

④ 张鼐：《辽夷略》；茗上愚公：《东夷考略》；海滨野史：《建州私志》；《明神宗实录》卷140、190、192、194、197、203、366。

兄，明人称为逞加奴、仰加奴，姓纳喇氏，二人英勇善战，征服诸部，各居一城。他俩为报祖仇，统一海西，称雄女真，屡攻哈达，一再掠明。明廷为保哈达，固藩篱，分而治之，为了不让出现辖治群寨、威胁辽东的强大酋长，在万历前期采取了抑制叶赫的政策。万历十一年（1583年）十二月，清佳努、杨吉努进攻哈达，大掠把吉诸寨，并拥精骑三千余，驻镇北关前"请赏"。辽东巡抚李松，宁远伯总兵官李成梁，设下"市圈计"，"令三军皆解甲易服"，诱清佳努入圈听抚赏赉。清佳努骄妄失检，仅率三百骑，进入开原关王庙，明伏兵四起，斩清佳努及其子兀孙孛罗，杨吉努及其子哈儿哈麻与从者尽死，外面的女真亦死千余人。叶赫虽遭暗算，损失惨重，但清佳努之子布斋、杨吉努之子纳林布禄，誓报父仇，东山再起，数次掠边。万历十六年（1588年）李成梁率军围攻叶赫城，斩首级五百余，"城中老少皆号泣"，布斋、纳林布禄乞和，师还。[①]叶赫连遭明军进剿，元气大伤。

乌拉部，因居乌拉河（今松花江上游）流域而得名。万历初年，酋长名满泰，姓纳喇氏，与哈达万汗同为纳奇卜禄之后，所住乌拉城，在乌拉河东岸。万历二十四年（1596年），满泰父子往所属苏瓦烟席拦地，修筑边壤，淫村中二妇，其夫夜入，杀满泰父子。

辉发部，酋长王机努，姓纳喇氏，隆庆、万历时，征服附近部落，在松花江支流辉发河畔扈尔奇山筑城，故名辉发部。王机努死，孙拜音达里杀其叔七人，自为贝勒，其堂兄弟族人多投叶赫，部众也有"叛谋"，局面很不稳定。[②]

东海女真，是"野人"女真的一支，居住在松花江流域及乌苏里江以东至沿海岛屿。据《武皇帝实录》卷1载，东海女真分为窝集、瓦尔喀、库尔喀三部，其下又分为安楚拉库、内河、斐优、赫席赫、鄂谟和苏噜、佛纳赫、扎库塔、瑚叶、那木都噜、绥芬、宁古塔、尼马察等村屯寨路。"野人"女真的另一支，是黑龙江女真，以居住黑龙江流域而得名，主要分为虎尔哈部、萨哈连部、使犬部、使鹿部、索伦部，其中又分为若干小部，如使犬部有奇雅喀喇部、赫哲喀喇部、额登喀喇部，即赫哲人、鄂伦春人、鄂温克人等；使鹿部有费雅喀部、奇勒尔部、吉

---

① 瞿九思：《万历武功录》卷11《卜寨、那林孛罗传》；苕上愚公：《东夷考略》；海滨野史：《建州私志》卷上；《明神宗实录》卷190、197。

② 《满洲实录》卷3；《武皇帝实录》卷1、2。

烈迷部等。"野人"女真部落居住零散、人丁稀少，生产相当落后，以渔猎采集为主要谋生方式，各部之间也常争吵攻伐。

总之，从明万历十一年（1583年）努尔哈赤起兵及其往外扩展的一二十年里，建州女真三遭明军重惩，强酋就擒或逃匿，元气大损，部落分散，争战不息；海西女真，哈达内忧外患交迫，国势剧衰；叶赫两受明军围剿，损兵折将，又与哈达多年构兵，实力消耗过大；乌拉、辉发也是内乱不止，干戈时起；"野人"女真分散零落，各寨势孤力弱。这一切，为努尔哈赤的兴起，提供了极为有利的条件。

四、智勇双全　任贤用能　方针正确

明万历前期，女真各部，争吵不休，互相攻伐，固然为智勇双全的能人创造了各个击破、扫平群雄的良好条件，但也使微弱小部陷入遭人欺凌、被人蚕食的困难处境。万历十一年（1583年）五月，努尔哈赤起兵，攻打仇人尼康外郎的图伦城时，人马并不多。《武皇帝实录》卷1一载称，此时"太祖兵不满百，甲仅三十副"。几十个人，三十副甲，这个数字本身就很少了，但这还不全是努尔哈赤的人马。这次攻城，是努尔哈赤联合嘉木湖寨主噶哈善、沾河寨主常书及其弟扬书进行的，也就是说，这个"兵不满百"是三部之众。细算起来，努尔哈赤以占总数的三分之一或五分之二计算，也不过只有"兵"三四十人，而所谓三十副甲，他只有"遗甲十三副"，其余十七副是噶哈善与扬书弟兄的。[①]以这区区几十人，要想吞并数倍于己的其他建州部落（仅栋鄂部长阿海就有兵四百），打败百倍于己的海西叶赫、乌拉、哈达强部，降服建州、海西、"野人"数以万计的女真人，成为女真之王，确是难而又难。然而，政治风云变幻莫测，令人不可思议的是，这个父祖惨死、众叛亲离、强敌威逼、朝不保夕的女真青年努尔哈赤，在三十来年的时间里，竟削平群雄，统一各部，成为占地数千里辖治所有女真的"承奉天命养育列国英明汗"。

这个奇迹之所以能出现，并不是由于偶然的因素或所谓的"天命"，而是努尔哈赤顺应时代潮流，采取了正确的方针政策，艰苦奋斗

①《武皇帝实录》卷1；《八旗通志初集》卷224，《常舒传》；《钦定八旗通志》卷217，《常舒传》。

而出现的符合规律的必然结果。从这三十多年的历史来看，虽然头绪纷繁，大事迭出，举措众多，但努尔哈赤的活动，基本上可以概括为内政与外务两大方面。

所谓内政，归结到一点，就是壮大实力，即拥有一支强大的、精锐的军队，粮饷充足，吏治严明，令行禁止，兵民一心，这样就能攻无不克，战无不胜。要想达到这一目的，除了制定符合历史发展趋势的正确的方针路线以外，最关键的是能够网罗一大批能人，使得猛将如云，谋士似星，群集麾下，同心事主，方能共建大业。

在这关系到一部乃至一国盛衰兴亡的用人问题上，努尔哈赤强调了六项原则。

一是必须任用贤人。他反复指出"贤者"的重要性，要求群臣举荐能人。《满文老档》载："每值会议，汗谓群臣曰：……汝等当念所任之重，有宜于治理汗之大政之贤者，则勿隐。诸事浩繁，汗人焉能尽理。若贤人甚多，各任以事。倘治理国政管辖众兵之大臣甚少，济事几何！……凡为治政，得一才犹难，但系可以资政之人，即荐之何也。"①

二为不论亲疏门第，公正举人。汗谕："诸大臣，汝等荐人，勿思何故举其他之人而逾尔之亲戚。勿论根基，见其心术正大者而荐之。且莫拘血缘，见有才者即举为大臣。"②

三系不拘一格，用其所长。努尔哈赤常谕示群臣："全才之人有几？若长于此，必拙于彼矣。……若有临阵英勇者，用以治军，有益于国政之忠良者，用以辅理国政。有知晓古今善规者，用以讲善规。有善办筵宴者，用以宴宾客。无才而能歌者，用以歌之。如是，人各效其所长矣。可于各处网罗有用之人。"③

四乃举贤贬奸。努尔哈赤一再列举女真各部及明朝贪官污吏祸国害民的事例，训谕诸贝勒要贬奸臣，擢用贤者。《满文老档》载："聪睿恭敬汗教诸子曰：善良公正之人，不举不升，则贤者何由而进！不肖者不贬不杀，则不肖者何由而惩！切勿贪婪，宜秉忠直，勿好财帛，宜好才德。天下大道，莫过于忠直，吾素好忠直。……诸子，汝等当记之。"④

五是奖惩分明，功必赏，过必罚。《满文老档》载："聪睿恭敬汗……其心公正。……有善行者，虽系仇敌，亦不计较，而以有功升之。有罪者，虽亲不贳，必杀之。"⑤万历十二年（1584年），努尔哈赤

①②③④⑤《满文老档·太祖》卷4。本书所引满文老档的译文，是作者自己翻译的。

攻打翁鄂洛城时，被敌方鄂尔果尼发箭射中头部，"透盔伤肉，深指许"。洛科又发一箭，射中其项，"镞卷如钩，拔出，带肉两块"，"项血涌出"，"昏仆于地"，"昼夜血犹不止"，几乎丧命。后攻下此城，诸将俱欲砍杀鄂尔果尼和洛科，以报前仇，努尔哈赤却念其忠勇，拒绝众议，反委授官职。[①]以族弟多弼贝勒作战不力，革其固山额真，尽夺其按固山额真例赏给的俘获。[②]因族弟旺善贝勒征战之时，"皆施狡诈"，尽取赐予旺善的阿哈、诸申，并多次举以为例，告诫群臣。[③]

六为赏赐效劳官将。努尔哈赤十分注意臣将的财产和生活状况，不吝赏赐，尽量使其富裕而全力效忠于汗。《满文老档》载："聪睿恭敬汗每日睡卧二三次，不知者以其真眠，实乃非眠也。乃在思考，诸贤臣中，应使谁富？某一贤臣曾效力甚多而家贫困？谁难与所娶之妻同聚而不能另娶因之忧苦？谁之妻死无力续娶而烦闷？役使阿哈、耕牛、乘马、衣服悉皆具备者有几，穷苦之人甚多也！寝后即起曰：赐某以妇，给某以阿哈，赏某以马，与某以衣，赐某以谷。"[④]

努尔哈赤还制定了"厚待功臣"这一重要国策。对于早年来投、率军征战、尽忠效劳的"开国元勋"，努尔哈赤是特别优待和宠爱的，赐给他们大量人畜财帛，任以高官，封授世职，联姻婚娶，荣辱与共。费英东、额亦都、何和礼、扈尔汉、安费扬古等"国初五大臣"的兴起及其子孙的世代显赫，就是这一国策的具体体现。

努尔哈赤对待功臣十分宽厚，当他们出了差错犯有过失时，常念其功而从轻处治。例如，后金天命四年（明万历四十七年，1619年）七月，费英东奉命回都城报告夺取铁岭的消息时，于途中"将俘获、牛、骡私自分与同行兵士"。诸贝勒、大臣以其"居心骄傲，擅将众人之俘获财物另行分配"，拟定革其"大臣职，自取乌拉城以来，各战以大臣得赏之物，尽夺取之"。[⑤]灭乌拉，是自万历四十一年（1613年），中经掠叶赫，取抚顺、清河、范河，大败明军于萨尔浒等重大战争，每战均掠获巨量人畜财帛（仅抚顺之战，就获人畜三十万），努尔哈赤皆重赏官将。如果将自灭乌拉以后各次战争赏赐之物尽行籍没，又革其"大臣

①《武皇帝实录》卷1。

②③《满文老档·太祖》卷9。

④《满文老档·太祖》卷4。

⑤《满文老档·太祖》卷11。

之职"，则费英东将从众额真、一等大臣、家资富豪的达官贵人，贬降为贫寒低贱的"闲散"。这是很重的处分，而且似乎已成定论，很难改变，因这是诸贝勒、大臣的一致意见，在通常的情况下，汗往往是依议而行的。可是，这次努尔哈赤却一反常例，拒绝诸贝勒、大臣之议，下谕说："贫时得铁，犹胜于金。吾无部臣之时，得彼而以大臣用之，今何以退！"仅令取消此次铁岭之战所得的赐物。[1]

"贫时得铁，犹胜于金"，这句话体现了努尔哈赤对待开国功臣的基本态度。这个方针是正确的，是合情合理的。对这些身任要职、负有盛望、军功卓著的"开国元勋"，如无篡位叛逆大罪，仅因些微过失，就不念前劳，忘掉旧情，大显国主威风，滥施君汗之权，将他们革职籍没，严酷惩治，必然要自伐栋梁，丧失臣心，引起军队混乱，削弱后金实力。努尔哈赤如此从宽处理，既申明了军纪国法，又照顾了功勋旧臣，妥善地解决了问题，安抚了群臣，于人、于己、于国都是很有益处的。

正是由于努尔哈赤重用贤者，厚待功臣，因此许多机智忠贞武艺超群的有才之人、猛将谋士云集麾下，各尽其能，致使经济发展，"民殷国富"，国势日强，军威大振，所向无敌。这就在政治上、经济上、军事上为统一女真各部，建立壮大后金国，奠定了牢靠的基础。

在妥善处理内政、不断增强实力的同时，其外务——统一各部建立后金国，也就进行得十分顺利且异常迅速。这与努尔哈赤高超的军事指挥才能是分不开的。明人称，努尔哈赤通晓汉语，"读书识字，好看三国、水浒二传，自谓有谋略"[2]。他的所作所为，皆显示出他精通兵法，且运用得相当巧妙。

首先，他在开展统一女真各部的行动时，采取了"恩威并行，顺者以德服，逆者以兵临"，以抚为主的方针。[3]这与兵法中所云"攻心为上"十分吻合。其具体内容有三：一为抗拒者杀，俘获者为奴。对于持刀交锋拒不投降的部落，努尔哈赤遣军大肆屠杀，掠为俘获。因纳殷部七村诸申降后复叛，据城死守，"得后皆杀之"。[4]额赫库伦部女真曾对周围部落吹嘘说："听说努尔哈赤的兵'勇敢善战'，如果真是那样勇敢，就来进攻罢，我们捎个信去。"努尔哈赤派兵两千围攻，因守兵拒

① 《满文老档·太祖》卷11。

② 黄道周：《博物典汇·建夷考》。

③ 《武皇帝实录》卷1。

④ 《满文老档·太宗·天聪》卷48。《清实录》删掉了"得后皆杀之"这一句话。

不降服，便冲入城内，砍杀城里的五百兵，又包围逃出城外的三百兵，全部斩杀，"获俘一万"，灭其国，"地成废墟"。①这样，可以警告其他部落：战即败，抗即灭，拒则杀，威胁各部归顺。但是总的来看，对女真部众的这种残酷屠杀，还是不多的。

二为降者编户。努尔哈赤特别重视收编各部降顺的女真人，不管是因为大军压境，兵临城下，无路可走，被迫归顺的人员，还是因为交战失败，城寨陷落，不得不降之人，他都实行"恩养"政策，一律将他们"编户"，分别编在各个牛录内，不贬为奴，不夺其财物，原系诸申，仍为诸申；原是部长、寨主、路长、贝勒、台吉，则大多授予官职，编其属人为牛录，归其辖领。比如，取哈达后，既将其"属下人分隶八旗"，又命酋长约兰之子懋巴里为甲喇章京，设立牛录，"使统之"。②其族人夏瑚率十八户降，亦编牛录，"令其子雅琥统之"。③诸申达雅里、哲尔德、喀尼、穆都珠瑚、赫书等，仍系诸申，后皆因功封授官职。④

对长期与己为敌的女真部落，大多数也实行"抚恤恩养"。虽然乌拉布占泰贝勒，多次惹是生非，开罪于努尔哈赤，但灭乌拉后，他仍将降顺的酋长、官将、诸申"编万户率回"，不改变其原有身份。叶赫曾一再企图消灭努尔哈赤，后又悔婚，将许与努尔哈赤的美女嫁至蒙古，且多次骚扰破坏。努尔哈赤灭叶赫后，除杀其主金台石、布扬古二贝勒外，对其他的贝勒、台吉、大臣"皆赦之"。"叶赫国中，无论善恶，皆全户不动，不使父子兄弟拆散，不使亲戚分离，俱尽数迁移而来。不淫妇女，不夺男子所执弓箭，各家财物皆由原主收取"。⑤

三是来归者奖。对于主动归顺之人，努尔哈赤特别从厚奖赐。东海瑚尔哈部女真纳喀达部长率百户来投，努尔哈赤专遣二百人往迎，"设大宴"，厚赐财物。"为首之八大臣，每人各赐役使阿哈十对、乘马十匹、耕牛十头、冬衣豹皮镶边蟒缎皮裘大褂、貂皮帽、皂靴、雕带、春秋衣蟒缎无披肩朝衣、蟒袍小褂、四季穿用衣服、布衫、裤、被褥，等等物品，皆厚与之。其次之人，各赐阿哈五对、马五匹、牛五头、衣服五套。再次者，各赐阿哈三对、马三匹、牛三头、衣服三套。末者，各赐阿哈一对、马一匹、牛一头、衣服一套。……其居住之宅，盛饭之

①《满文老档·太祖》卷4。

②③④《八旗满洲氏族通谱》卷23。

⑤《满文老档·太祖》卷13。

釜，席子、缸、瓶、小瓷瓶、碗、碟、匙、筷子、水桶、簸箕、槽盆等等家具用品，俱齐备厚赐之"。①

努尔哈赤的"恩威并行"、征抚齐用、以"恩"为主的政策，起了很大的作用。在努尔哈赤百战百胜的无敌军威影响下，在他大力招抚女真的政策推动下，许多部首带领属下人员前来"归顺"，很多诸申自动来投。上文曾经谈到瑚尔哈部的纳喀达部长受到厚待，一些陪同纳喀达一起来但原本准备回去的女真，见到这样的厚待，便决定留下不走了，捎信回家说："汗以抚聚部众为念，收为臣属，如此厚养，全未料及。"②早在万历十六年（1588年）努尔哈赤起兵初期，苏完部首索尔果便率所属诸申五百户来归，努尔哈赤编五牛录，令其子侄世代辖领。③栋鄂部鲁可苏弟兄"带领四百人归来"，编二牛录，子孙世袭辖领。④仅据《八旗满洲氏族通谱》记载，黑龙江、吉林、辽宁各地女真部落酋长率众来归的，就有二三百起，这就大大加速了女真统一的过程，减少了许多不必要的伤亡和损失。

其次，努尔哈赤采取了正确的用兵策略，一般是由近及远，先弱后强，逐步扩大，积极争取蒙古，尽力避免过早地和明军发生正面冲突。直到万历四十六年（1618年）以"七大恨"誓师伐明以前，都没有受到明军的征剿，极大地便利了统一女真事业的进行（详见后述第六章）。

在用兵顺序上，建州女真各部分散零落，人丁稀少，势孤力薄，容易夺占，又因与努尔哈赤同一族种，故努尔哈赤首先攻打这些小部，既并而为一，又以此为据，作为核心，逐步扩大，从几十人的兵力发展到"骁骑数千""有兵二万"。在此基础上，随即向海西四部中内讧激烈、国势剧衰的哈达进军，并积极招抚、攻打东海女真，壮大实力，以至有兵数万，然后才灭乌拉，取辉发，将最强、最敌对的叶赫部放在最后。这种先易后难、蓄积力量、波浪式扩展的策略，是正确的，对统一女真各部产生了重要的促进作用。

再次，作战之时，努尔哈赤运用兵法十分巧妙，指挥战争异常得当。他长于用离间（尤其在对明的战争中），重视保密，多谋善断，议

---

①②《满文老档·太祖》卷7。

③《满洲实录》卷1；《八旗满洲氏族通谱》卷1、11；《清史列传》卷4，《费英东传》。

④中国第一历史档案馆藏，《八旗部统衙门》，档案《正白旗满洲查送佐领册》；《八旗满洲氏族通谱》卷8。

即定，定即行，出兵犹如暴风骤雨，迅不可挡。黄道周称其："初酋一兄一弟，皆以骁勇雄部落中，兄弟始登垄而议，继则建台，策定而下。"①莳上愚公说："奴酋八子，每登山密谋，兵至如风雨。"②

因此，努尔哈赤经常以少胜多，变被动为主动，古勒山之战，即系一例。

五、大败九部联军 统一女真各部

明万历二十一年（1593年）九月，叶赫国主布斋贝勒、纳林布禄贝勒，因努尔哈赤拒绝割地降顺，纠合哈达国主孟格布禄、乌拉国主满泰贝勒之弟布占泰、辉发国主拜音达里、蒙古科尔沁部国主翁阿岱、莽古、明安，以及锡伯部、卦勒察部、长白山朱舍哩路主裕冷革、纳殷路主搜稳塞克什，"九国兵马，会聚一处"，合兵三万，进攻建州"国主"。武理堪奉努尔哈赤命哨探敌情，入夜，看到浑河北岸，"敌兵营火如星密，饭罢，即起行"，立即"飞报太祖，言敌国大兵将至"。努尔哈赤率兵迎击。加哈守将奈虎山坦报告，叶赫等部正攻黑机革城，"敌兵甚多""众皆失色"。当夜，叶赫营中一人逃来报告，叶赫兵一万，哈达、乌拉、辉发兵一万，蒙古科尔沁等部兵一万，"共兵三万"，努尔哈赤之兵"闻之，又皆失色"。③在这大军压境，敌众我寡，军心动摇，兵民惊慌，面临覆国之灾的严重关头，努尔哈赤显示出了非凡的才干，很快就击败敌军，转危为安。他在三个方面表现得非常突出。

其一，稳定军心，鼓舞士气。两军交战勇者胜。勇，有其基础，唯有决心，有信心，才能奋勇冲杀，如果未战先怯，相战必败。在众心畏敌惊慌不安之时，必须使兵将树立起必胜的决心和信心，首先要统帅以身作则，才能身教言传，换怯为勇。当武理堪驰报"敌国大兵将至"时，已近五更，努尔哈赤镇静自若，下令说："我兵夜出，恐城中人惊，待天明出兵"，"言毕复寝"，而且睡"甚酣"。其妻衮

---

① 黄道周：《博物典汇·建夷考》。

② 莳上愚公：《东夷考略》。

③《武皇帝实录》卷1。

代皇后推醒他说："今九国兵马来攻，何故盹睡，是昏昧耶？抑畏惧耶？"努尔哈赤平静地说："畏敌者，必不安枕，我不畏彼，故熟睡耳！……我承天命，各守国土，彼不乐我安分，反无故纠合九部之兵，欺害无辜之人，天岂佑之！"言旋复睡，以息精神。①这种胸有成竹、蔑视强敌的大无畏精神，对安定军民之心起了很大作用。

当然，敌兵来攻，声势浩大，首领泰然自若，固能暂时宽解众心，但仅此亦难持久，还要进一步激励士卒誓死杀敌。天明，努尔哈赤率军出发，到了拖索寨，谕告全军说："尔等可尽解臂手顿项，留于此，若伤肱伤颈，唯命是听，不然，身受拘束，难以胜敌，我兵轻便，必获全胜矣。"②臂手，即"蔽手"，顿项系"护项"，乃保护项臂的穿戴。两军相战，刀枪交加，手臂受伤则难以续战，颈项被刺，容易丧生，一般情况下是不能解脱蔽手护项的，但是，戴上它又太重，行动不便。努尔哈赤之所以下达这样的命令，实际上意味着破釜沉舟，决一死战，从绝境找出路，于死地求生存，有此拼死厮杀的决心，就能击败"身受拘束"动作不灵的敌兵。这个命令，很有说服力，军心顿时安定，"众遵令，尽解之"。③

但是，一旦听闻"敌兵甚多""共兵三万"，全军又大为惊慌，"众皆失色""又皆失色"。这也难怪，此时的努尔哈赤还没有完全统一建州女真，朱舍哩、纳殷二部尚独立于外，努尔哈赤能够调动的兵力，不过数千。努尔哈赤自己也承认"我兵虽少"，兵数悬殊，确难抵挡。在这关键时刻，努尔哈赤对士卒说：

"尔众无忧，我不使汝等至于苦战。吾立险要之处，诱彼来战，彼若来时，吾迎而敌之，诱而不来，吾等步行，四面分列，徐徐进攻。来兵部长甚多，杂乱不一，谅此乌合之众，退缩不前，领兵前进者，必头目也，吾等即接战之，但伤其一二头目，彼兵自走，我兵虽少，并力一战，可必胜矣。"④

这段话讲得很好，精辟地分析了战守形势，指出了制敌之术。敌之长，在于兵多；己之长，在于地利人和，据险设伏，以逸待劳，出其不

①《武皇帝实录》卷1；《高皇帝实录》卷1。
②③④《武皇帝实录》卷1。

意，齐心进攻，定能击败人生路不熟的乌合之众。正是由于努尔哈赤能够根据不同情况，及时谕劝兵将，才能不断克服军中畏敌怯战情绪，树立必战必胜的决心和信心，从而为大败九部联军奠定了思想基础。

其二，发挥所长，克敌所短。建州处于守势，古勒山一带，地形复杂，崎岖陡峭，草木丛生，江路狭隘，易守难攻，兼之敌军深入异乡，道途不熟。因此，努尔哈赤充分利用了地利条件，"先使精兵埋伏道旁，又于岭崖多设机械以待"，"而沿江峡路阻隘，故敌兵不得成列，首尾如长蛇而至"，守兵"所在放石，兵马填江而死者不知其数，后军惊溃"。[①]努尔哈赤又令百战百胜的著名骁将额亦都巴图鲁领兵一百挑战，"敌悉众来犯"。以一百对数万，众寡太悬殊了，可是，额亦都毫无惧色，"奋击，殪九人"，狠狠地煞了敌军威风，长了自己的志气。[②]

其三，抓住战机，猛攻敌军。叶赫九部之兵，沿途被守军投石打死不少，"后军惊溃"，额亦都的"奋击"，又挫了联军士气。为振作军心，叶赫国主布斋、纳林布禄和蒙古科尔沁翁阿岱、莽古、明安贝勒，领兵冲上前来，"合攻一处"。布斋贝勒先入，不知是骑术生疏，还是心中惊慌，或者是过于匆忙，所骑之马，竟"被木撞倒"。此时，建州兵士武谈，立即"向前骑而杀之"，叶赫诸贝勒大惊，"皆痛哭"，同来诸贝勒"大惧"，"皆丧胆"，"各不顾其兵，四散而走"。努尔哈赤乘机率军猛扑，纵兵掩杀，大败九部联军，尸满沟渠，斩四千，生擒布占泰，获马三千匹，盔甲千副。这就是以少胜多的古勒山之战，从此努尔哈赤"威名大震"。[③]

这次大战，再一次显示了努尔哈赤逢战当先、勇猛冲杀的作风，对战胜敌人产生了重大的影响。努尔哈赤自幼喜爱兵猎，勤学苦练，武艺超群，史载他刀法高强，箭术精湛，是射箭能手，能百步穿杨。万历十六年（1588年）四月，栋鄂部人组翁金，素以善射著称，部中无人可及，努尔哈赤指定百步之外一柳树，令其发射。组翁金发五矢，仅中三矢，上下不一。努尔哈赤也射五箭，箭箭俱中，而且五箭集中于一处，相去不过五寸，众皆叹为神技。[④]他一贯强调，遇逢交战，贝勒、大将必

---

①　吴晗：《李朝实录史料》，第2801页。

②　《武皇帝实录》卷1；《清史列传》卷4，《额亦都传》。

③　《武皇帝实录》卷1；吴晗：《李朝实录史料》，第2801页。

④　《武皇帝实录》卷1；《满文老档·太祖》卷4。

须亲自冲杀在前。他曾明确地谕告诸子及官将说："两支大军会战之时，让兵士在前进攻，是不行的。我本身，我生之诸子，任用之五大臣，我等要亲在前面冲杀。"①尤其是在起兵初期，兵少将寡，努尔哈赤更是每战必亲自出战，率先冲击，拼死厮杀，从而战必胜，攻必克，以少败多，所向无敌。浑河之战，即系明证。

　　万历十三年（1585年）四月，努尔哈赤领兵八十，进掠哲陈部，托漠河、章甲、巴尔达、萨尔湖、界凡五城集兵八百余人相抗，布列界凡浑河畔，严阵以待。因敌兵突至，众寡悬殊，士卒大恐。五祖宝朗阿之孙扎亲、桑古里，平日在乡邻族人中间以英勇"称雄"，现在却"见敌众大惧"，解甲与人，欲图潜逃，努尔哈赤怒斥其怯，亲自执纛先进。首领既然斥责堂弟怯战，率先执旗，崇尚武勇的女真士兵，照说应该跟随首领前进了。可是，兵力相差悬殊，以八十对八百，敌人十倍于己，交锋必将失败，无异飞蛾扑火，自取灭亡，因而从行之人皆胆怯不动。在这军心动摇即将灭亡的紧急关头，努尔哈赤毫不害怕，下马步行，与弟穆尔哈齐率包衣颜布禄、兀凌噶"直入重围"，"直前冲击，奋勇射之"，连杀二十余人，敌兵八百不能抵挡，涉河而逃，努尔哈赤率兵追杀六十余人，全胜回师。②后来努尔哈赤回顾数十年戎马生涯时总结说："吾自幼于千百军中，孤身突入，弓矢相交，兵刃相接，不知几经鏖战。"③正是这种英勇盖世的气概和拼死厮杀的作风，才赢得了兵将的拥戴，建立起崇高的威信，因而能够做到令必行，引必从。全军上下，勇往直前，同为统一女真事业南征北战，争建奇勋。

　　有了这些重要的因素，努尔哈赤领导的统一女真各部的进军，进行得十分顺利，非常迅速。从明万历十一年（1583年）以"遗甲十三副"起兵，取图伦，下兆嘉，斩尼康，十年之内统一了建州女真部落，接着又灭哈达（1599年），并辉发（1607年），亡乌拉（1613年），取东海女真，到后金天命四年（明万历四十七年，1619年）灭叶赫。36年内，统一了建州、海西女真及部分"野人"女真部落，努尔哈赤从一个小部酋长成为强大的后金国"英明汗"。《武皇帝实录》描述道："自东海至辽边，北自蒙古嫩江，南至朝鲜鸭绿江，同一音语者，俱征服，是年诸部始合为一。"这对女真——满族的发展，

①《满文老档·太祖》卷4。

②《武皇帝实录》卷1；《高皇帝实录》卷1。

③《武皇帝实录》卷1。

对东北民族的发展，对与明朝的关系，都产生了极为重大的影响。从而在16世纪末至17世纪初，逐渐形成了一个以女真为主、吸收汉蒙等族人口参加的新的民族共同体——满族。

六、建立八旗制度

（一）八旗制度出现的历史条件

从明万历十一年（1583年）努尔哈赤以"遗甲十三副"起兵，到万历四十七年（天命四年，1619年）后金国号的正式出现，三十余年里，女真部落间征伐频繁，烽烟不息，历经大小数百战，女真-后金国便在这样的条件下，从早期单纯的军事组织发展起来。对外用兵、对内镇压阿哈等劳动者的反抗，成为这个国家的根本任务，因此，它的政权组织形式采取了八旗制度。

八旗制度的建立，有其深刻的历史背景。女真散处辽宁、吉林、黑龙江各地，习俗不一，制度相异。有的部落依山沿江居住，捕鱼捉貂，采参捞珠，渔猎为生，过着原始社会的生活；有的部落，室居耕田，"饮食服用，皆如华人"，奴隶制生产关系已经出现。如果没有统一的、正确的管理制度，取代旧日分散的、各自为政的方式，就很难真正地使各女真部落统一起来。这个各具特色、复杂松散的混合体，便将是昙花一现，不能长期存在下去。哈达部名酋王台的失败，就是一个很能说明问题的例证。

王台势力强大时，自称哈达汗，明封为龙虎将军，吞并了许多女真部落，辖区辽阔。明人称：王台"所辖东尽灰扒、兀喇等江夷，南尽清河、建州，北尽仰、逞二奴，几数千里"，拥有敕书七百道。[1]《武皇帝实录》亦载："叶赫、乌拉、辉发及满洲所属浑河部，尽皆服之，凡有词讼，悉听处分。"但是，由于王台没有建立起适当的管辖制度，兼之御下无方，"贿赂公行，是非颠倒，反曲为直。上既贪婪，下亦效尤……民不堪命"，因此，"诸部尽叛，国势渐弱"。万历十年（1582年），王台"竟以忧愤死"。[2]

王台之亡的前车之鉴，加之女真各部统一的迫切要求，是努尔哈赤

---

① 张鼐：《辽夷略》；《明经世文编》卷453；杨道宾：《海建夷贡补至南北部落未明谨遵例奏请乞赐诘问以折狂谋事》。

②《武皇帝实录》卷1；茗上愚公：《东夷考略》。

利用、改造牛录制，创立八旗制度的根本原因之一。

另一方面，明朝政府对待女真的总政策及其对努尔哈赤的态度，对促进八旗制度的确立也产生了重大的影响。明朝政府对待女真，一向采取"分而治之"的方针，在努尔哈赤兴起以后，更想借此来削弱建州势力，恢复明政府对全部女真的统治。这在杨道宾的奏疏中，反映得十分清楚。

万历三十六年（1608年），努尔哈赤已灭哈达，亡辉发，重创乌拉，军威大振。署礼部尚书杨道宾连上三道奏疏，详述明廷国策和努尔哈赤近况，提出对策。他说：

"女直乃肃慎旧疆，亡金遗孽。自永乐初年野人女直来朝，其后海西、建州女直悉境归附，乃设奴儿干都司，统卫所二百有四，地面、城、部五十八，而官其酋长，自都督以至镇抚。许其贡市，自开元以达京师。……其海西、建州，岁一遣人入贡，海西一千，建州五百。……然必分女直为三，又析卫所地站为二百六十有二，各自雄长，不使归一者，盖以犬羊异类，欲其犬牙相制也。祖宗立法，良有深意。……臣阅金、辽二史，辽人尝言，女直兵若满万，则不可敌。"

"然详绎成祖文皇帝所以分女直为三，又析卫所地站为二百六十二，而使其各自雄长，不相归一者，正谓中国之于夷狄，必离其党而分之，护其群而存之，未有纵其蚕食，任其渔猎，以养其成而付之无可奈何者也。"①

三道奏疏，主要讲了一个问题，即明对女真的基本政策是"分而治之"，一定要使女真部落四分五裂，各自为主，互不相下，不能让他们统一起来，"不使归一"，以便以夷治夷，"犬牙相制"。因为女真一联合，"兵若满万，则不可敌"，将成大祸。分，则互相间易起争端，争必乱，乱必弱，既乱又弱，必竟相争求明援，那时就不得不卵翼于明，听明驱使，为明效劳。正是出于这个考虑，所以必须坚

①《明经世文编》卷453，杨道宾：《海建二酋逾期违贡疏》《建酋兼并属夷凭陵属国罪状已着乞速颁文告严饬开车备以遏乱萌事》《海建夷贡补至南北部落未明谨遵例奏请乞赐诘问以折狂谋事》；《明神宗实录》卷444。

持祖宗之法，立即制止努尔哈赤对各部女真的兼并，"必离其党而分之，护其群而存之"，这样，才能除去祸根，保证边境安全，保证明朝安全。

面对天朝明国议论发兵，捣巢分裂女真的紧迫形势，努尔哈赤如果不能制定正确政策，巩固女真的统一，则所辖各部又将涣散，实力大损，定将被明兵诛剿，重蹈远祖董山、外祖王杲覆辙。正是在这样的条件下，努尔哈赤利用旧时的牛录制，改进发展，创立了八旗制度。

（二）由牛录到八旗

八旗制度源于女真人长期流行的牛录制。牛录是满文niru的音译，意为射兽用的"大披箭"。很久以来，女真人"凡遇行师出猎，不论人之多寡，照依族寨而行。……（女真）出猎开国之际，各出箭一枝，十人中立一总领，属九人而行，各照方向，不许错乱，此总领呼为牛录（华言大箭）厄真（厄真华言主也）"。[①]这是一种以族寨为基础凑编而成的临时性的武装组织，围猎用兵则自由组合，兵猎完毕便解散。所谓的牛录额真，不是汗、贝勒封授的统治士卒的专职官将，而是由参加兵猎的诸申推举的临时指挥者。这种各依族寨、自由凑编的临时性武装组织，既是当时女真部落分裂涣散条件下的产物，又反过来延续、助长了女真的分裂。这种情况，不仅影响了女真统一大业的进行，而且在客观上为明朝政府对待女真的根本政策——分而治之，提供了有利条件。

因此，对于本族这种传统的组织形式，既要利用其为大众喜闻乐见、易于接受的优点，不能一概否定，又不能不加改革地完全照搬。不然，即使暂时能施用武力强制将许多小部落聚在一起，也很难使其稳定，或者长期统一，更不能使这些各有特色的部落融合成为一个牢固的共同体。努尔哈赤在统一女真各部的长期过程中，认识到这个问题的严重性，对这一古老的传统形式，不断予以改组、发展和完善，最后建立了八旗制度。

现将万历四十三年（1615年）之前努尔哈赤编立的部分牛录列表如下：

①《武皇帝实录》卷2。

姓名	旗别	地名	简况	出处
索尔果	镶黄	苏完	率五百户来归，编五牛录，使其子侄分统之	《八旗通志》卷十一
三潭	正白	苏完	领三百户来投，编牛录，令其子布赖统之	《八旗满洲氏族通谱》卷一（以下简称《通谱》）
扎鼐	正白	苏完	来归，设牛录，使统之	《通谱》卷一
赫东额	正白	马佳	同弟尼玛禅率五十户来归，授尼玛祥为备御	《通谱》卷七
何和里	正红	栋鄂	"率部下来归"，编牛录，使统之	《通谱》卷八
鲁可苏	正白	栋鄂	领四百人来归，编牛录，令其子石汉统之	《八旗都统衙门档》
兑齐巴颜	镶红	栋鄂	"率领部属来归"，编三牛录，令其子噶尔呼机、侄阿兰珠、郎格统之	《通谱》卷八
罗屯	正红	安褚拉库	"率八百户来归"，编二牛录，令其子艾唐阿、侄安充阿统之	《通谱》卷十一
乌尔古岱	镶黄	哈达	"率部属来归"，将其属下人分隶八旗，所余之人编牛录，令其孙克什纳统之	《通谱》卷二十三
苏巴海	镶白	哈达	率二百人来归，编牛录，令其子荦果统之	《通谱》卷二十三
约兰	正红	哈达	来归后，其子懋巴里授参将，设牛录，使统之	《通谱》卷二十三
夏瑚	正黄	哈达	率十八户来归，编牛录，令其子雅琥统之	《通谱》卷二十三
常舒	镶白	沾河	来归后，编牛录，使统之，又编半个牛录，令其子布汉图统之	《通谱》卷三十二

姓名	旗别	地名	简况	出处
阿球巴图鲁	正蓝	沙晋穆尔吉	"率族众及八十人来归"，编牛录，使统之	《通谱》卷四
明安图巴颜	镶红	绥芬	率亲族及女真，"一千余众来归"，编二牛录，令其子哈哈纳、绰和诺统之	《通谱》卷二十一
阿尔都山	镶白	额宜湖	招抚萨齐库城女真三百余，编牛录，令其子哈宁阿统之	《通谱》卷二十五
乌珠阿穆巴	镶红	蜚优	来归后，编牛录，使统之	《通谱》卷二十五
策穆特赫	正白	蜚优	率五百户来归，编牛录，使统之	《通谱》卷二十五
孟古慎郭和	镶白	纳殷	率子弟及"同里壮丁"五百名来投，授以牛录额真	《通谱》卷二十六
康吉里	正白	那木都鲁	与弟喀克笃里率壮丁二百名来投，编二牛录，令其弟兄二人分辖	《八旗都统衙门档》
叶克书	正红	长白山	率尼马察村三百余人来归，编牛录，使统之	《八旗都统衙门档》
琥球	镶红	尼马察	率三百户来投，编牛录，使统之	《八旗都统衙门档》
图尔坤黄占	镶白	费雅郎阿	率一百余户来投，设牛录，使统之	《通谱》卷四十
僧额	镶黄	宁古塔	率兄弟及同村三百人来归，编二牛录，令僧额及其子寨组克统之	《通谱》卷四十一
雅穆什达	正黄	绥芬	率一百五十人来投，以其孙任牛录额真	《通谱》卷四十一

根据简表和有关文献，我们可以看出五个问题：

第一，多数牛录系以某部、某地"来归"之人编立而成，即以率众来投的酋长或其子侄为牛录额真，并"使统之"。这是因为，酋长带众来归，壮大了实力，为后金的建立立下了功劳，有功就应酬报，既可笼络其心，又能扩大影响，从而争取更多的人前来归顺，故令其为牛录额真，辖治旧有人员，不剥夺其昔世权利，不改变其与族属之间的原有关系。这样安排，有利于牢固地建立起对来归人员的统治。当时，女真人多系聚族而居，世守其地，血缘关系很深，亲族观念甚浓，酋长、族长威望很高，如果一下子换掉旧酋长，另委外族或外寨之人为新主，原酋长固然不满，来归的女真人亦必不服，很难顺从新主，易起叛逃之念。现以原主为长，继续辖束旧日族属和"同里之人"，族人就比较容易接受新汗努尔哈赤的统治，因而比较顺利地建立起新汗与来归女真之间的牢固的隶属关系。

第二，将分散的诸申凑编牛录，赐予有功、有才之臣辖领。在统一女真的过程中，不少诸申分散地前来"归顺"，也有一些临阵投降之人，努尔哈赤把这些人丁编立牛录，给予功臣和能干之人管辖。

第三，牛录已经成为固定的社会基层组织。努尔哈赤编立的牛录，虽然源于女真古老的牛录制，但其内容和性质，却已发生了很大的变化。旧牛录，是临时的武装组织，兵猎完毕即行消失。现在的牛录，是努尔哈赤编立的，不完全依照族寨旧俗，它长期存在，由一个单一的武装组织演变为包括军、政、财、刑各方面职能的社会组织。万历二十四年（1596年）入使建州的朝鲜南部主簿申忠一写道：努尔哈赤"于各处部落，例置屯田，使其酋长，掌治耕耘"，遇有征战，传令于"各部落酋长……各领其兵，军器军粮使之自备，兵之多寡，则奴酋定数云"。重要地方，设堡驻军戍守，"军则以各堡附近部落调送，十日相递云"。对于私自潜入朝鲜渭原采参的女真，"奴酋乃令其部落刷出，每名或牛一只，或银十八两征收，以赎其私自越江之罪"。差役制度是，"役军，则三四日程内部落，每一户计其男丁之数，分番赴役，每名输十条云"①。申忠一说的"部落"，就是努尔哈赤编的牛录。从金派诸申屯垦田地，纳木赴役，到征丁披甲为兵戍守城堡，以及清查私往采参的女真，皆以部落（即牛录）为计算单位，令各部落之长——牛录额真负责安排贯彻执行，可见此时的牛录既已成为努尔哈赤辖束的军政机构，又是女真-满族社会的基层组织。

第四，牛录人丁多少不等，亟需划一。上表所列编成牛录的人丁，数目很不一致，有的牛录是一百二十余人，有的是一百人；有的五百户编一个牛录，有的四百户编一个牛录，有的二百户编一个牛录，有的八

---

① 申忠一：《建州图录》。

百户编两个牛录，最少的十八户编一个牛录，多的一千余户编两个牛录，人丁数量相差悬殊，给统一管辖带来了很多困难。比如，筑造城池的夫役，披甲出征的士卒，是以牛录为单位，各个牛录均等分派，还是依据人丁的多少按比例签差？分取俘获的财帛人畜，是各牛录均分，还是计丁领取？辖治四五百户大牛录的牛录额真，与仅仅管理十八户的小牛录额真，待遇有无两样，地位是否相同，是同等领取赐品，还是多少不一？居住的地区，耕种的田地，戍守的城堡，是按牛录分配，还是以人丁为依据？此类等等，纷繁复杂，给统一事业造成了不少麻烦。

第五，归附日众，牛录激增，迫切需要建立严密的分级管辖制度。努尔哈赤原来只是人丁数十的小部之长，经过三十余年的南征北战，到万历四十三年（1615年），已经成为辖地上千里、牛录数百、臣民众多的女真国汗了。这样多的人丁，这样多的牛录，如果全由努尔哈赤一人直接辖治，不建立分级管理制度是不行的，分处各地的几百个牛录，终将成为一盘散沙，很难形成真正的牢固的统一体。

因此，努尔哈赤在传统的女真牛录制基础上，加以改组、发展、扩大和定型，创立了八旗制度。万历二十九年（1601年），旗分黄、白、红、蓝四色，三百丁为一牛录，置牛录额真管辖。虽然实际上各个牛录并不一定都是三百丁，有多有少，但大体上比较划一。万历四十三年（1615年），"将此四色镶之为八色，成八固山（八旗）"，正式确立了延续近三百年的清朝特有的八旗制度。后来皇太极执政时，又新编蒙古八旗、汉军八旗，连前满洲八旗，共二十四旗，总称为八旗。

（三）八旗制度的内容、性质及其影响

《满文老档·太祖》卷4，对万历四十三年（1615年）八旗制的确立及其基本内容，作了如下叙述：

"聪睿恭敬汗之聚集之众多国人，皆均匀整齐点数，三百丁编一牛录，一牛录设一额真。牛录额真之下，设代子二人、章京四人、村寨拨什库四人。四章京分率三百丁编为达旦，无论作何事，往何处，按四达旦之人当班计，共同劳动，同出同行。若兵丁之甲胄弓箭刀枪鞍辔等物恶劣，则贬降牛录额真，若俱整修良好，军马肥壮，则擢升牛录额真。诸事豫为立法，俾得遵循。

因若取赋谷于部众，将苦累部众，乃令出一牛录之十丁四牛于公，

于闲地耕田，多获谷物，充实仓库，委托十六大臣、八巴克什，掌管库谷之登记收支。……选审断国事公正善良之人为八大臣，再选四十审事官，不贪酒，不索金银。每五日召集诸贝勒、大臣于衙门相议，使公正审断事之是非，成为常例。

英明汗又言：……诸贝勒、大臣，尔等与其只顾一身而生，不如对下面众伊尔根教以善言，使其摒弃恶念，众心皆明而善，不为主上所罪，尽执忠良之心，则尔等今生令名大著，后世之回报亦丰，此亦功德矣。吾思，生者者，善理上天委任大国之事，审断公正，平盗贼，止恶逆，贫苦之人尽皆养之。如此，合天意，养贫乏，使国家太平，此则报天之大功，己身之大福也。”

《武皇帝实录》卷2载：

“太祖削平各处，于是每三百人立一牛录厄真，五牛录为一扎拦额真，五扎拦立一固山额真，固山额真左右立美凌额真。原旗有黄、白、蓝、红四色，将此四色镶之为八色，成八固山。行军时，若地广，则八固山并列，队伍整齐，中有节次。……军士禁喧哗，行伍禁纷杂。……又立理国政听讼大臣五员，都堂十员。……凡事都堂先审理，次达五臣，五臣一鞫问，再达诸王。如此循序问达，令讼者跪于太祖前，先闻听讼者之言，犹恐有冤抑者，更详问之，将是非剖析明白。”

这些材料以及其他记载，皆表明了八旗制度是在统一女真各部的过程中建立起来的，其中自然包括了用兵行围职能，即后金国的军事制度。努尔哈赤明确规定，所有人员都必须编入八旗，“聚集之众多国人，皆均匀整点齐数”，分隶各牛录，禁隐匿丁口脱漏不报，不准离旗外逃。这样，就将来自不同地区的、分散的几十万人口，统一编制起来。

八旗制度实行三级管理制度，三百丁为牛录，五牛隶为扎拦（亦写为甲喇），五扎拦为一旗。扎拦，满文jalan的音译，原意为“草节、树节、竹节儿之节，骨节之节”，此处是将甲喇作为承上启下的中间机构，上为固山（旗），下为牛录。牛录额真管本牛录的三百丁，甲喇额真管五个牛录（后各甲喇辖隶的牛录不尽一致，有的多达十余牛录），受制于固山额真，归本旗旗主贝勒统治。八旗之上，有汗总辖。这样一来，原来分散的几百牛录被统一编制起来，分级管理，既严密，又灵活，对加强后金国的集中统一领导，起了很好的作用。

有了人丁，就可以签征兵士。八旗的诸申是兵民合一，平时耕猎为民，战则披甲当兵，每个诸申皆有出征厮杀的义务。各个时期金丁披甲的比例不一，有时一牛录出五十甲，有时一牛录出一百甲，有时一牛录一百五十甲，大体上三丁抽一。这样，就建立起了一支拥有精兵数万的军队——八旗劲旅。

征战之时，固山额真、甲喇额真、牛录额真，分率本旗、本甲喇、本牛录士卒，在汗或本旗旗主贝勒指挥之下，冲锋陷阵，攻城夺堡，立功则受赏，违令则惩治。努尔哈赤规定，兵刃交接时，披重铠执利刃者为前锋，披短甲善射者自后冲击，精兵另行立于一处，观望军情，有不备处，立即前往接应。破敌后，"功罪皆当其实，有罪者，即至亲不赏，必以法治，有功者即仇敌不遗，必加升赏"。[①]

八旗制度不仅是军事制度，还包括了征赋金役等财经方面的职能。国家筑城、运输等项力役，皆按旗金派牛录人丁担任。官用粮谷，亦系八旗各牛录提供，每牛录出十丁四牛屯垦闲地，收获粮食交纳公库。若按一丁垦地三十六亩计（这是天命五年以后实行计丁授田的标准），当时八旗共二百多个牛录，可垦田地八九万亩，能收粮食十万余石，这对保证军粮供应，起了很大的作用。

后金的其他用费，包括临时征战急需的军马和舟船，也由各牛录备办。天命元年（1616年），为征东海瑚尔哈部，命"一牛录选骏马六匹，共马一千，牧于田谷之中，使肥之"。又"令一牛录出三人造舟"，往兀尔简河上游森林，"造剕舟二百"。[②]因此，进入后金的朝鲜从事李民寏，述其见闻说："凡有杂物收合之用，战斗力役之事，奴酋令于八将，八将令于所属柳累将，柳累将令于所属军卒，令出不少迟缓，绝无呈诉辨理争讼曲直之事云。"[③]

八旗制度又是后金进入辽沈以前的政权的特殊组织形式。牛录是基层政权机构，上为甲喇，再上为固山。八旗的固山额真、甲喇额真、牛

---

①《武皇帝实录》卷2。

②《满文老档·太祖》卷5。

③ 李民寏：《栅中日录》。

录额真，既要执行汗的指示，金派人夫屯田服役、披甲当兵，率领士卒上阵厮杀，又要遵奉汗和旗主贝勒的命令，辖治属下人员。努尔哈赤一再谕示各级额真严格辖管旗下人员。他降谕说："汗所任用之诸大臣，自众额真以下，牛录章京以上，尔等当各自谨慎恪守职责，坚持法令，严加管辖……管教国人。"①他责令众额真—固山额真、梅勒额真、甲喇额真、牛录额真、牛录章京和村寨拨什库，皆要遵奉此谕，书写誓言，呈汗阅后记入档，日后背誓犯罪，则依誓言整治。甲喇额真以上官将共呈誓言说："谨记誓言汗所下达之任何令旨，若诸贝勒、大臣忘记汗言，不详察所被委任牛录众人之善恶，则贬降诸贝勒、大臣，以知其过。"章京、村寨拨什库发誓说："诸贝勒、大臣之各种禁令，达于牛录额真，牛录额真应不忘其言，不违时日而转达。……若伪作此言而违之，使牛录额真知其过，告诸贝勒、大臣而杀之。"②

　　在辖治旗人的问题上，努尔哈赤谕示群臣，要他们做到以下四条。一为"审断公正"，即维护奴隶主阶级的利益，按照统治者的意志裁处各事，要宽待奴隶主，重惩违令的阿哈、诸申。遇有诉讼，都堂先审，次达五大臣，再达诸贝勒，然后由汗裁定。③二是"平盗贼，止恶逆"，遇逢阿哈、诸申反抗，则严厉镇压，捉获逃亡的阿哈，立即处死。④三系"遍济贫乏"，施用小恩小惠，赐食盐给筑城夫役，赏布匹给穷民，以示宽厚，企图使诸申、阿哈感恩戴德，"虽劳苦从事而无怨言"。⑤四为"教以善言"，使劳动者之心，"皆明而善"，不怀恶念，不为"盗贼之行"，俯首帖耳，甘做顺民。这样，就可达到"国家太平"，奴隶制的后金国太平无事，汗、贝勒便能坐享阿哈、诸申的劳动果实了。

　　总之，八旗制度并不只是一个单纯的军事制度，而是包含了军、政、财、刑等各方面职能的满族的根本制度，并且还是进入辽沈以前的奴隶制国家后金政权组织的特殊形式。

---

　　①②《满文老档·太祖》卷11。

　　③ 例如，努尔哈赤曾下严令，不准诸申冒犯宗室贵族，如对"汗之亲戚不逊"，则用鞭狠打，若用手触及宗室身体，则斩。工匠有岱，因隐藏两匹马，被人告发后畏过潜逃，被处以死刑；而参将永顺射箭杀人，法司本已徇情轻判，只降为游击，努尔哈赤却念其兄阿兰珠战死沙场立功，而尽行赦免。《满文老档·太祖》卷17、33。

　　④ 李民寏：《栅中日录》。

　　⑤《满文老档·太祖》卷18。

在相当长的时间内，八旗制度对满族的后金——大清国，产生了强大的影响，起了积极的作用。八旗制度的建立，将分散的几十万人丁严密地编制起来。分则弱，合则强，宋朝便有女真"兵若满万，则不可敌"的说法。现在，一二十万女真统一编制，每牛录金甲一百或一百五十，可挑选精兵数万，加上粮草充足，器械精良，战马十万，这支武装力量就成为具有极大威力的强大军队。努尔哈赤率领八旗劲旅，用兵三十余年，战必胜，攻必克，连下明朝重镇，大破明军于萨尔浒，俘获人畜数百万，辖地数千里，极大地增加了汗、贝勒的财富与势力，扩大了奴隶制剥削范围，对后金国的巩固和发展，起了重大作用。

八旗制度的建立，还有力地促进了满族的形成和发展。全部人员各按旗、甲喇、牛录居住，原系一族之人往往分隶不同的旗或不同的甲喇、牛录。一旗、一甲喇、一牛录之内又有不同地方和民族的人丁，基本上打破了女真各依族寨居住的旧习，这就使八旗数十万不同民族的人员，居住在同一地区，密切了彼此之间的联系。

八旗人丁在汗、贝勒和各级额真的管辖下，耕田种地，纺花织布，牧放马牛，猎捕兽禽，采松摘果，生产迅速发展，改变了部分女真旧日渔猎为生的落后习俗，八旗人员大体上达到了"耕田食谷为生"的水平。

在此之前，有的女真人任意行止，自由谋生，过着原始社会末期的生活，而辽东地区的汉民已进入封建社会后期。编入八旗以后，各部各地人员，或者是降为阿哈，或上升为奴隶主，或为奴隶占有制国家辖治的诸申，家主剥削阿哈的奴隶制发展成为占据八旗统治地位的生产关系。

八旗人员皆须遵守国家法令，阿哈必须交出耕田所获全部粮食，献与家主。诸申必须听从汗、贝勒驱使，屯田服役，披甲厮杀。所有八旗人员，不管是女真，或是汉民，言谈交际，文移往来，必须使用满文满语，服装发式亦须一律，依照女真习惯剃发，不许妇女缠脚。八旗人员同居共处，互通婚姻，血缘关系愈益密切。

这样一来，在八旗制度的辖束下，经过广大八旗人员的长期辛勤劳动和共同战斗，来自不同民族和地区的几十万人，在生产力、生产关系，赋役负担、国家法令、语言文字和风俗习惯等方面，大体上达到了同样的水平，旧有的差异迅速消失，一致性愈益增多，逐渐形成为一个在居住地区、经济条件、语言文字、心理状态等方面水平基本一致的、新的民族共同体——满族。在这个中华民族大家庭的新成员的诞生及成长过程中，八旗制度起了积极的促进作用。

七、贵族集团的形成

（一）宗室贵族

从明万历十一年（1583年）的十三甲起兵，到明天启元年、后金天命六年（1621年）进入辽沈以前，随着战争的胜利进行，辖地的扩展，以及臣民和阿哈（奴仆）的急剧增多，努尔哈赤及其家族、亲友、属员、部下的身份、地位、财富发生了天翻地覆的巨大变化。

努尔哈赤本是一个只有少数阿哈的建州女真舍人，明万历五年（1577年），他十九岁时，与其父分家，"（其父）给予阿哈、牲畜甚少"。①二十五岁时，父、祖突遭明军杀害，家道衰落，仇人威逼，亲族疏远，处境艰难。这样一个没落的小头人，经过三十余年的征战厮杀，一跃而为东北地区的强国君王，先后被尊为"淑勒贝勒""聪睿汗""聪睿恭敬汗""建州国王"，辖区皆系汗之地，所有女真和汉、蒙降民尽为汗民，金银、牲畜、阿哈多得不得了。他的子、侄、孙及一些立有军功的亲友、属员和部下，也都跟着飞黄腾达，升为贵族，形成了贵族集团。

贵族集团，包括宗室贵族和异姓贵族两大类。宗室贵族是清太祖努尔哈赤弟兄的后裔，封爵定制以前，被尊称为贝勒和台吉。崇德元年（1636年）始定王公爵位为十等，分别为和硕亲王、多罗郡王、多罗贝勒、固山贝子、镇国公、辅国公等爵位。这些高贵的王公，原先并非达官贵人或富商大贾。清太宗皇太极于崇德元年（1636年）七月二十五日训诫各位王公时，揭露了他们早年的真面目。《满文老档太宗朝》册23载：

"圣汗谕诸固山贝子曰：尔等敬听，昔太祖时，我等得知明日出猎，即于今日调鹰蹴球，若不令往，泣请随行。观今之子弟，唯知游逛市井，耽于戏乐。在昔时，无论长幼，贫困之际，每闻出兵行猎，兴致盎然。彼时随从甚少，人各牧马披鞍，析薪自爨。虽如此艰辛，犹各为

① 《满洲实录》卷1，满文体。

主效力不绝。国势之隆，非由此努力而致乎！今之子弟，每闻出兵行猎，或言妻子有疾，或以家中有事为辞者多矣。不思行兵出猎，勇往奋发，而耽恋妻室，国势能无衰乎？谕毕，诸王大臣对曰：'圣汗之谕甚是，我等无言以对。'于是，圣汗还清宁宫。"

顺治年间修订的《清太宗实录》稿本，卷23载述此事说：

"（上）又向众固山贝子曰：汝等敬听，昔太祖时闻来日出猎。我等今日遂去演鹰踢毯。若不令往泣请随行。今之幼子，专游街市，图戏乐。昔大小穷苦之人，闻兴兵田猎，皆以为美，且从人甚少，日则自己牧马造饭，夜则以马屉铺眠，如此艰难。尚各为主勤劳，始能创建兴国。今闻兴兵田猎，或诿妻子抱病，或诿家事忙迫者，亦甚多矣，不思兴兵田猎，锐志勤劳，惟欲守妻自居，岂非衰世之所为耶。诸王大臣对曰，皇上之命诚是，臣等亦无可对矣。"

康熙年间修列乾隆四年（1739年）定稿刻印的《太宗文皇帝实录》卷30载述此事说：

"上又谕曰：诸固山贝子，尔等敬听朕言。昔太祖时，我等闻明日出猎，即豫为调鹰蹴毯，若不令往，泣请随行。今之子弟，惟务出外游行，闻居戏乐。在昔时，无论长幼，争相奋励，皆以行兵出猎为喜，尔时仆从甚少，人各牧马披鞍，析薪自爨，如此艰辛，尚各为主效力，国势之隆，非由此劳瘁而致乎。今子弟遇行兵出猎，或言妻子有疾，或以家事为辞者多矣，不思勇往奋发，而惟耽恋室家，偷安习玩，国势能无衰乎。诸王大臣奏曰：诚如圣谕，臣等谨识费忘。"[①]

以上三种书记载大体相同，只是文字有所润色，证明了包括太宗皇太极在内的努尔哈赤的子、孙，"昔时，无论长幼，贫困之际"，都是"仆从甚少""行兵出猎"，各自牧马造饭，"夜则以马屉铺眠，如此艰难"，说白

① 本书所引的《清实录》，是台湾新文化出版公司1978年出版的《大清历朝实录》与北京中华书局出版的《清实录》，在一些地方，页数不尽相同。

了，就是贫穷之人。可是今非昔比了，正是所谓三十年河东，三十年河西，这批贫寒子弟，如今一个个成为王爷、公爷，仆婢阿哈如云，庄园众多。早在明万历四十一年（1613年），即努尔哈赤以"遗甲十三副"起兵之后的第三十年，努尔哈赤的长子褚英、次子代善，便从昔日贫寒子弟一跃而为各自拥有父汗赐予的"部众五千户、八百牧群、银万两"的大奴隶主，此后，部众更多，阿哈、庄园更多。

（二）和硕贝勒、大贝勒

讲到宗室贵族，必须对这个贵族类型中的和硕贝勒、大贝勒多讲几句，这是清初的特有情况。和硕贝勒、大贝勒，为清朝特有的专用名词。和硕贝勒，乃满文hoso I beile的音译。Hoso（和硕），意为"四方之方，东南、西南、东北、西北四角之角"，[①]I意为之，Beile音译为贝勒。Hoso I beile按字直译，应译为"一方贝勒"，即一方之主。《满文老档》有时又将hoso I beile（和硕贝勒）称为gusai beile或gusai ejen beile，前者译为"固山贝勒"，后者译为"旗主贝勒"。[②]

因此，和硕贝勒就是固山贝勒、旗主贝勒。

和硕贝勒、旗主贝勒的人数，随着时间的推移、旗主的年岁增长、死亡，以及功过升贬，而略有变化。天命四年（1619年）萨尔浒之战被俘进入建州的朝鲜从事李民寏，对八旗做了如下叙述：

"胡语呼八将为八高沙。奴酋领二高沙，阿斗、于斗总其兵，如中军之制。贵盈哥亦领二高沙，奢夫羊古总其兵。余四高沙，曰红歹是，曰亡古歹，曰豆斗罗古（红破都里之子也），曰阿未罗古（奴酋之弟小乙可赤之子。小乙可赤有战功，得众心，五六年前，为奴酋所杀）。一高沙所属柳累三十五，或云四十五，或云多寡不均。一柳累所属三百名，或云多寡不均，共通三百六十柳累云。……旗帜（有五色之大小不同者，奴酋黄旗，贵盈哥黑旗，红歹是白旗云）。"[③]

根据李民寏的记述，八旗（八高沙，即八固山）之中，努尔哈赤亲

①《清文汇书》卷3。

②《满文老档·太祖》卷17。

③李民寏：《建州闻见录》。

领二黄旗，代善（贵盈哥）也有二旗，阿敏（阿未罗古）、皇太极（红歹是）、莽古尔泰（亡古歹）、杜度（豆斗罗古）各有一旗。

稍晚一点，朝鲜满浦金使郑忠信，于天命六年（1621年）八月入使后金，记述八旗人员兵数如下：

> "一部兵凡一万二千人，八部大约九万六千骑也。老酋自领二部，一部阿斗尝将之，黄旗无画，一部大舍将之，黄旗画黄龙。贵盈哥领二部，一部甫乙之舍将之，赤旗无画，一部汤古台将之，赤旗画青龙。洪太主领一部，洞口渔夫将之，白旗无画。亡可退领一部，毛汉那里将之，青旗无画。酋侄阿民太主领一部，其弟者哈将之，青旗画黑龙。酋孙斗斗阿古领一部，羊古有将之，白旗画黄龙。"[①]

将这两段材料对比分析，我们可以断定，进入辽沈前夕，后金国中八旗的旗主贝勒、和硕贝勒，有代善（两个红旗）、阿敏（镶蓝旗）、莽古尔泰（正蓝旗）、皇太极（正白旗）、杜度（镶白旗），努尔哈赤既是旗之"共主"，又亲领正黄、镶黄二旗。

和硕贝勒、旗主贝勒权力很大，是本旗之主，与旗下人员之间是君臣、君民关系。《满文老档》在记述和硕贝勒与旗下官兵的关系时，用了一个很特别、很有趣也很准确的词汇：salibumbi。Salibumbi是动词salimbi的强制态和被动态，salimbi意为"承受家产之承受，擅，专"，salibumbi意为"使承受，使专主"。这就是说，八旗人员包括各级官将，都是后金国汗"专主"之人，由努尔哈赤赐给各旗主贝勒，使旗主贝勒承受，使其专主。

《满文老档》有时也用salibumbi一词，来表述家主与阿哈的关系。比如，大贝勒代善怀疑次子硕托有叛逃之心，而向汗父奏请说：如我听信后妻谗言，"不将我之僚友、部众给予吾子（硕托），不将包衣阿哈、马牛牧群使其承受专主"，则杀后妻。[②]

可见，和硕贝勒有权将为其专主的旗下大臣、诸申，像阿哈、马牛一样，赐予子孙，连用的词汇都相同，都用salibumbi一词。

这种政治上和硕贝勒与旗下人员的君民隶属关系，在经济方面也有

---

① 吴晗：《李朝实录史料》第3146页。
②《满文老档·太祖》卷16。

体现。努尔哈赤曾谕告众人说："若无阿哈，主何能生！若无诸申，贝勒何能生！"①这在前面已经讲到，诸申必须自带耕牛农具，屯垦闲地，当兵服役，遭受贝勒欺凌盘剥。

我们还可以引用一个具体事例，来看看和硕贝勒与旗下官将的君臣关系。八旗设有牛录额真、甲喇额真、梅勒额真、固山额真等官。额真乃满文ejen的音译，意为"主"。如照字直译，牛录额真（niru i ejen）应译为牛录之主，固山额真（gusa i ejen）应译为"固山之主"或"旗主"。牛录额真、固山额真等官衔的出现，固然表明担任牛录额真、固山额真的官将，对本牛录、本旗的诸申有权管辖、有权盘剥，但他们还不是本牛录、本旗的真正之主，他们和诸申一样，皆须尊奉本旗和硕贝勒为主，受其统辖，为其效劳，否则将被严惩。比如，天命五年（1620年）八月二十一日，努尔哈赤率兵攻明时，令"左翼之一固山之主莽古尔泰贝勒"，领精兵一百，追逐沈阳城外明兵。"以莽古尔泰贝勒亲自远逐，该固山大营之兵主总兵官额亦都亦率领众兵，不速追贝勒，由后缓缓而行"。回兵时，"莽古尔泰贝勒对彼之大兵之主额亦都曰：尔何故不从吾行？额亦都曰：怎知如此远逐，尔如此追杀，我等众兵焉能追及"。努尔哈赤因额亦都不护卫莽古尔泰而大发雷霆，下令尽捕其随从的十余大臣，额亦都也"自缚待审"。法司拟处额亦都死刑，努尔哈赤虽念其长期征战，军功卓著，又系其为妹夫，其子亦娶己女，宽免不杀，但仍严办，夺其诸申三百丁，革其功。②

这样一个开国元勋、皇亲国戚，因未紧密护卫和硕贝勒，险被斩首示众，可见和硕贝勒确是本旗之主，旗下人员皆其臣仆，君臣之义甚严。

和硕贝勒还是本旗其他贝勒之主。当时的贝勒，都是努尔哈赤的子、侄、孙，都是皇子皇孙，拥有汗父（汗伯父、汗祖父）给予的牛录诸申、阿哈，与议国政，带兵出征，有些还是"十部执政贝勒"，常以"执政贝勒"名义代表后金国，与蒙古各部贝勒盟誓议和，权势很大。但是，贝勒并不都是和硕贝勒，进入辽沈以前，八旗只有代善、阿敏、莽古尔泰、皇太极、杜度是和硕贝勒，其他如努尔哈赤第七子阿巴泰、第十子德格类，舒尔哈齐之子斋桑古、济尔哈朗，代善之子岳托、硕托，虽都已成年，都是有权有势的贝勒，但都不是旗主贝勒。他们不能

①《满文老档·太祖》卷2。

②《满文老档·太祖》卷16。

独立成旗，必须附入父兄旗下，服从本旗和硕贝勒辖治，仰其供给，对旗主十分敬畏。阿敏及其弟斋桑古之间的关系，就是一个很好的例证。

镶蓝旗和硕贝勒阿敏，怀疑其弟斋桑古贝勒行为不轨，因而"对其诸弟之衣食生计，供给便不充裕，不公平。斋桑古向大贝勒、四贝勒再三陈诉，大贝勒、四贝勒以若将弟诉之言告于父汗，则似诬谤并肩而行之阿敏台吉，将招外人之言，因而不告。斋桑古欲将苦情告于汗伯父，则惧兄阿敏台吉，若不告，生计无着，困苦忧愁"。后斋桑古与硕托分别前往自己的拖克索和牲群地，诸贝勒、大臣听说后，疑其欲逃往明国，发兵堵截。阿敏奏告汗父，建议："将吾等弟兄置于众人之前审之，若吾为非，则辱吾，若弟斋桑古为非，将弟付吾，吾将杀之。"努尔哈赤拒绝此议，决定从轻了结此事，下令说："若斋桑古愿与其兄阿敏台吉合居，听之。若不愿与阿敏台吉合居，欲与他兄合居，则归入于他兄之固山下。"①

这件事表明了五个问题。其一，斋桑古虽是拥有牧群、诸申、阿哈，领兵辖民、有权有势的贝勒，但并不能独立为旗，而是依附于兄长阿敏，归属旗主贝勒阿敏的镶蓝旗下。后虽因弟兄之间关系恶化，难以合居，亦不能独立于八旗之外，必须"归入"另一和硕贝勒的固山之下。其二，斋桑古等贝勒，衣食方面仰赖兄长和硕贝勒阿敏供给，阿敏刻薄寡恩，则其弟便"生计无着，困苦忧愁"。其三，本旗的其他贝勒，对自己固山的和硕贝勒阿敏十分畏惧，虽受其虐待，亦不敢直接反抗，甚至还不敢越过阿敏向一国之汗努尔哈赤诉苦。其四，和硕贝勒对本旗人员有权支配，除汗父（汗伯父）可以干预外，其他旗的和硕贝勒无权过问该旗的内部事务。像上述辅父执政的大贝勒代善，为汗父宠爱的四贝勒皇太极，也不敢、不愿干涉与己"并肩同行"的固山贝勒阿敏旗内之事。其五，身为和硕贝勒的阿敏，竟要奏请斩杀本旗的弟贝勒斋桑古。这一切，充分表明了和硕贝勒对本旗属下人员统治之严及其支配权力之大，二者之间存在着严格的君臣、君民隶属关系。

和硕贝勒之外，还有"四大贝勒"。《清史列传》卷1，《代善传》载称：

"丙辰（1616年），太祖建元天命，封代善及舒尔哈齐长子阿敏、

①《满文老档·太祖》卷16。

太祖第五子莽古尔泰与太宗文皇帝，并为和硕贝勒。国中称代善为大贝勒，阿敏为二贝勒，莽古尔泰为三贝勒，太宗文皇帝为四贝勒。"

《清史稿》卷215，《阿敏传》载："天命元年，与代善、莽古尔泰及太宗，并授和硕贝勒，号四大贝勒，执国政。阿敏以序称二贝勒。"

《清史列传》与《清史稿》，都把和硕贝勒与大贝勒等同起来，都断定是天命元年封授的。查看《满文老档》却并无这样的记载。《满文老档》中第一次出现"大贝勒"，是在天命三年三月。天命四年三月萨尔浒会战时，《满文老档》多次叙述大贝勒（代善）率兵大败明兵的具体情况。五月初五，为庆贺胜利，设大宴。《满文老档》对此载述说：

"五月初五辰刻，汗出坐于衙门，衙门左右，设凉棚八座，八固山之诸贝勒、诸大臣坐于八处，大贝勒、阿敏贝勒、莽古尔泰贝勒、四贝勒、朝鲜二元帅等六人，皆赐矮几，设大宴。前此筵宴，诸贝勒皆不坐于棹，席地而坐。"①

第二月，"和硕贝勒"一词，正式出现于《满文老档》之中。此后，大、二、三、四贝勒，便屡见不鲜了。

从这些情况来看，天命元年前夕八旗定制时，代善、阿敏、莽古尔泰和皇太极，已是各主一旗（或二旗）的旗主贝勒或和硕贝勒，按年岁为序，分别称为大、二、三、四贝勒。这时，除庶妃所生阿拜等人以外，爱妃乌拉纳喇氏之子阿济格才十岁，多尔衮、多铎仅是四岁、两岁的乳臭未干的幼童，没有其他旗主贝勒。到了天命四年（1619年），情况就有了变化，努尔哈赤之孙杜度也成了独主一旗的固山贝勒，岳托、硕托、济尔哈朗、斋桑古、德格类、阿济格等台吉，皆已年长，披甲上阵，领兵厮杀，成为有权有势的贝勒和台吉，因而代善、阿敏、莽古尔泰、皇太极等四大贝勒，地位更为突出，高于其他贝勒之上，设宴之时，四位单独成列，其他贝勒则各归本旗之下就座，四大贝勒成为高于普通贝勒、高于和硕贝勒的尊贵称呼了。天命六年（1621年）二月，努尔哈赤又规定："四大贝勒按月分值，国中一切机务，俱令值月贝勒掌

① 《满文老档·太祖》卷9。

理。"①四大贝勒具体主管军国大政，成为仅次于英明汗一人之下的最高统治成员。

（三）异姓贵族

此时异性贵族的主体，是依靠论功行赏升官封爵的八旗官将，即"军功勋贵"。八旗官将，包括五大臣、固山额真、梅勒额真、甲喇额真、牛录额真，有时又称总兵官、副将、参将、游击、守备。这批人中，有的原系各部女真的部长、寨长、路长，率诸申来投，努尔哈赤即将其带来诸申编为牛录，任原部长为牛录额真或其他要职。少数诸申因尽心竭力为汗效劳，亦被擢升各级额真。一些蒙古贝勒、台吉，带领部属前来，努尔哈赤从厚优待，封官授职。明朝投降的官将生员，讨好新君，效忠金国，亦被重用。

这些大臣中，不少人成为清朝的"开国元勋"，后来论功行赏，封赐公、侯、伯、子、男世爵，有的还与努尔哈赤家族联姻。这些勋贵便构成贵族的另一组成部分，称之为"异姓贵族"，以与宗室贵族相区别。

八旗各级额真，虽然来源于不同的民族和部落，以前的家产、地位、身份、势力不尽一样，但他们之所以能发家致富，成为奴隶主阶级的重要成员，而后飞黄腾达，世袭爵位，满门显贵，却都是由于效忠汗、贝勒，为建立后金国立下了汗马功劳。有功，就得酬报，就得授官赐爵，给权给职，就可凭借权势大量抢夺人畜金帛。我们可分类挑选一些典型做些分析。

一类是原为部长、立下大功的"开国功臣"，如《满洲实录》大书特书的"率众归降"的三部长。万历十六年（1588年），苏完部长索尔果、栋鄂部长何和礼、雅尔古部长扈拉瑚，各率所部诸申来投，努尔哈赤以长女嫁与何和礼为妻，收扈拉瑚之子扈尔汉为养子，以孙女嫁与索尔果之子费英东为妻，授此三人为大臣。②为什么这三个部长来投，《满洲实录》要专门书写？为什么努尔哈赤要嫁女、收子、给予大臣职，如此隆重迎接，从优礼待？为什么《满洲实录》记述此事后，立即接着写道："太祖遂招徕各部，环满洲而居者，皆为削平，国势日盛。"这显然意味着与三部长率众归降有关，原因何在？我认为，联系当时历史条件，

---

①《清太宗实录》卷5。

②《满洲实录》卷2。

那就是三部长来投的这件事本身，便为努尔哈赤创业兴邦立下了一大功。

努尔哈赤是万历十一年（1583年）五月起兵的，此时加上嘉木湖寨主噶哈善、沾河寨主常书、扬书所属诸申，披甲从征的不及百人。此后，虽连续用兵，攻打附近女真各部，先后征服兆嘉城、玛尔墩城、翁鄂洛城、瓜尔佳寨、贝欢寨、托漠河城、鄂勒珲城、巴尔达城、洞城，但皆系小部，人丁并未大增，一次出征最多只有马步兵五百。人口这样少，努尔哈赤要想统一女真各部，是很难办到的。

然而三部长来投，就改变了这个局面。苏完部长索尔果率本部诸申五百户来投，每户按抽一丁披甲计算，便可挑选兵丁五百名，即是说，一下子就给努尔哈赤增加了一倍的兵力。

何和礼是栋鄂部长克彻之孙，兄名屯珠鲁巴颜，亦为部长。从克彻到何和礼，势力"素强"。有的记载说，何和礼有兵马万余，故努尔哈赤对他特别优遇。这种说法虽然有所渲染，但其人丁马匹不会太少。回顾昔日，克彻巴颜与觉昌安等"六贝勒"结下冤仇，领兵来攻，势不能挡。从克彻到何和礼之兄屯珠鲁，皆被人们尊称为巴颜（富翁），可见其家之富。因此《清史稿》说，努尔哈赤初起兵时，"闻何和礼所部兵马精壮，乃加礼招致之"。[①]

扈拉瑚是雅尔古寨主，率本部诸申来归，人数也不少。

这样的三部长来投，使努尔哈赤兵力增加了好几倍，声势因而大振，为努尔哈赤扩大辖区、创业建国立下了大功，这就是他们受到厚待的原因。

当然，三部长之所以能从一个辖众数百（或上千）的小小部长，变成清朝"开国元勋"，继世代显贵，主要是因为他们效忠于汗，辅佐努尔哈赤，建立了强大的后金国。

现以费英东为例。费英东，姓瓜尔佳氏，万历十六年（1588年）随父索尔果投靠努尔哈赤后尽心竭力，备受赞扬。早期，其姐夫兑沁欲谋叛逆，费英东不顾至亲情谊，擒而斩杀，以示忠心。

费英东多次领兵出征。万历二十六年（1598年）正月，费英东与褚英领兵一千，攻取安楚拉库屯寨二十余处，俘获人畜万余。万历三十五年（1607年），他与褚英、代善、扈尔汉领兵三千，和乌拉布占泰贝勒所率万兵交战，大败敌军，杀三千人，获马五千匹、甲三千副。同年五月，

---

①《清史稿》卷231，《何和礼传》。

他又与巴雅喇、扈尔汉带兵一千，攻东海窝集部的赫席赫、鄂谟和苏噜、佛纳赫拖克索，获人畜二千。万历三十九年（1611年）七月，与阿巴泰率兵一千，攻取窝集部乌尔古宸、木伦二路，俘人畜一千。万历四十一年（1613年），从努尔哈赤攻乌拉，"力战破敌"，杀敌兵万人，灭其国。天命三年（1618年）四月，随努尔哈赤攻取抚顺后，明广宁总兵官张承荫率兵万人来援，拒险坚守，枪炮齐发，费英东坐骑震惊乱跑，众兵退却，费英东策马大呼，挥令士兵冲击，遂反退为进，大败明军，斩杀张承荫，尽歼其兵，获马九千匹、甲七千副，并得获大批枪炮弹药。天命四年（1619年）三月，萨尔浒大战时，费英东率本旗兵猛烈冲击，并与另四旗兵联合，斩明军主将总兵官杜松及其兵士两万人。费英东就是这样连年征战，督兵进击，大杀敌军，抢掠人畜，攻城略地，为努尔哈赤立下了赫赫战功。努尔哈赤盛赞其忠直正义，誉之为"万人敌"，封为一等大臣、众额真、固山额真，世袭三等总兵官，死后追封直义公，又晋世爵为一等公。①其子察喀尼、索海、图赖等均任要职，图赖亦封一等公世爵。

少数诸申效忠汗贝勒，拼命冲杀，军功累累，因而授官封爵，荣为公、侯、伯、子、男世爵，额亦都系一显著例证。额亦都年幼之时，父母为仇家杀害，逃匿邻居幸免于难。十三岁时，手刃仇家后，避居姑姑家，倚姑为生。十九岁时，额亦都投奔努尔哈赤，为其诸申。

额亦都等五大臣，是清朝的开国元勋，万历十一年（1583年）努尔哈赤以"遗甲十三副"起兵，攻图伦城主尼康外郎，从征诸申才数十人，额亦都就在其中，而且奋勇冲杀，首先登城，立下了第一功。努尔哈赤起兵初期，六祖中的长祖德石库、二祖留阐、三祖索长阿、六祖宝实的子孙，"同誓于庙，欲谋杀太祖"。万历十一年六月、九月，十二年（1584年）四月、五月，刺客四次夜至，额亦都皆护卫努尔哈赤，拼死反击。《清史稿》卷225，《额亦都传》载述此时情形说："太祖为族人所慁，数见侵侮，矢及于户，额亦都护左右，卒弭其难。"额亦都骁勇善战，能挽强弓十石，以少败众，所向无敌。万历十五年（1587年）秋，奉命取巴尔达城，至浑河，河水方涨难涉，他以绳索联系军士，强行渡河，夜薄其城，率骁卒先登，守兵力战，发箭射中额亦都股上，透股钉于城堞，欲下不能，额亦都挥刀砍断身上的箭，更加勇猛冲杀，夺取了城寨，受伤达五十余处，全身竟无一处完好。万历二十一年（1593年），叶赫等九部联军三万来

①《满文老档·太祖》卷1、2；《满洲实录》卷2；《清史列传》卷4，《费英东传》。

攻，敌众我寡，军心动摇，在这紧急关头，额亦都奉命，以百骑挑战，"敌悉众来犯"，额亦都"奋击"，毙九人，"敌却"，他乘机冲杀，大败九部兵，为努尔哈赤建业又树了一特大功勋。此后征东海，灭辉发，取乌拉，并叶赫，下抚顺，败十万明军于萨尔浒。夺辽阳、沈阳，额亦都皆领军从征，史称其，"辄为军前锋，用兵垂四十年，未尝挫衄"。努尔哈赤起初以族妹嫁与额亦都，后让其娶和硕公主，授一等大臣、众额真、固山额真，封一等总兵官（即后之一等子），卒后追封弘毅公，乾隆年间再晋为一等公。努尔哈赤又以第五女嫁与额亦都之长子达启，另一皇女嫁与额亦都之第八子图尔格。图尔格历任固山额真、吏部承政（后之尚书），封三等公。

八、建州国的建立和发展

随着女真各部的逐渐统一，建州国也就应运而兴了。建州国建立和发展的过程，大体上可以划分为三个阶段。明万历十五年（1587年），努尔哈赤在费阿拉"定国政"，乃是这个国家的萌芽状态。万历二十一年（1593年）击败九部联军统一建州女真，萌芽的国家得到了迅速的发展。天命元年（1616年），努尔哈赤被尊为"英明汗"，标志着一个新兴的、强大的奴隶制国家正式屹立在中国的东北地区。

随着这个国家的萌芽、形成和发展，它的国号及其首领的尊称，也相应地发生了变化，先后有着一些不同的称呼。在相当长的时间里，它叫女直国、建州国、女真国、诸申国和满洲国，天命四年（1619年）才开始称"后金国"，不久改号为金。

万历十五年（1587年），附近的图伦、玛尔墩、界范、哲陈、萨尔浒、安图瓜尔佳、贝欢、瓮郭落、播一混、托漠河、鄂勒浑等屯寨部落，相继被努尔哈赤征服。努尔哈赤于虎拦哈达东南加哈河两界中的平岗，筑城三层，这就是有名的费阿拉城，是建州国第一个"都城"。《满洲实录》卷2，汉文体，对这时的状况描述说："筑城三层，启建楼台。六月二十四日，凡作乱、窃盗、欺诈、悉行严禁。"同书满文体，记载得更准确一些："筑三层城，建衙门楼台。六月二十四日，定国政，禁革作乱、窃盗、欺诈，立禁约法制。"

"定国政"，是建州女真历史上的一件大事，也可以说是空前的创举。尽管此时努尔哈赤只征服了十来个小部，还未统一建州女真，领地狭小，人丁不多，仅仅是辖众数千的一部之长。与臣民亿万、疆域辽阔的明朝相比，与兵强马壮人丁数万的哈达、叶赫、乌拉大部相比，则十分弱小。但是，他却胸怀大略，高瞻远瞩，开始定辖区之政。这个"国政"首先是禁止"作乱"，即禁止阿哈对家主作乱，不许诸申、阿哈对贝勒作乱，要他们安分守己，辛勤耕耘，不得滋生"杂念"或心怀不满。总之，不许破坏现状，维护统治秩序。

"国政"的另一重要内容是禁"欺诈"，即要求阿哈忠于家主，不得作伪撒谎，不能冒犯主子威严，不许诸申怠慢贝勒，责令他们听从驱使，遵守命令，不能借口对抗，拖延不遵。

"国政"的第三个内容是严禁"窃盗"，这是女真历史上第一次以法令的形式来维护私有制，保护私有财产，使贝勒、大臣占有的阿哈、牲畜、财帛不被他人窃取。努尔哈赤还制定了另外的法禁，兴建了"衙门"（满文yamun），作为贝勒发布命令、管辖兵民、体现国家权力的公堂。这一切，和过去氏族制末期的情况很不一样，可以说，这次的"定国政"，标志着满族国家开始产生，是国家的萌芽形态。

这时，还没有"国号"，因为努尔哈赤辖区太小了，他既难于启齿给它命名为什么国家，同时，他恐怕还没有想到这个问题。但个人的尊称却已经有了，"即僭称""淑勒贝勒"。《满洲实录》满文体，从努尔哈赤出生之日起，一直到万历三十四年（1606年），都称他为"淑勒贝勒"。淑勒，乃满文Sure的音译，意为"聪睿"，淑勒贝勒就是聪睿贝勒。

万历十六年（1588年），苏完、栋鄂、雅尔古何和礼等三部长来投，又相继兼并了王甲、兆嘉，人丁上万，辖区扩大，努尔哈赤就想当当"王子"了。万历十七年（1589年）七月，朝鲜平安道兵马节度使援引归顺的建州女真童海考等四十八人的报告说：

"左卫酋长老乙可赤兄弟，以建州酋长李以难等为麾下属。老乙可赤则自中称王，其弟则称船将。……挟制群胡，从令者馈酒，违令者斩头。"①

过了几年，努尔哈赤大败九部联军，征服朱舍哩、纳殷二路，统一

---

① 吴晗：《李朝实录史料》第1530页。

了建州女真各部，辖地西抵明朝抚顺，南至鸭绿江，东达长白山，相当广阔，人丁成倍增长。这时就出现了最早的国号。万历二十三年（1595年）十月，努尔哈赤上书明朝游击胡大受说：

> "游击宣谕莫与高丽为仇，我并无违法。……达担国、海西及建州，必直有好人歹人……"①

这里，将建州与达担国、海西相提并论，显然意味着建州与海西一样，与达担国一样，也是一个国家。但建州左卫是明朝属卫，努尔哈赤是明帝封授的女直都督，他当然不敢对天朝明帝自称建州国，因而含糊其辞，只有在另外场合，才敢抬出这个国号。就在上书之前，努尔哈赤已在朝鲜人面前，自称国家了。八月，朝鲜通事河世国随明朝差官，进入建州辖区，努尔哈赤对河世国说："两国别无仇怨……今后如前和好。"十一月初，其部将马臣等来到朝鲜，对满浦金使柳濂说："我王子计虑长远。"归还朝鲜人口，而朝鲜无友好之意，斩杀进入渭原采参的女真，"至今子丧其父，弟失其兄，妇哭其夫，号呼冤痛，惨不忍闻。我王子不堪目前悲苦之状，将起兵报仇"②。

十二月底至第二年正月，朝鲜南部主簿申忠一，入使建州。努尔哈赤令马臣告诉申忠一说："继自今两国如一国，两家如一家，永结欢好。"其族兄多之亦说："我王子与你国将欲结为一家。"故归还人口。努尔哈赤还致书朝鲜说：

> "女直国建州卫管束夷人之主佟奴儿哈赤禀，为夷情事。蒙你朝鲜国我女直国二国往来行走学好，我们二国无有动兵之此礼，应为理。"
>
> 申忠一观看书中印迹，"篆之以建州左卫之印"。③

这些事实表明，此时努尔哈赤对朝鲜已自称"王子"，自称是"女直国"或"女直国建州卫"，即包含了建州国、建州国主的含义，但毕竟还不十分明确。他还只能自称"王子"，不敢称"汗"，只能沿用明

---

① 吴晗：《李朝实录史料》，第1530页。
② 吴晗：《李朝实录史料》，第2168页。
③ 申忠一：《建州图录》。

朝政府对女真的称呼——"女直"，不敢恢复祖俗，引用"女真"本名。他既称女直国，又不得不加上建州卫，不敢彻底摆脱明朝政府在称呼上的规定束缚。他既僭称女直国之主、"王子"，又只能钤盖明朝政府颁发的"建州左卫之印"，没有另行铸造建州国主的印玺，不敢以建州国王、建州国汗名义与朝鲜交涉。这都说明，努尔哈赤既有雄心大志，要称孤道寡，又很明智、很有节制，在势力不够强大的时候，暂且委屈一下，使尊称和国号与实力相应，不要过分狂妄。而几年以后，情况就不一样了。

明万历二十七年（1599年），努尔哈赤又命扎尔固齐噶盖和巴克什额尔德尼创制满文（即老满文，又叫无圈点满文）。

万历二十九年（1601年），灭哈达，努尔哈赤自称"女真国龙虎将军"。[①]

万历三十三年（1605年）十一月十一日，努尔哈赤致书朝鲜边将说："建州等处地方国王佟，为我二国所同计议事，说与满浦官镇节制使知道……"[②]这里，第一次出现了"建州国国王"，王，即汗，朝鲜将努尔哈赤送来的"番书""胡书"，译成汉文时，对满文"汗"（han），译为王、国王或皇帝。这个"建州国""建州国王"的称号，延续了十四年之久，直到万历四十六年（1618年）四月建州军攻下明抚顺时，还是用的这个名号。茅瑞征的《东夷考略》载称，努尔哈赤下抚顺，"赍番书请和，自称建州国汗"。王在晋的《三朝辽事实录》卷1亦载，"赍夷文请和，自称建州国汗"。海滨野史的《建州私志》，也说努尔哈赤"自称建州可汗""建州国汗"。朝鲜亦说此时的努尔哈赤，自称"建州王""建州主"。[③]

尽管努尔哈赤很早对朝鲜就自称建州国王，在国内又"僭称"聪睿汗、聪睿恭敬汗，但明朝中央政府全然不知。这有三方面的原因。一则朝鲜是属国，建州是属卫，皆为天朝明国属下，"人臣无私交"，朝鲜是不能和建州遣使往来互通书信的，违者将按律重惩。因此，朝鲜国王在政治上极力避免与建州正式联系，有所往来，皆暗中进行，不让明廷知晓，所以，努尔哈赤书信中的"僭称"，朝鲜不敢奏告。直到抚顺失

① 吴晗：《李朝实录史料》，第2684页。

② 朝鲜《东国史略事大文轨》卷46，第29页，转引自香港文海出版社出版的《清史论丛》第1集，第24页。

③ 吴晗：《李朝实录史料》，第2961页。

守，明金正式交战，朝鲜才敢将建州的王号上奏于明。再则，努尔哈赤与明联系时，一直以建州左卫都督身份进行，自居臣仆，尊明帝为天，从来没有使用过建州国、建州国汗等类称号。其三，明朝君昏臣黯，文官爱财，武将怕死，他们忙于交结权贵，盘剥兵民，哪肯花时间、花精力去侦察建州内情，一向被努尔哈赤牵着鼻子走（后详）。朝鲜不敢讲，建州不能讲，加之明朝糊涂，因而，努尔哈赤足足当了二十多年的女直国汗、聪睿恭敬汗、建州国汗、英明汗，昏聩的明朝政府却一无知晓。

万历四十四年（1616年），努尔哈赤已吞并了哈达、辉发和乌拉，重创叶赫，疆域扩展，延袤数千里，人丁众多，兵强马壮，便加上了新的尊号。《满文老档·太祖》卷5载述此情说：

> "丙辰年，聪睿恭敬汗五十八岁，正月朔，甲申，国之诸贝勒、大臣、众人皆会曰：我等之国，无汗则忧苦甚多，皇天为使我等之国得享安康，眷爱穷苦部众，而降生贤能善养之汗，应奉上尊号。
>
> 众议之后，八固山诸贝勒、大臣率众列成四方四隅，立于八处。八固山八大臣奉书出班跪于前，八固山诸贝勒、大臣率众跪于后，阿敦虾立于汗之右边，额尔德尼巴克什立于汗之左侧，各自前迎受八固山大臣跪奉之书，奉于汗前，置之棹上。额尔德尼巴克什立于汗之左前方曰：承奉天命养育列国英明汗。呼此名后，下跪之诸贝勒、大臣、众人皆起。汗离座，出衙门，向天三叩首，叩毕，还座。八固山诸贝勒、大臣各依年岁向汗叩首。"

这次"大典"，定下了两个问题。一是汗称，努尔哈赤被尊为"承奉天命养育列国英明汗"，简称"大英明汗"或"英明汗"；二是年号，定为"天命"，明万历四十四年（1616年）就是努尔哈赤辖区的天命元年。但是，关于"国号"，此次却无记述，直到天命三年（1618年）四月，努尔哈赤以"七大恨"攻明抚顺时，仍自称为"诸申国英明汗"和"建州国汗"。老档记的"七大恨"，有两次提到"诸申"，第三恨为明人每年出边，"进入诸申之地侵夺"，第五恨为明不许居于柴河三路诸申收获庄稼。[1]

这两大恨，都只讲到"诸申之地""诸申"，没有提到后金二字。到了天命四年（1619年）三月萨尔浒之战以后，局面就变了。

---

① 《满文老档·太祖》卷5。

第二编　后金国汗（1619—1621年）

一、后金国之来历

　　后人谈到努尔哈赤兴起以后建立的国家之名称时，为了与宋辽金时期的金相区别，所以将努尔哈赤的辖区称为"后金"。这样一来，似乎努尔哈赤执政阶段，根本不存在"后金国"这个国号。揆诸可靠文献，这个似乎已成人们公认的说法，是与历史实际大相径庭的。历史上确曾有过后金国，但是这个国号使用的时间不太长，只有两年多，随即被"金国"这个国号代替了。

　　天命四年（1619年）四月，努尔哈赤遣使入朝，致送"胡书"与朝鲜国王，其书"称以天命二（四）年后金国汗谕朝鲜国王，枚数七宗恼恨"。朝鲜国王传示备边司说："奏文中后金汗宝，以后金皇帝陈奏，未知如何？"备边司回奏说："胡书中印迹，令解篆人申汝棹及蒙学通事翻解，则篆样番字"，"后金天命皇帝"。既有书信，自称"后金国汗"，又有汗宝"后金天命皇帝"之印，由此可见，天命四年四月，努尔哈赤在对朝交涉中，第一次抬出了"后金"的国号。

　　朝鲜立即将建州僭称向明朝报告，明人甚惊，纷记其事。王在晋在《三朝辽事实录》卷1中写道：

　　"朝鲜咨报，奴首僭号后金国汗，建元天命，指中国为南朝，黄衣称朕，词甚侮嫚。"

茅瑞征的《东夷考略》载：

"奴儿哈赤……传檄朝鲜，僭号后金国汗，黄衣称朕。……朝鲜方咨报，奴首移书声吓，僭号后金国汗，建元天命，斥中国为南朝，黄衣称朕，意甚恣。"

海滨野史的《建州私志》亦载：

"建人建国号曰后金皇帝，建元天命，指中国为南朝，黄衣称朕，意甚恣。"

以上都是万历四十七年（天命四年，1619年）明人根据朝鲜的报告，记下的努尔哈赤僭称后金国汗之事。稍晚一点，努尔哈赤攻下铁岭、开原，灭掉叶赫以后，遍发招降榜文，劝诱辽民归顺。明经略熊廷弼于万历四十八年（1620年）六月（戊申）上奏说：

"奴贼招降榜文一纸，内称后金国汗，自称曰朕，皆僭号也。大略贼自言为天所祐，中国为天所怪，谕各将率屯堡归降。"

万历皇帝览奏，十分愤怒，"谕中外臣工曰：逆贼出榜招降，横肆诟侮，朕心深切愤恨"。

这是努尔哈赤的招降榜文，它第一次对辽东兵民使用了"后金国汗"的称号，抬出了"后金"国号，而且明臣上报此事，皇帝批复此事，可见这是千真万确的。

综上所述，我们可以看出，"后金"国号的正式出现，是在天命四年，是努尔哈赤自己提出来的，是满族的自称，而不是人们所说为与宋辽金时的金相区别，故史称后金。天命六年（1621年）三月进驻辽沈以后，改称为金，一直延续到天聪十年（1636年）四月。

二、龙虎将军

（一）建州左卫都督

明万历十一年（1583年）二月，觉昌安、塔克世随宁远伯总兵官李成梁，进攻古勒城主阿台，为军向导，战乱之中，为明兵误杀。祖、父惨死，家道剧衰，部众离散，亲族心变，强敌逼胁，努尔哈赤一家突然沦落为无人理睬、受人欺凌的贫寒之人。刚毅英勇的努尔哈赤当然不会俯首帖耳，跪拜于仇人尼康外郎之下，甘做顺民，当然要想报仇雪恨，讨伐仇敌。但是聪睿机智的努尔哈赤，非常冷静、正确地估计了严峻形势，以二三十人的力量，要与臣民上亿、大军百万的明帝国为敌，那无异于飞蛾扑火，以卵击石，自取灭亡。仇，一定要报，但又不能操之过急，而且在力量不够强大时，不能直斥明帝，还要利用、依赖这个敌人来发展自己的势力，不然公开与明对抗，就要落个满门抄斩的悲惨下场，远祖董山的被斩，外祖王杲的槛送京师，叶赫强酋仰加奴、逞家奴的被杀，便是前车之鉴。因此，努尔哈赤决定，坚决表示对明忠顺，奏讨官职，索要敕书，朝贡互市，借明之威，辖服女真，竭力避免和明帝国公开为敌，过早交战。这一策略非常正确，从万历十一年到四十六年（1583—1618年）中，努尔哈赤没有受到明军的征剿，极大地便利了他统一女真各部的顺利进行。

　　总的看来，迄至天命六年（明天启元年，1621年）三月进入辽沈以前，努尔哈赤与明朝的关系，大体上可以划分为三个阶段。第一阶段，即万历十一年至二十六年（1583—1598年）的15年，即努尔哈赤"效忠"于明朝，升授高官，朝贡互市，双方关系十分"融洽"的阶段。

　　努尔哈赤虽恨明兵害父、祖，但畏其威，既不敢言，也不敢怒，只有先拿尼康外郎开刀，要求明将缚送尼康，不料明将发怒，不仅不杀尼康，反而扬言要立尼康为建州左卫之主。努尔哈赤极力挽回与明朝的关系，一面"恩威并行""招徕各部"，统一建州，一面"与大明通好，遣人朝贡"，多次送还被掳汉民，以示忠于明朝，取得了边将的信任，既承袭了都指挥使职衔，又晋为都督佥事。

　　万历十七年（1589年），努尔哈赤擒斩掠明"夷酋"克五十，献于明，"又因贡夷马三非，述祖父与图王杲、阿台，有殉国忠，今复身率三十二酋保塞，且钤束建州、毛怜等卫，验马起贡，请得升职长东夷"。开原参政成逊、辽海参政粟在庭会查后说："本夷原领数三十道，系都指挥，伊祖父为向导剿王杲，后并死兵火，良然，今奴儿哈赤屡还人口，且斩克五十有功，得升都督制东夷然。"[1]

　　① 沈国元：《皇明从信录》。

同年九月，蓟辽总督张国彦、辽东巡抚顾养谦、辽东巡按徐元言据此上奏，详述女真形势，建议晋封努尔哈赤：

"属夷之为我藩篱旧矣，制驭之策，不外出乎抚剿恩威，顾抚剿恩威之所加，在得其要领而已。所谓要领者，在因其势，用其强，加之赏赍，假以名号，以夷制夷，则我不劳而封疆可无虑也。……东方诸夷，之为卫所甚众，而建州领之，其名曰建州女直，今奴儿哈赤是也。……（为保哈达歹商，曾议欲处置奴儿哈赤）奴儿亦畏威，罢北关，姻歹商，而首先入贡矣。……建州奴酋者，势最强，能制东夷，其在建州，则今日之王台也。既屡送回被掳汉人，且及牛畜，又斩犯顺夷酋克五十，献其级，而慕都督之号益切，则内向诚矣。及查其祖父，又以征逆酋阿台，为我兵向导，并死于兵火。……若录奴酋父祖死事之功，即当与之都督，亦不为过，而献斩逆酋之级，则又与明例合矣。奏入，上从其请，准与都督金事。"①

以上记载，讲了三个问题。

其一，万历十七年（1589年），明辽东督抚巡按认为，努尔哈赤已是建州女真之长，势力"最强"，"能制东夷"，是决定"东夷"（即建州女真）对明忠顺或叛逆的关键人物，笼络住这一酋长，就可达到"以夷制夷"的目标，就可保证边境安宁，使建州女真遵守国法，为明藩篱。

其二，努尔哈赤与叶赫纳林布禄，皆欲侵袭哈达，明为保护忠于朝廷的哈达酋长歹商（名酋王台之孙），出兵攻叶赫，并欲处理建州。叶赫降，努尔哈赤见机急转，绝叶赫，与歹商联姻，入贡明朝，并且极力表示忠于明帝，送还被掳汉人及牛马，擒斩扰乱边境的"夷酋"克五十，这样一来，不仅使明辽东督抚打消了惩处努尔哈赤的念头，还使他们改变了看法，认为努尔哈赤对明帝十分忠顺，"内向诚矣"。从一个即将被惩的"逆夷"，一下子在明臣的眼中变成了"保塞""进贡"、心向朝廷的忠臣，可见努尔哈赤的机智聪睿，他处理要事的才干确实是十分出众的。

其三，倚明制"夷"，晋升官职。努尔哈赤深知，要想称雄于女真，除了艰苦奋斗武力征服以外，还必须尽力争取明朝中央政府的支

①《明神宗实录》，第215页；《明神宗实录》内阁文库本，卷17。

持，让明帝封授职衔，承认自己是建州的首领，这样就能名正言顺地在建州女真中树立起崇高威信，巩固自己的地位。因此，他"慕都督之号益切"，恳求升职，以"长东夷"。明廷也因其人多势强，保塞有功，忠顺可靠，同意了这一要求，晋其为都督佥事，以"制东夷"。

这是努尔哈赤得受明朝"殊恩之始"，有了这个职衔，他就成了合法的建州之长，在政治上产生了重大影响，为他扩充实力，加速完成统一女真的伟大事业，提供了极为有利的条件。明人评论此事说："奴儿哈赤既窃名号，夸耀东夷，则势愈强"，"遂雄长诸夷矣"。[①]

（二）龙虎将军的册封

龙虎将军，是明朝武官的二品散阶。《明史》卷72，《职官志》载："凡武官六品，其勋十有二，散阶三十。勋阶内，正一品为左右柱国。……散阶内，正一品初授特进荣禄大夫，升授特进光禄大夫。从一品初授荣禄大夫，升授光禄大夫。正二品初授骠骑将军，升授金吾将军，加授龙虎将军。"明朝时期，女真酋长受封龙虎将军的，仅有两人，一为海西哈达名酋王台。王台初袭职为右都督，后来送还人口，擒斩掠边女真，屡受明廷嘉奖。万历三年（1575年），王台缚送"建州逆督王杲"，明帝谕称："王台缚送首恶，忠实可奖，加授勋衔，二子俱升都督佥事，仍赏银币，以示优奖。"兵部拟请晋封右柱国，帝命"授龙虎将军，视西人"。[②]这个"龙虎将军"封号，比其他女真所封都督更为显赫，实际上意味着明帝让王台之地位高于其他女真酋长，称雄诸部，成为所有女真中最高职衔之人，这对抬高王台地位，辖治海西、建州各部，起了很大作用。

龙虎将军职衔的另一受封者，就是努尔哈赤。万历十七年（1589年）努尔哈赤晋为都督佥事，巩固了"建州王"的地位，但他并不满足，还想继续高升，还想高居于大小数百部酋长之上，称雄于海西、建州、"野人"女真，渴望得到王台曾经得到的封号。万历二十年（1592年）八月，努尔哈赤就进呈奏文，"乞升赏职衔冠带敕书""乞讨金顶大帽服色及龙虎将军职衔"。[③]这时，努尔哈赤还未完全统一建州女真（长白山部的纳殷、朱舍哩二部仍与努尔哈赤为敌），人丁士卒远

①　茅瑞征：《东夷考略》；海滨野史：《建州私志》。
②　《明神宗实录》，第41页；茅瑞征：《东夷考略》。
③　《明神宗实录》卷251。

远少于叶赫、乌拉和辉发，可他却想高居诸部之上，其志固然可嘉，但是其力不足，没有达到目的。努尔哈赤并不罢休，继续努力。

努尔哈赤的基本策略和过去一样，即竭力表示忠于明帝，甘为臣仆，永做"顺夷"。他主要采取了以下五个方面的措施。

一是保寨安民，不掠不盗。以往女真通病，乃微弱之时，倒还安分守法，按时入贡，平等互市，一旦势力强大，就要频繁进边，掠取人口财畜，火焚房舍，闹得边境不宁，干戈时起，因而也经常遭到明军征剿，烧杀掳掠，妻儿为奴，田园荒芜，元气大损，很难迅速恢复。从远祖董山之死，到外祖王杲的磔于京师，以及叶赫强酋仰加奴、逞加奴的被斩，都是由于掠夺明朝财帛人畜，犯了掠边之罪。努尔哈赤牢记殷鉴，不许士卒侵袭明境，掠夺人畜财帛，扰乱边境安宁。这一点十分高明，赢得了明朝群臣的好感，掩盖了他埋在心里的图报父祖之仇恨，为晋升职衔、市易抚赏创造了良好条件。

二为送还人口，邀功讨赏。辽东兵民，常遭蒙古、女真俘掠，努尔哈赤为示忠于明帝，不仅不让属下入边杀取人畜，还常常将其他部落掳来的汉民及其牲畜送还明朝。朝鲜兵曹判书向国王奏述李成梁厚待努尔哈赤的原因时说："渠多刷还人口于抚顺所，故成梁奏闻奖许。"[1]

三为奏请出兵，抗倭援朝。万历二十年（1592年）四月，日本关白平秀吉出兵侵朝鲜，五月陷王京，朝向明求救。七月，明副总兵祖承训率师援朝，战于平壤，为日军所败。明廷大震，命兵部侍郎宋应昌"经略备倭军务"，诏天下督抚举将才，令都督李如松提督蓟、辽、保定、山东诸军，"克期东征"。努尔哈赤认为，这是立功邀赏取信明廷的好机会，立即遣使入京，奏请出兵援朝。《朝鲜宣祖实录》载，万历二十年（1592年）九月，明兵部令辽东都司移咨朝鲜说：

"今据女直建州贡夷马三非等告称：本地与朝鲜界限相连。今朝鲜既被倭奴侵夺，日后必犯建州。奴儿哈赤部下原有马兵三四万，步兵四五万，皆精勇惯战，如今朝贡回还，对我都督说知，他是忠勇好汉，必然感怒，情愿拣选精兵，待严冬冰合，即便渡江，征杀倭奴，报效皇朝。据此情词，忠义可嘉，委当允行，以攘外患。但夷情叵测，心口难凭，况事在彼中，遽难准信。（令与朝商议，朝坚决反对。）"[2]

---

[1] 吴晗：《李朝实录史料》，第2182页。

[2] 吴晗：《李朝实录史料》，第1597页。

　　不久，努尔哈赤又奏请"发兵二万，征剿倭贼"，蓟辽总督邢玠欲允其请，因布政使梁云龙反对而止。[①]

　　努尔哈赤在奏疏中，讲了一句很不真实的话，即所谓有精勇惯战的马兵三四万和步兵四五万。万历二十年，努尔哈赤还仅仅是一个不大不小的部落之长，人丁并不多，很难超过万丁之数。观其第二年与叶赫九部大战古勒山时，因九部联军多达三万，数倍于己，兵卒惊恐万状，"众皆失色"，军心大振，士气低落。努尔哈赤力言，敌兵虽多，"杂乱不一""我兵虽少"，拼死一战，亦可获胜，以此来安定军心，鼓舞士气。如果他真有马、步精兵八九万，何惧这区区三万敌兵！当然，也要看到，努尔哈赤的这句假话，并不是贸然脱口而出，而是经过考虑有意而发的，原因有二。

　　其一，此时朝鲜大败，难以立即大举征倭，努尔哈赤说自己有八九万马、步兵，仅这支军队与日兵交锋，旗鼓相当，就可稳住局势，转败为胜，明廷闻听此言，必然欣喜若狂，一定会对建州奔赴国难、"报效皇朝"的忠心大加赞扬。尤其是其他女真酋长，如海西叶赫"强酋"纳林布禄、金台石、乌拉满泰、哈达蒙格布禄，此时实际军力都比建州更强，却坐山观虎斗，视而不见，听而不闻，噤若寒蝉，不作任何表示。这样，更显出努尔哈赤对明帝的忠心耿耿，因而深受明廷嘉奖，誉其"忠义可嘉"。

　　其二，努尔哈赤既然拥有精兵八九万，那就不仅可以逾越叶赫、哈达和乌拉，而且可以高居各部女真之上，成为女真"诸夷"中最强之"酋"。兵多将广，忠于朝廷，远逾王台，这样的条件，还不能获得龙虎将军显赫职衔？当然能达到这一目的。因此，虽然朝鲜反对，明廷最后没有接受努尔哈赤的请求，但出兵援朝之请，在政治影响上却给他带来了很大的好处。这件事充分显示了努尔哈赤确实是精明果断、才干出众的杰出政治家。

　　四是频繁入京，叩拜明帝。是否按时朝贡，是判定女真酋长是否忠于朝廷、安分守法的一个重要标志。努尔哈赤深知此事的紧要，多次亲自入京朝贡。自万历十七年（1589年）九月晋都督金事，第二年四月，努尔哈赤就率领属下108人，携带贡品，千里迢迢，来到北京朝拜，明帝令"宴赏如例"。[②]过了两年，即万历二十年八月，努尔哈赤又进上表

────────

　　① 吴晗：《李朝实录史料》，第2487页。

　　②《明神宗实录》卷222。

文，入京奏事，亦"赐宴如例"。[1]万历二十一年（1593年）闰十一月，他又带领属下，"赴京朝贡，上命赏宴如例"。[2]万历二十五年（1597年）五月，努尔哈赤及其部将一百人，重至京师，"进贡方物，赐宴赏如例"。[3]第二年十月再次入京，明帝特命侯陈良弼设宴款待。[4]后来努尔哈赤不止一次地宣扬自己长期忠于明帝，主要的论据就是："忠于大明，心若金石""看边进贡""年年向帝叩拜"。[5]"年年向帝叩拜"一词虽略有夸张，但他从受封都督佥事以后，九年之内，五次亲自入京朝拜，次数并不算少，这对争取明帝的信任和嘉奖，显然起了不可忽视的作用。

五为笼络明朝官将，表示忠顺。远在北京、深居九重的大明天子，很难知道"属夷"真情，除了女真发动大军，进边掠取人畜财帛、攻城略地这种明显的行动以外，忠顺与否，关键在于明朝边将对女真酋长的看法和对策，如若招致他们不满、愤恨、厌恶或怀疑，这个酋长就会被判定为僭谋叛逆、行为不轨，就会遭到惩处；如若获得他们的欢心，取得他们的信任，这个酋长便会博得忠顺美称，就能晋升职衔，多领"抚赏"财帛互市牟利。幼习汉书，常入马市，多次至京朝贡的努尔哈赤，深知这一问题的重要，他花了很大力气，想了许多办法，施展高超权术，极力笼络明朝辽东官将，获得了巨大的成功。他与李成梁的关系就是一个很好的例证。李成梁征阿台时，觉昌安、塔克世为明兵误杀。按说，兵有过，将为主，李成梁应是致死努尔哈赤父、祖的仇人。这一点，努尔哈赤非常清楚，李成梁父子也是知道的。《朝鲜宣祖实录》载，万历二十六年（1598年）二月，李成梁之子、御倭副总兵李如梅，对朝鲜国王讲述努尔哈赤情况说："厥父为俺爷所杀，其时众不过三十。"[6]杀害父、祖之仇，不共戴天，努尔哈赤应该立即起兵，书写问罪檄文，讨伐李成梁，诛其弟兄子侄，报仇雪恨。但是，李成梁英毅骁健，身经百战，强酋王杲、阿台，仰加奴、逞加奴皆死于其手，王兀堂、纳林布禄、布寨是其刀下败将。从隆庆四年（1570年）始任辽东总

---

① 《明神宗实录》卷251。

② 《明神宗实录》内阁文库本，卷21。

③ 《明神宗实录》卷310。

④ 《明神宗实录》卷327。

⑤ 《满文老档·太祖》卷20。

⑥ 吴晗：《李朝实录史料》，第2476页。

兵官，到万历十九年（1591年）冬离任，二十九年（1601年）再任。三十六年（1608年），其八十三岁时致仕坐镇辽东三十年，大破"诸夷"，屡建奇勋，"威震绝域"，"边师武功之盛，二百年来未有"，蒙受帝宠，封宁远伯，世袭禄一千三百石。子如松、如柏、如桢，皆任至总兵官，父子世握兵权，"子弟尽列崇阶，仆隶无不荣显"，抚镇以下，非其亲友，"无不立被斥逐"。①对于这样一位统兵十万、势焰熏天的大帅，小小的努尔哈赤怎能奈何，不要说兴兵问罪，就是稍露复仇之意，或辞色不逊，便会被李成梁发军征剿，家破人亡。相反，若暂埋深仇大恨，对彼奉承维谨，馈送厚礼，卑辞逢迎，倒可获其欢心，擢升奖赏，发展自己实力，扩大在女真各部的影响。聪明的努尔哈赤明智地选择了后一条道路，对李成梁百般奉承，力表忠顺，屡送厚礼，甚至以弟舒尔哈齐之女，嫁与李成梁之子李如柏为妾。这样，便赢得了李成梁的信任，得到了他的关照，因而利用其权，势力愈强，时人皆认为，建州之兴，与李成梁的受骗受贿提拔努尔哈赤有着密不可分的联系。明兵科给事中宋一韩连上奏疏，痛斥李成梁"结连建州"，"建酋与成梁谊同父子，教之和则和，教之反则反，诛成梁而建酋自不敢动"。②朝鲜君臣亦以李成梁厚待建州，"与老酋亲"而坐卧不安。③兵曹判书李德馨甚至向国王直述说："助成声势者李成梁也。渠（努尔哈赤）多刷还人口于抚顺所，故成梁奏闻奖许。"④由此可见，努尔哈赤对李成梁采取的策略是十分正确的，取得了巨大的成功。

努尔哈赤不仅对李成梁这个宁远伯、征房将军、辽东镇守总兵官的大帅极力奉承，就是对辽东的兵备道、副将、参将、游击、守备等中下文武官将，他也十分恭顺，竭力笼络，仅举一例为证。万历二十三年（1595年），努尔哈赤以朝鲜边将斩杀进入其境采参的女真，欲出兵问罪，明游击胡大受应朝鲜请求，发书谕令建州停征，指责建州违法入朝，努尔哈赤立即遵令罢兵，并上书游击，申诉冤屈说：

"游击宣谕莫与高丽为仇，我并无违法，只是遵守国法，保守九百

①《明神宗实录》，第239、365页；《明史》卷238，《李成梁传》。

②《明经世文编》，第467页，宋一韩，《抚镇弃地啖房请查勘以正欺君负国之罪疏》《直陈辽左受病之原疏》；《明神宗实录》，第456、462页。

③吴晗：《李朝实录史料》，第2816、2865页。

④吴晗：《李朝实录史料》，第2182页。

五十余里之边疆，学好。上年高丽避乱达子地方，收留在家，将一十二名回送满浦，其五名送还天朝，两家为一家，往来行走。达子违法进入边境，杀了，全是无有为仇。……衔冤在诉，请游击转上抚部。……达担国、海西及建州必直有好人歹人，而把好人作歹人，以为违法之罪，难当领受。今将冤屈情由，诉禀游府老爷，将老亦可赤忠顺情由奏与朝廷。……开天门见天日……"①

文中一则说"遵守国法""学好"，保卫边疆，再则尊游击为"老爷"，三则叩请游击老爷将己忠顺情由，转达巡抚，上奏朝廷，读来确实令人深感努尔哈赤身怀忠顺之心，对天朝皇帝百依百顺，实系"顺酋"，辽东官将当然赞赏其忠，予以关照，擢升嘉奖。

由于努尔哈赤"年年向帝叩拜"，忠顺不逆，保守边疆，送还人口，乞讨职衔，笼络官将，因此，在相当长的一段时间里，从辽东边将，到中央官员，以及朝鲜君臣，都认为努尔哈赤忠顺可嘉，未怀逆谋。比如，明副总兵官佟养正告诉朝鲜国王说："老胡（努尔哈赤）比岁效顺，贡献不绝。"②朝鲜备边司上奏国王说："此胡仰顺天朝。"③明兵部赞其请求援朝抗倭为"忠义可嘉"。正是在这样的条件下，努尔哈赤于万历二十三年（1595年），终于如愿以偿地得到了"龙虎将军"的崇高职衔，成为女真各部中官阶最高、职衔最显的酋长，这对提高他的政治地位，扩大其势力，加速统一女真的过程，都起了有力的促进作用。

三、争执频仍

（一）致书明巡抚

从万历二十七年（1599年）到天命三年（万历四十六年，1618年），是努尔哈赤与明朝关系的第二阶段。此时，争执频起，猜忌丛生，但仍保持和平，未动干戈。

自万历二十七年灭哈达起，明朝的一些官员，就对努尔哈赤产生了

---

① 吴晗：《李朝实录史料》，第2165页。
② 同上书，第2580页。
③ 同上书，第2660页。

怀疑，随着其并辉发、灭乌拉，统一女真各部事业的加速进行，辽东督抚和京师官员，不少人便主张应加强边防，待机发兵，征剿建州。努尔哈赤感到，军力尚不够强，不宜动兵，故一面尽力扩大耕地，储备粮饷，一面应付明朝，有时还甘言上告，委曲求全，延缓了明廷兴师的时间。

万历二十七年，叶赫纳林布禄、金台石贝勒屡侵哈达，哈达向建州求援，努尔哈赤乘机灭了哈达，杀其酋长蒙格布禄。明廷既惊又怒，遣使诘问，责令恢复其国，努尔哈赤虽然不愿放弃已得之地，但又不敢直接拒绝，怕起兵端，只好遵命，并以大福晋富察氏所生之女莽古济格格，嫁与蒙格布禄之子乌尔古岱，立为贝勒，护送回还旧土，又于二十九年（1601年）七月，亲诣抚顺关外，"刑白马，誓抚忽答（乌尔古岱）保寨"，过了一段时间，才再行并回。①

努尔哈赤因明曾于万历二年（1574年）起开辟宽奠、大奠、长奠、永奠、新奠等六城堡，"广袤八百余里"，军民屯种，"成家乐业"，欲图移垦侵占，乃行贿李成梁之婿、参将韩宗功，疏通关节。李成梁亦以其地"逼邻东房""争扰时起""易起边衅"，并欲借此"援招回之例，冒邀封赏"，遂以"奴酋索地为名"，与巡抚赵楫议定，于万历三十三年（1605年），尽弃其地，"凡种地之家，概作逃户"，调军强迫押解入内，不少住户逃入建州，迁入内地的有六万余户。努尔哈赤拱手而得八百余里沃土，而且还以参与"招徕"逃民之功，蒙受明帝奖赏。②

努尔哈赤扩展耕地，攻取哈达、辉发和乌拉，用兵叶赫，震动了明廷，一些头脑比较清醒的文武大臣，看到了问题的严重性，纷上奏疏，建议调兵遣将，待机征剿建州。万历三十五年（1607年），辽东巡抚萧淳奏称，努尔哈赤"明肆桀骜""声势叵测"，实系大害，应整备兵马，谕令叶赫出兵相助，内外夹攻，"期如昔年剿处仰、逞二奴、杲酋父子故事"，以除祸患。③万历三十六年（1608年）二月，蓟辽总督塞达上疏，力言"建酋日渐骄横""殆有不轨之谋"，实为"东方隐忧"，

①《武皇帝实录》卷2；《明神宗实录》卷366；张鼐：《辽夷略》；茅瑞征：《东夷考略》。

②《明经世文编》卷467，宋一韩：《抚镇弃地啖房请查勘以正欺君负国之罪疏》；《明神宗实录》卷455；海滨野史：《建州私志》。

③《明神宗实录》卷441。

奏请"蚤备战守机宜"，遣使谕劝，"如彼酋输情驯服，照常抚驭，倘果稔恶不悛"，则调兵征剿，"以歼凶恶"。①兵部尚书李化龙，一再上疏，认为"为患最大，独在建州"。②内阁辅臣叶向高于万历三十七年（1609年）十一月，特上《奴贼日横疏》，极言"今日边事，惟建夷最为可忧，度其事势，必至叛乱"。辽镇必失，"天下事将大坏不可收拾矣"，力请"下廷臣会议""共作区处"。③

此时，努尔哈赤虽已攻取哈达、辉发，有兵数万，但叶赫尚存，乌拉长期为敌（万历四十一年，始灭于建州），实力还不够强大，不能与明朝正式对抗，需争取时间。因此，万历三十六年至四十年（1608—1612年），努尔哈赤一再上奏申诉辩解，遵令减少车价，退还部分耕地，入京朝贡，并遣大将阿都、干骨里，送第七子巴卜海入明为质，表现得比较顺从，麻痹了时任辽东巡抚张涛，明廷因而放松了对建州的警备，搁置了主战诸臣的建言。④

从下述努尔哈赤对辽东巡抚的回信，我们就可以了解到，为什么有的辽东大员会相信他的辩解。

万历四十一年（1613年）十二月，山西布政使郭光复被任命为辽东巡抚，四十二年（1614年）春到任，遣人赍书，指责努尔哈赤收容逃人，盗窃牛马，谕令送回人畜，解押盗贼。努尔哈赤回信说：

"马法尔曰：有云吾来之前，我等之汉人逃往汝处。不仅收取逃来之一二光棍，六万人畏惧高太监之赋役而来到边境告曰：汝若收容，则我等将出境而至汝处矣。吾曰：于尔光棍，吾有何福耶？吾若将尔收取，则受谴于帝。因而不收。不收取六万之人，吾岂收容一二名逃亡之光棍乎？

又云：有于近边地方盗取牛马而携走者。吾自立誓之后，（残）岂有偷盗之理？……吾毫无罪过，若盗摘边境草，吾有所誓，居心贼恶之人，焉能有幸！因吾心之正直而蒙受天帝爱恤之身，岂能附和如斯之恶贼！……

且又云：我等汉人之盗贼，窃取牛马后送尔。汉人之贼，汉人查

---

①《明神宗实录》卷443。

②《明神宗实录》卷458、464、484。

③《明神宗实录》内阁文库本，卷37。

④《明神宗实录》卷484、488、512。

之；女真之贼，女真查之耳！吾岂能查出汝等汉人之贼乎？万历三十六年，吾闻汉人之二贼给吾等女真送来五头牲畜，查出后，擒此二贼，遣刚古里将其盗窃送来之五畜，尽行送与抚顺王备御，对汉人之盗贼，吾不得而知矣。吾若知之，则将如是捕擒，送往尔方矣。

又云：此皆显系新债矣。吾遣通事赍书，令尔查究送来，尔作不知，未还一人一畜，尔不查尔之女真之杀人之盗贼。若有盗贼，则获捕送耳，无盗贼时，吾将捕谁送来耶！

万历三十九年，尔等将我等之五百道敕裁削一道。此被削敕书之主巴哈多朵之孙，前往抚顺，于夜间杀死汉人一男人，带回一马，汉人不知，未能查究。吾闻悉之后，自动捕捉捆缚。吾曰：大国之人，若违誓言，则违之矣，汝何为毁坏吾誓，杀人牵马而回。我方之人，带此人往抚顺教场斩之。该被带往抚顺教场斩杀者之父，以我之数代相传之敕书被削而怨恨，不令人见，黑夜窃杀明人，明国不知不查。彼因怨削敕书及杀其子，乃携五人五马逃走。我方女真追之，清河地方之人出而迎接该被追于边境欲捕之人，将逃走之五人五马收容于汉人之村后，汉人出来，与来追之女真对敌射杀，汉人、女真皆受伤。如若亲见追逐带走之逃人尚不归还，吾焉能信赖！今年五月，眼见我方六人六马逃走，进入抚顺河口台，却云不知而不归还，吾今复能信赖谁？

何时能见云贯日出。……思念地方之主，视尔马法如太阳，凡事皆信赖尔马法，而今无吾信赖之人也……

因吾心如阿哈之忠，故天惠于吾，吾思天亦将推惠于尔大国之人。开原之人，以种种恶言诬吾，吾思'我地之主马法尔何时到来'而曾信赖于你，尔却以开原人之言为是，长期不助吾。如斯不归还我之逃人，吾复信谁？吾无摘取境草之恶心……

马法，吾以尔慈，期待尔将逃去之人马给予……"①

这封信，是迄今所知努尔哈赤致明辽东巡抚的信中唯一保存下来的，内容丰富，十分珍贵，说明了很多重要问题。

其一，尊巡抚为上司，自居属下。从信的用词和行文方式看，完全是

①《满文老档·太祖》卷74。

下级对上司的谦卑口气，是微员末吏对主管长官毕恭毕敬的态度，是地方属臣对"天皇帝"（女真酋长对明帝的尊称）委派的钦差大臣的顺从之姿。

此时的辽东巡抚是郭光复，刚从山西布政使加右副都御使，就任本职。辽东巡抚，不过是明朝一省一地的长官，并非中央朝廷的宰相，也不是主管全国某一方面的尚书，一般都以加都察院副都御史或金都御史衔充任，官阶为从二品或正三品。而这时的努尔哈赤，已自称女真国"聪睿恭敬汗"，吞并了哈达、辉发、乌拉，重创了叶赫，基本上统一了女真部落，第三年（万历四十四年，1616年）就登上了"承奉天命覆育列国英明汗"的宝座。这样一位言出令行、叱咤风云、臣民数十万、辖地几千里的强大的女真国汗，对官阶二三品的辽东巡抚郭光复，却如此恭敬备至，连称马法（马法，乃满文mafa的音译，是女真、满族下辈对长辈的尊称，意为爷爷、长老、祖辈），尊之为"地方之主"，甚至把巡抚比作"太阳"，一切皆信赖于巡抚。努尔哈赤自己则甘居下辈，自比为阿哈（奴仆），一再表白"我心如阿哈之忠"，辩解罪名，申诉冤屈，盼望巡抚不要听信谗言，请求对己关照。这样的称呼，这样的口气，清楚地表明了努尔哈赤仍然以明帝的臣仆身份行事，仍然是辽东巡抚的下属，仍然承认二者之间是上下级关系、隶属关系。

其二，服从君敕，拒收逃人。明帝多次敕谕女真卫所，索要逃亡军民，不许收容汉人。这次辽东巡抚亦来查寻。努尔哈赤极力辩解，坚称未曾容留逃亡的汉人，并举逃避高太监赋役而来的六万人为证。所谓高太监，就是万历皇帝遣往辽东开矿征税的尚膳监监丞高淮。高淮借口矿税，肆意勒索，鱼肉小民，无恶不作。辽东军民异常愤怒，大批逃走，在接近建州的宽奠六城堡所属地带，数以万计的辽民逃聚其中，耕垦田地。明辽东巡抚赵楫、总兵官李成梁遣兵逼令归还故里，努尔哈赤参与了此事，既拱手得获八百里沃土，又常以此表明不会收容逃人，宣称"不收取六万之人，吾岂收容一二名逃亡之光棍乎？"

其三，遵守"朝廷法度"，不掠人畜财物。女真各卫必须遵守大明法典，不许入边抢掠人口牲畜，扰乱地方安宁。这次巡抚因为有人报称女真常来掳掠，杀人夺财，责问努尔哈赤，令其送交盗贼，不许胡作非为。努尔哈赤反复强调，立誓之后没有偷盗之理，以此为辩解。所谓"立誓"，系指万历三十六年（1608年）六月二十日，努尔哈赤"刑白马"，盛血一碗，与辽东吴副将、抚顺王备御为盟，"皆以不越帝境为

誓"，违者，杀违誓之人。努尔哈赤现在就援引此誓，坚称未越边境，
"无摘取境草之恶心"，连草都不拿取，怎么盗窃财畜？他还援引万历三
十九年（1611年），主动捕捉前往明地行窃的巴哈多朵之孙，将其斩于抚
顺教场之事为例，表明决不纵容部下劫掠，且始终是遵守大明国法的。

　　其四，为帝效劳，查捕汉人盗贼。辽东巡抚命令努尔哈赤，将窃取牛
马逃入女真地区的汉人盗贼押送归还，努尔哈赤既乘机表功，列举万历三
十六年（1608年）查获两名汉人盗贼，送往抚顺之事，说明自己确是信守
誓言，忠于明帝，又保证要继续侦察，一有所知，立即照样擒捉押解。

　　努尔哈赤对明朝官员如此尊崇，以美词相奉，婉言申辩，力称忠于明
帝，遵守国法，无盗贼之心，无抢劫之行，这样当然会给明臣施以强大的
影响，容易被他说服，被他麻痹，从而下不了征剿建州的决心，延缓了兴
师问罪的期限，为努尔哈赤加快统一女真的事业提供了良好条件。

（二）伐木之争

　　努尔哈赤虽然竭力避免与明朝过早对抗，公开交战，尽量缓和摩
擦，甚至不惜以甘言厚币，讨好辽东官将，委曲求全，但矛盾并未消
除，危机仍然潜存。万历四十四年（1616年）六月，发生了震惊"朝
廷"的伐木之争事件，险些诉诸兵端，干戈相见。六月，明清河游击冯
有功，遣人出边，进入建州采伐木材，努尔哈赤派兵劫杀，双方发生争
执。《满文老档·太祖》卷5，对此事作了如下叙述：

　　"六月，闻边境汉人皆越境侵入女真地方。汗曰：每年越边刨银采
参，搜寻松子、蘑菇、木耳，扰害者甚多，为杜绝混扰，立碑宰白马为
誓，今食其誓言，每年经常潜越帝境，我等杀之亦无罪矣。遂遣达尔汉
辖，将越边之汉人杀之，约五十余人。嗣后，闻新任巡抚至广宁，遣刚
古里、方吉纳二人往见，明国捕刚古里、方吉纳及其他九人，以铁索系
之，遣人来告曰：若我等之人出边，尔擒捕解还，何得杀之。英明汗
曰：昔碑誓曰，若见出帝境之人不杀，殃及于不杀之人。今何不顾其言
而如此强为之说。明人不从曰：尔等将为首之达尔汉辖执来，我杀之，
不然，事将扩大。以言挟之，英明汗拒而不答不从。明人曰：此事已闻
于上，不得隐矣，尔将有罪之人献之，持至吾边上，斩以示众，此事即
了结矣。英明汗欲得其遣去之十一人，即将潜往叶赫因而捕置狱中之十

一人。解至边上杀之，明国乃释其所拘之十一人遣回。"

《明神宗实录》也载录了这件事：

"（万历四十四年十二月辛亥）敕辽东巡按御史提问清河游击冯有功，责其启边衅之罪也。初清河与奴酋邻，以金石台为界，旧禁不许汉人出境，有功以协营采木孤山堡，茸军丁房，遂私纵军民出金石台，采运木植，奴酋瞰知，邀杀四十余人，辽东督抚移文诘责之，奴酋悔认罚，献生事部夷十人，枭斩汉境上。至是，督抚诸臣以奴酋阳顺阴逆，为祸方深，但有功营利启衅，当正其罪，上是之。"①

另书又载：

"先是，清河游击冯有功，遣军出边，深入夷地，采取木植，为奴贼部夷所觉，先伏贼众三百余人于林莽，以十余贼要挟财物，我众不与之，群贼齐出，将军丁及同行商民五十余人杀伤殆尽，有张通者得脱走入报。巡抚李维翰檄令奴酋速献生事部夷正法，奴贼遵谕，缚献生事部夷打喇汉等十名，及罚处牛马，悔罪罚伏。"②

明满双方记载，有所差异，都讲有利于己的话，建州尽量删去与明交涉时的卑顺情节，《明神宗实录》则炫耀天朝神威，贱视"东夷"。但对基本事实的叙述，两者还是大体一致的。根据这些记载，我们可以得出三点结论。

第一，此次纠纷，曲在明方。为了减少边境争执，万历三十六年（1608年），努尔哈赤曾与明副将吴希汉、抚顺王备御商议决定，立誓为盟，于沿边立碑，刻誓词于碑上说："无论汉人与女真，若窃越帝境，见之即杀越境者。"这次，明清河游击冯有功违背誓言，遣派军丁，潜入女真地区采伐木植，完全是不合法的，为利忘誓，侵犯了女真

①《明神宗实录》卷552。

②《明神宗实录》内阁文库本，卷44，转引自田村实造编纂《明代满蒙史料·明实录》，《满洲篇四》。

的利益，当然应该受到惩罚。努尔哈赤依据碑誓，劫杀明兵，是遵誓而行的合法行为，是有理的，并非胡作非为。

第二，明朝倚势逼人，欺压建州。尽管明朝自知理亏，却硬要维护"天皇帝"的威严，强词夺理，威逼"东夷"。巡抚李维翰，摆着上司的架子，"移文诘责"，檄令努尔哈赤献送"生事部夷"达尔汉辖，要行"正法"，否则，"事将扩大"。这个要求，实无道理，十分专横。明明是自己边将违誓胡来，并非女真无理拦劫，杀人夺财，怎么会是建州"生事"，怎么能逼令建州交出"生事部夷"，指名要斩杀达尔汉辖？达尔汉辖即扈尔汉，是清初开国元勋，是努尔哈赤爱如心肝的养子，这样一个后金屈指可数的高级将官，岂能随便缚送听明屠杀！而且，此次交锋，并非达尔汉辖个人的任意决定，而是遵奉汗命，依据碑誓而行，有法可据，有理为凭，杀了达尔汉辖，就意味着惩治了努尔哈赤。这个要求，真是蛮横无理、欺人太甚。

第三，努尔哈赤被迫从命，委曲求全。努尔哈赤虽然有着十分充足的理由，从道义上完全可以驳倒辽东巡抚，但是他不能不考虑对方的"事将扩大"的威胁。所谓"事将扩大"，所谓明人"以言挟之"，虽不具体，但含义是十分清楚的，那就是停止贡市，调兵遣将，兴师问罪。此时，努尔哈赤刚刚被八旗贝勒、大臣尊为"承奉天命覆育列国英明汗"，正是趾高气扬、踌躇满志，突然与明发生争端，横遭巡抚指责侮辱，甚至要斩杀达尔汉辖，真是奇耻大辱，怎能忍受？可是，不忍就要反抗，就要与明公开交战，但此时女真财力不足，兵力有限，过早用兵，胜负难卜，太冒险了。因此，努尔哈赤忍痛果断决定，遵照明臣命令，"悔罪认罚，献部夷十人，枭斩汉境上"，从而消弭了这场争端，明廷也就乘势下台阶，了却此案。伐木之争，虽已平息，但更加激怒了努尔哈赤及八旗官将，他们下决心，一定要报此仇，雪此恨，一定要新账旧债一起清算，不久，便以"七大恨"誓师，征伐明帝国。

四、"七大恨"

天命三年（明万历四十六年，1618年）四月十三日，努尔哈赤以

"七大恨"誓天，发军征明，四月十五日攻下抚顺。

"七大恨"是明满关系发生根本性变化的重要标志。"七大恨"的具体内容，在明满双方都有记载。四月二十二日，努尔哈赤"书七大恨之言"，遣四名被俘汉人持书，进呈明帝求和。《明神宗实录》卷568载：

"（万历四十六年四月甲寅）建酋差部夷章台等，执夷箭印文，送进掳去汉人张儒绅、张栋、杨希舜、卢国士四名进关，声言求和。传来申奏一纸，自称为建国，内有七宗恼恨等语，言朝廷无故杀其祖、父；背盟发兵出关，以护北关；瑷阳、清河汉人，出边打矿打猎，杀其夷人；又助北关，将二十年前定的女儿，改嫁西虏；三岔、柴河、抚安诸夷，邻边住牧，不容收禾；过听北关之言，道他不是；又南关被他得了，反助南关，逼说退还，后被北关抢去。及求南朝官一员、通官一员往他地，好信实赴贡罢兵等语。"

《满文老档·太祖》卷6载：

"四月十三日，壬寅，巳时，八固山十万兵征明国，作书告天曰：吾父、吾祖，于明帝边境，不折其草，不扰其土，而彼无故生衅于边外，杀吾父、祖，此一恨也。虽杀我父、祖，吾仍欲修好，曾勒誓于碑曰：无论尼堪（明国）、女真，若越帝境，见之即杀，若见而不杀，殃及于不杀之人。如此誓言，明国背之，遣兵出边，护卫叶赫，此二恨也。自清河以南，江岸以北，每年明国人出边，入女真之地侵夺，我以誓言杀其出边之人，彼不顾前誓，责我擅杀，拘我往广宁叩谒之使者刚古里、方吉纳，系以铁索，挟令吾献十人于边上杀之，此三恨也。遣兵出边，为叶赫防御，致使吾已聘之女转嫁蒙古，此四恨也。将吾数代看守帝边居于柴河、齐拉、法纳哈三路之女真所种田谷，不容收获，遣兵逐之，此五恨也。听取边外天谴之叶赫所言，备书恶言，遣人对吾施以种种侮辱，此六恨也。哈达助叶赫，两次来兵侵吾，吾报之往征，天将哈达赐吾，而天赐之后，明帝又助哈达，挟令吾必送还原处，叶赫将吾所遗之哈达掳掠数次。夫天下各国互相征伐，天谴之人败而亡，天是之人胜而存，岂有使死于锋刃者更生，既得之俘获复还之理乎！……先因呼伦部会兵侵吾，吾始兴兵，天谴呼伦而祐我。明国助天罪之叶赫，如逆天然，以是为非，以非为是，妄为判断，此七恨也。明国对吾欺凌羞辱甚多，实难忍受，故以此七大恨兴兵。祝毕拜天焚表。"

《明神宗实录》和《满文老档》，对"七大恨"的载述，虽然详略不一，用词、语气有所差异，但基本内容是一致的，可以作为评论的依据。首先，对这七"恨"，需要做些核实工作，看看哪些是真"恨"，哪些并不能称之为"恨"。

努尔哈赤所说第一恨，乃杀其父、祖。这既是事实，但又不完全准确。觉昌安、塔克世确是死于明兵之手，但一系"误杀"，是战乱之中误杀，不是蓄意杀害。二则是明军为惩掠边"夷首"阿台，因而出边，攻打古勒城，并非"无故生衅于边外"，杀其父、祖。三则事后明臣即承认是误杀，送还遗尸，给予敕书三十道，使努尔哈赤承袭祖职，为都指挥，后又以其父、祖有"殉国忠"，晋为都督佥事，"长东夷"，蒙受"殊恩"，这也可算是弥补其过之举。

第二恨为明国违誓出边，"护卫叶赫"。这一恨有些强词夺理，难以成立。建州与明辽东守臣立碑刻誓，仅仅是指双方不要越界，以免因采参伐木引起争端，并不是规定明兵不能逾越边境一步，不能出边。须知，努尔哈赤管辖的建州地区，也是"天皇帝"的辖地，普天之下，莫非王土，女真各卫都督、都指挥，皆系明帝臣仆，其地皆为国土，明廷当然可以派兵进入女真地区，调解纠纷，惩治违法之人。而且，明廷为什么要出兵边外，援助叶赫？这一点，努尔哈赤自己是很清楚的。他在万历十九年（1591年）斥责叶赫纳林布禄贝勒逼其投降献地时说：

"昔我父被大明误杀，与我敕书三十道、马三十四，送还尸首，坐受左都督敕书，续封龙虎将军大敕一道，每年给银八百两，蟒缎十五匹，汝父亦被大明所杀，其尸骸汝得收取否？"[1]

努尔哈赤列举七年前纳林布禄之父仰加奴，伯卿家奴被明总兵官李

---

[1]《武皇帝实录》卷1。

成梁斩杀之事，对比自己父、祖"误杀"后的"厚待"，来羞辱叶赫，这些固然是事实，但由此更清楚地表明，明朝政府并不是存心褊袒叶赫亏待于己！

第三恨，伐木之争。此事曲在明国，确系欺人太甚，实为大恨。

第四恨。明朝遣兵出边助叶赫，致使努尔哈赤已聘之女，被叶赫转嫁与蒙古，这就是当时轰动于世的"老女之争"事件。万历二十一年（1593年），叶赫布寨、纳林布禄贝勒等九部联军，为建州大败以后，"互相结亲"，愿以布寨之女布扬古贝勒之妹许与努尔哈赤，以纳林布禄之弟金台石之女许与代善。努尔哈赤遂备办鞍马盔甲等物为聘礼，又杀牛设宴，宰白马，盛酒、血，与四国"歃血会誓"。但不久，纳林布禄即背盟违誓，将金台石之女嫁与蒙古喀尔喀部斋赛贝勒，将布扬古之妹另许他人。初许哈达蒙格布禄，万历二十七年（1599年）哈达亡后，又改许辉发拜音达礼贝勒，万历三十五年（1607年）辉发灭国以后，又许与乌拉布占泰贝勒。四十一年（1613年）乌拉亡，布扬古于四十三年（1615年）将妹改许蒙古喀尔喀部巴哈达尔汉贝勒之子莽古尔岱台吉。布扬古之妹，艳丽多姿，是当时名传满蒙的美女，然而，佳人命薄，由于政治角逐，年方十五即已许聘，中经多次改聘，直到三十三岁，仍未婚嫁，成为"老女"，最后嫁与蒙古，一年而亡，实为可悲。[①]

已聘之女，而且是异常漂亮的美女，不能迎娶到家，反而被悔婚另许，当然是一大恨事。但是，这究竟应该怪谁，是努尔哈赤及诸贝勒大臣责备的援助叶赫的明帝国？不是，明帝国在这一问题上，没有什么过错，不该负什么责任。以第一次悔婚改聘来说，这时明帝国不仅不援助叶赫，反而因叶赫数侵哈达而申斥叶赫。叶赫纳林布禄及其侄布扬古之所以悔婚，原因有二：一为杀父之仇。九部联军失败时，叶赫布寨贝勒被建州士卒武谈"掩而杀之"，战后叶赫索要遗体，努尔哈赤竟将布寨尸体剖为两半，仅归还一半与叶赫。[②]既杀其身，又辱其尸，这样的不共戴天之仇焉能不报，布扬古怎能忘此奇耻大辱，其妹怎能卖身事敌。何况叶赫从仰加奴、逞加奴起，中经布寨、纳林布禄，到稍后的金台石、布扬古，皆骁勇善战、兵精将勇，素怀灭南关（哈达）灭建州之志，怎能与努尔哈赤永结丝罗之好？昔日的定亲盟和，不过是一时的策略而

---

①《武皇帝实录》卷1、2。

②《明神宗实录》卷528。

已。这次的改聘，也包含了政治目的，是一种策略，企图以许与蒙格布禄"昔日所欲之女"为手段，来笼络哈达，乘机兼并，因而置婚约不顾，将女改许哈达。此后，叶赫又将"老女"改许辉发，再许乌拉，皆大体上出于同一原因。这三次改许，可以肯定与明帝国没有任何关系。

至于万历四十三年（1615年）"老女"之许与蒙古，此时明帝国固然已经定下了扶持叶赫的方针，但这也是努尔哈赤逼出来的。明朝政府在相当长时间里，是保哈达、抑叶赫以巩固边境。因此，万历十二年（1584年）诱斩仰加奴、逞加奴，十六年（1588年）又兴兵征剿，杀叶赫部众五百余，以后又多次训诫叶赫安分守法，不得轻举妄动。但是，努尔哈赤异军突起，扩展迅速，兼并"诸夷"，尤其是灭哈达、并辉发以后，形势剧变，明廷才认识到建州才是真正的隐患，乃转而采取扶持叶赫，使其免于灭亡，从而牵制建州。而且此时辽东巡抚张涛也反对叶赫将"老女"许与蒙古。万历四十三年（1615年）五月，布扬古将妹许与蒙古莽古尔岱时，明辽东边将还专门派人前往"谕止"，叶赫不听，于七月成婚。[①]

由此可见，努尔哈赤所谓悔婚另许之罪，加不到明朝君臣身上，这个第四大恨，根据不足，难以成立。

第五恨为明国不许收割柴河、三岔儿、抚安三路庄稼。此恨与事实出入很大。所谓柴河等地，原来都是哈达王台、蒙格布禄辖区，努尔哈赤灭哈达后，就遣派人丁，大量耕种哈达旧地，但是，明朝政府不承认建州灭哈达的行动，认为这是叛逆不法之行为，而且因为这些地方邻近叶赫，易起争端，威胁叶赫与明境安全，故一直不允许建州人员住种收割。万历四十二年（1614年）四月，辽东巡抚翟凤翀的奏疏对此讲得很清楚：

"（建州五百余人，耕种刘家孤山等地。此地一再谕令撤回）奴投有不牧种之甘结，诡意倏忽变幻时来。……南关（即哈达）地界，王台存日，自威远堡起，至三岔儿止。后王台故后，猛骨孛罗（蒙格布禄）在时，至抚安堡龙潭冲止，三岔儿一处已为侵占矣。迨猛骨孛罗故后，俱属之建州，旧种之田味斯语也，又侵占抚安堡矣，分遣人牛，临边住种……今不论新垦旧垦，但系南关之地，则不当容建夷住种，有五利焉。一不得逼近内地，侦我虚实。二不得附近北关，肆其侵扰……"[②]

① 茅瑞征：《东夷考略》。

②《明神宗实录》卷519。

万历四十三年正月，辽东巡抚郭光复亦上奏说：

> "……至如柴河、靖安、三岔、抚安四堡边外地，原系南关旧地，奴酋立寨开种有年，而上年驱令退柴河、靖安二堡地者，谓其逼近北关，以杜窥伺耳，但未曾立界，所以今春复来耕种。今奴酋遵我约束其文，愿照界镌碑，惟讨秋收将熟之禾，以后再不敢越种。随行两道，待镌碑后许之，即今将柴河、靖安、三岔界碑上镌番字书，自四十三年春起，不许来种……"①

两疏讲得十分明白，柴河等地，是哈达旧地，明不许建州侵垦（因为明根本不承认建州之并哈达），建州也一再上奏具结，并立碑于石，保证不来耕种。但说归说，做归做，不管是具体甘结，或是立碑为誓，都不管用，仍然年年派人侵垦收获。就此而论，这个不许收谷的第五恨，又是强词夺理，缺乏根据，难以成立了。

第六恨为偏听叶赫之言，遣人侮辱建州。此事乃指万历四十二年（1614年）四月明使入境而言。《武皇帝实录》和《满文老档》皆载称，万历帝遣守备肖伯芝来，"诈称大臣，乘八抬轿，作威势，强令拜旨，述书中古今兴废之故种种不善之言"。②但究竟作何"不善之言"，二书未叙。此事，万历四十三年（1615年）正月兵部复辽东巡抚郭光复奏疏时，有所评述。兵部说："今日筹辽，必以救北关为主。惟是奴酋反复靡常，顷抚臣提兵出塞，遣羁酋佟修养性为间谍，遣备御肖伯芝为宣谕，谕之退地则退地，谕之罢兵则罢兵……"③看来，所谓"不善之言"，可能是肖伯芝宣谕抚臣意旨，责令建州退地退兵，不要耕垦哈达之地，不要攻打叶赫。照此说来，肖伯芝没有什么大错。因为，明朝政府认为，建州本来就不应该并哈达垦其地，不应该一再用兵叶赫。努尔哈赤把此事列为明朝对他欺凌侮辱的切齿大恨，其理由似乎不太充分。

第七恨为明朝责令建州退还哈达，恢复其国，褊袒叶赫。此事前已论述，谈不上什么恨。

①《明神宗实录》内阁文库本，卷43，转引自《明代满蒙史料·明实录抄》。

②《满文老档·太祖》卷3；《武皇帝实录》卷2。

③《明神宗实录》卷528。

总之，努尔哈赤所谓明帝欺人太甚的"七大恨"，只有第三恨伐木之争，明国全无道理；第一恨杀父祖之仇，明国应负其责，但不是无故蓄意杀害，而是"误杀"，并且明国还承认其过，有所抚恤和封赏；其他五恨，理由都不充分，根据比较薄弱，都难成立。

"七大恨"的具体仇恨，固有很多不尽准确之处，但努尔哈赤利用这七件事来说明的主要论点，来表达女真——满族对明朝政府暴政的愤怒，却不是没有根据的。"七大恨"集中反映了女真十分痛恨的两个问题，一是明朝政府欺凌女真，二是明朝反对女真各部的统一，这是千真万确，是为两百多年双方交往的历史反复证实了的。明朝的所有皇帝，哪怕是沉湎酒色的二十多年不上朝的昏君万历帝，都自命为承奉天命的真命天子，要女真尊他为"天皇帝"。辽东文武官将，也是高不可攀，贱视"诸夷"，称努尔哈赤为"奴儿哈赤""奴酋"，称建州为"东夷"，称蒙古为"西虏"，一切少数民族，都是"蛮夷"，都是低贱之人，对之任意欺凌，百般盘剥。如查收贡品，辽东边将"验其方物，貂皮纯黑马肥大者，始令入贡，否则拒之"[1]。明将还勒令入贡女真献纳珍珠豹皮等土特名产。建州女真进入抚顺马市贸易，"例于日晡时开市，买卖未毕，遽即驱逐胡人，所赍几近遗失"，[2]实为公开抢夺。至于双方来往，那更是一在天上，一在地下，贵贱悬殊。前面曾经提到，万历二十三年（1595年）十月，对于一个明朝小小的游击胡大受，努尔哈赤就尊称为"游击老爷"，求他将"老亦可赤忠顺情由奏与朝廷"。就是这个游击，第二年又命差人持书，宣示建州守法，不许攻打朝鲜，其《宣谕文》有下述言语：以尔与朝鲜构怨，"故差官余希元前来宣谕"，"尔达子若不量而妄动，则所欲如缘木求鱼，所为如以肉投虎。况皇灵震叠，敌国议后，一举足间，而他日之大祸判矣"，尔"当敬恭承命，体领至意，传谕各众头目，自此以后，务要各守封疆，永遵禁约"，否则，"圣天子在上，顺抚逆剿……毋贻后悔"。[3]一则大模大样地叫什么"宣谕"；二则既贱称为"达子"，还要加个犬旁，视如禽兽；三则勒令遵守国法，服从命令，否则大军征剿。从内容到形式，自事情到称呼，皆令人难以忍受，辱人太甚。而这只是小小游击的所作所为，至于

威镇东北的辽东总兵官征虏将军、辽东巡抚、中央兵部尚书，以至"天皇帝"，其贱视女真的恶劣程度，更是不说自明。

对于这种被视如禽兽的极端低贱的恶劣待遇，女真无不痛心疾首，十分愤恨。《满文老档·太宗·天聪》卷1载，皇太极致书辽东巡抚袁崇焕说：

"我两国之所以构兵者，先因尔驻辽东、广宁各官，尊尔皇帝，如在天上，自视其身，犹如神人，俾天生诸国之君不得自主，不堪凌辱，遂告于天，兴师征讨。"

天聪四年（1630年），皇太极领兵出关，攻城略地，发布木刻揭榜的"七大恨"文，告诉汉民说：

"金国汗谕官军人等知悉：我祖宗以来，与大明看边，忠顺有年。只因南朝皇帝高拱深宫之中，文武百官，欺诳壅蔽，无怀柔之方略，有势利之机权，势不使尽不休，利不括尽不已，苦害欺凌，千态莫状。"①

《满文老档》还具体地总括了明满交往中，明朝官将侮辱女真族的情形：

"昔日，太平时期，女真与尼堪（明国）贸易往来之时，不仅明国官员之妻子，就连小人之妻子，也禁止女真看到，藐视女真诸大臣，欺侮凌辱，用拳殴打，不许站在门口。明国的小官、无职之人，到达女真地方时，随便进入诸贝勒、大臣之家，同起同坐，恭敬设宴款待。"②

这三段材料，深刻、有力地谴责了明朝昏官劣将自比天高，贱视凌辱女真的横暴行为，尤其是榜文所说，明国"势不使尽不休，利不括尽不已"，真是十分准确。

---

① 木刻榜文原件藏北京大学，转引自孟森：《明清史论著集刊·清太祖告天七大恨之真本研究》。

②《满文老档·太祖》卷64。

明朝君臣之可恶，还在于他们制定的对待女真"分而治之"的方针，"七大恨"反映了努尔哈赤及整个女真的另一主要目标，就是反对明朝破坏统一女真的事业。"七大恨"的第二、四、五、六、七恨，虽然不尽准确，根据薄弱，但它所讲的都是明朝政府干涉女真事务，破坏努尔哈赤统一女真各部的正义事业。明代两百多年的历史证明，女真只有克服涣散分裂状况，联合起来，统一起来，才能强大，才能不怕他族侵袭，摆脱明朝贪官劣将的盘剥，抵制明朝政府执行的民族压迫政策，生产才能发展，民族才能迅速兴盛、进步。而这正是明朝政府所担心的事，明廷为执行"犬牙相制""以夷制夷"的分而治之政策，为此不惜重金收买，巧言相骗，调兵遣将，武力镇压。从董山到王杲，从仰加奴、逞加奴到纳林布禄和布寨，以及对努尔哈赤的多方刁难甚至准备兴师问罪，都是一个目的：不许女真各部统一起来。分则弱，为明所喜，合则强，为明所惧。双方在这个问题上，针锋相对，不可调和。努尔哈赤就是要用"七大恨"来表达他和全体女真坚决反对明朝政府的欺凌，坚决反对明朝阻碍女真统一目的，他要维护女真的正当权益，他要当统一女真各部的强大的女真国汗，仅此而已，并没有与明为敌，甚至取而代之，入主中原的想法。

此时"七大恨"所要表达的基本思想和主要目标，是正义的，是合理合情的，女真应该统一起来，这是时代的潮流、民族的希望，应予以充分肯定、支持。它对激励女真奋发图强，英勇冲杀，艰苦创业，反抗明朝政府的压迫，起了巨大的作用。

但是，另一方面，"七大恨"是建州国王（一年以后改称"后金国汗"）努尔哈赤提出来的，努尔哈赤何许人也？此时的努尔哈赤已不是35年以前（1583年）的建州女真舍人（当时他只有几名阿哈），他已经是占有大量阿哈的大奴隶主了，已经是奴隶制国家的"英明汗"了。此时他的言行，都是站在奴隶主、奴隶制国家君汗的立场，代表奴隶主阶级的利益，所以，评述"七大恨"，不能只从文字的表面去看，还必须深入研究，剖析其实质，特别是要看其实际的行动，要听其言，观其行。努尔哈赤及其子侄贝勒和八旗高级官将的行为，建州国、后金国进行的战争，才是判定"七大恨"实质的最根本、最关键的因素。如果只是努尔哈赤所说要报仇雪恨，报杀害父祖之仇，报明朝皇帝及辽东巡抚、总兵等官将欺凌女真之仇，他就应该仅只针对辽东巡抚、道员、知州、知县，总兵、副将、参将、游击、都司、守备，将他们擒获诛斩，抢掠省府州县仓库（此乃皇帝老倌的仓库），而对于普通的士农工商，则不应对其伤害。努尔哈赤的父亲、祖父，都曾多次来到抚顺，与汉人商贩做买卖，以货易货和得银，双方皆利，对这些商人，与努尔哈赤没有任何冲突，没有伤害过女真的平民百姓，当然不应该把他们视为报仇的对象，不应伤害他们。可是，天命三年（1618年）四月攻抚顺时，因为游击李永芳愿意听从努尔哈赤的招诱，剃发归顺，努尔哈赤便对他特别优待，官升两级（从游击升为副将），还妻以孙女。然而，对于那些不愿剃发归顺的汉人，努尔哈赤却取东州、马根单等城堡台五百余，"将所得人畜三十万，散给众军"。第二年六月，努尔哈赤率军四万，攻下开原，"城内俘获之人口、财物、金、银、牛、马、驴、骡"，"其俘虏财物、收之不尽"，努尔哈赤特地"驻四日，分俘获，论功行赏"。"七大恨"以明国不许收割柴河、三岔儿、抚安三路庄稼，列为第五恨，但是，柴河三路本系哈达辖地，被建州夺占，努尔哈赤便以此为恨。那么，努尔哈赤全军攻占沈阳、辽阳、广宁，夺占几百倍于建州的辽阔土地，又作何解释？

努尔哈赤喋喋不休地拿"七大恨"说事，作为他攻打明国，侵占明地，烧杀掳掠的借口，其子皇太极亦仿父所为，以此为据。天聪元年（1627年）正月，皇太极致书明国宁远巡抚袁崇焕，重弹老调，详述"七大恨"为兴兵之因，并要明国对此认错，赔黄金十万两，白银百万两，缎百万匹，布千万匹，方可修两国之好。

此书颠倒是非，巧言诡辩，蛮不讲理，恶言威胁，可以说是十足的强盗逻辑，骗子言语的奇文妙书，值得大家共赏，现引述如下：

"遣方吉纳、温塔石，遗书明宁远巡抚袁崇焕曰：满洲国皇帝致书袁巡抚，吾两国所以兴兵者，因昔日尔辽东广宁守臣，高视尔主，如在天上，自视其身，如在霄汉，俾天生诸国之君，莫得自主，欺藐凌轹，难以容忍，是用昭告于天，兴师致讨。唯天不论国之大小，止论理之是非，我国循理而行，故仰蒙鉴佑。尔国违理之处，非止一端，可为尔言之。如癸未年，尔国无故兴兵，害我二祖，一也。癸巳年，叶赫、哈达、乌拉、辉发与蒙古无故会兵侵我，尔国并未我援，幸蒙上天以我为是，师行克捷。后哈达复来侵我，尔国又不以一旅相助，己亥年，我出师报哈达，天遂以哈达畀我，尔国乃庇获哈达，逼我释还其人民，及释还哈达人民，复为叶赫掠去，尔国则置若罔闻。尔既称为中国，宜秉公持平，乃于我国则不援，于哈达则援之，于叶赫则听之，此乃尔之偏私也，二也。尔国虽启衅，我独欲修好，故于戊申年，勒碑边界，刑白马乌牛，誓告天地云，满汉两国之人，毋越疆圉，违者殛之，乃癸丑年，尔国以防卫叶赫，发兵出边，三也。又曾誓云，凡有越边者，见而不杀，殃必及之，后尔国之人，潜出边境，扰我疆域，我遵前誓诛之，尔乃谓我擅杀，缧系我广宁使臣纲古里、方吉纳，且要我杀十人于边境，以逞报复，四也。尔以兵防卫叶赫，俾我国已聘叶赫之女，改适蒙古，五也。尔又发兵，焚我累世守边庐舍，扰我耕耨，不令收获，且展立石碑，置沿边三十里外，夺我疆土，其间人参貂皮五谷材用产焉，我民所赖以为生者，攘而有之，六也。甲寅年，尔国听信叶赫之言，遣使遗书，种种恶言，肆行侮慢，七也。我之大恨，有此七端，至于小忿，何可悉数，陵逼已甚，用是兴师，今尔若以我为是，欲修两国之好，当以黄金十万，白银百万，缎匹百万，布匹千万相馈，以为和好之礼。既和之后，两国往来通使，每岁我国以东珠十，貂皮千，人参千斤，遗尔，尔国以黄金一万，白银十万，缎匹十万，布匹三十万，报我，两国诚如约馈遗，以修盟好，则当誓诸天地，永久勿渝，尔即以此言转达尔主，不然是尔仍愿兵戈之事也。"[1]

明宁远巡抚看过书信后，即回信予以驳斥说：

"汗家十年战斗，皆为此七宗，不佞可无一言。今南关北关安在，河东河西死者，宁止十人；仳离者，宁止一老女，辽沈界内之人民，已不能保，宁问田禾，是汗之怨已雪，而意得志满之日也。唯我天朝，难消受耳。今若修好，城池地方，作何退出，官生男妇，作何送还，是在汗之仁明慈惠，敬天爱人耳。然天道无私，人情忌满，是非曲直，原自昭然，各有良心，偏私不得，不妄又愿汗再思之也。一念杀机，起世上无穷劫运，一念生机，保身后多少吉祥，不佞又愿汗图之也。"[2]

①《清太宗实录》卷2，第2、3、4页。
②《清太宗实录》卷2，第9页。

尽管此时金强明弱，袁崇焕想尽力争取时间，避免激怒金汗，用词十分委婉，但也把道理讲得非常清楚，说服力很强。金国以杀女真十人为第三恨，那么，今日"河东、河西死者，宁止十人"；以"老女"一人未婚为第四恨，今日"仳离者，宁止一老女"，千千万万辽民家破人亡，夫妻离散，阴阳两隔。以柴河三路田谷未能收取为第三恨，现在，"辽沈界内之人民，已不能保，宁问田禾"，十几万平方公里的田禾，已尽为金国夺占。今天是金国汗所谓之"怨已雪，而意得志满之日也"。可以说，把金国汗借口"七大恨"而侵占明地，掠夺人畜财帛，烧杀掳掠的真实面目，揭露得淋漓尽致，驳斥得体无完肤。

综上所述，我认为，"七大恨"书是含有两方面意义的文书：一方面，在天命三年四月提出之时，它是金国人控诉明帝对女真实行民族压迫政策，明朝官将欺凌女真的声讨檄文；另一方面，它又是金国汗要对明朝进行征讨的动员令。随着时间的推移，随着金国一次又一次进攻明军夺取城堡战争的进行，声讨明朝民族压迫政策罪行的含义愈益淡化，抢掠人畜财帛的真实面目更加暴露。从天命四年三月萨尔浒之战结束以后，金军于六月攻陷开原，七月取铁岭，大肆抢掠杀戮，标志着"七大恨"书已完全成为金国汗对明朝进行侵略战争的借口的宣传文书，其反对明朝民族压迫政策的因素，已荡然无存了。

五、萨尔浒之战

（一）腐朽明朝欲灭建州

天命三年（明万历四十六年，1618年）四月十三日，努尔哈赤以"七大恨"告天，誓师征明，四月十五日抵抚顺。虽然抚顺只有守兵一千余人，城池也不坚固，但努尔哈赤并不挥军强攻，而是采取了诱骗之计。前一日，他遣人于抚顺马市传说："明日有三千达子来做大市。"次日寅时，果来叩市，"诱哄商人军民出城贸易"，随即"乘隙突入"，轻取抚顺，降游击李永芳。接着又取东州、马根单等城堡台五百余，掠人畜三十万，编降民千户。二十一日，击败辽东总兵官张承胤、副将颇廷相及援兵一万，杀总兵、副将、参将、游击及千把总等官五十余员，获马九千匹、甲七千副。①

---

① 《明神宗实录》卷568；《满文老档·太祖》卷6；王在晋：《三朝辽事实录》卷1。

败报至京，"朝野震惊"。除了立即遣兵数千出关，加强防御以外，明廷决定调兵四方，大举征剿，议兵十万，议饷三百万，起用杨镐为经略，李如柏为总兵官，克期进取。明朝政府这次发兵，并不仅仅是为了打退建州的进犯，将其逐回旧地，护卫辽阳、沈阳，保证辽东安全，而是欲图诛戮"元凶"，彻底消灭建州。

建州攻下抚顺不久，同年闰四月，明辽东巡抚李维翰立即移咨朝鲜"申严防备"，待机合剿。咨文说："今照建酋奴儿哈赤，猥以属夷，无端生事，计袭抚顺，公行叛逆，罪大恶极，法当诛讨。"①六月，李维翰又移咨朝鲜驻兵义州，"遥为声援"，强调指出："看得奴酋逆天犯顺，罪在不赦，业蒙皇上大奋赫怒之威，慨发三百万帑金，调募十数万精兵，特遣经略专主征讨。彼么么小丑。曾足膏吾铁钺哉？"②

征虏将军、辽东总兵官李如柏，讲得更加明白。他移咨朝鲜说：

"盖夷人之性，大类犬羊，负义忘恩，无所顾忌。近如建州夷人奴儿哈赤，数十年来受我天朝豢养之恩，许开市通贡，养成富强。羽翼甫成，遂生心背叛，袭破我城堡，戕害我将士，此乃王法所必诛，天讨所不赦者也。今已有明旨，选精兵百万，勇将千员，分路并进，务擒元恶，枭首藁街，献之九庙，灭此而后朝食也。"③

既说依法必诛，罪不容赦，又说要生擒努尔哈赤，枭首藁街，献与九庙。这样的处置，与44年前将其外祖王杲押解京师，献俘阙下，磔杀示众，完全一样。

如果说这些咨文都只讲到对"元恶"的惩治，那么，明帝批准发布的"赏格"，包括的范围就更广了。

万历四十六年（后金天命三年，1618年）十二月，经略杨镐奏上"擒奴赏格"，兵部尚书黄嘉善覆奏，万历帝批准，颁示天下及海西、朝鲜。"赏格"规定：

---

① 吴晗：《李朝实录史料》，第2940页。

② 同上书，第2974页。

③ 同上书，第2994页。

"有能擒斩奴儿哈赤者，赏银一万两，升都指挥世袭。擒斩奴酋八大总管者，赏银两千两，升指挥使世袭。擒斩奴酋十二亲属伯叔弟侄者，赏银一千两，升指挥同知世袭。擒斩奴酋中军、前锋暨领兵大头目者，赏银七百两，升指挥佥事世袭。擒斩奴酋亲信领兵中外用事小头目者，赏银六百两，升正千户世袭。以上应赏功级，皆自军卒言之……北关金、白两酋，擒斩奴酋，即给予建州敕书，以龙虎将军封殖其地。其朝鲜擒斩，照中国例一体升赏……"①

"八大总管"，是指努尔哈赤的子孙，即"贵营捌兔（代善）、忙谷太（莽古尔泰）、阿卜太（阿巴泰）、黄太住（皇太极）、把布亥（巴布海）、羊羔儿太、汤哥太（杨古岱）、堵堵（杜度）"。"十二亲属伯叔弟侄"，指阿敏等人，中军韦都为额亦都，前锋阿堵为阿敦，书记大海是达海，女婿火胡里为何和礼。②这个"赏格"，既悬赏擒杀努尔哈赤，又要诛其子孙叔伯弟侄，已经是全家全族问斩了，还要屠杀其女婿、大将，连书记也未漏掉，所有大小头目都在劫难逃，这与一人犯罪，株连九族，十分近似。不仅如此，建州的一般女真，也要遭殃，因为"赏格"规定，叶赫金台石、布扬古（白羊古）贝勒，如果杀了努尔哈赤，他们就取代了其"龙虎将军"之位，就得到了建州敕书，占了建州地区。简而言之，大军征剿，既要将努尔哈赤家族斩尽杀绝，又要把整个建州（实即整个满族）全部消灭，这就是明廷发动萨尔浒之战的目的。

经过十个月的紧张筹备，兵、将、粮、马、甲、炮大体备办完毕，明万历四十七年（后金天命四年，1619年）二月二十一日，辽东经略杨镐、蓟辽总督汪可受、巡抚周永春、巡按陈王庭，在辽阳演武场，集合征辽官将，誓师讨敌。议定兵分四路，北路为开原铁岭路，以原任辽东总兵官马林为主将，下辖管开原副总兵事游击麻岩等官兵，监军为开原兵备道佥事潘宗颜、岫岩通判董尔砺赞理，共2万余人，从靖安堡出边，由北进攻赫图阿拉，叶赫出兵2000相助；西路为抚顺路，以山海总兵官杜松为主将，保定总兵官王宣及原任总兵官赵梦麟为副，分巡兵备副使张铨监军，按察司经历左之似赞理，官兵2万余，由抚顺关出，从西进攻；南路为清河

---

①《明神宗实录》卷574。

②《明神宗实录》内阁文库本，卷47，转引自《明代满蒙史料》，《明实录抄》满洲篇四。

路，以辽东总兵官李如柏为主将，管辽阳副总兵事参将贺世贤等随从，分守兵备参议阎鸣泰监军，推官郑之范赞理，兵2万余，从鸦骨关出边，由南进攻；东路为宽奠路，以总兵官刘铤为主将，海盖兵备副使康应乾监军，同知黄宗周赞理，兵1万余，朝鲜都元帅姜弘立、副元帅金景瑞领兵13000余从征，由亮马佃出边，从东进攻。四路兵共88500余人，加上朝鲜、叶赫兵，共103500余人，号称47万。杨镐宣布军令十四款，当场斩杀抚顺逃亡的指挥白云龙，枭首示众，密令各总兵自二月二十一日依限出边，"务期尽灭贼"。

十万大军，千员上将，枪炮数万，四路合击，真是军威雄武，声震山岳，看来小小建州难敌天朝，将遭灭族灭种之灾了。可是，这仅仅是表面现象。实际上，出师之前，明朝政府的腐朽，已经决定了明军必然惨败的命运。

以至高无上的皇帝明神宗朱翊钧而言，此人不文不武，因循苟且，晏处深宫，沉湎酒色，厌理国务，二十多年不上朝，开创了昏君的纪录。并且他还爱财如命，广括公私财帛，仅以祸国殃民的矿税一项，一年就额外征银500余万两，纳入内库。朱翊钧骄奢淫逸，挥金如土，营建三殿，仅采楠木、杉木于川、贵、湖、广，就费银930余万两，御用袍服，岁费数十万。册立太子，只是采办珠宝一项，就下诏取银2400万两，而每年"天下赋税之额，乃止四百万"。[①]其子福王就封，括河南、山东、湖广田为王庄，多达400万亩。[②]这样的昏君懒帝，怎能富国强兵，怎能处理消灭新兴后金强国的军机要务？

君如此，相又如何？此时明朝政府的中枢——内阁，正由著名庸臣方从哲独理阁政。此人才具平庸，柔懦媚上，"顺帝意""呢群小"，既无治政用兵之才，又缺乏匡时救弊奋发图强之志，也无识人任贤之眼，凡事敷衍塞责，苟且度日，当然也担当不起击败强敌巩固边疆的重任。

君昏相庸，敌务必然废弛。官多缺员，六部堂官只有四五人，都御史数年空署。给事中、御史按制应有一百五六十员，可是六科只四人，而五科无掌印之官，十三道亦只五人，一身兼数职。督抚监司亦屡缺不补。文武大选、急选官及四方教职，积数千人，以吏、兵二科缺掌印官，不画凭，"久滞都下，时攀执政舆哀诉"，真是"职业尽弛，上下解体"。[③]

---

①《明史》卷82，《食货六》：《明史》卷240，《朱国祚传》。

②《明史》卷77，《食货一》。

③《明史》卷218，《方从哲传》。

万历年间，本来已是民贫国穷，矛盾激化，人心思乱，贪婪的明神宗朱翊钧还从万历二十四年（1596年）起，遣派豪横太监，分赴各省，开矿收税，大兴"矿税之祸"。这批矿监税吏，横行霸道，无恶不作，到处"树黄旗，揭圣旨"，"吮人之血，吸人之髓，孤人之子，寡人之妻"，甚至"伐冢毁屋，刳孕妇，溺婴儿"，致使全国"公私骚然，脂膏殚竭"，"贫富尽倾，农商交困，流离迁徙，卖子抛妻，哭泣道途，萧条巷陌"。①明神宗朱翊钧的暴行，激起军民公愤。从东北的辽河平原，到西南的云贵高原，自长城内外，到南海之滨，由边疆"夷寨"，到京畿重地，民变烽火到处燃烧，十余年间，大的"民变"多达数十起。

就全国而言，赋重役繁，国库空虚，军政废弛，兵变频仍，民穷财尽，人心思乱。而首当建州其冲的辽东，危机更为严重。要打仗，必须有兵，而且必须有精兵，尤其是得到辽民支持的精兵。但是，此时辽东，既无精兵，更无受到人民拥护的好兵。辽镇马步官军原额94693人，万历三十七年（1609年），实少于22000人，除健在老弱，"其精壮不过二万有奇"。②士兵之所以逃亡和衰疾残弱，主要在于官将的科派掊克。万历中期，兵科都给事中侯先春"阅视辽东"以后，上奏极言辽东元气大损，总的是：

"今辽房患频仍，民生涂炭，权归武弁，利饱囊中。狐假虎以噬人，狗续貂而蠹国。钱粮冒破，行伍空虚，民脂竭于科求，马力疲于私役，法令不行，将不用命，民不见德，远迩离心。"③

他还具体地叙述了官将勒索士卒的详细情节：

"迩来私役百端，科索万状。即如镇静之夷马，开原之貉皮，清河、抚顺、宽奠、叆阳之人参皮张松果等类，无论其把持夷市，压买商贾，而牧放夷马，治料参斤，以至搬运百货，约用军士不止千名也。其采取木植，而清河等堡之军，昼夜皆居塞外。烧炒铁斤，而宽奠等城军，终岁不得宁家。盖州之布帛，长奠之金银，海州之海参……如此之类，难以枚举，凡可谋利生财，无非军士取办，其包赔之苦，服役之

<hr>

①《明神宗实录》卷331、376；《明史》237，《冯应京传》。

②《明神宗实录》卷457。

③《明经世文编》卷428，侯先春：《安边二十四议疏》。

劳，盖万万不可言也。如春发银五钱，秋收参一斤。（笔者按，人参一斤，市价为十两银左右）春发银一厘或一瓣，夏索鸡一只。……又以弓矢衣物鞍辔皮张等类，势给各军，而厚收其利，皮袄一则，索银七钱或五六钱，皮裤一则，索银四钱或三钱五分。披肩段一块，长不满尺，阔不及半，则索银一钱。……夫辽左之军，惟家丁选锋月粮一两二钱耳，更迭科克，所余几何。逼之以不得不从之威，而挟之以不敢不扣之势，何怪乎营军之家十九之为悬磬也。既疲其力，又夺其财，则安望其出死力抗强虏哉。"①

既是弱军，难御强敌，又是暴军，鱼肉人民。侯先春尖锐指出：

"大将军遣各将领，提兵屯驻各城堡，近者一月，远者两三月，或更番往返，岁以为常。每丁军阶至，城堡骚然，酒食尽出于民家，妇女多遭其淫辱，一家倾竭，蚕食别室，稍不如意，尽行毁虏。马蹄经过，鸡犬一空，弓刀悬门，人皆丧魄。且领卒将官，尽是娄秽之辈，非惟不知禁戢，又身先导之，被害者安所控诉乎。其丁军未必御虏，而先遭一强虏也。民谣有云：若遭大虏还有命，若遭家丁没得剩。盖深苦之也。"②

辽东本已民穷财尽，兵戈时起，又加上矿税太监高淮的骄横跋扈，掊克万端，更闹得天怒人怨，难以聊生。高淮从万历二十七年（1599年）到辽东，至三十六年（1608年）被辽东军民赶走，祸害辽民十年。他带领家丁数百，"自前屯起，辽阳、镇江、金、复、海、盖一带，大小城堡，无不迂回遍历，但有百金上下之家，尽行搜刮，得银不下十数万，闾阎一空"③。他"扣除军士月粮"，散发羸马给军，"收好马之价十倍"，又将"布鞭香袋米面诸货"，"无不派勒各营及民间"，勒收高价。④当时辽东军民编了一首民谣，刻画高淮的贪婪和狠毒："辽人无脑，皆淮剜之。辽人无髓，皆淮吸之！"⑤这种"生命戕于鞭敲，脂膏竭于咀吮，十室九空"，"辽民极困"，"痛心饮血"的局面，⑥怎能使军民一致，齐心抗敌！

①②《明经世文编》卷428，侯先春：《安边二十四议疏》。

③《明经世文编》卷436，朱赓：《论辽东税监高淮揭》。

④《明史》卷305，《高淮传》。

⑤《明经世文编》卷467，宋一韩：《直陈辽左受病之原疏》。

⑥《明经世文编》卷429。

君昏相庸，国穷民贫，赋重役繁，官将掊克，民不聊生，本已决定出师必败，再加上主持征伐的经略，任用非人，更加速了明军的覆灭。由部会推，经帝任命的经略杨镐，原任"经略朝鲜军务"要职，万历二十五年（1588年）率兵四万，围攻岛山，倭将行长领兵来救，镐大惧，狼狈先奔，敌军追击，明兵大败，死亡二万余人，"辎重多丧失"。明人评述说：此战，"谋之经年，倾海内全力，合朝鲜通国之众，委弃于一旦，举朝嗟恨"[①]。这个杨镐，还不知羞耻，隐瞒败状，"诡以捷闻"，为帝褒美，遭人揭发后，神宗震怒，欲令处死，后免死罢任。这样一个贪生怕死、丧师辱国、讳败冒功的劣材，竟被文武百官捧为克敌制胜、安邦定国的大帅，从一个闲官，提升为兵部左侍郎兼右佥都御史，荣任辽东经略，怎能不贻误军机。

领兵冲杀的总兵、副总兵、参将、游击等将官，多系"婪秽之辈"，爱财如命，畏敌如虎，尤其是对新兴建州的八旗劲旅，更是久闻威名，谈虎色变。早在万历二十六年（1589年），努尔哈赤还只是辖领建州女真的一部之长时，号称骁勇善战的明朝副总兵李如梅，就对建州兵的精锐感到恐惧，他郑重其事地警告朝鲜国王说："此贼精兵七千，而带甲者三千，此贼七千，足当倭奴十万。……虽以十人来犯境土，即报辽东而求救。西北虽有达子，皆不如此贼，须勿忽。"[②]以区区十人之数，就敢进犯边境，致使拥兵上千的各城游击、参将张惶上告总镇，乞求援兵，可见建州兵之精壮，锐不可当，也充分反映出辽东边将的胆怯畏敌。随着建州的迅速扩展，明将对八旗军更是异常畏惧。比如，历任宣府、延绥、大同总兵官的麻承恩，是将门之后，早年"更历诸镇，以勇力闻"，万历四十年（1612年）辽事紧急，以原官入辽，听辽东巡抚、镇守总兵官调遣。这位专任"援辽"的总兵官，当万历四十六年（1618年）四月抚顺失陷，辽东总兵官张承胤率兵往援时，竟率本部借口"调防清河"而匆匆逃走，致使张承胤兵败被杀，全军覆没。七月，八旗军攻清河，麻承恩又以开原檄调为名，领军离阵，"致清河城守一时陷没"。[③]

万历四十六年六月，江西道御史薛贞上奏说："近者杨镐疏中言，调到援兵，皆伏地衰号，不愿出关。又传塘报帖言，钻刺将领，见奴氛孔亟，都哭而求调。臣闻之不胜愤懑。"[④]堂堂七尺之躯，以上阵厮杀斩

①《明史》卷259，《杨镐传》。

②吴晗：《李朝实录史料》，第2476页。

③《明经世文编》卷573、574。

④《明经世文编》卷571。

人首级为专任的援辽将官、士卒，竟然伏地痛哭，乞求改调，不敢出关迎战，如此的畏敌如虎、贪生怯战，实为罕见，难怪御史"闻之不胜愤懑"了。

赋重役繁，国穷民贫，君昏相庸，帅劣将怯，士气不振，人心思乱，这样腐败的明朝政府，怎能与新兴后金相争；这样松弛胆小的弱军，怎能打败兵精马壮的八旗劲旅，萨尔浒之战？只能以明军的惨败而告终。

（二）新兴后金大败明军

萨尔浒，位于后金都城赫图阿拉西一百二十里，今抚顺东大伙房水库附近。天命四年（明万历四十七年，1619年）三月初一日，八旗军大败明西路杜松军于此，随即击破明北路、东路军，史称"萨尔浒之战"。

明万历四十七年二月十一日，辽东经略杨镐会集四路官将，告天誓师，欲于二十一日分路出击，因十六日天降大雪，跋涉不前，改于二十五日兴师，定于三月初二在二道关会合。十万大军，战马成群，火器数万，声势浩大，怎能掩人耳目，因而"遐迩共闻""师期豫泄"。[1]一向重视侦察敌情善于用间的努尔哈赤，对明军的动态早就了如指掌，全国皆知大战将临。与26年前九部联军3万来攻相比，那时，众寡悬殊，建州兵将"皆失色"，十分惊恐，军心不稳；现在，虽然面对号称47万的天朝"圣兵"，敌众我少，八旗劲旅却镇静自若，从容应战。出现这样大的变化，根本原因有二：一为保家保族，此战必胜。兵法所云："置之死地而后生。"现在满族正面临灭种灭族之灾，不打退明军的进攻，努尔哈赤家族固然要斩杀无遗，八旗官将士兵也在劫难逃，整个满族就要被彻底消灭，至少也是大部被诛戮，残存少数"顺民"，必然要再遭明帝奴役，重新陷入明朝政府压迫女真的苦难深渊。这是决定民族生死存亡的一战。是反对明朝民族压迫，保护本族生存，争取继续前进的决定性一战，反压迫、求生存、图发展的战争正义性质，激励了广大满族人民拼死抗敌的强烈斗志，坚定了他们必战必胜的决心和信心，对大军压境无所畏惧。

另一根本因素是，后金正处在兴旺发达迅速前进的蓬勃阶段。36年

---

[1] 王在晋：《三朝辽事实录》卷1；海滨野史：《建州私志》。

前，女真部落林立，贫穷落后，饥馑频仍，惨遭明臣鱼肉欺凌，社会发展停滞不前，人丁稀少，度日艰难。

万历十一年（1583年）努尔哈赤以"遗甲十三副"起兵，经过36年的南征北战，由一个微弱小部，发展为辖地数千里，人口上百万的强大的后金国，分散的几百个女真部落合而为一，又吸收汉、蒙人员，形成了一个新的民族共同体——满族，举国上下，练兵习武，竞图进取，一派兴旺发达景象。八旗劲旅，取抚顺，下清河，阵斩辽东镇守总兵官张承胤，所向无敌，因而对明交锋，满怀信心，沉着应战。

战争的正义性质，以及新兴国家、新兴民族的强大活力，八旗士卒誓灭强敌的坚定斗志，为击败明兵奠定了基础。而杰出的军事家努尔哈赤的正确指挥，又为重创敌军提供了有利条件。努尔哈赤身经百战，熟谙兵法，善于发挥所长，克敌所短，以少胜多。明军虽然四路进发，但又不完全是分散兵力，而是约定于二道关前会师，再集中进攻后金都城赫图阿拉，如果建州分军迎战，很难取胜，那时明兵会合，全师进击，赫图阿拉就危险了。努尔哈赤果断决定："恁你几路来，我只一路去。"①采取了集中兵力，各个击破的方针，撤回各屯寨士卒，只留少数兵防御南路、东路，八旗劲旅主要迎战明西路杜松军。

明军枪炮众多，利远攻，不便于近战，后金兵使用弓矢刀剑，长于骑射，利于突袭决胜，不利于缓慢厮杀。明兵远来，人生路疏，粮饷难继，建州则生长于斯，险易尽晓，行动便捷。努尔哈赤充分地发挥了自己所长，尽量利用敌军之短，他不打列阵通报姓名、摇旗呐喊的正规之战，而是设下埋伏，诱敌入圈，突然奇袭。正当杨镐大张声势调兵遣将，行将出征时，努尔哈赤早已胸有成竹，"调度安排，机构周密"了。②

明军四路，以西路为最精锐。西路军主将杜松，乃将门之家，其兄杜桐，由末弁，以军功升至大帅，历任延绥、宁夏、保定总兵官，授右都督，史称其屡败蒙古，"积首功一千八百，时服其勇"。杜松"勇健绝伦"，由舍人从军，久历戎阵，遍体鳞伤，"刀箭瘢如疹豆儿十朝时，间有红处，乃良肉"，屡立军功，升至总兵官，历镇延绥、蓟州、辽东、山海关，威名远扬，建州亦知其勇，"酋素畏杜，称曰太师"。更为难得的是，杜松还是一位廉洁大将，秉性清高，不巴结上司，不笼

---

① 海滨野史：《建州私志》。

② 王在晋：《三朝辽事实录》卷1。

络权贵，他在奉命援辽师出潞河时，明告送者说："杜松不识字武夫，惟不学读书人贪财怕死耳。"①但是，此人性急"尚气"，刚愎自用，图功心切。按照经略和各路将官的决定，三月初二会师二道关，西路军应于三月初一出抚顺关，而杜松"欲贪首功"，又藐视建州，骄傲轻敌，提前于二月二十九日出边，日驰百余里，第二日，三月初一，即抵浑河。天色近晚，水深流急，人马渡河，溺死数十骑，诸将恳请留宿，监军张铨谏止，总兵官赵梦麟劝阻，杜松不从，挥军急渡，"水深没肩"，士卒"没于河者几千人"，车营枪炮辎重皆遗岸后。全军拥挤过河，飞奔前往，进入伏中，努尔哈赤亲率八旗劲旅，以两倍于敌的兵力，勇猛冲杀，在萨尔浒迅速消灭了西路明军，斩杀杜松、王宣、赵梦麟三总兵。②随即转攻明北路军。马林率兵于三月初一夜，进驻尚间崖，离萨尔浒三十余里，闻听杜松兵败，士卒大哗。第二日，两军交战，明兵施放枪炮，八旗军奋勇奔袭，很快就击败敌军，马林领兵万余提前逃走。后金军又回过头来迎敌刘铤部队。

刘铤，为勇将虎子，其父刘显，少年家贫落魄，曾自杀未死，投笔从戎，屡立军功。由一名小卒，升至都督同知、总兵官，历镇广东、狼山、浙江、贵州、四川。刘铤，初因父功，荫为指挥使，"勇敢有父风"，所使镔铁大刀，重120斤，"马上轮转如风"，列骏马50余，跳跃其间，"来往轻于舞蝶"，因功先后升任守备、游击、参将、副总兵、总兵，久镇四川，后因"军政拾遗罢"。万历四十六年（1618年），以原官起用，刘铤一向依靠川贵土司土卒和川兵，累立军功，因而一再申请，征调四川、云南、贵州"各土司马步兵"2万余，"皆本官统驭旧人，矫捷善战"，但兵部复议，只准调"汉土官兵"9000余人，而且战前并未全到。刘铤颇有将才，又久经战阵，熟谙兵法，老成持重，行军之时，规定人人皆持鹿角枝，遇敌则置鹿角于地，"绕营如城""转瞬成营""虏骑不能冲突"，己兵"得暇列置火具，虏前队毙于火攻，则不能进"，己军乘间出劲骑格斗，疲则还营少休，不怕遭遇敌人埋伏，不怕敌军突袭。这样一员智勇双全之将，却因与杨镐有隙，"自前不相好"，受杨排挤，"必要致死"，指定他带东路军，仅1万余人，从宽奠

①《明史》卷239，《杜松传》；《明经世文编》卷502，宋懋澄：《东征纪略》；《明神宗实录》卷580。

②《明史》卷239，《杜松传》；《明神宗实录》卷580；王在晋：《三朝辽事实录》卷1。

出，道路遥远险恶，"重岗叠岭，马不能列"，粮饷不继，朝鲜从征兵13000人，亦疲弱怯战。三月初四，军至阿布达里岗，距赫图阿拉约50里。这时，努尔哈赤早已遣派大贝勒代善，率诸贝勒大臣和八旗官兵，前来迎战，"设伏于山谷"。初五日晨，后金遣明降官，持所得杜松的"号矢"（号矢即令箭，经略授总戎，"以驱策偏裨者"），驰至刘营告急说：杜松已抵"酋城"，"深入敌疆，虞攻之不继，敬遣材官某，请将军会师夹攻"。刘初犹豫，继而"心动"，恐杜"独有其功"，令诸将拔营前进，行20里，耳听炮声隆隆，以杜将先入城，则已"宿名顿坠"，令士卒尽弃鹿角，急速前往，队不成列，进入伏中，代善挥令八旗劲旅突起冲刺，斩杀刘𬤇，明军措手不及，全军覆灭，朝鲜元帅姜弘率众降金。①南路军李如柏，因杨镐知悉杜、马二军惨败，檄令回师，仓皇撤退。明兵四路出击，三路败没，四总兵战死，阵亡道员、副总兵、参将、游击、都司、守备、中军、千总、把总等官310余员，兵丁死亡45800余名，丢失马、骡、驼28000余匹、头，遗弃火器大小枪炮2万件。②闻名于世的萨尔浒之战，以明军彻底失败而结束。

萨尔浒之战，是明满关系发生根本变化的转折点，从此，后金获得了主动权，军心振奋，器械充足，战马成群，俘获众多，军威远扬，为取开原、灭叶赫、下辽沈，奠定了基础，而明国则君惊臣恐，官兵畏战，人畜火器损失巨大，兵无守志，陷入了困窘的被动逆境。

天命四年（明万历四十七年，1619年）六月十六日，努尔哈赤率军进攻开原。开原东邻建州，西接蒙古，北与叶赫相连，是辽阳所恃"以断夷虏之路"，联络北关的军事重镇。开原是"古之黄龙府而元之所谓上都"，城大且坚，军民十余万，"物力颇饶"，金银财帛数百万。③总兵官马林镇守，火器众多，照说是可以抵挡后金军进攻的。但是，萨尔浒惨败，严重影响了士气，"人心不固，兵气不扬"。④加上，此时摄开原道事的推官郑之范，一贯贪婪横暴，盘剥军民，"赃私巨万，天日为

① 《明史》卷247，《刘𬤇传》；《明神宗实录》卷580；《明经世文编》卷502，宋懋澄：《东征纪略》；王在晋：《三朝辽事实录》卷2；茅瑞征：《东夷考略》；吴晗：《李朝实录史料》第3025、3026页；李民寏：《栅中日录》。

② 王在晋：《三朝辽事实录》卷1；《明经世文编》卷488，徐光启：《辽左陷危已甚疏》。

③ 《明神宗实录》卷583；王在晋：《三朝辽事实录》卷1。

④ 《明神宗实录》卷583。

昏"，以致"素失民心"。郑之范既贪财，又怕死，四路出征时，郑是南路李如柏部的"赞理"，见势不妙，随李狼狈逃回，眼看开原危急，却置敌不顾，继续克扣军饷，勒索士民。守备罗万言以高价买到军马，到郑处支领草豆饲料，"并无升束"，一日饿死战马249匹。把总朱梦祥到开原领钱粮，"一月不给，各军衣物尽变，马倒人逃"。上万马匹，缺少饲料，散放牧于百余里外，"贼至猝不及收"。因此，八旗军轻取开原，"易如拉朽"，斩杀马林等官将。[1]紧接着，七月二十五日，后金军攻克了铁岭，生擒蒙古喀尔喀部名酋斋赛。努尔哈赤班师回京，略事休整，八月二十一日，又领军灭了叶赫，杀其城主金台石与布扬古贝勒，编户万余，大胜而归。后金军威，声震天下。

六、奴隶制成为占据统治地位的生产方式

（一）阿哈激增数以十万计

征战数年，此时的阿哈，比过去增加了好多倍。阿哈的主要来源是掠夺来的人口。同时，诸申分化加剧，穷者沦落为奴，或因犯罪贬为阿哈，以及原有的阿哈的子女，皆增加了阿哈的数量。比如，《建州图录》说，一些女真诸申私入朝鲜境内采挖人参，努尔哈赤"令各部刷出，每名或牛一只，或银十八两征收，以偿其私自越江之罪。其中，贫不能措价银与牛者，则并家口拿去使唤"。[2]

阿哈数量之多，从下述一些事情可以看得很清楚。首先，努尔哈赤一贯实行"抗拒者杀，俘者为奴"的政策，把攻打各部女真和明朝城乡所掠来的男女老少，强行勒令充当阿哈。

现将三十多年战争中俘获的人口牲畜情况列述于下：

"万历二十一年十一月，攻纳殷部据守的佛多和山，三月乃下。

万历二十六年正月，征安楚拉库，取屯寨二十处，余皆'招服'，获人畜万余。

---

① 《明神宗实录》卷584；王在晋：《三朝辽事实录》卷1。

② 申忠一：《建州图录》。

万历二十七年，灭哈达，尽收其国。

万历三十二年正月，收叶赫璋、阿二城七寨人畜二千余。

万历三十五年三月，收裴优城及其四周屯寨，编五百余户，击败乌拉兵万人。五月，取赫席赫、鄂谟和苏噜、佛纳赫拖克索，获人畜二千。九月，灭辉发，'屠其兵，招服其民'。

万历三十六年三月，取乌拉宜罕山城，杀千人，得甲三百副。

万历三十八年二月，灭瑚叶路，获俘二千。十一月，将那不都鲁、绥芬、宁古塔、尼马察四路人编户带来。十二月，取雅兰路，获人畜万余。

万历三十九年七月，取乌尔古辰、古伦路，获俘一千。十二月，取湖尔哈扎库塔城，杀千人，获俘二千。将图勒伸、额勒伸二路长及五百户'驱护'带来。

万历四十年九月，攻乌拉，取六城，尽焚六城人家和粮食。

万历四十一年正月，灭乌拉，杀守兵万人，分俘获，编万户带回，获甲七千副，'尽得其国'。九月，攻叶赫，尽取璋、吉当阿二城子女。又取十九城，'尽焚其房谷'，编三百户带回。十一月，攻雅兰、西林、获俘一千，编将民百户。

万历四十三年十二月，灭额赫库伦，杀兵八百人，获俘一万，编降户五百。

后金天命元年（明万历四十四年）七月，尽取东海萨哈连部及瑚尔哈部四十七寨，招服使犬部、诺垒部、实喇忻部。

天命三年四月，征明，取抚顺等三城和台堡五百余，俘获人畜三十万，编降民千户，又击杀援兵万人，获马九千四、甲七千副。五月，取明范河等十七城，尽取其谷，分俘获。七月，取清河，杀守兵万人，分俘获。九月，掠明会安堡，获人一千，杀三百人。

天命四年正月，取叶赫克伊特城、尼雅罕寨，夺大小二十余屯寨，尽掠十里外屯寨人、马、牛，焚其住房和豆草。三月，大败明兵于萨尔浒，收取大量俘获财物，三日未尽，降朝鲜兵五千。六月，收东海瑚尔哈部遗民，得一千户、二千丁、六千口。下开原，大杀守兵，掠巨量人畜财物。七月，取铁岭城，杀守兵，收俘获。八月，灭叶赫，将其人户尽数迁来。

天命五年七月，取明懿路、薄河二城，尽夺其谷。"

以上列举了努尔哈赤起兵以后的重要战事。通过这些征战，究竟杀了多少敌方兵民，掠夺多少人畜，编了多少降户，自己的士卒有无死伤等等问题，无法统计绝对准确的数字。因为记载不全，好些战争的烧杀抢掠的真实情形，《清太宗实录》或者是只字不提，或者是一笔带过，甚至故意含混其词，不说实数。

比如，《满文老档》载述额亦都战功时提到，努尔哈赤率兵围困索尔瑚山寨，以额亦都首先攻取，将该城男女皆委令额亦都杀戮，[①]《清太宗实录》对此毫无记载。

又如，《满文老档》写道，万历二十一年三月，努尔哈赤遣兵攻打纳殷部七村"叛民"据守的佛多和山城，"得后皆杀之"。[②]而《清实录》却只记为"斩搜稳、塞克什，即日回兵"。删掉"得后皆杀之"五字，以掩盖屠杀七村建州女真诸申的暴行。

因此，对清朝官修文献，需慎重分析使用。

根据上述战况，可以得出一个重要结论，那就是后金国汗、贝勒掠取了巨量人畜财帛。攻打女真部时，得获人畜四万一千，此系大大缩小之数。这四万一千人畜，基本上是从东海瓦尔喀部女真屯寨抢来的。灭掉一个小小的额赫库伦部，便俘获人畜一万，那么兼并哈达、辉发、乌拉、叶赫这样几倍、几十倍于额赫库伦的四大部，所获的人畜岂不是要数十倍于此数！

在对明战争中，掠取的人口、牲畜更多。《满文老档》载称，天命三年（1618年）四月攻下抚顺三城及其附近城堡时，俘获人畜三十万。[③]明兵科给事中薛凤翔弹劾败事边臣的奏疏说，抚顺失陷，"军民之骈死者、掳去者，各数万"[④]，可见掠民之多。

清河比抚顺大，后金军打下清河时，"杀卤军丁男妇以万计"，努尔哈赤特地留驻四日，以分俘获，这也表明抢得的人畜是很多的。

①《满文老档·太宗·天聪》卷48，《清实录》。

②《满文老档·太宗·天聪》卷48。

③《满文老档·太祖》卷6。

④《明神宗实录》卷585。

开原是明朝辽东重镇。负责全辽军事重任的明朝经略熊廷弼上奏说："开原为河东根底"，是"古之黄龙府而元之所谓上都也。城大而民众，物力颇饶。贼住城中，用我牛马车辆，运金钱财货，数日未尽，何止数百万"。[①]满人自己也说，打下开原后，"所获金、银、绸帛、蟒缎等物甚多"。努尔哈赤下令，"将人口、财帛、金、银、牛、马、驴、骡均平置于战内各处"，让掳掠较少的牛录前往领取，"收俘获财帛，三日犹未尽"。[②]可见掠夺的人畜财帛数量是很大的。

后金军攻下铁岭时，大肆掳掠。[③]取懿路、蒲河二城"老百姓、马、牛，俘获甚多"。[④]

由此可见，经过三十多年征战，努尔哈赤率军掠取的人畜，为数可达数百万之多。

（二）广大阿哈主要从事农业劳动

《满洲实录》汉文体载称，天命三年（明万历四十六年，1618年）八月，努尔哈赤命纳麟、单德二人"率四百众"，往嘉木湖收获。这里所说的"四百众"，是什么意思？"众"是什么身份？具体一点说，是诸申，还是阿哈？不清楚。查看《满文老档》，它记为，努尔哈赤遣纳璘、单德二人，"率诸贝勒之拖克索包衣八百人"打谷，[⑤]这就明白了。原来《满洲实录》所谓的"四百众"，却是八百人，而且是诸贝勒拖克索中的八百名阿哈。一次就能派遣八百阿哈打谷，可见诸贝勒必然拥有大量阿哈。

再次，万历四十年（1612年）九月努尔哈赤率兵攻打乌拉时，其子莽古尔泰和皇太极建议直取乌拉都城，努尔哈赤拒绝说：

"相等之大国，欲一举尽灭之，岂能得乎！且尽取其外所属诸部，唯存其都。若无阿哈，主何能生！若无诸申，贝勒何能生！"[⑥]

---

① 《明神宗实录》卷583。

② 《满文老档·太祖》卷10。

③ 《明神宗实录》卷585。

④ 《满文老档·太祖》卷16。

⑤ 《满文老档·太祖》卷7。

⑥ 《满文老档·太祖》卷2。

这段话很重要，不仅可以作为概括当时社会面貌的总纲，而且也充分反映出了此时阿哈数量众多的情形。我们可从三方面来看。

第一，此时阿哈数量与前段时间相比为多。查阅清朝早期的文献，找不出努尔哈赤有专门讲阿哈的话，相反他却对诸申十分注意，经常议论诸申的问题，担心诸申因无粮而离开。这岂不是表明诸申是当时女真社会的主要成员，而阿哈却是人数不多、不受重视的吗？现在局面不一样了，阿哈成为努尔哈赤经常谈论的话题。这就是说，阿哈已是人数众多，在社会上产生了强烈影响，统治者不能闭目不见了。

第二，本来是莽古尔泰和皇太极建议攻打乌拉都城，毫未涉及阿哈，完全是风马牛不相及的两回事，而努尔哈赤却偏偏援引阿哈与家主的关系，来反对其议，为其先取外部孤立都城的主张作根据。如果阿哈人数很少，不为众所熟悉，家主依赖阿哈为生，即家主剥削阿哈的行为不是普遍的现象，努尔哈赤怎么会这样讲，众人怎能了解？正是因为此时的阿哈已经很多，阿哈从事生产劳动，家主依赖阿哈为生的情形已经相当普遍，所以努尔哈赤才列举这种社会上公认的、常见的、习惯的事情作为比喻。

第三，这段话把阿哈与诸申相提并论。无阿哈，则主不能生；无诸申，则贝勒不能生。改变了过去只说诸申，不提阿哈的古老习惯。社会在发展，昔日以诸申为主体的局面业已消失，诸申与阿哈并重的社会已经到来了。

以上事实表明，到天命元年（明万历四十四年，1616年）努尔哈赤正式建立后金国时，阿哈已经成为一个人数众多的劳动者阶级。

阿哈劳动的范围是很广泛的，伐木运水，洗菜做饭，放牧马牛，随主从征，猎兽采参，筑城修路等等苦役尽皆承担，但最主要的还是在汗、贝勒、将领的拖克索内从事农业生产劳动。下举二例为证。

例一，天命三年（1618年）八月努尔哈赤遣纳璘、音德二人率诸贝勒拖克索的八百阿哈往边外打谷，被明军偷袭，杀十人。九月二十五日，努尔哈赤遣兵掠明会安堡，获一千，斩三百人，并致书明臣说："尔大国皇帝之兵，若窃杀我耕田阿哈一百，我将杀汝之耕田阿哈一千。"[1]这段材料，首先清楚地表明了八百阿哈是在诸贝勒的拖克索中耕田种地的阿哈。同时，"耕田阿哈"四字，还说明阿哈主要从事于农业劳动，已是社会上十分普遍的情形，因此，对阿哈，不称为织布阿哈，不叫作建房阿

---

①《满文老档·太祖》卷7。

哈，不命名为煮饭阿哈或打猎阿哈，而称为"耕田阿哈"。并且，努尔哈赤及其群臣太习惯于这种现象了，不管是后金国，还是明朝，种地植棉的人，都是"耕田阿哈"，所以他们既把诸贝勒拖克索中的阿哈叫作"耕田阿哈"，又称明朝种地农夫为"耕田阿哈"。这样的书写方式和习惯称呼，清楚地反映出此时的阿哈主要在拖克索中从事农业生产劳动。

例二，天命六年（1621年）闰二月，努尔哈赤下谕说："阿哈当爱主，主宜怜阿哈。阿哈之耕田之谷，应与主共食。"[①]关于家主怎样"爱"阿哈的真实情形，待后详述。这里只着重讲一个问题，即在这道专门谈论阿哈的"汗谕"中，不说阿哈从事其他杂役，而是明确地、突出地讲阿哈耕田，可见阿哈主要从事农业劳动。

当然，这并不是说阿哈不干其他活。他们必须为家主采参捕兽。汗、贝勒和诸大臣经常派遣上百名阿哈专门"打牲"。阿哈们往返数百里，在崇山峻岭中捕捉虎豹貂獭，艰苦危险，所获珍禽异兽、珍珠佳参，皆为家主攫夺。

阿哈还须随主从征，牧马备鞍，厮杀拼刺。天命四年（1619年）六月，后金军攻下开原，努尔哈赤下令说："天嘉公正，我军诸贝勒、大臣以下，kutule、步卒以上，皆应以公正之心，取其应得之分。"[②]（kutule，音译为"苦独立"或"控图勒"，意为"跟随的奴才"或"牵马小厮"，即从军的阿哈）所谓公正，自系欺人之谈。但这段话也表明，阿哈随主从征牧马侍奉的行为已很普遍，因而才产生了一个常用的专门名词"kutule"。

就在这次战争中，诸贝勒的kutule（牵马小厮）出城饲马牧放时，突遭蒙古喀尔喀部斋赛贝勒的兵士袭击，杀死上百人。[③]可见参加开原之战的牧马阿哈是很多的。

（三）奴隶制是后金国主要的生产关系

这个阶段的阿哈，仍然是奴隶，并没有转化为封建农奴，家主剥削阿哈的奴隶制发展成为后金国中主要的生产关系。

马克思指出："这是以奴隶制为基础的生产所以昂贵的原因之一。按照古人的恰当的说法，劳动者在这里只是会说话的工具，牲畜是会发

①《满文老档·太祖》卷17。

②《满文老档·太祖》卷10。

③《满文老档·太祖》卷11。

声的工具，无生命的劳动工具是无声的工具，它们之间的区别只在于此。"①

奴隶"只是会说话的工具"，这是对奴隶的身份和性质做出的十分深刻的科学概括。奴隶不能算作人，而是物品，同牲畜、工具一样，都是主人占有的物品，是主人的工具。既是工具，主人就有权任意支配，可以买卖，可以赠赐亲友，可以分授子孙，也可以损坏。对奴隶来说，就是主人可以任意驱使、打骂直到杀身害命。

从这个阶段阿哈与家主的情况来看，土地、牲畜、生产工具皆归家主所有。这样的生产资料所有制形式，决定了阿哈必然处于惨遭家主蹂躏的困难处境。

家主完全占有阿哈人身，像对待牲畜一样，残酷压榨，野蛮蹂躏。阿哈的身份极端低贱，与马牛等同，经常是人畜并提。阿哈被家主任意买卖，或赠送予人，或分给子孙。②家主虐待阿哈，百般辱骂，恶毒鞭打，甚至灭绝人性地将阿哈折磨至死。③阿哈不能离主外逃，直到天命五年（1620年），捕获逃亡的阿哈，还是一律斩杀。④

关于劳动产品分配方式这个十分重要的问题，《满洲老档秘录》有一段记载：天命六年（1621年）闰二月，努尔哈赤下谕说："仆夫力耕，以供其主，不敢自私。家主于战阵田猎之际，苟有所获，必赍其仆，无所吝惜，则上下相亲矣。"

这段译文很含混。所谓"仆夫力耕，以供其主，不敢自私"，可作三种解释："仆夫"是奴隶，生产的粮食须全部交给家主，不敢私自食用和处理；"仆夫"是遭受分成制剥削的封建佃农，米谷须由主人监督收割，按比例征收地租，佃农无权私自多分；"仆夫"是经营地主使用的封建性质的"雇工人"，领工钱，在地主家吃饭，劳动成品尽归雇主占有。"仆夫"可能具备这样三种不同性质的身份，引者可凭己意解释，这样的材料不能当作主要依据。

对于努尔哈赤的这次重要的"汗谕"，《满洲实录》汉文体译写为：天命六年（1621年）闰二月十一日，"汗曰：至于王宜爱民，民宜

---

① 马克思：《资本论》卷1，1867年，第222页，注17。

② 《满文老档·太祖》卷4。

③ 《满文老档·太祖》卷46。

④ 李民寏：《栅中日录》。

尊王，为主者宜怜仆，仆宜为其主。仆所事之农业，与主共食，而主之所获之财，及所收之物，亦当与仆共之。如是，上下相亲，天悦人和，岂不共成豫庆域！"①

这段记述，含混模糊，查看满文体，应译为："主宜怜阿哈，阿哈当敬主。阿哈之耕田之谷，应与主共食，主之征战所得俘获，打猎所获之肉，宜与阿哈同食。"②

这比汉文体清楚一些，它说明阿哈从事农田劳动，耕种所获粮谷，与主"共食"。但是，怎样"共食"，仍不明确。按字面看，好像是阿哈收获后，请主人来"共食"，阿哈似乎是有自己私人经济的农奴或封建佃农。可是，家主兵猎所得俘获与兽肉和阿哈同食，这又应作何解释？不甚明白。

查看《满文老档》，才知道《满洲实录》编写者把努尔哈赤的谕旨删掉了一段非常重要的内容，以致使人难解真意。现根据《满文老档》的记载，将此谕全文译录如下：

"（天命六年闰二月）十六日，汗谕下：天命之汗，滋养属下诸大臣，诸大臣亦应有尊敬汗而得生计之理矣！贝勒当爱诸申，诸申须爱贝勒。阿哈应爱主，主宜怜阿哈。阿哈之耕田之谷，须与主共食，主之征战所获财帛，应与阿哈同着，打猎所获之肉，应与阿哈同食。申年（天命五年）曾下令曰：'勤种棉花织布，以衣包衣阿哈，见其着劣衣时，则取之而给予善养之人'。兹已过矣。今兹酉年（天命六年），播种棉谷收获之前，勿论，若收新棉新谷后，复以衣食为劣而上诉后，则从虐养之主取之，转而给予善养之主。贝勒与诸申，阿哈与主，若皆互相慈爱，则天嘉之，人皆喜好矣！汗之如斯互相爱恤度日之言，无论是谁，皆不得违！"③

这次"汗谕"，是努尔哈赤对后金全部辖区宣布的，它概括了整个后金国中阿哈与家主关系的基本情况，指出总的弊病，重申禁令，强调

①《满洲实录》卷6，汉文体。

②《满洲实录》卷6，满文体。

③《满文老档·太祖》卷17。

必须在全部辖区贯彻执行，不准任何人违背。

依据此谕，可以说明四个问题。

第一，阿哈是由家主供食。《满文实录》汉文体中的"奴仆与主共食"，《满文老档》记为aha i weilehe usin i jeku be ejen i emgi uhe jefu。这是命令式的句子，被命令的对象aha（阿哈）被省略了。Aha i weileha usin i jefu，意为"阿哈之耕田之谷"，在这里是作为及物动词jefu（吃）的宾语。Jefu是动词jembi的命令式，意为"叫人吃、使人食、令食"。Bi是表示及动物词语和强制式动词的直接客体的附加成分。全句应译为"（阿哈）须与额真（主）同食阿哈之耕田之谷"。这句话说明了阿哈辛勤耕耘，所收粮谷必须与主共食。但怎样共食？是粮食由阿哈支配，邀请家主同食，还是谷归主人所有，仅给阿哈口粮，或者是阿哈交纳一部分，余谷自己食用？尚不清楚，还需看下一句。

努尔哈赤说："若收新棉新谷之后，复以衣食为劣而上诉后，则从虐养之主取之，转而给予善养之主。"这里，衣的满文是etubure，是动词etumbi（穿）的被动式和强制式，意为"使穿之、被穿之"。食的满文是ulebure，意为"给人吃、食之"。所谓"使穿、使食、食之"，必有主语，即"使穿之人、使食之人"，这便是家主，是家主给阿哈吃，使阿哈穿衣。这句话应直译为："若收新棉新谷之后，（阿哈）复以（家主）给予衣食为劣而上诉后，则从该虐养之主取之，而给予另外善养之主。"

这就清楚了，所谓阿哈与主"共食"，原来却是阿哈由家主供食，家主使阿哈食之。

《满文老档》还记录了努尔哈赤的另一段话，也有助于说明阿哈是由家主供食。天命六年（1621年）四月初五，后金军打下辽阳、沈阳已逾半月，对于是否迁都，是否定居辽沈平原，诸贝勒尚犹豫不决，担心明军反攻，难以长住。努尔哈赤力主自萨尔浒迁都辽阳，很重要的一条理由就是可以获得足够的食盐。他说："昔我国之包衣阿哈逃亡者，皆因无盐得食耳！"[①]

把阿哈的逃亡，完全归诸没有盐吃，固然是太简单了。但也不是毫无根据。在当时食盐来源稀少、获盐十分困难的条件下（天命五年才遣人往东海煮盐），一般诸申，甚至一些小奴隶主，都很难买到足够的

①《满文老档·太祖》卷21。

盐，很难吃到适量的盐，当然不会给阿哈吃多少盐。因此，努尔哈赤的这句话可以作为一个重要的旁证，它说明，阿哈确系由家主供食，而且吃得很坏，往往连盐都吃不上。

第二，阿哈穿的衣服，是由家主供给。这有两句满文为证。一是 ejen i coohalafi baha ulin be aha i emgi uhe etu，二是 kubun kiceme tarifi boso jodofi，booi aha dedeeubu。这两句都是命令式，是努尔哈赤对奴隶主下的命令，被命令的对象——家主也省略了。第一句中的 ulin，意为"财帛"，在当时包括金、银、财物、帛、缎、衣、布，此处主要指布、衣、帛、缎，故用 etu（令人穿戴）作为 ulin 的及物动词，使 ulin 成为动词命令式 etu 的宾语，意为"使穿衣服"。

这两句话译成汉文是"（家主）应与阿哈同穿主之征战得获之衣服"，"（家主）须勤种棉花织布，以衣包衣阿哈"。联系上面谈到阿哈以家主给予衣服食物太坏而上告，可以肯定，阿哈穿的衣服确系由家主供给。

第三，家主虐待阿哈的情况十分严重。长期以来，家主给阿哈吃得很坏，穿得很差，甚至不给盐吃，不给衣穿。广大阿哈对这种缺衣少食的恶劣处境十分不满，矛盾非常尖锐，迫使统治阶级不得不采取对策。天命五年（1620年），努尔哈赤下谕，命令大小奴隶主，家中多织布，给阿哈穿，给阿哈吃，否则从虐养的家主处取走，给予另外所谓"善养之主"，以图缓和一下矛盾。但是，并未生效，以致第二年重申前令，对家主们再三劝导和警告。这道汗谕本身就足以说明，阿哈吃得坏、穿得差的悲惨处境没有任何改变。

第四，阿哈耕种所获粮谷，全被家主霸占。前已说明，努尔哈赤命令阿哈须与家主同食"阿哈耕种田地之谷"。既然阿哈本身，都由家主供食，由家主供穿，那么，很明显，阿哈生产的粮食是全部交与家主了。不然的话，不要说一切粮谷由阿哈支配，即使一半、一小半归阿哈所得，阿哈也不会衣食于家主了。

由此可见，对努尔哈赤的这道"汗谕"，不能按字面来解释。其真正的含义是，广大阿哈披星戴月，辛勤耕耘，生产的宝贵粮食全被家主攫夺。家主虐待阿哈，给以劣衣恶食，招致阿哈愤怒反抗，迫使统治者下令告诫家主，但丝毫无济于事，矛盾在继续激化。

综上所述，我们可以对阿哈的性质及奴隶制生产关系做出结论了。在这个阶段，阿哈人数激增，主要是在汗、贝勒、八旗官将的拖克索内耕田种地，土地、农具等生产资料归家主所有，家主完全占有阿哈的人身，阿哈衣食于家主，劳动成果尽被家主霸占。因此，这时的阿哈，既未转化为不能打杀、缴纳地租、有个人私有经济的封建农奴，也不是封建地主使用的"雇工"，而仍然是"会说话的工具"——奴隶。这样的家主压榨阿哈的剥削方式，是奴隶制的生产关系，而且已经发展成为当时社会中占据统治地位的生产方式。

七、国初四大疑案

（一）三都督舒尔哈齐之死

随着女真国——后金国的建立和发展，统治集团内部对权力的角逐，也就相应地激烈化了，出现了许多严重影响政局的大事，发生了多起重大疑案。舒尔哈齐之死，即系首案。

舒尔哈齐是显祖宣皇帝塔克世第三子，与太祖努尔哈赤同为宣皇后喜塔腊氏所生。舒尔哈齐，骁勇善战，称雄于部，兄长努尔哈赤起兵以后，军政大事，共同密议，史称其"兄弟始登垄而议，继则建台，策定而下，无一人闻者"。[1]舒尔哈齐很早就披甲上阵，领兵厮杀，"自幼随征，无处不到"。[2]正是由于弟兄叔侄齐心协力，五大臣等官将奋勇冲杀，因而辖区日广，臣民众多，舒尔哈齐也聚集了大批人丁牲畜和兵将。明万历二十三年（1595年）十月，朝鲜通事河世国随同明朝官员入使建州时，了解到努尔哈赤麾下有兵士万余名、战马七百余匹，舒尔哈齐麾下有兵士五千余名，战马四百余匹。他们先到努尔哈赤处，拜见辞行，再到舒尔哈齐处，亦"一样行礼"。努尔哈赤杀牛设宴，舒尔哈齐亦宰猪设宴。此时正在修建二人住舍，"各以十坐分为木栅，各造大门，分别设楼阁三处，皆为盖瓦"。朝鲜国王将河世国调查情况，向明辽东副总兵府移咨，先援引河之报告说："蒙差前往建州，看得奴儿哈赤及伊弟速儿哈赤同坐一城，方调到各处达子，日遂出城操练……（欲抢朝鲜）"继而又引议政府状启说："奴儿哈赤兄弟要于明年正二月进抢本国地方报仇，今方调练人马，广造弓箭。"[3]可见，舒尔

---

① 黄道周：《博物典汇·建夷考》。

②《武皇帝实录》卷2。

③ 吴晗：《李朝实录史料》，第2167、2183、2184页。

哈齐已拥有大批兵将，成为女真国中第二位实力人物，虽然他的人马少于兄长努尔哈赤，但基本上是相提并论，平起平坐，同为女真王了。

这在对明关系上，也表现得非常清楚。据《明实录》记载，万历二十三年（1595年）八月，舒尔哈齐率领"建州等卫夷人""赴京朝贡"，明政府"如例宴赏"。第三年（1598年）七月，实录又载："建州等卫夷人都督、都指挥速儿哈赤等一百员名，纳木章等一百员名，俱赴京朝贡，赐宴如例。"①万历三十六年（1608年）十二月，又"颁给建州等卫女直夷人速儿哈赤等一百四十名贡赏例"。②《明神宗实录》对努尔哈赤的朝贡，也是用这样的方式表述的。如万历二十五年（1597年）五月，"建州等卫都督、指挥努儿哈赤等一百员名进贡方物，赐宴赏如例"。③这表明，舒尔哈齐也是女真名酋，与兄长努儿哈赤一样，可以单独率众入京朝贡。因此，明人多称舒尔哈齐为"三都督"。④

万历三十五年（1607年）三月，舒尔哈齐、褚英、代善、费英东、扈尔汉、扬古利等，率兵三千，往迎斐优城归顺女真，收取四周屯寨，编五百户，回兵途中，遇乌拉布占泰贝勒领兵一万拦劫，双方鏖战，乌拉大败，"尽弃器械牛马而走""如天崩地裂"，建州获马五千匹、甲三千副。这一战，对努尔哈赤的盛势，起了很大作用。朝鲜备边司评论说：努尔哈赤兵力原来不如乌拉，而自此战胜利之后，"其势大盛，雄于诸部，故远近部落，几近服属"。⑤

击败了强敌，增加了大量人丁，俘获众多，军威大震，成为努尔哈赤蓬勃发展的一个里程碑，这就是舒尔哈齐、褚英等大破乌拉所起的作用。⑥

---

①《明神宗实录》卷312。

②《明神宗实录》卷453。

③《明神宗实录》卷310。

④黄道周：《博物典汇·建夷考》。

⑤吴晗：《李朝实录史料》，第2829、2837、2881页。

⑥《清太宗实录》《清史列传》都对舒尔哈齐在此战中的表现，作了过低的贬述，说他如何畏战，但这是不符合历史实际的。领兵贝勒，舒尔哈齐最长，他自己就率领五百兵，跟随他的大将纳齐布、常书各领一百，合共七百，占全军四分之一，如果他们不拼死冲杀，仅靠褚英、代善分领的一千兵，怎么也打不败乌拉的一万战兵。《清太宗实录》也不得不说舒尔哈齐有所俘获，努尔哈赤特在战后赐予舒尔哈齐"达尔汉巴图鲁"称号。巴图鲁，勇敢之意也；达尔汉，亦为美称。获此称号，正说明舒尔哈齐在这次战争中起了很大的作用。

然而，功高招忌，势盛逼人，祸随福至，正是由于舒尔哈齐常年征战，骁勇多谋，兵将众多，好比高低，引起兄长严重不满。二强相争，必有一伤，舒尔哈齐也逃不出这个悲惨的结局。

《武皇帝实录》卷二，对舒尔哈齐之死，仅简单地写了一句："（万历三十九年）八月十九日，太祖同胞弟打喇汉巴土鲁薨，年四十八岁"。四年之前舒尔哈齐还统兵辖将，大败乌拉兵；三年之前，他又亲领女真，入京朝贡，为什么才过三四载，仅四十八岁年富力强的骁勇战将，就突然死去？显然其中自有缘故。《清太宗实录》于天聪四年（1630年）六月叙述阿敏之罪时写道：

"阿敏之父，上之叔父行也。当太祖在时，情敦友爱，乃阿敏嗾其父，欲离太祖，移居黑扯木地，令人伐木，备造房屋。太祖闻之，以擅自移居坐罪，既而欲宥其父而戮其子。诸贝勒奏请，谓既宥其父，祈并宥其子，彼虽无状，不足深较，太祖于是仍加收养。及其父既殁，太祖爱养阿敏，同于己出，俾得与闻国政，并名为四和硕大贝勒。"[1]

这段记载，固有粉饰之词，意在贬低舒尔哈齐，宣扬努尔哈赤的宽厚仁慈，但毕竟也透露了一点实情，即舒尔哈齐父子对努尔哈赤不满，力图摆脱其控制，独主一方，因而险遭杀身之祸。

《满文老档·太祖》卷1，对舒尔哈齐与兄长的关系及其去世，作了如下叙述：

"聪睿恭敬汗之弟舒尔哈齐贝勒，因系同父同母所生之唯一亲弟，诸凡部众、贤良僚友、敕书、阿哈，以及一切物品，皆同样使之承受专主。弟贝勒于出征之时，向无殊功，对于大国之治道，亦未进一善见，全无才能矣。然虽无才能，因系汗之唯一亲弟，诸凡物品皆同样给予养之。如此给养，弟贝勒尚不知足，成年累月，怨其兄长。兄聪睿恭敬汗曰：弟，汝之所得家业、部众、僚友，并非吾父所遗，乃兄我给予矣。斥其过恶之后，弟贝勒悍然曰：此生有何所爱，不如一死。遂弃离使其同等承受专主部众、僚友之兄，携带部众，出奔他路异乡以居。聪睿恭

---
[1]《清太宗实录》卷7。

敬汗怒，遂于己酉年，聪睿恭敬汗五十一岁，弟贝勒四十六岁，三月十三日，尽夺昔赐予弟贝勒之部众、僚友及一切物品，使为孤子之身，斩不谏并唆使弟贝勒之族人阿萨布，焚杀大臣乌尔昆蒙兀。如此辱弟，使其孤立之后，弟贝勒自责曰：兄汗之养甚厚，吾欲另往，实不当也。遂突然归来。聪睿恭敬汗乃于是年将夺去之部众、僚友，复悉还与弟贝勒。然弟贝勒不慊于安享生计之天恩，不满足于兄聪睿恭敬汗之恩养，辛亥年八月十九日，弟贝勒卒，享年四十八岁。"

《满文老档》的这段记载，是了解舒尔哈齐生平的主要材料。从这里，我们可以看出三个问题。

第一，舒尔哈齐拥有大量兵将、人丁和阿哈。《满文老档》说，在万历三十七年（1609年）发生争执以前，部众、僚友、敕书、阿哈，以及其他物品，舒尔哈齐皆和努尔哈赤一样多，此说虽略有夸张，但与实情出入不大。十几年以前，努尔哈赤麾下已有兵一万余名，舒尔哈齐五千余名；现在，大败乌拉兵，征服许多女真小部，灭辉发，人丁牲畜当然大大增加。三年以后，努尔哈赤讲道，曾赐长子褚英、次子代善各部众五千户、牧群八百、银一万两、敕书八十首，其他儿子也分赐若干。姑以褚英、代善二人为准，已有部众一万户、牧群一千六百、银二万两、敕书一百六十道，据此，舒尔哈齐亦应拥有此数，则至少领有两旗人丁了。

第二，舒尔哈齐埋怨兄长，率众出走，据地称雄，遭兄籍没孤立。舒尔哈齐为什么要怨恨亲兄？怨从何来？弟兄为什么不和？《满文老档》未明说，但看看朝鲜人的评述，便可知悉。万历二十三年（1595年）十月，朝鲜通事河世国进入建州，看到努尔哈赤与舒尔哈齐二人是并肩之王，动辄弟兄相提并论。两个月后，南部主簿申忠一入使建州，进一步了解了这方面的情形。他在《建州图录》中叙述了三个问题。其一，朝使将礼物"送于奴酋兄弟"，他俩专派将官陪伴使臣。正月初一，努尔哈赤宴请申忠一，第二日舒尔哈齐即遣人邀请朝使，设宴款待。其二，临行前，努尔哈赤赠送使臣礼物黑缎圆领三件、貂皮六令、蓝布四匹、棉布四匹，舒尔哈齐亦赠黑缎圆领三件、黑靴、精具三件。申忠一致谢说："膺此两都督重礼，分贻家丁，尤极未安。"努尔哈赤弟兄二人答复说："物不足贵，只表行赆而已。"弟兄二人是同等地位，共见使臣。其三，申忠一初住努尔哈赤部将家中，四天以后，舒尔哈齐遣其部将佟羊才，邀请申忠一住其属将之家说："军官不但为兄而来，我亦当接待。"遂将使臣安排在其将多之之家。联系到对明朝贡也是弟兄二人分率部众入京，皆系都督，不难知悉，舒尔哈齐的地位、人丁、兵将和势力，及其与兄长比高低、争平等，正是弟兄不和的主要原因，是舒尔哈齐怨恨其兄的真实根源，也是努尔哈赤限制三弟、夺其人畜、孤立其身的唯一原因。

第三，舒尔哈齐并非因病善终，而是被兄所杀。《满文老档》在贬低舒尔哈齐文治武功的前提下，指责其忘兄之恩背义出走，被籍没及诛二臣，被孤立之后，"突然归来"，虽蒙兄长宽待，仍不满于兄汗之恩养，两年之后即死。可以想见，这种情况下之死，至少也是遭受压迫忧郁气愤成疾，不治而死，说得重一点，很可能是监禁于牢，死于狱中。明人则认为舒尔哈齐是被兄长杀害。沈国元的《皇明从信录》载："万历四十年十一月，奴儿哈赤杀其弟速儿哈赤，并其兵。"此说时间上不太准确，晚了一年多，可能是因其得知较迟，但毕竟也点明了努尔哈赤杀了亲弟。王在晋的《三朝辽事实录·总录》载，万历三十九年（1611年），"奴酋忌其弟速儿哈赤兵强，计杀之"。张𪟝的《辽夷略》载称："奴之祖曰佟教场，建州卫左都督佥事也，生佟他失，有二子，曰奴儿哈赤、速儿哈赤。……速儿为兄奴儿囚杀。"彭孙贻的《中同闻见录》、马晋允的《明通纪辑要》，以及明末清初人海滨野史的《建州私志》，皆说舒尔哈齐为兄所杀。黄道周的《博物典汇·建夷考》，叙述较为详细，该书写道：

"初酋一兄一弟，皆以骁勇雄部中。兄弟始登垒而议，继则建台，策定而下，无一人闻者。兄死，弟称三都督。酋疑第二心，佯营壮第一区，落成置酒，招弟饮会，入于寝室，瑯铛之，注铁键其户，仅容二穴，通饮食，出便溺。弟有二名裨，以勇闻，酋恨其佐弟，假弟令召入宅，腰斩之。"

综合《满文老档》、朝鲜调查和明人评述，以及舒尔哈齐的长子阿尔通阿、第三子扎萨克图被伯父斩杀，第二子阿敏以后欲报父仇另行据地称雄等事实，可以看出，舒尔哈齐确系为兄所羁、为兄所杀，成为清宫发生的第一个疑案和第一个冤案。

（二）皇长子褚英的执政及被诛

褚英是努尔哈赤第一个大福晋（后称元妃）佟佳氏所生的长子，其骁勇多谋，能征惯战，军功累累。明万历二十六年（1598年）正月，努尔哈赤命幼弟巴雅喇、褚英与噶盖、费英东，领兵一千，往征东海女真安楚拉库路。此时，褚英只有十七岁，但他不畏险阻，披甲上阵，领兵飞速前进，"星夜驰至"，取屯寨二十处，其余屯寨尽行招服，获人畜万余，胜利回师。努尔哈赤对这个年未成丁的长子，赐以"洪巴图鲁"的美号（巴图鲁，乃满文baturu的音译，意为"英勇"）。[①]这次出征，在努尔哈赤创业建国的过程中，是一个重要里程碑。起兵初期，主要是努尔哈赤亲率士卒，奋勇鏖战，以身作则，二弟穆尔哈齐、三弟舒尔哈齐随同征伐，一些族人跟从攻战，额亦都、安费扬古起了重大作用。万历十六年（1588年），何和礼、费英东、扈尔汉三部长率众来投，五大臣成为带军出征的主要将领。从万历二十六年（1598年）征安楚拉库路起，开始了由努尔哈赤的子侄——贝勒、台吉统兵辖将转战四方的新阶段，虽然五大臣等开国元勋仍然是战阵厮杀的主要将领，但统军之权，则大多由贝勒、台吉直接掌握，这对提高努尔哈赤的地位、增强他的专制权力、促进宗室贵族的形成，都产生了相当大的影响。

万历三十五年（1607年）三月，舒尔哈齐、褚英、代善、费英东、扈尔汉、扬古利等率兵三千，往接蜚优城归顺女真，途中与乌拉万余兵交战。此时，舒尔哈齐、褚英、代善各率兵五百，扈尔汉、费英东两员大将领兵三百，纳齐布虾与常书各领兵一百，扬古利的兵数不详。在这关系到努尔哈赤盛衰的重要战役中，三个贝勒领的兵为全军总数二分之一，仅此而论，也可想见他们在战争中所起的作用之大。

努尔哈赤以褚英"奋勇当先"，赐以"阿尔哈图图门"尊号。[②]阿尔哈图图门是满语音译，阿尔哈（arga），意为"计、计谋"，图门（tumen）意为"万"，直译为"万计"，即足智多谋之意，清人称褚英为"广略贝勒"。可见褚英的多谋善断、英勇顽强，为女真国的扩展做出了重大的贡献。但是，令人奇怪的是，从明万历四十一年（1613年）

①《武皇帝实录》卷1。

②《武皇帝实录》卷2。

以后，这位连战连捷、屡立军功的"皇长子"，竟突然消失了，在《清太祖实录》中再也找不到他的记载。他有无任职，有何功过，何时去世，是病逝善终，还是战死疆场，或是因罪遭诛，皆无记述。直到35年以后，《清世祖实录》卷37，才第一次提到，"太祖长子，亦曾似此悖乱，置于国法"。再过60年，康熙帝指出："昔我太祖高皇帝时，因诸贝勒大臣讦告一案，置阿尔哈图图门贝勒褚燕于法。"①以后，《清史列传》卷3，《褚英传》才简略地写道："乙卯（1615年）闰八月，褚英以罪伏诛，爵除。"但"悖乱"为何？"讦告"何事？罪犯哪条？皆讳而不述。查看《满文老档》，才了解到此案真相。由于这是记述褚英生平的罕见珍贵资料，因此详细引录如下。《满文老档·太祖》卷3载：

"聪睿恭敬汗承天眷佑，聚为大国，执掌金政。聪睿恭敬汗思曰：若无诸子，吾有何言，吾今欲令诸子执政。若令长子执政，长子自幼褊狭，无宽宏恤众之心。如委政于弟，置兄不顾，未免僭越，为何使弟执政。吾若举用长子，专主大国，执掌大政，彼将弃其褊心，为心大公乎！遂命长子阿尔哈图图门执政。

然此秉政长子，毫无均平治理汗父委付大国之公心，离间汗父亲自举用恩养之五大臣，使其苦恼。并折磨聪睿恭敬汗爱如心肝之四子，谓曰：诸弟，若不拒吾兄之言，不将吾之一切言语告与汗父，尔等须誓之。令于夜中誓之。又曰：汗父曾赐予尔等佳帛良马，汗父若死，则不赐费尔等财帛马匹矣。又曰：吾即汗位后，将杀与吾为恶之诸弟、诸大臣。

如此折磨，四弟、五大臣遭受这样苦难，聪睿恭敬汗并不知悉。四弟、五大臣相议曰：汗不知吾等如此苦难，若告汗，畏执政之阿尔哈图图门。若因畏惧执政之主而不告，吾等生存之本意何在矣。彼云，汗若死后不养吾等，吾等生计断矣，即死，亦将此苦难告汗。

四弟、五大臣议后告汗。汗曰：尔等若以此言口头告吾，吾焉能记，可书写呈来。四弟、五大臣各自书写彼等苦难，呈奏于汗。汗持其书，谓长子曰：此系汝四弟、五大臣劾汝过恶之书也，汝阅之。长子，

---

① 《清圣祖实录》卷234。

汝若有何正确之言，汝回书辩之。长子答曰，吾无辩言。

聪睿恭敬汗曰：汝若无辩言，汝实错矣。吾非因年老，不能征战，不能裁决国事秉持政务，而委政于汝也。吾意，若使生长于吾身边之诸子执政，部众闻之，以父虽不干预，而诸子能秉国执政，始肯听汝执政矣。执掌国政之汗、贝勒，其心必宽宏，公平待养部众。若如此挑拨离间父所生四弟及父举用之五大臣，则吾为何使汝执政耶？先曾思曰，命汝之同母所生兄弟二子执政，部众大半与之。……因此，对汝之同母所生兄弟二子，各给予部从五千户、牧群八百、银万两、敕书八十道。对于吾之爱妻所生诸子，部众、敕书等物皆少赐之也。……汝如此持褊狭之心，则将赐汝专有之部众、牧群等物品，尽行合于诸弟，同等分之。

故秋季往征乌拉时，知晓长子之心褊狭，不能依靠，令其同母所生之弟古英巴图鲁留下守城。春天再征乌拉时，亦不信赖长子，留下莽古尔泰台吉及四贝勒二弟。两征乌拉，皆不携长子，使留于家之后，长子与其四位亲信之臣议曰：若以吾之部众与诸弟均分，吾不能生，愿死，尔等愿与吾共死乎？此四臣答曰：贝勒，汝若死，吾等亦从汝而死。后汗父出征乌拉，长子对汗父出征如此大国，胜败与否，毫不思虑，并作书诅咒出征之汗父、诸弟及五大臣，祝于天地而焚之。继而又对亲信诸臣曰：吾兵出征，愿其败于乌拉，战败之时，吾不许父及诸弟入城。……（其臣上告于努尔哈赤）聪睿恭敬汗以若杀长子，恐为后生诸子留一恶例，乃不杀，长子阿尔哈图图门三十四岁时，癸丑年三月二十六日，监禁于高墙之屋。两年后，见其毫无改悔，遂诛杀。”

分析上述记载，可以了解褚英一生的基本情况，即军功累累，立为嗣子，执掌国政，争夺汗权，对父不满，被其斩杀。

第一，褚英对女真国的创立与扩展，建立了功勋。《满文老档》一开始就讲到，努尔哈赤自思，“若无诸子”，就不能聚成大国，执掌金政。这里明白无误地表述了，努尔哈赤的建国兴邦，是与诸子征战效劳分不开的，尤其是褚英最早出征，屡败敌军，功勋卓著。

第二，褚英被立为嗣子，助父执政。《清太宗实录》等书皆说，“太祖初未尝有必成帝业之心，亦未尝定建储继位之议”，为皇太极理应继位为汗埋下伏笔，但是，上述《满文老档》的记录，有力地证明了《清实录》的说法是错误的，与历史实际相距颇远。其一，《满文老档》明确写道，努尔哈赤考虑到，"吾若举用长子，专主大国，执掌大政，彼将弃其褊狭之心，为心大公乎！遂命阿尔哈图图门执政"。一则让褚英"专主大国"，再则让他"执掌大政"，三则"遂命阿尔哈图图门执政"，可见褚英确系被汗父立为执政者。其二，褚英这个"秉政长子"对诸弟说，"吾即汗位后，将惩治违命的弟贝勒和各大臣"。努尔哈赤斥责褚英过错时也说，"委政"于褚英，是让他逐渐树立威信，以便部众"始肯听汝执政"。这都表明，褚英已被汗父立为嗣子，将来汗父死后，他就要继位为汗。

第三，褚英与汗父和四个兄弟激烈争夺统治大权。《满文老档》说褚英个性褊狭，故虐待四弟和五大臣。其实，这不是什么心胸狭窄的问题，而是褚英与汗父、四弟争夺军国大权。所谓四弟，是代善、阿敏、莽古尔泰和皇太极，都是有权有势的贝勒，他们辖有大批人丁兵将，多次领军出征，甚为汗父宠爱，是聪睿恭敬汗"爱如心肝之四子"。努尔哈赤除掉亲弟舒尔哈齐以后，各旗皆为其所有，他将一些旗和牛录分赐予子侄，使其承受专主，让他们成为牛录之主、固山之主。但是，努尔哈赤握有最高所有权，他可以赐予子侄，也可以调换牛录，还可以收回。他这个"聪睿恭敬汗"是全国之主，是各旗之主，有权惩治或擢升各贝勒、台吉。褚英的情况就不一样了，权力就没有汗父那样大了。褚英奉父之命执政，本身又是大福晋所生的"皇长子"和汗位的继承人，亲辖部众五千户，一再领军出征，立有军功。因此，他可以"折磨"四个弟贝勒，"使其苦恼"，但他毕竟是四弟的同辈，原本都是并肩而行的贝勒，现在一跃而为执政之人，摆架子，耍威风，使这些贵为固山之主，亲为汗之心肝的四位贝勒，很难心服。而且褚英还只是奉命执政，还只是继承汗位的嗣子，而不是真正的女真国汗，没有汗父努尔哈赤那样大的权力，不能支配其他弟弟拥有的牛录和固山。《满文老档》说，汗父死后，褚英将不赐赍财帛马匹与其弟，他即位后要杀与其成仇的弟贝勒和大臣，这正表明此时褚英还没有这个权力，既不能籍没汗父已经赐予兄弟的财物（实际上也包括部众兵将），又无权赏赐财帛、人丁与弟贝勒和大臣，因为他只是一旗之主，还不是全国之主，没有那样多的人畜财帛；而且他还不能诛杀违命的贝勒大臣，汗父没有把这个权交给他。正因为是这样的局面，所以，褚英虽然可以"折磨"弟贝勒，而弟贝勒却不心服，反而联合上告汗父。上有全国之主的汗父努尔哈赤，下有势力强大的四个弟贝勒，还有汗父亲自擢用的亲信五大臣，褚英的位子很难坐稳，统治权力受到很大限制。褚英要想牢固掌握军国大权，万无一失地继承汗位，就必须限制、打击四兄弟和五大臣，这样一来也就可以架空汗父，逐渐掌握全部权力，而这一点，正是四个贝勒和五大臣不能接受的。因此，褚英的褊狭和虐待，四弟与五大臣的联合上告，实质上是褚英与汗父争权、与四弟争权，这是一场争夺汗权、削弱旗主权力和反夺权、反限制的激烈的政治斗争。

第四，褚英心怀不满，被父斩杀。四弟、五大臣上告于汗，控告褚英的虐待及封锁消息，不让他们将褚英的所作所为向汗报告。努尔哈赤从万历十一年（1587年）以"遗甲十三副"起兵，南征北战三十余年，久经政治风霜，好不容易才建立了一个地广人众的强国。他深悉创业的不易，更知晓人心难测和权力角逐的残酷无情，三十来岁的褚英的如此行动和用意，怎能瞒过年过花甲老谋深算的聪睿恭敬汗。努尔哈赤十分生气，对褚英厉声斥责，严加防备。褚英感到难继汗位，大祸将至，愤愤不平，忧虑万端，死念萌生，作表焚天诅咒汗父、四弟、五大臣，被父发觉，幽禁斩杀。年方三十六岁骁勇善战的广略贝勒，就这样离开了人世。

（三）大福晋富察氏的休离

努尔哈赤第二个大福晋富察氏，名滚代，原嫁威准，是景祖觉昌安的三哥索长阿之孙。威准死后，于万历十三、十四年（1585－1586年）再嫁与努尔哈赤，生莽古尔泰、德格类和莽古济格格。《武皇帝实录》卷1载，万历二十一年（1593年）九月，努尔哈赤得知叶赫、乌拉九部联军来攻，因尚未天明，怕兵士夜出，震惊城中人，下令天明出兵。"言毕复寝。滚代皇后推醒太祖曰：今九国兵马来攻，何故酣睡，是昏昧耶，抑畏惧耶？"这位与努尔哈赤曾经长期共患难创业建国的滚代皇后，在此以后，很长时间内，《武皇帝实录》中找不到她的材料，直到天命九年（1624年）四月叙述景祖、皇后等陵从赫图阿拉迁至辽阳安葬时，才顺便写道："其继娶滚代皇后及皇子阿尔哈兔土门灵榇，亦同移于此。"①这位皇后何时去世？是年老病逝，还是因罪诛戮？按其记述而

① 《武皇帝实录》卷4。

论，既是"继娶滚代皇后"，仍冠以皇后的尊称，又书其"灵榇"亦移于此，应是病卒，应是善终。可是，《清世祖实录》卷3却载称："（顺治元年二月戊子）以大妃博尔济锦氏祔葬福陵，改葬妃富察氏于陵外，以富察氏在太祖时，获罪赐死故也。"这样看来，富察氏是有罪被诛了，但她究竟所犯何罪？何时赐死？仍系疑问。

近人唐邦治编辑的《清皇室四谱》卷2载："继妃富察氏，名滚代。……天命五年二月，以盗藏金帛，迫令大归，寻，莽古尔泰弑之。"贵为皇后，富有全国，为什么会窃取财帛？为什么又要以此小过废除后位，迫令回居娘家？为什么其子又要弑杀亲母？这一系列问题，在《满文老档》中，找到了合理的答案。

《满文老档·太祖》卷14载：

"（天命五年三月，小福晋）代音察又告汗曰：不仅此事，更有要言相告。汗询有何言。代音察曰：大福晋曾两次备饭，送与大贝勒，大贝勒受而食之。又一次，给四贝勒送饭，四贝勒受而未食。且大福晋一日二三次遣人至大贝勒家，如此往来，谅有同谋。大福晋自身，深夜出院，亦已二三次矣。汗闻此言，遣达尔汉虾、额尔德尼巴克什、雅逊、蒙哈图四大臣，往问大贝勒及四贝勒。送四贝勒饭未食，属实。送大贝勒饭二三次，受而食之，属实。又其他之言，亦属实。

对此，汗曰：吾曾言曰，吾身殁后，大阿哥须善养诸幼子和大福晋。以有此言，故大福晋倾心于大贝勒，虽无任何事，却无故地一日二三次遣人至大贝勒家。

每逢诸贝勒大臣在汗处赐宴会议之时，大福晋即以金珠饰身，斜视大贝勒，众贝勒大臣皆觉而非之，欲告汗，又因畏惧大贝勒、大福晋，而不敢告。

汗闻此言，不欲加罪其子大贝勒，乃以大福晋窃藏绸帛蟒缎金银财物甚多为辞，定其罪。遣人至界藩山上居室查抄。大福晋恐汗见其物多而又加重惩罪，急使人分藏各处，送往各家，以财物三包送至达尔汉虾家之财物，该人误而未往山上之家索取，转向西边之家索之。达尔汉虾知觉，与该人同来见汗，告曰：福晋私自匿财，吾岂有领受之理乎……

（汗）遂杀受容财物之女阿哈。

　　继之又查，蒙古福晋告曰：阿济格阿哥家中二柜，藏有大福晋帛三百，大福晋常为此担忧，欲焚于火，欲投于水，以惜此帛，皆未果。闻此言，即往阿济格阿哥家查看，查出帛三百，持来。又于大福晋母家查看，搜出存放于暖木大箱中之银，持来，大福晋又告曰：蒙古福晋处，有东珠一串。遣人问蒙古福晋，蒙古福晋答曰：此乃大福晋给予，令藏之也。

　　又闻，以总兵官巴笃理之二妻，欲作朝衣，大福晋给予精美之宝石蓝色倭缎。又给予参将蒙噶图之妻绸缎朝服一件。又报，大福晋背汗，私自厚赐财物与村民。

　　汗大怒，唤村民至，令将大福晋所赐之物尽数退回。又将大福晋之罪，告于众曰：此福晋奸狡诈伪窃盗，人之邪恶，彼皆有之。吾以金珠，饰汝全身，又以人所未见之美帛，与汝穿着，汝乃不念汗夫之恩养，蒙蔽吾眼，置吾于一边，而勾引他人，岂不可杀耶？然若念此罪而杀，则吾爱如心肝之三子一女，将何等悲泣，设若不杀，则此福晋欺吾之罪太多。言时十分悲愤，因曰：杀大福晋何为，彼诸幼子生病，尚需看护服侍，吾不与彼共处，将其休离，嗣后，此福晋给予之物，无论何人，皆不得收受，无论何人，皆勿听其言，若违此命，无论何人听取大福晋之言，领受其给予之财物，则不论男女，皆杀之。

　　于是，遂与大福晋别离。"

　　以上材料，加于大福晋富察氏头上之罪有四：一为勾引大贝勒代善，二为窃藏财帛，三为赏赐衣帛与二将，四为私赐财物予村民。《满文老档》的这段记载，很生动，很具体，有人证、物证，讲起来头头是道，振振有词，似乎无懈可击、铁证如山了。可是，联系政局深入分析，便可发现，这几条罪状都不能成立。

　　这里着重讲讲大福晋与代善的关系问题，这是大福晋富察氏的主要罪状。关于此处《满文老档》所说的大福晋，学术界有两种看法，有的文章提出，这个大福晋，是努尔哈赤第三个大福晋乌拉纳喇氏，是乌拉满太贝勒之女，乃阿济格、多尔衮、多铎之母；另外一些文章则主张，大福晋是福察氏，为莽古尔泰、德格类、莽古济格格之母。笔者认为，后一说法比较合适，因论述过长，容待另文专述。《满文老档》写道，努尔赤相信了小福晋代音察的控词，认为大福晋勾引代善，关系暧昧，以此为主，将其休离。但是，此说疑点有四。

其一，代音察的告状，只讲到大福晋曾两次备饭，送与代善，代善吃了，她还陆续遣人到代善家，"谅有同谋"，大福晋又曾深夜出院二三次。常言"捉贼捉赃，捉奸捉双"，送两次饭，并非什么了不起的过错，身为继母，备菜送与儿子吃，此乃司空见惯的通例（入关以后，皇后、王妃经常赐菜与诸子吃用，成为一种必不可少的礼节），怎能以此定为奸罪。所谓遣人至家，就必有同谋，为什么继母就不能遣人至子家，为什么去了就必然是策划阴谋？"谅有"二字，本身就是揣测之词，以此为据，则"莫须有"论亦可成立了。至于深夜出院二三次，出去没有？到了何处？做何事？全然不知。仅此就能断定是与代善幽会吗？显然，这些罪状，皆缺乏根据，都是推测之论，甚至可以说是"风闻之词"，就凭这几条，定不上什么通奸罪。

其二，调查者与代善及皇太极二人的关系，有必要剖析一下。《满文老档》写道，努尔哈赤派达尔汉虾、额尔德尼、雅逊、蒙噶图四人，调查此事，四人查后报告，皆属实。大福晋给代善、皇太极送饭之事，固然可以查清，但代善吃没吃，怎能确定？皇太极"受而不食"，又怎能查明。此事全在代善、皇太极二人的"口供"，本来是难以定案的，可是调查人却断定代善"受而食之"、皇太极"受而不食"。为什么会得出不利于代善而有利于皇太极的结论？显然调查大臣有其倾向性，看看这四位大臣的身份及其与代善、皇太极的关系，也许能解开其中之谜。名列第一的调查大臣是达尔汉虾，即努尔哈赤的养子扈尔汉，他和代善关系很不融洽，代善曾专门向汗父进奏不利于扈尔汉的"谗言"。扈尔汉隶满洲正白旗，此时白旗旗主是皇太极，扈尔汉当然要维护旗主利益，不会也不能做出危害皇太极的事。第二个调查大臣是额尔德尼，此人既是努尔哈赤重用的亲信近臣，又竭力拉拢皇太极，经常违背旗制，私往皇太极处，通报情况，交换意见，是皇太极争夺汗位的小集团的重要成员。第三位调查者是副将雅逊，此人好弄权术，爱作谎言，曾上文书向汗"求功"（求升职），经审查，皆是将他人之功"伪为己功"，被定死罪，后免死，"单身给予四贝勒"。可见他也是皇太极的旗下人员。最后一人是蒙噶图，隶满洲正白旗。这样看来，四个调查大臣中，三人是皇太极的属人（其中一人与代善有怨），一人为皇太极的党羽，他们的调查结论，当然有强烈的倾向性，当然对代善不利。

其三，大福晋这样行事，目的为何？属于什么性质？这是一个关键问题，也是一个很容易判明的问题，但又是一个无法得出符合实际结论的难题。问题本身，并不复杂，努尔哈赤自己也清楚，因为他曾经宣布，自己去世以后，由大阿哥"善养"大福晋及其他幼子，这就是说，代善已被立为嗣子，将要继承为汗。在这种条件下，大福晋自然就会想到，要与代善搞好关系，博其好感，因而备办佳肴，送予代善，常遣人前去问候。照说，这也是人之常情，没有什么不可以的。但是，首告之人偏要小题大做，调查大臣又从中兴风作浪，硬给大福晋、代善二人扣上了关系暧昧的帽子，激怒了努尔哈赤。大福晋和代善对此无法反驳，因为，这个"私通"之罪，并未公开宣布，并未告诉代善，弄得二人想申辩、想解释都不可能。

其四，努尔哈赤以"窃藏财帛"为名而休离其妻，根据是不充分的。堂堂一国的国母，至高无上的君汗的大福晋，收藏的金银财帛多一点，有何不可？何况，《满文老档》只言其多，没有总的数字，唯一的一个数字是从阿济格阿哥家中查出帛三百匹。三百匹，并不算多，赐予总兵官巴笃理及其弟蒙噶图一两件衣物，不过是一点小小的礼物。至于赏赐村民财物，这是争取民心宣扬汗恩的好办法，对后金、对英明汗并无损害！可以肯定，大福晋富察氏有权收藏财帛，有权赏赐臣将，也有权施恩于民，这根本谈不上是什么罪。唯一欠妥的是，大福晋未将这些事向汗言明，触犯了夫君的威严。

总的来说，大福晋富察氏没有大的罪过，她被休离，是一件冤案，而且可以说是一件经人精心策划的政治阴谋案件，其目的是陷害大福晋、大贝勒，争夺后金最高统治权。这从下述代善被废除太子之事，可以看得更为清楚。

（四）"太子"之废

《清太宗实录》说，努尔哈赤"未尝定建储继位之议"，没有立过嗣子。这在评述褚英的执政时，已证明这种说法是不符合历史实际的。其实，努尔哈赤不仅曾经委任褚英执政，指定其为汗位继承人，而且在处死褚英后，又立了第二个嗣子，并明确称为"太子"。这个太子，不是《清太宗实录》宣扬的"（太祖）圣心默注，受护独深"的皇太极，而是褚英同母所生之弟代善。努尔哈赤做出这样的安排，是有其特定历史背景的。

代善是努尔哈赤第二子，亲母为第一个大福晋佟佳氏。褚英死了以后，论嫡庶，代善是中原所谓正宫皇后之子；叙长幼，他是现存十五个皇子中最为年长之人，就此而言，立为太子，也是够格的。同样重要的是，直至被废去"太子"之前，代善是皇子之中军功最为卓著之人，也是权势最大的贝勒。

明万历三十五年（1607年），代善随叔舒尔哈齐贝勒、兄褚英贝勒，偕费英东、扈尔汉、扬古利，率兵三千，往接蜚优城归顺女真，回返时，乌拉布占泰贝勒遣兵一万，突然冲出，拦路劫杀。敌兵3倍于己，早有准备，以逸待劳。己军远道跋涉，仓促应战，实力悬殊，军心不稳，在这关键时刻，褚英、代善策马愤怒说：

"吾父素善征讨，今虽在家，吾二人领兵到此，尔众毋得愁惧。布占太曾被我国擒捉，铁锁系颈，免死而主其国，年时未久，布占太犹然是身，其性命从吾手中释出，岂天释之耶？尔勿以此兵为多，天助我国之威，吾父英名夙著，此战必胜。"①

话并不多，然而相当精彩，十分中肯。此时建州军队，面对强敌，最需要的是树立必战必胜的决心和信心，尤其是必败敌军的信心。褚英、代善正是看准了这一点，着重从两个方面来讲。其一，反复宣扬汗父为天所佑，百战百胜，威名远扬，敌军闻之无不丧胆，因此尽管敌兵众多，亦不足惧，"此战必胜"。其二，大讲布占太战败被擒，送彼回国为主的历史，丑化、贬低其人。第二点很有说服力。从征兵将，很多人参加过14年前的古勒山之战。当年，布斋、布占太率领叶赫、乌拉九部联军3万，直奔费阿拉，杀声震天，欲图一举消灭新兴的建州。努尔哈赤虽然将寡兵少，却勇猛冲杀，大败敌军，生擒布占太。《武皇帝实录》对此事的叙述，颇为生动，写道：擒获之人跪见淑勒贝勒努尔哈赤

① 《武皇帝实录》卷2。

说："我得此人，欲杀之，彼自呼毋杀，许与赎资，因此缚来。"努尔哈赤问曰："尔何人也？"其人叩首答曰："我畏杀，未敢明言，我乃兀喇国满太之弟布占太，今被擒，生死只在贝勒。"这段记载，淋漓尽致地刻画了布占太贪生怕死摇尾乞怜的丑陋形象。布占太留居四年后，努尔哈赤遣图尔坤黄占、博尔昆费扬占二大臣带兵护送回国，使为乌拉国主，"布占太感太祖二次再生，恩犹父子"，以妹嫁与舒尔哈齐贝勒。[①]褚英、代善把这段往事翻出来，对布占太嘲讽讥笑，随行兵将当然会引起共鸣，自然就不畏惧这个曾铁锁系身、乞求活命的刀下败将，信心倍增，勇气十足。他们齐声叫喊说："吾等愿效死力！"遂奋勇渡河。褚英、代善领军"登山而战，直冲入营"，大破乌拉兵。努尔哈赤因代善"奋勇克敌"，斩杀敌军统兵贝勒博克多，赐予"古英巴图鲁"美号。古英，乃满文Guyeng的音译，意为"刀把顶上镶钉的帽子铁"，巴图鲁为"英勇"，是勇士的美称，既英勇，又硬如钢铁，更是勇士之最。这个尊号，有清一代，仅为代善所独有，可见努尔哈赤对代善的英勇，给予了高度的嘉奖。

万历四十一年（1613年），努尔哈赤统兵3万，进攻乌拉，连取3城，布占太领军3万迎击。诸贝勒、大臣欲战，努尔哈赤说：乌拉是与己"同等的大国"，是棵巨大的树，对这样大的树，只能一点一点地砍伐，不能一下折断，这样的大国不能一下灭亡，应先取各城寨，以后再攻其首部。此话固然有理，可是，时不我待，上一年进攻乌拉时，就因为努尔哈赤讲了同样的话，俘获不多，即行回兵，这次再中途而止，士气很难振奋，将会大大延缓统一女真各部的进程。努尔哈赤一向是言出令行之人，一经做出重大决定，很难更改，说不定还要惩办违令者，可是，此时若不进攻，贻误了战机，今后更难了。在这紧要关头，代善冒险，率群将力争，终于说服了汗父，下令冲杀，顷刻之间，击溃敌兵，杀1万人，获甲7000副，灭了几代相传的强国乌拉。[②]代善为后金国的建立，又立下一大功。

后金天命三年（明万历四十六年，1618年）四月十三日，努尔哈赤以七大恨誓师伐明，进攻抚顺。十四日下雨，欲回兵。代善谏阻说：

> "我与明和久矣，因其不道，故兴师。今既临境，若遽旋，将与明复修好乎，抑相仇怨乎？兴兵之名，安能隐之。天虽雨，吾军士皆有制

---

①《武皇帝实录》卷2。

②《满文老档·太祖》卷2。

衣，弓矢亦有备雨具，何虑沾湿。且天降此雨，以懈明边将心，使吾进兵，出其不意耳！是雨利我不利彼也。"[1]

代善的谏言，讲了三个重要问题。

其一，是与明和好，还是对抗为敌，这是一个关键问题。代善所说的"和好"，不是说平等的两国互利互助友好往来，也不是说中央与边疆正常的经济交流宽厚相待，而是讲建州女真为明臣仆、受人欺凌的封建隶属关系。如果因雨回兵，与明"和好"，那么，努尔哈赤就要放弃"覆育列国英明汗"的尊号，照旧充当目为互酋的建州卫都督，就必须按时朝贡，遵守国法，以辽东巡抚为父，听任边将勒索压迫，也就必须把已经兼并的女真部落归还出来，使其各自为主，取消已经建立的强大的后金国，35载奋斗的丰硕成果，全部付之东流。这对具有雄才大略的努尔哈赤是绝对不能接受的，也是长期南征北伐血染战袍的八旗贵族官将不能忍受的。此路不通。

其二，军机泄漏，后患无穷。代善说，"兴兵之名，安能隐之"，这是不可忽视的要事。几万人马，浩浩荡荡，直奔抚顺，这是难以掩盖的。兵贵神速，尤以出其不意为上，若走漏风声，敌军知觉，严加防备，就很难击败对方、攻克城堡了。努尔哈赤深知此事的重要，早在两个月以前，努尔哈赤和诸贝勒、大臣已经议定征明雪恨，要砍伐树木制作梯子，又怕明军发觉，遂通告众人说："诸贝勒伐树，修建马厩"，派七百人砍树。过些时候，唯恐明通事来此，看见做梯子的木材，下令将它做成拴马的栅栏。仅是做梯子都怕人发觉，这几万大军的行进，明军能不知晓？明廷一旦获悉建州反叛，必然要调兵遣将，赶运兵器粮食，加强防守，那时再来进攻，困难就大了。

其三，有备无患，乘雨突袭，变不利为利。代善指出，天虽下雨，兵士有"制衣"，弓箭有备雨用具，可以照样前进。当然，道路泥泞，行走不便，但是正因为这样，敌军可能松懈，哪有冒雨远道跋涉进攻城寨的？因此，利用下雨之机，突然偷袭，犹如自天而降，敌方必然措手不及，全军覆没，所以，"是雨利我不利彼也"。

代善的这段话虽然不长，但从政治决策到战略战术，以及思考方法，都讲得很清楚，必须前进，不能中止，他抓住了关键，根据充足，

---

[1]《清史列传》卷1，《代善传》。

论证清晰，说服力很强。因此，努尔哈赤"善其言"，撤销了退兵的决定，下令前进，攻取了抚顺等城堡500余，获人畜30万，取得了征讨明国的第一个大胜利。在这关系到后金发展的重要关头，代善再建奇勋。

在第二年震惊全国的萨尔浒之役中，代善发挥了更大的作用。天命四年（1619年）三月初一，明军十万余大军（包括朝鲜兵），兵分四路，直扑赫图阿拉，欲一举踏平建州，消灭努尔哈赤家族。[①]此时，努尔哈赤已经年过花甲，虽然久经鏖战，经验丰富，善于用兵，但毕竟年岁不饶人，百发百中、力敌万夫之勇已成往事，只能发号施令，做出战略决策，具体的领兵冲杀，主要由代善负责了。第一仗是先打明国西路军杜松部。三月初一，代善率领诸贝勒大臣统兵先行，定下作战计划，报努尔哈赤批准后，即挥军冲击，尽杀明兵。第二日，代善又统兵大败明北路军马林部。明东路军主将刘铤，勇猛善战，进军迅速，努尔哈赤留家驻守，代善挥军击溃了敌兵，斩杀刘铤，明南路军李如柏部闻风遁回，后金大获全胜。[②]在这场关系到后金兴衰、爱新觉罗家族生死存亡的关键战役中，代善又建殊勋。

正因为代善是中宫之子、诸弟之兄，且军功累累，佐父治国，因此备受汗父重用，位居四大贝勒之首，拥有正红、镶红二旗，其亲侄杜度主管镶白旗，长子岳托、次子硕托亦已成年，领兵征战，辖有牛录，有权有势。因此，努尔哈赤决定立代善为嗣子，谕告众人，代善成为具有主管后金军国大政的"太子"。

天命五年（1620年）九月，后金军政要员中间，传播着一条令人震惊的秘密消息：太子被废了。为什么曾为努尔哈赤"爱如心肝"的四皇子之一的代善，会惹怒汗父？为什么功勋卓著的古英巴图鲁会犯下大罪遭受处罚？为什么尊为"太子"、佐父治政、执掌军政大权、亲辖二旗

---

①明帝曾刊印擒努榜文，晓谕天下，榜文规定：生擒或斩杀努尔哈赤者，赏银一万两，升都指挥使世袭。擒杀其嫡子亲孙代善、阿敏等八大总管，赏银两千两，升指挥使世袭。捕斩其叔伯弟侄等十二亲属，升指挥同知，赏银一千两。擒杀其中军、前锋、书记、女婿阿敦、达海、何和礼等十二领兵大头目，赏银七百两，升指挥佥事。捕杀"奴首亲信"兀能等八十名领兵小头目，赏银六百两，升正千户。叶赫金台石、布扬古擒斩努尔哈赤，"给予奴首敕书，仍封龙虎将军"。《明神宗实录》卷577。

②《满文老档·太祖》卷2。

的大贝勒被赶下了太子宝座？废黜之后，军国大权由谁执掌？这一系列关系后金政局的问题，不能不引起人们深思。

综观全局，便可发现，在"太子"尊号革取之前，代善便经历了几次政治风暴的冲击，好不容易才步履维艰地渡过了三个难关。

第一关，是有人精心设计策划而成的，那就是代善被加上与继母大福晋富察氏关系暧昧的罪名，导致大福晋被汗休弃。这个阴谋，非常厉害，将会置代善于死地。因为，这可不是小小过失，而是逆天大罪，子奸继母，国法不容，万夫怒指。这一关，真是难关，本来代善是很难过去的，幸好，努尔哈赤比较明智，克制了怒火，将妻一休了结，没有追查和处分代善，也许是因他感到证据不足，难以定案，或者是另有想法，但不管是什么原因，代善总算侥幸过了这一关。否则，如果汗父硬要惩治，哪怕蒙受不白之冤，儿子也是无法反对的，更是很难摆脱这种困境。

摆在代善面前的第二道难关，可是他自己亲手设置的，完全是自找麻烦、自作自受，这就是建造府宅之争。《满文老档·太祖》卷14载，就在大福晋富察氏被休以后不久，因要从界凡迁居萨尔浒，努尔哈赤前往视察，指定各贝勒兴建府宅的地址。在各自地基整修好了以后，代善看到长子岳托住地比自己整修地址更好，向汗父说："伊所整修之地，较汗所整修之地既宽又好，请汗居住。"努尔哈赤往观，确比己地更好，便答复说："可令大贝勒住我所整修之地，吾住大贝勒整修之地。"代善嫌汗父住地狭窄，不便建房装饰，要另寻宽地，欲重修岳托整修之地而于此建房。三贝勒莽古尔泰未与其他贝勒、大臣商议，即向汗父奏准，发役夫一千重修其地。代善又以此地优良，请汗父居住，努尔哈赤看后下令：以自己原修之地，赐予代善，第二次欲居之地（即代善之地），建大衙门，自己住岳托之地。诸贝勒遂又拨役夫千人整修。三处住房修好以后，代善以汗父赐予己住之房狭小，不要，欲居他处，使二贝勒阿敏向汗报告。努尔哈赤说："若嫌彼处狭小，则吾仍居吾整修之地。既然汝以汝所整修之地优佳，汝可偕诸幼子于该地装修居住。"于是，努尔哈赤仍住自己原来整修的狭窄住地，而将三次整修的宽广佳地赐予代善。

从上看来，此时的代善，与两年前力主进攻抚顺的代善，好像不是同一个人了。当时的代善，以巩固扩大后金国全局为重，进取心强，勇敢果断，不考虑个人安危；而今日的代善，却寸土必争，斤斤计较，总想找块宽地修建好的府宅，这本身就显示出其气量狭小，没有远见。一请汗父改居己房，二请汗父住己佳地，好像真是贤孝之子，对父百般孝顺，关怀备至。可是一旦修建完毕，又舍不得，竟与汗父争地，全未想到大波刚平，应以韬晦为上，哪能与汗父争执，再加新罪。这样反反复复，实为愚蠢，惹怒了汗父，完全可以定个欺君罔上的罪名。努尔哈赤确实生气了，一则自己的汗宫不如大贝勒府宅宽阔优良，有伤面子；再则儿子朝说夕改，不遵父命，有意戏耍汗父，争居佳地，确系不孝。虽然此时努尔哈赤没有发作，没有惩治代善，但也明确表示不满，父子之间，又增添了一道裂痕。代善只算是糊里糊涂地混过了第二关。

　　第三关，也是代善自筑的，他在对待其子硕托的问题上犯了大错。硕托排行第二，与兄长岳托是代善前妻之子，代善此时的福晋纳喇氏，是萨哈廉、瓦克达、巴喇玛之母。硕托与莫洛浑之姐私通，二贝勒阿敏之弟斋桑古与莫洛浑另一妹私通。天命五年（1620年）九月初三，有人告发，斋桑古、硕托及莫洛浑夫妻欲逃往明国。十三日，努尔哈赤传斋桑古，回告斋桑古与莫洛浑同往牧群，又传硕托，硕托亦不在家，已往拖克索。努尔哈赤认为，三人均不在家，同一方向前往，"恐合谋叛逃"，集诸贝勒大臣议定，"发兵堵截通往明国之路"，至夜，三人各返其家，询其是否合谋图逃，三人均矢口否认，遂幽禁斋桑古、硕托，杀莫洛浑夫妇。代善五六次跪乞说：若听从继妻之言，虐待硕托，子是父非，则杀妻，如子"萌奸宄，行悖乱，可将子交我，我当杀之"。阿敏亦如代善，再三跪请斩弟。努尔哈赤不允。二十日，努尔哈赤下令说：释放二人，斋桑古愿与兄长阿敏完聚，听从其便，如不愿意，可自行归入另外贝勒旗下；"硕托愿随其父则罢，不愿，则来依祖父我也。"[①]

　　在硕托一案的处理上，代善太笨拙也太狠心了。硕托、斋桑古，亲为汗侄、汗孙，贵为贝勒。莫洛浑是哈达贝勒孟格布禄之子，兄长乌尔古岱娶大福晋福察氏之女莽古济格格，是"太祖"的亲女婿。莫洛浑又娶阿敏贝勒、斋桑古贝勒之妹，也算皇亲国戚了。两个贝勒、一位驸马欲图叛逃明国，此乃空前未有的丑事，虽然努尔哈赤不予深究，果断决定两个贝勒没有合谋叛逆，但心中亦不免有所怀疑，不然，为何要斩杀莫洛浑夫妇。退一步说，硕托就算无意逃走，但与叔父斋桑古的姨妹通奸，也是违法犯纪，应予惩处。一为谋叛大罪，惊动了后金国汗，调兵

---

① 《满文老档·太祖》卷16。

遣将，四处堵截；一为有伤风化，姑侄通奸，伦理不容，国法当惩。作为硕托之父的代善，既可能因子出走而蒙受瓜田李下之嫌（遣子私通明国），也必然要定上管教不严、纵子悖乱的罪名，还可能因宠信继妻、虐待前妻之子而遭众非议。处于这样尴尬的局面，代善最好是不动声色，潜施影响，尽量大事化小，小事化无，否定叛逃之嫌，搁置、冷却通奸丑事，使硕托无罪释放，平安无事，自己也就摆脱了困境，不受株连了。可是，曾经是勇猛出众、精明过人的大贝勒代善，却因听信继妻谗言，厌恶硕托，在审案过程中，丧失了理智，竟然再三向汗父请求，以硕托"萌奸宄，行悖乱"为辞，要杀掉亲生之子。他就没有想到，杀了硕托，自己怎能不受牵连，既有可能因此受罚，又将丢尽面子，将来怎能执掌国政，慑服诸贝勒大臣？真是私念蔽目，既愚蠢又歹毒，代善又为自己设置了另一道难关。幸好努尔哈赤顾全大局，妥善处理了此事，代善才解脱了自作之茧的束缚，侥幸地混过了第三关。

　　但是，代善确被继妻的谗言迷住了，十分讨厌硕托，成见太深，以致完全遮蔽了双眼，失去了理智。他没有想到，自己位列四大贝勒之首，尊为太子，统军征伐，辖治黎民，满门显贵，已是登峰造极了。然而，功高震主、权大逼君、声势赫赫之时，也就是成为众人之矢之日。君汗之尊，谁不喜爱；太子之位，怎不动心。为什么小小庶妃代音察敢于首告大福晋，敢于将诸贝勒大臣畏惧的大福晋、大贝勒加上暧昧之罪？为什么四个调查大臣敢于肯定代音察的诉告，向太岁头上动土？为什么汗父要听信此言休离大福晋？为什么汗父既同意自己争房的要求，又要说一些气话？为什么汗父不认真审查就宣布硕托无叛逃之心？为什么汗父不接受自己诛子的再三请求，而将硕托释放，并愿收留于汗之旗下？这一切疑问，集中到一点就是，努尔哈赤对代善是怎样看待的，代善的处境是万事如意，还是危机重重，即将大祸临头？显然局面正朝后一个方向发展。面对这山雨欲来风满楼的严峻形势，被谗言和私念蒙蔽了眼睛的昏头昏脑的代善，不清醒地观察形势，采取妥当的对策，反而笨拙地一意孤行，硬要置硕托于死地，终于招来了险些丧身灭门的大祸。

　　据《旧满洲档·昃字档》记载，释放硕托后，努尔哈赤调查岳托、硕托领有的诸申，得知两人所属部众比其他异母之弟更差，令和济尔哈朗的诸申交换。努尔哈赤质问代善给予硕托的诸申名称，代善不正面回答这一问题，反而说硕托与己妾通奸，有喀勒珠为证。努尔哈赤斥责代善被妻欺压，而将次劣的部众给予前妻之子，代善不服。经查，喀勒珠承认诬陷硕托。努尔哈赤痛责代善，夺其太子之位和所属部众，凌迟喀勒珠。九月二十八日，代善亲手杀了继妻，向汗父请罪。努尔哈赤调解代善与莽古尔泰的敌对关系，令代善与诸贝勒分头立誓。

这件震惊八旗的"太子"之废的大案，反映出了后金政局一系列的重要问题。

第一，代善权势很大，群臣畏惧。从萨尔浒建房争地，到无理要求斩杀硕托，及顶撞汗父，已经十分清楚地表明了太子、大贝勒代善地位的崇高。这次事件中努尔哈赤的两段话和莽古尔泰、皇太极等人的表现，更加强有力地证明了这一事实。现将《旧满洲档》的有关记载，摘译如下：

"汗（斥代善）曰：汝亦系前妻所生，何不想想吾之对汝？汝为何听信妻之言语虐待长大成人之子？……再者，吾选择优良诸申赐汝专主矣，汝为何不效法吾将优良僚友给予岳托、硕托？汝系被妻欺压而将次劣诸申给予年长之子……将优良诸申归与自己和继妻所生之幼子专主吧！

诸（贝勒）大臣皆沉默无话，莽古尔泰贝勒曰：父之言语诚是，我等诸弟、子及国内诸大臣皆畏惧兄、嫂。……

汗曰：设若如此，为何诸贝勒大臣皆不言语？

莽古尔泰贝勒曰：吾乃代表众人而言。"①

在努尔哈赤斥责代善的时候，诸贝勒大臣都不敢说话，都惧怕代善及其妻子，不敢表示拥护汗的教导，不敢随声附和指责代善，那么，在平时，他们岂不是更加畏惧大贝勒？

接着，在查清硕托系被诬陷后，努尔哈赤非常生气，厉声谴责代善，并对诸贝勒大臣说：

"莽古尔泰我们父子（发觉）大阿哥听妻（谗言而犯过错时）……尔等诸贝勒大臣窥伺大阿哥之脸色，竟一言不发。……尔等之心……若

---

①《旧满洲档》是《满文老档》天命、天聪、崇德元年的四十册原本，现存台湾寿诞宫博物院，业已影印出版，本书所用《旧满洲档》关于太子废黜一案的材料，系摘译日本冈田英弘教授用罗马字转写的档子。参考了冈田的《清太宗继位考实》一文。

以我们之言为非，皇太极、阿敏台吉、达尔汉虾……就应发誓。尔等如果发誓，莽古尔泰我们两位自会认错。……设若尔等不发誓，为何还坐在阿哥那边（徒事敷衍），快离开吧！"

努尔哈赤已经指出了代善的过失，莽古尔泰已经表示拥护汗父的训谕，在这样明朗的形势之下，诸贝勒大臣还在窥伺大贝勒的脸色，一言不发，可见代善的权势之大。

第二，代善行事笨拙，对子太狠，自取其祸。代善被继妻迷惑太深，不能自拔，一心要害死次子硕托，竟然按照继妻的指示，诬陷硕托与庶母通奸。代善没有想到，通奸之事，很难查获，只靠喀勒珠一人揭发，怎能将案定死，那时岂不引火烧身，自食其果？局势的发展，正与代善所想完全两样。努尔哈赤首先亲自审讯喀勒珠，喀勒珠只好承认，没有见到硕托与代善的二妾通奸的现场，只是推测之词。紧跟着，又调查了与硕托之妻、代善的二妾同行的二十人，皆与喀勒珠所告之词相反，从而断定了硕托是被诬陷，喀勒珠是依照代善福晋的指使而作的伪证。这一来，努尔哈赤勃然大怒，严厉斥责代善说：

"汝妻之密谋诬陷，使喀勒珠（出其口）……汝就听信了。设若硕托被诬陷而杀，则又将怎样对待岳托？岳托、硕托（皆汝之子），若听汝妻之诬陷言词而杀亲子，又将怎样对代其他兄弟？若听妻（之谗言）……而欲全杀亲子、诸弟之人，哪有资格当一国之君，执（掌大政）！"[1]

第三，努尔哈赤废黜太子，收回大权。虽然代善拥有那样大的权势，使诸贝勒、大臣十分敬畏，但这个后金毕竟是努尔哈赤奋斗三十余年才创立起来的，他是"覆育列国英明汗"，是诸贝勒、大臣之首，是八旗的最高权力者，因此，他和代善的斗争，自然要以代善的失败而结束。努尔哈赤责备了诸贝勒、大臣窥伺代善脸色的错误态度，并令阿敏、皇太极、达尔汉虾明确表态，要么发誓，以代善为是；要么离开代善，到汗父这边来。三人听后，立即起立，移到努尔哈赤一边。这样，

---

① 《旧满洲档·昃字档》。

就把代善彻底孤立起来了。

紧接着，努尔哈赤对代善施以严厉的惩罚。他强调指出，像代善这种听信妻子谗言而欲杀子、弟的人，没有资格当一国之主、执掌大政。他宣布："先前（欲使代善）袭父之国，故曾立为太子，现废除太子，将使其专主之僚友、部众，尽行夺取。"①曾经贵为太子、气焰万丈、势可炙人的大贝勒代善，就这样被废为庶人，一无所有，军国大权悉为汗父收回了。

第四，代善杀妻认错，始创八和硕贝勒共治国政制。天命五年（1620年）九月二十八日，代善亲手杀掉继妻，遣人向努尔哈赤奏述，要求"若蒙父汗不处死刑而得复生"，希望汗父允己叩见请罪。努尔哈赤表示了宽厚的态度，并调解代善与莽古尔泰的敌对关系，令他与诸弟发誓。代善誓称，因"误听妻言，丧失汗父交付之大权"，故手刃恶妻，今后再为非、怀抱怨恨，甘愿受天地谴责，不得善终。"八和硕贝勒、众大臣亦立誓书"，对天焚化。誓书指责了代善的过失，又宣布立阿敏、莽古尔泰等人为"和硕额真"，今后大事由八和硕额真裁决。②

这是一个令人震惊的大变化。天命五年九月，就立了八个和硕贝勒，由他们共治国政，而且档子还写出了八个和硕贝勒的名字，尽管此制这时并未真正实行，而和硕贝勒的人选，由于各种原因，也与实际情况有出入，但总是一件出人意料的大事，对后金国政局产生了重大影响。此事在第二编第六章有详述。

从天命五年九月二十日释放硕托起，经过查清喀勒珠伪证，严斥代善，废其太子，到二十八日代善与诸贝勒大臣立誓，短短的九天里，政治风暴震撼八旗，几经波折，终于雨过天晴，定了大局。结局就是代善丧失了太子之位，但仍居四大贝勒之首，其他贝勒地位上升。

努尔哈赤对代善这样的处理，不能说是完全正确的。代善勇猛过人，南征北战，佐治国政，功勋卓著，本来可以当一个英明君汗，继承汗父事业，但是，他成为太子以后，权大势强，群臣畏惧，暮气渐生，更糟糕的是，被继妻迷惑，听其谗言，竟不顾汗父训诫，一意孤行，硬要斩杀亲生之子。这样的人，如不及时悔改，真的继承了汗位，很可能会内听悍妇之言，外听小人之词，颠倒是非，忠奸混淆，诛戮无辜，重用佞臣，杀害忠良，搞乱国政，当然没有资格为一国之主。故而废黜太子之位，并不是完全不可以。当然，如果观其全部历史，不局限于一时

①②《旧满洲档·昃字档》。

一事，就会看到，代善为人，一向宽厚，比较谦让，不是奸狡狠毒蓄意夺权的阴谋者，而且确实为后金国的发展建立了丰功伟绩，在八旗贝勒、大臣中，拥有很高威信。此次虽然铸成大错，但也算是一时糊涂，只要除掉祸根，斩其继妻，再加教导，代善还是可以改过从善的，经过这样的磨炼，说不定会尽洗尘埃，振奋精神，统率八旗劲旅，开疆拓地，成为一个文治武功兼备的开国贤君。就此而论，努尔哈赤对代善的处罚，显然是过分了一些。这也许是他对代善的几次顶撞十分不满，大福晋之休的遗恨犹在，又怕大权旁落，故而采取了这样的决断。

第三编　大金国汗（1621—1626年）

一、辽东地区概况

所谓"辽东"，含义有二：一是指明代辽东都指挥使司（简称辽东都司）辖属的地区，系因其地远在《禹贡》所述九州之东而得名，明代文献有时又称为"辽镇"或"全辽"；另一是以辽河为界，辽河以东如辽阳、沈阳等地，称为辽东或河东，辽河以西的广宁、锦州等地，称为辽西或河西。这里讲的"辽东"，是指辽东都司辖地而言。

辽东地区，久已开发。商、周时肃慎人在此地居住，战国时归燕管辖，秦设辽东、辽西二郡，汉初沿袭。魏置辽东五郡，隶平州，康置盖、辽二州及九都督府，统于安西都护，后为渤海国。辽、金为东京，元改为辽阳路，设辽阳行中书省。明置辽东都指挥使司，革所属州县，设定辽、广宁、义州、东宁、宁远、海州、沈阳、辽海、铁岭、盖州、复州、金州等25卫，又置安乐、自在二州。按每卫编制5600名兵士计算，达14万名，连带随营的兵丁、家属，有数十万。明又令军卒屯垦。洪武二十七年（1394年），命辽东军士"自明年俱令屯田自食"，随即改为全辽官军八分屯种，二分守城。永乐十二年（1414年），变为三分之二守城，三分之一屯田。洪武永乐年间，辽东军屯多达250余万亩，年征屯粮71万石。[①]屯军的辛勤耕耘，农民的艰苦开垦，使得辽东地区的农业发展十分迅速。

①《明太祖实录》卷87、179、232；《明宪宗实录》172、244；《明经世文编》卷198，潘潢：《会议第一疏》。

辽东资源丰富，手工业也很发达。各卫皆有盐场、铁场，辖煎盐军、"炒铁军"数千名，年征额盐3770473斤，岁收额铁395070斤。还有大批兵民私自开办的民营矿场。明辽东经略熊廷弼上奏抗金计策时，力主招募矿徒，建议对能聚1000人的头目委署都司，能招500人的委署守备，这样，"将一呼而应，一二万兵可立致也"，①一下子就能从矿徒中招兵数万，可见矿徒之多和民营矿业的发达。

《辽东志》总述明初到明中叶辽东社会生产发展情形说："辽物产之丰，由来尚矣。国初疮痍新愈，民习勤苦。百余年来，兵戈不试，事简俗质，是故田人富谷，泽人富鲜，山人富材，海人富货，其得易，其值廉，民便利之。""故往时家给人足，都鄙廪庾皆满，货贿羡斥，每岁终，辇致京师，物价为之减半。"②

在农业、手工业发展的基础上，商业也兴旺起来，城市经济十分繁荣。以中小城市抚顺而言，它专与建州女真贸易，商业发达，商贾较多。努尔哈赤进攻抚顺时，定下计策，先令人传言，"明日有三千达子（女真）来做大市"，诱哄商民出城贸易。取城以后，"有山东、山西、涿州、杭州、易州、河东、河西等处商贾"，以"七大恨"之书付给，令彼带回，可见抚顺商业的发达。比抚顺更富的城市，还有很多。像金州、复州、盖州、海州，素为"膏腴之地"。开原，为古之黄龙府，元之上都，"城大而民众，物力颇饶""金钱财货……何止数百万"。沈阳、辽阳两大重镇，兵民数百万，商贾云集，十分繁华。明经略熊廷弼说：如努尔哈赤"全有辽镇，所获金钱财货，何止数千万"。③明宁前道王化贞报告金兵取辽阳后，七天内，大杀兵民，"辽之商贾，死者四五万人"，④礼科给事中周士朴亦上奏说："奴杀西兵二万，复杀商贾五六万。"⑤财富之多，商贾之多，充分表明了辽东诸城的富庶和农、工、商业的发达。

辽东地区，久已实行封建制。屯军领种官地，交纳屯粮，充当夫役，遭受封建国家和军官的封建剥削。地主阶级猛烈兼并土地，田连阡

①《明熹宗实录》卷10、11、13。

②嘉靖十六年重修《辽东志》卷3。

③《明神宗实录》卷583；《明经世文编》卷480，熊廷弼：《河东诸城溃陷记》。

④王在晋：《三朝辽事实录》卷10。

⑤《明熹宗实录》卷9。

陌，役使佃农耕种。民人或系佃农，承种官将豪绅田土，交纳私租，或系自耕农、半自耕农，上交国赋，从事力役，皆无法摆脱繁重的封建租、赋、徭役的压迫。

赋重差繁，官将贪酷，豪强欺凌，实难容忍，辽东军民奋起反抗。从正德年间以来，辽东军士、兵丁举行的"兵变"，就十分频繁，先后发生过反对刘谨党羽户部侍郎韩福丈田苛刻、辽东巡抚吕经贪酷虐民的"兵变""殴逐委官"，执缚巡抚，押解游街，批打其颊，"窘辱备至"。①这些大规模的"兵变"，严重冲击了封建制度，狠煞了地主、官将的威风。

万历二十七年（1599年），万历皇帝遣尚膳监监丞高淮，往辽东开矿征税。高淮极端贪残，无恶不作。他盘剥军卒，"扣除军士月粮"，将羸马散给士卒，勒收"好马之价十倍"。当时有人揭发："辽军已数年不得钱粮，凡给散钱粮，为将领扣去高淮，军士分厘皆不得沾矣。"②他"借税杀人，黩货无厌"，带领数百家丁，从前屯卫，到辽阳、镇江、金州、复州、盖州、海州等地，"大小城堡无不迁回遍历，但有百金上下之家，尽行搜刮，得银不下数十万，闾阎一空"。③辽东巡按肖淳指出：高淮到辽以后，"生命戕于鞭敲，脂膏竭于咀吮，十室九空""辽民极困"，④辽东军民编了一首歌谣，痛斥高淮的残忍道："辽人无脑，皆淮剜之。辽人无髓，皆淮吸之。"⑤

辽东军民愤恨异常，猛烈反抗。高淮于万历二十七年四月入辽，六月就激起开原民变，"比至开原，严利激变"。⑥九月，又爆发了金州、复州地方民夫沙景元领导的抗拒开矿的民变。⑦第二年（1600年）六月，其委官廖国泰，又"激变士民"。⑧

①《明武宗实录》卷53；《明世宗实录》卷173、174。

②董其昌：《神庙留中奏疏汇要》兵部卷1，戎政尚书李化龙题，《为辽左危在旦夕疏》；《明史》卷305，《高淮传》；方孔炤：《全边略记》卷10，辽东略。

③《明经世文编》卷436，朱赓：《论辽东税监高淮揭》。

④《明神宗实录》卷429。

⑤《明经世文编》卷467，宋一韩：《直陈辽左受病之原疏》。

⑥《明神宗实录》卷336。

⑦明代辽东档案丁种21号卷。

⑧《明神宗实录》卷348。

万历三十六年（1608年）四月，又爆发了前屯卫兵变，前屯卫"各营男妇数千人"，愤怒打死高淮党羽汪政，"歃血摆塘，誓杀高淮而后已"。[1]五月，大学士朱赓叙述辽东时局说："夫激变之事，不数月间，一见于前屯，再见于松山，三见于广宁，四见于山海关，愈猖愈近。"[2]第二月，山海关内外军民"聚众数千攻围，高淮窘急"，狼狈逃窜，进入关内。明帝不得不下诏，指责高淮"骚扰地方""扣克军士粮饷"，命即回京。[3]逞凶十年的高淮，终于在辽东军民强大斗争的压力下，离开了辽东。

综上所述，明代辽东农、工、商业进展较快，封建经济相当发达，地主阶级广占田土，役使佃农耕种，进行封建剥削；辽东军民坚决反抗明王朝的残酷压榨，反对封建制度的沉重剥削。这就是明末辽东地区的基本情况，这也是天命六年（1621年）三月以后，汉满人民激烈反对奴隶制、农奴制剥削，反抗后金国统治的强大斗争的历史背景。

二、辽沈之战

（一）坐失良机

后金天命四年（明万历四十七年，1619年），努尔哈赤于三月在萨尔浒大败明兵，六月取开原，七月下铁岭，八月灭叶赫，所向无敌，进展神速。可是，后金从此按兵不动，直到天命六年（1621年）三月才进攻沈阳、辽阳，其间足足有二十个月之久，没有发动大的进攻。出现这样的情况，并非由于汗、贝勒看到明经略熊廷弼调度有方，不易进取，因此明智地暂时克制，集军待变；而是号称"英明汗"的努尔哈赤，在此时刻，不够英明、不太聪睿，决策上出了差错，贻误了战机，延缓了君临全辽的时间，给以后攻取辽阳、沈阳带来了不少困难。

天命四年八月灭掉叶赫以后的几个月里，是努尔哈赤挥师西征，攻取沈阳、辽阳的最佳时间。这时明国的窘困局面，为他成为辽东王提供

---

[1]《明神宗实录》卷445。

[2]《明神宗实录》卷446。

[3] 董其昌：《神庙留中奏疏汇要》兵部卷1，戎政尚书李化龙题，《为辽左危在旦夕疏》；《明史》卷305，《高淮传》；方孔炤：《全边略记》卷10，《辽东略》。

了最好的机会，无须动用较多的兵力，不必花费多少代价，不会遇到强有力的抵抗，就能轻取沈阳、辽阳，可以说是乘胜前进，势如破竹，易如反掌。这主要是由于以下三个因素。

其一，明廷惊慌失措，调度无力。萨尔浒之战，明兵的惨败，开、铁的失守，使得"朝野震动"。身肩军政要务的庸相方从哲，拿不出什么有力的对策，只是再三呈述"东事危极，京师万分可虑""京师之危，真在旦夕"，恳请万历视朝，集臣会议军务，发给内帑，委任新人。[①]昏君朱翊钧，听凭百官跪奏，借口"头目眩痛，心腹烦懑"，不上殿理政，不召见群臣，还指责户部拖欠金花银两，又诡称"内库空虚，搜括无遗"，拒绝发放内帑。[②]这样一个醉生梦死、腐朽荒淫的老皇帝，配上一个顺从帝旨、庸碌无为的庸相，怎能制定出拯救辽东危局的大政方针，怎能应付瞬息万变的军机要务！

其二，残兵败将，畏敌如虎。万历四十六年（1618年）三月萨尔浒之战，明朝四路出兵，三路覆灭，虽然官府多方招聚，到六月，勉强凑有"败残新集士卒四五万人，皆有名无实"，开原之陷，损失又逾万数。七月铁岭失陷，八月叶赫被灭，明兵更加怯战思逃。八月底，辽东经略熊廷弼题报辽阳、沈阳情形说：

"虽有总兵李如桢等专守沈阳，都以河西冉光荣之兵，共有万计，而堪战者不过一二千人。总兵贺世贤专守虎驿，应援辽沈，兵虽数千，而堪战者不过二千四五百人。总兵柴国柱专守辽阳，虽有川兵及残兵零杂之众二三万人，然皆无甲无马无器械，既不能战，而守城又无火器将领，中军千把总等官，俱贼杀尽，各兵无人统领，辽至今日，可谓无兵。"[③]

熊廷弼后又补充说，大败之后，无车无牛无脚夫，没法运送粮草，致使全军严重缺粮，兵仗器械亦荡然无存，"军无片甲，手无寸铁"。[④]沈阳重镇，能战之兵只有一两千。辽阳要城，残兵两三万，且无甲无

---

①②《明神宗实录》卷580。

③《明神宗实录》卷585。

④《明熹宗实录》卷1。

马，无将无粮，"可谓无兵"。一向被誉为兵强马壮的辽东军事重镇，竟落得如此地步，真是可悲。兵少将缺，粮饷不济，守具缺乏，自然更加剧了将官的怯战情绪。他们逗留不前，战守不力，畏敌如虎，一战即溃。就连熊廷弼推崇为大将的甘肃总兵官李怀信，虽然久经沙场，屡立军功，史称"勇敢有谋""威名著河西"，然当其委任为援剿总兵官率师赴辽时，尽管经略连上奏疏，特地奏请皇上命李急行出关，帝令立即赴援，"兵部马上差人守催"，限李于九月初八日出关，十二日抵辽阳。可是，限期已过，李怀信却仍然安坐甘肃，且投文兵科，要钱要马要兵，寸步未行。究其内心，"不过惮于援辽，另寻枝节"而已。[①]号称勇将、大将之人，尚且如此，其他将官之贪生怕死、临阵溃逃之态，更是不言而喻了。

其三，士气不振，人心惶惶，军民思逃。萨尔浒之战，十万大军数日尽没，开原坚城，顷刻覆灭，在心理上给辽东军民以沉重打击；兼之旧经略杨镐昏庸笨拙，束手无策，领兵将官畏敌如虎，使得辽民心惊胆战，昼夜不安，一有风吹草动，便仓皇逃散。早在万历四十七年（1619年）六月末，开原刚一失陷，中固、铁岭、懿路、汛河数城，"妇女老幼，空国而逃"，永奠、新奠、大奠、靉阳、孤山、抚安、柴河等数十堡，不战自弃，"沈阳之民又逃，军亦逃矣"。[②]七月初一，大学士方从哲根据辽东经略、监军的题本，上奏说"铁岭、沈阳人民，逃窜几空，辽阳之危，只在旦夕"。[③]赞画刘国缙费了很多心血，好不容易招募了新兵17400余名，分发镇江、宽奠、靉阳、清河等处防守，十二月，清河之兵，"陆续尽逃"，镇江、宽奠、靉阳，"亦有尽队而逃者"，总共只剩下3000余名老弱残兵。[④]

由于以上原因，六月开原失守，七月铁岭被占，八月二十二日叶赫灭亡，辽阳、沈阳真是危如累卵，朝不保夕。这一点，在辽东经略熊廷弼和大学士方从哲等人的奏疏中，讲得非常清楚。九月初，熊廷弼特上长疏，极言"辽东大势久去，战守已无可支，备陈兵马军民器械将领不堪战守之状，以祈省览"。吏部尚书赵焕等，以"奴酋攻陷北关，经臣

① 《明神宗实录》卷586；《明史》卷239，《李怀信传》。

② 《明神宗实录》卷583。

③ 《明神宗实录》卷584。

④ 《明神宗实录》卷590。

极言辽沈危急之形，无将无兵无马无器械，军民离心，不能战守，倘奴乘胜长驱，必薄都城之下"，"无限忧惶"，因而会合"大小衙门官员"，诣文华门，"直陈辽左垂亡，京师立蹙"，恳乞皇上临朝。[①]

首辅方从哲，虽然平时一向庸碌因循，顺从帝意，也因形势险恶，特上《辽左溃散人心离散疏》，奏称：

"昨晚接经略熊廷弼揭，极言辽左溃散之形，人心离散之状。……夫国家所恃以捍御寇贼保守边疆者，全在人心，人心不固，即金城汤池，甲士如林，刍粟如山，亦不能守。况该镇丧败之后，盔甲器械马匹，件件不备，火器全无，虽有几万伤残之卒续到赴援之兵，然皆露顶赤身，空拳徒步，以此当大敌御强虏，岂有幸乎。以是，上自将领，下及军民，无一人不为逃走计，无一念无一刻不为逃走计，目前若此，猝遇贼兵临近仓皇急迫之秋，岂经略一人所能整齐而约束者哉。今日辽阳之势，真累卵不足喻其危，山海蓟门之患，真剥肤不足喻其急。……廷弼自以势不可为，力不能支，请皇上早作区处，其情亦甚迫矣……"[②]

正因为辽沈危在旦夕，难御后金，熊廷弼苦心思索，找不到救急良策，无可奈何，于九月初提出了放弃沈阳、专守辽阳的建议，上奏朝廷说："自奴陷北关以来，人心逾溃，沈阳空垒，独力难支。据道臣韩原善、阎鸣泰及该城官生人等，咸欲归并辽阳，还兵自保，揆之人情事势，实不得不然。退缩自固，羞愤何言，倘邀皇上之灵，守得辽阳，俟明春二三月间，大兵厚集，再图恢复。"[③]

这个方案，并不可取。辽阳离沈阳只有120里，后金军进入空城沈阳之后，一天即可包围辽阳，几万残兵败将，怎能抵御八旗劲旅。这一计策，实属下策，可谓无策，但既然缺兵少将，就只有走这条绝路了。

综上所述，可以肯定地说，万历四十七年（1619年）六月取开原、八月灭叶赫以后的几个月，是后金军夺取沈阳、辽阳，进驻辽东的最好时间。后金不需要花费多大力气，就可达到这一目的。但是，不知出于

①③《明神宗实录》卷586。

②《明神宗实录》卷586；《明神宗实录》内阁文库本，卷47，引自《明代满蒙史料》，《明实录抄》。

什么考虑，努尔哈赤并未挥师西征，而是安坐建州，按兵不动，错过了轻取辽东的良机。一年半以后，后金只能在率军猛攻、伤亡累累的情况下，才将沈阳、辽阳打下，付出了本来可以避免的重大代价。

（二）挥军猛攻

政治风云变幻莫测，军机兵情瞬息万变，努尔哈赤本来可以乘胜进军，轻取辽沈，但他没有率师继续前进，停了一段时间。这样一来，战守形势又发生了重大变化，这就是明朝辽东新经略熊廷弼整饬兵备、加强边防，阻碍了后金的进兵。

熊廷弼，字飞百，湖广江夏（武昌）人，万历二十六年（1598年）进士，授保定推官，擢御史。熊廷弼身长七尺，有胆有识，才华横溢，秉性刚直，不畏权贵。他虽然身列文班，却因边患孔亟，积极钻研兵法，苦练骑射，连清修的《明史·熊廷弼传》，也赞其有"盖世之才""善左右射"，实为文武双全之能臣。万历三十六年（1608年），熊廷弼巡按辽东，覆勘原任辽东总兵官宁远伯李成梁与巡抚赵楫丢弃宽奠等六堡新疆八百里之事，查明二人弃地驱民之过，疏劾其罪。熊廷弼早就看到建州发展迅速，必为大患，连上章疏，大声疾呼，奏请核边地，兴屯田，饬营伍，增士卒，联络南关北关，所言皆中时弊。①后因事与某官相讦，听勘归田。万历四十七年（1619年）三月初萨尔浒惨败以后，因熊熟悉边事，吏部等衙门连疏奏荐，于三月末特予起用，升任大理寺左寺丞兼河南道监察御史，宣慰辽东，六月又擢兵部右侍郎兼都察院佥都御史，代杨镐任辽东经略。

熊廷弼面对敌强我弱、危在旦夕的险恶形势，毫不畏惧。在大学士、兵部尚书等达官大僚畏敌成疾、纷纷引病告退的浪潮冲击下，他毅然挺立，逆流而进，力挽狂澜，担起了拯救危辽的艰难重任，在短短的一年里，彻底扭转了危局，稳定了辽东，巩固了边防，增强了军力。这个奇迹之所以能够出现，主要有以下几个原因。

首先，熊廷弼不畏艰险，亲自巡视边境城堡，收拾残局。熊廷弼尚未出京，开原失陷，刚出关，铁岭又失，沈阳及诸城堡"军民一时尽窜，辽阳汹汹"。他虽然仅仅带了几百名疲弱士卒，却并不畏难而退，反而兼程前进。八月刚到辽阳，他即令佥事韩原善往抚沈阳，但韩"惮

---

① 《明史》卷259，《熊廷弼传》；《明神宗实录》卷455、456、459。

不敢行”；继命佥事阎鸣泰往，阎至虎皮驿（沈阳城南），不敢前行，“恸哭而返”。熊廷弼乃躬自巡历，自虎皮驿，抵沈阳，复乘雪夜赴抚顺。总兵官贺世贤以抚顺离建州太近，恐有危害，力行谏阻。熊廷弼泰然自若地说：“冰雪满地，敌不料我来。”遂鼓吹而入。时兵燹之后，数百里无人迹，熊廷弼祭悼死难兵将士民，招流移，缮守具，分置士马，耀兵奉集，相度形势而还，这对稳定民心、振作士气起了很大作用。因而“人心复固”。①几个月以后，为了巩固东南防务，熊廷弼又从奉集至威宁营，历瑷阳、宽奠，缘鸭绿江岸抵镇江城，复迁道看险山旧边，转渡夹河，登凤凰山寻莫利支屯兵处，再从镇夷、镇东、甜水站而归，往返十三日，行走千余里。②

其次，确定了正确的抗敌方针。万历四十七年十一月，熊廷弼在巡视边城观察形势以后，上呈《敬陈战守大略疏》，提出“以守为稳着”“守正所以为战”的根本战略方针，奏请集兵十八万，马九万匹，分驻瑷阳、清河、抚顺、柴河、三岔儿及镇江六处险要地方，每路设兵三万，置裨将十五六员，主帅一人，画地而守，无警则就地操练，小警则自为堵御，大敌则互相应援，辽阳设兵两万，策应四方。这套战略布署，是十分正确的，发挥其长，克服其短。当时，后金军善骑射，士气高，惯于猛冲猛打，交战之时，万马飞驰，“铁骑冲突，如风如火”，瞬息而至，箭射刀劈，敌不及防，片刻即亡。③萨尔浒之胜，即系一例。但他们缺乏火器，长于野战，短于攻坚，遇逢深堑宽濠高墙坚城，骑兵难以施展，只有使用计策，诱敌出战乘机歼灭，或纵间入城，从中破坏，开门内应，趁乱而入。开原之战，就是智取的成功典范。明军大败之后，斗志不旺，弓箭不佳，但火器众多，凭借坚固城池，据险扼守，以逸待劳，便可克服不善野战的短处，发挥枪炮的威力，依靠人多地广、财源丰富的优越条件，打一场比资源、拼物力、拼人力，以守为主、由守而战的持久战，从而抵消敌之长处，暴露对方弱点，发挥自己优势，挡住后金军进攻，守住城池，稳定战局，再伺机而进。

其三，征兵调将，赶制器械，修建城池。熊廷弼屡上奏疏，多方催督。征调川浙土兵，招募各方勇士，很快就改变了兵少又弱的状况，从区区两三万败残之卒，演变为拥兵近20万的庞大军队。原来粮草奇缺，

①《明史》卷259，《熊廷弼传》；《熊襄愍公集》卷8。

②《明神宗实录》卷596。

③《明熹宗实录》卷16。

士卒饥疲，他督促部属，征集牛车三万余辆，"昼夜赶运""军中始有粮草"。萨尔浒惨败之后，"军无片甲，手无寸铁"，熊廷弼奏发京城大炮数千，又增造大炮数千，枪炮数万，并打造弓箭，赶制双轮战车5000辆，每辆安灭虏炮二三位，以及"火箭火轮之类，无所不备"，自此军中"始有弓矢""军士始有攻守具"。[1]同时，大修城池，辽阳墙垣，"城高厚壮，屹然雄峙"。城外挑濠三道，每道宽三丈，深两丈，濠外复筑大堤潴水。沈阳亦修缮加固，"城颇坚，城外竣壕，伐木为栅，埋伏火炮"。城外挖有与人身相等的陷阱10道，井底密插尖木桩，陷阱之后挖有四道大壕，插满尖木桩，又树立用一二十人抬的大木头修筑的栅栏，沿内壕排列楯车，每车安置大炮两门、小炮四门，两车中间又放置大炮五门。奉集堡、虎皮驿亦开河建闸修缮坚固，时人称四城犹如"金汤鼎峙"。其他要地，亦各个加固。[2]

与此同时，整顿军纪。斩逃将刘遇节、王捷、王文鼎，以祭死节官兵，诛贪将陈伦，劾罢庸懦怕死的辽东镇守总兵官李如桢。

在熊廷弼精心安排、全力奋斗的努力下，经过半年多的时间，兵、马、将、粮、火器、军械无所不备，城池坚固，人心安定，士气有所振作，令严法行，"守备大固"，辽东转危为安了。[3]后金国汗努尔哈赤及诸贝勒，见此情形，深知难以轻易取胜，只好按兵不动，待机而行。

明朝本可利用这一难得的好机会，继续增强实力，巩固加强边防。但明王朝腐朽至极，竟将赤胆忠心有勇有谋的熊廷弼换掉，自毁长城。尽管熊廷弼竭尽全力保卫辽东，功高过人，但他办事严格，求成心切，性格刚直，不徇私受贿，不逢迎权贵，不受压于科道，招致了一大批夸夸其谈的言官不满，惹怒了因循苟且的文官武将，内阁、兵部对彼亦颇有意见。御史顾造首劾熊廷弼出关逾年，漫无定画，"尚方之剑，逞志作威"。御史顾三元接着上疏，弹劾廷弼"无谋者八，欺君者三"，言不罢其任，"辽必不保"。御史张修德更诬其破坏辽阳。虽然熊廷弼连上奏疏辩解，并伤心地说："辽已转危为安，臣且之生致死"。但朝议仍定，于泰昌元年（1620年）九月，罢革熊廷弼，听候勘问，改以辽东巡抚袁应泰继任。[4]

---

①《明熹宗实录》卷2；《熊襄愍公集》卷4。

②《明熹宗实录》卷3、7、8；《满文老档·太祖朝》卷19。

③《明熹宗实录》卷2、3、7；《明史》卷259，《熊廷弼传》。

④《明熹宗实录》卷1。

袁应泰，万历二十三年（1595年）进士，历任知县、工部主事、兵备参议、右参政，按察使和辽东巡抚，精敏强毅，善于治政，但他短于兵事，持法太宽，对熊廷弼所做，"多所更易"，又广招归降蒙古，这正为后金遣人诈降用间提供了有利条件。

努尔哈赤侦悉明朝经略易人，新官不谙兵法，决定大举征明。天命六年（明天启元年，1621年）三月十日，亲率大军出发，十二日晨到达沈阳，在城东七里河的北岸造木城屯驻。此时，沈阳有贺世贤、尤世功二总兵官，各将兵万余，总兵官陈策、董仲揆引川浙兵一万余自辽阳来援，守奉集堡总兵李秉城、守武靖营总兵朱万良、姜弼领兵三万来援。就军队总数而言，双方不相上下，兼之沈阳城坚濠宽堑深，枪炮众多，据城死守，本来是不会被轻易攻陷的。努尔哈赤知悉单凭硬攻，难以奏效，战事拖延，辽阳明兵大批来援，更为不利，遂采取了智取与力攻同时并用，快速解决战事的方针。首先是猛攻沈阳。十三日，先派赢卒挑战，诈败诱敌。行伍出身的勇将明总兵官贺世贤，见敌疲弱，率家丁千余出城冲杀，宣称必"尽敌而反"。努尔哈赤一见敌入伏中，下令包围，"精骑四合"，贺世贤兵败返回，身中四矢，城中闻贺败归，军民大惊，"汹汹逃窜"，诈降蒙古乘机内应，攻下沈阳。努尔哈赤立即挥师迎战明川浙兵，陈策、董仲揆率兵死战，以万余对五万之敌，杀敌5000余，力竭而死，全军覆没。朱万良、姜弼起初畏战不救，后仓皇接战，一战即溃，遁回辽阳。一日之内，努尔哈赤率军败敌数万，攻下沈阳要镇。[①]

努尔哈赤屯兵5日，论功行赏，将所获人畜分于官兵，先行押回建州。三月十八日，努尔哈赤召集八旗贝勒、大臣，商议去向。他提出："沈阳已拔，敌兵大败，可率大军乘势长驱，以取辽阳。"诸贝勒、大臣一致拥护，议定，即统军前进，至虎皮驿，明军民俱弃城逃走，遂于此安营立寨。

努尔哈赤决定乘胜进取辽阳，固然是十分正确的。但这也表明，在此之前，他没有制订出迅速夺取辽、沈的全盘计划，不然就不会打下沈阳足足5天之后，才集八旗贝勒、大臣议下一步行动。而这一失算，又放过了轻取辽阳的良好战机。

沈阳一失，辽阳真是危如累卵。巡按张铨遣人飞奏明廷说："辽之战将劲兵，半萃于沈、奉，半分应援，见今辽城，兵不满万，皆真、

---

① 王在晋：《三朝辽事实录》卷4。

保、山东之兵，身无介胄，器不精利。……今贼克沈阳，无数枪炮火药，皆入其手，万一用以攻城，更可忧也。""辽阳以北，居民逃走一空，烽火断绝，敌骑充斥。"军民逃散，兵不满万，如果努尔哈赤于十三日破沈阳后，不休整，立即挥师西南，十四日围辽阳，一天之内，即可轻取。但努尔哈赤计未出此，耽误了5天，明辽东经略袁应泰、巡按张铨利用此机，飞速征调援军，撤虎皮驿、奉集堡兵回辽，5日之内，凑集了13万大军。

此时，论兵数，明多于金。论地形，明防守，得地利，辽阳城墙十分坚固，又引入太子河水，灌满护城深壕。熊廷弼在任时，曾准备了上万门大炮，其中7门，是兵部"协理戎政尚书"黄克缵专募能铸西洋吕宋大铜炮的高超工匠来京铸造的，最重的三千余斤，其余亦重千余斤、两千余斤，一发可击毙敌兵数百人，威力很大。[①]13万大军，战将数百员，枪炮众多，城坚壕深，防守相当严密。《武皇帝实录》卷3叙述辽阳守备情况说："（明官）放代子河水于壕，塞其西闸，内列火器于城上，排兵四面，守御甚严。"朝鲜文献甚至记述了后金军望城生畏的情形，指出："（八旗军队）至辽阳，望见城池险固，兵众甚盛，虏皆意沮欲退。"[②]如果明经略袁应泰熟谙兵法，调度有方，据城死守，辽阳是不会轻易失落的。设若努尔哈赤不讲策略，一味硬攻，以弓矢对枪炮，用血肉之躯强登高城，伤亡必大，难以克城。在这场势均力敌的战争中，统帅决策的正确与否，成为决定胜负的主要因素。

努尔哈赤在这样严重的关键时刻，发挥了非凡的军事才干，从而夺取了胜利。首先，他针对士卒畏难欲退情绪，严正宣布必战死战的决心。他声色俱厉地谕告众人说："一步退时，我已死矣。你等须先杀我，后退去。"并立即"匹马独进"。[③]这样斩钉截铁、无所畏惧的英雄气概，对八旗官将兵卒发挥了巨大影响，使他们转怯为勇，知难而进，军心大振，为打败明兵攻取辽阳奠定了精神基础。

其次，发挥所长，克服所短。后金军在屡败明兵的战争中，缴获了大批枪炮和匠人，已经有了自己的火器和燃放枪炮的人员，但毕竟数量太少，且多系轻型铳炮（重炮或被明人埋没，或缺乏匠人不能燃放），单靠这些，攻不下坚固的辽阳城。因此，努尔哈赤决定发扬骑射野战的

①《明熹宗实录》卷9。

②③吴晗：《李朝实录史料》第3147页。

长处，尽量诱使明兵出城入伏，合歼敌军，同时遣派"细作"，混入城内，待机响应。三月十九日，他派遣少数人马横渡太子河，引诱敌人，明军果然中计了。明辽东经略袁应泰，本来已与诸将议定，"畏敌多，主守"，但见后金马兵太少，"其骑可数"，遂因"见贼少而主战"，亲督侯世禄、李秉诚、梁仲善、姜弼、朱万良五总兵，率兵出城5里，在教场扎营。明军原已畏敌，至时又忽守忽战，"军心不定"，努尔哈赤乘机指挥军队"奋力冲杀""明兵大溃而走""军败多死"，追杀60里，至鞍山始回。另一营明兵从武靖门出，亦被后金军击败。第二日，努尔哈赤亲自督促兵士奋勇猛攻，鏖战多时，明兵又败。第三日，后金军乘胜进击，原先派入的"奸细"，从中内应，攻下辽阳，袁应泰自尽，张铨被俘，不屈而死。[①]

努尔哈赤带领八旗贝勒、大臣，进入城内，驻于经略衙门，谕令汉人归顺，辽河以东的宽奠、镇江、汤站、武靖营、长静、长宁、三河、十方寺、永宁、镇夷、威宁营、孤山、甜水站、草河、奉集、平房、薄河、懿路、鞍山、海州、耀州、盖州、熊岳、复州等大小70余城官民"俱削发降"。[②]

这两次攻城，后金虽因先前误失轻取良机，不得不挥军猛攻，伤亡重大，费了很大力气，但毕竟是胜利了，打败了明军逾20万，攻取了辽阳、沈阳两大军事重镇及辽东最富之城，得获的金银财货堆积如山，掠夺大量人口牲畜，得了大批火器（明人说，丢失火器两万），尽占辽河以东的广阔土地，自此，努尔哈赤坐上了"辽东王"的宝座，开始了进驻辽沈地区的新局面。

三、西征广宁

（一）按兵不动

天命六年（明天启元年，1621年）三月十三取沈阳，二十一日下辽阳，八旗军进驻辽河以东十四卫广阔地区，后金汗、贝勒忙于遣派士卒，分成各地，清查丁口，征收赋税，没有乘胜西征，攻取广宁，席卷

---

① 《明熹宗实录》卷8、13；王在晋：《三朝辽事实录》卷4；《武皇帝实录》卷3；《明史》卷259，《袁应泰传》。

② 《武皇帝实录》卷3。

河西州县，在决策上又犯了一个大错误，失去了轻取广宁的好机会。

辽沈惨败，大军被歼，城池失陷，明朝官将畏敌，民无固志。辽阳一失，"河西军民尽奔，自塔山至闾阳二百余里，烟火断绝，京师大震"。①明朝帝王将相文武百官，拿不出应变办法，找不到抵抗金兵固守河西的出路，严重影响了河西十一卫的防守。他们唯一的希望是守住广宁，拖延时间，再集军应战。

广宁，本系辽东都会，巡抚、总兵、镇守太监的官署皆设于此，河西十一卫中，以广宁命名的就有广宁卫、广宁中卫、广宁左卫、广宁右卫、广宁右屯卫、广宁后屯卫、广宁中屯卫、广宁左屯卫、广宁前屯卫等九卫，其中广宁卫、广宁中卫、广宁左卫、广宁右卫，皆在广宁，一向设有重兵驻防。但是，开战以来，明军群集辽、沈，"河西兵马精劲，及粮粮器具之转输，无一不为河东竭蹶从事"，辽沈失守，河西财力兵力俱尽。四月初三，辽东巡抚薛国用上奏说，现今"虚拥空城""欲募兵，而居民俱窜""欲措饷，而帑藏如洗"。②堂堂辽东数千里的军政重镇广宁，"存城之兵，不满千人，又半系创残之余"。新任辽东巡抚王化贞虽然竭尽全力招募，但一月已逾，所招残兵不过万余人，且"皆赤身徒手，马匹械仗，无处寻觅"。明臣唯一倚以阻敌的是狭窄水浅的三岔河，而这长达一百五十里的河防，竟只有一千兵戍守，实际上等于无人。③

刑科给事中熊德阳，奉命往辽，祭告医巫闾山之神。回京后，于五月中上奏，叙述耳闻目睹的辽东情形说：

"若关外一线之路，寄于海与西虏之间，村落残破，驿递萧条……至广宁虽稍成城镇，然实不及江南一中县也。城在山隈，可俯首而窥，聚族几何，可屈指而尽，所恃三岔河，而黄泥洼可褰裳而渡，日望援兵，不啻拯焚救溺。……辽陷一月，援兵尚未至广宁，虽有不弃广宁之名，已有弃广宁之实矣。"④

熊德阳的这份奏疏，道明了广宁危如累卵和明已实弃广宁的实情。

---

① 《明史》卷259，《熊廷弼传》。

② 《明熹宗实录》卷9。

③④《明熹宗实录》卷10。

无兵无将无粮无饷，甲仗火器荡然，地形不利，援兵不至，广宁怎能坚守？因此，明人皆谓"河西必不能保"。[1]监军御史方震儒更指出：辽阳失守消息传到广宁，军民官绅万分惊恐，"人又奔散，生员缙于学宫，推官缙于衙宇"，巡抚亦欲逃窜。[2]从辽阳逃出来的监军高出，竟上揭明廷，力言"广宁不可守，请捐以予西虏，资其扞御"。[3]

如果努尔哈赤打下辽阳之后，立即挥师西进，全歼这千余残兵，攻取防守不严的广宁城，尽占辽河以西广阔土地，易如反掌，努尔哈赤就能轻易地成为君临全辽的英明汗了。可是，他计不出此，忙于掠人畜、征粮赋，按兵不动，重蹈覆辙，失去了轻取广宁的极好机会，为明朝调兵遣将，加强防御，又提供了有利条件。

（二）"经抚不和"

后金天命七年（明天启二年，1622年）正月十八日，努尔哈赤亲率八旗贝勒、大臣，统军西征广宁，明金之间第三次大战开始了。

从战守形势看，双方情况很不一样，各有利弊，互有长短。后金的有利条件是，自天命三年（1618年）取抚顺起，中经萨尔浒之战，下开原、铁岭，到重创明军于辽阳、沈阳，四年之内，屡败敌兵，所向无敌，进驻辽河以东广阔地域，扩地数千里，军威远扬，士气高涨。然而，金兵虽然善于野战，长于骑射，但火器不多，尤其是重型大炮数量更少，因而短于攻坚，辽阳、沈阳之战，都是诱敌出城歼灭敌军后，加上"奸细"内应，才能打下城高堑深的两大重镇。除了这一原有弱处以外，又出现了新的问题，这就是辽东人民猛烈反抗金军的进占，或投毒药，或斩杀旗兵，或与明臣联系，约定期限，里应外合，大批辽民拼死外逃，掀起了反对奴隶制剥削和压迫的强大斗争（详见本章第三节），严重消耗了后金的财力、物力和兵力，牵制了金兵的西进。汗、贝勒不得不留下部分军队，驻戍要害城堡。后方不稳，必然影响出征，给军事行动带来很多限制。首先，他们被迫力求必胜，因为万一失利，辖区汉民一定会乘机而起，砍杀守兵，内外夹击，切断金兵的退路，那时不仅在辽沈地区立足不稳，就连建州老营也回不去了。其次是汗、贝勒不得

①《明史》卷259，《熊廷弼传》。

②《明熹宗实录》卷13。

③《明熹宗实录》卷9；王在晋：《三朝辽事实录》卷4。

不采取迅速决战，必须一攻即克，一打便胜，不能延误，不能长期对垒。否则，既在人力、财力、物力（粮饷、火器等）上比不过明朝，而且，后方辽民必然要与明军联系，待机起义。这种只能胜不能败，只能速胜不能僵持，孤注一掷没有后路的局面，甚为兵家所忌，往往导致失败。

就明朝来说，明廷确实下了最大的决心，花了极大的力气，可以说是竭尽全力来对抗后金的进攻。天启皇帝朱由校即位以后三个月内，就连发两次帑金，共200余万两，用于辽东军务，天启元年（1621年）三月、十月，又两次发银200万两。[①]一年之内，就从皇帝私库拨银400余万两，作为辽东兵费，其数量之大，空前未有，足见明帝抵御后金的决心。

因此，明廷竭力征调兵马，自天启元年三月二十一日辽阳失陷，四月初三即募兵于通州、天津、宣府、大同，十三日又募兵于陕西、河南、山西、浙江，又起用熊廷弼为兵部尚书兼右副都御史，经略辽东，擢参议王化贞为辽东巡抚，四处抽调招募兵丁，到七月末，除河西额设旧兵及留守山海官兵外，广宁有援辽出关官兵39000余人，召集残兵29000余名，招募乡兵16000余，共84800余人，出关军马26000余匹，工部解过紫花布铁甲3万副、选锋梅花甲3400副、帽儿盔6万顶，以及大批刀斧弓箭钢铁和枪炮。[②]九月底，广宁旧兵及新募征调，已达14万余人，有马5万余匹，工部解过紫花等甲84000副、纸甲3000副、盔8万顶、刀枪斧等兵器78600余，"弓矢铳炮火药称是"，海运米豆百余万石，熊廷弼还亲统精兵5000、战马6000匹出关。[③]明军火器很多，仅由京解运出关的灭虏、虎蹲炮就有510门，运至广宁的硝磺火药有21万余斤，还有22万余斤留驻永平。[④]到交战前夕的十二月，援辽官兵出关总数已达20万。[⑤]其中，广宁有兵13万，熊廷弼领兵1万，驻右屯卫。

就兵数而言，明军超过后金兵，以武器而论，明方火器众多，又是以守待攻，因此这次大战，应是不相上下难分胜负的。但是，明军存在着致命的弱点。明朝政府已十分腐朽，承担不了抵御后金的重任，兵再多，将再广，武器再好，也挽救不了它必然失败的命运。这集中地反映

---

① 《明熹宗实录》卷10、15；王在晋：《三朝辽事实录》卷5、6。

② 《明熹宗实录》卷12。

③ 《明熹宗实录》卷12、14、15；王在晋：《三朝辽事实录》卷6。

④ 王在晋：《三朝辽事实录》卷6。

⑤ 《明熹宗实录》卷16。

在所谓的"经抚不合"的问题上。

"经抚不合"，是当时明廷朝野中十分流行的一个专用名词，指的是辽东经略熊廷弼与辽东巡抚王化贞二人意见相左，势如仇敌。熊廷弼为经略，应当总理辽东军务，应是主管辽东军事、政治、经济等方面的最高官员。王化贞是辽东巡抚，理应为熊属员，听其指挥，但实际上却完全是另一回事。明廷（主要是阁臣和兵部尚书张鹤鸣）对王化贞言听计从，宠信备至，授予军事指挥大权，对熊廷弼则多方遏制，屡出难题，驳其立议，而且纵容科道对彼纠参。王化贞独镇广宁，拥兵13万，而号称经略的最高长官熊廷弼，只有官兵1万，对军事行动没有决策权，进止悉由王化贞独专，熊廷弼则困坐山海关，"徒拥经略虚号而已"。交战前夕，帝命群臣集议战守大计，除太仆寺少卿何乔远、御史夏之令、给事中赵时用的主张与熊廷弼相同以外，"余多右化贞"，兵部尚书张鹤鸣更力主专用王化贞，撤掉熊廷弼。①

为什么会出现这种局面？是明帝认为熊廷弼无才干或一直不信任他吗？不是。天启元年三月十三日沈阳失守，十九日报至京师，朝野震动，帝即传谕内阁，速上应急长策。二十日，大学士刘一燝立上奏疏，极言："熊廷弼守辽一年，奴酋未得大志，不知何故，首倡驱除，及下九卿科道会议，又皆畏避，不敢异同，而廷弼竟去，今遂有沈阳之事。"又说："昨辽东按臣张铨遗书长安，谓今日急着，非旧经略熊廷弼不能办此事。"②二十五日，帝命起用旧经略熊廷弼为兵部右侍郎，"马上差人守催"，令其即来任职。二十六日辽阳失陷消息至京，"京师戒严"，诏令廷臣集议，均无良策。二十九日，帝特遣专使捧敕，往谕熊廷弼来京任职，其敕说：

"朕唯尔经略辽东一载，威慑夷虏，力保危城，后以播煽流言，科道官风闻纠论，敕下部议，大臣又不为朕剖分，听令回籍，朕寻悔之。今勘奏具明，已有旨起用，适辽阳失陷，堕尔前功，思尔在事，岂容奴贼猖獗至此。尔当念皇祖环召之恩，今朕冲年，遭兹外患，勉为朕一出筹划安攘，其即日叱驭前来，庶见君臣始终大义，特命该部赍敕召谕，

---

① 《明史》卷259，《熊廷弼传》。

② 《明熹宗实录》卷8。

如敕奉行。"①

此敕高度赞扬了熊廷弼"威慑夷虏"保全危辽的卓越才干和特殊功勋，谴责了言官和兵部乱发议论排挤能臣的过失，责备了自己误听闲言的错误，恳请熊廷弼出山，为君分忧。这最有力地表明了天启皇帝和内阁大学士知道熊廷弼是保全危辽的能臣，既有才干，又树立了功勋，因而重新起用，特予恩宠。

四月初二，帝又谕部院说："……熊廷弼守辽一载，未有大失，换过袁应泰，一败涂地，当时倡议何人，扶同何官，将祖宗百战封疆，袖手送贼，若不严核痛稽，何以惩前警后。"②随即将弹劾熊廷弼的御史冯三元、张修德、给事中魏应嘉、郭巩、阅视辽东的给事中姚宗文等，分别论处。

五月熊廷弼入朝，六月初一上抗金保辽的三方布置策，主守广宁，出舟师入辽南。初六日，明帝升熊廷弼为兵部尚书兼都察院右副都御史，驻扎山海关，经略辽东等处军务。在此之前，辽东先后用了三个经略，即杨镐、熊廷弼、袁应泰，杨是兵部左侍郎兼右佥都御史，熊、袁都是兵部右侍郎兼右佥都御史，左、右侍郎是正三品，左、右佥都御史是正五品，而此次熊廷弼升为兵部尚书，官品是正二品，兼右副都御史，官品为四品，皆比过去的经略官品更高、职衔更崇。七月初三，以熊廷弼将离京赴任，帝从阁臣请，以经略尚书奉命专征，"宜重事权""隆礼数"，除专敕外，加赐敕书一道、尚方剑一把，将士"不用命者"，副总兵以下，先斩后奏，又特赐大红麒麟服、彩帛四。按明制，武官一品二品的官服，是绣的狮子，公、侯才能衣麒麟，这也表明熊廷弼是蒙受殊宠的。明帝又赐宴熊廷弼于都城外，命五军都督府及六部、戎政、都察院、翰林院等部院堂上掌印官陪饯。③《明史》评述此事说，此乃"异数也"，④即熊廷弼受到明帝的特别宠遇和优待。

就是过去好吹毛求疵的科道言官，在辽阳、沈阳失守后，也一致谏

①《明熹宗实录》卷8。

②《明熹宗实录》卷9。

③《明熹宗实录》卷12。

④《明史》卷259，《熊廷弼传》。

言立即起用熊廷弼，催其迅速赴任，以救危辽，"外无他策"。①天启帝因观看文书，"见科道条议，请敕马上差人催取熊廷弼等来京"，而内阁拟进的谕礼，没有"写敕之议"，命阁臣重拟。阁臣遵旨回奏说："张鹤鸣（拟升为兵部尚书）、熊廷弼，朝议称其才可济变，急需前来，即欲委以兵革之事，推毂加隆，原不为过。"②

以上事实，充分表明了熊廷弼曾经受到朝野一致的推崇，明帝把保住河西、抵御后金的重任，寄托在他的身上，给予了他特殊的优遇。

那么，为什么明廷后来重用王化贞、冷落熊廷弼呢？明臣和清修《明史》的史官，大都是从门户之见以及熊廷弼好胜负气，得罪了言官和兵部尚书张鹤鸣来解释，近人亦多持此议。总观辽东战守全局，看来此论虽不无道理，可是并不完全符合历史的实际，没有抓住关键问题。熊廷弼的失宠和受排挤，王化贞的得势及其独专辽东兵权，其根本原因是二人的主张互不相同，而王化贞的意见符合了明廷的愿望。

王化贞，万历四十一年（1613年）进士，由户部主事历右参议，任宁前道，分守广宁。辽沈战起，蒙古炒花诸部长"乘机窥塞下"，化贞极力"抚之""皆不敢动"。泰昌元年（1620年）十一月，兵科给事中朱童蒙奉旨往辽，会勘经略熊廷弼功过。天启元年（1621年）三月初二日，以勘辽完毕，回京上奏辽东情形时，极言化贞得蒙古心，"勿轻改调，以堕抚局"。③

三月二十一日辽阳失，"远近震惊"，"河西军民尽奔，自塔山至闾阳驿，烟火断绝"。④闾阳驿在广宁西南，塔山又在闾阳驿之西，这二百多里地区居民都因畏惧金兵侵袭而逃走一空。在这两处东北的广宁，离辽阳更近，威胁更大，更危险，军民更怕，早已是畏敌"俱窜"了。⑤此时广宁仅系孤城，止存老弱残卒一千，甲仗皆无，火器缺乏，时人皆谓广宁必失，"河西必不能保"。而王化贞却招集散亡，得万余人，"提弱卒，守孤城，气不慑"，把广宁守住了，把河西十一卫保全了，立下大功。因此，其得朝野称赞，"时望赫然"，明廷认为王化贞有胆识，才干超群，倚以为重。四月初三，湖广道监察御史方震儒奏称："宁前道王化贞甚得西虏之心，宜加佥都御史职衔，令其便宜从事，与

①②《明熹宗实录》卷8。

③④《明熹宗实录》卷8；《明史》卷259，《熊廷弼传》。

⑤《明熹宗实录》卷9。

薛国用同守河西"。①初五日，谕升辽东巡抚薛国用为经略，升宁前道右参议王化贞为都察院右佥都御史，巡抚广宁（即辽东巡抚）。

王化贞以辽东军民猛烈反抗后金，思与明朝联系，遣都司毛文龙率兵220余人，由海进取镇江（今辽宁丹东县）。毛至朝鲜弥串堡，侦悉后金游击佟养真发兵外掠，城中空虚，与右卫生员王一宁议，遣千总陈忠夜渡鸭绿江，与镇江原中军陈良策密商，于七月二十日突然进攻，陈良策从中内应，生擒佟养真及其子佟丰年等"贼党"60余人，"民皆大悦，羊酒迎劳者几万人，数百里之内，望风来降者络绎不绝"。汤站堡、险山堡兵民闻风起义，捕捉后金守将，交与文龙，后皆押送北京，斩首示众。辽南四卫群情振奋，"南卫震动"。八月初，捷音至京，"举朝大喜"。②

大学士刘一燝等立即上奏说："屡败之余，有此奇捷，皆系国家德泽深厚，人心原不忍背"，应立即调兵往援，帝从其议。③

总理户、兵、工三部军需的左侍郎王在晋，紧接着就此事上奏说：

> "迩闻辽东抚臣王化贞，密委都司毛文龙，收复镇江，擒缚叛贼，四卫震动，人心响应。报闻之日，缙绅庆于朝，庶民庆于野。自清、抚失陷以来，费千百万金钱，萃十数万兵力，不能擒其一贼，此一捷也，真为空谷之音，闻之而喜可知也。"请立即发兵往援。④

天启皇帝亦对此战给予了极高评价，于八月初七、初八，两次降谕兵部说："朕览文书，见辽东巡抚王化贞本内称，毛文龙收复镇江……克著奇捷，朕心忻慰，有功人员，着即与查明优叙。"接着又谕兵部说："镇江奇捷，辽左恢复有机。"三道谕旨，皆命兵部传令经略、巡抚及有关官将，立即发兵发银运粮运甲仗兵器，前往接应毛文龙。⑤

毛文龙于八月初七升副总兵，随即晋总兵官，后累加至左都督，挂将军印，赐尚方剑。

---

①《明熹宗实录》卷9。

②《明熹宗实录》卷13；《满文老档·太祖》卷24；《明史》卷259；《熊廷弼传》。《袁崇焕传》；王在晋：《三朝辽事实录》卷5。

③《明熹宗实录》卷13。

④⑤王在晋：《三朝辽事实录》卷5。

　　镇江之捷，为王化贞增添了莫大光辉，朝野一致认为，他建立了又一特大功勋，是保全危辽抵御后金的卓越人才。王化贞有了守广宁、取镇江的这两大功勋，固然为他独专兵权总管广宁军务，创造了有利的条件，但仅此还不能实现排挤掉熊廷弼这一目的。因为，举朝公认熊、王皆是有功之人，皆是有为之士。熊立功于前，扭转了萨尔浒之战开原、铁岭失守以后的危局，保全了辽阳、沈阳及辽河以东辽阔领地；王立功于后，坚守广宁孤城，保住了河西十一卫。论功勋，彼此不相上下，皆系树立特大功勋的功臣。论才干，论胆略，二人亦难分高低，都曾经是藐视强敌、敢挑重任、力挽狂澜，为他人所不敢为的勇士，都曾显示了卓越的个人才干。正因为这样，熊廷弼从一个放归林下的闲员，初以原官兵部右侍郎起用，继即超升兵部尚书兼右副都御史，经略辽东，蒙受殊遇；而王化贞由从四品的左参议、宁前道，擢任辽东巡抚，在辽、沈失守以后的三四个月内，明廷对二人是同样优遇的。后来之所以发生了重王轻熊、专任王化贞的重大变化，主要在于二人用兵的方略互不相同，王的主张适应了明廷的需要，符合了明廷的愿望，因而赢得了明廷的信任。

　　其实，被明廷夸奖的王化贞，并没有什么才干，他之所以能够立功，纯出于偶然，得之于侥幸。广宁之能存在，并非王化贞力御强敌的结果，而是努尔哈赤按兵不动，没有立即西征，广宁才未失守。毛文龙的镇江之捷，亦出于金兵不备，而且努尔哈赤立即派四贝勒皇太极、二贝勒阿敏领兵前往，平定了镇江的起义，对南四卫进行了血腥屠杀，迫使毛文龙逃往朝鲜。①王化贞既不谙兵法，又刚愎自用，轻敌自傲，且不问军务，"一切士马、甲仗、糗粮、营垒，俱置不问"，只知胡写乱说，"务为大言罔中朝"，骗取朝廷信任。

　　王化贞主战，主速战，极言可以不用多少兵马钱粮，就可迅速获胜，收复辽河以东十四卫。他为用以制敌之策所列举的论据主要有三项。

　　一为用西房，以西房制东夷，即用蒙古打后金。早在天启元年三月辽沈失陷前夕，身任辽东宁前道的王化贞就上奏说："奴氛益恶，辽势将墟，亟救燃眉，唯有用房一着。……请发帑金百万"，宣谕蒙古诸部，有能讨金者，赐金银，有能灭金者，"有其地，仍比顺义王例，岁赏若干"。如此，则蒙古各部"未有不争赴者""奴不敢复深入

---

① 《满文老档·太祖》卷24；《明熹宗实录》卷14；王在晋：《三朝辽事实录》卷6。

矣"。^①五月二十四日，兵部从巡抚王化贞之请，发银一百万两于广宁，以抚赏蒙古招其抗金。^②九月，王化贞又上揭兵部说："虎墩兔汗调兵四十万，助攻奴酋，先遣夷使伯言顾哈等报知，随后齐到。"请发帑金三十万，作赏功之用。^③这个虎墩兔汗，就是蒙古察哈尔部的林丹汗。王化贞用的以西房制东夷的主张，是明万历后期的一贯方针。其根据有三，一是蒙古、女真一向不和，建州兴起，蒙古不服，欲图诛剿，压其威势。二是蒙古善于骑射，兵力强大，素为明朝所畏，用以抗金，可收奇效。三是蒙古各部贪明市赏，断市停赏，蒙古不堪其苦，重金抚赏，蒙古将恋财而为明用。万历末年以后局势，确实如此。一些蒙古部落与明联合，共抗后金，尤其是察哈尔部林丹汗，更是一贯与努尔哈赤为敌，蔑视新兴的建州。

天命四年（1619年）十月，林丹汗遣使入建州，致书努尔哈赤说：

"四十万蒙古国之主巴图鲁青吉思汗谕：致问水滨三万诸申之主恭敬英明汗平安无恙否？明国与我二国昔为仇敌。吾闻自午年至未年，明国为尔骚扰。今此未年之夏，吾曾亲至广宁，降服其城，收取贡赋。今尔出兵广宁，吾将威制于尔。吾二人素未开战，若吾所服之国为尔所取，则吾名安在？如若不听我此言，则吾二人之是非，天将鉴之！先前我等互相遣使往来，后以尔使捏告吾太骄傲，因而断交。如以吾言为是，尔可遣使前来。"^④

此信用词之粗野，口气之狂妄，对建州的轻视和威胁，达到了无以复加的程度，从而激怒了后金八旗贝勒、大臣，半主杀其使者，半主割使臣耳鼻。努尔哈赤决定，"对彼之恶言，我等也以恶言相报"，遂回书林丹汗，痛讥其伪称四十万蒙古之主，实则仅系拥众三万之小部头人，讽其不敢用兵于明国（甚至曾被明所败）一心想讨要赏银，以致为明所骗。^⑤可见，金蒙相恶，明是可以拉蒙抗金的。

---

① 《明熹宗实录》卷8。

② 《明熹宗实录》卷10。

③ 《明熹宗实录》卷14。

④ 《满文老档·太祖》卷13。

⑤ 《满文老档·太祖》卷14。

　　二为用降臣，依靠李永芳等降将的反正，里应外合，击败金兵，收复失地。王化贞认为，李永芳等降将，久怀内附之心，连续遣人入金，劝诱归顺，李永芳亦佯为允诺，伪愿内应，王信以为真，寄予厚望。

　　三为倚辽民，等待河东十四卫辽民武装起义，迎接官兵，灭掉建州。王化贞一直认为，河东辽民痛恨后金，明兵一渡河，"河东人必内应"，可以作为明兵抗金御敌的重要支柱。他曾上疏详述辽民情况说：后金搜掠民间米粟牛羊，将堆积如山的财货，尽运旧寨，大杀辽民，辽民恨之入骨，等待官员往征。"河东之人引领以望，以日为岁，吾使人所至，望屋而室，贼至则匿之，去则导之，及河则泣送之。豪杰聚众，俟吾兵至，则共执伪将以降，虽多有事漏被杀，不悔也"。①

　　因此，王化贞轻视大敌，"好谩语""欲以不战取全胜"，甚至直到十二月广宁势危，官民思逃的时候，王还在上疏明帝，狂妄宣言："愿请兵六万，一举荡平。臣不敢贪天功，但厚赍从征将士，辽民赐复十年，海内得免加派，臣愿足矣。即有不称，亦必杀伤相当，敌不复振，保不为河西忧。"②

　　熊廷弼则与王化贞相反，力主固守，主持久战，强调征集大军，广储粮饷，备足器械。六月初一，熊廷弼上恢复辽左的"三方布置"策，初六就任辽东经略，十七日即奏请抽选各镇各省精兵20余万，催促到山海关，兵必精，饷必足，弓矢器械硝磺布匹必备，如有差错，兵、户、工部当负全责，帝从其请。寻即议准，调兵30万，年需兵饷1000余万两。③熊廷弼坚决反对王化贞的错误主张，力言蒙古不可恃，李永芳不可信，"广宁多间谍可虞"，不能浪战，玩师必败，必须以守为主。④论兵法，观战局，熊廷弼的方针是对的，史称熊廷弼与王化贞，"无一事不一力争，无一言不奇中"。⑤

　　但是当时，明帝和文武大臣，以及显要太监，多以王化贞之言为是，多主进攻，多主速胜。形成这种"群议皆是化贞"的局面，主要有以下三个因素。

　　第一，精神上的压力太大。区区建州，弹丸之地，竟敢反叛朝廷，兴兵作乱，与幅员百万里、臣民上亿的大明对抗。200多年来后金先祖世

---

　　①《明熹宗实录》卷10、13。

　　②④⑤《明史》卷259，《熊廷弼传》。

　　③《明熹宗实录》卷11、13。

为明仆，本身又受明政府封赐，为明帝"阿哈"的建州"夷酋"努尔哈赤，居然忘掉殊恩，背弃臣节，黄衣称朕，指责朝廷，与君临四海的天朝皇帝分庭抗礼，甚至屡败官军，连克重镇，逼得至高无上、威严无比的明帝，下诏罪己，真是奇耻大辱，令人羞惭万状。不报此仇，不雪此恨，天启帝难慰皇祖亡灵，阁臣、九卿愧对君民，一向健谈好议的科道官，也是妙笔难收，巧口难言。要雪"国耻"，要出兵，要速胜，成为明朝君臣的共同愿望。王化贞的主战以求速胜方针，正迎合了这种愿望，当然会得到明廷的信任。

第二，辽东之失，威胁明都。辽东邻近蒙古、女真，内接关内州县，是京师的藩篱，如若失陷，对都城影响甚大。因此辽阳一失。"朝野大惊""人心震动""京官皆思借差避兵""京师士民亦多逃避"，都城立即戒严。①

第三，战事持久，费用浩繁，民心思乱，江山难保。这是决定熊廷弼失势、王化贞得宠的最主要因素。从万历四十六年（1618年）四月抚顺失守，中经萨尔浒交锋和辽沈之战，迄至天启元年（1621年）十二月，三年多的时间，全国都为"东事"担忧，都受到"东事"的损害。明朝征兵各地，赶运粮草，打造器械，凑办军马，收取赋银，将士伤亡，城池失陷，辽民流移，闹得全国鸡犬不宁，人力、财力、兵力俱损。天启元年（1621年）八月，总理户、兵、工三部的兵部左侍郎王在晋，上疏奏述辽事影响之大及其危及全国各个方面的情形，对此作了总结性的概括，现摘录如下：

王在晋题："我国家幅员万里，生灵赫濯，祗缘逆酋为难，致开、铁、辽、沈、南卫相继陆沉，二百年来生养，横罹茶毒，衣冠化为辫发，名城遽尔丘墟，殚天下之财力，不能力制狂酋之死命，目前五空八竭之状，有匪一言可悉者。盖自金钱尽输于塞外，上颁转散于行间，决如瓮泉，去如流水，而帑藏空。赋税既溢额以加编，旱潦又相仍而不已，烟寒环堵，月照逃亡，而田野空。少壮尽名以应募，丁夫僝力以从戎，比屋靡宁，穷乡滋扰，而闾阎空。强者毕命于戈矛，弱者惊魂于风鹤，抱头鼠窜，暴骨如林，而行伍空。青闺有劳人之梦，黄沙有夜泣之

①《明熹宗实录》卷8、10、17；王在晋：《三朝辽事实录》4；《明史》卷259，《熊廷弼传》。

鬼，妇子凄其，薰砧寂寞，而家室空。三路北，而正偏裨将领死者三百一十余员，迨辽沈沦亡，不知凡几，而将才竭矣。抚顺开铁破，而姓名登鬼录者五万六千五十余人，又杀戮人民不可胜算，而生命竭矣。宽奠败而马骡驼死者二万八千六百余匹只，又东运买牛倒死数万，而牲畜竭矣。飞挽飘寒于渤澥，转输汗漫于沧溟，括同珠玉，委若泥沙，而刍粮竭矣。雇募则索艅艎于海滨，打造则傋材木于江皋，飓汛时侵，水滨莫问，而舟航竭矣。火药利器，极万输边，火铳神枪，累千藉冠，我失其御，彼得其资，而器械竭矣。芜湖之铜商不至，武库之建铁已穷，炉冶空悬，采办莫继，而五金竭矣。熬骨之诛求未已，剜肉之偿补堪怜，渔泽无遗，焚林几尽，而民间之膏血竭矣。似此五空八竭之形，海内可胜愈顿乎？”①

王在晋的奏疏，对“东事”影响之严重及明廷的危机，讲得很全面，简洁清楚。现对其中所提兵器、军饷二项，引录具体数字，作一补充。

天启二年（1622年）三月十四日，工部开列自万历四十六年（1608年）到天启元年（1621年），三年零八个月中，发过援辽军需火器数目，向帝奏报，计有：天威大将军10位（一位重一两千斤，每发一炮，可击毙敌兵数百人），神武二将军10位，轰雷三将军320位，飞电四将军384位，捷胜五将军400位，灭虏炮、虎蹲炮、旋风炮、神炮、威远炮、涌珠炮、连珠炮、翼虎炮共9960位，铁铳540位，鸟铳6425门，五龙枪、夹靶枪、双头枪、铁鞭枪、钩枪、快枪、长枪、三四眼枪、旗枪共34052杆，大小佛郎机4090架，硝磺1683158个，盔36万顶，甲275589副，刀124761把，弓42800张，箭2464000支，黑铅60万斤，真钢4万斤，建铁、西铁、不堪炮甲代铁共981250斤，以及大批皮张、棉花、袄裤等物。②这还不包括辽东经略、巡抚在本地备办的火器甲仗。

从万历四十六年闰四月起，至泰昌元年（1620年）九月止，户部共发过辽东薪饷10515723两。③

泰昌元年十月初一至十七日，17天内，户部又发过辽东新饷

①王在晋：《三朝辽事实录》卷5。

②《明熹宗实录》卷20。

③《明熹宗实录》卷1。

9416837两。[1]到天启元年十二月，又是一年多的时间，又将发放上千万两。这还不包括天启皇帝一年内从私库拨出的帑银400余万两。户部每年太仓岁入银才400余万两，加上"辽饷"加派520万两，也不到1000万两，而熊廷弼要调兵30万，年需兵饷1200万两，从何而出？明臣多因饷费兵冗苦累全国而担心，纷上奏疏。御史徐景濂奏称："如兵必满三十万，饷必盈千余万，而后大举，几阅春秋，恐点铁无术，饥寒溃敌，更可寒心。"[2]刑科右给事中孙杰疏言："且往年兵议十八万，恐竭中国财力不足供也。"[3]

庞大的军费，怎样筹办？天启元年九月，署户部事左侍郎臧尔劝，奏上理财疏，提出十项建议，主要是从皇帝、王公贵族及军民身上打主意，要将年供内库的金花银100万余两，拿出一半，解充辽饷，要叫岁禄8000石以上的亲王、岁禄6000石以上的郡王，将其超过的禄米捐助辽饷，要增加崇文门、北新关等所收锐银等。[4]这直接损害了帝王的私人利益，天启帝当然不会采纳，结果致困境无法摆脱。

军饷浩繁，民力难支，广征兵士，亦祸害无穷。四川、贵州相继发生征兵激变之事。天启元年七月，科臣明世举奉檄起土司兵援辽，"诛索无厌"。四川永宁宣抚使奢崇明令土目带兵一万，诣重庆点阅，巡抚徐可求置之不理，谩言兵少，土兵伺候月余，"汹汹思乱"，而可求却滥施淫威，杖责头目，并欲"尽黥土兵之面，以别记验"，土兵忍无可忍，杀巡抚、道臣、知府、推官及总兵、参将150余员，奢崇明随即兴兵，踞重庆，围成都，"川东、川西、川南四十九州县望风瓦解"。[5]

十二月，内阁首辅叶向高，以熊经略主守，反对速战，力言必集兵30万才能进军，致书熊廷弼，十分忧虑地说："承教，辽事未可战，自是确论。然须当讲求三十万兵，势必不能集，海内坐此，骚动已极，若征调不止，其祸变恐不但蜀中，即使保得广宁，复得辽阳，而天下事亦已去矣。"[6]果然，天启二年（1622年）二月，水西土同知安邦彦起事于贵州（延续了17年）；五月，白莲教徐鸿儒举义旗于山东。各地兵变频

①《明熹宗实录》卷5。

②④《明熹宗实录》卷14。

③《明熹宗实录》卷16。

⑤ 王在晋：《三朝辽事实录》卷6；《明史》卷312，《四川土司》。

⑥ 王在晋：《三朝辽事实录》卷6。

仍，不久，又爆发了李自成、张献忠领导的明末农民大起义，明廷即将崩溃衰亡，叶向高担心的事终于发生了。

正是由于以上原因，确有真才实学、熟知敌情、善于用兵的辽东经略熊廷弼，所上主守的正确方针，得不到朝廷的赞同，反因直言得罪了言官及兵部尚书张鹤鸣，失宠于明廷，遂被排挤，缺兵少将，一筹莫展；而夸夸其谈、巧言诡辩、腹中空空、不知用兵为何物的王化贞，却以速战速胜论，骗取了明廷的信任，独掌辽东军务大权，终于导致广宁失守。这场"经抚不和"之争，以及王化贞的得势、熊廷弼的闲置，最集中、最有力地表明了，明王朝确是腐朽万分，不能挽救辽东危局，无法抵挡金兵的进攻了。

（三）轻取广宁

天命七年（明天启二年，1622年）正月十八日，努尔哈赤亲统八旗劲旅西征广宁，二十日围西平，二十一日取西平，大败明军于平阳桥，二十四日入广宁，明金第三次大战又以明朝惨败而结束。

明清官员、史臣，以及近人论著，多认为此次明国的失败，是由于"经抚不和"。此说虽然不无道理，但并未抓住实质问题，没有找出关键的因素。经、抚不合，熊、王二人及其同僚好友，花费了大量精力和时间，彼此舌战笔战，争输赢、定是非、比高低，互相攻击，固然对用兵有些影响，但并不能发生决定性的作用。总观当时战局，熊廷弼已失去主管辽东的大权，一切以王化贞之意为进止。王化贞掌握了用兵之权，甚至在广宁失守前夕，明廷已决定升王化贞为经略，让他名正言顺地独主辽东。因此，广宁之战，经略熊廷弼已不能过问军事，纯由巡抚王化贞主管，实际上是王化贞与努尔哈赤交战，是对王化贞的战略战术及其指挥才能的严峻考验。战争的结果证明，这个自命不凡的王化贞，虽被明廷吹捧为不畏强敌的大丈夫、独守孤城保全河西的大豪杰、力挽狂澜誓死报国的大忠臣，原来却是一个不懂兵法的门外汉、大言不惭哗众取宠的骗子、游手好闲不理军务的懒人，并且还是一个胆小如鼠、见敌即溃的逃将。他错误的用兵方针和拙劣的领导才能，正是直接造成明军惨败的根本因素。

辽东巡按、监军御史方震孺，在战后上奏说，明兵之败，是因撤广宁、镇武之兵，调往西平，与金兵交战，使得广宁空虚，人心汹汹，河西失守。①此说亦难成立。王化贞本来一直主张进击，不重防守，但几次出兵浪战，皆未成功。大战之前，军情严重，才不得不请熊廷弼商议战守大计。天启元年十一月十一日，熊、王及一镇三道会议于西平，王束手无策，只好向熊廷弼求教说："前实不曾依奉公行，今只当辽阳初失，唯公指教矣。"熊廷弼着实教训了他一番，批评王不讲实效，只知浪战，最后又声色俱厉地对王说："劝公内防而外谢之，一味密密厉兵秣马，储粮治械，干我正经事体，自隐然有不可犯势，辽东尚可为也。"王化贞惟惟答应，"各道镇亦首肯，不敢对"。熊廷弼遂收集各屯涣散人马，议定以重兵内护广宁，外扼镇武、闾阳。王化贞驻广宁，命辽东总兵官刘渠统2万兵守镇武，援辽总兵官祁秉忠领兵1万守闾阳，令副总兵罗一贵率3000人马守西平。熊廷弼又下令，严禁临阵脱逃，规定："贼来，越过镇武一步者，镇、道、将诛无赦。贼至广宁，镇武、闾阳不夹攻，掠右屯饷道，而三处不救护者，俱如此。"各处俱"缮隍坚垒"，勿浪战，"急则互相援，违者必诛"。②

镇武堡，在广宁东南90里，西平堡又在镇武堡东南，为辽河防线的要塞，右屯卫全名为广宁右屯卫，在广宁之南，偏东邻海，距广宁120里。熊廷弼这样的布置，既注意发挥明兵凭城发射火器的长处，避免中敌圈套出城野战短于骑射的劣势，又针对官兵怯战好逃的恶劣传统，下死命令，严禁溃逃，有事互相应援，这种安排是正确的。

此次交战，八旗军队确数虽难查明，但可以肯定，数目不会太大。10个月以前，八旗一共才230～240个牛录，按1牛录300丁计，约7万丁，进入辽沈以后，没有什么增加。新编了一批汉兵，人数不多，装备不良，而且很不可靠。兼之辽民激烈反抗，必须留下相当多的军队，驻戍各地。照此算来，努尔哈赤统领的军队，只有几万人。辽东巡按方震儒根据参将周守廉的塘报上奏说，攻西平的"奴兵五万，又益以新练辽兵四五万"。③金兵五万之数，比较可信，至于"新练辽兵四五万"显然是过分夸张。

---

① 王在晋：《三朝辽事实录》卷8。

②《明熹宗实录》卷17；王在晋：《三朝辽事实录》卷6；《明史》卷259，《熊廷弼传》；卷271，《罗一贯传》。

③ 王在晋：《三朝辽事实录》卷7。

明军人数，超过了金兵。经略熊廷弼有兵1万，驻右屯。巡抚王化贞统兵13万，除去西平、镇武、闾阳三处兵3万余外，大都集聚于广宁。无论在军队数量还是武器装备上，明军都居于优势。

明军士气固然不振（详见后），但猛将勇士并不乏其人。甘州卫人罗一贵，以参将守西平堡，辽阳失，西平位列前线，"地最冲"，一贵"悉力捍御"；游击刘征，亦勇猛善战。辽东监军方震儒对二将特别称赞，上奏荐举二人驻守要地镇武说："窃见诸将中，胆勇绝人者，无如游击刘征、参将罗一贵，若加以副将职衔，使各统兵万五千人，为死守计，撑持得住，明年便以大将与之，二将必有可观者。"①王化贞亦赞同对罗一贵等"破格加升，以鼓其气"。②

可惜明虽升罗、刘二将为副总兵，但仅令罗领兵3000守西平，③并未授予重兵令二将统率，驻守镇武，实乃大材小用，影响了战局。当努尔哈赤于天命七年（明天启二年，1622年）正月二十日进围西平时，参将黑云鹤坚主出城交战，罗一贵劝阻不从，黑云鹤出战败没，金兵五六万大举攻城，罗一贵激励军民，"凭城固拒""用炮击伤者无算""打死奴兵无数，贼尸几与城平"。李永芳奉汗之命，使人持旗大声劝降说："知道守城罗将是好汉，速降，同享富贵。"罗一贵大骂李永芳说："朝廷何负逆贼！"并使人也持旗招金兵降说："贼速降，免贼死。"金兵猛攻，城内"矢石火药俱尽"，金兵用云梯登城，守兵仍在城上、城北拼死巷战，"杀伤贼众"。罗一贵被射中目，"不能战"，外援又不至，乃向北跪拜说："臣力竭矣。"自刎而死。④罗一贵仅只率兵3000，便能坚守孤城，"相持两昼夜"，击毙敌兵数千，前所未有。方震儒为此专奏说："西平之战，罗一贵有大功，杀贼数千，以身殉国，从来所未有。"⑤后罗一贵被追赠都督同知，世荫副千户。

如果总、副、参、游诸将，皆能如罗一贵这样的以身殉国，拼死血战，那么，尽管明军为救西平，从广宁、镇武、闾阳发兵往援，也不会一战即溃的。可惜的是，由于辽东巡抚王化贞的错误领导，严重影响了士气和民心，致使将士多无斗志，官民纷思逃窜。

---

①②《明熹宗实录》卷15。

③《明熹宗实录》卷16；《明史》卷271，《罗一贵传》。

④《明熹宗实录》卷18、19；王在晋：《三朝辽事实录》卷8；《明史》卷271，《罗一贵传》。

⑤《明熹宗实录》卷15。

想当年，开、铁失守，辽东大震，熊廷弼就任经略后，立即察边情，修城堡，备器械，集粮饷，调军马，数月之内，使辽阳、沈阳二城固若金汤，战将云集，大兵屯驻，眼见就要转危为安了。而现在，王化贞掌权之后，惟知罔言欺上，"一切士马、甲仗、糗粮、营垒、俱置不问"，广宁重镇未加固，镇武、西平要塞未扩建，海运米豆百余万石，青草一千数百万束，分置右屯卫和觉华岛等地，未运至广宁，使得城池不牢，粮饷不继，军纪不整，"各兵沿村乞食，弓刀卖尽"，战马倒毙。这种战不能战、守不能守的局面，在精神上使广宁军民受到严重打击，人心不定，将无固志，纷欲逃走。

天启元年十月，辽东监军御史方震儒叙述广宁情形说：

"河西兵将，见河冰不开，夷情紧急，人人备好马思逃，而又愁经臣把住关门不放，于是有差人看一片石者，有差人看觉华岛者，臣密察之，情状甚真，而监军道亦数为臣言之也。"①

方震儒又接着说：

"广宁城中，富家大户尽数西奔，提督王威又中风不起，一切兵马漫无头绪，且各兵沿村乞食，弓刀卖尽，臣虽有挑兵之谕，而至今未挑，以兵马逐村就食不便挑也。抚臣心慵意懒，三监军皆杜门，河西安得不危。"②

总理户、兵、工三部军需的兵部侍郎王在晋，亦上奏说："今河西兵十余万，全无固志，一望虏兵，即思逃遁。"③

督运军器至辽的工部主事张廷玉，"亦以出关所见人无斗志，纷纷思逃情形入告"。④

因此，由于王化贞的虚夸、浪战、轻敌、无能和懒散，带来了如此严重的恶果，影响了士气和民心。这才是造成广宁失守、明军惨败的根

---

①②《明熹宗实录》卷15。

③ 王在晋：《三朝辽事实录》卷6。

④《明熹宗实录》卷15。

本原因。

王化贞的昏庸笨拙，不分忠奸，任用非人，也是促使明军失败的重要因素。王化贞最信任孙得功，孙系辽人，王化贞招募辽民为兵，"出孙得功于狱，用为辽人帅""倚为心腹"，而孙却早有降意，以致最终败坏了战事。[①]

天启二年（1622年）正月二十日金兵攻西平，王化贞听信孙得功之计，发广宁军七八万，令孙统领，往会驻闾阳的援辽总兵祁秉忠，前援西平。熊廷弼亦檄令驻镇武的辽东总兵官刘渠，撤营赴援。三处兵合共有十万左右，比金兵还多，本来是可以决一死战的。但是，二十一日，双方交锋于平阳桥，刚一接触，孙得功即将所领兵士"开阵两分"，率先退走，"众遂大溃"，尽管刘渠、祁秉忠、刘征等奋勇冲杀，亦难挽危局，相继战死，明兵大败。二十二日，孙得功一还广宁，立即倡言金兵已近，即抵城下，城内虽有守兵16000余，但被孙得功等煽惑、恐胁，尽皆弃城而逃，"城中大乱"。孙得功、黄进（守备）等，封府库、火药库，备龙亭，欲生擒巡抚降金立功。在这兵民逃散、叛贼猖獗，危在旦夕之时，一向自命为精明练达、有经国纬世之才的辽东大帅王化贞，却如在梦中，一无所知，静坐卧室，观书自娱。如不是参将江朝栋闯入府内，挟王急逃，就将成为后金俘虏，斩首教场了。

孙得功、黄进等，把守广宁城门，遣七人请降，努尔哈赤在西平堡分赏官兵、二十三日离西平，二十四日至广宁，孙得功等率士民于城东三里外望城岗，抬龙亭，设鼓乐，执旗张盖，叩见"太祖"。迎入城中，驻巡抚衙门。平阳、西兴、锦州、大凌河、右屯卫、松山、杏山等40余城官兵俱降。二月十七日，努尔哈赤命诸贝勒统兵守广宁，将锦州、义州等处官民迁于河东，回归辽阳。

四、"豢养尼堪"

（一）"豢养尼堪"政策的提出

建州时期，谈不上有什么专门的汉民政策。因为，所有汉人，不是在双方交战过程中为八旗军斩杀，便是被俘为奴，沦落为包衣阿哈；既未被杀又不是包衣的汉人，实在太少，不需要制定专门的汉民政策。

---

① 王在晋：《三朝辽事实录》卷7。

天命三年（1618年）四月以"七大恨"誓师攻取抚顺以后，情况大变了，陆续有一些汉民官将归顺后金国，特别是天命六年（1621年）三月进入辽沈之后，有着数以百万计的辽民，既不能斩尽杀绝，又不可能全部编入八旗，成为"伊尔根"，就更需要制定专门对待汉民的政策。

在这个关系到后金国盛衰的要害问题上，努尔哈赤初期是比较明智的，制定了"豢养尼堪"的政策。"尼堪"，乃满文音译，意为汉人、明朝、蛮子。因为明朝君臣贱视女真等少数民族，以蛮子来贬称他们。女真、满族也就针锋相对，还称明朝、明人、汉人为蛮子。

从后金天命三年（1618年）三月以"七大恨"誓师起，到天命六年三月攻占沈阳、辽阳，天命七年（1622年）正月轻取广宁时，努尔哈赤宣布，要"豢养尼堪"，而不是将辽民全部斩杀，或全部逼为阿哈。

天命三年四月打下抚顺城时，努尔哈赤对待一千户降金汉民是相当宽厚的，不没收其财产，不分散其家眷，父子夫妇弟兄叔侄皆照样团聚，失散的尽量找回，重新欢聚一堂，逃走的奴仆，也要清查出来，还与原主。又赐予宰杀食用的牛一千头，每户给大母猪二头、犬四只、鹅五只、鸭五只、鸡十只，以及衣服、衾褥、粮食、桌盆缸桶碗碟刀斧针剪等家用物品，皆"充足给予"。而且还不改变他们的生活方式与行政制度，"仍依昔日尼堪国之旧制，委任大小官员，归彼等原有之主李永芳游击管辖"。[1]

这些举措对敦促、劝诱其他城堡的汉民归顺，是能够起些促进作用的。比如，天命三年五月进攻松山屯山寨时，派李永芳去劝降。李永芳对明兵说："如果投降，就不进攻，如若拒降，便要攻城了。"城中人回答："我们城内之兵，不是能攻善战之兵，战则死，降则生。可是，虽然我们能够免死获生，但我们的夫妻、妇女、兄弟，以及我们的家就完了。我们投降又有何益？"李永芳把抚顺降民受到优待的情形，一一说了，这个山寨的人听后，便都投降了。[2]

天命六年（1621年）三月进驻辽沈以后的一段时间，努尔哈赤大力推行"豢养尼堪"的政策。他曾一再谕告汉民说："我方以民少为恨。"滥施杀掠，可以抢到许多财宝，但很快就会用完，哪能像让汉民安心种地筑房经商行贾的利益这样长久。因此，汗要"恩养"尼堪，汉

①《满文老档·太祖》卷6。

②《满文老档·太祖》卷7。

民则要归降，作汗的顺民。①

《满文老档·太祖》卷20载称：天命六年四月初一日，"汗曰：攻辽东城时，我兵士亦多有死亡矣。如斯死战而得之辽东城人，竟待以不死，悉加豢养，使之安居如故。尔海州、复州、金州人，遭遇非若辽东，尔等勿惧，杀则一日，食则一时也。即加杀戮，而所得无几，顷刻即尽矣。若赦而养之，诸物悉出尔手，用之互市，更以佳物美果来献，则受益无穷矣。"

《满文老档·太祖》卷21又载：天命六年五月初五日，以镇江民拒不剃发，且杀遣去劝降的使臣，命抚顺李永芳副将率兵前往，以书招降镇江民说："攻取辽东城时，杀戮明军二十万，我军岂有不死耶！如此血战所得之辽东城民，却待之不死，悉加豢养。岂以尔明官遣一二人杀我一人之故，而杀尔众民，弃尔土地及口粮耶？"炼银地方之人拒不剃发，"我亦因我属民减少，而深以为憾，遂将其余众，悉加豢养，皆令剃发，各归其家，各操田业"。

金国汗对尼堪的"豢养"，主要体现在以下四个方面。第一，实行"各守旧业"的政策。努尔哈赤一直以不动汉民田宅、各守旧业为"豢养"汉民的重要政策，并反复宣扬。天命六年五月初五日，他招劝镇江民投降说，不会因前些时镇江人民杀死遣往劝降的汉官，"而将此处之民俱皆杀戮"，若快降，便可"各守其宅，各耕其田"。②天命八年（1623年）四月十二日，努尔哈赤用《李驸马书》的形式，以李永芳的名义训谕盖州、复州等南部州县汉民不要叛逃时，又强调说："得辽东之后，各自之住宅耕田，原皆全然未动而居也。"③直到天命十年（1625年）十月初三下令大杀反金人员时，他仍着重指出："我等得辽东之后，不杀尔等，不变动住宅耕田，不侵犯家中各物而养之。"④

第二，计丁授田。努尔哈赤诋毁明朝弊制，宣扬金国德政时，经常使用的一个论据，就是计丁授田，即给辽东汉民分配土地。早在天命六年七月十四日颁行的"计丁授田"汗谕中，他就对汉民宣传说："昔尔等明国富人，多占田地，雇人耕种，食之不尽，将谷出卖。贫困之人，无有田谷，买而食之，钱财尽后，则行求乞。"现在金国要将田地，分

---

① 《满文老档·太祖》卷20、21。

② 《满文老档·太祖》卷21。

③ 《满文老档·太祖》卷37。

④ 《满文老档·太祖》卷66。

给无田乞丐，每丁三十六亩，三十亩种粮，六亩植棉。①天命七年（1622年）正月二十四日进取广宁后，努尔哈赤下谕劝诱河西汉民不要逃入关内，仍然留在原地，降顺金国。这时，他又讲到明朝政府不管辽民死活，不分田地，而金国汗将分授田宅，以此吸引汉民来归。他谕告汉民说："尔等山海关外之人，如若进入关内，尔等之皇帝，为天所谴，昏暗已极，不会安排给尔等食用之谷、居住之宅、耕种之田。……设若前往河东，英明汗将给予住之房、食之粮及耕种之田，善养国人。"②

第三，严军纪，绳国法，禁止欺凌汉民。天命六年三月二十一日下辽阳，二十七日，德格类贝勒和斋桑古贝勒率八旗各一大臣、一牛录各二甲，去查看辽河渡口的桥，"并安抚新尼堪"。到了海州，唯恐兵士"侵害城之尼堪"，下达禁令说："来往行走时，不许侵犯尼堪之所有之物"。有一两女真夺取汉民的东西，依令逮捕穿刺耳鼻。"因下禁令，一无侵害，来之兵士中，有的带来之米已吃完，就挨饿……"③努尔哈赤在天命六年里，一再下达汗谕，反复强调，不许女真官将士卒压迫汉民，勒索钱财，贱价抑买。七月十七日，他命令总兵官扬古利、纲古里说："用送给尔等之二百两银子，喊叫想卖牲畜之人来，两方当事人同意之后，可以买而食之。若不同意，不得强买。听说先去之人，类似抢夺、扔给银子，尼堪有怨言。"④九月初五，以颜珠瑚牛录的三人，抢夺汉民的猪，宰杀食用，判斩一人，判刑二人。⑤

十月二十五日，努尔哈赤又下达文书，谕令女真不得欺压尼堪。汗谕说：

> "我为政清明，皇天眷佑，将尼堪皇帝之河东之辽东地方给我。现今诸申、尼堪皆是汗之国人。我等之编户迁来之旧诸申，不要将尼堪认为系他国之人，夺取粮食、衣服、草、打过粮食剩下的草秸子，不要夺杀猪鸡。尔等如若犯了抢夺偷盗之罪……该杀者依法处死，该治罪者罪之。"⑥

①④《满文老档·太祖》卷24。

②《满文老档·太祖》卷34。

③《满文老档·太祖》卷20。

⑤《满文老档·太祖》卷26。

⑥《满文老档·太祖》卷27。

第四，重赏效劳顺民。五月二十七，努尔哈赤到鞍山查看汉民时，遇见盖州汉官遣人送来金太宗完颜晟天会三年（1125年）铸造的钟，十分高兴，立即下达督堂谕令说："此乃我等之昔日金国阿骨打祖之弟，本名吴乞曼皇帝，又称天会帝，于天会三年铸造的。"因献其祖先之钟上，该官升了职。而送钟来之人"应赏什么？"努尔哈赤让督堂考虑。过了十二天，这送钟来的庶人，被破格重赏，升为守备。[1]

六月初七，海州属下析木城的村民，制造了3510个绿碗、小瓶送来。努尔哈赤大喜，立即下谕说：

"以东珠、金、银之为宝者，果何足为宝耶？寒时可着乎？饿时可食乎？理国之贤人，知国人所不能知之物，巧匠制造人不能造之物，是乃真正之宝也。今析木城送来制造之绿细碗、瓦盆、酒瓶，于国大有益处。对此制造之工匠，抑赏以职耶，或赐以财帛，尔等督堂、总兵官、道尹、副将、游击等议之，作书回奏。"[2]

第二日，努尔哈赤又谕示督堂说：你们的建议是对的，应当对造碗送来之人重赏。于是，将制碗的人，由庶人升为守备，赐给银两。[3]

以上四个方面，就是努尔哈赤进入辽沈初期，施行的"豢养尼堪"政策的主要内容。

（二）迁丁隶民

努尔哈赤满以为通过上述"豢养尼堪"政策的实行，辽人定会感恩戴德，山呼万岁，争作顺民，奉养君汗。不料，这个愿望完全落空了，广大汉民不仅没有感谢所谓的"育养不杀之恩"，不按照汗的规定毕恭毕敬甘当马牛，反而怨声载道，怒气冲天，奋起斗争，叛逃不绝。原因很简单，"豢养尼堪"政策本身，就包含有严重的阶级压迫、民族歧视内容。而且，尽管有汗谕、有禁令，但并不能制止八旗女真将官对汉民的欺压和奴役，他们以"征服者""战胜者"的身份，在国中横冲直撞，胡作非为，掠夺财富，逼民为奴，鱼肉辽民。何况，进入辽沈以

①《满文老档·太祖》卷22、23。
②③《满文老档·太祖》卷23。

后，汗、贝勒就执行了优遇女真官将、厚待蒙古贵族、编丁隶庄增置拖克索的政策。这一切，把辽民推入了水深火热的地狱，他们怎会俯首帖耳，任人宰杀？因而发起了规模浩大的长期的反金斗争。

面对辽民的反抗，努尔哈赤不是静心思考，从本阶级、本集团的弊政暴行去寻找原因，采取纠错利民的措施，制定确系为民谋利的政策，努力减轻汉民负担，放松一些控制，改善其处境，以平息民怨，缓和矛盾；反而错误地认为，辽民忘恩负义，一点不念及育养不杀之恩，转而采取了加强暴力统治、滥施杀掠的高压政策。随着时间的推移和反金斗争的激化，汗、贝勒采取了更残酷、更野蛮的手段。

最早是将辽民分隶八旗官将和迫令汉民迁移。努尔哈赤以汉官勒索汉民财物为借口，将全体辽民分别编隶八旗官将。天命六年十一月十九日，努尔哈赤对汉民下谕说：

"若令汉官照旧辖治汉人，将因其惯习而索取财物，苦累国人。今清查河东尼堪丁数，于女真官员中选取适当之人，令女真官员管辖。无论何人，如不愿在尼堪官员处，而愿依靠女真官员为生之人，皆可来依靠。"[①]

天命七年（1622年）正月出征广宁前夕，金国汗、贝勒于初四日分配河东的汉民，给予八旗官将管辖。给女真的督堂、总兵官3000丁，副将1700丁，给参将、游击1000丁，守备500丁。给尼堪总兵官4000丁，副将3000丁，参将、游击2000丁。[②]

二月二十八日，又将广宁等地迁来的汉民，按广宁降官职位的高低，分与辖治，多余的人丁，分给来归的蒙古诸贝勒。[③]

金国汗、贝勒将辽东汉民分隶八旗官将，有两个目的。一是加强对汉民的统治。当时，金兵主要聚居辽阳、沈阳及少数要塞，许多州县，或无兵，或只三五十、一二百名金兵，怎能控制住本州本县数万、数十万汉民？现在，辽民分隶各将，情况就不一样了。总兵官多系管辖一旗的固山额真。一旗照25个牛录计算，每牛录辖丁300，总兵官可辖7500

① 《满文老档·太祖》卷28。

② 《满文老档·太祖》卷32。

③ 《满文老档·太祖》卷37。

丁，三丁抽二，有兵5000名。参将、游击多系甲喇额真，管5个牛录。辖丁1500名，可征兵1000名。用这样一批辖丁众多带领军队的武将，来统治分给他们隶属的4000、3000、1700、1000、500名汉丁，就是以女真兵力作后盾，以武力来严格统治辽沈居民，镇压反抗，制止逃亡。

另一个目的是，为八旗官将增加收入，扩大势力，提供了有利条件。努尔哈赤明确规定，各将可以对"各自之汉人"（即辖属的汉民）征收鱼、雉、野鸭、水果等物，可以"任意差遣"数十名汉兵，还可金派所辖汉民打牲捕猎，供给肉食。至于八旗官将对属民的任意苛索，更是司空见惯，十分普遍。①

这种将辽民分隶各将的制度，加重了汉民的负担，人身依附更加严重，汉民更不自由了。

对辽东汉民危害更大的是，他们常被强迫迁徙。进据辽沈以后，因为一些州县接近明境，南部沿海地区乘船渡海，即可到明朝的山东，居民易和明臣联系，或逃入其境。与朝鲜接壤的镇江，居民过江即入朝境，再转返明朝。有的州县虽与明境隔绝，但曾发生叛逃，为示惩罚，加强控制，也须迁徙。金国统治者认为，勒令土著人民离开老家，移往新区，人生路不熟，就难于联络，不易逃跑，便于控制，因此从天命六年八月以后，多次大规模地强迫辽民迁移。

天命六年（1621年）七月末，镇江军民起义，捕捉城主游击佟养正。金兵前往镇压后，八月，大贝勒代善、三贝勒莽古尔泰领兵两千，移金州民于复州；二贝勒阿敏、四贝勒皇太极率兵三千，移镇江沿海居民于内地。②十一月十八日，努尔哈赤遣二贝勒阿敏带兵五千，前往镇江，强迫镇江、叆河、新城、宽奠、汤山、镇东堡、镇夷堡、凤凰等地汉民，迁往萨尔浒、清河、三岔儿等处，且放火焚烧民房，恋居不迁者，杀无赦。努尔哈赤谕告汉民说，就是因为镇江人民反金，"叛乱不止"，才将镇江、宽奠等处汉民，迁往内地。③

天命七年（1622年）正月，攻下广宁等城后，又强迫广宁等九卫汉民渡过辽河，锦州二卫人口迁往辽阳，右屯卫移金州、复州，义州二卫徙盖州和威宁营，广宁四卫居民迁辽阳和奉集堡。④

①《满文老档·太祖》卷50。
②《满文老档·太祖》卷24、25；《武皇帝实录》卷3。
③《满文老档·太祖》卷28、29、30。
④《满文老档·太祖》卷35。

天命八年（1623年）六月，镇压了复州反金活动以后，强迫盖州、复州属下南部地区汉民，迁往耀州、海州、牛庄、鞍山等地。督堂下达的迁移文书说：因为明国派来的"奸细不断"，汉民若仍居原地，不安全，有了叛乱，即要处死，故要迁移。这次，一共拨出30万垧田，分给移民，[①]可见移民之多。

天命九年（1624年）正月初一，因有人告发大里山村居民，纷纷买马，恐要叛逃，诸贝勒立即下达文书，责令主管官员将该村子女带来辽阳，在虎皮驿拨与田宅，迁至此处。[②]

被迁汉民，既在战争中遭受八旗军的烧杀掳掠，又被迫离开数代居住的故乡，前往陌生地域，跋涉数百上千里，路途遥远，天寒地冻，行走艰难。旧居日用家具农器，以及衣服粮谷等物，哪能尽数携带，到了新地，又需筑屋避寒，添置各物，钱财耗费甚多，经济上遭受了重大损失。很多移民在途中把存粮吃光，无米下炊。[③]迁徙途中，还被押送官员敲诈勒索，任意欺凌，甚至连妻女都难保清白，横遭侮辱，种种苦痛，实难忍受。但是，不走不行，金国汗、贝勒硬要强行移民，残酷镇压。当大贝勒代善、四贝勒皇太极领兵驱迫义州城民迁徙时，城民抗拒不走，竟被金兵野蛮屠杀。努尔哈赤并多次以此为例，威胁应迁地区汉民迅速迁走。[④]

连续三年的大迁徙，汉民劳累奔波，钱财耗尽，故乡田土遗弃不耕，大片土地抛荒；新到地区，资金缺乏，农器不全，耕牛不足，既难开垦荒地，又难耕好旧田，因而辽东地区田园荒芜的情况相当严重。多次迁徙，成年累月行走不绝，所过州县村屯骚然，社会秩序动荡不定。这一切，既进一步激怒了辽东汉民，加剧了民族矛盾，又在经济上、政治上削弱了金国的统治，真是祸国殃民，纯属蠢举。

（三）合食同住

努尔哈赤虽然一向聪睿机智，想出了许多奇计妙策，解决了很多麻烦问题，越过了重重难关。但是，进入辽沈以后，他有些骄傲了、自负了，误认为自己真是"奉天承运之君"，所作所为，皆系顺天意，合民

①《满文老档·太祖》卷55。

②《满文老档·太祖》卷60。

③《满文老档·太祖》卷30。

④《满文老档·太祖》卷34、35。

情，因而遇有挫折，便不够冷静，大发雷霆，干了不少蠢事。强迫汉民与女真合住合食，就是一件笨得出奇的蠢事。

两个不同民族的人口，要住在一间房，同桌吃饭，且不是一天两天，而是一年两年三年甚至若干年，这在中国历史上，还是十分罕见的。想出这个绝招，创立这项政策的，不是别人，而是素以聪睿著名的大金国英明汗努尔哈赤。

天命六年三月攻下沈阳、辽阳以后，努尔哈赤就下令，将建州旧地以及萨尔浒等处的女真，陆续迁入辽沈地区。十一月初一日，女真的第一木昆到达辽阳，到十二月初十，后面的女真也都到了。

这样多的女真，进驻辽沈，自然需要解决吃穿日用和耕田房宅等问题。当时，辽民纷纷逃往关内，遗下大量田地房宅和耕牛食谷，只要调度适当，是能够安排好移来的女真的。可是，努尔哈赤却以女真与尼堪合住同食的方法，来解决此事，犯了一个大错误。

天命六年十一月二十二日下达的汗谕，规定了女真、尼堪要同吃共住。汗谕说：

"原曾令女真、尼堪合居一村，合食粮谷，合以草料饲马，女真勿得欺凌尼堪，勿夺尼堪之任何物品，勿掳掠，若如斯掳掠侵害，尼堪来诉之后，定罪。尔等尼堪勿伪作谎言，若伪造虚伪之事，令当事者双方面质而审理。审理之时，若有虚伪，此乃罪恶矣。女真、尼堪，皆系汗之民矣。汗之金口教谕女真、尼堪皆合议公正为生，如若不听，违谕犯罪，则将重罪矣。犯罪之人，怨其自身耳。女真勿得浪费尼堪之粮食，勿得买卖，设若发现买卖之时，治罪。若开窖口，女真、尼堪合开。一月，以尼堪之升量，尼堪、女真一口各给四斗。"[1]

女真、汉民不只是同住一村，共吃粮谷，同以草料饲马，而且要合住一房，共同耕田，这都是汗谕规定的。另一道汗谕说："女真、尼堪，房要合住，粮要同食，田要共耕。"[2]

为什么要这样做？汗谕解释说："因从故地迁来，没有住房、粮食、耕田，所以与尼堪一起生活。"[3]

①《满文老档·太祖》卷29。
②③《满文老档·太祖》卷39。

这就是努尔哈赤创立的女真、汉民合住同食，一起耕田的奇特政策。这项政策的实质，就是要尼堪供养女真。当时，农村中，最主要的财产、最主要的生产资料和生活资料，就是耕田、房宅和粮食。按照汗谕规定，村民的房屋所有权受到严重的侵犯。须将房腾出来，让女真住，而且很可能女真要占据好房，要占有大多数房屋，因为汗是胜利者，是真正的主人，而汉民仅仅是其宽免不杀、宥而为奴的阿哈。村民对自己辛苦耕耘收获的粮食，也失去了所有权，无权分配了。收藏粮食的谷窖，开时要尼堪、女真同开，不让汉民单独开；存放的粮食，女真、尼堪同食；每月一口四斗，多余的粮谷，不许出卖，违令治罪。这哪里能说成是村民的粮食，村民有什么支配权？田地、草料也是同样情况。可以肯定地说，这项女真、尼堪合住同食的规定，就是基本上剥夺了汉民自己对土地、房宅、耕牛、粮食的所有权，就是让汉民供养女真，就是使女真成为汉民之主。

事实上，女真官将和凶横诸申，确实是把同住的汉民看成他们的阿哈，他们欺压汉民，抢夺财物，役使汉民为己干活，使用房东耕牛，甚至侮辱汉民的妻子女儿等不法行为，难以枚数。如副将阿布图巴图鲁，强迫与他合住的汉民服劳役，为他盖房，还随意打人。法司本已徇情轻断，拟议收回赐给他的汉民，罚银三十两，努尔哈赤还因其有功，而"眷爱免罪"。[①]

努尔哈赤自己也知道这些"弊病"，他曾在一次汗谕中承认："听闻女真使用合住一屋之尼堪之牛车，使合住之尼堪运送粮食，勒索各种各样物品。"[②]

更为麻烦的是，女真、尼堪的合住同吃，严重地破坏了努尔哈赤引以为荣的"各守旧业"的"德政"。前面曾经谈过，"各守旧业"政策的基本内容是，各自保留原有的田地、房屋，以及食谷、钱财。现在，汉民的房屋，实质上被女真侵占了；汉民的田地，被女真瓜分了；汉民的粮食，被女真食用和官方剥夺了。在这种条件的限制下，哪里还能谈得上"各守旧业"政策呢？这项政策，已被尼堪女真同吃合住规定抵消了，努尔哈赤反复宣扬的主要"德政"，就这样轻率地被自己破坏了。这样朝令夕改，怎能取信于民！

①《满文老档·太祖》卷42。
②《满文老档·太祖》卷39。

　　总体来说，不论是就汗谕的规定本身来分析，还是从女真官将的横暴行为看，或者是评论其对"各守旧业"等政策的影响，努尔哈赤实行的尼堪、女真合住同食的政策，都是十分错误的，它严重地侵犯了辽民的利益，加深了汉人的灾难，破坏了农业生产，加剧了动荡局面，进一步激化了民族矛盾，使金国的统治出现了更严重的危机。

（四）捕捉"无谷之人"

　　天命九年（1624年）正月，金国发生了一件古今罕见的怪事和骇人听闻的暴行，这就是号称英明汗的努尔哈赤，在半月之内，连下九次汗谕，责令八旗官将在辖区内清查和擒捕"无谷之人"。

　　自从八旗军占据沈阳、辽阳以后，广大辽民就极力反对金国汗、贝勒、八旗官将的奴役和野蛮的奴隶制、农奴制剥削方式，发起了声势浩大的反金斗争。尤其是在天命八年（1623年），由于努尔哈赤强制推行迁丁隶民和女真、尼堪同食共住政策，更使辽民义愤填膺，抗金浪涛汹涌澎湃，威力更猛。降金汉官也纷纷动摇，刘兴祚副将的决心归明与李永芳的叛金之嫌，这一切，表示出金国的统治出现了相当严重的危机。面对这样严峻的形势，努尔哈赤不是冷静思考，检查入辽以来的各项政策以及八旗贵族官将的所作所为，纠正错误，放松压迫，减轻剥削，以平息民怒，收买人心，而是恼羞成怒，迷信武力，进一步放弃了"恩养尼堪"、依靠汉民的正确政策，采取了更为野蛮的高压手段，在金国辖区内大肆清查和追捕"无谷之人"。《满文老档·太祖》卷60、61，对此事的经过作了记载：

　　天命九年正月初五日，努尔哈赤遣派八旗大臣，前往赫扯木等地，查量汉民家中谷物，下谕规定：每人有粮食六至七金斗（一金斗为一斗八升）的，为"有谷之人"。一口有五金斗，但又有牲畜，"足以维生者"，亦列入"有谷之人"数内；如果"不足维生"，列入"无谷之人"数内。将"无谷之人"尽皆收捕，等待汗令，书写丁数、口数上报。二十日再下汗谕，修订划分有谷、无谷的人的标准，规定一口有五金斗的，列入"有谷之人"数内。一口有四金斗，若有牛驴，列入"有谷之人"数内；如无牛驴，即作为"无谷之人"。二十一日，再下谕派遣大臣，查量与女真合住的汉民的谷物，标准同上，但增令将"无谷之人连户押来，令为阿哈"。同日又降汗谕，辱骂无谷、不定居、不耕田的人，令将"无谷闲行乞食之人"捕捉解来，重赏捕者。二十七日，"杀了从各处查出送来之无谷之尼堪"。

根据《满文老档》的有关记载和其他文献，对于这次捕捉"无谷之人"，我们可以得出以下五点结论。

第一，所谓"无谷之人"，是穷苦汉民，而"有谷之人"，则基本是指汉人地主。乍一看来，每人有谷五金斗，折合九斗，似乎不多，不宜作为富人的标准，但在当时粮少价昂的条件下，一人有谷九斗以上，却很难得，这样的家庭还不算多。辽东地区，连年战争，兵荒马乱，民不宁居，耕种艰难，灾荒频仍，年岁歉收，谷价"踊贵"。早在辽阳、沈阳失守前一年（明泰昌元年，后金天命五年，1620年）八月，辽东地区已是一石米价银四两，石粟二两，这还是小斗，一石不及山东四斗，如按山东斗（即关内正常的斗）计，一石米价银当在十两以上，比诸正常年成，粮价上涨了十几倍。[①]粮少价昂，穷苦农民缺粮情况十分严重，很多人饥饿至死。据《满文老档·太祖》卷54的记载，当时辽东"南方之人……饥饿而死者甚多"。

金国汗、贝勒虽然尽力搜刮粮食，以供军用，但仍然不能克服粮荒，连对作为巩固金国统治的重要依靠力量的来归的蒙古人，每两口也只发谷一金斗，可见粮食是何等的紧张。[②]

这些情况表明，辽东地区的汉民，每口有谷五金斗以上足以维生的人，是不多的，大多数是不能维生的"无谷之人"，是穷苦的劳动人民。

第二，这次查量粮谷的范围很广，地区很大。这从三道汗谕，可以看得很清楚。天命九年（1624年）正月初五日，努尔哈赤下了两道汗谕，赐给查量谷物的八旗大臣，一是赐予前往音格、赫扯木、穆溪、玛尔墩到扎库木，这五处都是原来女真耕种居住的地区，可见，这些大臣进行查量的地方相当广阔，包括了从铁岭、抚顺起，往东北延伸的原来女真处的广大地区。另一道汗谕，是给予前往盖州以西，威宁营以东的大臣。盖州以西，包括熊岳、复州等地，威宁营以东，包括奉集堡、清河、马根丹等大片地区。正月二十一日，努尔哈赤又下谕查量与女真合住的汉民粮谷。女真与汉民合住的地区很宽广，以辽阳、沈阳为中心，包括海州、鞍山、盖州等州县。由此可见，金国辖区的大部分地方，都

---

①《明光宗实录》卷7。

②《满文老档·太祖》卷57。

进行了查量汉民粮谷的活动。

第三，这次查量谷物，金国汗、贝勒花了很大力气，十分重视。据《满文老档·太祖》卷60、61的记载，从正月初五起，到二十一日，半个月内，努尔哈赤接连下了九次关于查量汉民粮谷的命令，其初五、十二、二十一日三天，每天都下达了两次汗谕。对一件事，下如此之多的谕令，是很少有的。除第一次派遣查量谷物的大臣兵丁以外，又两次增派人员，有一次竟派一固山各十五名大臣前往。人员之多、命令之急、花费力量之大，都是罕见的，可见金国统治者对此事是何等的重视。

第四，汗、贝勒清查"无谷之人"的原因，是为了压抑辽东汉民的抗金浪潮。努尔哈赤下谕，讲述为什么要清查、追捕"无谷之人"的原因时说：

"应将无谷之人，视为仇敌"，因为，"盗牛马而杀者，火焚积谷及村中房宅者，皆系不耕田、无谷、不定居于家，欲由此地逃往彼处之光棍也。对此等无谷闲行乞食之光棍，无论女真、尼堪，见者即捕之送来。若有妻、子，将妻、子给予捕者。若无妻、子，一人赏银三两。"①

《满文老档》编写者对此事解释说："得辽东后，尼堪不定居，常逃走，从事奸细，而不勤力耕田，故发怒而言也。"②

这两段材料，有力地说明了辽东广大穷苦人民猛烈反对金国统治者的压迫，他们采取了多种多样的斗争方式，或者是怠工不干，不耕田地；或者是四处逃走，竭力摆脱金国的束缚；或者是秘密串联，与明联系，欲图进入明朝；或是火焚地主、金将的房宅粮谷，夺其牛马，武装反抗。而且，这种斗争，十分普遍，坚持不断，影响巨大，搞得金国统治者食不甘味，寝不安枕，视如眼中钉，故下令严格清查，坚决镇压。

第五，大杀"无谷之人"，是中外历史上罕有的野蛮暴行，也是金国汗、贝勒消除反抗、武力镇压的"恩威并举"方针遭到重大失败的标志。一切剥削者、压迫者，都轻视穷苦人民，历代统治者都采用各种借口，屠杀反抗他们的劳动人民，这是他们的阶级本性所决定的。但是，

①②《满文老档·太祖》卷61。

像金国这次仅以没有粮谷、不足维生为理由，就四处追查擒捕，大肆杀戮贫苦劳动人民的行为，还是极为罕见的。

这样的野蛮屠杀，也表明了金国汗、贝勒前一阶段妄图消除辽民反抗的各种政策和措施彻底失败了。这样追捕、屠杀"无谷之人"，必将激起人民的更大愤怒，掀起更大的反金浪潮。

五、女真满洲贵族的发展

（一）汗、贝勒权势的膨胀

清太祖努尔哈赤及其子侄诸贝勒，掌握了后金国军政财刑大权。在这个国家里，努尔哈赤一直是主宰一切、拥有至高无上权力的专制君汗。这从其被尊为"英明汗"一事，反映得十分清楚。

努尔哈赤起兵初期，自称"淑勒贝勒"，后改称"聪睿汗""恭敬聪睿汗"。天命元年（1616年）正月，八旗贝勒、大臣及"众人"，恭上新号，敬称努尔哈赤为英明汗时说道，"我等之国，无汗则忧苦甚多。皇天为使我等之国得享安康，眷爱穷苦部众，而降生贤能善养之汗，应上尊号"，遂尊为"承奉天命养育列国英明汗"。[①]

八旗贝勒、大臣的议论及其奉上的尊号，非常清楚、确切地反映了努尔哈赤统治后金的真实情形。所谓"承奉天命养育列国英明汗"，包括了密切相关的两个内容。其一，努尔哈赤并非凡夫俗子，也不是辅佐帝王领兵辖民的文官武将，而是奉承天命的开国之君。他的所作所为，皆非平凡之举，而是秉承天命来平乱致世。努尔哈赤受天所命为皇天保佑的君主，当然应该掌握一切权力，当然应是言出令行的专制君汗。其二，正因为他是承奉天命之君，因此，他必然是"贤能善养"穷苦部众之汗，而且是"养育列国"之汗。既承奉天命，又贤明英武，善养部众，这样的汗，自然是执掌后金大权的最高统治者。这不仅仅是诸贝勒、大臣对努尔哈赤尊称之词，他自己也是这样认为的，不单是一般诸申为汗恩养，就是威风凛凛、位高势强的八旗贝勒、大臣，也系汗所育养。每当召集群臣集会时，他就要宣扬"汗为天命，臣为汗用"的一套

①《满文老档·太祖》卷5。

论调，反复讲述"天任之为汗，汗任之为大臣"。①

进入辽沈以后，虽然国号由后金改为金国，但汗的尊称并未改变，局面仍如以前一样，努尔哈赤仍然是最高统治者。天命八年（1623年）正月二十七日，努尔哈赤特下汗谕，对八旗贝勒、大臣讲述全国各类人员的情况，明确规定了各自的身份、地位、义务和相互关系，指出存在的问题，并给予严厉的警告。这对说明汗之威严，是极为难得的纲领性文件。努尔哈赤说：

> "天之子汗，汗之子诸贝勒、大臣，诸贝勒、大臣之子伊尔根，主（额真）之子阿哈。汗以天为父，若敬思弗忘，英明治理天所赋予之政，则汗之政焉得而亡。诸贝勒、大臣，以汗为父，若敬思勿忘，无论何物，皆不思贪为己有，不萌盗贼凶暴奸诈之念，务守正直，则诸贝勒大臣之臣道焉得而亡。……诸贝勒、大臣，承受汗之恩惠，若不顾汗意，恃彼之才之力而行，不勤治其政，持贼盗奸诈凶暴之心，贪婪昏乱，则将为汗所谴，而罢诸贝勒、大臣之任，诸贝勒、大臣岂能保持其位乎？……若天命之汗、贝勒，不为天嘉之，不为人喜之，不小心以善行治政，则将为天所谴而汗之政亡矣。汗所委命之诸大臣，若不公正勤勉尽力于所委之事，而持邪恶怠慢之心，则将为汗所斥而身亡矣。"②

这道汗谕，以法律的形式，规定了英明汗努尔哈赤是金国的最高统治者，握有金国军政大权。这一点，反映在许多方面。

第一，努尔哈赤是金国各类人员之父，金人皆系其"子"。汗谕把金国人员分成四类：汗、贝勒与大臣、伊尔根、阿哈，从阶级关系看，汗、贝勒、大臣及一部分占有较多阿哈的伊尔根，是剥削阶级，是统治阶级，而大多数穷苦的伊尔根、诸申及包衣阿哈，是被剥削阶级。统治阶级内部，又分成若干阶层和集团。贝勒、大臣是伊尔根、诸申之父。额真的成员比较复杂，凡是占有包衣阿哈之人，不管是贝勒、八旗官将，还是富裕的伊尔根、诸申，都是阿哈之主，也就是阿哈之父。所有这些人——贝勒、大臣、额真，都是英明汗之子（包括占有包衣的伊尔

---

①《满文老档·太祖》卷4。

②《满文老档·太祖》卷44。

根，和贝勒、大臣之子），都必须尊努尔哈赤为父。这里所讲的父与子，不是讲血统关系家族关系，而是指统治与被统治的关系，指尊卑上下的隶属关系。父，就是其子之主和统治者；子，就是其父的被统治者，不得冒犯父的尊严，不许犯上谋乱心怀不轨。金国之人，皆系汗之子，皆须听从汗安排。

第二，诸贝勒和八旗官将，皆由汗封授、奖惩和罢革。固山贝勒、旗主贝勒，固然是该旗之主，该旗所有人员，不管是固山额真、梅勒额真、总兵官、副将等高级官将，还是参将、游击和守备，以及一切诸申和伊尔根，都须服从固山贝勒、旗主贝勒的管辖，权势极大。

总兵官和副将，以及参将、游击、守备，分管所辖兵民，佐治国政，率兵出征，也是有权有势的高级人员。但是，贝勒权再大，总兵官职再高，也须尊汗为父，听汗支配。贝勒之尊、官职之显，皆系汗父封授，如若对汗忠贞孝顺，勤勉治政，便能蒙受汗恩，久在其位，久任其职。如若对汗不忠，贪婪昏庸，心怀"贼盗奸诈"之念，扰乱国政，则将为汗所谴，革其位，罢其官，诛其身，籍没其家，"遇逢忧患矣"。前面曾经讲过，贵为国母的大福晋富察氏的被休，皇长子阿尔哈图图门贝勒褚英的执政及其被革和处死，大贝勒代善之位为太子及其被废，以及后面将要叙述的四贝勒皇太极的被训斥，督堂乌尔古岱的贬职，督堂、总兵官阿敦的失宠和被监禁，巴克什额尔德尼的冤死，都清楚地表明了顺汗者昌，逆汗者亡，努尔哈赤确系握有生杀予夺大权的最高君汗。

第三，金国大政方针，为汗亲定。努尔哈赤虽然分封子侄为和硕贝勒，委任亲信臣僚为八固山额真、五大臣和督堂、总兵官、副将，军国大政，一般都由汗召集诸贝勒、大臣商议，讨论各种方案，最后由他钦定。一般情况下，努尔哈赤是采纳群臣意见的，但他也在一些重大问题上，拒绝众议，独自做出相反的决定。比如，天命六年三月二十一日攻下辽阳以后，对于是否定居辽沈，汗与八旗贝勒、大臣有着不同看法，诸贝勒、大臣想返回故地，努尔哈赤独主迁都辽阳。《武皇帝实录》卷3载：

"帝聚诸王臣议曰：辽阳乃天赐我者，可迁居于此耶？抑仍还本国耶？诸王臣俱以还国对。帝曰：若我兵还，辽阳必复固守，凡城堡之民逃散于山谷者，俱遗之矣，弃所得之疆土而还国，必复烦征讨。且此处乃大明、朝鲜、蒙古三国之中要地也，可居天与之地。诸王臣对曰：此言诚然。议定，遂遣人迎后妃皇子。"

据《满文老档》所载，诸贝勒、大臣不仅想早返旧地，而且还采取了具体行动，因扬古利额驸之子去世，诸贝勒欲将尸骨送还萨尔浒。努尔哈赤召集诸贝勒、大臣商议，着重阐述了迁都辽阳的意义，遂定议迁都，努尔哈赤说：

"何用送至萨尔浒？彼处之尸骸，尚须运来耶！如此天赐之地，尔等诸贝勒、大臣，尚以辽东城为不可居住，踌躇不决。昔我国之包衣阿哈逃亡者，皆因无盐得食耳。今得盐可食矣。由辽河至此，各路皆已归降，吾等何故弃此他往耶！吾初在困苦之时，如涸泽之鱼，求水不得，被置于石头之上。如此困苦，蒙天眷爱，而得大政。昔金国阿骨打汗，兴兵征伐宋与蒙古，然犹未尽服，至其弟乌克玛依汗，始尽降服。蒙古青吉斯汗征讨未尽之国，其子窝阔台汗方悉降顺。为父之我，为尔众子集兵平定大业，尔等诸子，何为不能居此耶？乃定议居住辽东城。"[1]

迁都辽阳，自建州老营进驻辽沈，这是一件关系金国发展的大事，如果打下沈阳、辽阳以后，徒事掳掠，纵然带回大批人畜财帛，可在老家享用一时，但能用多久？大军一撤，辽沈汉民重返故里，明兵归回旧城，各省援兵相继赶来，那时金兵再来进攻，困难就大了，良机一失，后悔不及，对金国的发展将带来严重的障碍。努尔哈赤当机立断，力排众议，力主迁都，这既反映了他确系胸怀雄才大略的有为之君，又表明了金国确由他主宰，大政方针的最后决定权是掌握在努尔哈赤手中的。

修筑东京城，也反映了汗权之大。天命七年（1622年）三月，努尔哈赤因辽阳城大而旧，难以防守，欲筑新城，诸贝勒、大臣谏阻，努尔哈赤拒绝众议，力主新建，群臣不得不从。《武皇帝实录》卷4载述此事经过时说：

---

[1]《满文老档·太祖》卷21。

"帝聚诸王臣议曰：皇天见佑，将辽东地方赋予我等，然辽阳城大，且多年倾圯，东南有朝鲜，西北有蒙古，二国俱未服，若释此而征大明，难免内顾之忧，必另筑城郭，派兵坚守，庶得坦然前驱，而无后虑矣。诸王臣谏曰：若舍已得之城郭，弃所居之房屋，而更为建立，毋乃劳民乎？帝曰：既征大明，岂容中止，汝等惜一时之劳，我惟远大是图，若以一时之劳为劳，前途大事何由而成！可令降民筑城，至于房屋，各建之可也。诸王臣俱服其言，遂于城东五里代子河边筑城迁居之，名其城曰东京。"

过了三年，旧境重现，努尔哈赤又提出迁都沈阳，八旗贝勒、大臣又行谏阻，努尔哈赤一如既往，又力主其议，群臣只好再次服从汗旨。对于这件关系重大之事，《武皇帝实录》卷4叙述说：

"（天命十年三月）帝聚诸王臣议，欲迁都沈阳。诸王臣谏曰：东京城新筑，官廨方成，民之居室未备，今欲迁移，恐食用不足，力役繁兴，民不堪苦矣。帝不允曰：沈阳四通八达之处，西征大明，从都儿鼻渡辽河，路直且近。北征蒙古，二三日可至。南征朝鲜，自清河可进。沈阳浑河，通苏苏河，于苏苏河源头处伐木，顺流而下，材木不可胜用，出游打猎，山近兽多，且河中之利，亦可兼收矣。吾筹虑已定，故欲迁都，汝等何故不从。乃于初三日出东京，宿虎皮驿，初四日至沈阳。"

定都沈阳是正确的，对金国的发展起了重大作用。从这两次迁都和新筑东京城，我们可以清楚地看出，努尔哈赤实系金国之主，握有军国大政的决策权，是说一不二、言出令行的专制君汗。

在军事上，努尔哈赤是最高统帅，八旗劲旅归他指挥，将领的升降奖惩和委任，皆由他最后决定。对外用兵，从军事方针到战略战术，以及军队的进退等，都由汗钦定，重大征伐，往往是努尔哈赤亲自统率。从击败九部联军的古勒山之战，中经攻抚顺，败明军于萨尔浒，取沈阳、辽阳，下广宁，三十多年的重大战役，皆系英明汗发号施令，率领诸贝勒挥军鏖战。军权牢固地掌握在努尔哈赤手中。

在财经上，金国辖区土地，皆属汗、贝勒所有，满汉人民交纳的赋税和贡物，尽归汗、贝勒支配。他们大量掠夺人丁，逼令充当阿哈，增建新的拖克索。天命六年九月，汗、贝勒下令，自牛庄、海州以东，鞍山以西，"一贝勒各置三拖克索"。[①]天命八年六月，镇压复州人民反抗后，将杀后遗下的叛民编为阿哈五百户，每十口给一牛、一驴，遣住设有汗、贝勒拖克索的纳丹费勒，耕田种地。[②]九年正月，强迫盖州、析木城一带的汉民3200丁，迁往盖州城居住。充当汗的"种棉之人""育养水果之人"。[③]十年十月，努尔哈赤下谕，编立成千上万的拖克索，除以数百庄赐予八旗官将外，其余拖克索尽归汗、贝勒所有。努尔哈赤及其子侄诸贝勒，一跃而为中国历史上罕有的大庄园主。

汗、贝勒拥有大量牲畜。除建州时期原有牲畜以外，进驻辽东又掠夺和没收了大批马、牛、羊、驴、猪，仅用来出赁与民的耕牛就有1万头。天命六年八月，蒙古喀尔喀部为赎取斋赛贝勒，送来马2000匹、牛3000头、羊5000只，一小部分赐予八旗官将，其余尽为诸贝勒分取。[④]

汗、贝勒还有大批专门培养果树的园户、捕鱼捉蟹的渔户、捉鸟的雀户、煎煮食盐的盐丁，以及种植棉花的阿哈。另外，汗、贝勒每年还派遣上千包衣到长白山采挖人参，猎捕貂狐，获取珍珠。[⑤]

天命六年三月进驻辽沈以后，汗、贝勒从建州时期主要剥削奴隶性质的阿哈的大奴隶主，迅速向大农奴主转化，征收满汉人丁交的封建田赋，榨取拖克索中阿哈上纳的封建地租。天命十年（1625年）的编庄，标志着汗、贝勒基本上变成了大封建主、大农奴主。

（二）优待女真官将

努尔哈赤从一个丁不满百的小部酋长，上升为辖地万里、臣民百万的大金国英明汗，固然与其个人艰苦奋斗和家族成员的同心协力共创大业，有着密不可分的关系。但是，如果没有网罗到一批谋臣勇将，没有

①《满文老档·太祖》卷27。

②《满文老档·太祖》卷55。

③《满文老档·太祖》卷61。

④《满文老档·太祖》卷25。

⑤《满文老档·太祖》卷44。

他们的挥军冲杀，佐治国政，这一变化也是不可能出现的。努尔哈赤深深感到人才的重要性，一贯强调要任用贤人，擢升有功的忠臣。进入辽沈以后，统治广大汉民，更使其感到必须依靠各级臣僚，因而对八旗官将，尤其是对女真官将非常重视，十分信赖，对他们厚加礼遇，额外奖赏，以促使他们效忠汗、贝勒，为巩固金国而尽力效劳。他曾专给诸贝勒下达密谕说：

> "我国之诸贝勒、大臣，若皆贪图个人之安娱，我为尔等太息，当唾尔等之面矣。尔等之断罪，非理矣！对并立授首之汉人，何故如我等之女真同样处之耶？我等之女真，若犯何罪，当问其功，问其差使，若有些小理由，即以之为借口而宽宥之矣。汉人系应杀而获生之人，若不忠正效力，复为盗贼，何故不诛灭其族而杖释耶？至于系带往我等之费阿拉后与我等同来之汉人，当以同理考虑而断也。尔等所断者，似倔强不听之牛骡矣。着八贝勒将此谕，召集各自之固山之贝勒、大臣密观之，勿令他人闻知。"①

金国恃重刑法，审断是非功过，是汗、贝勒的一项重要工作，也是他们扶植忠良、惩治奸臣的有效手段。在这一重要问题上，努尔哈赤特别指出，要区别开女真和汉人，对女真人、女真官将，要尽量优待，即使犯法，应当问罪，也要论功论职而宽宥。至于封授爵位、官职，赏赐人丁财帛牲畜和庄园，女真官将更应受到特殊优遇。

八旗官将，多系女真担任。早期的"五大臣"费英东、额亦都、何和礼、扈尔汉和安费扬古，都是女真。建州时期先后担任过固山额真要职的有阿敦、额亦都、虾费扬古、多弼、扈尔汉、穆哈连、济尔哈朗、汤古岱、博尔晋、何和礼、阿巴泰、扬古利，其中济尔哈朗、阿巴泰、汤古岱是宗室，多弼是觉罗，而其他固山额真也都是女真人。

进驻辽沈以后，曾任处理金国日常政务的督堂要职之人有阿敦、阿巴泰、汤古岱、何和礼、扈尔汉、乌尔古岱、阿布泰、扬古利、多弼、巴雅喇、苏巴海、阿什达尔汉、贝托辉，他们也都是女真（包括宗室和觉罗）人。

---

① 《满文老档·太祖》卷52。

　　担任过固山额真或总兵官的有巴笃里、穆哈连、康古里、汤古岱、扬古利、车尔格、扈尔汉、布山、阿布泰、岱音布、乌尔古岱、何和礼、喀克笃礼、武纳格、索海、图尔格、李永芳、佟养性，还有明安等几个蒙古总兵官。上述人员中，只有李永芳、佟养性是汉人。

　　其他副将、参将、游击、守备，十之八九也是女真人。

　　努尔哈赤一向主张赏罚分明，重奖任劳立功之人，特别是对于危难之时挺身而出的官将，更给予特殊奖赏。例如，布山曾因被他人陷害革除官职，后来查明，他不仅在辽沈之战中没有过失，反而见难而进，独担重任，立下大功，努尔哈赤恢复其职，并擢升其为一等总兵官，特赐世代免死的敕书。该敕文说：

　　"汗曰：在我得胜之时，能够管辖禁约之人甚多，我等苦战困难之时，管辖禁约之人则很少。夺取辽东城时，汗所举用之诸大臣，皆知我兵后退，谁也不出来管辖禁约，皆逃于房中隐蔽，布山独出而管束指挥，更番遣兵前往。如斯我等危难之地，布山独能只身承当而管辖，立下大功，以一等总兵官之职给予布山，充任固山额真。子孙世代获死罪者，皆不杀，得贪赃之罪者，不夺其财，免其二千四百一十两之罪。无论何人，若皆如布山一样，于我等危难之时，以身承当而管辖者，如此之人，汗与诸贝勒将信赖矣。若如斯汗和诸贝勒信赖，也像布山一样，立下大功，即使犯下死罪，也不杀，得取财之罪亦免之。"[1]

　　努尔哈赤对开国元勋扬古利，也因其功多、正直、忠心耿耿而特赐世袭敕书。该敕说：

　　"汗曰：扬古利于各次用兵时，率先而前，赐以功，给予一等总兵官之职，子孙世代承袭。若犯噶盖、阿敦之乱政坏道之罪，则诛其身，倘若因过获罪，则死罪不杀，取财之罪不取。免一千五百两之罪。"[2]

---

①《满文老档·太祖》卷48。

②《满文老档·太祖》卷51。

八旗官将，立下军功，或政绩可观，佐治国政，忠于汗、贝勒，就可获得汗的赏识，授予官职，封赐爵衔；除谋叛大罪外，死罪不杀，罚罪不罚，而且可以子孙世袭其爵，世得其职，确也算是备受汗的优遇了。

有了军功，有了官职，就可论功领赏按职取财。三十多年的南征北战，从各部女真及明朝城乡掠夺了上百万人畜和堆积如山的金银财帛，努尔哈赤以论功行赏按职分赐的方式，将大量人畜钱物赐予八旗官将。天命六年三月十三日下沈阳，二十一日取辽阳，二十三日努尔哈赤就大赏群臣，赐总兵官各银200两、布220匹、帛30匹，副将银150两、布150匹、缎15匹，参将银80两、布80匹、帛8匹，游击银50两、布50匹、帛5匹，牛录额真、守备、守备级的巴克什，各银20两、布20匹、帛3匹。[①]

五月，乌尔古岱领兵强迫镇江民投降，杀拒降者，以其妻、子为俘获，带回1000人，分与督堂以下备御以上官员。[②]七月底，二贝勒阿敏、四贝勒皇太极，领兵镇压镇江反金人民，杀拒降之人，将起义民人编为俘获，带回辽阳12000人，一部分赐给有职官将，自督堂起，下达千总。[③]九月初四，以海岛掳掠汉民带来的俘获1万，赐予督堂以下守备以上各官。[④]天命七年正月十四日，努尔哈赤以掠取明总兵官毛文龙所得俘获一万，一半赐予督堂以下守备以上官将。[⑤]二月初四，他又下谕，将"驱护"的汉民，赐予督堂、总兵官各35丁，副将各30丁。[⑥]

有了军功，有了官职，就可凭仗权势，掠民为奴，增置拖克索，新设牧场，驱使包衣阿哈耕田种地，打牲牧放，收取租谷丁银和珍禽异兽。过去，八旗大臣可以自己遣派阿哈，前往乌拉打猎，仅天命八年（1623年）二月初五日的一次统计，各大臣捕获兽禽之数为：貂1493只，水獭103只，貉281只，灰鼠936只，虎4头，猞猁狲16只，黄鼠狼20只，狐4只，雕104只。[⑦]

这样一来，在努尔哈赤优待女真官将政策扶植下，一大批女真官将

①《满文老档·太祖》卷20。

②《满文老档·太祖》卷22。

③《满文老档·太祖》卷23、24。

④《满文老档·太祖》卷26。

⑤《满文老档·太祖》卷33。

⑥《满文老档·太祖》卷36。

⑦《满文老档·太祖》卷44。

因南北转战，开国有功，"佐命"有劳，而封官授职，当上了总兵官（后之子爵）、副将（后之男爵），以后晋为公、侯、伯，成为世袭爵职、岁领俸禄、广占庄园的满洲八旗贵族。

为了深入了解八旗女真官将财富膨胀和满洲八旗贵族发展的情形，我们可以举"开国元勋"额亦都一家作为典型，具体论述。

额亦都，姓钮祜禄氏，比努尔哈赤小3岁，世居长白山，后迁英鄂峪。其家先年颇有资财，祖父阿陵阿被人们称为"巴颜"（即富翁）。可是，好景不长，额亦都来到人间不久，其父即被仇敌杀害，家道立即衰落。额亦都13岁时，杀死仇人，避难逃往嘉木寨，依姑度日。这样一个寄人篱下的贫穷诸申，跟随努尔哈赤以后，四处厮杀，南北转战40余年，军功累累，任至"五大臣"、众额真、一等总兵官、固山额真，娶英明汗之妹，死后封宏毅公。

努尔哈赤赐给额亦都大批人丁牲畜和庄园，仅在起兵初期的十年内（1583—1593年），先后赐予：舒尔黑布占城的所有物品；巴尔达城的全部敕书、户和诸申；索尔瑚寨主哈什瑚的"人户、阿哈、诸申、敕书及其他各物"；嘉木湖波衣嘎巴颜的人户、阿哈、诸申、敕书；沙济的旺吉努马法的人户、阿哈、诸申、敕书；纳殷的谭太墨尔根、都勒哈二族、尼玛兰城的大量人、马、牛；马近30匹。[①]仅仅十年，额亦都就从一个寄人为生的贫寒诸申，一跃而成为占有众多阿哈、诸申、牲畜、财帛的大富翁了。

随着女真国——后金国的扩展，以及八旗军进驻辽沈以后，额亦都一家通过领赏和掠取人畜，财富更加急剧膨胀了。现将《满文老档》所载努尔哈赤赐予额亦都的两道敕书引录于下，作些分析。

第一道，是关于努尔哈赤给予额亦都官职免赋的敕书：

"汗曰：额亦都巴图鲁，独取舒尔黑布占城，取巴尔达城，破萨克扎之来兵，率先取尼玛兰城，故使为一等大臣，给予总兵官之职，彼自身至子、孙三代，食百人之钱粮。"[②]

---

① 《满文老档·太祖·天聪》卷48。
② 《满文老档·太祖》卷62。

第二道，是努尔哈赤赐额亦都"专主牛录"的敕书：

"汗曰：额亦都巴图鲁，独取舒尔黑布占城，取巴尔达城，破萨克扎人之来兵，于尼玛兰城前率先而战，有功，为第一等，给予三牛录，使之专主。"[1]

这两道敕书，是了解额亦都，分析清朝开国时期"军功勋贵"的重要史料。它表明了，八旗官将立功之后，就能封授官职爵位，分领人畜、土地和财帛，免交官粮，成为广占田土、官高位显的大庄园主和大贵族。以额亦都而言，努尔哈赤使额亦都"专主"的三个牛录，是由包衣等人员编成。汗谕说，以额亦都"所俘获者，益以赏给户口，为三佐领"，隶于额亦都，"俾无预上役"，为其"私属"。所谓"俘获者"，自然是包衣，"赏给户口"，也是包衣。这些包衣编为牛录，归额亦都"专主"，成为后来的"专管牛录"或"世管牛录"，亦称"福朱里牛录"，即"勋旧牛录"。这些编入"专管牛录"的包衣，身份逐渐提高，入关以后，与未编的阿哈有着较大的差别。额亦都所掠俘获及领取的人口，能编3个牛录，达900丁，可见其家占有的包衣数量是不少的，还有很多包衣在他家的拖克索中耕田种地，还有打牲牧放的包衣。

从生产关系和阶级关系的角度看，额亦都及其子侄，已由建州时期的奴隶主转化为封建农奴主。天命六年（1621年）三月金军进驻辽沈，五月额亦都病故，总兵官一职由其子车尔格袭承。从额亦都家的收入看，除去征战掠取和仗权勒索以外，主要来源有三个方面：役使包衣阿哈耕种庄田；论职计功领赏；苛敛辖属汉民。额亦都是一等总兵官，死后由车尔格继任，按照总兵官职，领取大量金银财帛和人丁牲畜。这是由封建国家——金国赐予的财物，主要是通过封建性质的剥削措施搜刮而来的，其中大部分是征收的封建赋税。因此，领取这种赐品，就是主要领取封建赋税和其他项目的封建剥削物品。

额亦都及其子车尔格是总兵官，辖治汉民3000丁，对这些人收取贡物，金派差役，也是封建性质的剥削。从天命七年（1622年）开始，金

---

[1]《满文老档·太祖》卷63。

国汗、贝勒陆续金拨辽民分隶八旗官将。七年正月初四，将辽河以东的汉民，金隶各将，给女真的总兵官、督堂各3000丁，给副将1700丁，给参将、游击1000丁，给守备500丁。汉人的总兵官、副将，亦各给若干丁。[①]初六，努尔哈赤又下达汗谕，规定每20丁出一丁为兵，这些兵士的一半，各官将"可以任意差遣"。[②]按照这个规定，女真的督堂、总兵官可以"任意差遣"75名汉兵，副将"可以任意差遣"41名汉兵，参将、游击"可以任意差遣"25名汉兵。所谓"可以任意差遣"，就是说，这些官将可以任意金派汉兵为己服役，实际上是将这些汉兵，变成督堂、总兵官、副将占有的封建役夫和封建士卒。督堂、总兵官等官将，不仅可以任意差遣部分汉兵，而且对所有隶辖的汉民，都可以驱使金派。努尔哈赤曾经下谕宣布，各将可遣属下汉民打牲捕猎，供给肉食。[③]

　　辽东汉民之所以被迫充当役夫、士卒，听从八旗官将支派，主要是因为"计丁授田"，领种汗、贝勒田地，或"各守旧业"，须向金政权纳赋服役，因而也要向辖属官将纳贡当差，这也是封建性质的剥削。

　　至于包衣阿哈和拖克索的情况，目前尚未发现具体的剥削材料。但有一点是肯定的，此时的包衣阿哈已不能任意杀害，家主不能再像建州时期那样完全占有阿哈人身，受到了一定限制，这表明阿哈正在向封建农奴转化。由此可见，额亦都家在车尔格袭职以后，已不再是奴隶主了，正在向大农奴主、大封建主转化。

　　额亦都家的情况，是一个很好的典型，金国大多数女真官将，亦即"军功勋贵"的情况基本与此相同。我们从额亦都的立功受奖、发财致富，及其家由奴隶主向封建农奴主转化的具体事例，可以了解到女真官将和满洲贵族的兴起、发展及其逐步变化为封建主的大体轮廓。

六、蒙古贵族的形成

（一）满蒙联盟的历史背景

　　善待蒙古，结为姻亲，联为羽翼，资彼之力，建立巩固的满蒙联

①②《满文老档·太祖》卷32。

③《满文老档·太祖》卷45

盟，是后金—金—清的基本国策之一。清太祖努尔哈赤制定的这一国策，是有其特定历史背景的，它对金国的扩展起了重大的作用。

女真虽然剽悍善战，威名远扬，但僻处边区，人丁稀少，难成大事，必须联合其他民族，才能创立伟业，问鼎中原。蒙古与女真一样，也是骑射民族，弓马娴熟，昔日元太祖成吉思汗所遣铁骑，驰骋三大洲，踏平数百国，无坚不摧，所向无敌，令人胆寒。即使在元亡以后，有明一代，蒙古也是明政权的大敌，屡败明兵，挟制"诸夷"，称霸北方。

明吏部右侍郎张鼐，在其所著的《辽夷略》中写道，万历年间（1573—1620年），辽东地区，蒙古部落众多，有革兰泰、土蛮汗、瑷塔必、大委正、克石炭、鬼麻、五路台吉、把伴、虎喇赤、炒花、伯儿、伯耍儿等十余种，计一百余支，酋长数百人，甲骑数十万，确是一股强大的势力。

努尔哈赤正确认识到联合蒙古，吸收蒙古贝勒、大臣，是壮大金国、对抗明廷的必备条件，一直竭力争取。但是，要达到这一目的，并不容易。一则，女真弱，蒙古强，直到明末，仍然流行着"三万女真，四十万蒙古"的传统说法。察哈尔部林丹汗就曾用此词写信，蔑视努尔哈赤，威胁后金不得攻取辽阳、沈阳。再则明廷施行"以夷攻夷"的策略，以互市、抚赏等手段，拉拢蒙古各部，对付后金。张鼐在辽阳、沈阳失守以后，再次强调实行"以蛮夷攻蛮夷"，拉蒙古攻建州的"长技"。他说：

"虎墩兔汗为西虏帝，然累岁思邀我贡市王爵如俺答故事而不得，抱恨终身，岂肯坐视奴帝辽阳，断其市贡之利乎。……今日每年数十万两市赏，固（蒙古）诸酋所恋恋而不能舍者矣。诸酋利吾市赏，便我市易，我之布帛锅口等物，皆彼夷日用所需，而彼马牛毡革，非与我市，则无所售，然则辽阳一带，实西虏所资以为生，料西虏亦决不利我失辽阳，而令奴得之也。……挑之使斗，亦彼各自为其私情所必至也。"[1]

尽管蒙古各部轻视建州，贪明市赏之利，不愿归金叛明，但聪睿机

---

[1] 张鼐：《辽夷略》。

智的努尔哈赤，却具有顽强的毅力，想尽一切办法，排除各种困难，终于达到了争取蒙古的目的。他主要实行"顺者以德服，逆者以兵临""恩威并行"的方针。既挥军奋战，重惩与己为敌的一些蒙古部落，打掉其傲气，树立八旗劲旅的无敌军威，逼其降顺或与己盟誓和好，共对明国；又竭力笼络各部酋长，联姻婚娶，封授官职，诱成率部来归，编入八旗。

在女真弱小贫穷的情况下，高傲的蒙古贝勒、台吉，看不上建州，不要说领部归顺是办不到的，就连平等相待、共誓和好也不可能，只有先兵后礼，显示雄威，才有可能谈到联合、臣服等问题。明万历二十一年（1593年）进攻建州的九部联军，就有蒙古科尔沁的明安、莽古思和翁果岱三贝勒的人马。两军鏖战，三贝勒大败而回。此战建州初露头角，声名始著，从此蒙古科尔沁部、喀尔喀部一些贝勒，才开始"遣使往来"。[1]

然而震动更大，起决定性作用的，是天命四年至七年（1619—1622年）的明金四次大战。天命四年三月，后金军大败明兵于萨尔浒，显示了八旗劲旅的军威，吓倒了明朝万历帝和文武百官，也惊动了整个蒙古。紧接着，七月二十五日后金攻取铁岭，蒙古喀尔喀部斋赛贝勒、科尔沁兀鲁特部明安贝勒之子桑噶尔寨、札鲁部巴克贝勒等20余名贝勒、台吉，领兵万余，前来援明，二十六日击杀后金牧马人。此斋赛贝勒，颇有名气，勇悍异常，兵多国富。《满文老档》对斋赛的情形，作了如下描述：

> 在蒙古五部喀尔喀中，兵之多，牲畜之多，国之富，以斋赛为最。故恃其强盛，藐视各国，屡肆欺凌、掳掠和杀害，各国之人皆憎斋赛犹如鬼魔，斋赛亦不以己为人，而自视如薄天飞行之大鸟、兽中之猛虎。[2]

正因为斋赛兵多将广，势力强大，故其蔑视建州，屡与后金作对。他夺取努尔哈赤己下聘礼的叶赫金台石贝勒之女，派兵袭击建州兀扎鲁村，拦路劫夺英明汗遣出的使臣。他又与明朝合谋，多索赏赐，发誓要讨伐后金。这一切，使努尔哈赤十分气愤"常思擒之"，甚至在梦中大叫："吾擒得斋赛矣。"[3]

---

①《武皇帝实录》卷1。

②《满文老档·太祖》卷11。

③《武皇帝实录》卷3。

因此，当探子报告蒙古斋赛兵到时，努尔哈赤即下令迎战，八旗劲旅奋勇冲杀，以多胜寡，大败敌兵，生擒斋赛及其二子与巴克、色本、桑噶尔赛等贝勒、大臣十余人。这一战，彻底打掉了蒙古喀尔喀部、科尔沁部诸贝勒的傲气，逼使他们与金盟誓友好，使一些贝勒产生了归顺英明汗的念头。

天命六年三月，八旗军取沈阳，克辽阳，击败明兵十余万；天命七年正月下广宁，再败明军十余万，奠定了久驻辽东的基础，出现了金强明弱、女真兴旺、蒙古势衰的新局面。在这极为有利的条件下，努尔哈赤又积极推行优待蒙古，招诱蒙古贝勒、大臣的政策，因此吸收了大批蒙古贝勒、大臣和一般蒙古部落前来归顺。天命六年十一月，蒙古喀尔喀部古尔布什及莽果尔台吉率部民645户来归。七年二月十六日，蒙古兀鲁特部贝勒明安、兀尔宰图、锁诺木、绰乙喇札尔、达赖、密赛、拜音代、噶尔马、昂坤、多尔济、顾禄、绰尔齐、奇笔他尔、布颜代、伊林齐、特灵，以及喀尔喀部贝勒石里胡那克等，率所属3000余户前来归顺。喀尔喀五部又有1200户来投。努尔哈赤皆分别封授官职，赐予皮裘细缎布匹银器及"房田奴婢牛马粮粟""凡所用之物，俱赏给之"。对一些人多势强、影响较大的贝勒台吉，汗、贝勒还与他们联姻婚娶，共享荣华富贵。[①]

努尔哈赤这种封官授爵赐予庄田阿哈的政策，使一些蒙古贝勒、大臣荣任要职，统兵辖民，役使阿哈，成为富贵豪华、有权有势的大农奴主、大贵族。我们可以略举下述几人为例。

明安，原系蒙古兀鲁特部贝勒，天命二年（1617年）努尔哈赤知悉明安将来建州会晤汗、贝勒，遂亲率诸福晋及各贝勒出城，至百里外迎接，留住一月，每日一小宴，三日一大宴，隆重款待。临行，赠赐人40户、甲40副以及大量布帛等物，送到30里外才归还。[②]天命七年二月，明安偕锁诺木等贝勒率部来归，努尔哈赤设宴欢迎，授明安三等总兵官。后明安隶满洲正黄旗，多次出征，晋二等伯，死后，雍正朝时追封一等侯。其第二子多尔济娶公主，为额驸，后封三等子。明安的长子昂洪，封三等男。

布颜代，兀鲁特部贝勒，天命七年二月同明安率所属来归，娶公

---

① 《武皇帝实录》卷4。
② 《满文老档·太祖》卷5。

主，封额驸，授二等参将世职，后隶满洲红旗，以军功晋三等男，任镶红旗固山额真。

布当，随明安来投，授二等参将世职，隶满洲正蓝旗，后晋三等男。

古尔布什，喀尔喀部台吉，天命六年十一月领部民来投，努尔哈赤设宴招待，赐貂裘3领、猞狸狲裘2领、虎裘2领、貉裘2领、狐裘1领、镶边貂裘5领、镶边獭裘2领、镶边青鼠裘3领、蟒衣9件、蟒缎6匹、䌷缎35匹、布500匹，以及金、银、鞍甲、奴仆、牛马等，"凡应用之物皆备"，又以第八女和硕公主下嫁，封古尔布什为额驸，授一等总兵官世职，给予女真一牛录、蒙古一牛录，后隶满洲镶黄旗，封一等子。

莽果尔，喀尔喀部台吉，偕古尔布什率部来归，努尔哈赤宴见，赐予古尔布什同样物品，以族弟济白里之女与彼为妻，授总兵官世职。

努尔哈赤创立的厚待蒙古贝勒、台吉、官员的政策，产生了重大作用，促进了蒙古八旗贵族的形成和发展，初步建立起比较牢固的满蒙联盟，对金国——清的扩展，起了积极的作用。

（二）恩格德尔额驸

对于来归的蒙古各部贝勒、台吉和大臣，努尔哈赤赐予大量人丁、牲畜和财帛。像上述的莽果尔，原来辖领的部民并不太多，牲畜也较少，来投以后，仅仅经过半年时间，在汗的恩赐重赏下，就一跃成为辖治万民、拥有上万头牲畜的大富翁、大贵族了。

为了进一步考察这些蒙古贵族的阶级属性，看看其是否已转化为封建主、农奴主，我们可以举恩格德尔作为典型，详细论述。

恩格德尔（《武皇帝实录》中记为恩格得里），原是蒙古喀尔喀部的巴约特部贝勒达尔汉巴图鲁之子，是一个仅仅辖有一百来人丁的小小台吉。由于他是最早来朝拜努尔哈赤的蒙古台吉，十分恭顺和友好，故备受汗、贝勒重视和优待。

明万历三十三年（1605年），恩格德尔进马二十匹，来谒。努尔哈赤说："越敌国而来者，不过有所希图而已""遂厚赏之"。[1]第二年十二月，恩格德尔又引蒙古喀尔喀五部使臣，进驼马来谒，尊努尔哈赤为

---

[1]《武皇帝实录》卷2。

"恭敬聪睿汗""从此蒙古相往不绝"。①天命二年（1617年），恩格德尔再到建州，努尔哈赤以亲弟舒尔哈齐贝勒之女，与彼为妻（后封和硕公主），尊称额驸，此后多次来朝。

天命九年（1624年）正月初三，恩格德尔与妻同来，要求率部来归，定居金国，努尔哈赤甚喜，决定"厚养之"，与他盟誓赐敕，封授官职，赏赐庄园奴仆，迁其部属至辽。

努尔哈赤的誓词如下：

"皇天垂佑，使恩格得里舍其己父，而以我为父，舍其己之弟兄，以其妻之弟兄为弟兄，弃其故土，而以我国为依归，若不厚养之，则穹苍不苟，殃及吾身。于天作合之婿子而恩养无间，则天自保佑，俾吾子孙大王、二王、三王、四王、阿布太台吉、得格垒台吉、戚桑古台吉、迹儿哈朗台吉、阿吉格台吉、都督台吉、姚托台吉、芍托台吉、沙哈量台吉，及恩格得里台吉等，命得延长，永享荣昌。"②

努尔哈赤又以制诰赐恩格德尔及其妻子。诰文说：

"恩格得里后若有罪，惟篡逆不赦，其余一切过犯，俱不加罪。昔居汝国，吾女固仰望于汝，今移居至此，尔则依赖吾女，但吾女或恃亲族而慢其夫者或有之，谅尔有何事苦吾女也。尔心或受吾女之制，而不得舒，吾惟汝是庇，汝虽死，吾女必不溺爱以姑息之也。"③

努尔哈赤又给以"子孙世代罔替之职"，封恩格德尔及其弟莽古尔岱为三等总兵官。盟誓赐诰，封授总兵官（其子囊努克后来袭父职，晋至二等公），这就保证了恩格德尔及其子孙世代代占据高官要职，永为金国统治集团的重要成员。有了这样大而牢固的政治特权，就为恩格德尔一家攫取大量财富奠定了可靠的基础。

努尔哈赤赐给恩格德尔弟兄大批财物。天命九年（1624年）正月二十一日，赐恩格德尔金10两、银500两、大蟒缎1匹、次蟒缎1匹、牛犊蟒

①《武皇帝实录》卷2。

②《武皇帝实录》卷4；《满文老档·太祖》卷60。

③《武皇帝实录》卷4。

缎2匹、金丝龙缎1匹、补子纯缎1匹、钱蟒缎1匹、倭缎1匹、蟒缎衣服4套、帛50匹、毛青布500匹、钉有金佛首帽顶的帽子1顶、黑貂皮镶边的皮袄1件、黑貂皮皮袄1件、柜子10个、立柜10个、碗碟800件，以及鞍、辔、弓等物。赐予莽古尔岱的物品，与其兄一样。对二人的妻、子及随行人员，又赏与大量财物。这样的厚赏，在当时金国来说，还是少有的。

更为重要、更能说明实质问题的，是赐予人丁、阿哈、拖克索的具体情形。《武皇帝实录》《满洲实录》《高皇帝实录》，都只简略地提到赐给恩格德尔等人"田卒、耕牛……及房田应用之物，仍以平房堡人民赐之"，究竟赐予多少田卒房田，多少平房堡民？田卒、堡民与恩格德尔是何等关系，交不交纳贡品？为什么未提阿哈、拖克索，是未赐还是已赐，赐了多少？这一系列至关重要的问题，三部太祖实录都略而不叙。查阅《满文老档》，才找到解答这些疑问的珍贵资料，现摘录如下，作些分析。

天命七年（1622年）正月初八日，努尔哈赤下谕说：

"以平房堡之四百三十四男，给予蒙古恩格德尔喀驸。挑选通晓汉语、心地公正、未曾犯罪之谨慎之人，置主十家居住。尔等不得擅自索取任何物品。一年征收赋银一百两、谷一百石，以我之手给予。额驸若行，吹奏喇叭唢呐送之出境。若来，出境相接。"①

天命八年（1623年）二月十四日，努尔哈赤致书招劝恩格德尔定居金国时允诺说：

"（将）给汝等男丁八千人之贡赋之钱粮。……将给额驸二千丁，给格格二千丁，给（其子）代青一千丁，总计五千丁。……将给尔弟二千丁……给尔之二子各五百丁。……额驸、格格，尔等之一弟三子，总计八千丁。"②

天命九年（1624年）正月，恩格德尔一家人入居金国时，努尔哈赤

①《满文老档·太祖》卷32。
②《满文老档·太祖》卷45。

赐恩格德尔及其弟莽古尔岱各7丁的女真拖克索2个，汉人10丁的拖克索2个，近身役使的女真5对，其下伐木运水的男女5对。赐恩格德尔、莽古尔岱的儿子6人合共女真4丁的拖克索4个，3丁的拖克索2个，汉人十丁的拖克索6个。又分别赐予辖属的汉民。恩格德尔弟兄带来的蒙古200余户，仍由他俩辖领。[①]

从以上材料，我们可以归纳出四个结论。第一，恩格德尔弟兄辖有大量人丁。这两位台吉，原来仅仅领有200来户蒙古民，定居金国以后，获得了大批人丁。恩格德尔先领平虏堡民434丁，后又许给5000丁，加上其弟莽古尔岱的3000丁，共有汉民8434丁，比原来辖属的200多户蒙古，增加了二三十倍。还有拖克索的人丁。恩格德尔及其子女，有女真拖克索7个、汉人拖克索7个，共14个拖克索，102丁。莽古尔岱父子有女真拖克索3个、汉人拖克索3个，48丁。兄弟二人共领拖克索20个及150丁。再加上恩格德尔夫妇近身役使和伐木运水的男女40对，总起来，兄弟二人占有女真、汉民8624丁。其中，恩格德尔一人就有6576丁，这是相当大的数字。

第二，恩格德尔弟兄成为田连阡陌的大土地所有者。虽然《满文老档》未写明努尔哈赤赐给恩格德尔弟兄的土地数目，但是，我们根据"计丁授田"法和天命十年的编庄规定，进行推算，还是可以了解到大概情况的。天命十年（1625年）十月编丁立庄时，规定一庄13丁、地100垧。一垧按6亩计（有些地方，一垧为10亩），为600亩，平均每丁领种土地46亩。照此折算，恩格德尔弟兄二人的20个拖克索150丁，应有田地6900亩。其中，恩格德尔一人就有14个拖克索102丁，应领地4692亩。

恩格德尔还有役使男女40对，即40丁，也应领地，每丁6垧，36亩，又有1440亩。

这些土地都属家主所有，这样，恩格德尔仅凭赐予的拖克索人丁和役使阿哈，就应领地6132亩，加上莽古尔岱的人丁应领地2208亩，共有地8340亩。

恩格德尔弟兄还辖有8000汉民，按每丁领地36亩计算，当领地288000亩。这样多的土地虽不归恩格德尔弟兄直接占有亲自管理，仍由汉民经营耕种，但他们必须向主人纳租服役。这个租与役，本来是英明汗以金国土地最高所有者的身份，以最高主权者的资格，向汉民征收

①《满文老档·太祖》卷60、61。

的，现在努尔哈赤将这个权赐给恩格德尔弟兄，由他们来征租金役。这就是说，恩格德尔兄弟二人对赐给他俩的8000名汉丁领有土地有一定的主权，即有一定的所有权。

还有平房堡汉民434丁耕种的上万亩土地，也与主人恩格德尔有一定关系，他对这些田土也有一定的主权。

一个小小的蒙古台吉，一下子就这样上升为占地万亩、辖地数十万亩的大土地占有者了。

第三，恩格德尔兄弟成为征收大量银谷的大庄园主、大地主。按照天命十年编庄的规定，一庄13丁，耕地百晌，以其中的20晌作为正赋，即作为地租。20晌为120亩，平均每丁耕官赋地9亩，照此折算，恩格德尔弟兄的20个拖克索150丁，应耕正赋地1350亩。如果亩产1石，可收谷1350石，亩产8斗，可收谷1080石。仅凭这20个拖克索，恩格德尔兄弟二人就可收租谷1080～1350石，恩格德尔一人就可收租谷734～918石。

努尔哈赤赐平房堡汉民给恩格德尔时，明确规定每年收赋银100两、谷100石。努尔哈赤允诺赐8000丁给恩格德尔时，也具体规定，从这8000丁每年征银520两、谷880石，还要金派役夫140人、"防护自身物品的兵丁140人"，以及耕牛70头。其中恩格德尔的5000丁，每年征银330两、谷550石，金派役夫90人、兵丁90人，耕牛45头。[1]仅凭这三项，恩格德尔每年的收银430两、谷1384～1668石。还要加上役使阿哈40丁应领之地1400余亩的谷、银收入。这个数字相当可观了。

第四，恩格德尔兄弟已成为剥削阿哈和汉族农民的大封建主、大农奴主。恩格德尔弟兄的主要收入，有五方面来源：论功论职领取赐物；平房堡民上交的银谷；汉民8000丁的纳租服役；20个拖克索中阿哈上交的正赋；属下蒙古的贡物。这几项可以肯定，都是属于封建性质的剥削。

以平房堡民来说，这434丁原系隶属金国汗，每年都应向国家交纳封建赋谷、赋银，现在他们被拨归恩格德尔管辖，就转向家主纳租服役了，每年交银100两、谷100石，家主出境入境，还要恭送欢迎。这显然是封建剥削。

再以努尔哈赤许诺赐的8000丁来说，这些汉民也是由金国黎民转变为恩格德尔属下，他们不再向汗、贝勒交纳赋银充役当兵，而改向家主

_____

[1]《满文老档·太祖》卷45。

恩格德尔兄弟纳租当差，每年交银520两、谷880石，还要出"服役之人"140名、"防护身之诸物之兵士"140名，这些谷、银、役夫和兵丁，本是汉民8000丁每年向金国交纳的封建赋税和承担的封建徭役，现转归恩格德尔弟兄，由他们占有，由他们征收，由他们役使，这自然也是封建性质的剥削。

按职论功领取的赏物，属下蒙古交纳的贡品，也是封建赋税的性质。由此可见，在天命九年正月恩格德尔定居金国时，他已由原来的蒙古小台吉，转变成广占田土奴役汉民、阿哈的大封建主、大农奴主了。

恩格德尔的发家及其成为大封建主的事例，是一个很好的典型，从这里可以了解八旗中蒙古贵族的发展和阶级属性，可以作为主要依凭恩赐被汗、贝勒扶植起来的贵族、官将这一类的典型代表。

七、降金汉官的任用和疏远

（一）起用废官罪臣微员末将

天命三年（1618年）四月，努尔哈赤率领八旗军队攻下抚顺，守城游击李永芳降金以后，陆续有一些明朝官吏、生员和偏裨末将战败被俘归顺，特别是天命六年（1621年）三月打下沈阳、辽阳，进驻辽东以后，许多汉官纷纷投降，愿为新主效劳。明朝重镇广宁的失守，就并非金兵的进攻，而是降官献城所致。天命七年正月二十一日，努尔哈赤攻下西平堡，击败明总兵刘渠、祁秉忠军队后，驻宿沙岭。此时，明游击孙得功串通千总郎绍贞、陆国志及守备黄进等查封府库，把守城门，遣七人来见请降。二十二日，西兴堡备御朱世勋差中军王志高求降。二十三日，金军开往广宁，明千总石天柱、秀才郭肇基来降说，"吾等已禁城门"。二十四日努尔哈赤进入广宁，住巡抚衙门，游击罗万言、平洋桥守堡闵云龙、锦州中军陈尚智、铁场守堡俞鸿渐、大凌河游击何世延、锦安守堡郑登、右屯卫守备黄宗鲁、团山守堡崔尽忠、镇宁守堡李诗、镇远守堡徐镇静、镇安守堡郑维翰、镇静堡参将刘世勋、镇边守堡周元勋、大清堡游击阎印、大康守堡王国泰、镇武堡都司金励等，共四十余城堡官将，各领属民投降。

这批降金汉官，初期大都编入八旗，分隶八贝勒，后来专门编立八旗汉军，委任他们充当固山额真、梅勒章京、甲喇章京、总兵官、副将、参将、游击，以及其他官职，不少人因功封为公、侯、伯、子、男，形成了八旗汉军贵族，在金国——清政治生活中产生了相当大的影响。

努尔哈赤创立的大量任用汉官政策，是出于形势需要，有其特定的历史背景。以汗、贝勒为首的满族贵族，人数太少，数万金兵，只能聚居辽阳、沈阳、广宁以及少数军事要地，其他州县城镇和广大乡村，难以一一分兵屯驻。兼之语言不通，文字相异，服饰有别，习俗不同，无法了解辽民心情，不易查获"叛、逃"密谋，也很难逼迫汉民纳粮贡物当兵服役。在这样条件限制之下，要想由满族贵族独占一切，完全排斥汉族地主阶级，那是绝对不行的。没有汉族地主阶级的合作，汗、贝勒就不能在辽东站稳脚跟，很难控制全辽汉民，更谈不上以此为基地，进一步大举攻明，夺取关内州县，扩展金国辖区，掳掠更多的人畜财帛。因此，要想克服兵少民多、人地生疏的障碍，加强对满汉人民，尤其是汉民的统治，必须拉拢汉族地主阶级，建立起以满族贵族为主、为核心的满汉剥削阶级的联合专政。这就是说，必须吸收汉族地主阶级中愿意归顺新君的代表人物——降金汉官，必须实行任用汉官的政策。这一政策执行如何，是好是坏？汉官的多数，是真心实意为英明汗甘效犬马之劳，还是身在曹营心在汉，或三心二意，窥测形势，待机而变？直接关系着辽东地区的局面，关系着金国的扩展。进驻辽沈初期，努尔哈赤对这一问题的处理，还是相当明智、妥当的，大量擢用汉官，对巩固辽河以东地区的统治，起了积极的作用。

努尔哈赤多次谈到必须任用汉官的问题。他很明白，知道自己对广大辽民不了解，不知谁可靠，谁难信任，不知道谁是顺民，谁想抗金，也不知道应该任用哪些人，应该杀谁抓谁？这一切，只有汉官才清楚。他曾在一次专门召集各汉官的会议上，对他们说："尔等之国人，可信者，不可靠者，尔等知之矣！"汉官应当担负起防守边境的责任，"善为把守边境不固之处，收其不可靠之人"。[①]

努尔哈赤还在一次下达给汉民的汗谕中，透露了为什么要任用汉官的一个原因。他说："得辽东后，欲任女真官员管辖，恐尔等新民言语

---

① 《满文老档·太祖》卷40。

不通。"故令汉官辖治汉民。①在这里，语言不通以致言谈的不便，占据重要原因。当然，问题也很明显，其所以要任用汉官，并不只是决定于文字语言的因素，实际上是由于整个制度、风俗、习惯的差异，以及阶级斗争形势的需要。

努尔哈赤的高明，不仅仅表现在他认识到需用汉官的必要性，而且还在于他进一步注意到应当委任哪些汉官。此时，八旗劲旅虽然接连三次大败明军，打下沈阳、辽阳，夺据辽东，但与明朝相比，毕竟是人丁太少，辖区不广，而且刚刚进驻，面对幅员数百万里、臣民亿万的大明天朝，力量对比，相差悬殊，能否久驻辽东，仍是疑问。在这样的条件下，那些原来身为明朝总督、巡抚、将军、总兵、副将的高级官将，那些长期囿于华夷之别，视己"尊如神明"，蔑视女真的文武大员，很难立改常态，认"夷"为父，屈身事汗，甘为臣仆，永远效忠于新君。相反，有些微员小吏偏裨末将，以及罪臣闲官，或是胸无点墨、少读诗书，唯图鱼肉乡民、加官晋职；或是自视甚高，官场失利，心怀不满，因而有可能背叛旧君，投靠新汗，把自己的命运，把个人的升官发财和荣华富贵，与金国汗、贝勒连在一起。

因此，努尔哈赤特别注意收罗和起用明朝的罪臣、废官及中下官将。天命六年三月二十一日打下辽阳，二十四日，即"释辽阳狱中官民，查削职闲住者，复其原职。设游击八员、都司二员，委之以事"。②此后，继续实行这项政策，不断提升为金效劳的明朝废将、罪臣及战败愿降之将。天命八年三月，努尔哈赤训斥众汉官时，讲了这样一段话，很能说明问题。他说："尔等众汉官，一半之人曾于明帝时得获死罪，监禁于狱中，一半之人曾坏其身（即被革职），一无所有，又皆战阵所获而养之也。"③可见明朝的废官罪官降金以后，确被汗、贝勒大批起用。

努尔哈赤曾对督堂下达专谕，指示不用明朝大臣，而应擢用愿为金国效劳的小官小吏。他说：

"河东归顺之汉人，诇谍于我等，出其力，致其才，被河西官员视为敌矣。以彼国为敌而诇媚于我等之人，我等若不举用育养，彼等何能

① 《满文老档·太祖》卷29。
② 《武皇帝实录》卷3。
③ 《满文老档·太祖》卷48。

维生，此后复有何人附我而来，谁肯出其理事之才？……彼等甚恨其国而归向我等，若尽其之才，勤其所能，则当不思其为奴为小人，即行擢用，使其为大人，则贤者将来归附我等矣。对彼之皇帝有功，给彼之官员财物，而成为官员之人，自以为原系大臣，一向为官，不为我等勤劳，不献其所知，惟观察脸色沉默无为之人，彼于我等究有何益耶。"①

努尔哈赤在进入辽东初期，这样的大力网罗愿意投降金国的汉官，目的在于让他们辖治汉民，为汗尽忠出力。这在天命六年四月初三的汗谕中，讲得十分清楚。他给"明国众游击官"（即降金的汉官）下谕说：

"我等非汝明国，不取属下人之财，不以财物送与上级大臣，公正断决。与其科索下人，给予上司，何如公正审断，汗嘉赏赐财，此诚终身享用矣。凡汗所一度嘉升之人，不似明国有过即黜。尔等游击官员，须秉正直，不敛取属下之财，不馈送上司，勤守各种法令，为汗之眼，观察众人，为汗之耳，用以听众，诸凡各事，皆详加督察。"②

这次"汗谕"，是在攻下辽阳以后的十二天下达的。可以说，它基本上包括了努尔哈赤对汉官的要求和政策，主要是要求汉官为汗耳目，当汗犬马，尽忠效劳。具体来说，可分为五个方面。

第一，责令汉官"勤守各种法令"。为了统治阿哈、诸申和辽东汉民，金国汗、贝勒制订了许多法令，比如，强迫汉民尽力种田，不许怠耕；安分守法，禁止叛逃，纳粮交税，充当役夫，筑城运谷，不许拖欠违抗；敬养汗、贝勒，尊奉家主，不得犯上失敬等禁令，汉官都须"勤守"，都要贯彻执行。第二，要求汉官"为汗之眼""为汗之耳"。因为汉官知悉汉民情况，了解明朝习俗，故要汉官充当汗、贝勒耳目，侦察属人，哪家富庶，哪家贫穷，谁顺从新君，谁留恋故帝，谁可信任，谁不可靠。哪些人与明朝联系，准备叛逃，随时将侦察所得消息，上报汗、贝勒，引导八旗女真官将，带兵捕捉反金人员，为贯彻执行努尔哈

①《满文老档·太祖》卷23。
②《满文老档·太祖》卷20。

赤制定的"平盗贼，止恶逆"国策而效劳。

第三，谕示汉官要"公正审断"，不要徇私舞弊。所谓"公正审断"，就是依据维护汗、贝勒、贵族官将利益的法令，以严刑峻法，来逼令满汉人民听任汗、贝勒、大臣鱼肉盘剥，不能心怀不满犯上作乱。进驻辽沈前，这个重担，主要还是女真官将承担的，现在汉官既然分任各职，专管汉民事务，就要负起这个责任，要对汉民"审断公正"，从而强迫辽人充当降金顺民，以巩固金国的统治。

第四，谕劝汉官不要"苛索下人"，不要敛取属民财帛。努尔哈赤这样讲，主要是为了平息人民的愤怒，缓和阶级矛盾、民族矛盾，减少汉民反抗，维护金国统治。过去金军多次攻明，焚烧庐舍，掠夺人畜；进驻辽沈以后，又大肆烧杀，逼民为奴，本已使得民族矛盾、阶级矛盾异常尖锐，反金斗争如火如荼，如果汉官为虎作伥，利用职权，敲诈勒索，必将火上加油，更加激起辽民愤恨，掀起更大规模的抗金斗争。努尔哈赤的担心，确实是有根据的，不少地区的汉民，就是因为降金汉官欺压百姓、勒索民财而起义反抗。例如，从辽阳派往马科瓦勒赛和古河的汉官，竟大声叫喊说"拿财物来"，居民不胜愤怒，杀了这些民族败类和贪官污吏。镇江、长山岛民，亦因"不能忍受尼堪官员（即降金汉官）勒索财物的罪行"而武装起义。[1]

第五，委命汉官对各事"皆详加督察"。这个范围十分宽广，不是一件事两件事，不是这一方面那一方面，而是"诸凡各事"，都要监督，都要察看，委以汉官具体办理汉民事务的权力。

为了使汉官为汗、贝勒出力，努尔哈赤采取以"功""福"相诱，以惩罪相威胁的政策。他多次宣称，对尽忠效劳的汉官，要"嘉赏赐财""终身享受"，要"赏以功，给予为官"，甚至还实行世袭制，允诺"功臣"的子孙可以世代承袭祖、父的官职，即使犯了法，只要不是谋叛大罪，都予以宽减免。镶蓝旗的游击朱吉文，在金军攻取辽阳后降顺，逼迫瑷河、凤凰、镇江、汤山、长甸六城逃散的汉民，归回城内。镇江罗秀才带领五百汉民渡江入朝鲜，朱吉文又率人追赶回来。他先后杀死明总兵毛文龙派来的"奸细"多人，又屠杀登山叛逃的汉民，因此由游击升为参将。[2]明朝白土厂刘参将，"全部收容他周围之村"，亲自

① 《满文老档·太祖》卷29。

② 《满文老档·太祖》卷72。

前来归顺，升为副将，仍管旧地。①

广宁守备石廷柱，天命七年正月降，晋游击"辖降众"，后历任昂邦章京、镇海将军，封三等伯世袭，其兄国柱、天柱（千总），亦封授三等男。

明天原千总金玉和，降金后，初授甲喇额真，予世职三等副将，后任工部参政、梅勒额真、署怀庆总兵官，定封二等男。

守备陈完卫，去复州收割公粮时，盗走22车粮谷，努尔哈赤认为，"盗汗之公粮，是大罪"，本欲斩杀，因陈述说其父在任汤山守堡时，被毛文龙带走处死，努尔哈赤听后指示："由于父之功，给陈完卫备御，敕书上写有世代承袭之功。"遂免死无罪释放。

在努尔哈赤的高官厚赏引诱下，进入辽东初期，不少明朝官、将、生员降顺金国，巴结新汗。他们阿谀逢迎，献计献策，告密送信，逼催赋税，迁民分地，查点人丁，追捕逃人，对巩固金国的统治起了相当大的作用，他们也获得了政治上、经济上的丰厚回报。努尔哈赤钦封的抚顺额驸李永芳和石乌礼额驸佟养性，就是两个典型例证。

李永芳，辽东铁岭人，明万历四十一年（1613年）任守备，守抚顺，十二月，收受努尔哈赤上呈明的"诉状"，转呈兵部，第二年，改为游击。②后金天命三年（1618年）四月十五日，努尔哈赤率领大军，以"七大恨"誓师伐明，围抚顺，招劝李永芳投降说："汝若不战而降，则不扰汝所属之兵及所辖之地，仍以原礼养之。……吾岂有不超升汝职如吾之一等大臣相养之理乎！……城中大小官员军民，汝等若举城投降，父母妻子亲族俱不使离散。"③李永芳一面声称愿降，一面又令军士备守具，八旗军进攻，瞬息破城，杀千总王命印，李永芳出城投降。努尔哈赤第一次和明朝正式交战，第一次得获明朝降官，为了便于今后对明用兵，了解明情，统辖汉民，争取更多的汉官归顺，决定厚待李永芳。为使"抚顺游击情愿归顺，特加优遇，使其乐居于此"，努尔哈赤与八旗大臣商议后，特设大宴，"以汗子阿巴泰之长女，妻与抚顺游击"，尊称"抚顺额驸"，升授三等副

---

①《满文老档·太祖》卷33。

②《明神宗实录》卷516、524。《清史列传》《武皇帝实录》《清史稿》皆说李永芳在万历四十一年已任游击，这是错误的，应以《明神宗实录》的记载为准。

③《满文老档·太祖》卷6。

将。降民千户，仍依明制设大小官员"令伊故主游击李永芳管辖"，并厚待降民，父子兄弟夫妻不使分离，因战失散的亲族眷属及包衣阿哈等，皆令返家后查明归还相聚。又赐予降民马、牛、衣服、被褥及粮食，给牛1000头令杀而食用，又赐每户各大母猪2头、犬4条、鹅5只、鸭5只，令其饲养。[①]

李永芳受宠若惊，尽忘旧君恩情，竭力效忠新主，通报军情，领兵从征，用计行间，煽惑明朝兵民降顺，效尽了犬马之劳。天命四年（1619年）七月，后金攻清河，参将邹储贤领兵死战，火器齐发，滚木矢石俱下。李永芳大声呐喊，招诱胁迫守兵弃城投降，遭邹痛斥，邹储贤等兵民万余皆死难。第二年攻铁岭，天命六年三月取沈阳，下辽阳，李永芳皆率汉兵，"从征有功"，升三等总兵官，即后来的三等子。李永芳之子巴颜，后封一等伯。

佟养性，辽东人，在抚顺经商，见建州势盛，暗与努尔哈赤联系，通报明情，守将发觉，捕押于狱。佟越狱潜逃，进入建州，努尔哈赤大喜，以亲族之女嫁予，尊称"石乌礼额驸"，授三等副将，从攻辽阳，晋二等总兵官（后之二等子）。

努尔哈赤还以优遇李永芳、佟养性为例，多次劝诱明将投降，极力争取汉官归顺。天命四年六月取开原，明将守备阿布图，因妻子被掠，带两千总及兵200余人前来投降。千总王一屏、金玉和、戴集宾、白奇策及守堡戴一位，亦因子女被俘，共带20余人来降。另一些守堡、把总亦降。努尔哈赤甚喜，以"明国向无叛逃他国之例"，他们的归顺，是因为"天意佑我""闻吾养人"而来，应予重奖，特赐阿布图人100、牛马100头、羊100只、骆驼5头及大量布帛，并擢升副将。赐金玉和等六千总各人50、牛马50头、羊50只、骆驼2头。赐戴一位等守堡、把总，各人40、牛马40头、羊40只、骆驼1头。对这些官员的从人，亦照职位赐以妻、奴、牛、马、衣、谷等物。[②]授金玉和甲喇额真，给予三等副将世职。

李永芳、佟养性等降金汉官，就这样以效忠新汗，奔走厮杀，立下功劳，封授爵职，进入了贵族行列，成为清朝异姓贵族的一个重要集团，后来演变发展成为汉军贵族。

①《满文老档·太祖》卷6。
②《满文老档·太祖》卷60。

（二）严责众汉官

由于汗、贝勒残酷屠杀辽民，辽民拼死反抗，反金浪潮高涨，金国统治出现了严重危机。明朝又屡派"奸细"进入辽东，潜与汉民、汉官联络，劝诱降金汉官反正。在这样形势下，一些汉官开始动摇，三心二意，窥测形势。另外一些汉官则猛然悔悟，私与明朝边臣书信往来，秘密策划，伺机里应外合。

部分汉官的消极怠工，一些汉官与明私通书信的破获，少数汉官带领兵民潜逃未果被捕，这一切，震动惹恼了金国汗、贝勒。努尔哈赤不是冷静分析形势，寻找原因，想出妥当办法，以抚为主，以惩相辅，重治少数谋叛者，笼络大多数汉官，以稳定局面；而是感情冲动，仗势凌人，放弃了原来执行的依靠汉官、大量任用汉官的正确政策，转而采取了怀疑、歧视、压制、疏远汉官的错误行为。这主要表现在他经常训斥汉官、惩治刘兴祚和怀疑李永芳三个方面。

早在天命七年初，努尔哈赤就曾痛骂过降金汉官。李永芳、佟养性等汉官，利用金国女真官将刚入辽沈不谙民情的机会，凭借汗、贝勒给予的职权，敲诈勒索，搜刮民财，攫夺了大量人畜财帛，侵犯了女真官将利益，影响了金国役夫、兵卒的来源。努尔哈赤知道此事以后，大为不满，于天命七年正月初二日，亲到衙门，严厉地斥责众汉官说：

"曾令尔等将归降之兵，尽行放回各自之父母之处，尔等不从，以为若将此等遣返，则今后我等俘获敌兵有何用处？乃不遣返。尔等往新城、瑷河之时，曾带人数万，欲以充兵，而不能得兵，欲以服官役，而不能得人。带来之百人、千人之中，尔等得一二人服役者。河东数万万人，若皆由尔等索取财物而使之豁免，则人有何用！……抚顺额驸、石乌礼额驸，吾视尔等如同半子之婿而养之矣。贝勒家中庭院有草料乎？尔等家中庭院所积如斯草料者，若非尽皆免于赋税而取者，何能有也！草乃积于表面易见者耳，金银能见乎？尔等不思报答汗育养之恩，不明白办事，而一味如此索取财物，我等不信赖尔等汉人矣。"[1]

---

[1]《满文老档·太祖》卷32。

这次训责的口气固然很严厉，而且点了李永芳、佟养性的名，说出了"我等不信赖尔等汉人"的话，但这时双方的关系还是比较好的，汉官仍很卖力，汗、贝勒仍很重用他们，只不过是汉官们本性难移，见财必然起意，一心勒索民财，扩大私囊，惹恼了金国汗，挨了一顿骂。但是，骂完以后双方继续"合作"，没有引起大的政策性变化。

金国汗、贝勒对降顺汉官态度的改变，关键在于天命八年（1623年）发生的一些事。这时辽民反金浪潮不断高涨，明朝乘机派遣"奸细"，秘密联络汉官汉民，煽动他们逃往明境或里应外合，共抗金兵。一部分汉官动摇了，不认真办事了，也不告发明朝的"奸细"。努尔哈赤非常生气。天命八年三月下旬，努尔哈赤重赏了一批忠于金国、擒捕明朝奸细的汉官汉民。比如，宽奠的赵游击，斩杀了明总兵毛文龙派来行间的曹都司，捕其同行人员，努尔哈赤赏赵银100两，"并颁敕书，记载子孙世袭之功"，升赵游击的中军佟文明为备御。[①]张德玉告发到郎游击处的奸细，升为守备。王园久逮捕明朝派来的奸细，升为守备。刘济宽告发双山备御苗一庄私通毛文龙，革苗之职，任刘为守备。博济寨王钟魁两次向草河备御苏士登首告寨民要叛逃，苏不追查，不久博济寨民逃走，遂杀苏士登弟兄，升王钟魁为守备。沙场守备王之登追查并捕获了毛文龙派来的奸细，升为游击。汤山守堡汤英国，捕获毛文龙的奸细，升守备。岫岩守备乔邦魁私通毛文龙，为其包衣首告，斩乔邦魁一家。[②]

努尔哈赤就此事大发议论，严厉斥责汗都的众汉官忘恩负义，心向明朝，不捕奸细。他说：

"外边地方之小人，经常捕获奸细，送往此地，奸细岂有不来我等之地之理耶？尔等众官员，一半在明帝时得获死罪，关在狱中，一半失去官职，一无所有，又皆战阵所获而养之也。吾所举用育养之官员，尔等思及育养之恩，毛文龙所遣之奸细，尔等何故不捕获耶？叛逃凶暴为乱，何故不查？若如斯不为汗而勤奋，养育尔等有何益耶？无论何人，发觉叛逃而告，知奸细之来而捕之送来时，仍如先前之人一样，赏以功，给予为官。若闻叛逃而不告，知奸细之来而不捕，为他人告发时，

---

① ② 《满文老档·太祖》卷48。

将依苏士登、乔邦魁一例处之矣。"①

　　这次训话，既将降金汉官极力丑化，揭其曾为阶下囚、穷汉子、败将战俘的老底，又点出他们心向明朝、不捕奸细、不查叛乱的罪状，并以私通明朝的汉官被斩为例，予以威胁，用词的严厉，实为罕见。这次"汗谕"，十分清楚地表明了努尔哈赤对降金汉官已由任用、依赖，而转为怀疑、疏远了。

（三）惩治刘兴祚

　　更能说明问题的典型例子，是金国汗对待刘兴祚态度的变化。刘兴祚，辽东开原人，初因违犯明法，开原道将予以杖责，刘兴祚又惧又怒，于明万历三十三年（1605年），离开父母妻子，逃入建州。努尔哈赤甚喜，"授以备御之职"，改名爱塔。天命六年（1621年）三月进驻辽东后，驻防金州，升为游击。六月进为参将，八月升副将，管辖金州、复州、盖州、海州四州，其侄为海州参将，弟亦为游击。在相当长的一段时间里，刘兴祚竭力为金国汗、贝勒服务。他追捕逃人，逼迫避居海岛的辽民投降，击杀明朝官兵。《满文老档·太祖》卷23，载录了刘兴祚于天命六年四月至六月所立的"军功"及其因此升职的情况，现摘录如下：

　　"乙巳年（1605年），太平之时，爱塔弃其父母妻子故乡来归于汗，汗惠爱之，授以备御之职。得辽东后，给予游击之职，遣官金州。到金州后，原有二秀才及十余光棍，翌日欲究问之，回报皆已避遁入海，乃遣十余人于海岸二处瞭守。夜间有二船来此岸欲取粮，捕十五人，夺其船。得此船后，致书各岛，十五岛之人皆降。

　　此后，四月十六日，闻登州之人，以三十四条船渡海，来金州，遂连夜前往，遇敌，射死四人，擒二十七人回。海内七十里外，有一广鹿岛，杀我方遣去招降之一人，捕一人解送山东，乃乘船前往，擒何游击，获二千余人，以及金一百两、银一千三百两，猞猁狲皮袍子、衣服、绸帛共三百件，送来。

　　又，登州之兵，乘七十五条船来攻，射杀七人。此兵返时，爱塔率

①《满文老档·太祖》卷48。

一百五十人，乘船往追，因其败走，未能追及而返。又，明国翰林院给事中等官，赍赐朝鲜国王衣服，朝鲜之二总兵官、一侍郎送彼归国，乘船二十只行于海，因未得顺风，来金州方向海岸之岛。六月初七日闻讯，爱塔率三十人往，乘诸官员不暇乘船，得获朝鲜人五十二名、明人九十、银四两。

因有此功，升爱塔为参将，以银五百两、备有鞍辔之马、甲胄、细甲叶袖、弓、撒带、箭二十支、帽、带、靴等，尽赏与之。"

此后，刘兴祚继续斩杀明朝来兵，搜寻明将派来的奸细，追捕逃人，为巩固金国辽南辖区，防敌、平叛、止逃立了大功。

刘兴祚还负责催征所属兵民上交租赋。天命六年十一月，刘奉汗谕，运送盖州官中谷草于耀州，以饲养军马。①十二月，又三奉汗谕，赶送盖州、复州官赋草，运往辽阳，并速将盖州、金州、复州官赋，征收押运。②天命七年二月，努尔哈赤令刘兴祚将金州、复州、盖州、海州四卫会驾驶木船的人，尽数查出，使运右屯卫的粮谷。③汗又叫爱塔督促役夫，"要不分昼夜赶快使用刀船架桥""要勤勉地多煮官赋之盐"。④

刘兴祚的效劳，受到金国汗的嘉奖。努尔哈赤不仅一再给刘升官晋职，还常下汗谕，劝其谨慎小心，防护身体，免陷奸计。天命六年五月二十九日，努尔哈赤谕告刘兴祚之侄（海州参将）说："尔参将和我处之人一样。河西之人将要下毒，谋害你，尔食饭之时要注意。尔要注意自己身体，多派遣可以信赖之人看守尔家之门。送信给尔叔爱塔说：食饭时，要注意，多派可以信赖之人守门。"⑤

十二月十八日，努尔哈赤下达给刘兴祚的汗谕，对双方之关系，讲得很清楚，摘录如下：

"汗之书下于爱塔副将：汝上之书，皆已看阅。依照旧例汗所规定

---

① 《满文老档·太祖》卷28。
② 《满文老档·太祖》卷31、32。
③ 《满文老档·太祖》卷35。
④ 《满文老档·太祖》卷36。
⑤ 《满文老档·太祖》卷32。

征收之各项官赋，勿增勿减，照旧征收，辽东周围与女真合住地方之人，草尽粮缺，若不将女真未至地方之谷草征收通融，则兵马何得而食。汉官私下擅自征收之谷、草、小麦、芝麻、线麻、蓝、笔、纸等等诸物，俱皆革除。为此，今后差遣官员，皆以汗之库银与之，令其持带，各自买肉肴而食之。只给以米，用以食饭。刘副将要将此谕下达及南边四卫之人，南四卫之人皆信尔之言。要善为教谕，语以更新之际，虽有所苦，然汗之政法明矣，终将得安。尔须善慎其身，勿陷当地之人奸计。"[1]

这道汗谕，讲了刘兴祚肩负催征官赋的责任，讲了金国汗、贝勒要革除汉官勒索，施以"仁政"。而这个仁政，只有刘才能宣扬，辽民才会相信。它还表明了汗对刘的信赖和爱护，叮咛刘要"善慎其身"，防中奸计。进入辽沈后的一年多，刘兴祚与金国汗的关系，基本上就是这样。

虽然努尔哈赤欣赏刘兴祚的才干，依靠他来维护辽南金、复、海、盖四州的统治，多次嘉奖厚赏，越级提拔，半年内由守备三次升迁，晋为副将，成为降金汉官中仅次于汗之女婿李永芳、佟养性的第三位高级官员。刘兴祚在一段时间里确实尽心效劳，在征赋、防敌、平叛、止乱、捕逃、安民等方面，为保卫汗、贝勒的江山立了大功，此间双方互相依靠，各有所获，关系是密切的、融洽的。但是，历史是变化多端的，辽东地区反金斗争的惊涛巨浪，冲断了联结双方的桥梁，这个曾经效忠于金国汗、备受重用的刘兴祚副将，经过彷徨犹豫，最后终于走上了叛金归明的道路。

明李介所著《天香阁集》的《刘爱塔小传》，对刘兴祚的反正始末，作了如下叙述：

"刘爱塔，辽人也。幼俘入口，伶俐善解人意，某王绝爱之，呼为爱塔。爱塔者，爱他也。及壮，配以口口，使守复州。爱塔素有归朝意，东江总兵毛文龙使人招之，为人所告。某王发兵围复州，缚爱塔归，将杀之，口口泣请，乃免。（后卒归明）"

[1]《满文老档·太祖》卷31。

马晋允的《通纪辑要》，亦载有刘兴祚的事：

> "天启三年九月，麻羊守备张盘收复金州。先是，奴以刘兴祚守复州，兴祚欲反正，事觉，奴缚之去，尽戮金，复等处辽民，逃者甚众。"

上述二书都讲到刘兴祚有反正归明之心，此说不够准确。刘兴祚原来是真心为金效劳的，但后来思想感情发生了变化，逐步不满金国，有了回明的念头，并于天聪二年（1628年）潜逃入明，对抗金军。为什么刘兴祚会尽改初衷，从叛明降金转为归明抗金？显然这是与他的亲身经历和辽东人民的反金斗争密切相关的。

刘兴祚本来是因为不满明朝官将的欺压，在即将"挞之"的威胁下，被迫抛弃父母妻子和故国家乡，从开原逃入建州的。但是，十七八年的经历，特别是天命六年（1621年）三月进入辽沈以后一年多的耳闻目睹，及其亲身所作所为，使他感到，此处并非天堂，八旗贵族官将并非为民谋利的救世主，他们同样掠夺民脂民膏，谋己私利，其残酷性、野蛮性、贪婪性，比诸明朝的贪官污吏、凶横将官，有过之而无不及。由于赋重役繁，冤狱频兴，掳掠盛行，杀声不绝，幅员辽阔的辽东地区，找不到一处安静之地，广大辽民被斩被掳被徙，血流成河，哭声遍野，流离失所，惨不忍睹。而在这造成辽民陷入水深火热的地狱过程中，刘兴祚不仅并未置身事外，相反，他却成为金国汗的得力鹰犬，起了女真官将所不能起的恶劣作用，是造成这场灾难的重要帮凶。才干出众、武艺超群、胸怀大志的刘兴祚，竟成为千人骂、万人恨的民族败类，真是既可悲，又可恨，实在令人痛心。这是促使刘兴祚痛定思痛下决心叛金反正的重要因素。

天命七年上半年发生的几件事，也给刘兴祚以极大的刺激。这年三月，总兵官穆哈连遣马守堡去带领筑造城池的人夫车辆和牛，此人玩忽职守，不去催促牛、车和人夫，却在村里大肆敲诈民财，勒收银两。村民向副将爱塔告状，刘兴祚将马守堡带来讯问，责备他不去催促牛、车，却索取银两，予以逮捕。穆哈连知道后，派阿布尼送信给刘兴祚说："此路系汗给予我之地方，尔为何逮捕我所派遣之人？"刘兴祚说："马守堡犯有勒索财物之罪，因而逮捕，须另差催促人、车、牛的人员。"阿布尼不听，耍无赖，不住在给他找的房屋，"却执拗地住在爱塔副将之门下"。刘兴祚忍无可忍，携带穆哈连送来的文书，向法司告发。法司因穆哈连诈称是"别路之大人"，擅遣人去，定罪革其总兵官职。[1]这个官司，刘兴祚虽然打赢了，但得罪了穆哈连，此人久经战阵，历任固山额真、总兵官要职，深受汗的重用，地位很高，权势很大，将来势必会报仇算账。而且，一个汉官，竟然敢于顶撞上级，告女真总兵官的状，还告准了，惩治了穆哈连，兔死狐悲，其他女真官将对刘也不会有好感。刘兴祚为此事得罪了一批握有实权的女真高级官将，种下了祸根。努尔哈赤的女婿乌尔古岱，身任督堂、总兵官，权势赫赫，就曾公开宣称，他和刘兴祚"有仇"。机智的刘兴祚，对此事的后果不会不考虑，继而很难安枕了。

六月初七，刘兴祚又告了一状。盖州北30里的博罗铺，瑚什塔牛录的阿哈硕色，欺压与他合住的汉民，使用汉民的牛耕田，役使汉官干活，强迫汉民之妻做饭，汉民养的猪，只给一二钱银，就把大猪"蛮横地捉去宰杀"。汉民向刘告状。刘兴祚遣一人送去满汉合写的文书说："汗昔制定之法例，女真不得使用汉民之牛，各住各自之房，分粮要计口分食。这是人所共知的。尔汉民不要将己育之猪给人，若（有人）蛮横捉去，尔来向我首告，我将向诸贝勒、上臣上告。"阿哈硕色接过刘的文书以后，竟然撕碎抛弃，捆绑派去的人，并蛮横地说："爱塔系任何等大臣？与我合住之人，尔凭什么审断？"刘兴祚再派二人前往，差一点又被捆绑吊打。刘兴祚十分生气，向上报告说："设若派一人时，逮捕拷打，派二人去，也要逮捕吊打，那么，今后我等怎能办理汗之各事？"尽管此事曲在女真，可是，法司并未立即判案，而是下令将刘派去之三人，"捕送到辽东（辽阳）"，把阿哈硕色也传去。[2]此事后来下落如何，《满文老档》没有记载。但是，可以肯定，刘兴祚此状没有告赢，因为，不久他就被降职革职了。

这些事实表明，哪怕刘兴祚尽心竭力为金效劳，也不会博得八旗贵族的真正信任，也仍然是汗、贝勒的"外人"，虽然他已荣任副将，主管金、复、海、盖四州，但并没有多大实权，连一个普通的无职闲散女真，他也管不了。如果坚决履行职责执行法令，稍微保护一下汉民的合法利益，他就会遭到八旗女真贵族的官将压制，惹恼掌权者，碰得头破

---

[1]《满文老档·太祖》卷39。

[2]《满文老档·太祖》卷42。

血流。这些事实深刻地教训了刘兴祚，促使他下决心脱离金国，返回明境，改过从善，走上抗金之路。

辽南金、复、海、盖四州，邻近大海，易与明朝官将联系，毛文龙派来的奸细活动频繁，汉民早就秘密开展了反金斗争。刘兴祚下了归明的决心后，利用主管四州的职权，积极准备，待机起义。然而人多嘴杂，难免有所泄漏，金国汗、贝勒听到一点毛文龙派人来的风声，于天命八年（1623年）二月二十九日下令清查。督堂下达文书说，听说毛文龙为煽惑我国之人，派了50名奸细来，因此命令：捕捉奸细者，立功，拒不交出者，子嗣亲戚尽行屠杀。岫岩以南，派爱塔副将清查。①

刘兴祚置之不理，继续在复州积极进行反金准备。不料，叛徒告密，走漏了消息。这个叛徒，从复州跑到辽阳告发说：复州城里的男丁，比原来的7000丁，增加了11000余，还接收从那边（指明朝）来的奸细和札付。复州之人将全部叛逃。开始汗、贝勒还半信半疑，复州可是汗所擢用、嘉赏的爱塔副将主管！但因事关重大，还是派大贝勒代善、斋桑古、阿济格、杜度、硕托等贝勒，带兵2万，前往查看，相机处理。代善到后调查，发现仅仅四五个月，复州的男丁就比天命八年正月清查时多了11000余人，"还把所有的粮谷全部作为炒面""叛变之事是真的"，遂纵兵大肆屠杀，撤销了复州，分成许多地方。②

刘兴祚身为掌管复、盖等四州的主将，常在复州驻守，复州全城居民合谋叛金，欲图逃往明朝，没有他的支持、组织和默许，怎能进行！因此，刘兴祚是难逃罗网了。明人说，刘兴祚被缚欲斩，后免死，此事《满文老档》虽无记载，但却在镇压复州起义后的一个月以内，"降爱塔副将职为参将"。③

《清太宗实录》卷4则记为："太祖既克辽东，以兴祚为副将，令管盖、复、金三州。兴祚多索民间财物牲畜，为李继学所讦，免官，自是兴祚有叛志，屡与明人私通。"此说虽然不尽确切，刘欲叛金在前，免官、降职在后，但也表明，刘兴祚确是因叛金而被惩治了。

刘兴祚的行动，使努尔哈赤受了很大刺激。既然这个早年自愿来归的刘兴祚，这个由一介布衣上升为主管辽南四州的高级官将，这个曾为

①《满文老档·太祖》卷46。

②《满文老档·太祖》卷53、54、55。

③《满文老档·太祖》卷57。

金国汗出生入死、屡斩明兵、军功累累的蒙汗嘉奖的"忠臣"能够改变初衷，冒着斩首籍没的危险，进行叛金活动，欲图归返故国，那么，那些战败而降的汉官，那些末任要职未蒙重奖的汉官，岂不是更会动摇变卦，更易与明臣私通，叛金投明吗？

（四）痛斥李永芳

李永芳从天命三年（1618年）四月降金以后，一直竭尽全力为汗效劳。他以领兵从征沈阳、辽阳有功，由副将晋三等总兵官，与石乌礼额驸佟养性共同主管辽东汉民事务，备受汗的优遇和信任。

李永芳身受殊宠，竭力报恩，积极贯彻汗旨，执行八贝勒命令，为巩固金国统治做了许多事。其中，最重要的是"平叛""止盗""捕逃"和"防边"，即镇压满汉人民的反抗，防御明军偷袭，捍卫汗、贝勒的宝座。天命六年（1621年）四月十四日，即打下辽阳不到一月的时间。努尔哈赤就遣李永芳偕固山额真兼督堂阿敦，带领军队，"于沿边各堡置官，教部属，置台，设哨探"。①

这是为了防御明兵反攻，抵挡蒙古进袭，也是为了加强控制，禁止辽民外逃。天命七年三月二十九日，努尔哈赤专下汗谕，要求众汉官承担起守护边境的重任，责令他们"要与李、佟二额驸商议"，对"能办诸事之好人"，对"恶逆之坏人"，不能擅自上告，必须"和二额驸共议"，才能上报，擢升贤者。②

努尔哈赤多次遣派李永芳，偕同女真官将，率兵镇压反金辽民。天命六年五月，因镇江民众拒不降服，李永芳奉命和乌尔古岱总兵官带兵前往视察，胁令归顺，相机处置。李到镇江后，民仍拒降，遂纵兵屠杀，掠夺抗金人员的妻室儿女，带回辽阳，由汗分赐诸将。③天命八年四月二十四日，以王备御告称托伦山村民与明总兵毛文龙遣来的蒋达、蒋萨二人密议，欲行叛逃，努尔哈赤命李永芳带兵前往处理。李去后，发现该村居民不耕田地，变卖谷物，确将逃走，遂斩杀村民，以其子女牲畜作为俘获。④

为了制止辽民外逃，惩处反金人员，金国几次大规模迁徙边境城镇

---

① 《满文老档·太祖》卷21。

② 《满文老档·太祖》卷40。

③ 《满文老档·太祖》卷21、22。

④ 《满文老档·太祖》卷49、50。

和发生过抗金行动的州县居民，这件事主要由李永芳、佟养性负责办理。天命六年十月，李、佟遵奉汗命，将多次抗金的镇江民迁往萨尔浒。第二年三月，二人又与刘兴祚，驱赶广宁、锦州、义州等河西九卫民，迁往河东，分居辽阳、沈阳等地，逼令徙至内地。①

为了控制满汉人民，防止外逃和起义，搜捕逃亡的阿哈和辽民，金国汗、贝勒一再派遣官兵，清查丁口，严禁窝逃。天命八年，李永芳与佟养性奉命前往清查南部州县人丁，规定所有居民都必须向官府如实报告本身人丁数目，告发外地逃来的辽民，若隐匿不告，"则将逃人定为逃罪，容留之人定为盗贼之罪，将此二户皆作为俘获，使为阿哈"。李永芳严厉训示所辖清查官员，责令他们"当思汗之养育之恩"，认真清查，若因收纳银物而徇情不追，不查出逃人，"将上奏于汗杀之"。②

李永芳还被金国汗"委以财赋重任"，收取官赋，清查余粮，运送官谷。天命七年正月金军打下广宁后，夺取了明朝存贮于右屯卫的50万石粮食，在当时年荒缺粮的形势下，这对金国汗、贝勒来说，是一笔巨大的财富，是非常难得的宝贵物资。为了防止明兵反击争夺存粮，或派人放火烧毁，李永芳遵照汗命，凑足1万辆牛车，日夜兼程，费尽心机，将谷抢运回来，为缓和粮荒、增加国库收入，立了一功。③

尽管李永芳投降以后，为金国南征北战，出生入死，征赋运谷，迁民查丁，平叛止逃，四处奔走，为金国的强盛和巩固尽心竭力，军功政绩皆著，而且他还屡拒明廷招诱，擒谍上奏，屡受汗奖，赐赦免死三次，可算是文武双全效忠于汗的忠臣功臣。但是，随着辽东人民反金斗争的高涨，以及一些汉官的动摇和叛逃，特别是刘兴祚叛金归明的密谋逐渐泄漏，金国汗、贝勒对李永芳也产生了怀疑。天命八年五月至六月发生了几件事，标志着李永芳与金国汗、贝勒的关系出现了显著的裂痕，发生了重大的变化。

天命八年四月二十四日，李永芳肩负安民、平叛、止逃重任，亲奉汗谕，查处托伦山村民是否叛逃的问题，坐镇盖州，指挥驻戍岫岩的佟参将、高额勒英的李游击、沙河的金游击、老虎洞的张游击和复州的赵游击，调查丁口，安排粮食和田地。④五月初二，努尔哈赤为了隆重庆祝

①《满文老档·太祖》卷30、33、43。

②《满文老档·太祖》卷43、47。

③《满文老档·太祖》卷37。

④《满文老档·太祖》卷49。

阿巴泰、德格类、阿济格等贝勒大败蒙古，得获2万牲畜的胜利，决定在初六日设大宴迎接凯旋的八旗官兵，特致信李永芳，让他赶回辽阳，参加庆祝大会。[1]可见，此时汗对李永芳还是重用和信任的。但是，狂风暴雨就要来临了。

五月初七，听说复州人要叛逃，汗、贝勒欲发兵征讨，李永芳立即谏阻。他说："所谓复州之人叛者，非实也，恐系人之诬陷者。若信其言而发兵，彼方之人闻知，当讥笑矣！"[2]

李永芳谏阻发兵，就其言论而说，并无大错。在此前后，陆续发生过几起诬告降金汉官私通明朝的案件。比如，沙场守备王之登，因捕获毛文龙派来的奸细，于天命八年三月二十五日升为游击，不久又升为参将，戍守炼铁的石城。石城一人就伪造明朝札付，捏称是乘王之登酒醉时从其置放男丁册簿的大立柜中偷出来的，向法司告发"王之登接受彼方尼堪之札付"。法司审理断定，此系诬告，特专门送信给王之登，告诉他说："此首告者是诬告，尔勿担心，好好管辖地方。"[3]努尔哈赤自己也说过，辽东巡抚经常遣人送信来，告李永芳、佟养性的状，说他俩要叛金归明，"进行种种诬蔑"。[4]

李永芳的谏言，正是在这种条件下陈述的。他主张慎重，不要轻易发兵，以免误杀，这将招致明朝官将嘲笑。而且，估计他还有一段话未说出来，或者是《满文老档》没有载录。这就是，若轻易发兵，不分青红皂白地滥肆杀掠，必将激化已经尖锐的民族矛盾，将遭到辽东汉民的坚决反对，那时，举国叛逃，就不可收拾了。缓发兵，慎杀掠，先调查，后下手，这就是李永芳谏阻的理由和建议。

李永芳之所以站出来阻止立即用兵，可能是出于以下几种原因。一种可能是，他忠于金国，害怕铸成大错，冤杀滥杀，会招致辽民更坚决的反抗，对金国统治不利。第二种可能是，李永芳在辽南州县待了几个月，专管查丁、平叛、止逃，对这样全城合谋叛逃之事，却一无所知，刚回都城，就有复州人来密告，岂不是玩忽职守，怎能逃避知情不报心向明朝的嫌疑？征讨以后，自己就将蒙受通叛之冤，轻则贬官降职，重

---

①《满文老档·太祖》卷50。

②《满文老档·太祖》卷51。

③《满文老档·太祖》卷48、56。

④《满文老档·太祖》卷22。

则枭首示众、满门抄斩，倒不如以攻为守，阻止发兵，搁平此事。第三种可能是，李永芳知道复州叛的内情，而且自己也参与了这一事件的策划，想借此立功，叛金投明。根据以后李永芳的行动来看，显然李并未参加这一叛逃案件，而是一直尽忠于金。连清朝政府官修的《国史列传》，也载称李"归诚最先""明巡抚王化贞及边将，累遣谍来诱，永芳执其人并书以闻，上嘉奖，赐敕免死三次"。①

现在姑且不谈李永芳谏阻的内心动机，而就事论事。不管李是怎么想的，就其谏言本身而论，他的谏阻，理由充分、建议正确。在辽民拼死反金的浪潮冲击下，先调查，后用兵，防止冤杀无辜，以免事态扩大，引起辽民更猛烈的反抗，这个建议是妥当的，这个谏阻是合理的，不应加以非议。

但是，被人民斗争气昏了头的努尔哈赤，虽素以聪睿名世，此时却不那么英明了。听到谏言以后，他竟对一向忠心耿耿为金国效劳的"抚顺额驸"李永芳大发雷霆，严厉训责，痛斥李永芳忘恩负义，不识天命。他下达长谕，历数李永芳过恶如下：

"汗怒，下谕于抚顺额驸曰：李永芳，当初于抚顺获尔之时，念尔系一知觉明白醒悟之人，故携尔而行，以我爱新骨肉给予尔矣。天眷佑于我，征讨叶赫、哈达、乌拉、明国之四路，以及抚顺、清河、开原、铁岭、沈阳、辽东、广宁、蒙古之境，此等地方，上天眷爱而给予我，尔李永芳何不信耶。以尔不信，故常思尔等之明帝为久，以我为暂短。因辽东地方汉人屡叛，彼方之人相谋之书不断而来，吾常令清查而收捕之，尔心向明国，迷惑谏阻于我。行往彼方，尔心中以为善，发觉而杀之，于尔心不合矣。尔若果真正直，不苦累兵士，不劳累国人，尔身承受而管辖，叛逃皆止，平定国人，灭之而携来，则系我之过，尔之谏宜也。

尔若贱视于我，我闻之，尔之汉国刘邦，曾为领催淮下差役之事人也，亦为天所佑，而为汉帝王矣。赵太祖乃街上之无赖，亦为天佑而为帝，又数代为国之主矣。朱元璋之身，父母亡后，独身乞食，曾为郭元帅之下役使，亦为天所佑而为皇帝，传至十三四世矣。

尔若欲助明，北京城之内河，两次流血矣，各衙门大树之根，被风

---

① 《清史列传》卷78，《李永芳传》。

拔之矣。上天所显示如此异兆，岂尔之谏阻能止之乎？

尔对育养之父、岳父，视为空白无用矣。以尔为婿而养之，蒙古、明国、朝鲜皆闻之矣。若治罪，他国之人闻知，亦将嘲笑于我，亦将嘲笑于尔，念及此，故不罪尔，俾尔安处。此亦我之愤怒而出此我所之言也。"①

努尔哈赤实在是气昏了，糊涂了，分不清真伪虚实，硬给李永芳扣上"心向明国"的帽子，并且还不顾自己宣布的"不罪尔"的汗谕，而对李进行惩治。李永芳的几个儿子，以及刘兴祚的族人都被拘押捆绑，直到五月二十三日，汗才下达文书，告诉大贝勒代善说："不要押绑抚顺额驸之诸子及爱塔之族人，派人看守送来。彼等之罪尚未调查，未知本末，（那样做）太过分矣。"②

五月初九日，大贝勒代善领兵前往，屠杀复州反金人员，二十八日回辽阳。七月初四，革李永芳总兵官，使为白身。初七日又复其职，李永芳仍为总兵官。③但是，从此以后，汗、贝勒对李永芳就不太放心了，不如过去那样重用和信赖，总管汉民事务的重任，便落到石乌礼额驸、总兵官佟养性身上了。

努尔哈赤这次对李永芳的训斥和惩治，是严重的失策，犯了一个大错误。汗谕所谓李永芳谏阻用兵复州，是"心向明国"，是"欲助"明朝的结论，完全是无中生有，信口开河，没有事实根据。这是一个冤案、错案，在降金汉官中必然会引起很大波动，产生严重的后果。像李永芳这样"归诚最先"，背叛故主，效忠新君，为巩固、扩大金国统治而出生入死、四处奔走效尽犬马之劳的可靠降臣，都因忠言直谏而遭到英明汗严厉斥责，并且不念前劳，不思旧功，严加惩治，既对其子捆缚拘押，又革其职，那么，其他汉官怎么办？他们投降在后，没有那样多军功，没有那样多的苦劳，也不像李永芳那样受到金国汗的重用和信赖，更不是汗的孙女婿，未能荣任总兵官这样的要职（天命年间，汉官中，只有李永芳和佟养性是总兵官）。既然李永芳都会因直谏而蒙受冤屈、罢职问罪，这样，他们这批汉官更可能被突然治罪，甚至斩首抄家了。汗、贝勒这样喜怒无常，实在叫降金汉官寒心。多数汉官，更加动

---

①《满文老档·太祖》卷51。

②《满文老档·太祖》卷52。

③《满文老档·太祖》卷54、55、56、57。

摇不定了，对金国汗的"忠诚"亦大大减少。

总之，天命八年三月努尔哈赤指责汉官不忠，五月训斥李永芳，七月初四革李永芳总兵官，降刘兴祚为参将，标志着金国汗、贝勒对待汉官政策的重大变化，从过去的大量任用汉官、依靠汉官，转而采取了怀疑汉官、歧视汉官、疏远汉官的态度。努尔哈赤的这种转变，是十分错误的，它使真心降金的汉官心灰意冷，无所适从，使那些原本三心二意的汉官更加犹豫，更为动摇，扩大了汗、贝勒与汉官之间的裂痕，双方之间存在着严重的信任危机。这样一来，也使汉官更为胆小怕事，三缄其口，三思而行，不敢各抒己见、陈述军国大事，更不敢犯颜直谏，阻止汗、贝勒滥施杀掠，革除害民弊政。金国汗、贝勒空前孤立了，听不到汉官的忠言，不知道怎样处理军国要务，尤其是在对待汉民的问题上，更是闭目塞听，一意孤行，迷信武力，大肆杀掠，把整个辖区搞得百业萧条，田园荒芜，天怒人怨，民不聊生，金国的统治出现了严重危机。

八、反金斗争蓬勃开展

金国英明汗努尔哈赤率领八旗军攻占沈阳、辽阳，进驻辽东地区以后，虽然没有将多达六七百万的辽民或全部斩杀，或尽皆逼为阿哈，实行固有的奴隶制剥削方式，而是向辽民宣布"豢养尼堪"政策，让辽民"各守旧业""计丁授田"，按丁征赋，原以为辽民会感恩戴德，山呼万岁，可是，他想错了。除极少数降金汉官外，辽民对这个新来的金国统治者恨之入骨，强烈反对汗、贝勒野蛮的民族压迫政策。

首先，"豢养"二字，就是严重侮辱、欺凌的民族压迫之辞。何谓"豢"？豢者，"喂养牲畜"。原来，努尔哈赤视他占领、辖治地区的汉人为牲畜。这也难怪，努尔哈赤及其子孙众贝勒和八旗高级将官，一个个早已成为占有众多阿哈（奴隶）、拥有大量阿哈、耕种奴隶制拖克索的大奴隶主，在他们的眼里，阿哈就是主人喂养的会说话的牲畜。而辽民呢，尼堪呢，本来就应该是阿哈，只是由于汗的天大恩惠，才仍为辽民，未沦为阿哈。所以，努尔哈赤对他的女真满族官将和诸申伊尔根，是说汗养育尔等，不是说汗"豢养"尔等，而对尼堪、对辽民，就改说"豢养尼堪"了。

"豢养尼堪"的前提，是剃发归顺，不剃发，不归顺，是不行的。天命六年三月攻下辽阳，"官民皆剃发降"，河东海州、盖州、岫岩、耀州、熊岳等"大小七十余城官民俱剃发降"。

汉人地区，一两千年来，皆信"身体发肤，受之父母"，不得损伤和任意改变，发式服饰代表着一个民族的尊严，岂能任意强令更改。何况，"华夷有别"，今天要辽东汉人取消原有发式，改从女真式样，不从者，斩，这便是赤裸裸的野蛮的民族压迫。剃发归降，就是金国农奴制国家汗、贝勒将整个汉族贬为被剥削、被统治、被压迫民族的标志。

"豢养尼堪"还有五项具体措施。一是圈占田地。圈占辽东五卫"无主之田二十万日"、海州、盖州、复州、金州四卫"无主之田十万日"，分给女真人员，掠夺了大量汉人田地。二是纳粮当差。天命八年二月初十日，"督堂计算后而上奏之书云：一年一丁之征取官赋者，赋谷、赋银、饲军马之料，合共三两，按三两银计，淘金之六百丁，一年取金三百两。炼银之一万丁，取银三万两"。[1]同时，还要按丁出兵，按丁出夫，筑城屯田修路造桥。三是将辽民分隶八旗官将。"给女真督堂、总兵官三千丁，副将一千七百丁，参将、游击各一千丁，守备各五百丁。给汉人总兵官各四千丁，副将各三千丁，参将、游击各二千丁"。四是"尼堪、女真合居同食""尼堪种地所获粮食""女真、尼堪""计口同食"，让汉人供养女真。五是尽捕"无谷之人"。因为，"凡偷杀牛马者，火烧积谷房舍者，皆是不耕田、无谷、不定居，欲由此处逃往彼地（明朝）之光棍也"。

对于不愿归顺接受豢养或者降金后又复叛逃的汉人，汗、贝勒则大肆屠杀，掠民为奴。天命三年四月，取东州等城堡五百余，"掠人畜三十万"，第二年打下清河、开原、铁岭，"杀掳官兵军民数十万"。进据辽沈地区以后，努尔哈赤多次遣军剿杀反金人员。因复州民欲逃往明朝，派兵两万征剿，复州城原有男丁1.8万余丁，除残留500丁外，其余尽行屠杀。

天命六年（1621年）三月后金军进驻辽东以后，掠民为奴，极力扩

---

[1]《满文老档·太祖》卷45。

大奴隶制剥削范围，加深了辽民的苦难。辽东军民一向勇于斗争，对封建制的剥削都难以容忍，对更野蛮、更落后、更残酷的奴隶制剥削，当然是更加痛恨。因此，尽管后金国汗、贝勒实行抗拒者杀，家口为奴的高压政策，进行滥施屠掠，血腥镇压，辽东军民仍然挺身而起，英勇反抗。

就在辽阳失陷后金兵据城的恶劣处境下，城民也未俯首帖耳甘做顺民，而是针对后金贪婪好掠的传统恶习，"放火焚家，锅、瓮、窗纸，尽皆毁坏"，以示抗议。①

辽东军民和满族阿哈采取的斗争形式多种多样，其中以逃亡、起义为主。金军入辽初期，虽然各城明朝官将多已降顺，但广大辽民却高举义旗，英勇反抗。金国汗遣降将陈尧道为宽奠参将，同守备郭彦光、吕端招降四卫，行至镇江，古河屯民陈大等人，"不受伪命"，刺杀陈尧道三贼，"聚集三千人，歃血共盟"。马虎山民任九，锡头山民金国用，马头山崔天、泰卓山、王恩绍等，"及东山矿徒""不肯降奴，各聚众以待大兵（明兵）"。②盖州生员李遇春及其弟李光春等，"聚矿徒二千余人以守，奴使六人降之，遇春杀五人，其一人逸"。③清朝官修的《明史》卷259也载称："时金、复诸卫军民及东山矿徒，多结砦自固，以待官军。"

此后，镇江兵民起义，擒捉驻城游击佟养真父子，金兵往剿，"屯民结聚铁山拒之，奴仰攻，被伤三四千人"。④广宁附近山区居民3万余人坚守山寨，拒不降金，复州民集议反金，约请明兵来援。各地武装斗争风起云涌，蓬勃开展。

逃亡，是辽东汉满人民采取的又一主要斗争方式，被掳为俘沦为阿哈的汉人，愤怒反抗野蛮的奴隶制剥削；为金编户的辽民，痛恨金兵的屠杀掳掠，纷纷大批逃走。他们有的逃入朝鲜，待机返明。天命六年五月，"逃入朝鲜者，亦不下二万"。⑤七月，镇江民又有3万余人渡江，逃入朝鲜。⑥努尔哈赤为此于七月致书威胁朝鲜国王说，"据闻我所获得

---

① 《满文老档·太祖》卷20。

② 《明熹宗实录》卷10。

③ 《明熹宗实录》卷11。

④ 《明熹宗实录》卷14。

⑤ 《明熹宗实录》卷10。

⑥ 王在晋：《三朝辽事实录》卷6。

之辽东人民，多有逃往尔国者"，务须送还，否则将结仇怨，于朝不利。①

逃往沿海岛屿及渡海入山东的也很多。天命六年五月，仅山东登州、莱州，就接渡辽左金、复、海、盖四卫官民男妇34000余名。②毛文龙据皮岛，辽"民多逃岛中"，众达10余万。其他长鹿、石门等岛，也有大量逃民。

进入关内的兵民更多，天命七年，已多达280余万人。③此后，逃者仍然络绎不绝。比如，以天命八年为例，这一年里，沙安峪等4村民众3000人，向明境逃去，清河、岫岩和叆河，都发生了大批逃亡的事件，复州城民18000余丁，欲尽数逃入明境。④

辽东军民还采取了投放毒药等方式进行斗争。不少汉民投放毒药于井水，以药饲养牲畜，放毒于食品中，以图毒死汗、贝勒和八旗官兵。后金刚打下辽阳不久，天命六年五月二十六日，便"发觉明人于汗都之各井，投放毒药"。二十八日，努尔哈赤到海州巡察，坐下吃饭，又发现八名汉人向井中投毒。⑤努尔哈赤不得不多次下达汗谕，告诫八旗官兵谨慎小心，明确指出，有人投毒于水，在盐中放药，以药养猪出售，谕令官兵不要在买猪当日宰杀，须过几天药毒散尽以后，才能宰食。用水用盐，都要格外小心，仔细检视，对于买来的葱、瓜、茄子，以及鸡、鸭、鹅等，也要谨慎察看，防止中毒。他还下达严谕，命令店铺主人，必须将店主姓名刻于石木上，立在店前，违令不办者，治以重罪；又禁革沿街流动售卖的小摊贩，因为这些人常用毒药谋害八旗官兵。⑥

堂堂一国之主，竟要下达这样的谕旨，历史上是很少有的，可见汉民以投毒来进行斗争的行为是十分频繁的，已经对后金统治者造成相当严重的威胁。

汉民还使用了其他方式反抗后金统治，有的私藏兵器，违令不交，为起义做准备；有的藐视汗谕，收留逃人，清点人丁时又隐瞒不报，对抗搜捕逃人的严令；有的打死为非作歹的八旗官将，惩治欺压人民的暴

---

① 《满文老档·太祖》卷24。

② 《明熹宗实录》卷10、11。

③ 王在晋：《三朝辽事实录》卷10。

④ 《满文老档·太祖》卷49、54。

⑤ 《满文老档·太祖》卷22、23。

⑥ 《满文老档·太祖》卷23、42、52。

徒；有的还张贴书文，斥责努尔哈赤是"说尧舜之话，而心是桀纣之心"。①

《满文老档》载录了两条辽东人民反抗斗争的总结性材料，一条是着重讲逃亡的问题。天命九年正月二十一日，努尔哈赤下令大杀"无谷之人"时，曾怒气冲冲地说："应以无谷之人为仇敌。"因为，"盗牛马而杀者，火焚积谷及村中房宅者，皆系不耕田、无谷，不定居于家，欲由此地逃往彼处（明朝）之光棍也"。《满文老档》编写者解释说："得辽东后，汉人不定居，常逃走，从事奸细，而不勤力耕田，故发怒而言也。"②

这是得辽东以后第四个年头时的局面，不管汗、贝勒如何巧言劝诱和严格控制残酷屠杀，包衣阿哈和一般汉民，就是不定居，就是要逃走，逃，逃，逃，不断地逃，大批地逃，根本无法控制。

第二年，天命十年十月初三日，努尔哈赤下达长谕，列举辽民武装反抗事例说：

"我等得辽东之后，不杀尔等，不变动住宅耕田，不侵犯家中谷物而养之。如斯育养，不从。古河之人，杀我所遣之使而叛。马前寨之人，杀我所遣之使而叛。镇江之人，捕我任用之佟游击，送与明国而叛。长山岛之人，捕我所遣之使，送往广宁。双山之人，约期带来彼方（指明朝）之兵，杀我之人。岫岩之人叛行，为魏秀才告发。复州之人叛，约期带来明国之船。平顶山之人，杀我四十人而叛。

不念我养育之恩，仍向明国，故杀有罪地方之人。若念无罪地方之人，仍居其地，恐乱将不绝，因而移之，带来于北方。带来之后，住宅田谷，悉皆给予而养之。虽如此育养，仍放入奸细，受其札付，叛逃而行者不绝。今年，川城之人，耀州之人，以被令带其户来，遣人往明国，约期率兵前来。彰义站之人，以明兵来时将棒打女真，而准备棍棒。又鞍山、海州、金州、首山，其周围各堡之人，皆放入奸细，约期引兵前来携之而去。"③

---

① 《满文老档·太祖》卷52。
② 《满文老档·太祖》卷60。
③ 《满文老档·太祖》卷66。

这次汗谕，清楚地表明了辽东军民武装斗争的普遍性和连续性，从金军进驻辽东开始，斗争就风起云涌，连续不断，迅速扩展，遍及后金整个辖区。

尽管斗争十分残酷，满汉人民付出了很大代价，成千上万的起义逃亡者，惨遭屠杀，妻儿为奴，家破人亡，流离失所，但是，鲜血并没有白流，满汉人民长期坚持不懈的斗争，产生了很大的影响。辽民大批逃亡，武装反抗，形成了"叛、逃甚多，乱"的局面，[①]使得后金国中，城乡不宁，境内混乱，严重地影响了财力、物力和人力，威胁到统治者的根本利益。

在汉满人民强大的反金斗争沉重打击下，要想在高度封建化的辽沈地区，延续和扩大已经没落的野蛮的奴隶制，或者实行封建制与奴隶制并存齐行的方针，是办不到的，金国必将更乱。

九、天命十年十月的大屠杀和编丁隶庄

天命六年（1621年）三月进驻辽东以后，虽然金国汗、贝勒绞尽脑汁，想方设法，"安抚"尼堪，加强控制，严酷镇压，但汉民反金怒火并未熄灭，而且随着时间的推移，革命烈火越燃越旺，斗争，连绵不断。仅据《满文老档》的记载，五年内（1621—1626年）比较大的起义与逃亡多达数十次。发生和正在准备进行武装反抗的州县，有辽阳、海州、鞍山、耀州、盖州、复州、岫岩、叆河、新城、金州、镇江、清河、抚顺等地，基本上遍及全国全部辖区。

尽管汗、贝勒更加野蛮地镇压起义，甚至采取了古今中外罕有的捕捉"无谷之人"的行动，但也无济于事，辽民的反抗更加坚决，到天命十年（1625年）五月，已经出现了震惊统治者的严重局面，努尔哈赤不得不特下急令，在汗宫门前专门设置报警锣板，规定报警信号。《满文老档·太祖》卷65载：

"（五月初三日）汗曰：夜间有事来报，若系军务急讯，则击云板；若系逃人逃走或城内之事，则击铜锣；若系喜事，则打鼓。"

①《满文老档·太祖》卷60。

所谓"军务急讯"，并不是明军来攻。当时明朝几遭惨败，危机四伏，根本无力派兵收复失地，而辽民反金斗争却蓬勃开展，这就是所谓的军务急讯。《满文老档》编写者解释报警信号规定的原因说："是时年荒，逃叛甚多，乱。"可见，辽东军民的斗争，已经打乱了金国统治秩序，没法安宁，没法平定，形成了"乱"的严重局面，在金国最高统治者的门前，竟要赶紧设立报警装置，统治者已经睡不安枕了。

面对如此难局，汗、贝勒本应清醒一下头脑，冷静反省，革除弊政，放松一点压迫，以收买民心，缓和矛盾，这才是解决难题的有效办法。可是，他们不仅没有这样做，反而被辽民的反抗气昏了头，大发雷霆，调遣八旗军队，在金国辖区大规模地屠杀反金人员。

天命十年（1625年）十月初三日，金国汗努尔哈赤下谕，指责汉民不忠，叛逃不绝，令八旗官将奔赴各地清查，大杀反金人员，将"筑城纳赋"的"小人"，编进汗、贝勒的拖克索（即庄）。编庄后，努尔哈赤以一部分新设的拖克索分赐各将。

这样重大的事件，三部《太祖实录》竟然只字不提。《清太宗实录》仅非常简略而且十分含混地追述了几句。现先摘译《满文老档》的重要材料，做些分析。

《满文老档·太祖》卷66载：

"（天命十年十月初三日）汗曰：我等常养汉人，而汉人准备棍棒不止。总兵官以下，备御以上，去各自之村，区分汉人，（大杀反金人员）……为我等筑城纳赋之人，则养之而编拖克索。……一庄以十三丁七牛编成，将庄头之兄弟列入于十三丁之数。将庄头本身带至沈阳，令其与牛录额真之包衣为邻。使二庄头之家，同居一处，若逢有事，则令该二庄头轮班前往督催，女真勿得干预。将庄头之名，庄中十二丁之名，牛、驴之色，尽行书之，交与各村章京，令前去之大臣书之持来。"

"（汗曰：）以小人筑造城邑，不留奸细，欲逃，则彼只身逃，故育养小人也。育养之人，若置于公中，恐受女真侵害，皆编作汗、诸贝勒之庄。一庄十三丁、七牛，给予百垧田，二十垧作正赋，八十垧尔等自身食用者也。

诸贝勒曰：诸汉官，尔等携取各自之近亲，勿得携取疏远之亲戚，若贪财妄自携取，恐伤尔等颜面。言毕，八固山诸大臣分路而行，逢村堡，即下马而杀。将杀毕后区别而活命者，十三丁、七牛编为一庄，总兵官以下，备御以上，每一备御各给予一庄。"

根据上述《满文老档》的记载，结合其他资料，可以看出六个问题。

第一，严格控制，紧紧束缚。汗谕规定，庄头、庄丁的姓名，"牛、驴之色"，皆要尽行书写，送到汗都，把各个地区的庄头带到沈阳，与牛录额真的包衣为邻，庄中有事，两庄头轮班前往督催。这样一来，汗、贝勒散处金国各地的全部拖克索皆实行统一管辖，庄头被作为人质，被用为爪牙，集中于都城，由牛录额真监督管理。庄中情况及庄丁的耕作，都可从庄头处了解，及时采取对策。这就大大加强了对各庄的控制。

汗谕规定，对总兵官至守备，每守备各赐一庄。守备辖有女真300丁，指挥披甲士兵100名。参将、游击辖五牛录女真1500丁，统兵500名。总兵官管辖一旗，领兵上万，权力更大。这样一批辖领几百、几千以至上万兵丁的悍将，各自统治一个或几个新编的拖克索，还能出事吗，庄丁还能叛逃吗？

直接归汗、贝勒所有的拖克索，庄丁的处境则更为困难。汗、贝勒执掌金国大权，统辖精兵数万，施用严刑峻法，庄丁稍有不顺，便被斩首抄家。在这样强大的压力下，庄丁敢反抗吗，还能逃亡吗？

这样的编庄，比过去分拨辽民与八旗官将管辖，束缚更紧。特别是汗、贝勒直接统治遍布金国各地拖克索的庄丁，对金国的控制也就更紧更严了。

第二，汗、贝勒再次宣布全部田地皆属己有，并直接霸占了金国辖区大部分田地。过去，实行"各守旧业"和"计丁授田"的政策，本已表明，汗、贝勒是金国土地的最高所有者，掌握金国土地最高主权。现在，更进一步了。汗谕规定，将金国各地所有汗民皆编隶汗、贝勒新编的拖克索，每庄给地百垧。这百垧地就是过去汉民"各守旧业"和计丁授田的地。这就是说，金国汉民占有和耕种的土地皆被没收了，变成为汗、贝勒新编的拖克索的庄田了。这就再一次表明，对所有土地，汗都有权支配，可以让你保守"旧业"，可以将无主田地授予汉民，也可以取消汉民"旧业"，收回授给田地，都编为汗、贝勒的拖克索。

第三，庄丁沦为农奴，拖克索成为封建农奴制庄园。按照汗谕的规定，1庄有地100垧、13丁、7牛，皆为庄主（即汗、贝勒和各满官）所有，即是说，生产资料归庄主所有，这一点，是很清楚的，无须多说。但是，过去的金国民人现在变为庄丁的人丁又是什么身份？具体说，是奴隶，还是农奴，或者仍然是民户？汗谕虽未明说。可是，很显然，这次编丁隶庄，是汗、贝勒为惩罚辽民叛逃而采取的措施，束缚很紧，庄丁的身份总会比过去未编时的民户要低一些。

《清太宗实录》卷1追述编庄情形说："先是，汉人每十三壮丁，编为一庄，按满官品级分给为奴。"这就明确了，过去的农户、民人，被迫充当庄丁后，就沦落为奴，下降为汗、贝勒、满官等庄主占有的奴仆了。

这种庄丁虽是奴仆的身份，但并不是奴隶。根据有二，一是新编拖克索的庄丁，交纳封建地租，有自己的私有经济。汗谕规定1庄有地100垧，80垧供庄丁"自身食用"，20垧作正赋。这里把庄丁"自身食用"的80垧地和作为正赋的20垧地明显地区别开了。这个"正赋"，就是封建性质的剥削，就是封建劳役地租。这样的庄丁与过去衣食于主的阿哈不一样，后者耕田所得的全部产品皆被家主直接占有，二者之间有着重要的区别。二是这时的阿哈已不能随意杀害，家主杀死阿哈，是犯法的，要受惩处。阿哈如此，庄丁也不会例外。

可见，这种庄丁不是衣食于主，可以任意杀害的"会说话的工具"——奴隶，而是交纳地租、有少量私有经济、不能随便杀死的封建农奴。这次新编的拖克索，也就成为汗、贝勒、满官占有的农奴制庄园了。

第四，租、赋合而为一，加重了对庄丁的压榨。按照汗谕的规定，1庄13丁、7牛，耕地100垧，20垧作正赋。这个规定，是增加了剥削量，还是有所减轻？若系多征，为什么能多征？这20垧"正赋"仅只是地租吗？要解答这些疑问，需和过去的情况比较分析。

进入辽沈以前，对女真一般诸申的剥削，是1牛录出10丁、4牛屯垦闲地，所获粮谷全交国库。1牛录有300丁，平均30丁出1丁。

进入辽沈后，曾经一度规定，每丁授食6垧，每3丁耕官田1垧。1垧地为6亩，平均每丁耕官田2亩。1丁领地36亩，耕官田2亩，自耕地和官地的比例是18:2。

再看金国正式实行的计丁征赋制。天命七年正月努尔哈赤赐给恩格德尔的平虏堡民，每丁交银2钱3分、谷2斗3升。如以每丁耕地36亩计，平均每亩纳赋谷1—2升。天命八年督堂说，每丁征赋谷、赋银、赋料合共征银3两，按时价1斗8升谷值银1两计，3两银折谷五斗四升，每亩征谷1升2合。

依照编庄的汗谕，13丁的"自身食用"地为80垧，每丁有37亩。13丁耕"正赋"地20垧，平均每丁耕9亩，比3丁耕官田1日（即1丁耕官田2亩）的规定增加了3—4倍。按亩产1石折算，9亩正赋地收9石谷，每丁食用地37亩，平均每亩需交正赋谷2斗4升多，比计丁征赋的官赋增加了10多倍。

与明制相比，明朝政府规定，官田每亩征税5升3合，民田减2升，苏松一带按私租收税，每亩征谷2—3斗以上。明代辽东军屯，嘉靖年间，每亩征额粮1斗1升多。

由此可见，天命十年（1625年）编的庄，剥削率是很高的，每亩收的"正赋"，甚至比明代辽东军屯的"屯田籽粒"还要多。

新拖克索租赋的显著增加，与当时土地占有、人身依附、阶级结构和生产关系的变化，是密切相连的。

编庄以前，征税较少，是因为土地占有者是民户，是金国汗的黎民，不是奴仆，因此交的是封建赋税，是金国沿袭明朝旧制征收的民田赋税。现在，土地转归汗、贝勒直接占有，从原来的民田变为汗、贝勒的庄地，就应该收地租，地租当然比田赋多。同时，还由于汗、贝勒又是金国之主，汗、贝勒共治国政，因此，不仅要收地租，而且这些土地原来应该交的田赋，也应由汗、贝勒征收。这样，所谓每庄20垧正赋，便不仅有地租，还有田赋。租、赋合而为一，两种剥削项目同时并存，当然要比原来的民田重得多。兼之，耕作者已不是民户，不是一般的臣民，而是庄丁，是身份十分卑贱的奴仆。耕牛也由庄主置买，当然要从重盘剥了。

这也是金国统治者要编民立庄的原因之一，既用以镇压反金斗争，加强控制；又用来增加租、赋，保证剥削来源。

第五，这次编丁立庄，标志着封建农奴制成为金国的主要的生产关系。后金各地，原来皆有汉民，或"各守旧业"，或"计丁授田"，经营农业，耕种田地，不论是人丁的数量，还是耕地的面积，都超过了汗、贝勒、八旗官将占有的人丁和庄地。现在，这些汉人已从"民户"下降为奴，编进汗、贝勒的拖克索。这样一来，封建农奴制的拖克索就星罗棋布，遍及各地，成为金国中占地最广、劳动力最多的拖克索，封建农奴制也就成为后金社会中占据统治地位的生产方式。

这样大规模地采用一个标准建立起来的庄园，绝不是凭空而降，突如其来。每庄皆有13丁、7牛，地100垧，以20垧作正赋，以80垧供庄丁"自身食用"，都采用封建农奴制的剥削方试。这就表明，在此之前必有先例，必然早已存在有这种性质的拖克索，而且数量不会少，正在不断发展，否则，努尔哈赤就不会这样办理了。前面谈过天命九年正月努尔哈赤赐给恩格德尔弟兄的拖克索，就是天命十年大规模编丁立庄的先例。[①]

反过来，天命十年的编庄，也必然要对过去建立的奴隶制拖克索产生强烈的影响。天命十年的编庄，是在镇压反金人员的威逼下令汉民充当庄丁的。在可以任意处置民人的有利条件下，后金统治者不建立旧有的奴隶制拖克索，不扩大奴隶制的范围，却偏偏设置封建农奴制的庄园，大力发展封建生产关系。这清楚地表明了，遭到满汉人民沉重打击的旧日奴隶制剥削方式已经完全腐朽，已经无力延续和扩大。这次的编庄，更促使原来的奴隶制拖克索向封建农奴制庄园转化。到顺治元年（1644年），奴隶制拖克索已经进入历史博物馆了。

第六，这次编丁立庄，是在辽沈地区发生的一次倒退，必难长期延续。天命十年十月的编庄，对后金统治阶级来说，是从原来的奴隶制向封建制过渡，应当说是一个进步。但是，这次编庄，对辽沈地区，对辽民来说，却是一次巨大的倒退。

辽沈地区，长期实行封建化。封建土地所有制，久已存在，是本地区的主导形式。明朝政府虽在辽东开垦了二三百万亩军屯，形式上是国

---

①《满文老档·太祖》卷60、61载：天命九年正月，努尔哈赤赐恩格德尔及其妻、子女真拖克索9个、汉人拖克索9个。女真拖克索人丁不一，有7丁的拖克索4个，4丁的拖克索4个，3丁的拖克索1个，而9个汉人拖克索的丁数都是一样的，都是10丁。

家所有，是封建国有土地，但明中叶以后，军屯迅速转化为将官、豪强的私产，仍旧属于封建土地私有制范畴。现在，经过编庄，所有民田、所有私有土地，都被汗、贝勒霸占，夺为己产。按比例来说，中国历代封建王朝的皇帝及其近亲子侄诸王公，很少拥有努尔哈赤及诸贝勒这样多的私有土地及这样多的庄丁。没有哪一个朝代，民田竟像这样地一下子被皇帝、贵族霸占，这是金国辖区发生的一次巨大的变化。

从人身依附关系看，辽东地区居民长期在封建社会中生活，地主以及有小块土地的自耕农是封建国家的臣民，是一般的黎民百姓，不是某一个人的私属和奴仆。佃农虽遭受地主奴役，但长期以来，主要剥削形式是封建租佃制，僮仆的比例不大。现在，所有辽民，皆被降为庄丁，降为汗、贝勒的奴仆，降为封建农奴，退回到一千多年前三国、魏晋时期"私属""部曲"的奴仆状态，在人身依附方面是很大的倒退，人身奴役更加严重，压迫的方式更野蛮。

从剥削形式看，每13丁耕正赋地20垧，这样大规模地采用劳役地租的剥削方式，更为古老、更加落后。在关内汉族地区，在八旗军队进驻前的辽东地区，虽也有力役地租，但毕竟是少数，是局部情况，像这样使力役地租成为本地区的主要的地租形态，是自秦汉以来没有过的，更是大的倒退。

倒退的直接结果就是加重剥削，使整个宽阔的辽东的田土都变成汗、贝勒、满官的庄地，全体辽民都遭受难以忍受的力役地租剥削和野蛮的人身奴役，严重地破坏了辽东地区的生产。

十、"虾阿哥"的贬责

（一）威震辽东的达尔汉虾

在紧张的对外用兵、对内平叛止逃的同时，汗、贝勒和八旗高级官将，继续围绕着统治权力的争夺而忙个不停，他们私下策划，暗地联络，堂上论辩，审理断决，出现了一桩又一桩的重大案件。依时间先后为序，"虾阿哥"的贬责，算是金军进驻辽沈以后发生的第一大案。

"虾阿哥"，是八旗贝勒、人臣对扈尔汉的尊称。扈尔汉被努尔哈赤收为养子，赐号"达尔汉虾"，故被简化和尊称为"虾阿哥"。

扈尔汉，姓佟佳氏，曾任"五大臣"、固山额真、总兵官和督堂诸要职，深受汗父宠爱，统兵辖民，佐理国政，权势赫赫，一度成为仅次于四大贝勒的第五个大贵族。努尔哈赤曾对他说："吾之待汝，如吾所生之四子举而用之，以汝为第五子矣。从与汝相并之人中，擢用汝而贵养之，其他大臣虽羡慕而不能得矣。"①

扈尔汉之所以历任要职，位高衔显，主要是因为他长年征战，军功累累，为爱新觉罗的兴起，为金国的建立和扩展，立下了不可磨灭的丰功伟绩。

努尔哈赤于明万历十一年（1583年）五月，以"遗甲十三副"起兵，经过四年的艰苦奋斗，虽然征服了兆嘉、玛尔墩、翁鄂洛、安图瓜尔佳、贝欢、托漠河、鄂勒珲、巴达尔、洞城等城寨，但皆系小部，人丁并未大增，一次出征，最多只有马步兵500。人口这样少，努尔哈赤要想统一女真各部，是很难办到的。万历十六年（1588年），苏完部长索尔果、栋鄂部长何和礼、雅尔古部长扈拉瑚，各率所部来投，一下子就改变了努尔哈赤力不从心的被动局面。

苏完部长索尔果率本部诸申500户来投，每户按抽1丁披甲计算，可挑选兵士500名，这就是说，立即给努尔哈赤增加了1倍的兵力。何和礼是栋鄂部长克彻巴颜之孙，兄名屯珠鲁巴颜，祖孙三代世为部长，皆被人们尊称为"巴颜"（即富翁），可见其势力之强和家产之富。《清史稿》说，努尔哈赤初起兵时，"闻何和礼所部兵马精壮，乃加礼招致之"。②扈拉瑚是雅尔古寨主，人丁也不少。

这样一来，三部长带人来归，使努尔哈赤兵力增加了好几倍，军威大振。《武皇帝实录》卷1记述了三部长来投后，接着写道："太祖遂招徕各部，环满洲而居者，皆为削平，国势日盛。"这显然意味着与三部长率众"归顺"，有着密切的关系，他们为努尔哈赤的创业兴邦，立下了一大功。

因此，努尔哈赤对三部长特别优待，以长女嫁与何和礼为妻，以孙女给予索尔果之子费英东，收扈拉瑚之子扈尔汉为养子，授三人为大臣。此时，扈尔汉仅14岁，就立了功，当上了"大臣"，荣为汗之子，

① 《满文老档·太祖》卷18。
② 《清史稿》卷231。

真是少年得志了。

扈尔汉勇猛刚强，自幼即披甲上阵，拼死厮杀，屡建奇勋。明万历三十五年（1607年）三月，扈尔汉随舒尔哈齐、褚英、代善，率兵三千，往迎瓦尔喀部斐悠城主策木特黑及其带领来归的500户女真。扈尔汉领兵三百，护送500户先行，乌拉布占泰贝勒遣兵1万，突然冲出，拦路劫杀。在敌众我寡猝不及防的形势下，扈尔汉毫不畏惧，当机立断，"结寨山岭"，分100人守卫降户，遣卒飞报后军，亲领200兵与乌拉对抗。乌拉虽有万人，50倍于建州，扈尔汉并不退缩，"与敌兵相持经一夜"。次日，乌拉"悉众来战"，扈尔汉与扬古利"击却之"，这就争取了时间，为后继部队的来援创造了有利条件。当天下午，舒尔哈齐、褚英等领军赶来，会合扈尔汉部，猛攻敌军，大败乌拉兵。①

同年五月，扈尔汉又偕绰里克图贝勒和额亦都，率兵1000，往征东海渥集部所属瑚叶路，尽降其部，取赫席赫、鄂漠和苏鲁及佛纳赫拖克索，获人畜2000而回。努尔哈赤嘉其再立军功，"赏甲胄驷马"，赐号"达尔汉虾"。②

万历三十九年（1611年）七月，扈尔汉与何和礼、额亦都领兵2000，征渥集部所属虎尔哈路，围扎库塔城三日，猛攻克城，获俘1000。

天命元年（1616年），扈尔汉偕安费扬古，率兵2000，往征东海萨哈连部，来去四月，行程上千里，水陆并进，收乌拉河南北36寨及黑龙江北11寨，又招降使犬部、诺洛部、实喇忻部。

天命四年（1619年）三月的萨尔浒大战，扈尔汉起了突出的作用。他先是带领本旗兵丁，在努尔哈赤、代善的指挥下，猛烈进攻明军主力西路杜松部，接着又进攻北路马林部，大败明兵，奠定了此战胜利的基础。紧接着，他又奉汗命，率兵1000，征敌明东路勇将刘铤，伏兵于山谷隘处，"以扼其冲"。代善领军赶来，前后夹击，斩刘铤，尽杀其兵。扈尔汉又与阿敏领兵攻破明游击乔一琦营，乔奔往孤拉库岩朝鲜兵营自缢而死。

天命六年（1621年）三月辽阳、沈阳战役中，扈尔汉带本旗兵丁，力战克敌，再著功勋。

①《武皇帝实录》卷2；《满文老档·太祖》卷1。

②《满文老档·太祖》卷1；《清史列传》卷4，《扈尔汉传》。

扈尔汉从14岁来归，转战南北30年，功勋卓著，史称其"感上抚育恩，誓以戎行效死，每出战，辄为前锋"。①

正因为扈尔汉长年征战，军功累累，历任要职，又系汗之养子，因而地位崇高，权势很大。特别是在天命四年、五年和六年的上半年，扈尔汉成为具体处理军国要务的最高官将，其势之盛，达到令人难以想象的地步。这从下述二例，可以看得很清楚。

朝鲜李民寏，以"从事"身份，参加了天命四年的萨尔浒战役，战败被俘，在建州住了一年多，探听到不少消息。他了解到，达尔汉虾是"胡将中最用事者也"。②可见扈尔汉地位之高、权势之大。

更令人吃惊的是，扈尔汉居然成为与四大贝勒并列的后金国中的五大贵族之一。天命五年九月，努尔哈赤斥责代善听妻谗言虐待硕托时，对诸贝勒大臣说：

> "吾和莽古尔泰父子二人，发觉大阿哥之妻之过错时，尔等诸贝勒、大臣窥伺大阿哥之脸色，竟一言不发。尔等扪心自问，如若以我言舛谬，则尔等皇太极、阿敏台吉、达尔汉虾须立誓。设若尔等立誓，则我等二位自会认错。但尔等若不发誓，为何仍坐在阿哥那边，徒事敷衍；快离开（彼处吧）。……言后，皇太极、阿敏台吉、达尔汉虾彼等三位起立，移到汗这边来。"③

这段记载清楚地表明了，扈尔汉是与四大贝勒处于同等地位的。其一，扈尔汉与皇太极、阿敏、代善并肩而坐，而且当英明汗对他们说话时，皆坐而听之，没有站而恭听，也未跪聆汗谕，可见其地位之特殊。其二，努尔哈赤要处治代善时，仅他和莽古尔泰二人，仍嫌力量不足，还需把皇太极、阿敏、达尔汉虾争取过来，才能最后孤立代善。扈尔汉能与皇太极、阿敏这两个大贝勒连在一起，成为举足轻重的因素，势力可见够大的了。

不仅扈尔汉与代善、皇太极、阿敏同坐一条板凳，被汗父看成和四

---

① 《清史列传》卷4，《扈尔汉传》。

② 李民寏：《栅中日录》。

③ 《旧满洲档》，《昃字档》。

位贝勒同等的爱子，而且代善也是这样看的。当他杀了进谗的后妻，向汗父请求宽恕时，发誓说：“吾因不恪守汗父之教诲，不听信三位弟弟、一位虾阿哥之忠言，误听妻谗，致丧失汗父委托于吾之大权……”①在这里，代善也是把扈尔汉与二、三、四贝勒相提并论的，而且还尊称他为“虾阿哥”。

代善是大贝勒，且曾为“太子”。阿敏、莽古尔泰和皇太极分别是二大贝勒、三大贝勒、四大贝勒，皆是旗主。四大贝勒主持军国大政，其他小贝勒，如杜度、岳托、硕托、济尔哈朗等，皆须服从本旗旗主贝勒的管辖。扈尔汉能与这四个大贝勒并驾齐驱，又长期为汗宠信，被汗父委以具体军国政务的权力，地位高，势力大，不仅其他官将对他十分畏惧，就是四大贝勒也得让他三分，像济尔哈朗等小贝勒，竟还要向他馈送财物，阿谀奉承（详下）。这样特殊的地位，这样突出的事例，在金国历史上，还是罕见的。

然而乐极生悲，好景不长，这位曾经叱咤风云，威震辽东，权倾朝野的开国元勋，不久便问罪降职，赶出庙堂，年方48岁，就闲居林下，抑郁而死了。

（二）扈尔汉的革任降职

扈尔汉的贬斥，经过了几个阶段，先是挨训罚银，后才降职闲废。

天命六年（1621年）闰二月初五，努尔哈赤重审去年八月沈阳城外追击战的过失。当时刚夺取了蒲河，沈阳明兵前来，努尔哈赤下令，击杀来兵，乘其退入沈阳城门拥挤时刻，挥军猛攻。但是，右翼大贝勒、达尔汉虾，遣布尔济命令军队停止前进，回师以后，据此定罪。六年二月，巴拜、伟齐等将说谎作伪，翻了旧案，重新审理时，诸贝勒、大臣皆信此谎言，上奏于汗。努尔哈赤谴责断事官“以非为上”，各定罚银之罪。达尔汉虾为此气愤恼怒，脸色都变红了，气冲冲地对汗说，是汗派人去令停止不前的。努尔哈赤痛斥扈尔汉文过饰非，以伪为真，而且“红脸抗拒”，在判罪的衙门里，“画地为牢，将达尔汉虾监禁三日”。②这是扈尔汉第一次遭受汗的惩治。

不到半月，扈尔汉又犯了错误，被汗父严厉斥责。天命六年闰二月

---

① 《旧满洲档·戾字档》。

② 《满文老档·太祖》卷17。

十八日，因有边警，努尔哈赤询问八旗大臣，瓦尔喀路是否被明军断绝。扈尔汉回答说：已断绝了，因一牛录的女人患病，未能带来，其家之人又返回原处了。努尔哈赤说：如果这样，则路并未断，我们有不少老人、病人、盲人和瘸子，明兵去后，将要抓住他们。令沙津参将去查看，沙津带回140人和马牛86头。因未遵汗命尽收瓦尔喀路的人口，努尔哈赤十分生气，狠狠地训斥了扈尔汉，责备他不报答父汗的殊宠特恩，敷衍塞责，不勤勉管辖国人，"因此恼怒"，命令扈尔汉"在十天之内，不准谒见"。①

虽然接连挨训，但此时扈尔汉仍然担任军政要职，领兵进取沈阳、辽阳，镇压各地反金武装。天命六年七月，镇江军民起义，辽南四卫群情振奋，金国在这几个州县的统治，出现了严重危机，如不及时采取措施，反金浪潮很快就会扩大到其他州县。努尔哈赤立即派遣二贝勒阿敏、四贝勒皇太极、扈尔汉和栋鄂额驸何和礼，领兵星夜前往，镇压了这次起义，俘获人畜12000。努尔哈赤取牛2000头，赐予有官职之人，给扈尔汉牛15头，给阿敦阿哥、阿巴泰阿哥5牛头，赐总兵官各4头、副将各3头，给一等参将各2头，二等、三等参将每2人各3头，三等游击1头。又赐旗之牛130头，给阿巴泰阿哥之旗120头，给何和礼之旗80头。②

扈尔汉所得的赐物，为努尔哈赤之子兼任督堂、固山额真的阿巴泰贝勒的2倍，为总兵官的3倍，6倍于参将所得，这也充分表明了他的地位远远列于八旗高级官将之前。

尽管扈尔汉仍居要职，但不幸的事接踵而来。天命六年九月初一，扈尔汉为亡妻上坟，向莽古尔泰贝勒讲，要将领兵戍守外地的弟弟章嘉带回，三贝勒同意，章嘉回来了。法司对此判决说：章嘉不该离开戍地，丢下所领之兵，革其副将职，籍没家中各物，夫妇二人空身出门。以莽古尔泰未拒绝扈尔汉的要求，未将章嘉留下，"定罪，取回女真五十丁"。因何和礼、阿敦未劝阻，未能留下章嘉，让其兄带走，"各定罚银二十五两之罪"。对扈尔汉，则削其"敕书之百两之功"（即定罚银——百两之罪）。

努尔哈赤对扈尔汉这次"过失"的处理，显然是小题大做，很不公允。妻死之后，夫念旧日恩爱深情，上坟祭吊，有何不可。长哥当父，

①《满文老档·太祖》卷18。
②《满文老档·太祖》卷24、25。

长嫂当母，兄弟回家，凭吊亡嫂，感谢其往日抚养之恩，既乃人之常情，理所当然，又不触犯国法，何罪之有？法司声称，章嘉领兵在外戍守，不该为私废公，弃军不管，乍一听来，似乎颇有道理，但是，仔细一想，却未必尽然。须知，屺尔汉亲自向莽古尔泰要求，且得到了同意，莽古尔泰并非小官微员、白身闲官，他是三大贝勒，是主管金国军政要务的四大贝勒之一，而且很可能是上坟这月的值班贝勒。天命六年（1621年）二月，努尔哈赤规定："四大贝勒，按月分值，国中一切机务，俱令直月贝勒掌理。"①

莽古尔泰是正蓝旗旗主，屺尔汉是正白旗，如果这一月不是莽古尔泰"直月"，屺尔汉就不必找他。既然是"直月贝勒"批准了，就是合法的，就没有不妥之处，也就不存在私自弃军回家之过。可见，这次给屺尔汉弟兄定上的所谓"过失"，是没有根据的，而是"欲加之罪，何患无辞"。努尔哈赤对此事的处理，显然包含了两个目的，一是借此压抑一下屺尔汉，泄其年初因屺尔汉顶撞而产生的气愤；二是透漏一点消息，即屺尔汉已开始失宠，汗父对他不仅不似以往疼爱，而且开始厌恶他了。这一着，十分厉害，屺尔汉马上就要遭殃了。

不到一个半月，屺尔汉就被降职。《满文老档·太祖》卷28，对此事作了如下记载：

"（天命六年）十一月初一日，督堂达尔汉虾在辽东索取诸贝勒财物，又盗取财帛。为其弟达尔泰首告后，将其自沈阳以来按职赏赐之所有物品，和盗取之财帛，尽皆取之。一份给首告者，二份赏给督堂、总兵官以下，副将、参将、游击以上之官，革（达尔汉虾）督堂之职，降为三等总兵官，永禁其言。对曾给予财物之济尔哈朗阿哥、斋桑古阿哥、岳托阿哥、硕托阿哥四贝勒说：尔等或以在上之兄等之妻（原档残缺）为塞其口而与之，或以不使尔等之上之叔父、兄等为君，而以我等为君，因而给予财物耳！若无此故，尔等似妇女之心矣。定罪，使着女人之短袍，系裙，画地为牢，监三日三夜。汗亲自前往此三位贝勒坐之地方，叱责诸子，向脸上吐唾沫之后，送回家。"

---

① 《清太宗实录》卷5。

《满文老档》的以上叙述中，有原告，有罪状，有"赃物"，有索财者和送物人，人证物证齐全，据此作结论，似乎是铁证如山无懈可击。可是，略加分析，便使人们不禁产生了几个疑问。

第一，此事的告发，很有文章。扈尔汉虽然不久前刚被定了"削敕书百两之功"的罪，但仅就此事而论，毕竟是轻罚，他仍系督堂，与努尔哈赤有父子之情，且他长期征战，功勋卓著，位列四大贝勒之右。这样一个有权有势的大贵族，能告倒吗？若告不准，今后首告人可就要倒大霉。这真是虎口拔牙，太岁头上动土，实在太危险了。并且，为什么别人不告，而是其弟上控？达尔泰又是为了什么原因，要抛弃骨肉同胞之情，控告其兄、谋害其兄？是贪图财产，是报复私仇，还是别人操纵？这都是难解之谜。

第二，此案的定性，颇为奇怪。扈尔汉是努尔哈赤的养子，汗父爱之如心肝之四子，连大贝勒代善都要叫他"虾阿哥"。他与济尔哈朗贝勒、斋桑古贝勒是弟兄关系，与岳托、硕托是叔侄关系。既是弟兄叔侄，平时必有往来，若逢年过节，娶妻纳妾，嫁女娶媳，做寿庆生，彼此之间，免不了要互赠礼品，送交贺银；若有美好帛缎和珍奇古玩，也会分赠同胞；银钱的周转暂借，也在所不免，这能说是行贿纳贿勒索财物吗？就算是扈尔汉仗恃年长位尊势大，送少收多，也很难说成是逼索银帛。如果把这种行为定成是贪婪之罪，那么，大贝勒代善、二贝勒阿敏、三贝勒莽古尔泰、四贝勒皇太极以及其他贝勒，包括这次审案的"诸贝勒"，没有一个能说成是与此无干的"清官"。

而且，这种事很难查清和定案，若受礼者不说，送礼者不讲，经手人不交待不揭发，就难以弄清事实真相，更难做出肯定的结论，其他任何人的告发，包括扈尔汉之弟达尔泰的首告都没有分量，都不能作为定案的主要证据。

至于所谓扈尔汉的"盗取财帛"，也与上述索财之过相似。首告人没有讲明扈尔汉是盗取什么地方的财帛以及是怎样盗取的。从字面上看，"盗取"应是进入仓库，窃走财物。这个仓库，可以是金国国库，也可能是汗之御库，或者是八贝勒的内库，这才叫"盗取"。既然达尔泰没有具体讲明，《满文老档》也未一一记载，可见，扈尔汉并没有进入这些仓库盗取物品。那么，所谓"盗取"，指的是什么？由此看来，很可能是指扈尔汉吞没战争中所掠俘获。这也不是什么大事，八旗官将把掠夺所得财畜，留下一部分，上交一部分，此乃通病，渊源长久，开国时期如此，进关以后此风更盛，汗知其情，悉其状，不值得大惊小怪，不需要仅仅为此而大做文章，从重惩处。

可是，审案的诸贝勒、大臣却偏偏违反常例，仅仅根据达尔泰的首告，就断定确有其事，就要给扈尔汉定上逼索贝勒财物和盗取财帛之罪，并实行惩治，而且对扈尔汉的处罚，是相当重的。

其一，将自沈阳以来按职赏赐之物及"盗取之物"，全部没收追还。金军进入辽沈，掠取了巨量金银财帛和人畜，英明汗大赏群臣，八旗官将得到了很多财帛人畜，扈尔汉身系汗子，肩任要职，位列四大贝勒之右，赐物超逾总兵官2—3倍。俘获多，私分私留之物即"盗取"之物也必然多，两项相加，数目不小，扈尔汉的家产，不尽弃无遗，也要损失多半，经济上受到了很大损失。

其二，革扈尔汉的督堂职务，降为三等总兵官，这本身已够重了。扈尔汉不仅是督堂，而且是掌握实权、位居第一的督堂，其他督堂如阿巴泰、汤古岱、何和礼等，皆在其下，唯其马首是瞻。现在，既罢官了，丢了督堂之职，又降职了，从一等总兵官降为三等总兵官。这就是说，扈尔汉从原来八旗官将中的第一位，下降到第二三十名的位置，连降几级。同样重要的是，扈尔汉被"永禁其言"，即永远赶出议政衙门，不能参与八旗贝勒、大臣议处军政要务的会议，与闲散官员相近不远了。

其三，扈尔汉的被罚及革任降职，表明了他已失宠，汗不再信赖和爱护他，汗对他已经厌恶了，这在政治上对扈尔汉是个沉重的打击。官场的变化，异常显著，朝为席上贵宾，暮被摈弃门外，是常有的事。为汗所宠，阿谀奉承之人成千上万，车水马龙，应接不暇；遭汗谴责，顿时来客稀少，门可罗雀。昔日的势倾朝野，气吞山河，已成泡影，说不定还有人落井下石，趁火打劫，陷害无辜。扈尔汉就经历了这样巨大而痛苦的变化。尽管天命六年十一月初一日的处罚，尚只是革督堂，降为三等总兵官，还保持了固山额真的职务，此后的几个月里，还带兵出征，运送官粮，处理一些事务，按总兵官职领取赏品，甚至于在天命七年六月初七，还被努尔哈赤委任为"审断国人各种罪行"的十六大臣之一，而且名列第一，排在督堂、总兵官巴笃礼、乌尔古岱、索海之前，但已是夕阳西下好景不长了。就在委此重任的第五天，便因原来处理布山总兵官之事不妥而受牵连，降为副将，主要负责人巴笃礼被降为参将。①从此扈尔汉被彻底排斥出政界，成为一个闲散官员了。

扈尔汉为了挽回危局，摆脱被动处境，于天命八年（1623年）三月十五日，向汗上书，请求宽恕，希望再次得到起用。他说：

"汗父，自十四岁恩养以来，并未获罪。到辽东以后，于汗父及诸弟委付之事，不公正尽力，以吾之心变之故，吾所娶之妻、养之子，下之诸弟，皆死矣。己身亦得重病，殆死矣。此亦世世代代之罪过而应遭殃矣。今决弃其前恶，敬慎从善，勤勉从事于汗父、诸弟委付之事。征战之时，若不勤于用兵行围之事，己身不正直为生，若再被汗父与诸弟发现，可谴之而贬矣。"②

扈尔汉的请求，是诚恳的，既承认了以往的过失（实际上没有什么大错），希望得到汗父宽恕，又表示今后决心改过，认真听从汗、贝勒委付之事，并立下誓言，违则愿受重惩。读过此文，令人有感，身为养父的努尔哈赤谅会动心了吧。不料，努尔哈赤并未被此感动，反而再谴其非，不信其誓言，没有起用他。

扈尔汉忧闷病重，于天命九年（1624年）正月初十含恨去世，年仅四十八岁。努尔哈赤拒绝了阿布泰总兵官的要求，不许其子浑塔袭扈尔汉先前的一等总兵官世职，改为降袭一等副将。他还说："不能说虾阿哥有功，彼已毁弃自己之功。"③

扈尔汉落得如此下场，是相当悲惨的，也是很不公正的，努尔哈赤有些忘掉旧情了。从扈尔汉来归以后三十五年的全部历史看，他对努尔哈赤家族的兴起，为金国的建立和扩展尽心竭力，南北转战，立下了丰功伟绩，可是到头来，却一再受责，革任降职，忧虑气愤而死，确实有些冤枉。努尔哈赤对扈尔汉态度的变化，及对其的贬责，原因固然很多，但主要原因可能是对其权势太大的不满。臣子功高震主，势重危国，独断专行的英明汗，决不会允许属下人员窃取权柄，哪怕是亲子代善、养子虾阿哥，也不能冒犯汗父尊严，更不许侵夺汗父之权。当然，

①《满文老档·太祖》卷42。

②《满文老档·太祖》卷47。

③《满文老档·太祖》卷60。

由于扈尔汉参与了诸贝勒争夺嗣位的斗争，也可能因此而被株连，成为八贝勒之争的牺牲品了。但不管是什么原因，这样的处理，都是不恰当的。努尔哈赤忘怀了扈尔汉的旧功，对自己的尊严和权力看得太重了，他为此欠下了扈尔汉一家人的情债，犯下了一个大错误。

十一、幽禁阿敦督堂

查遍《国史列传》《清史稿》等有关清人传记的目录，皆找不到阿敦的名字。不管是清朝国史馆史臣，还是民国初年的"清史馆"人员，以及近人的《清代七百名人传》《清代名人传略》《清代人物传稿》的作者，都没有为阿敦立传评述，似乎此人乃无关紧要的小官末弁。但是，当接触到清初历史时，便马上感觉到，阿敦不仅是确有其人，而且此人还系驰骋疆场的勇将，曾是红极一时、权势赫赫的军政要人，应予立传专论。

阿敦，朝鲜人说他是"（奴）酋之从弟"，《满文老档》称他为"阿敦阿哥"，是清太祖努尔哈赤的近支族弟。阿敦骁勇善战，足智多谋，久经战阵，历任要职，军功累累，政绩可观，为金国的建立、巩固和扩展，费尽了心血，立下了功勋，在八旗贝勒、大臣中，享有很高的威望。

在举行改元"天命"，努尔哈赤荣任"英明汗"的后金建国大典时，阿敦站在汗的右侧，额尔德尼立于左，一文一武，辅佐君汗。他俩又共同接上八旗贝勒、大臣尊奉努尔哈赤为"覆育列国英明汗"的文书，"捧至汗前，置于桌上"，在大典中起了特殊的作用，居于突出的地位。[①]

天命三年（1618年）四月十五日，努尔哈赤率军攻明抚顺时，阿敦已是统辖一旗兵丁挥军征战的固山额真，是他将抚顺游击李永芳带至汗前，促其降金的。[②]

天命六年（1621年）三月二十一日八旗军攻下辽阳以后，阿敦又荣任主持军国要务的"督堂"，为安定辽东局面，管辖汉民，更改国制，防明反击而日夜忙碌。四月初三日，努尔哈赤"下达给督堂阿敦、副将

① 《满文老档·太祖》卷5。
② 《满文老档·太祖》卷6；《武皇帝实录》卷2。

李永芳、毛右铭及尼堪众游击之文书"，要求他们"将尼堪行事之各种法例"，全都写好呈奏，"弃其不妥之处，报其妥当之处"，至于辽东的兵额、城堡的数目、庶民之多少，以及木匠、画匠等各种工匠，"皆尽行写于文书上，呈送上来"。[1]这样，既可以了解辽东军政详情，以便做好安抚、管束辽东地区的工作，又可以参考明制，为实行过渡性质的新政策提供根据。这副重担，主要落在阿敦肩上，由他领头主持，指挥降金汉官，一一办理。

四月十四日，阿敦又奉命带领李永芳、阿布图巴图鲁，前往边境诸堡，"教导国人，设立墩台，安置哨探"。[2]这是为了安抚汉民，加强边防，阻止明军反攻，制止汉民逃亡。

七月二十六日，以镇江军民起义，擒捕守城游击佟养真，努尔哈赤命大贝勒代善、三贝勒莽古尔泰和阿敦领兵二千，"察看金州，遥远的边境，以及应该注意之地"，以加强控制，制止金州等地汉民响应起义。[3]

阿敦地位之高，在分取镇江俘获时，表现得十分清楚。天命六年（1621年）八月十二日，努尔哈赤从镇压镇江人民起义而掠取的物品中，挑出二千头牛，作为上等之物，赏给各官，赐达尔汉虾牛十五头，"赐阿敦阿哥、阿巴泰阿哥各五头"，给总兵官四头、副将三头，备御第二人赐牛一头。[4]在这里，阿敦所赐品之多，在八旗官将中，名列第二，仅居于达尔汉虾之后，与阿巴泰并列第二，但名次在前。达尔汉虾是努尔哈赤宠爱的养子（详见前述第一节）。阿巴泰是努尔哈赤第七子，也是督堂兼固山额真。阿敦名次能排在第二，位于汗之亲子阿巴泰贝勒前，比其他总兵官高，可见其受汗之宠爱和地位之显赫。

但是，政治风云变化莫测，很可能朝居百班之首，位极人臣，威风凛凛，执掌生杀予夺大权，群臣望而生畏，突然间，便触犯了龙颜，铁链系身，屈为阶下囚，枭首市众，甚至满门抄斩。阿敦的处境，就发生了与此类似的巨大变化。八月十二日，阿敦还蒙受汗恩，领受厚赏，可是，仅仅过了一个月，他就被定上扰乱国政大罪，差一点被处以极刑，

①《满文老档·太祖》卷20。

②《满文老档·太祖》卷21。

③《满文老档·太祖》卷24。

④《满文老档·太祖》卷25。

后虽免死，亦终身监禁。为什么会出现这样的变化？阿敦究竟犯了什么罪？它说明了什么问题？先看看汗、贝勒对此案的审理。

还在阿敦监禁之前，他就曾两次被惩。

天命六年（1621年）九月初一，阿敦因达尔汉虾带其弟回都祭坟之事，被"定以罚银二十五两之罪"。①

这还是小事，更麻烦的问题、更大的"过错"是四天以后的一件案子。初五日，诸贝勒、大臣断定，阿敦有三大过失。一为诬告巴笃礼总兵官有违法行为。阿敦说：汉民曾来告状，指控巴笃礼在戍地"将尼堪的女子，带到蒙古包内。又杀尼堪之猪、鸭食用，迫令尼堪之女子做饭"。二为攻辽阳时，蒙阿图牛录之人说谎，阿敦之旗先登上城，巴笃礼以其说谎而鞭打。阿敦想堵住巴笃礼的嘴，向诸贝勒告发鞭打之事。三为阿敦控告在尚间崖战役中，巴笃礼离开阿敦，"留下了"。诸贝勒、大臣断定，一、三是诬告，蒙阿图牛录之人是说谎，应定阿敦罪，革其督堂职，取回二牛录的诸申。②

阿敦被判定的这三个错误，严格说来，是缺乏根据的。以第一件事来说，阿敦身为督堂和总兵官，当然有权也有责任受理汉民的上诉，何况在此前后，金国汗曾多次下谕，禁止女真官将欺凌尼堪，允许和支持尼堪上告。当时，女真官将横行霸道、掠夺钱财、鱼肉汉民、侮辱尼堪妇女，已是司空见惯之事，十分普遍，诸贝勒、大臣凭什么就断定巴笃礼是清白善良的圣人，就断定阿敦是诬告？须知，阿敦有上告的汉人做证据，巴笃礼能拿出什么过硬的材料来反驳？显然此事的断定，说轻一点，是草率主观的，若论其实质，追其秘密，倒是可能是故意的，是有意开脱巴笃礼，成心狠整阿敦。

第三件事，与此类似，阿敦作为指挥官兵作战的固山额真，对其属下官将的功过，应是最了解、最有发言权的了。他往上报告属将巴笃礼临阵怯战，留后不进，表现不好，这个评语，谁能推翻？难道说远在他处的别旗官将，能知道巴笃礼的战时行动吗？能以外人的印象，否决指挥官对下属将领的评语吗？当然不能，这既关系到事实的真相，也涉及统帅的权力和职责。法司对此事的结论，显然也是有偏向的，也是站不住脚的。

第二件事，所谓蒙阿图牛录下人谎称阿敦之旗先登上城，人们不禁

①②《满文老档·太祖》卷26。

要问，凭什么断定蒙阿图牛录下人是说谎？有什么证据证明不是阿敦之旗先上城？况且阿敦不是争论谁先上城，而是不满于巴笃礼依仗权势，斯压属人，指控其鞭打士兵，这有什么不对？

如果细分析巴笃礼的品质行为，更可以了解到阿敦"过失"的实情及此事的是非真伪。巴笃礼，素以"正直"、认真自夸，也蒙骗了不少人。努尔哈赤曾召集八旗贝勒、大臣，训诫他们要公正善良，要求八旗贝勒，以及督堂、总兵官以下，游击以上，公举"好人"上报。诸贝勒、大臣会议后呈奏说，巴笃礼"正直"、认真，扬古利勇敢。努尔哈赤说："此二大臣之善事，吾也曾听闻。若尔等众人皆说好，那就是真好。"遂赏给二人穿貂皮的皮端罩、貂皮的皮袄，以及伞、小旗、坐轿、鼓乐等。①就是这样一个八旗贝勒、大臣公推经汗钦准的"正直"官将，却不说正直的话，硬以非为是，颠倒是非。天命七年（1622年）六月十一日，诸贝勒重新审理布山在辽东战争中的"罪行"，当时，巴笃礼等人，以布山怯战为"理由"革其总兵官，降为参将，现查明事实，重新定案，"赏还布山总兵官职"，而惩治巴笃礼。诸贝勒裁决说："巴笃礼，以尔为人正直，任用为大臣，却不说正直之话，执谬地把非说成是。"遂没收其因正直而赏赐的各种物品，降总兵官为参将，取一牛录的诸申。②从巴笃礼的为人来看，阿敦的告状是有根据的，巴笃礼难辞其责。

尽管阿敦并无大的过失，可是却被定了罪，革了督堂职，这预兆着更厉害的暴风雨即将到来，阿敦快要大祸临头了。刚刚过了半月，阿敦就被定上乱政大罪而下了监狱。《满文老档·太祖》卷27，对此事作了如下记载：

"逮捕阿敦阿哥。阿敦阿哥之罪状是：彼挑拨大贝勒、莽古尔泰贝勒与四贝勒交恶，讲有损国政之话，又讲其他诸贝勒之坏话。为此，诸贝勒议论，闻于汗。汗验证其罪，令拟以罪。诸贝勒、众执法大臣，对阿敦阿哥拟以八固山之扑杀之罪。汗曰：尔等所断，诚当也，吾非惜彼。原居萨尔浒之时，曾议说：我等之手，勿杀犯罪之人，而囚之于高

---

① 《满文老档·太祖》卷33。
② 《满文老档·太祖》卷42。

墙，今若背弃我等曾定不杀之议，将何以取信于国人耶！可令监禁。乃以铁链系之，监于狱中。"

后来，努尔哈赤一再引用阿敦败坏政道致被重惩为例，训诫各大臣。①

尽管努尔哈赤和"诸贝勒、众执法大臣"给阿敦定了扰乱国政的大罪，但具体"罪行"是哪些？他为什么、又怎样使大、三、四贝勒之间"交恶"？仍是语焉不详，使人难以捉摸。幸好，阿敦不仅在八旗官将中享有崇高地位，而且声名远扬，明和朝鲜皆知其人，有所评述，提供了一些珍贵材料。

早在明万历四十七年（1619年）正月兵部奏准"刊印榜文，晓谕中外"的《擒奴赏格》中，就有阿敦之名，系列在努尔哈赤的子侄之后。该赏格说："擒奴酋中军韦都、前锋阿堵、书记大汉、女婿火胡里"等人，"赏银七百两，升指挥佥事世袭"。②

阿堵，就是阿敦，明帝颁行的《擒奴赏格》，称其为"前锋"，名列在韦都（额亦都）之后火胡里（何和礼）之前，可见其地位之高，及作战的骁勇，确系威震辽东，名传内地。

朝鲜对阿敦的情况，更为熟悉。天命六年八月，朝鲜满浦金使郑忠信入使金国时，"深入房穴，详探房中事情"。他返回后向国王奏报阿敦之死的原因说：努尔哈赤曾向阿敦询问嗣子人选，阿敦回答："智勇双全，人皆称道者可。"意指皇太极。代善知后甚为不满。后阿敦又密告代善说，皇太极与莽古尔泰欲谋害代善，"事机在迫"，代善向汗父报告，努尔哈赤讯问皇太极、莽古尔泰，皆辩解无此事。努尔哈赤生气，以阿敦"交构两间"，遂将阿敦关于狱中，抄没其家。③

根据《满文老档》及朝鲜的材料，我们对阿敦下狱一案比较清楚了。看来，从九月初五阿敦与巴笃礼之争及其被革职处罚，和这次的监禁，都是出于同一原因，即阿敦参与了或卷入了大贝勒代善与四贝勒皇太极争夺汗位继承人的斗争，且他偏向于皇太极，因而受到了制裁。这一点，我们将在第五节《训斥四贝勒》里，详加评述。

---

① 《满文老档·太祖》卷51。

② 《明神宗实录》内阁文库本，卷47，转引自《明代满蒙史料·明实录抄》，《满洲篇》册4，第682页。

③ 吴晗：《李朝实录史料》，第3145页。

十二、额尔德尼的冤死

（一）"一代杰出之人"

额尔德尼，姓纳喇氏，世居都英额，自幼聪睿敏捷，勤学诗书，通晓汉文、蒙文，而且弓箭娴熟，机智善战，是一个文武双全的大巴克什。他很早就投奔努尔哈赤麾下，建立了许多功勋。其中，最为人们称颂的是创制满文，这对满族的形成和发展，对丰富中华民族乃至整个人类文化宝藏，都做出了重大的贡献。

满族是以女真为核心，吸收汉、蒙等族人员而形成发展起来的民族。女真族在金代参照汉字，创制了女真文。女真文有女真大字和女真小字两种。女真大字为完颜希尹所造，金太祖完颜阿骨打于天辅三年（1119年）颁行全国。金熙宗于天眷元年（1138年）制成女真小字，皇统五年（1145年）通行于世。女真字是方块字，金亡元兴以后，逐渐衰落，到了元朝末年，懂女真文的人已经很少了。明英宗正统年间，绝大多数女真人已不识女真文为何物。例如，《明英宗实录》卷113载：正统九年（1444年）二月甲午，"玄城卫指挥撒升哈、脱脱木答鲁等奏：臣等四十卫，无识女真字者，乞自后敕文之类，第用达达字。从之"。

达达字，就是蒙古文字，可见，到了15世纪中叶，女真文已失传，而必须借用蒙古文了。女真与明朝政府的交往，以及与朝鲜的交往，公文都用蒙文书写。

努尔哈赤于明万历十一年（1583年）起兵以后，在相当长的时间里，与明朝的公文，是由从辽东掳来的汉人龚正陆用汉文书写，"凡汗文书，皆出于此人之手"。[①]在建州内部，所行公文和法令，则用蒙文，此即《满洲实录》卷3所载："时满洲未有文字，文移往来，必须习蒙古书，译蒙古语通之。"女真人说女真语，可是没有自己的文字，不懂女真文，而必须借用蒙文，太不方便了。这样，语言和文字的矛盾，已经成为阻碍满族形成和发展的严重障碍，与建州的飞速前进极不适应。具有雄才大略的聪睿汗努尔哈赤，富有远见，及时地看出了这一问题的重要性，决定立即创制本民族的文字，于万历二十七年（1599年），即

---

① 申忠一：《建州图录》；吴晗：《李朝实录史料》，第2660页。

起兵后的第16年，命额尔德尼和噶盖肩负此任。《满洲实录》卷3载述此事经过如下：

> "二月，太祖欲以蒙古字编成国语。巴克什额尔德尼、噶盖对曰：我等习蒙古字，始知蒙古语，若以我国语编创译书，我等实不能。太祖曰；汉人念汉字，学与不学者皆知，蒙古之人念蒙古字，学与不学者亦皆知，我国之言，写蒙古之字，则不习蒙古语者，不能知矣，何汝等以本国言语编字为难，以习他国之言为易耶。噶盖、额尔德经对曰：以我国之言编成文字最善，但因翻编成句，吾等不能，故难耳。太祖曰：写阿字，下合一玛字，此非阿玛乎（阿玛，父也）。额字下，合一默字，此非额默乎（额默，母也）。吾意决矣，尔等试写可也，于是，自将蒙古字，编成国语颁行，创制满洲文字，自太祖始。"

遵照努尔哈赤的指示，额尔德尼与噶盖共同研究编写。不久，噶盖以过被诛，额尔德尼独揽重任，创制了满文，通行建州全境，为金国的建立，为满族的加速形成，立下了不可磨灭的丰功伟绩。史称其："创立满文，编行国中，一切制诏章疏文移等体，不复用蒙古字。"[1]现存的《满文老档》，记事从万历三十五年（1607年）开始（前面残缺），离其创制不到9年，可见其流行之快。

额尔德尼还是早期法令的起草者和《满文老档》的重要撰写人。他的同事称赞说："额尔德尼巴克什记录恭敬聪睿汗之一切善政。额尔德尼巴克什之勤勉、谨慎、记性、聪明，为人所难得。在这本书上呕尽心血，最初记载这些事情，确非易事。"[2]

额尔德尼积极宣传努尔哈赤承奉天命应为国君，指责明帝昏庸谬误必然失败。《满文老档·太祖》卷6，记载了额尔德尼对击败明辽东总兵官张承荫的评论，原文如下：

> "编纂法典成书之大臣额尔德尼巴克什曰：因尼堪国之万历帝过误甚多，天地皆以为非，在三处设营挖壕层层排列枪炮之一万兵，战中并

①《八旗满洲氏族通谱》卷9，《额尔德尼巴克什》。

②《满文老档·太祖》卷4。

未取胜，皆被攻破杀死。……女真国英明汗善行甚多，天地佑吾……尼堪一万兵发射之大炮有一百，小炮一千，我等仅有身份低微之当差之二甲，被那千百枪炮打死。……确系天佑。"

天命四年三月，金于萨尔浒大败明军后，额尔德尼又作了长篇评论。《满文老档·太祖》卷9载述说：

"编纂法典成书之额尔德尼巴克什曰：尼堪万历帝，戊午年从二月起征兵备战，己未年二月，二十七万兵，号称四十七万，四路出师，欲图攻破女真国英明汗所居之城。不顾上天指引方向，自恃国大兵多人众，违天之意而出兵，谋害公正，无理恃强，图杀善人，此乃违背天意也。若非尼堪万历帝恶贯满盈，怎能仅仅三天，就全歼二十七万兵。此是天以为大恶，故有此下场，因女真国英明汗公正善良之处甚多……故领兵之诸贝勒、大臣无一死亡，此亦天助。"

额尔德尼的聪睿博学，甚为努尔哈赤赞赏，成为他的心腹大臣，经常派其传达重要指示。天命三年四月十五日攻下抚顺后，辽东总兵张承荫来援，努尔哈赤遣额尔德尼去大贝勒代善、四贝勒皇太极军营，口传汗谕。[1]天命六年七月，因镇江军民起义，大贝勒代善、三贝勒莽古尔泰和督堂阿敦，率兵赶往金州，不久，额尔德尼即从辽阳派往戍地，传达汗旨。[2]

额尔德尼是金国文臣之魁，重大典礼均由他办。努尔哈赤就任英明汗的大礼，就是由他主持的。当时，汗端坐于上，额尔德尼站在左侧，阿敦在右，八大臣奉上尊号文书时，便是额尔德尼宣读的。[3]他还经常作为迎宾大臣，代表金国出席，天命六年九月二十四日，朝鲜国王遣满浦金使郑忠信入使金国，努尔哈赤派"汗之三女婿"乌尔古岱额驸、抚顺额驸、石乌礼额驸及巴笃礼总兵官、额尔德尼巴克什五大臣往迎，在城外下马相见。[4]

①《满文老档·太祖》卷6。
②《满文老档·太祖》卷25。
③《满文老档·太祖》卷5。
④《满文老档·太祖》卷24。

额尔德尼还参与了重大案件的审理。天命五年（1620年）三月，小福晋代音察控告大福晋富察氏送饭与大贝勒、四贝勒及深夜出院等事，努尔哈赤派遣调查的四位大臣中，就有额尔德尼，而且名列第二。①

额尔德尼不仅是博学多识的文豪，而且还是驰骋疆场、英勇冲杀的猛将，他在天命三年四月击败张承荫总兵官之战中，立下了功劳，后在天命七年二月又与达海一道，迫使明戚家堡投降，带回400人及牛马驴110头。②

正是由于额尔德尼早年来归，尽心竭力，创制满文，"传宣诏令，招纳降附""著有劳绩"，因而为汗宠信，赐号"巴克什"，初授参将，后升副将，成为誉满金国的大巴克什。后来天聪七年（1633年）皇太极评论额尔德尼时，曾谕告文馆儒臣说："额尔德尼遵太祖指授，创造国书，乃一代杰出之人。"③

（二）大巴克什的惨死

天命六年（1621年）三月，八旗军进驻辽沈，十月十九日，额尔德尼因功由参将升为副将。在这国家富强个人晋职的双喜临门形势下，额尔德尼为巩固、扩大金国的统治而呕心沥血，日夜操劳，深受人们尊敬。他万万没有想到，风云即将变化，灾祸就要临头。

天命七年正月十三日，额尔德尼告于豪格父贝勒说：他所辖牛录的塔布星噶的首告，是雅逊、武纳格二人唆使的，不可不使这二人离开汗。雅逊、武纳格听到以后，向汗报告。法司遂搜查额尔德尼家，"抄出汉官所馈之去毛整猪八头，以及鸡、雉、稻米、面等"，并抄其家，"尽没其绸缎、蟒缎、毛青布、翠蓝布、衣物等家产"。努尔哈赤一面说："汗之近身之人，何可无此财物？"令将其财产尽还额尔德尼；同时又说："汉官之馈，少受尚可，所受过多也。"将其治罪，革副将职，贬为闲人，留下阿哈6对、马7匹、牛3头，"其余人、马、牛皆没之，赏给阿巴泰阿哥"，其所管牛录，赐予孟阿图。④

这件案子的处理，很不寻常。就事实而论，额尔德尼收受汉官的馈

---

① 《满文老档·太祖》卷14。

② 《满文老档·太祖》卷36；《清史列传》卷4，《额尔德尼传》。

③ 《清史列传》卷4，《额尔德尼传》。

④ 《满文老档·太祖》卷33。

物，自然不合适，但问题在于这是人情通例，还是仗势凌人，逼收财帛，揽权纳贿？官场习气，乃至一般人家往来惯俗，互相馈送一点礼品，联络感情，彼此应酬，这算不了什么事，不是大错，不至于触犯王法；若以权压人，逼要贿物，那就是贪赃枉法，触犯刑律了。两者之间的区别，很重要的一点是物品的多少。按照雅逊所控，查出之物，标明数量的，只有8头猪，其余鸡、雉、米、面，未载数字，显然量不会多。8头猪，能值几何？按时价计算，不过10两左右银子，这算是什么赃物？而且，这8头猪还不是一人送的，是众汉官送的，或一人送一头，或数人合送一头，这样看来，显然没有超出互相馈送的一般常情的范围，并不是纳贿受贿勒要财帛。按清廉的高标准来要求，说说即可，法司轻描淡写地讲几句就行了，根本不值得如此大惊小怪，立即尽行送往汗的衙门，并籍没额尔德尼之家。这种做法，就是要以小变大，将交际说成是贪污，大造声势，定成贪婪之罪，促使汗承认，从而将额尔德尼置于死地，用心之险恶，手段之卑鄙，令人胆寒，使人气愤。果然，努尔哈赤中了圈套，以其收物"过多"，而定其罪，革额尔德尼副将职，取回牛录，没收多余的人畜。对于一个长期效劳功勋卓著的大巴克什，如此处理，如此羞辱，是太过分、太不应该了。这是一件不大不小的冤案和错案。

这个原告雅逊，何许人也？查查其经历，便可知晓，此人品质恶劣，名声不佳，既胆小怕死，临阵怯战，又惯于弄虚作假，捏造军功，讨要官职，而且还贪恋帛缎，违令私买。就在上述之事定案时，额尔德尼实在是难以压下满腔的愤怒，冒险向汗控告雅逊偷买覆盖祭器的蟒缎4匹、倭缎1匹。努尔哈赤听后十分生气，斥责雅逊说："原曾颁谕，督堂、总兵以下，备御以上，各买一匹缎，汝若以钱随意购买绸缎、蟒缎，则他人焉能购买。"定为死罪，后念其"原本痴呆"，免死，革参将职，贬为闲人，留下人6对、马6匹、牛3头，其余的人、马、牛尽皆没收。[1]

额尔德尼被问罪革副将职以后，仍是巴克什，仍在汗身边继续工作。天命七年正月十八努尔哈赤亲征广宁时，额尔德尼随汗从征，并与达海一起，迫使戚家堡投降，又奉汗命，与阿巴泰回辽阳，去迎接从蒙古古尔布什台吉处逃来的蒙古民。[2]

---

①《满文老档·太祖》卷33。

②《满文老档·太祖》卷35。

　　尽管额尔德尼仍然勤勤恳恳为汗效劳，可是挽转不了厄运，一年半以后，终因细故，被冤枉斩杀。《满文老档·太祖》卷50，载述此案经过如下：

　　天命八年五月初，额尔德尼的婢女，告发其主收了朝鲜人送来的绢，把得获的东珠与金藏在井里，在辽东没收家产时，主人去其妻弟之家隐藏东珠和金。努尔哈赤传问额尔德尼有无此事，并谕告说：如有隐藏，交出后可免罪，设若隐瞒，定了罪，就不能帮助了。

　　"额尔德尼回答说：……今献出所藏之东珠，乃雅逊之妻所赠。雅逊之妻曾将此类东珠二十余颗送与哈达格格，而未受也。我妻往雅逊家，正逢其开箱，倾倒容器，因吾子有牙疾，故乞索之以研敷患处。所给之东珠、珍珠，系购于汉人王国臣处。经与王国臣核对，其珍珠多于王国臣所售之数。因此，众督堂审问额尔德尼巴克什曰：若系雅逊夫妻所给之东珠，在辽东抄家时，雅逊家所有的米、肉，既已搜尽，如此多之东珠为何未搜出？汝当时为何不声明此系雅逊妻所给之东珠，此类东珠雅逊妻家尚有二十余颗？汝藏匿东珠，为何卸罪于雅逊？为何在抄家时将东珠送藏他处？遂拟处额尔德经巴克什夫妇以死罪。又以为何窝藏额尔德尼巴克什送来之东珠、珍珠、金等物？婢女前来首告，尔额尔科图、布尔哈图、布彦图等，为何与额尔德尼逐出包衣，闭门私议？当初已颁禁令，父有罪，子勿涉，兄有罪，弟勿涉。若涉之，则死罪同死，罚罪同罚。尔等何故涉之？遂告于汗。汗怒，命杀额尔德尼巴克什夫妇。遂尽杀之。额尔科图鞭一百，刺耳鼻。布尔哈图、布彦图各鞭五十，刺其耳。"①

　　此案的审理和判决，完全错误。额尔德尼之死，纯属冤枉。按照《满文老档》的记载，众督堂断定，额尔德尼隐藏了东珠，拒不承认，进行诡辩，因此定为死罪，家族成员也要惩治，努尔哈赤依议而行。这个结论本身不公正，这个裁决，自然十分荒谬，它的论据贫乏无力，漏洞百出。其一，所谓隐藏之过，本身就不能成立。天命七年正月，法司借口额尔德尼收纳汉官馈物，而抄没其家，将财产请汗看阅时，努尔哈

————————
① 《满文老档·太祖》卷50。

赤曾明确宣布："汗之近身之人，何可无此财物！"命令退给原主。这就是说，籍没本身就是错误的，就不该抄家。那么，额尔德尼因畏惧法司而藏存东珠，就没有错，他没有犯抄家之罪，他的财产都应归他所有，这是合法的，而且应当受到国法的保护，旁人不得侵占偷盗。他愿意入置客厅当中，可以；他愿意藏于井中，也可以；他把它丢掉、砸碎，也可以。他有权自由支配，这能说是触犯国法犯了大罪？当然不能。

其二，退一步讲，就算是"隐藏"，努尔哈赤讲了，只要额尔德尼承认，就不追究，就免其罪。额尔德尼害怕受罚，承认了是有东珠，但解释说这东珠不是得获的，而是从雅逊之妻处要来的。常言君无戏言，额尔德尼既然承认了曾将东珠放于井中，就算是遵谕而行了，就应免罪了，为什么又要在东珠的来源上大做文章？督堂问的是"隐藏"之过，并未问东珠的来源，讲了就行了，为什么还要揪住不放？

其三，就算是"隐藏"有过，应当惩治，也不算是大罪，不应该重惩。金国历史上，出现过不少官将私拿私藏俘获品的行为，都没有按大罪处理。比如，天命四年六月，八旗军攻下开原，掠取了巨量财帛入畜，许多官将趁机潜窃藏匿，努尔哈赤下令清查，查出族弟古卦勒察贝勒、第四子汤古岱贝勒、一等大臣众额真费英东、固山额真博尔锦、梅勒额真什拉巴虾、五牛录额真图勒伸"隐藏暗地私取之金、银、缎、蟒缎、毛牛角、毛青布、翠蓝布、貂皮、毛皮"。努尔哈赤虽然生气，狠狠地训斥了一顿，但也未定罪，也未贬官革职，没有罚银监禁，更没有处以死刑，而仅仅将"这些大臣盗取之财物"没收，分给那些"没有盗窃之公正诸大臣"。[①]"盗取"之罪，尚且仅只没收其财，那么，援照此例，额尔德尼最多交出"隐藏"之物，即可了结了，为什么要定为大罪，为什么要处以死刑？岂不是小题大做，太过分了！

其四，额尔德尼解释东珠是从雅逊之妻处要来的，雅逊之妻曾将此20余颗东珠馈送哈达格格，格格未收。这一解释，得到了哈达格格的证明。当额尔德尼被冤枉斩杀后，哈达格格出来证明确有其事，并说曾将此事告诉诸贝勒。四贝勒皇太级、德格类贝勒、济尔哈朗贝勒和岳托贝勒，都知道这一件事。[②]

正因为额尔德尼未犯大过，此案纯属捏造而成，额尔德尼死得太

①《满文老档·太祖》卷10。
②《满文老档·太祖》卷51、54。

冤，兼之其在金国朝野中声望极高，万民敬仰，因而无辜屈死以后，反响异常强烈，尽皆为其惨遭陷害而鸣不平。努尔哈赤知道以后，不仅没有冷静思考，检查此案处理是否恰当、理由是否充足、根据可靠与否，反而发表长篇谕旨，强词夺理，巧言诡辩，恶语威胁，一意孤行，硬说额尔德尼犯了大罪，死有应得。天命八年五月初三日，努尔哈赤召集八旗贝勒、大臣，专门就额尔德尼案件，大发议论，警告群臣。《满文老档·太祖》卷51作了如下载述：

"初三日晨，汗集诸贝勒、大臣曰：闻额尔德尼曾言，彼以公正而死。哈达格格告诸贝勒曰：雅逊之妻曾馈送东珠二十余颗之事，是真。尔等诸贝勒听到此言，若系真实，则我是谬误矣。获他国之人，亦当视为傣友而养之，如此差遣众多之傣友，焉可轻易杀之！一支箭，尚且惜之矣。额尔德尼岂能谓忠？昔大阿哥在时，额尔德尼、乌巴泰尔等曾进谗言。攻克辽东城时，非你一人之力，尔为何独取三十头猪之肉耶？我得一物，尚须平分共食也。

哈达、叶赫之诸贝勒，皆不善养己之傣友，而诱其他贝勒之傣友，彼此授受财物，其政乱矣。有鉴于此，故当初训示曰：若贝勒有赏，则赏各该旗之人，诸申有求，则求各自之旗主贝勒，勿越旗赏赉，勿越旗索求，倘越旗赏赐、请求，则罪之。并由尔额尔德尼亲手书之。尔乃多铎阿哥所辖之人，为何越旗索求于八旗诸贝勒？即使遇有诸贝勒倾囊给他人，唯独赐尔一人耶？于辽东时，一寻额尔德尼，即已去四贝勒巡察之处。复寻之，仍又去四贝勒巡察之处。往而不问，归而不告其所往，如此之举，不为挑唆，岂有他哉。

雅逊之妻馈尔哈达格格二十余颗东珠，尔岂非似我之心肝之子耶，为何不告于我？若格格告于诸贝勒，尔等诸贝勒为何未曾告我？此即尔等所谓之公正耶？

乌拉之哈斯瑚贝勒，有用斛盛置之东珠，然其卖于我等，仅一二颗。我等卖于汉人者，亦仅一二颗。如此二十余颗之东珠，不知雅逊系从何处得之？莫非雅逊有斛盛置之东珠乎，抑或有用斗盛置之东珠乎？

尔等承审此案之大臣，当持公正之心。上有天，下有地，我等唯有尽力秉公审理，即使无能为力，亦只有秉公审理而已。哈达、叶赫、乌拉、辉发等国之众大臣，不持忠心，奸谄贪婪，故国亡而彼等自身亦亡。上天注定，国各有臣。天佑忠正，君王得福，则臣等亦将得福。天谴邪恶，君王无福，则尔等亦无福也。哈达、乌拉、叶赫、辉发之国已亡，今其国之臣安在，皆已为圈中之人矣。君毁则臣亡，君福则臣亦贵。望尔等诸大臣，当以忠心为之。"

这次汗谕，很不寻常。一系汗专为一事，而召集诸贝勒大臣训话；二是长达千字而又为《满文老档》全文刊载，实为罕见；三是汗为己过辩解，力言此案之是和额尔德尼之非，堂堂一国之汗，竟下降为此案的一方，与对方互相争辩，大损君威，这又是金国少见之事；四系汗诡辩不足，则加以恶言相胁，明明是一介臣僚之事，却大训群臣的不忠，以"君毁则臣亡，君福则臣亦贵"，来劝诱胁迫八旗贝勒、大臣同意他对额尔德尼的处理。这一切，正好表明了，努尔哈赤内心不安，明知有错，但又偏要文过饰非，一错到底，压服臣民。

不过，聪明反被聪明误，努尔哈赤万万没有想到，他的这次训话，不仅没有定死额尔德尼之过，说通和压服八旗官将兵丁，反而事与愿违，即提供了确凿可靠的根据，证明额尔德尼实系无辜被害，反映出军心、民心、臣意的不平。亲为皇女的哈达格格出来作证，四大贝勒之一皇太极，以及岳托、济尔哈朗、德格类三位贝勒，也声明知道东珠之事，而且他还泄漏了天机，使人们知道杀害额尔德尼的真正原因，便是因其成为诸贝勒争夺最高统治权力的斗争的牺牲品。这在本章第五节"训斥四贝勒"中将具体论述。

尽管金国汗努尔哈赤为错杀额尔德尼一事而绞尽脑汁，极力辩解，严格控制，但毕竟是一个错案、冤案，无论是谁，哪怕是威震天下的无敌君汗，也不能改变这一事实，不能长期掩盖此案的真相。就在额尔德尼屈死以后的第十年，天聪汗皇太极便正式为他平了反，高度评价他创制满文的丰功伟绩，明确指出："额尔德尼遵太祖指授，创造国书，乃一代杰出之人，今也亡。"[1]顺治十一年（1654年），又追谥额尔德尼为"文成"，其子萨哈连官至銮仪卫冠军使。[2]一代文豪额尔德尼死后有

①《清史列传》卷4，《额尔德尼传》。

②《八旗满洲氏族通谱》卷9，《额尔德尼巴克什》。

知，也可聊以自慰了。

十三、审讯乌尔古岱额驸

（一）"哈达贝勒"

"哈达贝勒"，是哈达贝勒蒙格布禄之子乌尔古岱，因系英明汗努尔哈赤之婿，又曾任督堂，故人们尊称为乌尔古岱额驸、王督堂，有时也称为哈达贝勒。

乌尔古岱，姓纳喇氏，祖父名万，自称"万汗"，明称为王台，是海西女真扈伦四部之一哈达部贝勒。王台机智善战，远交近攻，与明友好，禁杀掠，勤修贡，势力迅速发展，最盛之时，东辖辉发、乌拉，南隶建州，北领叶赫，延袤千里。王台初袭祖父克什纳的塔山前卫左都督职，"长东夷"，万历三年（1575年），以缚送建州酋长王杲，进右柱国、龙虎将军，其二子为都督佥事。后因年老，精力不济，是非不明，各大臣科索民财，欺压属部，勒要贿物，其子扈尔干尤为暴虐，以致属民离心，诸部尽叛，领地日蹙。万历十年七月，王台忧愤病故。

王台有五子，长子扈尔干，二子、三子早死，四子为康古陆，幼子蒙格布禄。王台死后，诸子争分父业，干戈不断，国势益弱。不久，扈尔干及其子歹商，以及康古陆相继去世，蒙格布禄继为哈达贝勒。万历二十七年（1599年）五月，叶赫纳林布禄进攻哈达，"大焚掠"，蒙格布禄不能抵挡，"以三子为质"，向努尔哈赤求援，努尔哈赤遣费英东、噶盖领兵二千前往。九月，乘哈达势弱，努尔哈赤率军攻哈达，灭其国，降蒙格布禄，第二年借口其与己妾法赖私通而斩杀。明政府降旨斥责，努尔哈赤不得不以第三女莽古济嫁与蒙格布禄的长子乌尔古岱，并于万历二十九年（1601年）七月在抚顺关外。"刑白马，誓抚吾苔保寨"，令乌尔古岱率领部属回归哈达。乌尔古岱虽然当上了哈达贝勒，但空有其名，纯由努尔哈赤控制。不久，努尔哈赤彻底地将哈达并为己有，乌尔古岱成为后金国的一员战将。

乌尔古岱为岳父英明汗努尔哈赤竭力效劳，披挂甲胄，驰骋疆场，为巩固金国的统治，立下了功劳。天命六年（1621年）三月二十一日，八旗军打下辽阳以后，鞍山、海州等70余城"官民俱削发降"，但镇江民拒不剃头，并杀了派去劝降的官员。五月初五，努尔哈赤遣"女婿乌尔古岱副将，抚顺李永芳副将"，领兵一千，前往查看，谕劝归顺。乌尔古岱二人去后，杀拒降者，迫使镇江汉民剃发投顺，俘获拒降之人妻子，带回1000名俘获。汗命以尼堪300名，赏给督堂、总兵官以下至游击职官员，以600名俘获赐予出征兵士。[①]

天命七年（1622年）正月，乌尔古岱带儿子额色德里参加了进取广宁的战争，额色德尼在杏山附近坠马而死，努尔哈赤听到外孙去世，悲哀痛哭，命费扬古贝勒与岳托贝勒带领数百旗兵，护送遗尸回辽阳。[②]

乌尔古岱还肩负了调查军情处理汉民事务的责任。天命六年九月初六日，汤站堡的守堡向上报告说：驻此的戍兵，袭击境内已经归顺的"国人"，获1万俘获，杀人之多，连草都沾上杀人的血。努尔哈赤命督堂阿敦和乌尔古岱副将，带领属员，前去调查，规定如果确实是"我们境内之国人"，全部归还。[③]

乌尔古岱又参加了迎接朝鲜使臣的工作，也就在九月，朝鲜满浦金使郑忠信入使金国，努尔哈赤派乌尔古岱额驸、抚顺额驸、石乌礼额驸、巴笃礼总兵官、额尔德尼巴克什五大臣迎接，在城外下马相见。[④]

由于乌尔古岱是英明汗努尔哈赤的大福晋富察氏所生莽古济格格之夫，尊称"额驸"，又曾经是海西女真哈达部之长，"来归"以后，为金国效劳立功，因此备受岳父宠爱，很早就当上了副将，天命七年又升任督堂和总兵官。在六月初七改革官制明确职责时，努尔哈赤下谕说：

"委任总兵官达尔汉虾、总兵官巴笃礼、督堂乌尔古岱额驸、总兵官索海、副将阿泰、游击雅护、参将叶古德、参将康喀赖、游击南济兰、游击武善、备御瑚里、备御托克推、备御博博图、备御星嘉、备御魏和得、备御郎格等十六人，审断国人各种罪行。"

审断案子，一向是金国要事，努尔哈赤对此十分重视，亲自掌握。

---

① 《满文老档·太祖》卷21、22。

② 《满文老档·太祖》卷34。

③ 《满文老档·太祖》卷26。

④ 《满文老档·太祖》卷27。

乌尔古岱能被授予审案之权，确系为汗重用。而且，在这16人中，有4个总兵官、1名副将、3名游击、2名参将、6个守备，很显然，参将、游击和守备，是做具体工作的，实权归4个总兵官掌握。乌尔古岱不仅名列第三，仅次于达尔汉虾和巴笃礼之后，这本身已表明他地位之高和权力之大，而且达尔汉虾已开始失宠，天命六年十一月革了督堂职，降充三等总兵官，还被禁止"参议政事"，天命七年六月十一日（即委任审案以后第五日）又因过再降为副将，巴笃礼也因同案降充参将，4个总兵官中只剩下乌尔古岱与索海2人。乌尔古岱还是督堂，索海虽是总兵官，但却是晚辈，当然要听乌尔古岱的话。由此可见，乌尔古岱此时是具体掌握审案大权的最高官将。

乌尔古岱不仅是审断诉讼的首席执法官将，而且是具体处理金国军政事务的第一督堂。进入辽沈以后，努尔哈赤任用心腹官将为"督堂"，办理军政财经诸事，到天命七年六月，先后任督堂的有达尔汉虾、阿敦、阿巴泰、何和礼、汤古岱和乌尔古岱。最初是达尔汉虾名列第一、阿敦第二，天命六年九月阿敦被监禁，十一月达尔汉虾革去督堂，不久乌尔古岱就代替达尔汉虾和阿敦，成为具体理政治国的首席督堂了。

天命八年二月初七，努尔哈赤对官制又做了重要的改革，八旗设督堂八人，称"八大臣"。《满文老档·太祖》卷45载：

> "初七，任命八旗督堂八人，每旗断事官各二人，蒙古断事官八人，尼堪断事官八人，监视诸贝勒挂在脖子上之箴言者各四人。任命诸大臣之名字：督堂等级者是乌尔古岱、阿布泰舅、扬古利、多弼叔、卓里克图叔、叶赫之苏巴海、阿什达尔汉、贝托辉……"

在这八个督堂中，乌尔古岱、扬古利、阿布泰舅三人是总兵官，卓里克图叔是副将，苏巴海、阿什达尔汉是参将，多弼叔、贝托辉是游击。很显然，副将以下充任督堂之人，是做具体工作的，大事由三个总兵官管。乌尔古岱不仅是总兵官，又在八个督堂中名列第一，足见其地位之高、权势之大。

更令人注意的是，八督堂的权力比过去更大了。努尔哈赤称八督堂为八大臣，授予他们以下权力：

"汗曰：于八和硕贝勒，设八大臣副之，以观察诸贝勒之心。谁以己事与他人之事视为一体，持以公论，谁对己身之过，不自引咎，而突然变色，八大臣共察之，知其非，即责之，如不受责，即告于汗。此其一。凡国事之何以成，何以败，当深为筹划之。有能辅助政业者，则以此人贤良能胜任政事而荐之。不能胜任者，即以此人卑劣无能而劾之。此其二。自总兵官以下领兵之诸大臣，凡军旅之事，何以胜，何以负，当当为计谋之。野战，以何种器械为宜，攻城，须用何器，一应物品，皆齐备之。其治军能胜之人，则曰此人善于治军，不能胜任者，则曰此人带兵无能，悉以奏闻。此其三。不肖者不降不革，何以惩恶？贤者不举不用，何为劝善？尔等如能妥善经理各项国事，我之心将以子孙繁衍，大臣林立，而感到欣慰矣。"①

根据这次汗谕，八督堂拥有很大权力。国政的善恶成败，用兵的胜负、计谋，军备的供应、改善，文臣武将的忠奸贤劣升降奖惩，有关金国政治、军事、人事等等重大问题，皆委八督堂安排调配处理，甚至于连尊如贝勒贵为旗主的八和硕贝勒，都被八督堂监察、劝谏和弹劾，其权力之大，令人难以想象。在金国历史上，八旗大臣能拥有如此大的权力，还是罕见的。八督堂拥有这样大的权力，而乌尔古岱又是八督堂之首，可见此时他真是声威赫赫势倾朝野的军政要员了。然而乐极生悲，盛极而衰，四个月以后，这位曾经使人望而生畏的大督堂，竟险被处死，差点人头落地，权势顿失，成为入辽以后轰动金国的第四大案。

（二）惩治王督堂

天命八年（1623年）六月，两名汉官向大贝勒代善告发乌尔古岱收纳贿物。复州的守备王炳上告说：先前，曾交哈兴望赤马1匹、银50两，"馈送王督堂"。去年十二月，为筹都堂年礼，交汉人罗山沙银100两，令其购买蟒缎、珍珠。今年四月，又支银130两。十二月二十一日，交罗

①《满文老档·太祖》卷45。

山沙纯金10两、上等汝缎1匹，由我亲率从人霍世勒送去。五月初三日，在我的上房北屋，交给罗山沙银350两，并告罗说："沈阳、甜水站无官，尔以此银送王督堂，询之彼处可赏我乎？"吴善送佟额驸马1匹，蟒缎衣服1件。赵山奎送佟镇国银80两。送李代成金2两、银瓢1个、粗布20匹、细布2匹、棉花2包、黄马1匹。送毕志赛金10两、银瓢1个。送佟都司骡1头。送朱永成花马1匹。

永宁监守备李殿魁也向代善上告说：天命七年八月十九日，"督堂取我李殿魁之金二十两，王游击知之"。十月初九日，"督堂乌尔古岱以狐肫皮袄一件，给银十两"，由王游击取去。十二日，塔尔虎取青马1匹、驴1头、白马1匹，送督堂。十二月十五日，王游击取狼皮肫子1件，送与督堂。王游击带去铁匠1人、皮匠2人，留在督堂处。

此案交众断事官及诸贝勒审理。乌尔古岱回答说："所谓黄金，前李殿魁曾拿黄金十两，言系爱塔送来。送来后，我想，爱塔与我有仇，恐乃欲加诬告而诱惑之，遂出金以示四贝勒。四贝勒曰：诚是爱塔所送，又有何益？不如暂留此金，以待事发。此事德格类阿哥、济尔哈朗阿哥、岳托阿哥皆知。原金仍在。至于其他十两之金，则不知也。"李殿魁说，先送10两，后送10两，"皆受之。塔尔虎知之"。塔尔虎回答说："先受之十两黄金，叔父受之。后送十两叔父未受。"乌尔古岱又说："我未曾受狐肫皮袄，此系由岳托阿哥给价取去。仅此而已，其他一概不知。"问塔尔虎，塔尔虎供称："马系给价受之，狼皮肫子确曾送来，然嗣后又令拿回。"李殿魁说："皮肫子即在尔家。"遂往观之，果有皮肫子。"经如此审理，俱落实"。

众断事官断决说："尔乌尔古岱，当阿敦阿哥获罪之时，故充忠良，跪于汗前，令众大臣皆跪于后。尔曰：不惩杀此奸逆，乌尔古岱今后何以治国？以示尔之忠正。然所报答汗者，实乃内藏祸心，外以巧言而取信也。尔乌尔古岱之罪，与额尔德尼巴克什之罪无异，以治彼之法治尔可也。……拟乌尔古岱以死罪。"并劾皇太极、德格类、济尔哈朗、岳托四贝勒。报汗后，努尔哈赤说，不需为收汉人的财物而处死乌尔古岱，令免死，革督堂职，降为备御，不许独往他人之宅，他人亦不准去其家。[1]

这一案件的出现及其审理和裁决，都使人感到怀疑。首先，为

---

[1]《满文老档·太祖》卷54。

什么复州守备王炳、永宁监守备李殿魁要告状？须知，乌尔古岱是英明汗亲女之夫，尊称额驸，贵为督堂、总兵官，后台粗，权势大，小小的汉人守备，怎能有此豹胆，敢在太岁头上动土？而且，王炳的所谓"告状"，实际上就是告自己，告自己如何想方设法孝敬督堂，献纳贡物，博其欢心，以图升迁官职。难道他二人不知这样做的危险下场吗？努尔哈赤一入辽沈，就多次训谕降金汉官，要他们尽革前明陋习，不要馈送上官礼物科索民财，违将重惩。[①]这次王炳讲了行贿之事和目的，岂不是自找麻烦自投罗网。他二人这样做，究竟是为了什么？

其次，此案的审理，也很奇怪。首告人王炳、李殿魁，坚称是送了贿银贿物，被告乌尔古岱却一律拒绝，力言并无其事，并举出四位贝勒可作证人。可是，众断事官不相信乌尔古岱的辩解，竟硬性断定纳贿为实。这个结论，缺乏根据，难以成立，但偏偏就成了定论。

最后，这事的结局，也不平常。断事官将不太可靠的结论，当作铁证如山的定论，并据此延伸，扩大为败政乱国的大罪，要将他定为额尔德尼一样的"奸臣"，同样惩治，要判处乌尔古岱死刑。金国汗认为太重，不能因其收汉人财物而斩杀，改为免死革督堂，降充守备，可是，其所收之物，却由四贝勒皇太极付出，"交金十两、银三百两"，就此了结。为什么众断事官要无限上纲，将乌尔古岱与额尔德尼相提并论，定为危害国政的大奸，严酷斩杀？为什么努尔哈赤只讲乌尔古岱不应收纳汉人财物，只字不提断事官加在督堂身上的乱政大罪，而从轻发落？看来，很可能努尔哈赤知道，此是怪案，内中蹊跷，耐人寻思，众断事官是醉翁之意不在酒，故而轻惩乌尔古岱，严斥四贝勒皇太极（详见本章第五节）。

尽管乌尔古岱并未处死，但给他定上了贪财之罪，革了督堂，降充守备，失去了权势，成为诸贝勒之间斗争的牺牲品。一个曾经为金国的建立而奔走效劳的大额驸、大督堂、大总兵官，竟落得如此下场，确实令人寒心，使人伤感。满腔愤怒的乌尔古岱，忧伤成疾，不久即离开了人世，其妻莽古济格格另行改嫁。曾为"东夷之长"的哈达名酋王台，其子孙就这样没落下去了。

[①]《满文老档·太祖》卷24。

十四、训斥四贝勒

四贝勒，就是金国英明汗努尔哈赤第八子皇太极，明人和朝鲜人又称他为洪太主、红歹是、弘太时、黑还勃烈、黄大住，因其位居四大贝勒之末，故常被称为四贝勒。

皇太极在金国中是一位很有影响的人物，从本章第一节"'虾阿哥'的贬责"中经阿敦督堂的幽禁、额尔德尼的冤死，直到"审讯乌尔古岱额驸"，每次都涉及四贝勒，而且前述四案，都使人感到迷惑不解，都是疑案、冤案和错案。究竟事实真相如何，有无内在联系，症结在何处？皆难以捉摸。幸好，《满文老档》在记述前面四案时，讲到了皇太极的一些事，特别是在乌尔古岱的处理上，努尔哈赤专门对皇太极说了一番话，严厉地训斥了四贝勒，这些材料为我们提供了解开上述疑案的钥匙，借此可以弄清进入辽沈以后这几年，金国最高统治集团内部斗争的真实情况。现先将有关重要资料摘录如下。

天命八年（1623年）六月初，奉命审理乌尔古岱额驸贿案的诸贝勒、众断事官，在指责乌尔古岱为心不忠以后，接着又裁断说：

"四贝勒，德格类阿哥，济尔哈朗阿哥，岳托阿哥，先者额尔德尼东珠之事，唯尔等知也，其他贝勒何故不知？又，后此金之事，亦同为尔等四贝勒知之，其他贝勒不知。因而谴之。贝勒之罪，由汗断之。乌尔古岱之罪，断以死罪。如此断后，告于汗。"①

努尔哈赤听后，十分生气，对皇太极痛加训斥。他对四贝勒说：

"尔若贤良，凡事须公正处理，持以宽厚。于诸兄弟皆须均平互敬。独以尔身为诚，凌越他人，岂置诸兄不顾，而令尔坐汗位乎？集会于衙门，分离之时，尔若送诸兄，诸兄之子回报于尔，送于尔家，则合于礼矣。尔原不送诸兄，诸兄之子、诸弟送尔，尔何故默然受之，此岂尔之贤明者乎。德格类、济尔哈朗、岳托，尔等何故置各自父兄不顾而

---

① 《满文老档·太祖》卷54。

僭越而行，尔等如斯僭越而行者，除进谗恶外，又有何益。四贝勒，吾以尔乃为父我之爱妻所生唯一后嗣而不胜眷爱矣，此岂尔之贤明者乎；尔何故如此愚也。

又，此事之了结：汉人送与乌尔古岱之金银，命于四贝勒处取之以偿。取德格类一牛录诸申，取济尔哈朗二牛录诸申，取岳托一牛录诸申，如此了结此事。言毕遣之。"[1]

根据汗谕，法司遂取德格类的额克星格牛录给予多铎阿哥，取济尔哈朗的呼什屯牛录给予其弟费扬古，取索索里牛录给予其兄阿敏。取皇太极的栋鄂额驸何和礼的四个牛录给予大贝勒代善，"以汗之旗之索海、宜苏二牛录，给四贝勒""取四贝勒十两金、三百两银，置于库"。[2]

从努尔哈赤对皇太极的斥责训诫，以及对乌尔古岱案子的处理，我们发现了四个十分有趣而又令人费解的奇怪问题。若解开此中之谜，也就找到了三年来政局变化的症结所在。第一个问题，皇太极为何如此骄傲？从训谕看，皇太极的傲气已经达到无以复加的地步，既"不送诸兄"，又对诸兄之子，对下面的几个弟弟的"恭送""默然受之"，毫不谦让，似乎是理所当然，而且"独以己身为诚，凌越他人"，简直是到了独往独来、蔑视一切的程度。须知，诸兄、诸侄、诸弟并不是无名小卒等闲之辈。大贝勒代善，位居四大贝勒之首，第一位中宫福晋之子，正红、镶红二旗的旗主贝勒，而且曾在一段时间内当过太子，虽然因过革除，但仍是大贝勒、旗主贝勒，军国大政，皆系由他领头，助汗处理。二贝勒阿敏，是镶蓝旗旗主，多次统军出征，军功卓著，秉性高傲，气量狭小，他是容不得人的，受不得委屈和羞辱。三贝勒莽古尔泰，主正蓝旗，粗野鲁莽，胆大敢说，天命五年九月，只有他一人敢站出来附和汗父，指责太子代善的错误，这也是一个不好惹的人物。皇太极虽是正白旗旗主，也是四大贝勒之一，但他的母亲叶赫纳喇氏，并非中宫，不是大福晋，只是侧福晋亦即妃子一类，在这一点上，他既不能和代善、莽古尔泰、德格类这三位"前大福晋"的嫡子相比，也不能和

① 《满文老档·太祖》卷54。
② 《满文老档·太祖》卷54、59。

现在的大福晋（即努尔哈赤的第三位中宫娘娘）乌拉纳喇氏所生的阿济格、多尔衮、多铎相提并论。嫡庶有别，皇太极比上述两位兄长、四个弟弟，差了一大截。那么，为什么皇太极不按国制家法恭送兄长、礼遇弟侄？是没有教养，没有礼貌，本性狂妄，还是其他什么原因？固然，有才之人，往往也是自视甚高比较骄傲的人，皇太极聪明机警，博览群书，勤习骑射，武艺超群，军功累累，确实是一个文武双全的能人，因而也就相当高傲。但是，为什么他的"骄症"过去没有充分暴露，没有记入《满文老档》？为什么天命五年九月汗父训斥代善时，他不敢出来说话，他也和阿敏等诸贝勒一样，"畏惧兄嫂"，不敢公开反对代善得罪兄长？既然"畏惧"，也就自然而然地要尊敬哥哥，不敢在代善面前失礼了。很显然，这是势力大小的问题，性格只是附属因素，起决定性作用的是实力。势大，则颐指气使，不可一世，万人敬畏；力弱，则低声下气，屈居末位，受人冷落。皇太极此时如此骄傲，是与四年来金国政局的大变化分不开的。

天命五年（1620年）三月，汗休大福晋，九月废太子，使八旗贝勒之间的势力对比布局发生了重大变化。大贝勒代善被籍没，丢掉太子宝座，斩杀爱妻，苦苦哀求汗父宽恕，发誓尽改前非，出尽了丑，声望大减。二贝勒阿敏，不能善待弟弟斋桑古，并听信谗言，欲求汗伯父批准，诛杀其弟。遭到拒绝，斋桑古不会忘掉此仇，八旗贝勒、大臣对阿敏也不会增加敬意，政治上也遭受了损失。三贝勒莽古尔泰，因生母被加上暧昧之罪、窃财之罪，为父休离，而弑亲母，天理不容，众口同诛，臭名远扬。这三个大贝勒，都很难有立为嗣子继承汗位的可能（二贝勒阿敏更因其系侄子而毫无希望），威望、势力都大大下降。四大贝勒之中，只有四贝勒皇太极在这些案中，未受牵连，并且因其不食大福晋所送食物，增加了汗父对他的好感，可以算是唯一的受益人，势力、声望相应地大为增强和提高了。

皇太极充分利用了这个有利形势，尽力扩大势力，博取汗父欢心。他本来就是智勇双全之人，再加上谋登汗位的动力，便更加充分地发挥其个人才智。在克沈阳、下辽阳、取广宁等重要战争中，挥军猛攻，大败敌兵，立下殊勋。进入辽沈以后，他又带兵四处奔走，镇压反金武装，为巩固金国的统治做出了重大贡献。因此，努尔哈赤对他越发器重和喜爱。

此时努尔哈赤的大福晋乌拉纳喇氏，是乌拉满泰贝勒之女，"饶丰姿"，机警聪明，甚为丈夫喜爱。她生了三个儿子，长子阿济格，次子多尔衮，幼子多铎，都为汗父宠爱，但年龄太小，阿济格18岁，多尔衮11岁，多铎9岁。努尔哈赤已经是65岁的白发老翁，时间不多了，很难将幼小孩子抚养成人，继承汗位。如果病死之后，这样的娃娃贝勒，怎能与多年征战权大势强的四大贝勒及其他贝勒竞争，不要说保住汗位，恐怕连性命都保不住。

从爱妻娇子考虑，当然应立乌拉纳喇氏所生之子；若从金国的巩固与发展着想，就应立贤立长，皇太极比较合适，两种想法，各有利弊，纳喇氏又不断施加影响，故一时没有决定。但努尔哈赤毕竟不是年老糊涂听人摆布的昏庸之人，不愧为英明汗，理智逐渐地占了上风，倾向于让皇太极继位，故对其"不胜眷爱"。这一点，皇太极心领神会，诸贝勒大臣亦有所了解，因而四贝勒才如此骄傲，诸贝勒也对他畏惧三分。这才是皇太极傲视诸兄贱视弟侄的主要因素。

第二个问题是，岳托、济尔哈朗、德格类三个贝勒，与皇太极是什么样的关系？审案的诸贝勒、众断事官，反复讲到这四个贝勒一致行动，额尔德尼隐藏东珠之事，只有皇太极、德格类、济尔哈朗、岳托这四位贝勒知道。复州守备王炳送乌尔古岱十两黄金之事，也只有这四个贝勒知道，审案人质问说：为什么只有你们知道，其他贝勒不知道？以此为罪，报汗惩处。努尔哈赤也谴责了这些活动，指出先前额尔德尼违背国制，经常私寻皇太极，"进谗言"。德格类、济尔哈朗、岳托撇开"各自之父兄，僭越行事""是谗言交恶"。这些事实表明，皇太极与济尔哈朗、岳托、德格类三位贝勒，以及额尔德尼巴克什五人之间，关系十分密切。德格类是正蓝旗贝勒，济尔哈朗是镶蓝旗贝勒，岳托是镶红旗，额尔德尼隶正黄旗，皇太极此时是正白旗旗主，五人分属五旗，按国制，是不能越旗私下交往的。当时是旗主制，旗主贝勒与旗下人员，包括固山额真、梅勒额真、总兵官、副将等高级官将在内，都隶属于旗主，与旗主有君臣之义。人臣无私交，本旗人员是不能和其他旗旗主贝勒私下往来密谋议事的。这些禁令，济尔哈朗等三位贝勒是知道的，额尔德尼更加清楚，因为这就是他亲手制定的。为什么岳托等四人要明知故犯？看了上述金国四年内八旗贝勒之间势力的消长，以及皇太极有可能继位为汗的情况，便一目了然了。这就是，皇太极有意网罗人员，结成一党，争夺汗位继承权，以便在父亲去世以后，继位为君。而岳托等人，则由于个人私利，而情愿为四贝勒效劳。皇太极的聪明才智、赫赫战功，以及天命五年（1620年）九月以后更加蒙受汗父宠爱，济尔哈朗等人非常了解，额尔德尼系汗心腹大臣，尤为清楚。德格类因生母大福晋富察氏被休而地位下降，岳托为父大贝勒代善冷落，处境也不顺利。济尔哈朗系努尔哈赤之侄，一向就观望风色，紧跟有势之人，他曾博得努尔哈赤欢心，当过固山额真，进入了后金国"十部之执政诸贝勒"行列。但天命五年九月因调换牛录时，遭汗伯父斥责，关系略为疏远，他自然愿为未来的新汗尽力效劳。双方各有所想，利益一致，因而联在一起，形成了以皇太极为首争夺汗位的小集团。

第三，诸贝勒心怀不满，乘机暗算，打击报复。皇太极的高傲，及其与德格类、济尔哈朗、岳托等人的合谋，引起其他贝勒严重不满，一直寻找机会，准备行动。天命六年（1621年）九月的禁阿敦督堂，便包含有阿敦建议立皇太极为太子、挑拨四贝勒与大贝勒的关系的因素。天命八年（1623年）五月斩杀额尔德尼，努尔哈赤已明确表示了对其私与皇太极交结的不满，以此作为额尔德尼不忠应杀的一项罪状。这已是山雨欲来风满楼了。一个月以后的审讯乌尔古岱，更是诸贝勒对皇太极集团的大规模进攻。

这次，本来是审理所谓的乌尔古岱督堂收纳汉官馈物的案件，在复州守备王炳、永宁监守备李殿魁供述的一二十次送礼中，牵涉到皇太极、德格类、济尔哈朗和岳托的，只有一次。即李殿魁送十两黄金与乌尔古岱，而且乌尔古岱申辩说，他怀疑李可能是施用诡计，有意陷害，先送金，后告发，故将此金请皇太极看，皇太极同意这个看法，叫"暂藏此金，出事后令观之"。就此而论，乌尔古岱不是逼索银财收受贿物，皇太极也没有什么错误。皇太极是处理军国要务的四大贝勒之一，也很可能是当时的"直月贝勒"，他当然有权有责任过问此事。德格类、济尔哈朗、岳托是议政贝勒，也有权了解此案，他们也没有错。可是，审案的诸贝勒和众断事官，却紧紧抓住这唯一的"牵连"而大做文章，断定其有过有罪，而且重翻历史旧账，把额尔德尼藏东珠的事，也一股脑儿端出来，用以说明皇太极等人互相勾结，进行谴责，最后裁决说，四个贝勒犯了罪，请汗惩治。实际上这是造成既成事实，对汗施加影响，促使汗处罚皇太极集团。

审案的诸贝勒，抓住这几年未遇的良机，不仅要惩治皇太极，而且要重重惩办。他们是将皇太极等四个贝勒的过失和处罚，与额尔德尼、乌尔古岱之罪联在一起讲的。既然额尔德尼因对汗不忠而被斩杀抄家，乌尔古岱也要同样处治，拟以死刑，这样皇太极之罪就很大了，处罚就不能轻，也应同乌尔古岱、额尔德尼一样用刑，但因其系贝勒，审案官不便定罪，请汗亲定。这显然是包含了要努尔哈赤从重惩治皇太极等四个贝勒的意思。因而这场暴风雨特别猛烈。

第四，汗痛斥四贝勒，定罪罚银没收牛录。努尔哈赤在审案诸贝勒、众断事官的影响下，十分生气。他虽然没有依照审案人的暗示，将皇太极判以与乌尔古岱、额尔德尼一样的死刑，但处分还是不轻的，即让四贝勒代乌尔古岱纳银退赃，又没收两个牛录。对德格类、济尔哈朗、岳托，也严加训斥，没收牛录。更使皇太极难受的是，汗父狠狠地骂了他一顿，指责他狂妄失礼，谴责他与德格类等人相勾结，特别是汗父辱骂他"何故如此愚也"，明确指出"岂置他兄不顾，而令尔坐汗位乎！"。这对皇太极争夺汗位的活动，是一个十分沉重的打击。

经过三年多的明争暗斗，现在总算有一个结局了，这就是皇太极势力有所下降，四大贝勒及德格类、济尔哈朗、岳托、硕托、斋桑古五个小贝勒，皆在政治上受到不同程度的打击，努尔哈赤找不到合适的太子人选，因而八和硕贝勒共治国政制便应运而生了。

十五、八和硕贝勒共治国政制

（一）共治国政制产生的历史条件

八和硕贝勒"共治国政"制的产生，有其特定的历史背景。首先，它是与八旗制度下和硕贝勒的强大权势密切相关的。

和硕贝勒，是满文hoso I beile的音译，hoso意为"方""角"，按满文直译，和硕贝勒应译为"一方之贝勒"，即一方之主。《满文老档》有时又将和硕贝勒称为和硕额真、固山贝勒、旗主贝勒，即一旗之主，简称旗主。

天命年间（1616—1626年），八旗各有旗主，正黄、镶黄二旗长期由英明汗努尔哈赤自领，晚年他将二旗的60个牛录一分为四，给大福晋乌拉纳喇氏所生的三个儿子阿济格、多尔衮、多铎各15牛录，自留15牛录，死前命第十二子阿济格、第十五子多铎为二旗的旗主。正白旗旗主是皇太极，正蓝旗旗主莽古尔泰，镶蓝旗旗主阿敏，正红旗、镶红旗旗主是代善，杜度为镶白旗旗主。天聪、崇德年间（1627—1643年），各旗的旗主发生了相当大的变化。

明万历二十九年（1601年），努尔哈赤已灭哈达，人丁增多，遂加以整顿。每300丁编1牛录，立一牛录额真管辖，旗分黄、白、蓝、红四色。万历四十三年（1615年），已经亡辉发，灭乌拉，丁口大量增加，辖地辽阔，乃确立八旗制，每300丁为1牛录，5牛录为1甲喇，5甲喇为1固山（旗），将原旗的黄、白、蓝、红四色镶为八色，成八固山（八旗）。努尔哈赤将牛录和旗分与诸子侄，使其承受辖领和专主。

努尔哈赤创立的八旗制，使各旗的和硕贝勒（固山贝勒、旗主贝勒）拥有很大的权力，分别成为本旗的所有者和军事统帅，是本旗之主，与旗下人员之间的关系，是君臣关系，在某种意义上说，还是主奴关系。旗下官将兵丁，都得听从旗主贝勒的调遣，都须服从旗主的命令。

早在天命建元的前三四年（1612—1613年），努尔哈赤就在进军乌拉时说了两句纲领性的要紧的话："若无阿哈，主（额真）何能生！若无诸申，贝勒何能生！"[①]天命六年（1621年）闰二月，努尔哈赤又说："贝勒当爱诸申，诸申须爱贝勒。"[②]同月二十八日他又下谕讲："汗善待国人，国人对汗亦好，贝勒善待诸申，诸申亦对贝勒好。若汗知国人之苦，贝勒知诸申之苦，则诸申、伊尔根虽劳苦从事，亦无怨恨矣。"[③]天命八年五月二十七日，努尔哈赤在规定各类人员的地位、义务时，又指出："汗之子诸贝勒、大臣，诸贝勒、大臣之子伊尔根。……伊尔根以诸贝勒、大臣为父"，当"敬思勿忘""尽力维生"。[④]

这一系列的汗谕，中心思想是诸申必须尊诸贝勒特别是本旗旗主贝勒为父，听其辖管，当兵服役，纳赋供税，为其效劳。若有怠慢不恭，不要说一般诸申要遭受旗主贝勒的从严惩处，就是八旗官将，也要罚银降职，甚至监禁处死。像伊尔喀，身为大臣，又是汗之女婿，因汗将他

---

①《满文老档·太祖》卷2。

②《满文老档·太祖》卷17。

③《满文老档·太祖》卷18。

④《满文老档·太祖》卷44。

分给四贝勒皇太极"专主"以后，他不但不尽力效劳，还埋怨"四贝勒无故不养我，想回到抚养我之汗处"，惹恼了努尔哈赤，将其斩杀，[①]由此可见旗主贝勒权势之大。八和硕贝勒拥有这样大的权力，是"共治国政"制产生的一个重要条件。

另一方面，选择汗位继承人的困难，也对共治制的出现产生了重大影响。努尔哈赤从一个小部酋长之子，在父、祖被杀，亲族变心，部众离散，仇敌威逼，险遭灭门之祸的恶劣形势下，英勇不屈，拼死奋斗，几经鏖战，历经千辛万苦，才网罗了一批战将，打下了重重江山，建立了强大的金国，登上了"养育列国英明汗"的宝座。创业之艰苦，他深有所感，因而很早就想选择理想的嗣子，亲手教导，亲眼督察，让其迅速成长，理好国政，使爱新觉罗江山世代延续。早在52岁时，他就着手处理这一要事。当时已经成年、能够统军征战、为汗喜爱的儿子有四个，即长子褚英、次子代善、第五子莽古尔泰、第八子皇太极，前三人是大福晋所生，后者为汗爱妻之子，四人均已成为有权有势的贝勒。论军功、论嫡长，褚英最有资格，但努尔赤嫌他心眼狭窄，处理不公，但若立其他人，又有"僭越"之嫌。但想来想去，还是决定让褚英执政。努尔哈赤在52岁时便选择执政之嗣子，目的很清楚，就是让嗣子受到锻炼，使其能学会理国治政，承担起主持金政的重任，并在八旗官将兵丁中树立起威望，以便他去世之后，嗣子能顺利继位，不致发生混乱或乱臣篡位夺权的事。这在他发现褚英"虐待"四弟、五大臣而加以训斥时，讲得很明白。他说：

> "吾非因年老，不能征战，不能裁决国事秉持政务，而委政于尔也。吾意，若使生长于吾身边之诸子执政，部众闻之，以父虽不干预，而诸子能秉国执政，始肯听尔执政矣。"[②]

正是由于这个原因，所以努尔哈赤在监禁和处死褚英以后不久，又择立代善为嗣子，而且明确地称为"太子"，告诉诸贝勒大臣，他去世以后，由代善继位，叫代善要"善养"其继母大福晋及诸弟。可是，由于代善本人的过失，由于有人（权势相当大之人）暗中盘算和火上浇

①《满文老档·太祖》卷5。

②《满文老档·太祖》卷3。

油，努尔哈赤大怒，于天命五年九月废掉太子。此时，四大贝勒中，代善被责，莽古尔泰生母被休，阿敏为侄自难入选，唯一未受牵连的是四贝勒皇太极，可是他毕竟还不是"中宫"之子，有此缺陷，很难为其他贝勒接受。第三个大福晋乌拉纳喇氏所生的阿济格、多尔衮、多铎，年岁皆太小，选择嗣子，实为困难。因此，努尔哈赤有了让八和硕贝勒共治国政的想法，让诸贝勒、众大臣在誓言中，第一次提出了立八和硕额真共同裁决大事。但由于各方面的原因，此制没有实行，直到天命七年（1622年）才正式确定。

总起来说，正是由于八旗制度下和硕贝勒（旗主贝勒）拥有强大的权势，诸贝勒之间矛盾重重互不上下，以及无法选定合适的嗣子，努尔哈赤才决定，在他去世以后，不沿袭自己的国主独尊的旧制，而采取八和硕贝勒共治国政的制度。

（二）共治国政制的基本内容

天命七年（1622年）七月初三日，八固山贝勒请问汗父，今后国政如何安排，努尔哈赤下达汗谕，正式确定实行八和硕贝勒共治国政制。为了更好地论述这一重要问题，找找其历史渊源，分析一下天命五年（1620年）的一份誓书。

天命五年九月二十八日，努尔哈赤在代善手刃其妻承认过错以后，宽恕了代善，并调解其和莽古尔泰的关系，令代善与其他贝勒立誓和好。代善誓称要痛改前非，"今后如再为非，怀抱怨恨，甘愿受天地谴责，不得善终"。"八和硕贝勒、众大臣亦立誓书，对天焚化"。这份誓书，包含了八贝勒共治国政制的一段特别重要的话。誓书说：

> "今日汝之过恶，被汗父知晓，非徒听信一人之词。……此后立阿敏台吉、莽古尔泰台吉、皇太极、德格类、岳托、济尔哈朗、阿济格阿哥、多铎多尔衮八贝勒为和硕额真。为汗之人受取八旗人众之给予，食其贡献。政务上，汗不得恣意横行。汗承天命执政。任何一位和硕额真，若欲为恶扰乱政务，其余七位和硕额真集会议处，该辱则辱之，该杀则杀之。生活道德谨严为政勤奋公正之人，即使主国之汗出于一己私怨，欲罢黜贬降，其他七旗之人对汗可以不让步。"

　　这份誓书虽然是"八和硕贝勒、众大臣"所立，但显然是得到努尔哈赤同意的，或者说得更准确一些，它就是按努尔哈赤的指示书写的。这份誓书十分重要，揭示了以往人们不知道的好些重大问题。比如说，它第一次标明了"八和硕贝勒""和硕额真"。它还具体地列举了八和硕额真的名字，顺序是：阿敏、莽古尔泰、皇太极、德格类、岳托、济尔哈朗、阿济格、多铎、多尔衮。虽名为八贝勒，而应有九人，因为多铎、多尔衮之间，老档原文没有分开，可能这两人合算一位和硕额真。

　　又如，这份誓书，对新汗的权力做了较大的限制，责令他"不得恣意横行"，对和硕额真的权力则予扩大，其和硕额真如有过失，由其余七位和硕额真会议处，可辱，可杀。相反，若为政勤奋公正的和硕额真，虽然为汗厌恶，汗也不能施加惩罚。这就包含了后来天命七年共治国政制的重要内容了。

　　了解了这一历史渊源，我们再来看天命七年的汗谕。《满文老档·太祖》卷38，载录了天命七年努尔哈赤宣布今后实行共治国政制的重要汗谕，现摘译如下：

　　"三月初三日，八子相会后问于汗曰：天予之政，何以平定，天福何以永承？汗曰：使继承父为国主时，毋令豪强之人为主。以豪强之人为国主时，恐其恃力自恣，得罪于天也。一人之识见，能有几何，能及众人之议乎！尔等八子为八王，若八王共议，可无失矣。选择不拒尔等八王之言之人，使继尔父为国之主。若不取尔等之言，不行善道，尔等则更换尔等八王任置（Sindaha）之汗，选任不拒尔等之言之贤者。更换之时，若不心悦诚服而难色者，岂能任尔不善之人之意乎！若如斯，则以恶者更代矣。

　　尔等八王之内，治理国政诸事时，若一人有得于心而言，其他七人由此而发之。若己不能理解，又不能以他人之得而发其言，徒只缄然，则当更换其人，使其下之子弟为王。更换之时，若不心悦诚服而有难色者，岂可任尔不善之人之意乎！若如斯，则以恶者更代矣。

　　若有事外出，当议告于众而行，未议，勿行。若集会于尔等八王任置之国主跟前：一二人，勿集会，众人皆集后，商议国政，处理事务，祭家神，祭天，诸事当告于众而行。

八王议后，设女真大臣八，尼堪大臣八，蒙古大臣八。其八大臣以下，设女真理事官八，尼堪理事官八，蒙古理事官八。众理事官审理后，告诸大臣。诸大臣拟定后，上奏于八王，八王审断拟定之罪。八王须贬斥奸诡之人，进举忠直之人。八王跟前，设女真巴克什八，尼堪巴克什八，蒙古巴克什八。

国主一月内，于初五日、二十日。两次坐御座。新年初一，向堂子叩首，向神主叩首完毕之后，国主先向众叔兄叩首，然后，坐汗之宝座，使受汗亲身叩首之众叔兄等，皆齐坐于一处，接受国人之叩首。……

八固山贝勒，若尔之固山，与他人之固山发生争吵，不经众审理之后，毋得单独入告，若独告，必争执矣。经众审理以后，入告，则无怨矣。……兄弟之间，互相怨恨之时，可明发其怒，若隐其怒不明言，而诉于众人，则系用计哄骗人之邪心者矣，众人将判尔于罪也。

汗父所定之八分所得之外，若另自贪取隐匿一物，隐匿一次，革其一次应得之物。若隐匿二次，革其二次应得之分。若隐匿三次，则永革其应得之分矣。

若不牢记汗父之教谕，不取诸兄弟之言，仍经常行为悖逆，初则课罚。若再不听从，则取其诸申。若不以取诸申而怒，匡正其身，则事毕矣。若怒，则不杀尔，而羁牢之。若不受此言，行为背理，天地神祇，一应诸神，将皆厌之，殃及矣，岁寿不至，中途而死。若牢记汗父教谕，不违背，持正直之义，天地神祇，一应诸神，尽皆眷佑，加岁延寿，世代永承矣。"

这次汗谕清楚、详细地规定了八和硕贝勒共治国政的基本内容，十分重要。这样长的训谕，虽然涉及许多问题，但概括起来，就是一句话，即八和硕贝勒执掌大权，金国军政要务皆由八和硕贝勒商议裁处。具体来说，汗谕包括了以下七个方面的内容。

第一，八和硕贝勒握有立汗罢汗的大权。顾名思义，一国之汗当然是言出令行的专制君主，受到群臣包括各贝勒的拥戴。努尔哈赤就是独掌大权的国主，被八和硕贝勒、诸大臣尊奉为"承奉天命养育列国英明汗"。可是，今后就不一样了。继任的汗，不是自封的，也不是八和硕贝勒劝进拥戴的，而是被八贝勒Sindaha。Sindaha是由动词Sindambi变来的形动词，Sindambi意为"任置，放官之放"，是上级对下级的用词。这个词用得很好，它准确、形象地反映了八和硕贝勒享有立汗的权力，是任置，而不是劝进。并且，汗谕规定，不任置豪强者为汗，不任置独断专行拒绝八贝勒意见的人为汗。如果继任的汗不听八贝勒的话，"不行善道"，八和硕贝勒共议后，罢免其汗位，另行任置听从八贝勒旨意的"贤者"。在这种条件下，继任的汗就要考虑言行的后果，就受到了很大的限制，不能独揽金国大权，这个权被八和硕贝勒分享了。

第二，八和硕贝勒掌握了议处军国大政的权力。汗谕规定，八贝勒集会后，同见任置的国主，诸事集议而行。乍一看来，这个规定似乎没有什么新颖之处，过去努尔哈赤也是与诸贝勒、大臣一起议处军政要务，这样做，并没有削弱他统治后金的专制君汗地位。然而，仔细分析，便可发现两者之间有着重大的差别。努尔哈赤是以"天命之汗"、创业之君的身份，召集诸贝勒，大臣开会，各贝勒、大臣的建言，符合汗心，他便采纳，有违君意，哪怕贝勒、大臣一致坚持，他都可以置之不顾，完全按照己意裁处，命令诸贝勒、大臣服从和执行。例如，万历四十年（1612年）九月，努尔哈赤率兵三万进攻乌拉时，莽古尔泰、皇太极建议直取都城，以图尽灭其国，努尔哈赤因双方兵力相等，难以完全征服，需先取外部，而指责二子出"轻浮之言"，拒绝其议，掠取俘获后，即撤兵回国。[1]可见，努尔哈赤与诸贝勒、大臣的相议，实际上是所谓"贤君"倾听群臣建言，并不是由诸贝勒任意处理各事，最后决定权仍掌握在"英明汗"努尔哈赤手中。

现在根据汗谕的规定，情况就发生了重大变化。一则军国大政必须由新汗同八和硕贝勒共议裁处，不能由汗一人决定。再则继任的汗与八贝勒的共议，是在汗由八贝勒任置，而且必须听从八贝勒意见的条件下进行的，新汗若拒绝八贝勒的话，八和硕贝勒可以集议以后将他罢革，另行任置遵从八贝勒旨意之人为汗。因此，这种集议，就是八贝勒和新汗共同裁处各事，而且八和硕贝勒拥有更大的发言权和决定权，实际上是八和硕贝勒掌握了处理军国要政的大权。

①《满文老档·太祖》卷2。

第三，八和硕贝勒拥有审断案件的权力。努尔哈赤创立的金国，十分重视审理各案。遇有诉讼，审事官先审，报诸大臣，诸大臣鞠问后，报诸贝勒，然后由努尔哈赤复审和断案，他亲自掌握着刑法的最后裁决权。现在汗谕规定，八贝勒共议后，置满蒙、汉大臣和理事官各八员，一切案件经理事官审问后告八大臣，八大臣拟议处理意见，上报八贝勒，由八贝勒审理断案。这样一来，八和硕贝勒就从继任的汗手中，夺走了生杀予夺的刑法大权。

第四，八和硕贝勒有权奖惩和任免各级官将。努尔哈赤深知用人的重要性，牢牢地把住了授予官职的大权，牛录额真以上八旗官将的升降任免，皆须由他批准。现在汗谕规定，八贝勒"须贬斥奸诡之人，进举忠直这人"。这就是说，确定奸诡和忠直的权力，归八贝勒所有，谁奸、谁忠，不是由八旗官将自封，也不是由继任的汗钦定，而是由八和硕贝勒评定。用谁、罢谁，全由八贝勒集议决定，继任的汗丧失了独自任免官将的权力。这一点很重要，在用人这个重要关节上，堵住了新汗与八和硕贝勒争权的道路，否则，官将如由新汗一人任用，八贝勒无权过问，则新汗可以通过重用亲信，罢革八贝勒属人的办法，控制重要官职，扩大个人势力，为进一步排斥、压制八和硕贝勒提供条件。

第五，八和硕贝勒有权裁处八旗之间的争执，更换与惩治凶暴、无能的个别和硕贝勒。八旗制度下的和硕贝勒，是一旗之主，权力很大，只有开国之君努尔哈赤才能管辖各旗的和硕贝勒，才能干预各旗事务，裁处各旗之间的纠纷，才是掌握最高权力的八旗之主。现在汗谕规定，八贝勒集议后，罢革庸懦无能的"劣王"，另立其下的子弟为王。八和硕贝勒还可以惩治"行为悖逆"的个别贝勒，罚银取物，夺其所辖诸申，甚至关押牢中，贬为囚犯。这就使八和硕贝勒从继任的新汗手中，夺走了他统治八旗的权力。这一条非常重要。假若不做出这样明确的规定，继任的新汗拥有"汗父"努尔哈赤斥革和硕贝勒、处理各旗之间纠纷的权力，那么，他就可以惩办与己对抗或不听指使的和硕贝勒，任用亲信子侄来更换旧的和硕贝勒，审理各旗争执时，偏袒自己及子侄占有的旗分，重惩另一方。这样一来，用不了多久，新汗就可以把八个旗的和硕贝勒完全换成自己的人，就可以剥夺和硕贝勒主宰本旗的独立权力，就可以成为执掌金国最高权力的八旗之主，就能彻底破坏八贝勒共治国政的制度。因此，这个规定成为关系到确立君权，还是八贝勒共享大权的根本性因素，是八和硕贝勒共治国政制能否实行和延续的十分重要的条件。

第六，八和硕贝勒享有"八分"的特权。进入辽沈以前，后金的主要收入，来源于抢取的人丁、牲畜和财帛。过去，这些掳掠品从原则上讲，都应归汗所得，为努尔哈赤所有，其他人员，从诸申到和硕贝勒，都无权私取，必须由英明汗努尔哈赤赏赐。现在，汗谕明确讲到，"汗父所定之八分之所得以外"，不许隐匿贪取。所谓"八分"，就是归八和硕贝勒共有，按"八分"分配。这就是说，掠来的人畜财帛，今后不再是新汗的私产，而应归八和硕贝勒所有，按"八分"瓜分。如果努尔哈赤不做这个规定，继任的新汗完全可以引用"汗父"旧规，占有全部俘获物后，将大量人丁马牛分给自己及亲信子侄辖有的旗，少分给予己不和的固山贝勒。这样下去，各旗之间经济、军事实力的差距，就会越来越大，继任的汗的势力就能日益增强。可见，"八分"制是限制君权、保证八和硕贝勒共治国政的一个重要条件。

第七，继任的汗与八和硕贝勒并肩共坐，同受国人朝拜。努尔哈赤是"承奉天命养育列国英明汗"，高踞宝座，所有人员，包括亲如子侄的尊贵贝勒，皆须向汗叩拜，无权也没有资格与汗并坐。过去，摆设大宴时，诸贝勒只能坐在地上，不能入席就座。直到天命四年五月庆贺萨尔浒大胜设宴时，努尔哈赤才赐予代善、阿敏、莽古尔泰、皇太极四大贝勒以矮几，令他们坐在下面。[①]现在汗谕规定，继任的汗须先向"众叔兄"叩首，然后才登上汗的宝座，请诸贝勒并肩齐坐，同受八旗官将兵丁叩拜。这就从朝会礼议上取消了新汗南面独尊的权力，贬低了他的威信，提高了八贝勒的地位，体现了八和硕贝勒共掌金国大权的实情，从政治上、礼仪上对八和硕贝勒共治国政制予以保证。

以上情况，清楚地表明了，八位和硕贝勒拥有很大权力，金国军政要务悉由八和硕贝勒共议裁处。当然，这并不是说继任的新汗完全是虚有其名的傀儡。一则他是金国之汗，虽为八和硕贝勒集议任置，但毕竟是一国之汗，其地位理应比和硕贝勒高一些。再则新汗本身也是统治一旗或二旗的和硕贝勒，有自己所辖的一旗、二旗的人丁兵力作后盾，议处国政时，他既以汗的身份，又以和硕贝勒的资格，与议各事。因此，八和硕贝勒共治国政的制度，并没有把新汗排除在外，新汗也有很大权

①《满文老档·太祖》卷16。

力，只不过是他不能像汗父努尔哈赤那样高居八和硕贝勒之上，独掌金国军政大权罢了。

自从天命七年（1622年）三月努尔哈赤规定了今后要实行共治国政制以后，八和硕贝勒的权力更加扩大了。他们议定八旗各级官将的功过贤劣，提出升降任免的意见，报汗批准。比如，天命八年九月，诸贝勒会商议定后，遣库尔阐告汗，以代子游击呼什姆为守备，给予汉民，使其管辖。以索占代其父舒姆努为守备，以叶什代其侄什伯为守备。①努尔哈赤还取消了过去只在汗处存有一个赏罚官职的档子的旧制，改为备办八个档子，八和硕贝勒各有一个，革某官一职，八档同书；赏某官一职，亦同载于八档。②这就提高了八和硕贝勒奖惩任免八旗官将的权力。

八和硕贝勒具体裁处各种案件。一般案子，经督堂审理后，报八和硕贝勒，由八和硕贝勒断决。有一次，汉人王景隆诬告石城参将王之将与明将毛文龙私通书信，"督堂审理后，上奏于八王，八王详审，不实"，下令惩办王景隆。③甚至连处理投居金国的兀鲁特部蒙古贝勒的重大案件，也由八和硕贝勒裁决。天命八年九月二十四日，兀鲁特部奇布塔尔台吉射杀努尔哈赤嫁与的格格，兀鲁特诸贝勒说："杀汗之亲戚，带来于我等处，我等当凌迟之。"巴都瑚副将向八贝勒报告后，八贝勒不同意凌迟，命"以绳绞杀"。④可见八和硕贝勒在刑法方面权力之大。

八和硕贝勒在财经方面的权限也扩大了。天命八年（1623年）规定，取消八贝勒各遣人丁捕貂采参打牲的旧例，改为集中全部捕获物品，"按八分均分"。⑤这是对天命七年三月汗谕规定的"八分"制的具体贯彻。同年，诸贝勒下令：出东京、海州、耀州、盖州仓谷，卖与各路无粮地方的汉民，1金斗取1两，因"恐其不能耘田"。存有粮谷的女真官员和汉官，将谷卖与各自地方的汉民。⑥诸贝勒又下令，规定蒙古商人出售牛羊的价格，大牛1头银20两，3岁牛10两，2岁牛5两，大羊4两，小羊3两，不许违背定价高价买卖。⑦

天命八年七月二十一日，努尔哈赤亲自规定，若对女真宣告各事，则以"汗谕"名义下达，如果是对汉民，则以"八王之书下之"，废除

①④⑥⑦《满文老档·太祖》卷59。

②《满文老档·太祖》卷51。

③《满文老档·太祖》卷58。

⑤《满文老档·太祖》卷54。

了过去对汉民以"督堂"名义宣谕的旧制。①

这些事实表明，努尔哈赤虽然还在执掌着最高统治权，但金国军政财刑等日常事务，已由八贝勒集议，报汗批准，一般都依议而行，八和硕贝勒治理国政的权力大大增加了。

天命十一年（1626年）八月十一日努尔哈赤去世，诸贝勒遵照"共议国政"的汗谕，集议任立皇太极为新汗，金国正式进入了八和硕贝勒共治国政的新阶段。

十六、宁远之战

（一）城下之败

天命十一年（明天启六年，1626年）正月十四日，金国英明汗努尔哈赤率八旗贝勒大臣，统领大军，离沈阳，亲征明国。十七日渡辽河，于旷野布兵，西至海岸，北越广宁大路，"前后相继，络绎不绝，首尾莫测，旌旗剑戟如林"。②八旗劲旅13万，号称20万，铺天盖地而来，欲图席卷关外城堡，直捣山海关。

此时明国政治、军事、财经等方面的形势十分恶劣，正是金国进取的极好时机。

四年前，金败明兵于平阳桥，轻取广宁，明廷大震，京师戒严，"中外惊愕"。③明帝以日讲官、礼部右侍郎孙承宗为兵部尚书兼东阁大学士，掌部务。

孙承宗，字稚绳，高阳人，博学好问，才华出众，万历三十二年（1604年）中进士，名列第二，为榜眼，授编修。熹宗朱由校继位，以左庶子充日讲官，讲解得当，为帝喜爱。他留心边事，年轻时，"授经边郡"，往来各地，喜从村官老兵询问险要阨塞，"用是晓畅边事"。孙承宗性洁志高，精通兵法，救国心切，不畏艰险，力挽狂澜。他就任后，立上抚蒙古、恤辽民、重将权、选边将、简京军、开屯田诸策。在辽东军事的关键问题上，他坚决反对辽东经略王在晋"困守关内"的苟

---

① 《满文老档·太祖》卷58。

② 《武皇帝实录》卷4；《高皇帝实录》卷10。

③ 《明熹宗实录》卷19。

安方针，力主收复失地，扼守关外，随即奏调王在晋任南京兵部尚书，自请督师，遂以原官督山海、蓟、辽、天津、登莱等处军务，"便宜行事，不从中制"，亲主辽事。孙承宗惩逃将、"清冒破"，筑城堡，汰冗兵，练士卒，缮甲仗，买马匹，采木石，军备大整，辽东形势发生了有利于明朝的重大变化。连清朝官修的《明史》，也对孙承宗的功绩做了高度的评价，总论其功说：

> "承宗在关四年，前后修复大城九、堡四十五，练兵十一万，立车营十二、水营五、火营二、前锋后劲营八，造甲胄、器械、弓矢、炮石、渠答、卤楯之具合数百万，拓地四百里，开屯五千顷，岁入十五万。"①

尤其重要的是，他重用能臣袁崇焕，定议守宁远，筑城池，这为后来的击败金兵起了重大的作用。

袁崇焕，字元素，祖籍广东东莞，寄籍广西藤县，万历四十七年（1619年）进士，授邵武知县。袁崇焕有胆略，好谈兵，常向老校退卒谈论塞上事，知晓陀塞情形，广宁败没，袁崇焕正因朝觐在京，被破格擢任兵部职方主事，他单骑"出阅关内外"，回京后详述关上形势，并勇气百倍、信心十足地说："予我军马钱谷，我一人足守此。"廷臣益奇其才，遂超升山东按察司佥事，监关外军。他坚决反对辽东巡抚张凤翼龟缩关内的主张，力请守宁远，孙承宗采纳其议，令参将祖大寿兴工营建，命袁崇焕与满桂驻守。开始时，祖大寿估计明廷不能远守，故敷衍塞责，仅筑十分之一，而且不合规格。崇焕乃规定：城高三丈二尺，雉高六尺，址广三丈，上二丈四尺。祖大寿与参将高见、贺谦分督，天启四年（1624年）完工，十分坚固。满桂是"良将"，袁崇焕又尽职善抚，誓与城共存亡，"将士乐为效力"，因此，"商旅辐辏，流移骈集"，曾经一度荒凉残破的宁远，变成了"远近望为乐土"的关外重镇。

经过孙承宗、袁崇焕和广大军民的艰苦努力，辽东形势迅速好转。可是，明朝政府太腐朽了，竟自伐栋梁。昏君朱由校，听任太监魏忠贤摆布，朝政越加混乱。魏忠贤初因承宗功高望重，欲图拉为己党，刚直

---

① 《明史》卷250，《孙承宗传》。

的承宗素恶忠贤，欲面奏天启皇帝，劾除忠贤。魏忠贤大怒，唆使党羽，连上章疏，终于在天启五年（1625年）十月，迫使孙承宗致仕，而以兵部尚书高第代为辽东经略。

高第胆小如鼠，畏敌如虎，原来就曾竭力阻挠孙承宗守关外之议，欲尽撤士卒退守关内，遭孙承宗驳斥。现在，刚一当上经略，他就不顾将官反对，立即下令，尽撤锦州、右屯、大凌河、小凌河、松山、杏山、塔山诸城防守兵械器具，尽驱屯兵入关，丢弃米粟十余万石，军民"死亡载途，哭声震野，民怨而军益不振"。高第还曾命令撤宁远、右屯二城，虽遭袁崇焕拒绝，但宁远、右屯已成孤城。[①]

朝政昏浊，权监专政，文官爱钱，武将怕死，兵无斗志，民心惊慌，危机如此严重，看来关外定将丢掉，宁远孤城亦难保住，金兵可以轻取宁远，占有全辽了。可是，历史的进程却与明金双方当事人的估计完全两样，不仅宁远没有被攻破，关外四百里土地仍归明有，而且金军吃了一个大败仗。这个奇迹的出现，既与袁崇焕和宁远军民死守却敌有关，而且也和金国政治、军事上的重大错误密切相联。

金军于天命十一年（明天启六年，1626年）正月十七日渡过辽河以后，明锦州、大凌河等城官兵早已撤退，八旗军长驱直入，"如入无人之境"，连下右屯、大凌河、锦州、小凌河、杏山、连山、塔山、松山等城，二十三日直抵宁远城下。

此时，宁远官兵，不足两万，面对数倍于己的无敌金兵，前后左右俱被隔断，山海关虽有兵数万，却不敢来援，一座孤城，怎能坚守？在这样似乎注定要被金兵攻破惨遭杀戮的紧急关头，智勇双全胆略过人的宁前道袁崇焕，却临危不惧，把生死置之度外，誓死抗金，镇静自如，发挥了非凡的军事才干，指挥军民，打退了强敌，渡过了难关。

宁远原来的士卒并不多，袁崇焕一知道金兵来攻，即将右屯、锦州等处官兵撤回，同守宁远，增加了兵力，但仍不满2万。他想了很多办法，首先是动员将士拼死抗金，召集各将商议战守计谋。总兵官满桂、副将左辅、参将祖大寿，根据过去作战经验，都认为不能和金兵野战，而应防守，提出"奴兵未可争锋，以死力争"。祖大寿遂建议塞门奋死防守，众将赞同，议定，决心死守孤城，坚决抵抗。袁崇焕又"刺血为

---

①《明史》卷259，《袁崇焕传》。

书，激以忠义，为之下拜”，官兵感动，“将士咸请效死”。①将士心齐，民心也就安定了，军民同仇敌忾，誓与金兵决一死战。

紧接着，他充分发挥火炮之长，采纳王喇嘛的建议，将西洋大炮撤入城内，装在城上，并布满各种火器，准备了大量弹药。

他又分配官将各负其责，严肃军纪，重惩奸细。满桂提督全城，兼管东南，左辅守西面，祖大寿守南面，朱梅守北面。命同知程维瑛“查察奸细”，通判金启倧按城四隅，编派民夫，供给饮食。卫官裴国珍备办物料，令诸生守巷口，禁止胡乱行走，“有一人乱行动者，即杀”，“城上人下城者，即杀”。他又檄告后面的前屯卫守将赵率教及山海守将总兵杨麒，通知他们，凡有逃兵前来，立即斩杀。袁崇焕又下令坚壁清野，尽焚城外房舍、积刍，将外城腾空，城厢商民尽迁入城。二十二日部署刚完，第二日金兵即抵城下。②

努尔哈赤于二十三日遣俘获的汉人入宁远城，招劝袁崇焕投降说：“吾以二十万兵攻此城，破之必矣。尔众官若降，即封以高爵。”袁崇焕义正词严地回答说：“汗何故遽加兵耶？宁、锦二城，乃汗所弃之地，吾恢复之，义当死守，岂有降理。乃谓来兵二十万，虚也，吾已知十三万，岂其以尔为寡乎。”③

袁崇焕既严词拒降，又命素习放炮的家人罗立，向城北金军大营燃放大炮，“一炮歼虏数百”。④

二十四日，努尔哈赤下令进攻，骑兵、步兵一拥而上，车、牌、钩、梯、炮箭俱至，万矢齐发，箭上城如雨，悬牌间如猬，“奋力攻打”。明兵“铳炮迭发”“枪炮药罐、雷石齐下”“死战不退”“每用西洋炮，则牌车如拉朽”，打死打伤金兵众多。金兵又冒死前冲，在大炮不能轰及的门角两台，拼命挖凿城墙，凿开高二丈多的地方四处，势甚危急，守兵赶忙大发火器，“火球、火把争乱发下，更以铁索垂火烧之”。崇焕“又选健丁五十名缒下，用棉花火药等物，将达贼战车尽行烧毁”“穴城之人始毙，贼稍却”“城下贼尸堆积”。⑤第二日，金军再

---

① 《明熹宗实录》卷70；《明史》卷259，《袁崇焕传》。

② 《明熹宗实录》卷70。

③ 《武皇帝实录》卷4。

④ 茅元仪：《督师纪略》卷12。

⑤ 《明熹宗实录》卷67、70；《明史》卷259，《袁崇焕传》。

攻，明兵于城上放炮，"炮过处，打死北骑无算"。①金军畏惧炮火，"无敢近城""其酋长持刀驱兵，仅至城下而返"，伤亡更加惨重，"贼死伤视前日更多，俱抢尸于西门外各砖窑，拆民房烧之，黄烟蔽野"。晚上"又攻一夜"，而攻具器械俱被明兵夺取。二十六日，仍将城围住，但一靠近城，即被西洋炮击杀。金军打不下去了，"贼计无施"，只好撤走。努尔哈赤乃派吴纳格率八旗蒙古，再加兵800，往击觉华岛，破守岛明兵，焚船2000余只及粮草千余堆。②二十七日金兵回师，二月初九日努尔哈赤回到沈阳。著名的宁远之战，终以金败明胜而结束。

对于这次战役，朝鲜李星龄记述比较详细，现摘录如下：

"我国译官韩瑗，随使命入朝。适见崇焕，崇焕悦之，请借于使臣，带入其镇，瑗目见其战。军事节制，虽不可知，而军中甚静，崇焕与数幕僚，相与闲谈而已。及贼报至，崇焕轿到敌楼，又与瑗等谈古论文，略无忧色。俄顷放一炮，声动天地，瑗怕不能举头。崇焕笑曰：贼至矣。乃开窗僚见，贼兵满野而进，城中了无人声。是夜贼入外城，盖崇焕预空外城，以为诱入之地矣。贼因并力（攻）城，又放大炮，城上一时举火，明烛天地，矢石俱下。战方酣，自城中每于碟间，推出木柜子，甚大且长，半在堞内，半出城外，柜中实伏甲士，立于柜上，俯下矢石。如是层层（屡）次，自城上投枯草油物及棉花，堞堞无数。须臾，地炮大发，自城外遍内外，土石俱扬，火光中见胡人，俱人马腾空，乱堕者无数，贼大挫而退。翌朝，见贼拥聚于大野一边，状若一叶，崇焕即送一使，备物谢曰：老将横行天下久矣，今日见败于小子，岂其数耶！奴儿哈赤先已重伤，及是具礼物及名马回谢，请借再战之期，因懑患而毙云。"③

（二）英明汗去世

天命十一年（1626年）正月十四日，金国汗努尔哈赤亲征明国，二

---

① 张岱：《石匮书后集·袁崇焕传》。

②《明熹宗实录》卷70，《武皇帝实录》卷4。

③ 李星龄：《春坡堂日月录》，载于李肯翊，《燃藜室记述》卷25。

十四日、二十五日攻宁远，不克，二十六日破觉华岛，二十七日撤兵，二月初九日回到沈阳。

　　努尔哈赤自25岁以"遗甲十三副"起兵以来，身经百战，驰骋疆场40余年，一贯以少胜多，铁骑到处，无坚不摧，攻无不克，所向披靡，从未受挫。为什么这次以数倍于敌的军队，竟不能打败区区不足两万的明兵，竟攻不下远远不如沈阳、辽阳坚固的宁远孤城，竟大败而归？这到底是什么原因？他为此而苦苦思考。其实，问题并不复杂，只要冷静分析，回顾历史，观察战况，便能得出正确答案。

　　决定这次明胜金败结局的因素，固然很多，有客观的原因（明军死守，奋勇杀敌），有偶然性的事件，但根本问题还是在于，四年内努尔哈赤在军国大政上犯了严重的错误，才招致了这次失败。举其大者而言，一是从"豢养尼堪"，错误地转向全面镇压，滥施屠杀。入辽初期，他还讲"各守旧业""计丁授田""豢养尼堪"，但不久就因辽民反抗金国的民族压迫政策而大动肝火，屠复州，捕"无谷之人"，直到天命十年十月的全国大甄别、大屠杀，残酷之极、糊涂之极，彻底地孤立了自己，也丧尽了民心。二是从任用汉官、信赖汉官，转变为怀疑汉官、排斥汉官、歧视汉官，连"抚顺额驸"李永芳这样效忠金汗的降将，都要怀疑、都要罢官，兔死狐悲，其他汉官怎不寒心，怎敢直言、怎愿献策？三是内争迭起，疑案纷纷，伤人太多。以最高统治集团的八旗贝勒来说，四大贝勒中，代善的"太子"之废，皇太极受责罚银没收牛录，莽古尔泰的生母被休，阿敏与其弟斋桑古的隔阂，皆受到汗父（或汗伯父）不同程度的训斥和处分。执政贝勒中，斋桑古、德格类、济尔哈朗、岳托、硕托，分别受罚和挨训。八位和硕贝勒纠纷之多，争夺之剧，搞得努尔哈赤找不到一个合适的继承人，只好实行八和硕贝勒共治国政制。八旗高级官将，如扈尔汉、阿敦、乌尔古岱、额尔德尼、巴笃礼等，或斩，或囚，或降职革任，波动也不小。结果是汗威无比，群臣畏惧，三缄其口，不敢直谏，努尔哈赤成为一个真正的孤家寡人了，使得他不知下情，难辨是非，搞得金国民不聊生，百业凋敝，逃移满路，田园荒芜，粮谷奇缺，物价高涨，出现了人竟相食的悲惨局面。这样的背景，这样的条件，怎能进行长期战争打败敌军！

　　而且，这些弊政，直接影响到明朝的军民。努尔哈赤于天命十年（1625年）十月大杀汉人时，提出的一条理由就是，杀了这些人，才好放心地对外用兵。他在宣布屠杀的汗谕中对汉民讲道："尔等在我等不防备之时，尚且如斯杀女真、准备棍棒，那么，当我等行围出兵之后，尔等能安静否？"[①]这个英明汗，此时也太不英明了，他竟想用大屠杀来安定后方，这能办到吗？并且，如此血腥杀戮，必然招致汉民的极端痛恨。为什么一听金兵进攻，关外锦州等地军民纷纷内逃，不愿留下充当顺民？为什么宁远军民齐心抗敌，死守孤城？像通判金启倧、袁崇焕家人罗立，都因猛烈炮轰金兵而"竟以此殒"，像五十健丁不怕危险舍生下城，燃放火药，烧毁金军战车，击毙掘城敌兵，像武举金士麒，以迎父丧出关，闻警赶赴觉华岛，"率义男三百人力战"，全部殉国。[②]这一切，固然是决定于他们不畏强暴誓死救国的高尚精神，但与金国汗的大肆杀戮，也不能说毫无关系。直到六年以后，固守大凌河的明国官兵将士，虽然粮尽力竭，外援断绝，仍因努尔哈赤的大杀辽民，"不论贫富，均皆诛戮，即顺之，不免于死"，而"肝胆俱丧""人皆畏缩"，不敢投降。[③]可见，杀人越多，民心越恨，反抗越烈。

在军事上，努尔哈赤的错误也不小。倚仗曾屡败明兵，因而骄傲轻敌，训练不力，入辽以来，除旅顺小战和镇压起义以外，"步兵骑兵三年未战，兵主（兵之额真）怠惰，卒无斗志，车、梯、藤牌不良，兵器已不锐利"。[④]攻宁远时，沿袭故技，以箭矢对枪炮，以血肉之躯迎炮弹，以穴城敌火球，努尔哈赤轻敌了、思想僵化了、战术陈旧了。而袁崇焕却总结经验教训，发挥所长，克己所短，用西洋大炮对付八旗劲旅的刀戈弓矢，用坚壁清野来制服掠粮养军的金兵，以凭城死守，来避开金兵的野战冲突。军事统帅的正确与错误，也是造成明胜金败的一个重要因素。

不管是什么原因，努尔哈赤被打败了，而且败得很惨，丢尽了面子，因而他十分痛苦。连钦修的《武皇帝实录》也载述说："帝自二十五岁征伐以来，战无不胜，攻无不故，唯宁远一城不下，遂大怀忿恨而回。"[⑤]

战阵劳累，受挫生气，忧愁难眠，积恨成疾，兼之宁远之战所负之

---

① 《满文老档·太祖》卷66。

② 《明熹宗实录》卷70。

③ 《清太宗实录》卷10。

④ 《满文老档·太祖》卷71。

⑤ 《武皇帝实录》卷4。

伤又未痊愈，痈疽发作，天命十一年（1626年）八月十一日，努尔哈赤在离沈阳40里的瑷鸡堡逝世，享年68岁。

总观努尔哈赤的一生，他在青年时期，奋勇苦斗，智擒刺客，捉获敌人尼康外郎，报了杀害父、祖之仇；他以少数诸申起兵，在建州、海西、"野人"女真部落中横冲直撞，征抚并用，辖地宽广，人丁激增，"归顺"民众，完成了统一女真各部的伟大事业，促进了新的民族共同体——满族的形成和发展；他率领八旗劲旅，兴师伐明，以少敌众，大败明军于萨尔浒，抗击了明王朝的民族压迫，保护了满族的生存；他入主辽沈，多次向东用兵，打下了完全统一东北的基础，为满族进一步发展提供了有利的条件；他网罗人才，厚待功臣，善用计谋，顺应时代的需要，采取了许多正确的政策和措施，促进了满族由原始社会末期进入奴隶社会、迅速向封建制过渡；他在晚年刚愎自用，滥行杀戮，骄傲轻敌，思想僵化，停顿落后，做了一些错事，破坏了辽东地区生产，危害了满汉之间的正常关系，妨碍了满族更快地前进。由此可见，努尔哈赤是一个意志坚强、不畏险阻的勇士，是一个叱咤风云、威名远扬的常胜君汗，更是一个具有雄才大略的开国之主。他虽然做了一些蠢事，犯了严重错误，不该对汉民实行严重的民族压迫政策，更不该大肆杀戮，搞得汉人民不聊生，大量逃亡，严重破坏了辽东地区经济，但毕竟是瑕不掩瑜，功大于过。对于这样一位为民族国家的壮大和中华民族的发展，建树了功勋的满族杰出首领和清朝始祖努尔哈赤，各族人民一定会将他的英名和贡献，载入祖国光辉灿烂的历史巨册，永世不忘。

第二部分

太宗统一东北

第一编 皇太极继位为汗

一、议立新汗

（一）大贝勒代善议立皇太极

天命十一年（明天启六年，1626年）八月十一日未时，金国英明汗努尔哈赤寿终。过了十二个时辰，十二日申时，四贝勒皇太极继位为汗，九月初一日在盛京（沈阳）大政殿举行大礼，三大贝勒、众贝勒及文武官员设銮舆护卫，焚香奏乐，告天，行九拜礼毕，汗乃即位。众贝勒文武官员向皇太极三叩首，奉为"天聪汗"，大赦、颁诏于国中，以第二年（1627年）为天聪元年。

《清太宗实录》卷1就此评述说："是日，天气清明，日朗风静，国人皆欣欣然有喜色。"似乎是国泰民安，民殷国富，万民拥戴，四夷朝拜，皇太极威严无比，坐享锦绣江山之乐了。其实不然，皇太极此时虽然是非常高兴，几年以来梦寐以求的目标达到了，登上了汗之宝座，可以大有作为，但是，环顾左右，俯视金国，放眼周边各国，他难免忧心忡忡，卧不安枕。

首先，回想继位为汗的经过，就会令他甚为后怕。他不是为汗父指定的嗣子，可以理所当然地登极为君，他又不是群臣拥戴恳请劝进，而是由诸贝勒根据汗父天命七年确定的八和硕贝勒共治国政制中"新汗由八贝勒任置"的规定，将他"任置"为汗。而且说得更准确一些，他是被代善"任置"的。

天命七年（1622年）三月初三日，努尔哈赤下达长谕，宣布今后实行八和硕贝勒共治国政的制度，第一条就是八贝勒共议任置继人为国家之新汗，若新汗不听八贝勒之言，"不行善道"，则八贝勒共议后将其罢免，另行"任置"听八贝勒之话的"贤者"。①

天命十一年（1626年）八月十一日努尔哈赤去世时，按贝勒而言，有代善、阿敏、莽古尔泰、皇太极四位大贝勒，还有阿巴泰、德格类、额尔哈朗、阿济格、多尔衮、多铎、杜度、岳托、硕托、萨哈廉、豪格十一位小贝勒、执政贝勒。以旗主而论，代善是正红、镶红二旗之主，阿敏是镶蓝旗旗主，莽古尔泰主正蓝旗，皇太极系正白旗旗主，杜度领镶白旗，努尔哈赤自领正黄、镶黄二旗，分归阿济格、多铎袭承。

努尔哈赤虽然是在天命十一年（1626年）八月十一日未时去世的，但在此之前，他已病重难愈的消息早为八旗贝勒、大臣知悉，尤其是八月初七日急召大福晋阿巴亥前往相晤，更使人们感到他已是命在旦夕了。按照英明汗确立八和硕贝勒共治国政的要求，新汗不由汗父指定，而由八贝勒任置贤者为君。这样一来，当时的四大贝勒、旗主贝勒、执政贝勒，都是可能成为新汗的候选人，他们对此不会置之不理袖手旁观，而一定会暗中盘算，密室商议，是乘机竞争谋为新汗，还是拥立合适之人？这个"合适之人"的含义，可以是从军国大局考虑，议立有为之主；也可以是从个人，从本旗利益出发，推举于己有利之人。因此，有必要分析一下包括多尔衮三弟兄在内的八旗贝勒的势力和倾向。

先从四大贝勒说起。大贝勒代善，是努尔哈赤第一个大福晋佟佳氏（名哈哈纳札青）之子，排行第二，二十三岁就与亲兄褚英、叔叔舒尔哈齐统兵出征，以少胜多，大败乌拉，建立殊勋。此后多次率军征战，军功累累，位列四大贝勒之首，并曾荣任了相当长时间的太子。天命五年九月虽被废除"太子"，但仍系大贝勒，仍是仅次于汗父之下的权势最大之人，具体处理军政要务，身为正红、镶红二旗旗主。而且他还有其他贝勒没有的优越条件，那就是他有几个能征惯战的儿子和亲侄子。

代善有八子，天命末年长大成人能够统兵辖民的，有岳托、硕托、萨哈廉、瓦克达四人。这四位台吉，都是英勇善战的猛将，很早就披挂甲胄，带领士卒，冲锋陷阵，屡败敌兵，尤以岳托、萨哈廉二人更为突出。岳托是代善的长子，天命六年（1621年）正月，年仅13岁零9个月，便和二弟硕托参加了攻掠明奉集堡的战斗，击败明兵，立了第一

①《武皇帝实录》卷3，《满文老档·太祖》卷19；《清史列传》卷3，《岳托传》。

功。接着岳托又领兵从征，攻下沈阳、辽阳，再建功勋。①天命八年四月，以蒙古喀尔喀部扎鲁特贝勒昂安劫杀使臣，岳托奉命偕阿巴泰、德格类、斋桑古领兵往击，斩杀昂安父子，尽获其妻子部民牲畜。天命十一年四月，岳托、硕托、萨哈廉随父代善等诸贝勒，攻打蒙古喀尔喀五部，大败敌兵，获人畜5万余。②岳托、萨哈廉还能文能武，聪睿过人，善于从大局出发，考虑处理军政大事。早在天命六年，岳托就与汗祖父努尔哈赤、父代善及莽古尔泰、皇太极、德格类、济尔哈朗、阿济格等叔父伯父一起，对天焚香，盟誓和好，不开杀戒，成为当时后金八大贵族之一。天命九年正月，后金与来归的蒙古恩格德尔额驸盟誓，二月与科尔沁部奥巴贝勒等盟誓，岳托、硕托、萨哈廉都是代表后金参与盟誓的"十固山执政贝勒"，可见这三位贝勒在后金国中政治地位之高。

代善的亲侄子杜度，也是国中的要人。杜度之父褚英，是代善同母之兄，曾被汗父努尔哈赤立为嗣子，执掌军政大权，后因与父争权而被处死。按照后金政局习俗，父死之后，其子一般跟随或依靠伯父叔父过活，实际上杜度弟兄也就是和代善联在一起，唯其马首是瞻。杜度勇猛善战，早就领兵冲杀，转战四方，多建军功。还在天命四年、五年（1619—1620年），朝鲜李民寏就了解到，杜度是八旗旗主之一。②这是一股相当强大的势力。总加起来，代善系统的人丁最多，执政贝勒最多，其他贝勒难以与他抗衡。因此，在天命十一年八月，八旗贝勒中，代善的势力最大，最有可能争取到汗位。

二贝勒阿敏，是镶蓝旗旗主，在建立后金过程中，军功累累，起了很大作用。他的弟弟斋桑古、济尔哈朗，也是统军治政的"执政贝勒"。虽然阿敏是努尔哈赤之侄，照说是不能继承汗位的，但此人素怀割地称君的野心，不愿甘为人下，在竞争汗位中，也是一个不能忽视的实力人物。

三贝勒莽古尔泰，是努尔哈赤第二个大福晋富察氏之子，虽因生母被休，有所影响，但他是正蓝旗旗主，同母弟德格类也是有权有势的"执政贝勒"，而且此人生性鲁莽，易生事端，也有争当国君的愿望。

四贝勒皇太极，智勇双全，聪睿过人，善用权术，功勋卓著，主正白旗，岳托、济尔哈朗、斋桑古、德格类等贝勒，以及额尔德尼巴克

---

① 《武皇帝实录》卷4；《清史列传》卷3，《岳托传》。

② 《建州闻见录》。

什、乌尔古岱督堂八旗高级官将，都是他的党羽或好友，很有发展前途。

多尔衮与兄长阿济格、幼弟多铎，系此时后金国母大福晋乌拉那拉氏阿巴亥所生的皇子，辖有汗父自领的正黄、镶黄二旗，汗父还曾许诺再赐一旗，让多尔衮也成为"全旗之主"，仅就此事而言，已非常清楚地表明了努尔哈赤对阿巴亥、对多尔衮三弟兄是何等的宠爱。一妻所生之子皆要赐予一旗，使他们都当上旗主贝勒，这是罕有的殊恩。第一个大福晋佟佳氏哈哈纳札青，所生二子褚英、代善，固然都辖有足够编立一旗的人丁，但褚英于八旗定制（1615年）的前两年获罪监禁，只有代善一人才是正式的旗主贝勒。第二个大福晋富察氏滚代，虽与汗夫风雨同舟，共创金国，所生二子又已长大成人，率兵出征，军功累累，但也只有莽古尔泰一人领有正蓝旗，德格类并没有当上旗主，仍屈居小贝勒行列。多尔衮三弟兄，除阿济格略有战功外，多尔衮、多铎皆未成人，都是小孩，既无军功，又无政绩，居然已经辖有两旗，都被汗父封为"全旗之主"，这是空前的也是绝后的特殊恩宠。既然汗父如此优遇，那么在诸贝勒考虑新君人选时，岂不是应该充分尊重汗父的意愿，对他们三弟兄予以优待，择一为君！而且就以现领二旗来说，两个旗，60牛录，已超过了二贝勒阿敏、三贝勒莽古尔泰和四贝勒皇太极，与大贝勒代善不相上下。加之母亲贵为大金国母，又"有机变"，统一指挥，也很有竞争力的。但其弱点是年龄太小，阿济格21岁，多尔衮13岁零10个月，多铎12岁半，很难与久历战阵、饱经政治风霜的年长诸兄比高低。

至于努尔哈赤其他儿子，如阿巴泰、阿拜、塔拜、汤古岱、巴布海、赖慕布、费扬古等，皆系侧福晋，庶妃所生，不是旗主，没有什么势力，进不了争夺汗位的圈子。

总之，比较有条件有力量夺汗位的，是三个集团，一是代善系统，二是皇太极集团，三是多尔衮三兄弟，而以代善势力最大、最有希望。

在这矛盾错综复杂、形势十分紧张、人心惶惶的时刻，大贝勒代善做出了人们想象不到的决定，宣布任立皇太极为新汗，一下子就把局势稳定下来了。顺治修《清太宗实录》稿本卷1，对此事作了如下记述：

"丙寅年八月十一日，太祖崩。有大贝勒二子姚托贝勒、查哈量贝勒相议，告其父大贝勒曰：'国不可一日无君，此大事，宜早定。今皇太极贝勒才德冠世，深得人心，众皆悦服，即可继立大位。'大贝勒云：'吾亦思及于此，汝等之言，正合我意。'遂与二子姚托贝勒、查哈量贝勒计议已定，书之于纸。次日，众贝勒大臣聚于公殿，出其拥戴皇太极贝勒之议，以示阿敏贝勒、莽古儿泰贝勒及诸贝子阿布太、得格垒、迹儿哈朗、阿吉格、多里洪、多躲、都都、芍托、和格等，皆喜曰：'善。'议遂定，立皇太极贝勒即位。

皇太极贝勒辞曰：'先汗无立我之命，况兄长俱在，岂敢僭越而获罪于天。我若嗣位，倘上不能敬兄，下不能爱弟，国不能治，民不能安，赏罚不能明，善政不能行，其事诚难。'辞至再三。

众贝勒贝子曰：'国岂可无君，众议已定，请勿固辞。'上坚不允从，自卯至申，不得已，然后从之。……奉为天聪汗，大赦，颁诏于国中，以明年为天聪元年。"

读了上述记载，自然而然地会使人们产生五个疑问：为什么代善不继位为汗？为什么他要推立皇太极？为什么阿敏、莽古尔泰等贝勒赞同此议？代善、阿敏、莽古尔泰贝勒等人与皇太极有什么私下交易？此议对多尔衮三弟兄有何影响？现将前四个问题总起来，作一简要评述。代善心中很明白，他的势力最强，威望最高，年龄最大，他是努尔哈赤第一个大福晋所生的唯一皇子（兄长褚英已死），论嫡，论长，论势力，他是最有条件最有可能接替父亲，登基为汗的。他如继位，其他贝勒不会群起反对，他可以不费什么气力，便能安稳地登上后金第二个国君的宝座。但是，他对几个弟弟的性格、愿望、才干、势力和当时的国情，也同样十分清楚，知道这个新汗肩负担子之重。阿敏素有野心，莽古尔泰桀骜不驯，皇太极胸怀大志，阿济格刚强好斗，多尔衮、多铎虽小，也不愿甘为人下，何况还有汗父宣布确定的八和硕贝勒共治国政制，自己是没有力量没有办法能将他们制服，使其如同汗父在世那样听从国主的管辖。而且，半年前兵败于宁远城下，士气不振，汗父晚年压迫汉民、歧视汉官等弊政，使得国内辽东汉民强烈反抗，大批逃亡，不断起义。降金汉官多怀二心，田园荒芜，百业凋敝，粮食奇缺，物价腾贵，出现了人竞相食的悲剧。周围四面皆敌，明辽东巡抚袁崇焕利用宁远大捷，大修城池，赶造军械，训练士卒，欲图乘机反攻，收复失地。蒙古察哈尔部林丹汗领明财帛，联明反金。朝鲜久欲助明反击，支持明平辽总兵官毛文龙，经常遣军袭击辽南州县。这种内外交困的艰难重任，代善是担当不起的。这一点，代善内心非常清楚，他的两个得力助手岳托和萨哈廉，心里也十分明白。

自己不当，又立谁为新汗？为什么要选中皇太极？此事代善虽未明说，但是我们是可以找些探索的。代善推立皇太极，原因可能有三。

一是从爱新觉罗家族利益，从大金国的巩固发展，即从大局考虑。让皇太极继位，充分发挥其聪明才智，让这个皇子之中智勇双全之人主持军国大政，有可能使大金国革掉弊政，克服困难，排除障碍，转危为安，继续前进。爱新觉罗家族的江山不仅能够巩固安定，而且可以进一步扩大统治范围，降服更多的臣民。后来的历史事实，确实也证明了这一点，代善选准了，只有皇太极才能承担如此艰巨的重任。

二是让皇太极成为大金国之主，并不影响代善系统的切身利益。这从下述对汗、贝勒誓词的分析中可以看出，代善之后的政治地位比现在更高，权力更大。

三是岳托、萨哈廉二人起了很大作用。岳托与皇太极的关系非同一般，相当亲密，在一些重大问题上，二人经常采取一致行动。尤其是在天命五年九月，代善被废除"太子"以后的一段时间里，岳托更进一步靠近皇太极，成为皇太极争夺汗位继承人的重要伙伴，并曾因此遭到汗祖父努尔哈赤的训斥和惩罚。[①]萨哈廉与皇太极的关系也很密切。岳托、萨哈廉素以聪睿名世，也是其父的重要参谋，他二人的意见，是很有分量的。

因此，代善听了岳托、萨哈廉的建议后，下了决心，退居幕后，推立皇太极继位为汗。

至于阿敏、莽古尔泰这两位大贝勒，以及其他阿巴泰、济尔哈朗、德格类等小贝勒，之所以没有反对，原因也不难理解。从实力对比来说，代善拥有二旗，皇太极一旗，八旗之中占了三旗。在当时统兵辖民南北征战的十三位贝勒之中，代善及其子侄岳托、硕托、萨哈廉、杜度、皇太极及其子豪格，共有七人，占了一半还多。代善的态度及代善系统的倾向，在任立新汗这一重大问题上，起着举足轻重的决定性作用，其他贝勒是难以与之对抗的。而且，从后面的叙述，我们也会看

① 详见《清朝兴起史》，吉林文史出版社1986年版。

到，阿敏、莽古尔泰的政治地位也提高了，权力也扩大了。因此，这些贝勒也赞同代善的意见。

代善的决定，对多尔衮三弟兄是一个极为沉重的打击。从汗父的恩宠来说，多尔衮三弟兄并不是没有可能继承父业为新汗的。从势力强弱来看，两个旗，60个牛录，2万来丁，10万左右人口，力量也相当大了，只要有代善系统的支持，是满可以当上大金国汗的。可是，代善不立多尔衮而立皇太极，而且还要逼着多尔衮弟兄服从他的旨意，强迫亲生母亲自尽（详后）。这虽然是欺人太甚，但是，若不听代善的话，公开对抗，直接宣布要自立为汗，又不可能。两个十二三岁的小孩，加上21岁的鲁莽哥哥阿济格，是不能统率属下兵丁与六旗士卒厮杀的，那无疑是飞蛾扑火，自取灭亡。想来想去，无计可施，只有被迫服从代善和诸贝勒的命令，表示赞成皇太极继位，而且还要佯装高兴，喜曰："善！"真是有苦难言。

（二）五份誓词

父母双亡后的一段时间，多尔衮三弟兄处境十分艰难，随时都在担心又有什么灾祸降临，尤其是天命十一年（1626年）八月以后的几个月，更是难过。

八月十二日辰时，亲母大福晋阿巴亥含恨自尽，卯时代善定议，立皇太极继位，多尔衮、阿济格、多铎被迫赞成。九月初一日，代善、阿敏、莽古尔泰三大贝勒，诸贝勒、八旗官将聚于殿，设銮舆护卫，焚香奏乐，奏告上天，皇太极正式即位，尊称"天聪汗"，颁诏国中，以第二年为天聪元年。

仪式既行，就立刻涉及实质问题了，皇太极与诸贝勒"议定君臣之仪，上下和睦"，书写誓词，昭告天地。誓词共五份，一是汗、贝勒共誓；二是汗本人自誓；三是三大贝勒与诸贝勒合誓；四是三大贝勒齐誓；五是阿巴泰等贝勒同誓。这五份誓词十分重要，是决定金国权力分配和汗与三大贝勒及诸贝勒的权利、地位和相互关系的根本大法，是表示多尔衮三弟兄势力强弱、地位高低的可靠证据，需要详加论述，深入剖析。

在论述五份誓词之前，需要讲一讲本书的主要史料书之一的《清实录》的情形。

《清实录》全称《大清历朝实录》，共4484卷，是清代历朝官修史料的汇编。清朝12个皇帝，有11个编撰了实录。最后一个皇帝溥仪在位仅3年就被辛亥革命推翻，仍由原修《德宗景皇帝实录》的人员完成了《宣统政纪》。清实录分别以汉、满、蒙三种文字撰写正本4部，副本1部。正本有大红绫本2部，一贮皇史宬，一贮沈阳故宫崇谟阁；小红绫本2部，一贮乾清宫，一贮内阁实录库。副本为小黄绫本，亦贮内阁实录库。1986年以前，海内外流传的完整的《清实录》，是伪满洲国"满日文化协会"据盛京崇谟阁藏本影印的太祖至德宗十一朝实录及《满洲实录》《宣统政纪》，由日本大藏出版社1936年出版，共印300部。此后，台湾华联出版社、大通书局等出版社也根据这个版本影印出版过，1982年台湾新文丰出版股份有限公司于1978年出版的《清实录》，也是根据伪满的版本。

1986年11月，中华书局根据中国第一历史档案馆收藏的皇史宬大红绫本，上书房小黄绫本、北京大学图书馆收藏的定稿本、故宫博物院图书馆收藏的乾清宫小红绫本、辽宁省档案馆收藏的盛京崇谟阁大红绫本等版本，相互补充，出版了比较完整的《清实录》影印本。

本书所引用的台湾版《清实录》，与中华书局出版的《清实录》，卷数相同，但卷中之页数，二书有的地方有差异，台湾版的页数比中华书局版的多一点。

至于《清太宗实录》，作者引用的有两种，一是顺治朝修的《清太宗实录》稿本，全稿40卷；一是康雍朝修的《清太宗实录》，65卷。稿本对一些重要政治事件、人物的记述，比较准确，因此，在一般情况下，即稿本与康雍的实录没有大的差异时，作者用康雍的实录，差别较大者，作者用稿本，冠以"顺治修"三个字。

顺治修《清太宗实录》卷1，载录了五份誓词全文，现依次引录和作些必要的评论。

第一份汗、贝勒共誓的誓词为：

"皇天后土，既佑我父为君，今父汗已崩，国无主，诸兄弟子侄共议皇太极承父基业，祈天地垂佑，俾皇太极寿命延长，国祚昌誓。" ①

① 顺治修《清太宗实录》卷1，天命十一年九月初一日。

这一份誓词很重要，集中讲了一个问题，即诸贝勒议定后，与皇太极商谈，一致同意，"共议"立皇太极为大金国汗，继承汗父努尔哈赤的事业。

皇太极既然被诸贝勒议立为君，他与各贝勒之间的关系，当然就应该是君臣关系了。可是，这是什么样的君臣关系？是像明国那样，帝君独尊，诸王跪伏称臣，山呼万岁，听帝调遣，分居各省，仅食岁禄，没有军权、政权、财权，不参与国家的闲散王爷？还是像天命七年二月以前那样，各贝勒分为一旗之主或若干牛录之主，军国大事，汗父召集诸贝勒、大臣会议，提出各种方案，由汗裁决？或者是像天命七年三月努尔哈赤宣布今后实行八和硕贝勒共治国政制那样的君臣关系？君臣关系虽只四字，却包含了不同的内容，有各种各样的君臣关系，应该区分清楚，阐述明白，不能混淆。

既然皇太极的继位，是代善等诸贝勒根据努尔哈赤确定的八和硕贝勒共治国政制而集议任立的，那么，皇太极当上天聪汗以后，自然要遵循共治国政制，要实行这一制度。但是，如果真的完全按照努尔哈赤宣布的共治国政制来管理金国，代善也不尽满意，它在一定程度上损害了他的利益。因此，既要保存这一制度的基本内容（这对八和硕贝勒有利），又要略加修改，以扩大、维护代善系统的权力和利益，在第二、第三、第四、第五这四份誓词里，就着重地讲了这一点。

第二份是天聪汗皇太极的誓词，纲领性地规定了汗的责任及其对诸贝勒应尽的义务和许诺的保证。皇太极立誓说：

"皇太极谨告于皇天后土，今兄弟子侄共推我为君，我若不敬兄长，不爱子弟，不行正道，明知非义之事而故为之，兄弟子侄微有过失，遂削夺父汗所予之人民，或贬或杀，天地鉴谴，夺予寿命。予若敬兄长，爱子弟，行正道，天地佑我，寿命延长。或有不知误行之事，亦乞天鉴之。"[①]

这份誓词，皇太极很不甘心地给自己加上了层层束缚。一是必须尊

---

① 顺治修《清太宗实录》卷1，天命十一年九月初一日。

敬兄长。所谓兄长的标准，不是仅按年岁来定，而是主要取决于权势。皇太极排行第八，上有七位兄长，除大哥褚英已死外，还有二哥代善、三哥阿拜、四哥汤古岱、五哥莽古尔泰、六哥塔拜、七哥阿巴泰，在这六兄之中，皇太极的誓词所谓"兄长"，只包含了身为旗主的代善、莽古尔泰二人，另一兄长是阿敏。他的敬兄长，就是敬大贝勒代善、二贝勒阿敏、三贝勒莽古尔泰。君臣关系在这里体现为弟兄关系，不是君管臣，不是汗管三大贝勒，而是弟兄并列，是汗尊敬三兄长。"敬"字虽只一字，包括的内容就多了，在下文叙述中，我们可以详细地了解汗"敬兄"的具体情况。

二是爱子弟。皇太极必须爱德格类、阿巴泰等列名誓词之上的十一位贝勒。"爱"这一字用得好，它生动地、准确地表示出了此时汗与诸贝勒的关系。

三是保证诸贝勒的旗主之权和牛录之主的权益。"敬兄长""爱子弟"的一项具体内容就是，不许没收牛录和旗。皇太极明确地发誓说，不能因为"兄弟子侄微有过失"，就削夺"父汗所予之人民"，这一点非常重要。旗主之权，旗主对本旗的所有权，是八贝勒共治国政制的政治基础，如果国汗可以随意剥夺旗分、牛录，没收其属下人丁，革除旗主身份，那么，这样的汗就不是共治国政制之汗，而是像努尔哈赤早年那样独揽大权的无上君汗了。

四是保证诸贝勒的人身安全和政治地位。皇太极立誓说，不能因为诸贝勒有些小过失，就将他们贬革和杀戮。这对维护旗主贝勒与其他贝勒的切身利益和现有的政治地位与特权，是很有必要的。

五是保证自己要"行正道"，不做"非义之事"。这个范围就太广了。什么是正道，什么是非义之事，各阶级各阶层，各个集团，以及每一个人，都有自己的标准。汗可以以是为非，诸贝勒也可以非为是，政争之中，孰是孰非，固有其客观标准，但斗争之时，常以势力强弱来决定，"胜者为王败者寇"，此乃古代许多军政要人信奉的教条。汗势力强大时，可以强词夺理，文过饰非，无理贬诛各贝勒；诸贝勒联合一致力量强大时，可以借故生非，罢黜有为之君，从立誓之日看，显然后者的可能性大于前者。这就是说，皇太极在多方面受制于诸贝勒，不得轻举妄动。

第三份誓词是三大贝勒率诸贝勒对汗的盟誓，誓词为：

"带善、阿敏、莽古儿泰三大贝勒，与众贝子等，亦誓曰：我等与阿布太、得格垒、迹儿哈朗、阿吉格、多里洪、多躲、都都、录用托、芍托、查哈量、和格，谨告于皇天后土，我等兄弟子侄，共拥戴皇太极承父汗基业，或有包藏祸心，欲加谋害者，天地鉴罪，速夺寿命，事泄死于皇太极之手。若我等忠心事君，或有微过，即夺先汗所予之人民，或废或杀，天地鉴察。" ①

这份誓词是与第二份汗的誓词相应相辅的，从诸贝勒的立场，写明了他们对汗应承担的责任、应尽的义务和应享受的权利。这个责任、这个义务，就是诸贝勒表示共同拥戴皇太极为新汗，拥戴他继承汗父努尔哈赤的基业，他们要"忠心事君"，绝不能包藏祸心暗害皇太极，如有此心，暗害者遭皇天后土谴责，短命而死，或者阴谋败露，则将为皇太极斩杀。诸贝勒应享的权利是，保证继续享有现在的政治地位和政治特权，君汗不能任意惩罚和贬革诸贝勒，不得侵犯贝勒们的旗主之权和牛录之主的权益，不能没收所辖之旗和牛录，更不能随便杀害诸贝勒。

这三份誓词都涉及多尔衮三弟兄的切身利益，即他们三人已失去了继位为君的希望，而被迫成为新汗皇太极之臣，与新主有着君臣关系，必须"忠心事君"。当然，他们也得到了一些东西，与诸贝勒一样，可以维持现有的旗主之权和牛录之主之权，君汗不能对他们任意处罚和侵犯。但是就在这三份誓词中，已经比较清楚地表明，多尔衮三弟兄又遭受了代善等人给予他们的另一次打击，再一次危害了他们的利益，这就是他们已屈居于小贝勒行列，与三大贝勒有着明显的差距。前面曾引录了天命六年正月、天命九年正月及二月三次诸贝勒盟誓的文件，在这三份誓词中，诸贝勒是依次排列的，代善、阿敏、莽古尔泰、皇太极是兄长，是四大贝勒，故排在其他贝勒之前，但并未将四大贝勒作为高一级的要人而单独书写，与其他贝勒截然分开。现在，不一样了，在诸贝勒对汗的立誓中，首先写明"带善、阿敏、莽古尔泰三大贝勒，与众贝子等，亦立誓"，接着就写道："我等与阿布太……谨告于皇天后土"，显然是三大贝勒带领其他贝勒立誓，其他贝勒受三大贝勒的统辖和调

① 顺治修《清太宗实录》卷1，天命十一年九月初一日。

遣，双方之间不是平等的关系。这在第四份三大贝勒的誓词中，表示得格外清楚。

顺治修《清太宗实录》卷1，对三大贝勒的立誓，作了如下记述：

> "带善、阿敏、莽古儿泰云：'我三人若不训子弟，纵其恣肆，殃及其身。吾等善待子弟，而子弟藐其父兄，媚君希宠，不得善道者，天地鉴察，速夺寿命。如能守盟誓，尽忠良，天地保佑，子孙昌盛，寿命延长。'"

这份誓词讲了三个问题。

其一，代善、阿敏、莽古尔泰三大贝勒，与阿巴泰、多尔衮、阿济格、多铎等十一个贝勒之间，有着管教与被管教、辖制与被辖制的关系，三大贝勒对多尔衮等十一贝勒，有管教之权、辖制之权，甚至于还可以说有管教、辖制的责任。如果三大贝勒没有行使管教之权，没有尽到管教十一贝勒的责任，这些小贝勒恣意妄行，三大贝勒则犯了错误、失了职，要遭天地谴责，"殃及其身""当罹凶孽而死"。可见，三大贝勒俨然成为多尔衮等十一贝勒的家长，后者是其子弟，子弟有过，家长有责。

其二，规定十一贝勒必须尊敬三大贝勒，不许"子弟藐其父兄，媚君希宠"。这对封建专制集权的明朝政府来说，是难以理解的。普天之下，莫非王土，率土之滨，莫非王民，不仅是所有黎民百姓，都是明帝的赤子，都是明君的"蚁民"，就是位列一品二品的大学士、六部尚书，也是明帝的臣仆。帝之叔、伯、兄、弟、子、侄等亲王、郡王，也要拜倒殿下，三跪九叩，尊帝为君，谨守臣节。王公的子弟，固然要孝顺于家长，但更要忠于朝廷，忠于明帝。如若家长、父兄行为悖乱，还要大义灭亲，首告谋反叛逆的父兄，哪能把这说成是"藐其父兄，媚君希宠"。实际上，这是硬性规定小贝勒必须听从三大贝勒管教，唯其马首是瞻，不许他们靠近、投奔国汗，加强汗的势力。

其三，如果三大贝勒能遵守盟誓，既尽忠良，尊汗为国主，又不许汗违背优待诸贝勒的誓词，那么，三大贝勒就能为天所佑，"子孙昌盛，寿命延长"，即其现有的特权和利益，永远传下去，不致为汗所责所贬。

如果说这只是代善、阿敏、莽古尔泰三大贝勒的自我吹嘘，与其他十一位贝勒无关，没有约束力，那么，第五份誓词就讲得更清楚，弥补了这一含糊之处。顺治修《清太宗实录》卷1载：

> "阿布太、得格垒、迹儿哈朗、阿吉格、多里洪、多躲、都都、姚托、芍托、查哈量、和格众贝勒亦誓曰：吾等若背父兄而阴媚乎上，行谗间于汗、贝勒之间，天地见罪，夺其纪算。若一心为国，不怀邪曲，克尽忠道，天地鉴佑，寿命延长。"

这是相应于三大贝勒的誓词而写的，在这里，多尔衮等十一贝勒正式公开地承认服从三大贝勒的管教，听其辖束，而且明确地发誓宣称，不得"背父兄而阴媚乎上"，不得"行谗间于汗、贝勒之间"，坚决表示不背叛三大贝勒、投靠后金国汗。

这第三、第四、第五份誓词，对十一位贝勒之中的一些人来说，没有什么不利之处，没有降低他们往日的政治地位，没有影响他们原有的利益。比如，岳托、硕托、萨哈廉是大贝勒代善之子，本来就严格地辖制于其父，唯父是命，杜度是代善的亲侄，一向依赖叔父支持，也受叔父管辖。德格类是三大贝勒莽古尔泰之弟，济尔哈朗是二贝勒阿敏之弟，原来也一向听命于兄长。阿巴泰非帝嫡子，只有6个牛录，人微言轻，当然只能附和三大贝勒。他们这些贝勒的处境，并没有因现在的誓词而发生恶劣的变化。可是，多尔衮三兄弟情况就不一样了，从而遭受了重大损失。

此时，阿济格是旗主，辖正白旗。多铎虽然是年方12岁的儿童，但也登上了旗主的宝座，辖有镶白旗。多尔衮此时仅是15牛录之主，但汗父曾许诺，也要让他独主一旗，也是"皇考分给全旗之子"。作为家族而言，有弟兄之分，弟弟须敬兄长。长兄当父、长嫂当母的观念，深入人心。这一习俗很难违背。但是，作为旗主来说，各旗人丁可能有多有少，不尽相等。可是，旗主之间是平等的关系，不是上下尊卑的隶属关系。势强的旗主，哪怕是拥有两个旗的旗主，也无权欺压其他旗主，不能干预另一旗主的旗内事务。阿敏与其异母之弟斋桑古的纠纷，便是一个非常有力的证据。天命五年（1620年），二贝勒、镶蓝旗旗主阿敏，听信旁人言语，怀疑斋桑古行为不正，就不再信任弟弟，衣食生活也不管，使斋桑古的日子十分难过。斋桑古只好申诉，"向大贝勒和四贝勒各诉说二三次"。此时大贝勒代善权势极大，荣任太子，亲主二旗，具体主管军国大政。四贝勒皇太极也是轮班处理国务的"直月贝勒"，位尊权大。但是，就是这样两位威风凛凛使人望而生畏的大贝勒、四贝勒，也不愿和不敢过问斋桑古的申诉，因为，他们感到，如将此事上奏于汗，则"外人将认为这是诬告并肩而行的阿敏台吉"，所以不敢干预。可见，旗主各有自己的势力范围，本旗之事，旗主与本旗贝勒、大臣的关系及其纠纷，其他旗主是无权过问的。八旗的旗主，彼此皆处于同等地位，没有高低之分，没有尊卑之别，更没有隶属关系。

明确了旗主之间应有的关系，我们不难看出，三大贝勒及多尔衮等十一贝勒的誓词，把多尔衮三弟兄的政治地位压低了很多，使他们失去了旗主应有的权益和应当享受的地位，而降居于小贝勒的行列，降为三大贝勒的"子弟"，为其附庸，听其支配。他们三弟兄从应与代善三大贝勒并列同尊的地位，下降为附庸，屈居末位，这不仅在政治地位的排列上吃了亏，丢了脸（回顾天命九年正月的朝贺仪式，阿济格、多铎与四大贝勒同样行礼，便可知此乃奇耻大辱），而且权力受到了损害，失去了旗主应有的权力，在议处军政要务上丧失了应有的发言权。

这五份誓词的基本精神是限制了新汗的权力，抬高了三大贝勒的地位，扩大了他们的权限，对汗父共治国政制中八大贝勒有相等之权的精神，做了重要修改。誓词规定以新汗和三大贝勒为主，率领十一小贝勒，共同治理全国。

因此，朝会等仪式，也不同于努尔哈赤执政之时，那时，努尔哈赤南面独尊，诸贝勒皆须向汗叩拜，早期更只能坐在地上，不敢与汗并坐。现在根据天命七年（1622年）共治国政制中国主与八贝勒共坐一处，同受国人的叩拜的规定，有所修改，改为三大贝勒与汗同坐齐尊，同受官将朝拜。蒙古各部贝勒来朝时，亦"跪谒汗后，依谒汗之礼会见三大贝勒"。

这样条件下之金国汗，能有多大的权势和威严？并且，说不定哪一天，代善等大贝勒还会因不满皇太极，而将其废革，另置新汗，皇太极不是坐在金国汗之宝座上，而是坐在随时都会爆炸的火药桶上。

二、空前危机 革除弊政

（一）粮缺价贵"人相食"

康熙二十一年（1682年）纂修，雍正帝命臣校对后钦阅定稿，乾隆四年（1739年）刻印的《清太宗实录》卷3，第26、27页记述天聪元年（1627年）六月国内情形时，写道：

> "时国中大饿，斗米价银八两，人有相食者，国中银两虽多，无处贸易，是以银贱而诸物腾贵，良马一，银三百两；牛一，银百两；蟒缎一，银百五十两；布匹一，银九两。盗贼繁兴偷穷牛马，或行劫杀。于是诸臣入奏曰：盗贼若不按律严惩，恐不能止息。上恻然，谕曰：今岁国中，因年饥乏食，致民不得已而为盗耳，缉获者，鞭而释之可也。遂下令是岁谳狱，姑从宽典，仍大发帑金，散赈饿民。"

这样的叙述，一则对人民的悲惨处境尽力掩盖，只轻轻地说了一句"人有相食者"，而"有相食者"，是偶然的个例，不是普遍情形；再则把清太宗皇太极粉饰为悲天悯人、有菩萨心肠的仁慈帝君。既说其闻听之后"恻然"，即感到悲痛，对遭难的人民表示同情，又说其拒绝大臣奏请严惩盗贼的建议，谕令捕获后鞭而释之，概从宽典，还"大发帑金，散赈饥民"。这是当时国情的真相吗？难以令人信服。

顺治年间纂修的《清太宗实录》（稿本）卷2，第45页对此事记述说：

> "是岁国中大饥，斗粮价银八两，人相食，国中金银虽多，无处贸易，是以诸物腾贵，好马一匹，值银三百两；好牛一只值银一百两；蟒缎一匹，值银一百五十两；青布一匹，值银九两。偷牛盗马，杀人之徒纷起不止。大臣入奏云：刑杀若不严行，盗贼必不能息。上曰：国中乏粮，民皆饿死，是以盗起，今后捉获到官者，鞭而释之，未发觉者免究，黎民艰食，罪在于予，遂减刑罚，发帑金，以赈饥民。"

《满文老档·太宗·天聪朝》册6，对此事有更为准确的记述：

"时国中大饥，其一金斗粮价银八两，民中有食人肉者，彼时国中银两虽多，然无处贸易，是以银两贱而诸物昂贵。良马一，值银三百两。壮牛一，值银一百两。蟒缎一，值银一百五十两。毛青布一，其值银九两。盗贼蜂起，偷窃牛马，人相惨杀，致国中大乱。于是，诸臣入奏曰：'国中盗贼倘若不严加惩处，则不能止息矣。'汗曰之：'今岁国中粮食失收，民将饿死，是以行盗也。被缉获者，鞭而释之。未被拿获者，免之可也，而粮食失收，咎在我等，不在于民。'是年，从宽法律，动用库银，散赈饥民。"

请注意，《满文老档》所记"人相惨杀，致国中大乱"，这一句关键的话，被《清太宗实录》删掉了。

二书对天聪元年（1627年）六月金国国内情形的叙述，是非常重要、十分真实的、关键性的珍贵史料，以此为依据，结合其他材料，可以说明很多重要问题。

其一，"诸物腾贵"。"斗米价银八两"。米谷为人维生之根本，在古代更是百货价格之基石。学者公认叙述米、布等物的价格相当准确可信的叶梦珠所著《阅世编》，记述明末清初松江地区的米价，60年里，虽然各个年份涨跌不一，但大体上是1石米（400斤）价银8钱至1两2钱，1斗米（40斤）8分银子至1钱2分银子。而天聪元年，1斗米价银8两，比松江正常年份的米价，涨了100倍。《老档》《实录》所述"良马一，值银三百两"，清朝军营购买的战马，规定是1匹马价银12两，也贵了几十倍。《老档》《实录》又说："壮牛一，价银一百两。蟒缎一，值银一百五十两。毛青布一，其值银九两"。现将明万历六年（1578年）辽东"马市抽分与抚赏夷人用银物清册"，摘录一段，予以比较：

"……新安关进入买卖夷人往吉那等男妇六百五十名口，共……百一十六两七分六厘九毫。

赏盘三十二个，连酒，用银六钱八厘；客通袖缎一匹，用银二两五钱；客金缎一匹，用银一两四钱；客锡碗一个，用银三钱；客银牌一面，重三钱；客红毡一条，用银五钱；客水獭皮一皮，用银三钱；客带一条，用银三钱；客宗帽一顶，用银三钱；客靴袜各一双，用银二钱；客白中布一百八十四，客平花缎一百三十五匹，用银九十四两五钱；牛四只，用银一两五钱三分；客蓝改机布四十二匹半，用银六两八钱；驴四头，用银一两六钱四分……十六匹，用银四两四钱八分；官锅四百四口……用银二钱八分五厘六毫……

……页……

……五钱；客水獭皮五张，用银一两……用银一两五钱；客靴袜五双，用银一两；客宗帽五顶，用银一两五钱；客红布一百二匹，用银八两一钱六分；客蓝布六十八匹半，用银一十两九钱六分；客平花缎二百二十匹半，用银一百五十四两三钱五分；牛十一只，用银三两九钱二分；驴五头，用银一两四钱五分；官金缎袄子六件；官白中布三百一十一匹半；官平花缎一百匹；官锅八百二十八口；答话猪肉二十斤，用银二钱八分五厘六毫；酒二十壶，用银一钱三分三厘三毫。"[1]

请看，"牛四只，用银一两五钱三分"，平均1头牛为3钱8分。"牛十一只，用银三两九钱二分"，平均1头牛为3钱5分6厘，而金国壮牛1头为100两，贵了200多倍。《老档》《实录》所记"毛青布一（匹），值银九两"。《辽东档案》记为，"客红布一百二匹，用银八两一钱六分"，每匹布为银8分。"客蓝布六十八匹半，用银一十两九钱六分"，每匹布为1钱6分。也比9两1匹贵了几十倍到一百倍。所谓客蓝布，指的是商人之布，而"官蓝布"则是指马市官方之布。《老档》《实录》所记"蟒缎一疋，值银一百五十两"。《辽东档案》载："客金缎一匹，用银一两四钱"，"客通袖缎一匹，用银二两五钱。客平花缎二百二十四匹半，用银一百五十四两三钱五分"，平均每匹为银7钱。皆比金国缎贵了一二百倍。可见"诸物腾贵"四个字说得不错，是贵，并且是腾贵。

其二，"国中大饥"。《老档》《实录》皆说物价腾贵原因是，"是时国中大饥""国中金银虽多，无处贸易"。"国中大饥"，"无处贸易"，说得既对，又不对。"国中大饥"，是什么情形，是天灾吗？是常年干旱，赤地千里，还是洪涝成灾，一片汪洋？明朝、朝鲜文献，皆无此类天灾的记述。此时金国的辖地，基本上是明朝辽东都司直接管辖的地区。早在努尔哈赤率军进据辽沈200多年以前，明洪武二十六

---

[1]《明代辽东档案汇编》，第806页，辽沈书社1985年版。

年（1393年），辽东都司就已开垦成熟军屯田地250余万亩，年征屯粮
71万余石。此后，大批内地民人来到辽东，耕田经商，又开垦出了数以
百万亩田地，在明朝统治的200年里，全辽数百万人不仅可以营生糊口，
还有余粮运往关内贩卖，即使有时旱涝成灾，也能维持生活，没有发生
过无粮可买、无粮可食、"人相食"的惨剧。现在，金国只有一二百万
人口，八旗军仅仅占据辽沈地区六七年，就出现了没有旱涝天灾但却
"国中大饥"、无处买粮、"人相食"的惨剧，原因何在？答案很清
楚，很简单，那就是金国汗努尔哈赤对汉民实行了极端错误的、残酷
的、野蛮的民族压迫政策。金人屠刀挥舞，血流成河，辽民或死或逃，
人口减少一多半，漏网余生小民，又被尽行编隶拖克索，沦为农奴性质
的阿哈，几十年、上百年辛苦开垦成熟的田地被汗贝勒强行霸占。他们
哪有兴趣，哪有精力、财力、物力耕田种地。怎么办？逃吧，大批地不
断地逃；抗吧，"偷牛盗马，盗贼蜂起"；既逃不了，又抗不了，那就
磨洋工吧，消极怠工。于是，自然而然地便使庄稼失收了，便出现了
"国中大饥"。

过去，个别州县卫所遭遇天灾，朝廷会有赈济，也可到其他州县买
粮，也可入关买粮，还可到朝鲜买粮。努尔哈赤的祖先便曾不止一次地
前往朝鲜告讨米粮。现在，不行了，明朝、朝鲜皆是敌国，哪能去买。
因此，"无处贸易"，因此便无粮可食而"人相食"了。

其三，"国中大乱"。天命十年（1625年）十月编丁隶庄以后，沦
为阿哈的辽人，或逃，或叛，未能叛逃之人，也无力耕田，无银买粮，
挣扎在饥饿死亡线上，于是便出现了"人相食""盗贼蜂起""人相惨
杀，致国中大乱"的局面，金国的统治已是风雨飘摇了。

其四，治国无方。被八旗贝勒、大臣、各级额真尊为"覆育列国英
明汗"的努尔哈赤，无比英明，无比神武，手控6万八旗劲旅，南北征
战数十年，除宁远一战失利以外，可以说是无坚不克，所向无敌。进
据辽沈以后，他又能摒弃女真奴隶主百年旧制，不将几百万辽人全部
或大部逼为阿哈、逼为俘获，而实行"豢养尼堪"政策，多次下达汗
谕，宣布尼堪为良民，为伊尔根，为百姓，让他们"各守旧业"，务
农经商，按丁纳赋，可以说是天大恩惠，巨大变化。当然，对抗金叛
逃辽民，也未刀下留情，也是派兵征剿，抗拒者杀，逼为俘获。可以
说，英明汗努尔哈赤是"恩威并用"，已经使尽浑身解数，欲图说服

辽民，威慑辽民，甘心充当汗之臣民，努力为汗耕田纳赋，筑城当差。然而，汗算不如民算，百万辽民不念"汗恩"，不领汗情，不受汗谕之花言巧语所骗，不畏汗之利剑快刀所吓，从现实生活中看清楚了大奴隶主、大农奴主汗、贝勒的狰狞面目，不断地逃，大批地逃，辽民拼命反抗，仅仅六七年，昔日富庶繁华的辽沈地区，变成了"国中大饥""斗粮价银八两""无处可买""人相食"的悲惨局面，并且从而导致"盗贼蜂起，偷窃牛马，人相惨杀，致国中大乱"。这就最强有力地证明了努尔哈赤"治国无方"。他能打下江山，但不会管理以辖治汉人为主的国家。这个江山，他坐不稳、坐不牢。如不大加改革，施行适应汉区的好制度好政策，大金国就犹如沙滩之上建高楼——倒塌之日屈指可数了。

（二）四面皆敌

金国辖区，东边是朝鲜，北边是漠南蒙古，西边是明朝，南边是渤海，坐船可到朝鲜和明朝山东。漠南蒙古各部，过去长期瞧不上女真，流行着"四十万蒙古，水滨三万女真"的传统说法。努尔哈赤兴起以后，天命四年（1618年）七月于铁岭生擒喀尔喀蒙古名酋斋赛，震慑了喀尔喀五部各贝勒，才使他们遣使与金国盟誓修好，但宁远之败，动摇了和好基础。喀尔喀五部"潜通"明朝，收其金银。明朝曾于天启元年（天命六年，1621年）五月发银100万两，运往辽东，供犒赏蒙古助明抗金之用。喀尔喀五部之扎鲁特部诸贝勒，多次截劫金国使臣，夺取财货，杀害商民，与明朝共议出兵攻打金国。

朝鲜是明之藩国，曾出兵1万，参与萨尔浒灭金大战。此后，时时想报战败被俘之仇，跟随明军征剿。

最危险的是西边明朝。明朝虽曾大败于萨尔浒，丢掉辽沈，但百足之虫死而不僵，何况尚未灭亡，还有可为之机。明帝相继重用孙承宗和袁崇焕。孙承宗，明万历三十二年（1604年）殿试高中，荣为榜眼，天启元年（天命六年），以礼部侍郎升任兵部尚书兼东阁大学士，不久又兼任督师，"督山海关及蓟、辽、天津、登、莱诸处军务，便宜行事"。孙承宗亲定关锦防线、汰逃将、裁疲兵、修城堡、驻兵戍守、屯垦田地。"在关四年，前后修复大城九，堡四十五，练兵十一万，立车营十二、水营五、火营二、前锋后劲营八，造甲胄、器械、炮石、渠荟，卤楯之具合数百万，拓地四百里开屯五千顷，岁入十五万"。[1]特别是孙承宗采纳了佥事袁崇焕的建议，决定筑宁远城，固守宁远，建立关锦防线，为后来宁远之战大败金军，起了十分重要的作用。[2]

袁崇焕，两榜出身，历任知县、兵部职方主事，佥事、兵备副使，天启六年（天命十一年，1626年），以宁前道身份坚守宁远城，大败努尔哈赤，升授辽东巡抚。以"边才自许"的袁崇焕，熟谙边寨情形，从明清历次战争中，总结失败教训，探索出御敌良策。袁崇焕奏称："用辽人守辽土，且守且战，且筑且屯。屯种所入，可渐减海运。""辽左之坏，虽人心不固，亦缘失有形之险，无以固人心。兵不利于野战，只有凭坚城用大炮一策。今山海四城既新，当更筑松山诸城，班军四万人，缺一不可。"[3]他遣士卒大修锦州、大凌河、中左城，调集大炮粮草。

以辽人守辽土，辽民数百万，保卫家乡，勇士不少，且避免了过去多从外地调兵，无守家乡之心，战辄溃逃，又浪费巨额兵饷。

金兵善骑射，万马奔腾，冲踩砍杀，明兵哪能抵挡。但弓箭虽厉，也射不垮坚固城池，金兵再勇，毕竟是血肉之躯，难当炮弹轰击，只要储备充足粮草，严防奸细，凭城死守，大炮猛轰，就可守城败敌。宁远之胜，即系明例。如果坚决按照袁崇焕的御敌之策，大力贯彻，金军难以进据明地，抢掠人畜财帛，很难长期延续下去，金国力势必不断削弱。

对于新汗皇太极来说，他继位为汗之时，就面临严重的内忧外患。若不痛下决心，改革弊政，缓减国内危机，重树无敌军威，其江山难保。

（三）释放庄中奴仆为民

金国四面皆敌，腹背受困，外患既紧，内忧更重，金国处于严重危机，新汗皇太极的日子很不好过。

皇太极可非平庸之君。他既骁勇善战，又熟谙兵法，文韬武略兼备，还胆识过人，敢于当机立断。在受命于危难之时，他英勇无畏，精心构思，采取正确的政策和重大措施，力挽危局，把金国推进到一个新的高度，使其更为强大，更为巩固，从中逐渐提高汗威，裁抑诸贝勒权势，成为真正主宰金国之大君。首先是要革除汗父晚年严重削弱金国的几大弊政。

---

①②《明史》卷250，《孙承宗传》。

③《明史》卷259，《袁崇焕传》。

为了缓和国内矛盾，安定民心，减轻对汉民的压迫剥削，金国新汗于九月初一即位后，八天之内连下数谕，努力革除危害汉民的几大弊政。

九月初五日汗谕："治国之要，莫先安民。""凡汉官富民，从前有商议逃走，及与奸细往来者，纵有人举首，概不究问。有已逃在外追获者，杀无赦，有欲逃未行者，首告亦不究。"[①]这是针对当时危及金国安宁的重大弊政而采取的一项重要政策。

努尔哈赤执政期间，掠夺了数十万乃至上百万汉民，逼为汗、贝勒、八旗官将及部分富裕士兵的阿哈（奴仆），进行残酷的剥削压迫。汉民实难忍受，大量逃亡，或与明朝派来的"奸细"密谋大规模逃亡和起义。就在三年前，天命八年（1623年）五月，复州全城汉民密议逃入明境，事泄，被努尔哈赤遣兵2万征剿，除残留500丁逼充阿哈外，其余男丁尽行屠杀。[②]但这并不能根绝逃叛，汉民仍不断逃亡和起义，一些奸猾歹徒乘机敲诈勒索，诬民有叛逃之意，致汉民人人自危，故有此汗谕。《清太宗实录》卷1就此谕加以赞扬说："汉官汉民皆大悦，向之思逃者皆止，奸细从此绝迹矣。"

九月初七日，汗谕又下，讲述四事。其一，今后不再新修城郭边墙，以节民力。其二，八旗移居已定，今后不复移易，可各安其业，"各粪其田"。其三，汉人犯法，与满洲同例审拟，差役亦一样承担，不要有所区别。其四，贝勒大臣及其属下牧马管屯人员，有事下屯，"各宜自备行粮，有擅食民间牛羊豕鸡者，罪之"。[③]这对限制八旗贝勒将弁及其属员对汉民的苛索欺压，有一定的作用。

初八日，汗再下一谕："汉民与满洲同居一处，多为满洲扰害，度日艰难，命其分屯别居。"《清太宗实录》卷1就此补充解释说："前此汉人，每十三人，编一庄头，分给满洲官为奴。自上即位，念汉人给满洲为奴，逃亡殆尽，因择可为奴者，每备御给八人、牛二只，余各入堡为民，选清正官管理。"

这是又一项关系重大的改革。两年前，努尔哈赤于天命十年（1625年）十月初三日，下谕指责汉民心向明朝，叛逃不绝，命令八旗满官分赴各地清查，大杀反金人员，将"筑城纳赋"的"小人"，逼为

---

①《清太宗实录》卷1，第6页。

②《满文老档·太祖》卷49。

③《清太宗实录》卷1，第6、7页。

阿哈，编隶汗、贝勒的庄园，每庄13丁、7牛，耕地100垧，80垧供庄丁食用，"二十垧作公赋"。八旗官将，自总兵官以下，守备以上，每一守备，各给一庄。与前相比，汉民从"平民"身份降为奴仆，自有之地被没为汗贝勒及八旗官将的庄园，交纳的"公赋"比昔日己地的国赋增加了十几倍，再加上庄主的野蛮压迫，实难忍受，故而"逃亡殆尽"，全国动乱。现在，每守备只给8丁2牛，按当时约700个守备计算，是5000余丁，那么，余下的几十万丁便"入堡为民"，恢复了往日的"平民""凡人"身份，继续耕种拨回并归己所有的田地，上纳国赋，人身奴役和租赋负担都有很大程度的缓和及减少，自然便不愿意大批逃亡。于国于民，此举皆有很大好处。故《清太宗实录》就此赞扬说："自此逃亡者止""由是汉人安堵，咸颂乐土云"。

通过上述措施，矛盾有了很大缓和，动荡程度减少，国内相对比较安定，为对外征战创造了一定的条件。

三、征剿扎鲁特部蒙古

皇太极想必知道，减轻汉民剥削奴役，固是"治国之要"，但久为"天朝"之民的汉人，绝不会轻易忘掉华夷之别，很难真心拥戴"东夷"（指金国、满洲）之主，要使金国彻底巩固，最主要的还是重振军威，不断获胜，更加强大。

金国周边存在着明朝、漠南蒙古各部及朝鲜，金国能否存在和发展，关键要看与这三方面的关系，即是否能中立或联合朝鲜、漠南蒙古，对付明朝，最好是统一蒙古，征服朝鲜，才能既增加军队，又肃清后患，庶几集中对明。过去努尔哈赤是这样做的，皇太极也继承汗父遗策努力去做，并有很大发展和收获。

天命十一年（1626年）十月初十日，皇太极命大贝勒代善，二贝勒阿敏，贝勒德格类、济尔哈朗、阿济格、岳托、硕托、萨哈廉、豪格，率精兵万人，往征漠南蒙古喀尔喀五部中之扎鲁特部，声讨其背盟生衅之罪。过了四天，又遣副将冷格里、参将阿山率兵600，入喀尔喀五部之巴林部，驱逐士卒，纵火燎原，以张声势。

皇太极遣使致书扎鲁特部各贝勒，声讨其罪说：

"前己未年，擒贝勒介赛时，曾刑白马乌牛，誓告大地云：我满洲及喀尔喀，协力征明，无相携贰，战与和，均当共议以行，若喀尔喀听明人巧言厚赂，背弃盟誓，而先与明私和者，天地谴责，令喀尔喀溅血暴骨而死，我满洲若背弃盟言，谴责亦如之。乃尔喀尔喀五部落竟潜通于明，听其巧言，利其厚赂，以兵助之，是尔之先绝我好也。又尔卓礼克图贝勒下有托克退者，犯我台站，且扰害我人民，掠取我财畜，至再至三，甚至将所杀之人，献首于明，畴昔盟言，安在哉，昔盟誓时，尔五部落执政诸贝勒，及卓礼克图贝勒，俱与此盟，而昂安不从，尔等因以昂安委我裁置，我是以兴师诛昂安。嗣后，尔扎鲁特诸贝勒复云：昂安之罪，固应诛戮，我部落仍愿修旧好，不似东四部落，或食言败盟也，我故归桑土妻子，及昂安之子。癸亥年，复申盟誓云：察哈尔，我仇也，科尔沁，我戚也，尔慎无与察哈尔通好，或要截我遣往科尔沁之人，致起兵端。无何尔又背此盟，于甲子年，尔扎鲁特右翼，袭我使于汉察喇地方。乙丑年，又追我使于辽河畔，恣行劫夺。是年，又要截我使臣顾锡，刃伤其首，尽夺其牲畜财物。尔扎鲁特，何其贪利而背义也。然我犹念前好，不问尔罪，远征巴林，所俘获尔使百余人，悉行遣释。后桑土以诳言而来窥我，我已洞悉其奸，仍不执桑土，遣之归，以观动静。盖我之推诚于尔，不欲终弃前盟如此。丙寅年，尔扎鲁特左翼诸贝勒，觇我，使臣之出，屡次要截道路，劫夺财畜，并行残害，是尔扎鲁特之贪诈不仁，妄加于我者终无已时也，我之所以兴师致讨者，职是故耳。"①

过了半个月，十月二十五日，大贝勒派人回来报捷说：

"喀尔喀扎鲁特部落贝勒巴克与其二子，及喇什希布、戴青、桑噶尔赛等十四贝勒，俱已擒获，杀其贝勒鄂尔寨图，尽俘获其子女人民牲畜而还。"

---

① 《清太宗实录》卷1，第13、14页。

第三天，楞额礼、阿山回师，"俘获甚多"，其获人口271，骆驼34头，马111匹，牛1211头，羊2586只。以骆驼24，马40，牛600，羊1000分赐贫人，余按品级功绩，均赐出征将士，拜赐李喇嘛驼1头，马5匹，羊28只。①

这一仗，震慑了喀尔喀各部，使其不敢再向金国挑衅。

四、一征朝鲜

天聪元年（1627年）正月初八日，新汗皇太极命二贝勒阿敏，贝勒济尔哈朗、阿济格、杜度、岳托、硕托，统领大军，征明将毛文龙和朝鲜。

皇太极下谕说：朝鲜屡世获罪我国，理宜声讨。然此行非专伐朝鲜，明毛文龙近彼海岛，倚恃彼猖，纳我叛民，故整旅往征。若朝鲜可取，则并取之。

三月十四日，二贝勒阿敏及诸贝勒遣人回到沈阳，奏报战情极为顺利，并要求增派蒙古兵：

"正月十三，大军至明哨地，楞额礼、叶臣，雅荪孟安，率兵八十人，乘夜袭其哨卒，尽获之，六哨无一脱者。十四日夜，大军临朝鲜境，薄义州，树梯攻城，巴图鲁艾博，率八旗精锐先登，总兵官楞额礼，副将阿山，及叶臣，率八十人继之，诸军奋勇齐进，遂克其城，杀府尹李莞等，判官崔鸣亮自尽，屠城中兵卒，俘其居民。是日，驻军义州，复搜敌兵尽杀之，收其俘获，留大臣八人，兵千人，守之。当取义州之夜，分兵捣毛文龙所居铁山，斩明兵无算，文龙遁入岛中，未获。十五日，我军进攻定州，斩宣川副使奇协，获定州牧使金措，尽降其民。十八日，招郭山之汉山城，不降，攻克之，获郡守朴由健，歼其将卒。攻城时，蒙天眷佑，我军未伤一人，生擒朝鲜道一员，参将一员，游击三员。十九日，自定州渡嘉山江，驻营，二十日，我军向朝鲜王旧居平壤进发，路远不及驰报，勿以使者稽迟为念，至于我兵蒙天佑庇，不必万虑。俟至平壤，遣使往朝鲜王处乘便侦探，若内有消息可乘，即

---

①《清太宗实录》卷15、16。

进超王京。其義州城，留大臣八人，兵千人，郭山城，留大臣四人，兵五百人，守之，今恐兵力不敷，请发在外移营蒙古兵，及在内分管蒙古兵，驻守義州，以便调取大军前进。如蒙汗允发，乞遣一贤能大臣统领之，于冰未解时速来，恐其扰義州粮食户口也。至各处归降之人，已皆令剃发矣。"①

皇太极看过奏书后，下谕派遣蒙古兵前往义州，并要阿敏等贝勒便宜行事：

"蒙天眷佐，尔出师诸贝勒所至克捷，朕闻之，不胜嘉悦。前进事宜，尔等详加审酌，可行则行，慎勿如取广宁时，不进山海关，以致后悔，如不可行，亦勿强行，尔等在行间，宜仰承天眷，保惜声名，凡事相机图之。倘邀天佑，朝鲜事渐有定局，一切事宜，有当请命者，尔行间诸贝勒，公同议定，遣使来奏，我据所奏裁定，我在都城，何能遥度耶。"②

阿敏领军，于正月二十一日攻克安州。安州牧使金浚，兵使南以兴赴火死，杀郡守张敷，副使金尚毅，县令宋图南等。城中居民安堵，其守兵二万，当攻城时，有被戮者，既克后，不戮一人，各令还家完聚。遂驻军安州，息马四日，所俘获悉为区处。二十五日，自安州起行。二十六日，进至平壤城，城中巡抚、总兵以下各官及兵民等，皆弃城走。是日，我军渡大同江，驻营。二十七日，师次中和，驻兵秣马，遣人往朝鲜国王李宗所，未达而还。

朝鲜国王遣使致书阿敏说：

"贵国无故兴兵，忽入我内地，我两国原无仇隙，自古以来欺弱陵卑，谓之不义，无故戕害人民，是为逆天，若果有罪，义当遣使先问，然后声讨，今亟返兵，以议和好，可也。"

①《清太宗实录》卷2，第13、14页。
②《清太宗实录》卷2，第14页。

二贝勒阿敏答复朝鲜国王书说：

"尔谓我等无故兴兵，试言其故。向者我军往取我属国瓦尔喀时，尔国无端出境，与我军相拒，一也。乌喇贝勒布占泰之屡侵尔国也，尔以乌喇属我姻戚，求释于我，我为劝谕息兵，尔曾无一善言相报，二也。我两国原无仇怨，尔于己未年，发兵助明，合谋图我，幸蒙天鉴，明兵败衄，尔之帅卒，为我阵擒，我不忘旧好，故不加诛戮，且豢养之，纵令返国，至于再三，尔不遣一介来谢，三也。天以辽东赐我，辽东之民，我民也，尔国容匿毛文龙潜据海岛，致我辽东百姓，被其侵扰，听其引诱，我曾令尔缚送毛文龙，复成两国之好，尔竟不从，四也。辛酉年，我军攻剿毛文龙，惟明人是问，亦望尔惠顾前好，不以一矢相加，尔国究无一善言相报，五也。文龙系明国之将，明且无粮饷给予，尔乃予以地土，导其耕种，资之糗粮，赡其军实，六也。尔云：何故杀我何通事，我军进取广宁后，禁绝奸细，潜来窃探之人，不杀何待。我皇考上宾，明方与我为敌，尚遣使来吊，兼贺新君即位，我皇考与尔朝鲜，素相和好，毫无嫌隙，何竟不遣一使吊问，七也。尔如此负恩拘怨，难以悉数，我用是统率大军，声罪致讨，尔尚自以为是，与我为敌耶，抑将悔祸之延，抒诚引咎，申盟天地，重修和好耶，我且留师五日，以待。惟好是图，果欲议和，速行遣使，如违约不至，我军即行而前矣。"①

不久，阿敏又遣使致书朝鲜国王，补充兴兵之因说：

"尔来书云：我国有倭难，明曾以兵助我，恩不可负，故我亦以兵助明，独不思乌拉布占泰之以兵侵尔国也，我曾劝解息兵，可不谓恩乎。又云：我两国素相和好，尔乃无故兴兵，夫我两国固素相和好也，乃尔以兵助明侵我，岂有故耶。又云：毛文龙奉明主之命而来守此，义不可逐，夫毛文龙尚不见信于其主，不给粮饷，尔独何为孚信之深，代

① 《清太宗实录》卷2，第16、17页。

筹赡助耶。又云：贵国兵为追毛文龙时，不曾扰我民间一物，我亦知之，当时我原欲和好，故不相扰害耳。又云：毛文龙侵扰辽东，并未以兵相助，夫文龙之得据海岛，惟尔庇之，其沿江屯扎也，一抵昌城，一抵安州，皆属尔境，提防侦探，惟尔教之，尔之助恶，不已多乎。又云：辽东之民，乃毛文龙招诱，我国不知，尔以容匿毛文龙之故，致我地人民，屡被招诱，尔尚得谓不知乎。又云：疆域阻远，未及闻丧来吊，彼明与蒙古，独无疆域乎，虽道里迢远，皆闻丧而来吊矣。尔与我国，接壤耳，非若明与蒙古之远也，尔独懵然而不闻乎。夫曲直自有定论，上天岂无照临凡此积怨启衅，职汝之由，岂能逃于天鉴耶，我惟理直，故得蒙天眷佑，尔若引咎自责，修好求宁，可速遣亲信之人来，议既成，我即旋师，我非为土地人民，兴师至此也。遣使后，驻军中和，息马七日。二月初五日，大军至黄州，城中军民悉逃遁，金军驻营黄州。"

朝鲜国王遣使来告："已遣亲信大臣来矣。"

和议已有头绪。阿敏"颇怀异志，凡事不与众谋，指麾自专，欲率大军前进"。

诸贝勒及总兵官、抚顺额驸李永芳商议，欲暂驻原地，若朝鲜亲信大臣来，议和盟誓，则即班师。

阿敏恼怒，斥责李永芳说："我岂不能杀尔蛮奴。"

从此，李永芳不敢说话。

阿敏率军前进，到达平山，逼近朝鲜国都。

朝鲜国王李综，偕妻子逃往江华岛。

朝鲜使臣进昌君到金军军营晋见诸贝勒。说："我国自愿认罪。贵国必欲如何定议。敝国贫瘠，愿悉索吾土物产以献。"请求金国驻兵于此，不要前进。

阿敏不从，"令吹角进兵，直趋王京"。

岳托与济尔哈朗议定，不到王京，驻于前方30里的平山城，以待和议签订。因各贝勒意见不一，金军遂分道而行，驻于平山城。遣副将刘兴祚前往江华岛，见朝鲜国王李综。李综"端坐，不出一言"，刘兴祚怒斥其非后，宣布："今日之事，成败在于俄顷。尔欲修好议和，可遣汝亲子弟一人往，盟诸天地，汝国所产财物牲畜，每年循礼贡献，尔亲定额数。事峻，我即旋军。"李综犹豫，刘兴祚即威胁，李综无法，只好听命，遣族弟原昌君李觉来到金军大营，叩见诸贝勒，遵从金国议定条约，并进献马100匹、虎豹皮100张，绵绸苎苎400匹，布15000匹。

和议既成，金军大胜，本来是一大好喜事，不料风云变幻，突生事端，差点导致金国衰亡。

《清太宗实录》卷2，第22、23页，记述了阿敏欲必到朝鲜王京，遭到岳托反对情形：

"时李综顽首听命，和议既成，岳托曰：吾等来此，事已成矣，我国中御前禁军甚少，蒙古与明，皆我敌国，或有边疆之事，不当思预备乎。况我军中俘获甚多，宜令朝鲜王盟誓，即可班师。阿敏曰：汝等欲归者自归耳，吾则必到王京，吾常慕明国皇帝及朝鲜国王所居城郭宫殿，无因得见，今既至此，何不一见而归乎。我意至彼近地再议，如不从，即屯种以居，至吾等怀念妻子，度有不遣来完聚者乎。随向贝勒杜度曰：他人愿去者去，我叔侄二人，可同住于此。杜度变色答曰：吾何为与尔同住，皇上乃我叔父，我何可远离耶。于是岳托、济尔哈朗等，各归营，令八旗大臣分坐定议，七旗大臣所议皆同，独阿敏本旗大臣顾三台、孟坦、舒赛，从阿敏议。议久不决，既而岳托、济尔哈朗、阿济格等，同会于一所，共议遣人令朝鲁王定盟，以告阿敏乃从之，议定。"

《清太宗实录》卷7，第12、13页，对阿敏之所以听从岳托之议的真实原因，作了更准确更详细的叙述：

"岳托言，朝鲜既已定，我等统朝廷重兵，不可久留于外，且蒙古与明，逼近我国，皆敌人也，宜急归防御。阿敏独言，朝鲜王业已弃城，遁入岛中，汝等不往，我将与杜度往住王京。杜度不从。岳托谓阿敏之弟济尔哈朗曰：汝兄所行逆理，汝谏盍止之，朝鲜王京，阻江为险，江岸置木栅枪炮，兵马环列，且闻冰已解，亦恐难渡。汝欲去则去，我自率我二旗兵还，若两红旗兵还，两黄两白旗兵亦随我还矣。济尔哈朗以此言力谏，阿敏方回。"

根据实录上述记载，联系有关史料，可以看出六个问题。

其一，阿敏权大。领兵的贝勒，共有阿敏、济尔哈朗、阿济格、杜度、岳托、硕托六位，六位贝勒之中，阿敏既是三大贝勒之一，又系镶蓝旗旗主，还是全军统帅，且是阿济格、济尔哈朗之兄，杜度、岳托、硕托之叔，五贝勒当然应唯其马首是瞻。

其二，重兵征朝。阿敏所统之军，是金国八旗军主力，兵数众多。实录虽未写明金军有多少士卒，但一则岳托说"我等统朝廷重兵""国中禁军甚少"；再则《清太宗实录》卷2，第25页载，"是时，上以城中兵少，率诸贝勒巡边，沿辽河驻营，以张兵威"，连沈阳城内皇宫都不敢住，怕汉民乘机反金，跑到辽河边上驻营。

其三，欲久驻朝鲜。阿敏说，常慕明朝、朝鲜皇宫，既然来此，即当前往，如议不成，"即屯种以居"，且可遣派妻子前来完聚。既要"屯种以居"，又要诏令妻子前来"完聚"，岂非要长居于此！

其四，分裂危机。此时，八旗一共有240个左右牛录，每牛录300丁，即大致有7万名兵士。阿敏所领士卒，3万余名，如果久驻朝鲜，归阿敏统领，此人素有分裂金国另主一地之野心，这样一来，金国岂不是将要一分为二。果真出现这样局面，国内八旗分裂，辽民怨恨金汗，蒙古、明朝趁机来袭，金国将要衰落灭亡了。

其五，岳托力挽狂澜。阿敏既系全军统帅，又是三大贝勒之一，还是五位贝勒的叔叔或兄长，此人又一贯骄横狂妄，野心勃勃，连大贝勒代善，他都敢出语欺辱。《清太宗实录》卷1，第16页载，天命十一年（1626年）十月，代善、阿敏两位大贝勒和德格类、济尔哈朗、阿济格、岳托、硕托、萨哈廉、豪格七位贝勒率精兵1万，征讨喀尔喀扎鲁特部时，"阿敏亲党，行事异常，语言乖异，有谁畏谁、谁奈何等语，比遣使奏捷于上，语侵代善，欲相诟詈，代善容忍，以善言解之，方遣使以克敌奏闻"。所以阿敏如此跋扈专断，军中诸位贝勒、大臣虽然都知道此举谬误，但只有岳托一人敢于当面反对。当命令八旗大臣分坐商议时，七旗大臣所议皆同，即不赞成阿敏久驻朝鲜之议，仅阿敏之镶蓝旗大臣顾三台、孟坦、舒赛拥护旗主主张，遂"议久不决"。在这关系到金国安危的关键时刻，岳托不畏阿敏威势，邀请济尔哈朗、阿济格等贝勒一起商议。岳托严肃告诉济尔哈朗说："汝兄所行逆理，汝盍谏止之。"否则，让阿敏独去，便率其之两红旗兵还。两红旗兵一还，则两黄旗、两白旗兵"亦随我而还矣"。正是岳托的果断宣示，才迫使阿敏放弃久驻朝鲜的谬误决定，挽救了分裂危机。

其六，主权强于帅权。阿敏既系金国汗皇太极委授的统军主帅，军中诸将，包括固山额真、梅勒额真在内的各级将领，当然应该服从统帅命令，按其指令办事。然而，此时并非汗权独尊，而是汗与三大贝勒共议朝政，各旗旗主是本旗人员之主，当旗主与统帅有分歧的时候，哪怕阿敏统帅还兼有三大贝勒的高贵权势，但各旗将领还是只遵本旗旗主旨意，不服从统帅命令，不以统帅马首是瞻。因此，八旗大臣分议之时，大臣们只遵本旗旗主之令行事，只听旗主调遣。如果岳托下令，不按阿敏统帅驻戍朝鲜命令，立即回国，则代善、岳托父子的正红、镶红二旗将士，便跟随岳托离朝，皇太极的正黄、镶黄旗，阿济格、多铎的两白旗将士也会跟随岳托回国。帅令便成了一纸空文，阿敏毫无办法，所以只好听从岳托建议，不再久驻朝鲜。

阿敏听从岳托主张，与诸贝勒议定，遣使往江华岛与朝鲜议和盟誓。天聪元年（1627年）三月初三日，朝鲜国王李综及其议政判书等八位官员，"焚书盟誓"，誓书内，署有朝鲜国王及其臣吴雪乾等，有阿敏、岳托等六位贝勒及固山额真纳穆泰等人的名字。

三月初四日，使臣库尔缠往谕二贝勒阿敏说：

"朝鲜既经和好，其归顺之民，毋得秋毫扰害，仍留彼处，俾各宁居。可作书谕朝鲜王，言归顺之民，俱已放还，惟我军临阵俘获者，赏给被伤士卒，诸所俘获，俱就彼处区处携回。义州，留满洲兵一千，蒙古兵二千。再查义州城，所有粮饷若干，他处犹有粮否，计算城守兵丁所用外，若有余，可速遣部中敏练者来奏，以便往运。"[1]

盟成以后，二贝勒阿敏说：

---

[1]《清太宗实录》卷12，第25页。

"朝鲜王虽已盟誓，吾等并未与盟，军还时，可仍纵兵掠之。贝勒岳托及诸贝勒止之曰：誓词内，吾等俱已书名，对天地焚之矣。盟誓既成，复纵兵肆掠，恐非义也，且此行俘获已多。当和议未成之先军士掠取，犹属无伤，和议既成，复行掠取，咎岂不在吾等乎。阿敏不从，复令八旗将士分路纵掠三日，财物人畜，悉行驱载，至平壤城驻营，即于城内，分给俘获。"①

然后，阿敏与朝鲜国王之弟李觉复誓天地，誓毕，焚誓书。誓书说：

"沈正玉、黄吕钟、邵完等，自盟之后，朝鲜国王李综应进满洲国皇帝礼物，若违背不进，或不以待明国使臣之礼，待满洲国使臣，仍与满洲结怨，修筑城池，操练兵马。或满洲俘获编入户口之人，逃回朝鲜，容留不行遣还。或违王所言，与其远交明国，毋宁近交满洲之语。当告诸天地，征伐之，天地谴责朝鲜国王，殃及其身。朝鲜国王，若不违誓词，共相和好，满洲国大贝勒阿敏，无故加兵，殃亦如之，两国永遵誓词。天地垂佑，历祚延长。"②

金军然后离开朝鲜，前往沈阳。

金国汗皇太极及诸贝勒发兵进攻朝鲜国的大致情形，已经叙述，现在可以分析出三个问题。

其一，进军之理由。按照金军统帅二贝勒致朝鲜国王的书信，攻朝的理由有四：一系助明攻金、仇金；二是收容、资助明将毛文龙；三为导致辽民逃匿岛屿；四是据理出兵，并非贪图土地人口。似乎说得有根有据，理直气壮，错误全在朝鲜。然而，事实胜于诡辩，真相必定会大白于天下。阿敏之书信，与先汗努尔哈赤、今汗皇太极致明巡抚袁崇焕和蒙古奈曼部贝勒之书，如出一辙，完全是一个腔调，颠倒是非，混淆黑白。朝鲜是明帝藩属国家，并且在万历年间倭寇侵朝时，明派大军渡过鸭绿江，助朝抗倭，最终使倭寇撤出所占朝鲜国土，退回日本，朝鲜当然要助明攻金、仇金。明将毛文龙在辽民内应的情形下，一度攻占镇

①《清太宗实录》卷2，第26、27页。

②《清太宗实录》卷2，第28页。

江，后因不敌金军，乘船前往皮岛，并以此为基地，招纳辽民，占据沿海岛屿，朝鲜国当然应该资助毛文龙。毛文龙辖区越来越大，人口迅速增多，众达十数万。辽民为什么会别离家国，离乡背井，从久居陆地耕田务商，跑到海上列岛（多是人烟稀少，从未开发的荒郊野地）？这还不是其汗父努尔哈赤残酷迫害辽东人民，或大肆屠杀，或逼为阿哈的"恩赐"所致。所以，上述攻朝的所谓理由，全系毫无根据之说。

其二，阿敏所说，并非贪图朝鲜的"土地人口"，更是弥天大谎。不必另外去查阅朝鲜、明朝记述此事的史料，仅就上述金国、清国多次修改过后，由皇上钦定的《清太宗实录》，就可彻底揭露金国汗、贝勒"非为土地人民兴师至此"，乃系彻头彻尾、经不起考辨的谎言。请看以下诸例；攻下义州，"屠城中兵卒，俘其居民""复搜敌兵尽杀之，收其俘获""归降之人，已皆令其剃发"。攻克安州后，"息马四日，所俘获悉为区处"（即分给将士）。岳托建议不取朝鲜王京说："我军中俘获甚多"。金国汗贝勒与朝鲜议和盟誓后，阿敏"复令八旗将士分路纵掠三日，财物人畜，悉行驱载，至平壤驻营，即于城中，分给俘获"。此类不用再举，铁证如山了。

其三，进军攻朝，主要目的是临行前，皇太极下谕所说：攻伐毛文龙，并取朝鲜。最后逼令朝鲜国王、大臣发誓，断绝与明朝关系，向金国汗进献礼物，以过去接待明朝使臣之礼"待满洲国使臣"，朝鲜不得修筑城池，操练士卒，与金国结怨，不得收纳从金国逃回朝鲜的人。此外，还要加上两条，一系掠取俘获，二是抢掠粮食，将义州城中所有粮食，除给戍守义州的3000金军留下粮食外，全部搬回金国。

一征朝鲜，显示了八旗军的军威，逼令朝鲜与明朝断绝关系，打击了明将毛文龙的气势，基本上解除了金国东边的后顾之忧，并且还掠取了大量人畜财帛，运回大批粮食，可以说是四喜临门，对金国的稳定和扩展产生了重大作用。

五、宁锦大战

（一）金明议和

宁锦之战，指的是天聪元年（明天启七年，1627年）五月十一日到六月初五日，金军攻打明朝宁远、锦州的战役。

交战之前，金国汗皇太极致书明辽东巡抚袁崇焕，希望议和修好。双方两次互致书信，谈论议和之事，现在略加叙述如下：

天命十一年（1626年）正月，金国英明汗努尔哈赤兵败宁远城下。明宁前道袁崇焕守城有功，升授辽东巡抚。

天命十一年八月十一日，努尔哈赤去世，第八子皇太极继位为金国新汗，第二年改年号为天聪元年。

袁崇焕派李喇嘛为使臣，前往金国吊丧，并祝贺新汗即位。《清太宗实录》卷1，第15页载述此事说："（十月）明辽东巡抚袁崇焕遣李喇嘛及都司傅有爵、田成等三十四人，来吊太祖丧，并贺上即位，因潜窥我国情形。"

天命十一年十一月十六日，即明使李喇嘛来金国以后二十余日，皇太极遣使臣方吉纳、温塔石和李喇嘛前往明朝，致书袁崇焕，谈到议和修好之事说：

"尔停息干戈，遣李喇嘛等来吊丧，并贺新君即位。尔循聘问之常，我亦岂有他意，既以礼来，当以礼往，故遣官致谢，至两国和好之事，前皇考往宁远时，曾致玺书与尔，令汝转达，至今尚未回答。汝主如答前书，欲两国和好，我当览书词以复之。两国通好，诚信为先，尔须实吐衷情，勿事支饰也。"①

过了一个多月，即天命十一年十二月二十八日，使臣方吉纳、温塔石从宁远回到沈阳，带回汗致袁崇焕的书信，向汗奏述袁崇焕语说："大明国、大满洲国（实为大金国）字拼并写，不便奏闻，故不遣使，亦无回书。"②

天聪元年（1627年）正月初八日，金国汗遣使臣方吉纳、温塔石，前往宁远，致书巡抚袁崇焕，讲述因"七大恨"而兴师征明，提出修好议和的条件说：

---

① 《清太宗实录》卷1，第18页。
② 《清太宗实录》卷1，第20页。

"今尔若以我为是，欲修两国之好，当以黄金十万，白金百万，缎匹百万，布匹千万相馈，以为和好之礼。既和之后，两国往来通使，每岁我国以东珠十，貂皮千，人参千斤，遗尔；尔国以黄金一万，白金十万，缎疋十万，布疋三十万，报我，两国诚如约馈遗，以修盟好，则当誓诸天地，永久勿渝。尔即以此言转达尔主，不然，是尔仍愿兵戈之事也。"①

袁崇焕回书："辽东提督部院，致书于汗帐下。再辱书教，知汗渐息兵戈，以休养部落，即此一念好生，天自鉴之，将来所以佐汗而强大之者，尚无量也。往事七宗，汗家抱为长恨者，不佞宁忍听之漠漠，但追思往事，穷究根因，我之边境细人，与汗家之部落，口舌争竞，致起祸端，汉过不先，满过必后，满过岂后，汉过岂先，作孽之人，即谴人刑，难逃天怒，不佞不必枚举，而汗亦所必知也。今欲一一开晰，恐难问之九原，不佞非但欲我皇上忘之，且欲汗并忘之也。然汗家十年战斗，皆为此七宗，不佞可无一言。今南关北关安在，河东河西死者，宁止十人，仳离者，宁止一老女，辽沈界内之人民，已不能保，宁问田禾，是汗之怨已雪，而意得志满之日也。惟我天朝，难消受耳。今若修好，城池地方，作何退出，官生男妇，作何送还，是在汗之仁明慈惠，敬天爱人耳。然天道无私，人情忌满，是非曲直，原自昭然，各有良心，偏私不得，不佞又愿汗再思之也。一念杀机，起世上无穷劫运，一念生机，保身后多少吉祥，不佞又愿汗图之也。若书中所开诸物，以中国之大，皇上之恩养四夷，宁少此物，亦宁靳此物，然往牒不载，多取违天，恐亦汗所当自裁也。方以一介往来，又称兵于朝鲜，何故，我文武兵将，遂疑汗之言不由中也。兵未回，即撤回，已回，勿再往，以明汗之威德。息止刀兵，将前后事情，讲析明白，往来书札无取动气之言，恐不便奏闻。若信使往来，皇上已知之矣。我皇上明见万里，仁育八荒，汗只顾坚意以事我皇上，宣扬圣德，料理边情，凛简书以绥夷夏，则有边疆之臣在，汗勿忧美意不上闻也。交好交恶，夷夏之常，原不断使命，汗更有以教我乎。"②

---

① 《清太宗实录》卷2，第5、6页。

② 《清太宗实录》卷2，第8、9、10页。

袁崇焕此书，说明了四个问题。一系文字虽然委婉，但却将金国汗借口"七大恨"而侵占大明疆土，奴役辽民的丑恶实质，揭露得十分清楚，驳斥得体无完肤。二是巧言批评金国汗贪婪无耻，索取巨量银帛。三是斥其言不由衷，既遣使求和，又侵略朝鲜。四是开出议和条件，要求金国汗退出所占城池地方，归还所掠官主男妇。

袁崇焕这封书信，不过600字，既把道理讲得透彻清晰，又义正词严，正气凛然，还文雅委婉，不卑不亢，确系佳文。

照说，金国汗皇太极应是理屈词穷，无言以对了。不料，皇太极就是皇太极，他不仅敢于回信辩驳，还长篇大论，理直气壮，请看其于天聪元年四月初八日致袁崇焕的回书：

"观尔来书，以事属既往，欲我消释七恨，尔先世君臣，欺凌我国，招怨积衅，致起干戈。我念战争不息，生民何辜，故遣使同李喇嘛致书于尔，使两国是非晓然，以修和好，我若犹怀七恨，欲相攻伐，则前此遣使，亦何为哉。来书乃云：今若修好，城池地方，作何退出，官生男妇，作何送还。夫理直在我，蒙天垂佑，赐予城池官民，今日退还，是不愿讲和，有意激我之怒也。又云：若还所取城池官民是在汗之仁明慈惠，敬天爱人耳。我国仁明慈惠，敬天爱人，久为远近稔悉，尔国土地人民，归我之后，悉已奠定安集，若举以还尔，是违天而弃人矣。又云：所开诸物，往牒不载。我考之旧典，视此数多者有之，少者亦有之，彰彰往牒，何云不载乎。又云：方以一介往来，又称兵于朝鲜，何故，我文武兵将，遂疑汗之言不由衷也，夫我岂无故而征朝鲜乎。我与朝鲜素无嫌隙，庚子年，我兵东征，收我边境属国，师旋时，朝鲜以兵阻我，我军击败之，歼其将卒，然亦未尝因此宿怨朝鲜也。其后乌拉贝勒布占泰，伐取其城邑，朝鲜以布占泰，属我姻戚，遣使来告，求为劝阻，我遂谕止布占泰，因而罢兵，乃朝鲜忘我大德，于己未岁，无故称兵来犯，旋即败去，所俘将卒，我不忍诛，留之豢养，寻亦释还，冀仍修好，而朝鲜无一善言相报，反自专大，肆言轻我，又纳我逃亡而赡济之，自始至终，与我为难，我犹迟之数年，彼卒不悔罪求和，我乃兴师致讨，惟天意是我而非朝鲜，故我军所至克捷，今天诱其衷，已令两国和好矣。然自李喇嘛通使以来，我亦未尝有不征朝鲜之说也，有何言不由衷，而尔疑之。尔诡言修好，仍遣哨卒侦视我地，收纳逃亡，逼处近界，修葺城堡，是尔之言不由衷也，我国将帅，实以此疑尔矣。又云：息止刀兵，将前后事情，讲析明白。此言是也。乃又云：往来书札。无取动气之言，恐不便奏闻。夫是与非，必明为剖析，而后和好可成，故前书历叙原委，详悉事机，使尔国君臣，信我坦白，若匿其意而不言，徒以无取动气之语相抑，恐难于议和也，似此欺慢之词，与前辽东广宁碌碌诸臣何异哉。又云：汗只顾坚意以事我皇上，宣扬圣德，料理边情。尔君之德，尔自宣扬，我国之人，何由知悉，至于疆界既分，各君其国，尔之边疆，则尔理之。我之边疆，则我理之，我奈何为尔供理也，不讲两国修好之言，而出此轻人之语，何为耶。尔洞察前后，熟谙机宜，乃不思何以致太平，何以利国家，为息兵修好之语，而徒肆大言，岂大言遂可制胜乎。尔虽轻我，我岂因尔言而轻，轻之重之，惟天所命，因尔书中有慢词，故亦以此相答。至两国和好，尔或怀疑，我无疑也，若果和好，未有不誓诸天地者，人或可欺。天可欺乎，又云：先开诸物，所当酌裁，夫讲信修睦，籍金帛等物，以成礼耳，我岂贪多而利此者。设尔国力有不支，则初和之礼，可酌减其半，我国亦以东珠人参貂狐皮等物酌报之，既和以后，两国往来之礼，则仍如前议，若如此定约，以修和好，永息兵争，两国之福也。至尔等于我，实渐加轻慢，尔前来书，尊尔皇帝如天，李喇嘛书中，以我邻国之君，列于尔国诸臣之下，如此尊卑倒置，皆尔等私心所为，非义礼之当然也。夫人君者，代天理物，上天之子也，人臣者，生杀予夺，听命于君者也，今以小加大，以贱妨贵，于分安乎。我揆以义，酌以礼，书中将尔明国皇帝，下天一字书，我下尔明国皇帝一字书，尔明国诸臣，下我一字书，已为允协，以后尔凡有书来，当照此书写，若尔国诸臣，与我并书，我必不受也。"

将此信与袁崇焕的书信对比阅看，其强词夺理，颠倒是非，诡辩歪曲，根据软弱，不需考证辩驳，便可知晓了。出现这样的局面，并不是由于皇太极及其撰稿的文人低能笨拙，不善辩论。看看九年以前努尔哈赤誓师伐明的"七大恨"书，当时，它揭露了明朝帝王将相长期欺凌、侮辱、蔑视、压迫女真族，并杀害了努尔哈赤父、祖的罪行，抒发了努尔哈赤弟兄及广大女真人长期埋在心中的满腔怒火，是一篇伸张正义、讨伐邪恶的精彩檄文。可是，时过境迁，今非昔比，以前遭受明帝压迫的小小女真头人努尔哈赤及其子孙，已经荣登金国汗贝勒宝座，仗恃六七万八旗军队，侵占明国辽沈地区，将几百万辽民打入十八层地狱，烧杀掳掠，逼为阿哈、贱民。在这样残酷现实面前，即使汗、贝勒和撰稿人有妙笔生花的本领，也难以颠倒是非，混淆黑白，硬把自己打扮为仁君圣主，掩盖住大农奴主、农奴制国家汗、贝勒残酷压迫辽民的狰狞面目。不能，偏要这样办，汗之书信于是自然而然地就是漏洞百出，谎话连篇，没有说服力了。

与之相反，明朝辽东巡抚袁崇焕，却是痛恨金国汗侵占大明国土，虐待辽民，因而义愤填膺，率领兵民，誓死抵抗金军，保家卫国。有这样的忠义之心，有这样的正义行为，所以他的书信才能坚持原则，明辨是非，弘扬正气，成为佳作。

"七大恨"书在天命三年成为精彩的讨邪檄文，到两三年以后沦为金国汗、贝勒侵占明地掠夺辽民的借口之遮羞布，可以作为古代中国的一个典型例子。它铁证如山地证明了，对帝王将相的正式文书（如帝汗诏谕、将相奏疏檄文），一定要看其文，观其行，探其因，查其果，剖析出其实质，否则，便将为表面现象迷惑，被巧文妙词蒙蔽，而以伪为真，以丑为美，以暴为善，以非为是了。

（二）战前准备

金国汗、贝勒，由于天命十一年（1626年）正月宁远大败，损兵折将，英明汗努尔哈赤又于八月去世，忙于稳定内部。第二年天聪元年（1627年）正月东征朝鲜时，无暇顾及对明用兵，战前准备工作着力很少。

明朝则与此截然不同。宁远大捷后，袁崇焕由宁前兵备道超升辽东巡抚。袁崇焕胸怀守辽复辽大志，积极整军备战。他特别着重"虏利野战，唯有凭坚城用大炮一着"，[①]使尽全力，调集大量班军，修筑城池，他会同监军太监"镇守山海关等处"，太监刘应坤（时任司礼监秉笔太监、总督忠勇营兼掌御马监印务）、右镇守太监纪用（明任乾清宫管事提督、忠勇营御马监太监）、总兵赵率教，巡视锦州、右屯卫、义

①《明熹宗实录》卷79，第19页。

州和广宁以东，沿途看到"灰烬之余，尚见颓垣剩栋，今止白骨累累，残冢依稀而已"。①巡视之后，袁崇焕立即奏准，调用班军4万，赶修城池，进展很快。但天公不作美，天启六年（1626年）七八月，工程还在进行之时，遭到严重暴雨大灾，"山海内外，官舍民居，倒塌无算。军马沾处，死病相连。中前禾黍，狼藉波涛。前屯、中、后、右复然。粮草三军命脉，皆飘荡如洗。阶苔积滑，灶已产蛙。"淫雨为灾严重，城垣修而复坏，前屯、中前、中、后、右所等都遭受严重水灾。宁远、前屯、中后等城，新葺之垣，遭雨倒塌。袁崇焕没有气馁，一边遣派李喇嘛等人前往沈阳，同金国汗、贝勒议和修好，避免金军进攻，一面抓紧议和之机，督促班军民夫加紧修筑。到天启六年底，山海关、宁远、中后（今绥中）、中右（今沙后）诸城业已修固。袁崇焕又抓紧奏请，继续用4万班军，修筑锦州、大凌河、中左所（今松山乡）三城说：

"概自河西失陷，缩守关门，无论失地示弱，即关门亦控扼山溪耳，何能屯养十三万兵马。虽进而宁前四城，金汤长二百里，但北负山，南负海，狭长三四十里，屯兵六万，马三万，商民数十万于中，地隘人稠，犹之屯十万兵于山海也。地不广则无以为耕，资生少具一靠于内地供给，贫瘠而士马不强，且人畜错杂，灾沴易生。故筑锦州、中左、大凌三城而拓地一百七十里之不可以已也。自中左所以东渐宽，锦州、大凌南北而东西相方四城完固。屯兵民于中，且耕且练，贼来我坐而胜，贼不来彼坐而困，此三城必筑者也。业已移兵民于三城之间，广开屯种，倘城不完而贼至，不得不撤回，兵民共保宁前，则一年屯种，恐以委敌。人失食而愈贫，年窘一年，宁前必不可守。是三城之完不完，天下之安危系之，此三城不得不筑，筑而立刻当完者也。锦州三城若成，有进无退，全辽即在目中。乘彼有事东江，且以款之说缓之，而刻日修筑，令彼掩耳不及，待其警觉而我险已成，三城成，战守又在关门四百里外，重障万全，此时，夷即来说款，而我更加重矣。"②

①《明熹宗实录》卷6，第15页。
②王在晋：《三朝辽事实录》卷17。

朝廷批准了他的奏请。

到明崇祯元年（天聪二年，1628年）四月，锦州城已修好完毕，大凌河、中左所尚未完工。

袁崇焕还奏请增派和升授有功勇将，分配合适工作，分守各城。加总兵衔的副将满桂，实授山海关总兵，擢右都督，挂征虏将军印，前往宁远坐镇；加总兵衔的副总兵赵率教，实授总兵，擢右都督，守锦州。参将祖大寿升前锋总兵官，守备何可刚升都司，守宁远。

袁崇焕力请粮饷，屯驻宁远、锦州，添置多门大炮，调集大量火药、炮子，整修器械盔甲守具，马匹、粮草、弹药、箭矢充足，防御能力大大增强。

特别重要的是，袁崇焕奏准了施行正确的征战方略，即"守为正着，战为奇着，款为旁着，以实不以虚，以渐不以骤"，凭借坚城大炮，死守宁远、锦州。可以说袁崇焕做好了充分准备，制定了对金作战的新策，即已在上次宁远之战中行之有效的正确的战略战术。这样打仗，焉有不胜之理。

金国汗、贝勒，既准备不足，又墨守成规，照样是疾驰冲杀野战，仍旧是以箭矢攻坚城，粮草携带也少，还想如过去一样，资粮于敌，掠取辽民粮谷。

这样一来，还未交战，双方胜负已可预见了。

（三）双方兵力

天聪元年（明天启七年，1627年）五月初六日，金国天聪汗皇太极统军征明。《清太宗实录》未载全军将士数量。《清太宗实录》卷3，第15、16页记述离京出发，及围攻锦州情形说：

"上闻明人于锦州、大凌河、小凌河，筑城屯田，因留贝勒杜度、阿巴泰，居守，上亲率诸贝勒将士征明，出抚近门，卯刻，谒堂子西发由上榆林，至辽河驻营，甲戌，上至广宁旧边，选精锐为前哨，去敌捉生，察讯明兵虚实，仍分兵三队，命贝勒德格类、济尔哈朗、阿济格、岳托、萨哈廉、豪格率护军精骑为前队，上与大贝勒代善、阿敏、莽古尔泰、贝勒硕托，及总兵官固山额真等，统大军居中，令攻城诸将，率锦甲军，及厮卒等，携云梯挨牌等物为后队，乙亥，上入白土场边，晚至广宁，乘夜进发。前队兵，执明哨卒至，讯之，知右屯卫以兵百人防守，小凌河，大凌河修城未竣，亦以兵驻防，锦州城缮修已毕，马步卒凡三万人。丙子，上率两黄旗两白旗兵，直趋大凌河，明守城兵弃城遁，我前锋兵二十人，驰击之，并败其哨卒，追杀至锦州城下，城门关，明溃兵不得入，越锦州城而逃，复遇我前队兵，尽杀之。大贝勒代善，阿敏贝勒、硕托率正红、镶红、镶蓝旗兵，直趋锦州，遂围其城。大贝勒莽古尔泰，率正蓝旗兵，直趋右屯卫，各路兵立携所俘获会于锦州，距城一里驻营。是日，明堡一二千余人来降，上令纵赴山海关，听其所往，又纵四百人，令赴锦州，守城者不纳，复来归，上令俱赴山海关。"

这次征明，金国汗、贝勒，一是要雪一年半以前宁远大败之辱，二是要重振八旗无敌军威，扭转士气低落、畏惧明国坚城大炮的怯战情绪，三是转移国内经济崩溃粮缺货少物价腾贵的恶劣局面，所以是一国之主的天聪汗亲自统兵出征。随汗同征有代善、阿敏、莽古尔泰、德格类、济尔哈朗、阿济格、岳托、萨哈廉、豪格、硕托十位贝勒，其中代善是大贝勒兼正红旗旗主，阿敏是第二位大贝勒兼镶蓝旗旗主，莽古尔泰是第三位大贝勒兼正蓝旗旗主；阿济格是正白旗旗主，其年方12岁的亲弟弟多铎是镶白旗旗主，因其年龄太小，不能出征，镶白旗将士当然暂时尊阿济格为主；岳托是镶红旗旗主，新汗皇太极是正黄旗、镶黄旗旗主。简而言之，天聪汗、三大贝勒、八旗旗主中之七位旗主，尽皆披甲领军出征，其出征大军人数之众多，可想而知。并且，初攻锦州未胜之时，皇太极又遣人疾往沈阳，征调将士。因此，可以断言，此次攻明，金国基本上是倾国出动。此时，金国八旗有240个牛录左右，每牛录300丁，大体上可征调兵士7万名左右，扣下必须留守的士卒外，说金有5万兵士出征，想必也是相差不远。

明国平辽总兵赵率教报告，五月十一日，"奴子（指努尔哈赤之子皇太极）提兵十余万骑，至锦州城外四面扎营"。[①]说金兵有十余万，不太可能，但也可想见其兵士众多。

---

① 王在晋：《三朝辽事实录》卷17。

至于明朝，天津巡抚黄运泰奏称，天启六年（1626年）末，"关内关外见在官兵、夫匠及募补，共十二万八百五十七员名，合计七年分共该额支米七十四万二千一百八十一石"。①

前述袁崇焕奏请修筑锦州、中右、大凌河三城时说道，天启六年底，关外宁远4城，有兵6万，第二年四月底五月初，宁远城有兵3.5万。②

另外，临战之时，明朝总督镇守辽东太监刘应坤，从山海关"提兵三千余名，出关援锦州"。③山海总兵、右都督满桂领兵1万，前援锦州。总加起来，明军有兵将近8万。

就兵数多少而言，明军超过金军，但若金军专攻锦州，或专攻宁远，则金军多于明兵。

（四）一攻锦州

天聪元年（1627年）五月初六日，听闻明朝于锦州、大凌河、小凌河筑城屯田，金国汗皇太极命贝勒杜度、阿巴泰留守，亲率大军征明。初九日，到达广宁旧边，做了如下安排：

选精锐为前哨，击敌捉生，察讯明兵虚实，仍分兵三队，命贝勒德格类、济尔哈朗、阿济格、岳托、萨哈廉、豪格率护军精骑为前队，汗与大贝勒代善、阿敏、莽古尔泰，贝勒硕托，及总兵官固山额真等，统大军居中，令攻城诸将，率锦甲军及士卒等，携云梯挨牌等物为后队。

五月初十日晚，到达广宁，乘夜进发。前队兵，执明哨卒至，讯之，知右屯卫以兵百人防守，小凌河、大凌河修城未竣，亦以兵驻防，锦州城缮修已毕，马步卒凡3万人。十一日，汗率两黄旗两白旗兵，直趋大凌河。明守城兵弃城遁，金前锋20人，驰击之，并败其哨卒，追杀至锦州城下。城门闭，明溃兵不得入，越锦州城而逃，复遇金前队兵，尽杀之。大贝勒代善、阿敏，贝勒硕托率正红镶红镶蓝旗兵，直趋锦州，遂围其城。大贝勒莽古尔泰，率正蓝旗兵，直趋右屯卫，各路兵携所得俘获，会于锦州，距城一里驻营。是日，明堡一二千人来降，令纵赴山海关，听其所往，又纵400人；令赴锦州，守城者不纳，复来

---

① 王在晋：《三朝辽事实录》卷16。
② 王在晋：《三朝辽事实录》卷17；《明熹宗实录》卷84，第27页；《清太宗实录》卷3，第16页。
③《明熹宗实录》卷84，第26页。

归，汗令俱赴山海关。

锦州，在明朝是辽东都司的广宁中屯卫城，东到广宁180里，南到宁远120里，西至吉山锋40里，东至大凌河城40里。锦州城原系辽朝锦州，元为永乐县。明洪武二十四年（1391年）指挥曹奉修筑，城周围5里120步，高2丈5尺。成化十二年（1476年）都指挥王锴增广，南北45丈，东西95丈。弘治十七年(1504年)，参将胡忠、守备管升并城南关，周围6里13步，因其形状像盘，俗称为盘城。城之池，深1丈2尺，宽3丈5尺，周围7里573步。城有4个门，东门为宁远门，南系永安门，西乃广顺门，北为镇北门。①

此时，锦州城有分镇守太监纪用，总兵赵率教，左辅和副总兵朱梅等官，及马军步兵3万人，还有商民若干。

十二日，纪用、赵率教遣一员守备、一员千总来到金军兵营，询问金汗意图。皇太极对来使说：

"尔欲降则降，欲战则战，尔二太监可出城，面陈衷曲，我每以尔国边臣平日欺我之情，无由自白，欲见尔等言之，俾转达尔主，即尔等不愿出见，或天佑我，攻拔尔城，我亦决不诛尔二人也，尔可自立号记，别居他所，恐我兵误加伤害耳，今尔不亲来，乃别遣使至，意得无疑惧耶。我往征朝鲜时，抗者杀之，顺者抚之，及我军深入，朝鲜国王遣使相迎，亲自盟誓，以其弟来朝，我念其悔罪，尽还其归附人民，今获尔二千余人，亦皆不杀放还矣。"

皇太极遣回明使，令其携书给予锦州太监，其书信说：

"尔向遣李喇嘛讲和，并议书中高下行款，我已从尔言，将尔主高写一字，又谓议和之礼物过多，求我裁减，我亦从尔言减之。及遣杜明忠赍书来，将我书于尔宁远边臣之下，我独非邻国之君乎，何侮慢若斯之甚也。夫两国和好，宜先议定疆界，某地属尔，某地属我，疆界既定，方得彼此宁辑。若以力相争，必致构兵不已，况尔之兵力，已屡经较量矣，岂犹不自知耶，乃佁然以退还辽东土地人民为言，是尔有意激

---

① 嘉靖《全辽志》卷1，收入《辽海丛书》册1。

怒我，愿事争战矣。我故谕杜明忠，有嗣后两国仍为敌国，我亦不复遣使之语，今董率三军，亲至城下，尔等坐困孤城，外援莫至，将待势穷力屈，俯首就戮耶，抑事识机先，束身归命耶。夫讲信修睦，共享太平，岂不甚美，乃既不能相敌，而又愿事战争，是徒驱尔生灵毙之锋镝也，于心奚忍哉，我为敌国，见尔民死伤者众，心犹则然，昨者将二千余人，尽已释还，乃尔等不以朝廷为念，不悯百姓死亡，乐事兵争，不思和好，而固执此妄谬之辞，我甚不解也。今或以城降，或以礼议和，惟尔两太监酌而行之耳。太监为朝廷近臣，虽在城中，不亲战御，可出城观我军威，以一人住我行营，以一人往奏尔主，责尔边臣，遵我裁定礼物。……一鼓而下此城，则山海关以西，非复尔国有矣，此皆尔国文臣，贻误尔主，以致丧师失地，非我之佳兵也。"[1]

皇太极意图以必能攻下锦州、尽夺山海关以西相威胁，迫令守兵投降。但他也估计到此计不能见效，遂命令将士准备进攻器具，一到午间，见明军没有动静，即拒绝投降，便下令进攻。

《清太宗实录》卷319记述此次攻城情形时写道："午刻，攻锦州城西隅，垂克，明三面守城兵来援，大炮矢石齐下。我军遂退五里而营，遣官调取沈阳兵。"

按照实录所述攻城，"垂克"，似乎金军占了上风，但是，为什么要"退五里而营"，并且还"遣官调取沈阳兵"，要调兵来援？上下文有些矛盾，使人难以相信城将被攻下之言。

而明朝对此战的叙述，却大相径庭。总兵赵率教向明帝奏称："十二日（奴）分兵两路，抬拽车梯、挨牌，马步轮番交攻西北两面，太府纪用同职及总兵左辅、副总兵朱梅躬披甲胄，亲冒矢石，力督各营将领并力射打，炮火矢石交下如雨，自辰至戌打死夷尸填塞满道，至亥时奴兵拖尸赴班军采办窑木烧毁，退兵五里西南下营。次日寅时，马兵围城游走，尚未撤兵。"[2]

《明史》卷271《赵率教传》载："五月，大清兵围锦州，率教与中官纪用、副将左辅、朱梅等婴城固守，发大炮，颇多击杀。"

<hr>

① 《清太宗实录》卷3，第17、18、19页。
② 王在晋：《三朝辽事实录》卷17。

两相比较，显然明朝将官说的话更能有说服力。因为，如非金兵受挫，怎么会退兵五里，不敢在城边驻营。要知道，城上有多门大炮，一年多以前，金军攻宁远时，逼近城下，爬云梯登城时，遭城上守军摔炸药包，猛浇滚烫的油，轰死炸死、烫死烫伤金军不少。

过了两天，五月十五日，金国汗遣使臣到明朝镇守太监纪用处，往返议和三次。纪用遣使来说，要金国派一人与彼面谈。金国派副将刘兴治前往。来到城下，明朝闭城，不允进入，刘兴治乃返回金营。

第二天，五月十六日，太监纪用复遣守备一员，千总一员往金营，言昨因夜晦，未便开城延入，今可于日间来议，所需诸物，自当先予，至和好之事，俟退兵后，奏知朝廷再议。于是皇太极复命绥占、刘兴治，偕二使往，又不令入城。总兵赵率教，立城上言曰：胜败岂有常乎，总之听天而已，汝若退兵，我国自有赏赉。仍令其二使，同绥占、刘兴治来金营。

于是，皇太极告诉明使说：

"尔敢援天出大言首。我惟上天所命，是以沈阳，辽东，广宁三处，俱属于我，若尔果勇猛，何不出城决战，乃如野獾入穴，藏匿首尾，狂妄自得，以为莫能谁何，不知猎人锹镢一加，如探囊中物耳，想尔闻有援兵之信，故出此谄夸之言。夫援兵之来，岂惟尔等知之，我亦闻之矣，我今驻军于此，岂仅为围此一城，正欲俟尔国救援，兵众齐集，我可聚而歼之，不烦再举耳。今与尔约，尔出千人，我以十人敌之，我与尔凭轼而观，孰胜孰负，须臾可决。尔若自审力不能支，则当弃城而去，城内人民，我悉纵还，不戮一人，不然，则悉出所有金帛牲畜，饷我军士，我即敛兵以退，和好之事，不妨再议，尔云赏赉，我岂尔所属之人耶，若欲二国和好，宜结为兄弟，互相馈还可也。"[1]

皇太极如此宣示，既以金军必胜相威胁，又是激将之法，蔑视明兵胆小怯战，不堪一击，你派一千兵来，金兵十名即可将他们全部斩杀，意图激怒明将，出城交战，以便发挥八旗骑兵"野战之长"，痛歼明兵，趁机夺城。

不料，纪用、赵率教识破金国奸计，不予理睬，稳坐城中，高

---

[1]《清太宗实录》卷3，第20、21页。

悬免战。

并且，袁崇焕还使用了迷惑敌军计策，派遣两名兵士潜到锦州，于十六日被金军在城外发现，击杀1人，俘获1人。从俘获人身上，搜出一封袁崇焕给纪用的密信。《清太宗实录》卷321记述密信内容及皇太极相信了其信中所言援兵的情形说：

> "其书乃与纪太监者，内有调集水师援兵六七万，将至山海、蓟州，宣府兵亦至，前屯沙河，中后所兵，俱至宁远，各处蒙古兵，已至台楼山，我不时进兵，锦州城中，火器俱备，兵马甚多，如加意防守，何能攻克，若遣使来，须亲书以防意外等语，于是尽得其援兵之信。"

皇太极相信了袁崇焕夸大明国援兵将要大批来到的骗词，调整了兵力，立派大贝勒莽古尔泰，贝勒济尔哈朗、阿济格、岳托、萨哈廉、豪格领兵，"往卫塔山运粮之兵"。十七日，皇太极统领余下大军移驻锦州城西二里，安营扎寨。

五月十八日，皇太极命将书信绑在箭上，射入锦州城中，劝谕明军投降说："尔城内一应官吏军民等，与其饿困而死，不如缒而出降，必纵尔归，今与父母妻子相见也。昨我军到时，台堡降众两千余人，悉令纵还，想尔等亦闻之矣。今我岂肯舍此垂陷之城而去，俟我攻城军士，云梯、挨牌绵甲一到，即行攻取，玉石俱焚，噬脐何及，曷若于未攻城之前缒城出降，我必使尔室家完聚，有官职者，自当优叙恩养。"[①]

守军不予理睬。

五月二十七日，皇太极与三大贝勒、诸贝勒率领大军，离开锦州，前往宁远，迎击来援明兵。因此，从五月十二日金军攻城未下起，经过明朝纪用、赵率教等官的往返议和（实为拖延金军攻城之计）及袁崇焕之大军来援的骗人之策，一攻锦州，只在五月十二日打了半天，就结束了。这场一攻猛打锦州之战，不管是在用计上，还是两军真刀真枪地打，金军都输了。

（五）宁远鏖战

金国汗皇太极与诸贝勒，听信了袁崇焕所说已调集水师援兵六七万

---

① 《清太宗实录》卷3，第22页。

及驻守山海关、蓟州、宣府、前屯、沙河、中后所兵，俱来宁远应援，认为这是发挥金兵利于野战之所长，歼灭明军的极好机会，统领5万左右大军，离开锦州，赶往宁远。五月二十七日卯时（即早晨5—7时）出发，第二天，二十八日黎明，即已到达120里之外的宁远城北边山冈。《清太宗实录》卷3，第23页记述了此战情形：

"癸巳黎明，我军驰至宁远城北岗，明游击二员，率步兵千二百余人掘壕，以车为营，列火器为守御，上率诸贝勒将士，面城列阵，令满洲行营兵，及蒙古兵，攻其步卒，不移时，尽歼之，既而明总兵满桂兵，及密云兵，出宁远城东二里，列阵于南，沿城环列枪炮，上因其地，逼近城垣，难以尽力纵击，欲稍退以观动静，于是退军，踰山冈，环视明兵，按军不前。上欲进军掩击，贝勒阿济格，亦欲战，三大贝勒皆以距城近，不可攻，愿上勿进，劝甚力，时我军稍退。上怒，命近御诸将，及侍卫等，皆冠兜鍪，谕曰：昔皇考太祖，攻宁远不克，今我攻锦州，又未克，似此野战之兵，尚不能胜，其何以张我国威耶。于是亲率贝勒阿济格，与诸将侍卫护军等疾驰进击，明前队骑兵不能，当败走，追至宁远城下，尽歼之，尸填壕堑。诸贝勒皆愧，奋不及胄，亦驰而进，分击明步卒，明兵大败，委弃甲仗，及士卒死伤者无算，我军乃还。是役也，贝勒济尔哈朗、萨哈廉，及瓦克达，俱被创。还军，至双树铺驻营。甲午，上自双树铺起行。乙未，上至锦州。"

按《清太宗实录》的上述记载，可以归纳成六个清政府想说明的问题。一系此战大胜，尽歼明朝城北岗步兵1200人，大败满桂统领之兵，其士卒死伤无算。二是欲诱满桂驻城东二里之兵离城来袭，以便野战歼之，满桂没有上当，按兵不动。三是三大贝勒以敌军"距城近，不可攻"，力劝皇太极不要进攻。四系皇太极大怒，亲率部分兵士进攻，诸贝勒不得不跟随进击。五系三位贝勒受伤。六为撤兵，返回锦州。

可是明朝却认为，宁远之战，乃系明朝大胜，金军大败。明山海总兵满桂奏报：

"奴部执五色标旗于灰山、窟窿山、首山、连山、南海分九营，官兵撤进壕内，周围安营，有总兵孙祖寿、副将许定国在西门扎营。桂令副将尤世威严整火器预备，望见城东灰尘蔽天，贼兵分投前来围城，桂即亲督红旗，督率各营将领等官，祖大寿等迎敌，贼伤无数。贼抬尸至双树堡西焚烧。桂被贼射中数箭，桂马与尤总兵马亦被射伤。各将安设红夷、灭虏等炮，将东山坡上奴贼大营打开，贼死数多。自卯至午，贼见我兵力战，不能得前，撤兵东去。"

蓟辽总督阎鸣泰奏：

"据总督镇守太监刘应坤报，本月二十八日午时，贼夷数万来至宁远东北山下扎营。职即发令箭，催督车营都司李春华等率领勇士对贼安营，奴贼连冲数阵，我兵奋勇用红夷、木龙虎、灭虏等项神器齐力攻打，打死贼夷约有数千，尸横满地。职先布军令，止许砍剿，不许割级，仍严率将领、马步官兵鳞次前进，相机攻剿。"[1]

兵法说："守城以全城为上"，攻城者以陷城为胜。不管《清太宗实录》撰修者如何绞尽脑汁，精心构思，妙文巧词，极力诡辩，但掩盖不了历史真相。基本事实是，5万左右的金军进攻3万余名明兵驻守的宁远城，没有攻下，且不能再攻，金遂撤走人马，离开宁远，这就铁证如山地证明了金军吃了败仗。何况还有三位贝勒身负重伤，更是有力的佐证。

（六）再攻锦州

天聪元年（1627年）五月三十日，皇太极率军回到锦州，向城放炮鸣角，跃马而行，令军士大喊三次，然后下马，进入军营。

在此之前，五月二十八日，明锦州守军，乘金军离开锦州前往宁远的时机，出城观看动静。留下的金兵迎击，双方交战后，明兵回到城中。金军游击觉罗拜山、守备巴希战死。

六月初一日，金国庆祝宁远之胜，宰牛祭旗。第三天，六月初四，进攻锦州城，初五日，自锦州回返。《清太宗实录》卷3，第24、25页

---

[1] 王在晋：《三朝辽事实录》卷17。

记述了此战情形：

"六月，丙申朔，以击败明满桂兵，及密云兵，宰八牛祭纛，籍所俘获人口马匹，悉赏阵亡将士，上亲临觉罗希山及巴希衷，酹酒哭之。戊戌，列八旗梯牌，及一切攻具，并相视形势，为进攻计。己亥，攻锦州城南隅，因城壕深阔，难以骤拔，时值溽暑，天气炎蒸，上悯念士卒，乃引军还。庚子，上自锦州班师。"

实录修纂者仅仅用了50个字，就写完了金军准备器械，观察形势，定下攻城方略，进攻，因天热壕深难攻，汗怜惜兵士而退兵的全部过程。双方8万士兵的一场大战，就这区区50个字写完了，真是简练得无以复加，作者的才华也是高超得无人能比了。可是，哪怕读者细心地、翻来覆去地读了一二十遍，也无法知晓此战到底是怎样打的，双方将士死伤如何，是仅用弓箭刀枪，还是有枪炮加入。而最根本、最需要知道的结论是谁胜谁败，或是打个平手等疑问，这50个字，是无法解答的。可是，采用一个简便的，甚至可以说是偷懒的方法，便能找到正确的答案。这个方法就是，不必费什么劲去考证、分析、推论，只用一个尺度，即既是金军攻城，就看他们把锦州攻下与否，克城，为胜，未克城，即为败。当然，这是一个没有办法的办法，问题并未完全解决。好在，既是双方交战，明朝也会有人叙述。明朝锦州分镇守太监纪用奏报了锦州前后25天的战守情形：

"逆奴围困锦州大战三次，大胜三捷，小战二十五日，无日不战，奴贼于城外，以是初四日奴贼数万蜂拥以战，我兵用火炮、火罐与矢石打死奴贼数千，中伤数千，败回贼营，大放悲声。随于焚化酋长尸骸处，天堕大星如斗，其落地如天崩之状，众贼惊恐终夜。至五鼓撤兵东行，尚在小凌河扎营，留精兵殿后。臣即同总兵赵率教、左辅、朱梅等发精兵防哨。是役也，保六年弃遗之瑕城，一月乌合之众兵，获此奇捷，为此塘报。"①

---

① 王在晋：《三朝辽事实录》卷17。

《明史》卷271《赵率教传》载："（天启七年）五月，大清兵围锦州，（总兵）率教与中官纪用，副将左辅、朱梅等婴城固守，发大炮，颇多击伤。相持二十四日，围始解。明（满）桂亦著功宁远，因称宁、锦大捷。魏忠贤等蒙重赏。率教加太子少傅，荫锦衣千户，世袭。"

《明史》可是大清国康熙皇帝令文臣纂修，并经雍正朝大学士张廷玉等人定稿刻印的，是清政府的官书，在此它也写明赵率教等"发大炮，颇多击伤"，时称"宁锦大捷"，可见，皇太极的一攻、二攻锦州，均以失败结束。两相比较，再一次暴露了《清太宗实录》纂修者掩盖历史真相、为尊者讳、隐瞒战败实情的拙劣伎俩。

六月初六日辽东巡抚袁崇焕奏上的《锦州报捷疏》，可以作为这次大战的总结文书：

"仰仗天威，退敌解围，恭纾圣虑事：准总兵官赵率教飞报前事，切照五月十一日，锦州四面被围，大战三次三捷；小战二十五日，无日不战且克。初四日，敌复益兵攻城，内用西洋巨石炮、火炮、火弹与矢石，损伤城外士卒无算。随至是夜五鼓，撤兵东行。尚在小凌河扎营，留精兵收后。太府纪与职等，发精兵防哨外。是役也，若非仗皇上天威，司礼监庙谟，令内镇纪与职率同前锋总兵左辅、副总兵朱梅等，扼守锦州要地，安可以出奇制胜？今果解围挫锋，实内镇纪苦心鏖战，阁部秘筹，督、抚、部、道数年鼓舞将士，安能保守六年弃遗之瑕城，一月乌合之兵众，获此奇捷也。为此理合飞报等因到臣。臣看得敌来此一番，乘东江方胜之威，已机上视我宁与锦。孰知皇上中兴之伟烈，师出以律，厂臣帷幄嘉谟，诸臣人人敢死。大小数十战，解围而去。诚数十年未有之武功也！"①

（七）胜负之因

天聪元年（1627年）五月中至六月初的宁锦之战，时间虽不太长，但给明朝帝、金国汗及将帅提供了多方面的启示。

---

① 袁崇焕：《天启七年六月初六日锦州报捷疏》《袁督师事迹》，道光伍氏刻本；王在晋：《三朝辽事实录》卷17。

这次大战，明军是"宁锦大捷"，仗打胜了，单就宁远之战或锦州之战而言，金军兵士比明军多。为什么明军能胜？笔者认为，明胜之因有五。

一系战略正确。金国八旗劲旅，身经百战，平原快马，风驰电掣，强弓利箭，所向披靡，长于野战。但战马虽快，强弓虽厉，总不能冲垮坚城、射倒厚墙，更难与大炮相抗。所以，明军总指挥、辽东巡抚袁崇焕，总结了天命十一年（1626年）正月宁远之战大胜的宝贵经验，制定了守为正着的正确战略。他于五月十五日奏称用兵方略说："臣念海宇十年，疲于东役，征调生乱，转输告窘。不得已而用一简静精密之法。如云：守为正着，战为奇着，款为旁着，以实不以虚，以渐不以骤。"朝廷批准其奏。①

要能守着，必须有保证能守的物质条件，特别是能抑制金军奔驰如飞箭、透胸甲之所长的法宝，那就是袁崇焕上次宁远大战时"凭坚城以用大炮"的绝招，城墙要高、要厚、要坚固，要摆放众多大炮，尤其是要架设多门上次摧"牌车如拉朽""打死北骑无数"的西洋炮。"西洋炮"，也被称为红夷炮或红衣炮，是英国制造的早期加农炮，其射程远，精度高，威力大。袁崇焕还在城墙上架设灭虏炮、森龙虎等火器。

二是准备充分。袁崇焕鉴于关内关外各城堡官兵缺少盔甲、兵器、马匹、银两，专门上疏奏称："关外不苦无兵，只苦无盔甲、器械、马匹。"②他极力催促朝廷赶运饷银、盔甲、器械、粮草、马匹，添置大炮，调集火药，使明军武器装备、粮草、马匹、饷银得到了充分准备。像锦州城，虽然经过20多天的防御交锋，但解围之时，城中仍然存有大米3万余石。

三是英勇奋战。金国汗、贝勒既要洗雪父汗先年兵败宁远的奇耻大辱，又要重振八旗无敌军威。所以，当代善、阿敏、莽古尔泰三大贝勒竭力劝阻新汗不要进攻宁远城下据壕列炮的满桂将士时，皇太极勃然大怒，命令近御诸将及侍卫，尽皆戴上头盔进攻明军，说："昔皇考太祖，攻宁远不克，今我攻锦州，又未克，似此野战之兵，尚不能胜，其何以张我国威耶。"③皇太极亲率阿济格贝勒与诸将、侍卫、护军"疾驰而击"。"诸贝勒皆愧奋"，来不及披上甲胄，"亦驰而击"。④面对如此凶猛敌军，过去疲弱不堪、战辄溃逃的"一群乌合之众"的明军，在勇将满桂、

①《明熹宗实录》卷84，第13页。

②《明熹宗实录》卷78，第9页。

③④《清太宗实录》卷3，第23页。

尤世威、祖大寿的指挥下，奋勇抵抗。辽东巡抚袁崇焕凭城登堞，指挥将士发射大炮，猛轰金军。满桂被敌射中数箭，他的战马和尤世威的战马亦被射伤，但将士拼死苦战，毫不退却，并打伤金军济尔哈朗贝勒、萨哈廉贝勒、瓦克达阿哥等人，终于迫使金军撤兵。如果不是守城将士英勇奋战，哪怕再有坚城大炮，也是不能挡住金军进攻的。

四是严防奸细。金军善于用间，屡收奇效，天命六年（1621年）的夺取辽阳、沈阳，皆有潜入城中的奸细里应外合，对夺下城池立下大功。因此，天命十一年（1628年）正月宁远之战时，袁崇焕采取措施，指派专人，严查城内奸细，又不准逃兵进入城内，使努尔哈赤的用奸之计，无法生效。这次宁锦之战时，皇太极一攻锦州，便将投降明兵2000余人放归锦州，可是明总兵赵率教紧闭城门，不许降兵进城，防止了奸细混入城中。

五是重赏立功兵士。锦州之战时，镇守太监纪用、总兵赵率教向将士宣布，打退敌兵进攻，守住城池，兵士每人每日赏银1两，出城杀敌的将弁，每员赏银50两。锦州之战，前后共计25日，战后共发赏银584572两。[①]

至于金国，新汗皇太极尽管以倾国之兵，决心攻下宁锦，并亲率诸贝勒，统领大军攻明，三军将士也的确是奋勇冲杀，但仍然一败再败，城未攻下，还损兵折将，甚至有三位贝勒阿哥身受重伤。回顾此战之败，作为金军统帅的新汗皇太极，犯下五大错误。

一是不识天时。用兵时间没有选好，农历五月中至六月中，正是暑天酷热之时，赤膊纳凉，尚热不可耐，何况要身披重甲，头戴厚盔，手持武器，拼死厮杀，岂不是要汗出如雨，湿透衣甲。所以，五月二十八日兵临宁远城下之时，诸贝勒皆"不及甲胄"，即临战之前，他们怕热，没有戴头盔，没有披上战甲。这样的气候，哪能持久。所以，皇太极不得不在"时值溽暑，天气炎热"的条件下作战，战败之后，立即撤兵回国。

二是不知敌情。知己知彼，方能百战百胜。皇太极还是老眼光，认为明军士无斗志，将领贪生，不堪一击，战则溃逃。可是，他没有想到，在袁崇焕、满桂、赵率教的指挥下，明军不仅可以据城坚守，还敢列阵城下，枪对枪，刀对刀，与金军野战，中伤不退，战死不逃，硬是与金军拼死厮杀，保住了城池，并打伤了三位贝勒，迫使金军兵败回国。

三是准备不够。金军一向是资食于敌，自身粮草携带不多，到了敌

①《清太宗实录》卷8，第11页。

国，抢粮食用。不料这次，屯兵坚城之下将近一月，宁远、锦州以外的其他城堡，兵民早已逃走，官库民舍，没有存放多少粮食，如要派遣大量兵士四处搜索，又怕兵力分散，城下围城之兵太少，恐遭到明军大举反击。时近一月，粮草缺乏，不能再战。

四是出兵匆促。金军数万，于天聪元年正月初八离沈征朝鲜，四月十八日才回到盛京，在外行军交战三个月，还未喘过气来，五月初六，又披上甲胄，离家远征宁锦，将士能有充沛体力厮杀吗？

五是故步自封。这是导致皇太极、金军失败的根本因素。一年多以前，天命汗努尔哈赤以弓箭对大炮，以战马冲突对坚城厚墙，被誓死抗敌的袁崇焕等将士打败了。今虽时过境迁，可新汗皇太极仍然牢守先汗旧章，没有从宁远之败吸取重要教训。这次进攻宁远、锦州，他依旧是战马弓箭对坚城大炮，怎能不败！

六、兵临燕京城下

（一）大军出发

天聪元年（1627年）金军进攻宁远、锦州，虽未克城，且将士"损伤甚多"，严重影响了八旗军士气，畏惧攻城。天聪汗皇太极也不得不于天聪三年十一月承认说："我国年来，皆怯于攻城。"①但是，智勇兼全、胸怀大志的皇太极，并未气馁，既探索失利之因，又思考破敌之法。适值天聪二年至三年，辽东广大地区又发生严重灾害，关外大旱，辽东严重缺粮，饿殍遍野，"孑遗残民，饥饿已极"。②依附金国的漠南蒙古各部，"粒食无资，人俱相食"。③

为了洗雪两败宁远耻辱，清除将士怯战情绪，重振八旗劲旅无敌军威，彰显大金强大国力，掠夺粮谷人畜财帛，皇太极决定，亲统大军，进攻明朝或蒙古。天聪三年（1629年）九月二十三日，皇太极遣使，分往外藩归顺蒙古各贝勒，命其各率部下兵士从征。

十月初二，皇太极与大贝勒代善、三贝勒莽古尔泰，率岳托、济尔

①《清太宗实录》卷5，第22页。

②《李朝仁祖大王实录》卷18，第55页。

③《明清史料》甲编册8，第707页，《兵部行〈督师袁崇焕题〉稿》。

哈朗、萨哈廉、阿巴泰、杜度、阿济格、豪格等贝勒，统领大军出发。十月初四、初五、初六、十五日，蒙古扎鲁特部巴本、桑土、喀巴海，奈曼部落衮出斯巴图鲁，敖汉部落都喇尔巴图鲁，扎鲁特部落内齐，郭界尔图之子戴青，蒙古巴林部落贝勒塞特尔、塞冷，以及蒙古科尔沁国土谢图额驸奥巴、图美、孔果尔、达尔汉台吉、石讷明安戴青、伊尔都齐、吴克善卓礼克图台吉、哈谈巴图鲁多尔济、大桑噶尔寨、小桑噶尔寨、琐诺木、喇巴什希、木豸、巴达礼、绰诺和、布达席理、达尔汉巴图鲁塞冷、拜思噶尔、额参、达尔汉卓礼克图，达尔汉台吉之子等23位贝勒，以兵来会。

十月十五日，皇太极让岳托等贝勒、八旗大臣及外藩蒙古各贝勒商议应向何处进攻。《清太宗实录》卷5，第24页叙述了商议情形：

> "上谕诸贝勒大臣，暨外藩归降蒙古贝勒等曰，明国屡背盟誓，蒙古察哈尔国，残虐不道，皆当征讨，今大兵既集，所向宜何先，尔等其共议之。诸贝勒大臣，有谓距察哈尔国辽远，人马劳苦，宜退兵者；有谓大军已动，群力已合，我军千里而来，宜以见集兵征明者。"

皇太极下谕，征讨明朝。于是，金军向明境前进。

虽然《清太宗实录》没有写明金军有多少人马，但有两件事情可以提供参考。一是此次是汗与代善、莽古尔泰两位大贝勒和岳托、济尔哈朗、萨哈廉、阿巴泰、杜度、阿济格、豪格贝勒一起出征，汗亲统大军，可以说是倾国出动，按金国现有八旗，牛录240个，每牛录按300丁计，皆披甲，可有兵7万名左右，留下部分兵士留守，征集5万兵士，是不成问题的。

另一个因素是蒙古兵。这里所说的蒙古兵，有两个部分。一个部分是已经归附金国并编为蒙古旗的蒙古兵。早在天命汗努尔哈赤执政时期，就有一些蒙古贝勒、台吉、寨桑和零散的蒙古来到金国，归附天命汗，姑举数例。

天命六年（1621年）十一月，喀尔喀部古尔布什台吉、莽果尔台吉率民645户，并牲畜来归。十二月二十一日，洪巴图鲁所属7户，额布格德依所属12户，吉郎阿、莽阿所属5户，囊努克所属10户，及另一贝勒所属2户等，共35户，携马40匹、牛1头，羊500只逃来。天命七年（1622年）正月初四日，兀鲁特部一丧夫之福晋，率其幼子及460人，携牛58头，马4匹来归。初五日，喀尔喀部囊努克贝勒属下144人，携牛

230头，马30匹，羊1160只，驼3只来归。

自喀尔喀杜楞贝勒处来男丁113人，及归孺285人；莽古勒台吉之子绰斯希布处，男丁2人，妇孺8人；自洪巴图鲁处来男丁19人，妇孺23人；又巴林处之100口，未报男丁数目，由一舒楞额携之前来。又由洪巴图鲁处来之男丁100，并无妇孺，皆收留之。蒙古人连次来归，供应粮草，无人主管之，可遣掌管粮草者前来。①

二月十六日，蒙古兀鲁特部落明安、兀尔宰图、锁诺木、绰乙喇札尔、达赖、密赛、拜音代、尔马、昂坤、多尔济、顾禄、绰尔齐、奇笔他尔、布彦代、伊林齐、特灵石里胡那克、凡十七贝勒，及喀尔喀各部落台吉，各率所属军民3000余户，并驱其畜产归附。②

这时，蒙古内喀尔喀五部，又有"民一千二百户来归"。③

对于来归的蒙古，特别是察哈尔部之兀鲁特部及内喀尔喀五部的扎鲁特部各贝勒率领数千部民来归的蒙古，怎样安排，这个重大问题，《武皇帝实录》《满洲实录》《高皇帝实录》三部《清太祖实录》，均无记述，幸好《满文老档·太祖》卷40有载：

"（天命七年三月）二十九日，汗传书于自蒙古来归之诸贝勒训之曰：我思自喀尔喀前来之诸贝勒编为一旗，自察哈尔前来之诸贝勒编为一旗。我念尔等来归，故编尔等为二旗。尔等若以为分旗难以度日，愿与诸贝勒结亲通婚，彼此相与，则任尔自便。若与诸贝勒和睦相处，友好度日，我更喜悦之，即如尔蒙古国父子兄弟，亦无异也。我之八家，如同一家，我亲生之诸子与贝勒等携来之诸子，同其爱养，不有歧视。尔等循我国贝勒之例以度日。我国之法度比尔蒙古国之法度更为严明。诸贝勒务晓谕众友，永禁盗贼。尔蒙古国彼此偷盗，牲畜皆尽国已贫穷者，念尔等来归，衣食必厚之矣。"

从此，金国除原有满洲八旗外，又增加了蒙古二旗，又称为右翼蒙古和左翼蒙古。所以这次皇太极共统领十旗兵士征明。这两个蒙古旗出征兵士的具体数字，清实录没有写明。

①《满洲实录》；《满文老档·太祖》卷31、32。

②《高皇帝实录》卷8，第14页。

③《高皇帝实录》卷8，第15页。

蒙古兵的另一部分，是外藩蒙古各部贝勒率领的兵。乾隆修《清太宗实录》只写了天聪汗谕各部贝勒率兵来会，未写明每位贝勒需带多少兵。顺治修《清太宗实录》（稿本）卷4，第8页对此则有明确的记载：

"上遣阿什打喇汉纳哈处，尼勘齐诏谕蒙古各处归降贝子，我兵往征插汉儿，凡管固山贝子，自七十岁以下，十三岁以上，俱令从征，若有不从者，其贝子罚马一百匹，驼十只。相约信地，待三日不至者，罚马十匹。出敌境回时，仍有未至者罚马一百匹，驼十只。若往征明朝，管固山一大贝勒，二台吉，精兵一百，违者罚马一千匹驼一百只。相约信地，待三日不至者，罚马十匹。出敌境回时，仍有未至者，罚马一千匹，驼一百只。背约先至抢掠者，罚马一百匹，驼十只。"

按"管固事一大贝勒、二台吉，精兵一百"计算，这二三十位贝勒之中，总有十几位管固山的大贝勒吧，也就是说，应有几千蒙古兵。

这样一来，天聪汗皇太极统率的征明之师，可就成了真正精锐的、人数众多的大军了。

（二）直攻燕京

天聪汗皇太极于天聪三年（1629年）十月十五日决定征明之时，他确定了一个大胆的、风险很大的用兵方针，即绕道蒙古，破明边墙入边，沿途不逗留，直捣燕京。

这个方针，应是汗与代善、莽古尔泰两位大贝勒商议时，以汗为主而议定的，可能也告知岳托等贝勒。

进攻明国，正规的、传统的，也可以说是稳妥的用兵方针，应该是，第一步，先攻克锦州、宁远等关外诸城；第二步，拿下山海关；第三步，沿着进京大道，逐一攻下沿途各城；最后，第四步，兵围燕京。

这样用兵的好处，是稳妥、安全、循序渐进，既可以资粮于敌，粮草、银物、器械，皆可就地取用，又可掠取大量金银布帛人口牲畜，还很安全，不怕敌军断了后路，腹背受敌。并且，万一用兵不顺，可及时停止前进，思考对策，飞速命令国内速派援兵，获胜之后，继续前进。如果审时度势，实难进取，也可有序撤退，回到沈阳，避免深入敌境，前后左右四面夹击，以至全军覆没。

可是，这样做，固然稳妥安全，但难度太大。首先是，锦州、宁远，金军就打不下。有辽东巡抚（后升督师）袁崇焕坐镇山海关，凭借坚城大炮，有骁将、勇士，誓死抵抗，锦州、宁远、山海关是固若金汤，金军根本不可能越雷池一步。打不下锦州、宁远，攻不下山海关，那么，金军就是从其他薄弱地方突破边墙，进入明境，往前进兵时，山海关、锦州、宁远的13万大军，就可断其后路，明帝也可派军队正面迎击，左右进攻，关锦劲旅从后进击，结果金军便难逃瓮中捉鳖、全军覆灭的下场。

当时金国只有满洲八旗、240个牛录左右，即使皆披甲，也不过7万名兵士，再加上几千名蒙古兵，是绝对攻不下宁、锦，拿不下山海关的，此路不通。

那怎么办？在这看似无计可施身处困境之时，天聪汗皇太极显示了不囿陈规，勇于创新，敢冒风险，善于用兵的高超指挥才干。他果断决定，直捣燕京。当时明国，君昏，相庸，将怯，兵疲，关内城池守备十分脆弱，极易攻取，很有可能不费多大力气，就可顺利迅速地打到燕京城下，即使攻克不下京师（也的确没法夺城），也可带来极大的政治、军事、经济效益。

首先，弹丸之国的君汗，居然能突破长城，长驱直入，兵临大皇帝之京师城下，这可是盘古开天以来一大奇闻，金国汗、金军，顿即名扬天下。这样一来，当然彻底洗雪了两败宁远之奇耻大辱。

最后，进军过程中，必然要杀死许多明军将领，消灭大量明国兵士，重创明军。

再次，也会掠得大量人畜财帛。

思前想后，天聪汗皇太极果断决定直捣燕京。

（三）退兵风波

天聪三年（1629年）十月二十日，金军抵达喀喇沁蒙古的青城。这一天，发生了影响金国安危的退兵风波，大贝勒代善、三贝勒莽古尔泰逼迫天聪汗皇太极取消攻明行动，撤军回国。乾隆《清太宗实录》卷5，第24、25页对此事记述说：

"辛未，大军次喀喇沁之青城。大贝勒代善、莽古尔泰于途次私议，晚诣御幄，止诸贝勒大臣于外，不令入，密议班师。两大贝勒既退，岳托、济尔哈朗、萨哈廉、阿巴泰、杜度、阿济格、豪格，众贝勒入至上前，见上嘿坐，意不怿。岳托奏曰：上与两贝勒何所议，请示臣等，今诸将皆集于外，待上谕旨。上怃然曰：可令诸将各归帐，我谋既堕，又何待为，因命文臣将所发军令，勿行宣布。岳托、济尔哈朗曰：臣等未识所以，请上明示。上密谕之曰：我已定策，而两贝勒不从，谓我兵深入敌境，劳师袭远，若不获入明边，则粮匮马疲，何以为归计，纵得入边，而明人会各路兵环攻，则众寡不敌。且我等既入边口，倘明兵自后堵截，恐无归路，以此为辞，固执不从。伊等既见及此，初何为缄默不言，使朕远涉至此耶。众志未孚，朕是以不怿耳，岳托、济尔哈朗众贝勒，劝上决计进取，于是令八固山额真，诣两大贝勒所定议，两大贝勒云，我等所谋如此，今闻尔等言亦是，仰听上裁可耳，是夜子刻，议定。"

顺治修《清太宗实录》（稿本）卷4，第19页对这件事的关键地方，记录得更为准确真实：

"二十日至胯喇沁哈喇城，大贝勒代善、莽古尔泰贝勒，在途中马上商议。是晚，至上帐房，令众贝子大人退后，议定回兵。二大贝勒各回帐中。后姚托、迹儿哈朗、查哈量、阿布太、都都、阿吉格、和格等众贝勒进见，见上不悦，有怒色，兀坐。姚托贝勒奏曰：上与二大贝勒所议何事，请为臣等言之，众大人俱集于外候命。上沉吟良久曰：大人各回帐去，我谋既毁，听候何益。令笔贴式将撤回军律，不必颁布。姚托、迹儿哈朗曰：何故如此。上徐言曰：两贝勒不从，谓我兵深入敌境，难保万全而归。若不得入境，粮尽马疲后，何以回，即得入明国，若聚各处众兵围困，如之奈何，假如塞其边口，将从何路而归。今令撤兵，原为此也。尔等既如此，欲我来为何。姚托、迹儿哈朗众贝子劝上，议定必入，令八固山额真，往告二大贝勒。二大贝勒云：我先议如此，今尔等之言亦是，任上裁夺。是夜子时议毕，兵遂南行。"

代善、莽古尔泰两大贝勒所言必须退兵的理由有四。一是深入敌境，难保万全而归。二是如果不能突破边墙，进入明境，则屯兵边墙之外，粮尽马疲，难以归国。三是进入明境后，明兵四面包围，没法应付。四是如果明军阻断边境，则无路可回。因此，必须撤兵。

两位大贝勒所说，虽不无道理，但并不能说服皇太极，皇太极有充分理由驳斥其言，可是皇太极仍然只能下令撤兵。因为，决定进不进军、撤不撤兵的根本因素，不是那几条理由，而是起关键作用的"两贝勒不从"那五个字。

一则，五份誓词规定了此时金国，是汗与三大贝勒共治国政，军国大事是四位共议裁处，汗无权也无力独断乾纲。二则，大贝勒代善及其子岳托是正红、镶红二旗旗主，三贝勒莽古尔泰是正蓝旗旗主，岳托、萨哈廉贝勒是代善之子，杜度贝勒是代善的亲侄，万一闹僵了，代善、莽古尔泰坚持撤军，率领正红、镶红、正蓝三旗将士径直回国，皇太极怎能挡住？就像一征朝鲜之时，岳托对统帅阿敏的施压。因此，皇太极虽然极不情愿，但也只有听从两位大贝勒的阻止，下令撤兵，最后只好一个人闷坐恼怒气愤。

如果真的就这样一箭不发，连明国边墙都不敢攻打，就打道回府，那就真给金国带来大灾大难了，汗威扫地，军威荡然无存，蒙古贝勒还能唯金马首是瞻吗？国内汉人还怕金吗？岂不将要天下大乱！

在这危难关键时刻，雄才大略、智勇双全的岳托贝勒，又帮了新汗一把，挽救了金国。他约集济尔哈朗、萨哈廉、杜度、阿济格、豪格诸贝勒，坚决支持新汗当机立断，取消撤兵命令，力劝两位大贝勒打消撤军之议，终于平息了退兵风波，金军遂继续前进。

（四）破塞入边

天聪三年（1629年）十月二十日子时（半夜23时—凌晨1时），汗、贝勒议定继续前行征明。皇太极命散发军律与八固山额真。军律规定：

"上天佑我，敢相抗者诛之，归降者，虽猪鸡不许杀害，所俘者父母妻子，不许拆散，不得奸人妇女，不得剥人衣服，不得拆毁房屋庙宇，不得砍伐果树，凡一切器皿俱不许损坏，有违令杀降，及奸妇女者，杀无赦。有毁房屋庙宇，砍树剥衣，与离大纛，往屯中寻取财物者，鞭一百。不许食民间熟物，不许饮酒，闻山海关内多药，须仔细防之。不许以干粮喂马，马有疲病者，量煮饲之。肥马俱秣以草，待安息后，再加料以饲。凡柴草不许乱取，须于众中推一人为首，有乱行者拿究。以上诸款，有违令及不行严禁者，固山额真、甲喇额真、牛录额真等官，各有应得之罪。"①

这个"军律"，讲了五个问题。一是遵循先汗努尔哈赤手定"抗拒者杀，俘获为奴，降者编户"祖制，"敢相抗者，诛之"，归降者不杀，"俘者父母妻子不许拆散"，既尽皆俘获，全家归一人所有。二是申明军纪，不得扰民。三是防止汉民、汉兵投毒。四是保护战马，防止喂养不善，伤害马匹。五是轻惩各级额真，部下犯律者，各级额真只处以轻罚，即"应得之罪"，也就是分别罚银十几两至几十两。

天聪三年十月二十一日出发，二十四日到达老河口，仍是蒙古地区。

天聪汗皇太极召集贝勒大臣，宣布兵分三路，破塞入边。令贝勒济尔哈朗、岳托率右翼四旗兵及右翼蒙古诸贝勒兵，于二十六日夜半进攻大安口，贝勒阿巴泰、阿济格率左翼四旗兵及左翼蒙古诸贝勒兵，从龙井关攻入，天聪汗、两大贝勒及诸贝勒率大军随后前行，从洪山口入边，俱至遵化会师。此后七八天，一直在明朝、遵化辖属地区行军作战，有必要将一些关寨情形作些叙述。

首先是此处提到的龙井关、大安口和洪山口。

龙井关是明朝长城蓟镇的重要关隘，位于河北省迁西县。龙井关左、右两山相对如门，西南三座雄峰耸峙，关居其中。有澈河经关下向东南流，关城筑于河右侧。关建于明朝初年。据《永平府志》载："龙井关城为石筑，高一丈五尺，厚四尺，城周二百九十七丈八尺，东、北各有一门。"今关口及关城均已毁。龙井关村中尚存一块残碑，碑正文字迹不清，只有"万历十年（1582年）口月吉立"等字可辨。明崇祯二年（1629年），清军攻锦州城不下，皇太极率军绕过山海关，攻下龙井关，第一次突进长城，进逼北京。

龙井关向西南的长城多为石结构，砌筑坚固，保存较好。龙井关向东的长城大部分为石砌，大安口是遵化境内要寨之一。明代，这里曾辖大小关口七处，设把总官员驻守，筑有石城。县志记有"大安口关在州西北46里，亦要口也。明嘉靖三十八年（1559年）为敌隔"。按一关两寨的规定，此关东5里是龙池寨，西5里为沙岭寨。另在关南10里的西下营设营盘，曾名"鲇鱼石下营""大安口下营"。营盘为明永乐年建，光绪四年（1878年），把总徐晋易重修。营签署有城，方形、周围

① 顺治修《清太宗实录》（稿本）卷4，第21页。

400丈、基宽2丈、高3丈、均由1米左右的长方形巨石砌成，东、西、南三面设城门，北城墙正中上面建有两层城楼，可瞭望北面大安口长城。

洪山口关。洪山口的古长城在遵化境内共有90公里。洪山口关位于遵化市东北约30公里，是明政府为抵御元朝残余势力而建。当时是松棚路路城，属蓟镇长城防卫中的十二路之一，有参将把守。洪山口城的布置按地形变化呈"品"字状。从城北山峦上的长城俯瞰，酷似一项明朝官员的乌纱帽，故称"纱帽城"。洪山口城四面群山环绕，城北是巍峨的万里长城。洪山口两山相夹，形成了一道险峻的山隘，地势十分险要，有一夫当关，万夫莫开之势。洪山口城是石城，高丈5尺，周121丈2尺。东、西二门偏北，对开，南门偏西。关城东西长约400米，南北约200米。东、西、北三面方形，南墙沿山脚修筑，不成直线。据称，北城墙有3楼，分居正中和东、西两角。中间一座残址尚存，西南角有楼梯，由砖垒砌，底门宽2.15米，两侧墙宽0.36米，南北长4.8米，顶部呈斜面，基部高3米。

关城中有戏楼一座，面北背南，有东、西两个门，东、西墙顶部有两个大通风孔，直径约1米，门前有4根木柱，歇山顶，内部为木结构，东侧有配房，北半部为戏台。

金军进展顺利。二十六日，右翼贝勒阿巴泰、阿济格兵，于丑刻，攻克龙井关，寅刻，随其水关而入。明汉儿庄副将易爱、洪山口参将王遵臣，闻炮声率兵来援，金兵逆战，败之，斩易爱、王遵臣，尽歼其众，又击斩三屯营总兵哨卒，至汉儿庄城外，方欲招之降，会大贝勒莽古尔泰。贝勒多尔衮、多铎至，有副将标下官李丰，率城内民剃发出降，大军遂入城，驻营，民间秋毫无犯。时潘家口人，有在城内者，莽古尔泰使往潘家口招降，潘家口守备金有光，遣中军范民良及蒋进乔赍书来降，莽古尔泰赐范民良蒋进乔食，各赏一缎一匹。汗以范民良、蒋进乔为守备，以金有光为游击，给札而遣之。

二十七日，天聪汗皇太极统军入边，攻克洪山口城，驻师城内，擢洪山口人方遇清为守备，给予敕命，令守洪山口，召集流亡，尽心供职，俟后有功，不次擢用。又有明千总一员，把总一员，遁匿山中，闻城克，率百人卸甲执甲械来降，擢千总为守备，把总为千总。

大贝勒莽古尔泰奏报捷讯说：

"蒙皇上威福，攻克边城，击败敌众骑兵三队，步兵二队，招降汉儿庄官民，俱令剃发归顺，我军乘城而营，于民间秋毫无犯。降民俱云，我等既为上民，恐皇上班师后，三屯营总兵，来加诛戮，求为善后计。臣等因以所赍谕旨，遍示居民。又作一书遗三屯营总兵，戒勿扰我降民。臣等诘旦，必趋会大军，如更有谕旨，祈于今夜遣使也。"

十月三十日，皇太极自洪山口出发，前往遵化，莽古尔泰贝勒自汉儿庄（迁西县北70里）来会合。大军离城5里下营。

十一月初一，右翼岳托贝勒军来到遵化。原先，岳托、济尔哈朗率右翼军，于十月二十六日，乘夜率军前进，丑刻攻克大安口。堕其水门，遂进军，明马兰营张姓参将，率马步兵来援，其前哨驰至大安口，将近城，与金军遇，一战，击走之。比明，两贝勒见明兵屯二营于山上。岳托率兵一半驻以待，济尔哈朗率兵一半，往击之，大败两营敌兵，追至马兰营，尽歼之，又恐他处敌兵来援，升高瞭望。会日出，见明二营骑兵，自遵化来援，鸣角击鼓，驻深林内。岳托谓济尔哈朗曰，我当击此兵，尔可率兵立于后。遂进击，大败之，得脱者仅数人。两贝勒甫拜天，毕忽又一营敌兵至，金军未及成列，随各分兵击斩之。是日，自辰迄巳，共败敌兵五营，明马兰营张姓参将，败走入山，城降后来归。马兰营、马兰口、安营三城俱降，民间秋毫无犯。二十八日，金军趋石门，恐两旁有敌兵来援，因于旷野立营，以便瞭望。明兵先闻炮声，以为蒙古兵至，仓皇来援，悉就歼后，后知为金国兵，惧不复出。

十一月初一，三路军在遵化会合。这时，明总兵赵率教率精兵4000，飞驰来援，金军利用难逢的野战机会，猛烈进攻，全歼明军。《清太宗实录》卷5，第31、32页记述了交战情形：

"明山海关总兵赵率教，率刘姓王姓副将，暨参游九员，以精兵四千，来援遵化。哨兵以告，贝勒阿济格等，率左翼四旗及蒙古兵奋击，率教等败走，阿济格追之，会上率数骑往遵化，环视攻城之地，遇明败兵至，随掩击之，赵率教为阿济格所斩，副将参游等官俱就戮。大贝勒莽古尔泰生擒明中军臧调元，来见上。上曰：可收养之，养人，后必有效。遂令剃发，有弃弓归降者，亦命收养，仍给谕旨，令各还原籍。"

遵化于五代后唐始设遵化县，属幽州北平郡。后上级单位历经变故，明代属顺天府蓟州，清升为直隶州，今遵化为县级市。遵化位于河北省东北部燕山南麓，北倚长城，西顾北京，南临津唐，东通辽沈，属京津唐承秦腹地，西距北京158公里，西南距天津（滨海新区）175公里，南距唐山75公里（曹妃甸155公里），北距承德175公里，东南距秦皇岛150公里，素有"畿东第一城"之称。

明洪武十一年（1378年），官员周宝把城西、北两面向外拓展了近1倍，城墙外砌大砖，城池的坚固在当时远近闻名。嘉靖元年（1522年），巡抚孟春重修遵化城，并在东北、西北、西南各城角上增建角楼，东南角上建双层魁星楼。城门外设四关，各关进口处建门房（即栅楼），进而增加了城池的防范措施，使遵化城更加坚固。

遵化城有东、西、南、北4个城门，内连4条大街，外通4关，四门上建有雄伟壮观的城楼，东南西门上是两层城楼，唯有北门是三层城楼，三楼内匾额为"畿东第一楼"。

遵化城原来是个"卍"字城，东门朝北，北门朝西，西门朝南，南门朝东，环城8里。

遵化城在后唐初建时为土筑，城区面积仅0.3平方公里，至明洪武十一年，城市面积增至0.85平方公里。明万历五年（1581年），蓟镇总兵戚继光率官兵修城，将墙基扩为3丈，增高至3.6丈，全长1351丈。城墙上增建0.6丈的垛口墙，有垛口1341个，外观形似锯齿。全城除东、南、西、北四门外，东门北城墙上建有簪缨阁，北门西城墙上建有真武大帝庙。……周长1500余丈的护城河，又拓宽为3丈、深为2丈。4城门内连4条大街，外通4关。北城门上建有三层、高七丈的城门楼，其余三门城门楼均为两层，加上四角楼、簪缨阁、真武大帝庙，显得十分雄伟壮观。四城门里边皆建马道，骑马可通达城墙上，门外建有瓮城。东、北、西三面城原古城区的建筑均为砖结构起脊房，规模较大的是官衙和寺庙。明代建有总镇行署（清代改为游击署）、巡抚署（清代改为试院）、县衙（清代改为州衙）、教谕署（清代称学正署）。城区有文庙、武庙、城隍庙、天齐庙、关公庙、观音寺、白衣庵等寺庙57座，有祭祀鬼神的南坛、社稷坛、先农坛、历坛，有宣扬封建礼教的忠义祠、节孝祠、外贤祠；有大悲阁、魁星楼、鼓楼等大型阁楼建筑。民居住房多是院落起脊房，只有3处两层民用楼房。旧城区有东西南北4条大街和54条胡同与大街相连，均为土路。

遵化境内共辖大小关寨28座，附墙台14座，空心敌台193座，烽火台54处。这些关寨地处要冲，狭窄、坚固、易守难攻。比如，马兰关（今遵化市马兰峪镇），有城2座，东城周围232丈，连垛高2丈，城门2座，南门曰马兰谷关，西门无字。南门以东砖石砌成，南门以西垒石砌成，北面系边城，南门上有更楼3间，南门外为南关街，长1里余，有集。西门外为西关街，长半里，无集。西城周围151丈8尺，高一丈七八尺不等。东南两面垒石成砌，北系边墙，西系围墙。城门2座，东曰永镇，南曰建安。如今紧挨城墙处有两个方形石城，当地人称为东营、西营。西营东西约100米，南北约150米，墙底宽5米，青石砌成。东门、南门均已破坏，北侧以长城城墙为墙。东、西营相距100多米，东营西侧为石墙。

金军必须攻下并占住遵化县城及其下辖关寨，才能保证将来回归金国的通路。

天聪汗皇太极召集贝勒、大臣，商量攻城之法，最后议定于初三日进攻。《清太宗实录》卷5，第32、33页记述了攻城情形：

"上集诸贝勒群臣定议，以初三日攻遵化城。正黄旗纳穆泰，率本旗攻北面之西；镶黄旗额驸达尔哈，率本旗攻北面之东；正红旗额驸和硕图，率本旗攻西面之北；镶红旗雍舜，率本旗攻西面之南；镶蓝旗额驸顾三台，率本旗攻南面之西；正蓝旗攻南面之东；镶白旗图尔格，率本旗攻东面之南；正白旗喀克笃礼，率本旗攻东面之北；各指其地示之，授以方略。甲申，诸将遵上令，各整兵，修治云梯挨牌。清晨，八旗兵列阵，攻遵化城，竖梯城下，正白旗小卒萨木哈图先登，遂克其城。大军俱登，掩杀其守俾兵，四面皆溃，巡抚王元雅走入署，自刭，其城中官兵人民拒命者，尽屠之，命以棺，殓元雅尸，收养原任监司马思恭，郎中贾维铨。"

从1583年努尔哈赤以"遗甲十三副"起兵以来，46年里，号称天下无敌无坚不克的八旗6万劲旅，一败于宁远城下，二败于宁远锦州，万里长城为何物，八旗军连看也没有看过，一直被挡于长城之外，未能越雷池一步。今天，天聪汗皇太极与大贝勒、贝勒们，统军突破长城边墙，攻克若干长城关寨，打下长城之内的军事重镇遵化，这可是前所未有的大喜事。所以三军将士兴奋欢欣，皇太极更是无比高兴。初三日攻下遵化，第二天他立即遣派八人急返沈阳，"宣败敌及入关克城之捷"，并在破城当天，即召见首先登城的"白身"（即普通旗人、士卒）萨木哈图，亲自给他以金杯斟酒慰劳，并传谕全军说："我军年来皆怯于攻城，况此城较前所攻之城更坚，萨木哈图奋勇先登，殊可嘉也，宜优录之。"①

皇太极并于攻城之后第五天，即十一月初八日，召集贝勒、大臣，评论克城之功，升赏将领，特别重赏奋勇先登士卒，并斩退后之兵。《清太宗实录》卷5，第34、35页载：

"上集诸贝勒大臣，论克遵化城功，分别升赏。正白旗固山额真三等总兵官喀克笃礼，造攻具如法，且亲督本旗兵先登，擢二等总兵官，上召至御前，亲酌以金卮，赐骆驼一、蟒缎一、缎九。三等游击巴都礼，指麾本旗兵攻城有方，擢二等游击，上亲酌以金卮，赐缎五。贺尔多，先袭其兄尤德赫参将职，后以罪革，令尤德赫幼子承袭，至是，贺尔多以署甲喇同攻遵化，因善射，使本甲喇兵先登，令仍袭其兄参将职，上观酌以金卮，赐缎五、布二十。备御随和多，率本甲喇兵，先八旗兵进，擢三等游击，上观酌以金卮，赐缎十四、布五十、马一、牛一。伊拜牛录下萨木可使，先八旗兵登城，上召至御前，亲酌以金卮，以白身授为备御，子孙世袭不替，有过失，俱行赦免，家贫即周恤之，赐号巴图鲁，赐驼一、蟒缎十九、布二百、马十、牛十。伊拜牛录下扈什布，第二登城，酌以银卮，赏蟒缎一、缎十四、布一百五十、马八、牛八。多礼善，第三登城，赏蟒缎一、布一百、马六、牛六。扈什布，多礼善二人，共授一备御职。伊拜牛录下毛巴礼，第四登城，赏缎二、布二十、马二、牛二。蒙古兀鲁特部落明安贝勒下，阿邦子阿海先登，因后兵不继，阵亡，赏蟒缎一、缎十九、布二百、马十、牛十，授其父阿邦为备御。攻遵化坚梯时，有

① 《清太宗实录》卷5，第33页。

二兵退回，为后队督阵官所获，奏闻，上命斩以徇。"

（五）兵临城下

天聪三年（1629年）十一月十一日，明喜峰口参将遣人来降，予以奖赏。这一天，天聪汗皇太极命参将英俄尔岱、游击李思忠、文馆范文程统兵留守遵化，大军出发，前往燕京，十五日到通州北驻营。《清太宗实录》卷5，第37、38页载：

"壬辰，明喜峰口参将，遣千总二员，把总二员，赍降书来见。上给以示谕令旗，禁蒙古不得扰害汉人，仍赏参将缎二，千把总各缎一，从者各缎袍一。命参将英俄尔岱、游击李思忠、文馆范文程，统备御八员，兵八百人，留守遵化，上统率大军，自遵化起行，向燕京进发，离城二十五里驻营，科尔沁国蒙古兵，杀一人，劫其衣。上闻之，命缚至，射以鸣镝。甲午，大军至蓟州，前行哨卒，遇明塘兵五百，遂与战，生擒十五人，获马二十四。是日，以书谕蓟州城内官民等，令之降。乙未，大军至三河县，获一汉人，令持书招降。丙申，遣大贝勒莽古尔泰、墨尔根戴青贝勒多尔衮、额尔春楚虎尔贝勒多铎、贝勒杜度，萨哈廉、豪格，率兵三千赴通州河，相视渡口，兼捕哨卒。上自三河县起营，行二十里，前行诸贝勒，获一汉人，送至御前，讯以敌兵消息，其人云，大同宣府二总镇兵，见在顺义县，于是遣贝勒阿巴泰、岳托，率二旗兵，及蒙古二旗兵，往击之。是日，上至通州，渡河，驻营通州城北。"

以上情形，表明了四个问题。一系李思忠的委托，意义非凡。李思忠既非平民百姓，又非等闲之辈。他的父亲李如梃，是明宁远伯辽东总兵官李成梁的族侄，本人也当过太原府同知，官阶五品，后罢官返居抚顺，所以李思忠是官宦之子。说他非等闲之辈，是因为后金天命三年攻下抚顺之时，李思忠被俘，父亲逃居铁岭，第二年后金军打下铁岭，李思忠的父亲及两位堂兄弟皆死于战火之中。这样一位明国官宦之后的俘虏（应已沦为奴仆），且有杀父之仇的李思忠，本来就会陷入贫贱困苦低层，缺衣少食，苟且偷生，不料他却绝地逢生，一跃而为金国新贵。

因为，他相继遇到了两位赏识他、厚待他、施以大恩的大贵人。努尔哈赤打下辽阳、沈阳进据辽东地区以后，实行以汉治汉政策，利用降金汉官"为汗之眼""为汗之耳""勤守各种法令"（实即贯彻执行汗、贝勒制定的各种法令），故要任用、擢升效忠新主的汉官。而宁远伯、辽东总兵官李成梁，坐镇辽东30年，其子如松、如柏、如桢、如梅皆任至总兵，如梓、如梧、如桂、如楠亦均是官阶正三品的参将，李氏家族在辽东军界、政界的势力、影响、威望，无人能比。因此，努尔哈赤于天命六年（1621年）三月打下辽阳后，即谕令李思忠"收其族人，俾复故业"，授其为牛录额真，给予守备世职。李思忠感汗厚恩，尽心尽力效忠金汗，并以抓获明国间谍有功，晋升游击。天聪汗皇太极继承并发挥了汗父所定的任用汉官政策，这次授予李思忠留守遵化，保证金军归路重任。

　　二是范文程的任用，也影响深远。上述实录说范文程是"文馆范文程"。所谓"文馆"，是什么身份，是否为官，是文馆中的吏设，还是文馆的巴克什？没有写明。顺治修《清太宗实录》（稿本）则称范文程是"书房官范文程"，是文馆中的官员。范文程，沈阳人，曾祖范聪，明正德进士，任至兵部尚书。范文程是沈阳县学生员（俗称秀才）。天命三年（1618年）后金军下抚顺，文程降金，金军取辽阳、攻西平、下广宁，文程皆在军中。天聪汗皇太极继位后，召文程随侍左右。此次攻明，文程从征。下遵化后，文程率领少数将士取下潘家口、马兰峪、三屯营、马兰关、大安口五城，后又打败明朝围攻大安口的军队。这次文程被授予留守遵化，保证金军归路，标志着天聪汗开始实行重用汉族知识分子的政策。

　　三是全力进攻，留守将士极少。遵化是军事要地，所辖关寨众多，明军在此驻戍的将士，人数近万，既然皇太极要将此地作为归路，理应派遣数以千计的兵士留守。金军五六万，抽出几千兵士，是不成问题的，可是天聪汗一则未派骁勇大将为主将，统率全军；二则又在留镇的三位率兵将领中，派了两位汉人；三则还只派了800名兵士，难道他不怕驻兵太少，控制不住局势，保证不了归路安全吗？尽管此举风险甚大，但皇太极还是这样办了，原因就是，他要集中力量，进攻北京。

　　四是目标明确，沿途决不逗留分兵，直趋燕京。遵化离北京400里，沿途及附近有不少城池，如果为了掠夺人畜财帛，可攻打防备薄弱守兵稀少的州县府城，容易得手，但是这样一来，一则兵力分散，时间拖长，耽误征程，再则大量人口牲畜，行进缓慢，不能起到突然之间兵从天降的奇袭特效。所以，皇太极统军直趋燕京，仅仅用了4天，十一月十五日就来到京师东边40里的通州，吓坏了明朝崇祯皇帝和王侯将相及百万市民。

天聪汗皇太极于十一月十五日渡过通州河，在通州城北安营扎寨，并未攻城，而是散发谕贴，传谕各处城堡，宣示用兵缘由。顺治修《清太宗实录》（稿本）卷4，第30、31页载：

> "上渡通州河，至城北下营，传谕各处城堡云：满洲国谕官生军民知悉，我国累世忠诚，恪守边界，夜黑与我初为一国，万历皇帝力助夜黑，离间我国之人，彼有过而反养之，我无非而反害之，欺凌之大恨有七，怀之于心，明知不能容，我已无所望，故告天起兵。天鉴我是，先赐我河东地，既得之后，先汗意愿太平，修书讲和，竟不见允，天又赐我河西地，犹复屡差讲和。天启皇帝、崇祯皇帝仍加欺凌，且去我帝号，不用自制宝印，我亦乐从，虽去旁号，称汗可也。尔即当制印与我，尔又不允。复告于天，兵至前仓而入，犹之破釜沉舟而不还也。夫君臣者非牧民之父母耶，尔君臣不和好而乐兵戈，兵岂易事，今大兵既至，有归顺官生军民，我必养之，相角者不得不杀，非予杀之，乃尔君杀之也。轻我国小，鄙我称帝，古有大辽、大金、大元，俱以小国成帝业，尔亦以非帝鄙之耶。不但此也，朱太祖昔尝为僧，天佑之亦得为帝，岂有一姓而尝为帝之理乎。天运循环，有天子而为匹夫者，亦有匹夫而为天子者，总之在天不在人也。天佑我成帝，尔国不令我称帝，天必知之，因怀恨来征，不知者或以为恃强征讨，故此预告。"

此处所说"满洲国"，是实录撰写者的修改之词，六年以后，皇太极才正式定族名为满洲，在此之前的"汗谕""汗书"，包括晚了四十多天张贴各处的金国汗木刻"七大恨"文，都写为"金国汗谕官军人等"。

金军突抵京师，明朝人心大震，朝野惊恐，"京师戒严"。明崇祯帝急召蓟辽督师袁崇焕率关宁劲旅至京御敌，并命其"调度各镇援兵"，又起用原大学士孙承宗为中极殿大学士、兵部尚书，视师通州，同时，急诏宣大总督、宣府巡抚、应天、凤阳、陕西、浙江等省巡抚"勤王入卫"。大同总兵满桂、宣府总兵侯世禄等将迅速领兵赶到北京。

七、计杀督师袁崇焕

（一）广渠门之战

天聪三年（1629年）十一月二十日，金军明军交战于北京德胜门和广渠门。

《清太宗实录》将此战写为金军击败明军。此书卷5，第40、41页记述金军于德胜门击败明满桂、侯世禄总兵情形：

"上统大军，营于城北土城关之东，两翼兵营于东北。哨兵驰告，明大同总兵满桂，宣府总兵侯世禄等，以兵来援，俱至德胜门。上遂率右翼大贝勒代善，贝勒济尔哈朗、岳托、杜度、萨哈廉等，领白甲护军，及蒙古兵前进。哨兵又告，瞭见东南隅有宁远巡抚袁崇焕、锦州总兵祖大寿等，以兵来援。上遣爱巴礼、索尼、白格，传令左翼大贝勒莽古尔泰，贝勒阿巴泰、阿济格、多尔衮、多铎、豪格等领白甲护军，及蒙古兵迎。上立德胜门外，审视虚实，谕火器营兵，进前发炮火，又谕蒙古兵，及护军等，俟敌发炮毕，蒙古兵及红旗护军，由西面径进，正黄旗护军从旁冲入，于是两路进兵攻击，追至隘口，掩杀之，有遁出者，上复遣御前兵追击之。"

《明史》卷271《满桂传》写道：满桂率五千骑入卫，在顺义与宣府总兵侯世禄俱战败，退往京城，俱屯于德胜门外。十一月二十日，金军进攻，"世禄兵溃，桂独前斗。城上发大炮佐之，误伤桂军，桂亦负伤"。

《清太宗实录》卷5，第40、41页记述金军与明袁崇焕部交战，击败明军时写道：

"上遣爱巴礼、索尼、白格，传令左翼大贝勒莽古尔泰，贝勒阿巴泰、阿济格、多尔衮、多铎、豪格等领白甲护军及蒙古兵迎击。莽古尔泰等未率大军同行，止以护军及蒙古兵二千往，见宁远巡抚袁崇焕、锦州总兵祖大寿兵二万，屯沙窝门外。莽古尔泰，分兵为三队，令蠹额真等率护军前进，令阿巴泰、阿济格、多尔衮、豪格继进，时敌于右偏，伏兵甚众，因约我军入隘口，宜趋右偏，不趋右偏，而由正路入者，罪与避敌同。比入隘口，豪格独趋右偏，败其伏兵，追杀至城壕，余三贝勒不趋右偏，由正路入，击败敌兵，亦追杀至城壕，时阿济格所乘马被创死。正白旗蠹额真康古礼，未至城壕，止于中途、多铎以年幼，与莽古尔泰留后，值明溃卒来犯，两贝勒追杀之，又有敌兵一队距城稍远，屯树林内，遂令左翼蒙古各旗往击、额驸恩格德尔、贝勒巴克，率扎鲁特、喀尔喀部落诸贝勒兵，不俟整队徐行，骤马而进，与敌兵接战，遂败归。巴克什吴讷格，及外藩扎鲁特部落贝勒色本、马尼，突入迎战，始击败敌兵。"

虽然《清太宗实录》白纸黑字地写了"击败敌兵"四个大字，但接下来的一段话，可就让人不得不质疑这个结论了。

"收军后，上召四贝勒入御幄，讯之。阿济格对曰：因豪格驰入敌军，曾令阿巴泰，从右偏进，鞭其马头，不从，乃拥臣而来。阿巴泰对曰：敌兵众多，臣与豪格离散，诚然，若阿济格鞭臣马头，使从右偏进之言，则无之，因自誓。上命诸贝勒大臣会议，众议阿巴泰，与同旗豪格相离，罪一，违背众议，不从右偏进罪一，应削贝勒爵，并夺所属人员，给予豪格。议上，上曰：阿巴泰，非怯懦者，特以顾其二子致延迟耳，朕奈何以子故，加罪于兄。因宥阿巴泰罪。以蠹额真康古礼、甲喇章京郎球、伟岱等官逗留中途，削职罚赎，夺其俘获。以蠹额真哈宁噶、俄罗塞臣善战，俱授备御。以额驸恩格德尔，及喀尔喀部落莽果尔岱等贝勒，自蒙古首先投诚。功大，免削职，仍罚赎，夺其俘获。以扎鲁特部巴克多尔济诸贝勒无功，尽削职，罚赎，夺其俘获，以所罚物一半，给巴克什吴讷格，令分赐同时迎战将士。癸卯，遣归顺之王太监贵书致明主议和。"

这一大段话说了三个问题。一是阿济格贝勒的坐骑被明军击毙，其本人是否受伤，没有说明。二是恩格德尔等贝勒率领的大部分蒙古兵，与明军"接战""遂败归"。三是认定阿巴泰贝勒犯下大罪，"应削贝勒爵，并夺所属人员"。阿巴泰只不过是没有从右偏进攻，而由正路前进，且也"击败敌兵"，为什么要定为大罪、重罪，处以仅次于死刑的特重惩罚？

三者集中为一个疑点，即此战究竟金军是战胜，还是失利？

查看明朝和朝鲜的历史资料，才知道，这场广渠门（即沙窝门）之战，金军吃了大亏，打输了。

根据《崇祯长编》、周文郁《边事小纪》《崇祯实录》《李朝仁祖大王实录》等书的记述，广渠门交战的大体情形是：

袁崇焕领兵2万，分列成"品"字形阵式，袁居中，锦州总兵祖大寿在南，另一位将领王承胤在西北。金军先攻祖大寿，失利，转攻王承胤，又未得手，再倾全力猛攻中间袁崇焕。袁崇焕身先士卒，跃马挥刀，猛砍敌军，身中多箭，"两胁如猬，赖有重甲不透"。一名金兵挥刀砍向崇焕，幸好材官袁升高以刀架隔，挡住敌刀，袁崇焕始得幸免于祸。袁军将士"奋力殊死战"，终于打退金军进攻。阿济格贝勒马被刺死，身受箭伤，几乎丧命，阿巴泰中伏败退。朝鲜使臣李忔从北京向国王报告此战情形说："贼直到沙窝门，袁军门、祖总兵等，自午至酉麋战十数合，至于中箭，幸而得捷。贼退奔三十余里。贼之不能攻陷京城者，盖因两将之功也。"[1]

第三天，十一月二十二日，皇太极遣降金的王太监持议和书入城见明帝。皇太极率众贝勒环阅燕京城，二十四日，金军转驻南海子。二十六日，金军进兵，距关厢二里扎营。二十七日，听闻袁崇焕聚兵于城东南左安门，竖立栅木，布列阵式，守护京城。

《崇祯长编》卷27，第17页载，金军明军曾于十一月二十七日在左安门外激战，金军进攻，明军抵挡，获胜，金军撤退。

但是《清太宗实录》卷5，第43、44页却记为，双方没有交战，金军主动撤走：

---

[1]《李朝仁祖大王实录》卷22，第22、23页。

"上闻袁崇焕、祖大寿复聚败兵，营于城东南隅，竖立栅木，因令我兵列阵，逼之而营，上与诸贝勒，率轻骑往视进攻之处，云：路隘且险。若伤我军士，虽胜不足多也。此不过败残之余耳，何足以劳我军，遂还营。"

《崇祯长编》卷27，第17页却与此说法相异：参与此战击败金军的明锦州总兵祖大寿奏称："（十一月）二十日、二十七日，沙窝、左安等门，两战皆捷，城上万目共见。"显然，此事应以祖大寿之奏疏为准。

（二）计虽拙劣，却收奇效

皇太极的确不愧为勇于进取、败不气馁、聪睿果断的天聪汗，尽管再次败于袁崇焕手下，不得不撤军，但并不立即退归沈阳，而是转往附近州县，并拖行反间计，欲令明帝怀疑袁崇焕，从而夺其军权，定罪惩处。

《清太宗实录》卷5，第44页记述此事说：

"先是获明太监二人，令副将高鸿中，参将鲍承先、宁完我、巴克什达海监守之，至是还兵，高鸿中、鲍承先，遵上所授密计，坐近二太监，故作耳语云：今日撤兵，乃上计也，顷见上单骑向敌，敌有二人来见上，语良久乃去，意袁巡抚有密约，此事可立就矣。时杨太监者，佯卧窃听，悉记其言。庚戌，纵杨太监归。后闻杨太监，将高鸿中、鲍承先之言，详奏明主，明主遂执袁崇焕入城，磔之，锦州总兵祖大寿大惊，率所部奔锦州，掠夺民物，毁山海关而出。"

皇太极所施的反间计，并不高明，稍有判断能力之人，便能识破其计，至少是不会偏信其言，而将此时堪称明朝国家栋梁、军国重臣擒拿下狱。这次反间计，破绽百出，却又能奏效。

其一，僭称"太监"。实录所述的杨太监，并不是真正的、合法的、有太监官衔的太监。在明朝皇宫的几千名阉人之中，有真正的"太监"官衔之人，少而又少，不过几十员。以号称二十四衙门的十二监、四局、八司而言，原则上每监（司、局）各设官阶四品的太监，司礼监、御马监分别有4员、3员，其下为监丞、典簿、写字、长随等职。之所以人们把阉人、宦官叫太监，那是恭称、俗称。此处的"杨太监"，只是御马监衙门下管理牧马场的阉人，观其牧场只有马1000余匹、兵300余名，可见规模并不大。其官阶肯定高不了，充其量是个中等偏下的宦官。因此，这个"杨太监"，不可能是崇祯帝信任、倚重的宦官，恐怕连皇上的尊面也没有见过几回，甚至皇帝极有可能不知道他，不认识他，因为宫中"太监"众多，有几千上万人，皇帝哪能认识这样等级低下之人。

其二，"太监"人微言轻。这样一个不起眼的无名之辈，并且还是被金军抓为俘虏的小小阉人，他的话有何分量，怎能相信，万一他是被金军故意纵放的奸细呢？

其三，降将焉知机密。统领各路大军的大元帅，与率领数万精兵勇将兵临城下欲图夺取明帝江山的金国汗，秘密商议叛国投敌，至少是通敌妥协割地赔款的交易，这是比天还大的军国机密，哪能不秘而又秘地暗中进行，来使怎能不乔装打扮不让人识出真面目，怎能不悄悄地在深夜来往，而让人们一下就看出是明朝特使，马上便被人们发现？并且，这样特别重大的军国机密，只有金国最高领导集团才能知道，只有汗、贝勒才有权、有机会知道，鲍承先、高鸿中，何许人也，他俩能知道吗？

鲍承先，明开原副将，天命七年正月，兵败西平堡后，降金，仍授副将，但这个副将不像领兵数千的女真副将，而只是一个无兵无弁的光杆副将，天聪三年被汗召入文馆，实际上成为一个普普通通的文官。高鸿中也是明国副将，降金后仍授副将，但无兵无弁，天聪三年入文馆办事。高、鲍二人虽与范文程均系文馆之人，但范文程很受天聪汗皇太极宠任。所以，按照鲍承先、高鸿忠二人的官衔、职权、地位，及汗对他俩并无另眼看待的这些条件来看，鲍承先、高鸿中根本没有资格能听到这种特大军国机密。

并且，作为副将，特别是作为文馆人员，当然有可能知道保密之事，这样的特大军机秘密，怎能当众随便议论，何况还有被俘的明国太监在旁假睡，如让汗、贝勒知道，岂不要满门抄斩诛灭九族吗？因此，这样的行为，是绝对不可能发生的。这也是说，这种拙劣的反间计，是破绽百出的，只有白痴傻瓜才能上当。

其四，袁崇焕"纵敌拥兵""引敌胁和"。促使自负绝顶英明、乾纲独断的崇祯帝朱由检相信了皇太极拙劣反间计的，是京城拥有畿辅田产店铺的官、绅、富商、大地主，因为遭受金军掳掠而恼怒，一些与阉党有瓜葛的无行言官便挟私泄愤，舞文弄墨，编造谤词，给袁崇焕定上两条大罪，诬其手握重兵，纵敌入京，勾引敌人，威胁大明，订立辱国媚敌的城下之盟。从正统十四年（1449年）瓦剌军临城下以后，180年里，北京太平无事，现在突遭金军围攻北京，掳掠京畿，人们惊恐万分，尤其是相当多的市民既愚昧无知，又好作聪明，轻信谤言，也认为袁崇焕指挥无方，纵敌扰民，十分愤怒。其实，这两条大罪，都是无稽之谈，决非事实。

金军是从龙开关和大安口突破入边的，而这个地区是蓟辽总理刘策所辖的蓟州镇地区，负主要指挥不力的责任者是刘策，而非蓟辽督师袁崇焕。并且，金军于天聪三年十月二十六日攻破龙井关、大安口，十月三十日兵临遵化城下，而袁崇焕于十月二十九日在中左所得知金兵入边的消息，立即调集士卒，入关援剿。中左所离山海关100里，当时山海关及关外宁锦等地，虽有官兵号称13万，但能战之兵仅只有宁远、锦州数万军队。锦州距山海关320里，宁远距山海关200里，山海关到北京700里，袁崇焕急速地从锦州、宁远及山海关调集士卒2万，千里入援，星夜奔驰，赶到金军之前，于十一月十九日，驻戍北京城广渠门外，并于第二天，十一月二十日，击败金军，阿济格贝勒身受箭伤，阿巴泰贝勒中伏败退，这哪里能说是纵敌拥兵？

至于所谓"引敌胁和"，签立辱国的城下之盟，更是荒诞可笑。这种丧权辱国条约，只能在大败之时，或有城陷国亡之险的时候，才有可能出现。可是，金军于三年以前，所向无敌的天命汗大败于宁远城下，伤病交加，离开人世；两年以前，天聪汗皇太极一败于宁远，再败于锦州；几天前，天聪汗又败于京城广渠门下，以致金军害怕与袁崇焕交战。这样形势下，袁崇焕会卖国媚敌而"引敌胁和"吗？实属荒谬之言。

其五，明自伐栋梁，冤磔袁帅。清政府修撰的官书《明史》卷259《袁崇焕传》，记述了袁崇焕冤死于反间计的情形：

"时所人隘口乃蓟辽总理刘策所辖，而崇焕甫闻变即千里赴救，自谓有功无罪。然都人骤遭兵，怨谤纷起，谓崇焕纵敌拥兵。朝士因前通和议，诬其引敌协和，将为城下之盟。帝颇闻之，不能无惑。会我大清设间，谓崇焕密有成约，令所获宦官知之，阴纵使去。其人奔告于帝，帝信之不疑。十二月朔再召对，遂缚下诏狱。大寿在旁，战栗失措，出即拥兵叛归。大寿尝有罪，孙承宗欲杀之，爱其才，密令崇焕救解。大寿以故德崇焕，惧并诛，遂叛。帝取崇焕狱中手书，往召大寿，乃归命。

"方崇焕在朝，尝与大学士钱龙锡语，微及欲杀毛文龙状。及崇焕欲成和议，龙锡尝移书止之。龙锡故主定逆案，魏忠贤遗党王永光、高捷、袁弘勋、史范辈谋兴大狱，为逆党报仇，见崇焕下吏，遂以擅主和议，专戮大帅二事为两人罪。捷首疏力攻，范弘勋继之，必欲并诛龙锡。法司坐崇焕谋叛，龙锡亦论死。三年八月遂磔崇焕于市。兄弟妻子流三千里，籍其家。崇焕无子，家亦无余赀，天下冤之。"

这位崇祯帝朱由检，在15年后（崇祯十七年，1644年）被李自成率农民军攻入北京城走投无路，上吊于煤山（今景山）时，还自称"朕非亡国之君"，真是这样吗？答案是否定的，他就是加速明王朝灭亡的"亡国之君"。

固然，明王朝已有276年，气数的确已尽，但是如果有位比较英明、颇有作为的君主，再延续一二十年，并非没有可能。崇祯帝即位初年（1628年），政局还是比较好的。"九千岁"大太监魏忠贤已被惩治畏罪自尽，那帮认奸作父、甘为魏忠贤干儿子、干孙子的阉党大学士、九卿、巡抚，或名列阉党之"逆案"，遭处死、革职、下狱，或虽幸免，也惴惴不安，引疾求归，不敢放肆。新任要职的官员，多系比较清廉正直的东林党人，有的还颇有治政之才。特别是在对付金国入侵方面，上有颇谙辽东战局、用兵方略甚妥、且能擢用勇将能臣的大学士兼兵部尚书孙承宗，具体主持军务的有辽东巡抚、蓟辽督师、三败金军的袁崇焕大帅，下有骁勇善战的祖大寿、满桂、赵率教等勇将率领精兵誓死抗敌，完全能够抵挡金军，保住大明江山。然而，相再贤，帅再好，将再勇，兵再精，这数万之众力量再大，对付金军固然绰绰有余，但是遇上昏庸之君，下道谬误诏书，可就不堪一击，顷刻之间，溃退衰亡了。

这个崇祯帝，既是庸才，治国无方，却又自负绝顶英明，专制独断，听信谤词，不念袁崇焕以区区宁前道誓死守城，大败金国汗于宁远城下，扭转了辽东危局的大功，不想想一年多前的"宁锦大捷"，不看看十天前广渠门挫败金军之功勋，更不顾及"临阵易帅"的兵家大忌，自作聪明，以召对名义，将袁崇焕骗入皇宫的平台，命"校尉十人褫其朝服，扭押西长安门外锦衣大堂，发南镇抚司监候"。[①]

崇祯帝命满桂为武经略，总理关宁兵马，调度各路援军。

祖大寿又惊又怒，出宫后回到军营，向三军将士宣读袁崇焕被捕下狱的圣旨，辽军将士惊惶愤怒，彻夜痛哭。十二月初四日，祖大寿带余部1万5千人离京出走，奔往山海关。在金军围攻北京之时，如果这支关宁劲旅倒向敌方，或敞开山海关大门，金国援兵迅速赶来，那么，崇祯帝就要提前15年吊死在煤山槐树上了，大明江山也就改为大金江山了。

因此，朝野大惊，"英明无比"的崇祯帝也惊慌失措，无法应对。在这江山社稷危如累卵之时，关在大牢的罪犯袁崇焕顾及国家安危大局，亲笔写信，劝祖大寿率兵回来抗敌金军。十二月十四日兵部派人从狱中取出此信，大学士孙承宗立命与祖大寿私交甚好的原山海关总兵马世龙持袁崇焕亲笔信，前往劝说。此时，祖大寿已领兵回到锦州。马世龙赶到锦州，出示亲笔信，祖大寿下马，手捧亲笔信，放声大哭，三军将士哭声震天。祖大寿遵依袁崇焕督师手谕，率军回到关内，并上疏叙述督师率领辽兵勤王，精忠报国，屡立大功，辽兵反遭京城官兵辱骂欺凌，督师蒙冤下狱。

《崇祯长编》卷29，第17、18、19页，记述了祖大寿之疏，现引录如下：

"十一月初三日，进山海关，随同督师星驰。途接塘报，遵化、三屯等处俱陷。则思蓟州乃京师门户，堵守为急。初十日，统兵入蓟。三日之内，连战皆捷。又虑其逼近京师，间道飞抵左安门外扎营。二十日、二十七日，沙窝、左安等门，两战皆捷，城上万目共见。何敢言功？露宿城壕者半月，何敢言苦？岂料城上之人，声声口口只说辽将、辽人都是奸细，谁调你来？故意丢砖，打死谢友才、李朝江、沈京玉三人，无门控诉。选锋出城，砍死刘成、田汝洪、刘友贵、孙得复、张士

[①] 计六奇：《明季北略》卷5，《逮袁崇焕》。

功、张友明六人，不敢回手。彰义门将拨夜拿去，都做奸细杀了。左安门拿进拨夜高兴，索银四十六两才放。众兵受冤丧气，不敢声言。比因袁崇焕被拿，宣读圣谕，三军放声大哭。臣用好言慰止，且令奋勇图功，以赎督师之罪。此捧旨内臣及城上人所共闻共见。

"京师城门口大战堵截，人所共见，反将督师拿问。有功者不蒙升赏。阵亡者暴露无棺，带伤者呻吟冰地，立功何用？即复遵化，皇上那得知道我们的功劳。既说辽人是奸细，今且回去，让他们厮杀，拥臣东行。此差官所目击者。及到山海关，阁部孙承宗差总兵马世龙赍捧圣谕将到，传令扎营于教军场迎接。众兵眼望家乡，齐拥出关。臣即止于关外欢喜岭，同所统官旗人等，听宣读毕，皆痛哭流涕，举手加额。臣因众军感泣，谕之曰：'辽兵素受国恩，颇称忠勇，今又蒙朝廷特恩宽宥，若不建功，何以生为？'众军闻言，又复泣下，务立奇功，仰答圣恩于万一矣。"

尽管祖大寿之疏，字字皆真，情理俱备，感人肺腑，读后不禁使人悲伤泪下。但是，亡国之君崇祯帝为了维护其"果断英明"的尊严，仍然听信奸臣诬词，于金军撤走以后，在崇祯三年（金天聪四年，1630年）八月十六日，将袁崇焕于京城西市残忍地磔死。

袁崇焕的冤死，标志着崇祯帝也会不久于人世，明朝气数将至。他自伐栋梁，自摧长城，最终导致他自缢于煤山。

《明史》卷259对袁崇焕的冤死，评论说：

"崇焕既缚，大寿溃而去。武经略满桂以趣战急，与大清兵战，竟死，去缚崇焕时甫半月。初，崇焕妄杀文龙，至是帝误杀崇焕。自崇焕死，边事益无人，明亡征决矣。"

八、燕京之役点评

（一）"争主中原"

天聪汗皇太极率领精锐骑兵5万，长途奔驰，破寨入边，直捣燕京，目的何在？仅仅只是为了洗雪先年汗父兵败宁远和自己宁锦失利之耻吗，或是为了扫除八旗将士怯于攻城情绪，重振军威，抑或者是掠取大量人畜财帛，缓解国内经济困境？从天聪三年（1629年）十月入边，到十一月兵临城下的两月行动看，这些因素，皆是此次用兵的目的。但是，有无更深层次的原因，或者说，皇太极有无更宏伟的目标，即有无入主中原，取代明朝的雄心壮志！

魏源《圣武记》卷1，《开国龙兴记三》载称，天聪元年（1629年）四月，金国汗皇太极致明辽东巡抚袁崇焕之书中说：

"昔我师既克广宁，时诸贝勒将帅咸请入山海关，我皇考以昔日辽、金、元不居其国而入处汉地，易世之后，皆成汉俗，因欲画山海关以西汉人制之，辽河以东我制之，满、汉各自为国，故军未入关而返，原无争主中原之心也。如欲画疆定约，修好息兵，其尊卑称谓，我当让尔主一格，尔诸臣让我一格。其岁币，我以东珠、参、貂，明以金、银、缎、布，各若干如约。"

皇太极此书，讲了两个问题，一是汗父努尔哈赤"原无争主中原之心"；二是本汗继承汗父先年旨意，愿与明国议和，礼让明帝一格，各交岁币若干。也就是说，此时皇太极表示，无争主中原之心，明金各守现在已有疆土，各君其国。

这种两朝金国汗"原无争主中原之心"，成为流传很久、颇为人们认可的说法。但是，笔者认为，这种说法，是不准确的，与事实相悖离，经不起分析考证。一则，既然努尔哈赤取广宁后，就拒绝贝勒、大臣兵进山海关的建议，甘愿只君辽东，由明帝统辖山海关以西，关内为明朝疆域。那么，为何过了4年，却在天命十一年（1626年）努尔哈赤又亲自统兵，"大举西渡辽河，抵宁远，大兵十三万，号二十万，越（宁远）城五里，横截山海关大路而军"。难道这样的兴师动众，只是为了拿下一个小小的宁远城，而不乘胜前进，打入关内吗？

再则，《清太宗实录》的一段记述，也对金汗"无争主中原之心"的说法，有所矛盾。实录载称，天聪汗给袁崇焕写了两封书，给明使李喇嘛写书一封。致李喇嘛的书中，讲到《圣武记》中所说的那段话，姑且不作分析。给袁崇焕的一书中，写道：

> "顷报尔之书，已经缮毕，方欲遣使，会尔国两次有人逃来。言尔修筑塔山、大凌河、锦州等城。又察哈尔使臣至，所云亦然。因是停止遣使，即将报书，付尔使者杜明忠赍回。兹因尔筑城之攻，再为尔言之，若果两国议和，先须分定疆域，以何地为尔国界，何地为我国界，各自料理。今尔遣使议和，又修葺城垣，潜图侵逼，得毋以前宁远城冻，攻之未堕，自以为得志，诈称和好，乘间葺城，为战守计乎。不愿太平而愿争战，恐非善事，尔纵能保守一二城，他处之城，及田亩禾黍，能尽保耶。倘争战不息，蒙天眷佑，我师长驱而入，天以燕京予我，尔主南奔，身败名裂，为何如也。自古以来，尔等文臣，往往如妇女之在闺中，徒好大言，以致丧师殃民，社稷倾覆，从前尔国，任用非人，故将河东河西之地尽失，兵将俱亡，今尚以为未足，而欲动兵戈耶。"①

请注意，皇太极说，如明国欲"乘间葺城，为战守计，不愿太平，而愿争战"，则金军将进攻。"倘争战不息，蒙天眷佑，我师长驱而入，天以燕京予我，尔主南奔，身败名裂"，这不是赤裸裸地以战争相威胁，以攻入山海关，攻下燕京，使明帝身败名裂相威胁吗？可见，金汗并没有真正的放弃"争主中原之心"。

这一点，皇太极于天聪三年（1629年）十二月二十六日亲统五万大军主力，离开北京，向东撤退，到次年正月上中旬的征战、留兵镇守的情形，以及正月发布的木刻榜文，显示得非常清楚。

皇太极撤退之时，边撤边战，攻城略地，大军于天聪四年（1630年）正月初二到达永平，初三日，击毙降金复叛的刘兴祚副将。《清太宗实录》卷6，第2、3页叙述了皇太极必擒刘兴祚的情形：

> "壬午，大军发自滦河，辰刻，至永平，十旗兵环城立营。上率诸贝勒环视攻城处，是夜，前哨图鲁什，擒一人来献。其人言有刘兴祚者，自满洲逃出，从山海关与袁崇焕同来永平，率所携满洲十五人，及蒙古兵五百人，欲往守沙河，因军中马二十匹疲乏，于永平营内，易骑

①《清太宗实录》卷3，第8、9页。

以行，闻满洲大兵将至永平，遂不赴沙河，直趋近边之太平寨。适遇喀喇沁蒙古，载所掠之俘，途次会食。刘兴祚袭斩五十级，令我等二十人，携二十级，赴城中兵备道郑国昌处请赏。我乃永平营兵，随刘兴祚来，取所换马匹者。于是上集诸贝勒大臣谕曰：朕思擒刘兴祚，胜得永平，彼忘朕格外恩养，诡计潜逃，被上天谴责，仍为我擒，未可知也。遂遣贝勒阿巴泰、济尔哈朗率官八员，兵五百人，星夜往擒之。癸未，黎明，贝勒阿巴泰、济尔哈朗，追及刘兴祚，见兴祚引兵趋山海关，阿巴泰驰围其城，济尔哈朗追蹑其后，阵斩兴祚，并歼众兵，生擒其弟刘兴贤，军士褫兴祚衣，裸而弃之，兴祚故交巴克什库尔缠，见兴祚尸，殓以衣，夺军士被覆之，裹以席，瘗焉。时阵斩兴祚事闻，上曰：兴祚负我厚恩而逃，既被天谴，为我所杀，可取其尸来，与众观之，遂舁至，碎其尸徇。"

第二天，正月初四，金军攻克永平府城。《清太宗实录》卷6，第4、5页叙述了战情：

"是日，欲乘夜攻永平，命副将阿山、叶臣，选部下猛士二十四人同往。濒行，上召入御幄，谕之曰：攻城时登梯，须令四人先登，每旁各令二人立，次令四人速登，又次令十六人络绎而登，继则尔阿山、叶臣亲登，其后令每旗官一员，率兵一千助之，一一指授。并示以应攻之处，遣之。甲申，寅刻，我军列梯牌，攻永平城，城内发火炮药箭，黑夜交战，俄而城上火药暴发，敌兵在北面者皆被焚伤，我兵遂乘势登城。黎明，上下令军中曰：敌兵不降者杀之，归顺者毋妄杀。于是戮其拒战者，其未出战者，皆收恤之，令众军环立城上，以待天明，城中兵备道郑国昌、知府张凤奇、推官罗成功，皆仰药死。同知魏君谟，参将杨春，革职武官焦处延，越城逃。知县张养初，户部郎中陈此心，革职太仆寺卿陈王延、兵备道白养粹、行人崔及第、户部主事白养元、知县白珩、游击杨声远、永平卫掌印陈清华、庐龙卫掌印王业弘、东胜卫掌印陈延美、革职副将孟乔芳、杨文魁、参将罗择、都司高攀桂等皆降。

及天明，上命巴克什达海，及爱巴礼、宁完我、索尼、白格、喀木图、穆成格、游击高鸿中，阵获总兵官麻登云等，执黄旗，于城上遍谕官军百姓，俱令剃发。谕毕，遂以黄旗与之而回。复遣贝勒济尔哈朗、萨哈廉，率文臣达海等宣令，勿杀城中官员，官民俱令剃发，察验仓库。"

《清太宗实录》卷6，第5、6页叙述了天聪汗及镇守永平贝勒，处理永平降顺官民情形：

"两贝勒既入城，止公署，归顺各官，悉来叩见。丙戌，上移营于永平东门外山岗，令军士环甲胄环列，城中归顺文武各官及生员等，皆朝见，革职兵备道白养粹奏云，臣等跪拜，乃朝见皇上之礼，兹当再拜，以谢不杀之恩，复叩首，上以所服黑狐裘赐养粹，又赐率先归顺官五员，各貂裘一袭。户部郎中陈此心奏云，臣前祈皇恩，放还故土，令荷皇上恩养，臣虽病劣，感皇上不杀之恩，自当竭力图报，臣今已绝去志矣。上曰：朕允汝归者，非谓汝病劣也，如果病劣，何以现居职官？因汝言父母年老，故许汝归省，今汝欲留，则留可也。于是令众官及生员人等退，上率诸贝勒入城，环视东街，出东门，城中官民咸拥道环跑，欢呼万岁。因留贝勒济尔哈朗、萨哈廉，统兵一万守城。上率大军向山海关进发。是日，镇守永平两贝勒，察明城中仓库，擢道员白养粹为巡抚，管理永平所属地方，以革职官孟乔芳、杨文魁为副将，简阅兵丁，其本城汛兵，给与马匹甲胄弓矢，令乔芳、文魁领之。他处援兵，收其军器，各放还原籍。于是明众兵俱遁入昌黎县。丁亥，镇守永平两贝勒令开城，纵庄村百姓，各还其家。永平有周姓生员家人李春旺，造言将尽屠居民，煽惑众心。知县张养初，申呈镇守两贝勒，遂诛李春旺，枭示于众。是日，上遣白格、穆成格，谕镇守永平诸贝勒曰：朕获天眷佑，得此长久之基，凡我举动，惟求万全，尔等不必悬虑，但须秣马以待，若敌兵至，勿轻出城，我兵居守城中，可将汉人分置一隅，拨与房屋，一一分晰，书其姓名于门，区处停当，令各照门贴居住，其被戮尸骸，可于高阜处掘坎瘗之。"

以后，正月初八日，破迁安，十二日下滦州。十三日，天聪汗皇太极"以时方春和，命汉民乘时耕种，给以牛具，复榜示归顺各屯，令各安心农业"。①十七日，命固山额真纳穆泰、和硕图、图尔格、顾三台各率本旗兵，驻防滦州。不久，命察哈喇为帅，偕文臣范文程镇守遵化，命鲍承先、白格镇守迁安。

以上所引《太宗实录》的史料，具体又清楚地叙述了金军占领永平、迁安、滦州，以及遣派贝勒、将领镇守永平、滦州、迁安、遵化四城情形。至于，为什么要留下贝勒、将领、士卒镇守四城，而不是破城掠财之后，即弃城回沈？为什么要用降臣为巡抚、知州、副将，管理属下州、县、乡、镇及汉兵？为什么要令官、民、兵全部剃发？为什么再三宣谕不虐待降顺兵民？这些问题，在皇太极于天聪四年（1630年）讲述"七大恨"的木刻榜文中，可以找到答案。

这个木刻榜文，遍贴永平等四城所属地区。榜文写道：

"金国汗谕官军人等知悉：我祖宗以来，与大明看边，忠顺有年，只因南朝皇帝高拱深宫之中，文武边官，欺诳壅蔽，无怀柔之方略，有势利之机权，势不使尽不休，利不括尽不已，苦害侵凌，千态莫状。其势之最大最惨者，计有七件：……逮至朕躬，实欲罢兵戈，享太平，故屡屡差人讲说，无奈天启、崇祯二帝，渺我益甚，逼令退地，且教削去帝号，及禁用国宝，朕以为天与土地，何敢轻与？其帝号国宝，一一遵依，易汗请印，委曲至此，仍复不允。朕忍耐不过，故吁天哀诉，举兵深入，度陈仓阴平之道，行破釜沉舟之计。皇天鉴佑，势若破竹，顺者秋毫无犯，违者阵杀攻屠，席卷长驱，以至都下。朕又五次奉书，无一回音，是崇祯君臣，欺傲不悛，而蔑辱更炽也。今日抽兵回来，打开山海，通我后路，选都内地，作长久之计，尔等毋误谓我归去也。朕诸凡事宜，惟秉于公，成败利钝，悉委于天。今反复告谕，不惮谆谆者，叙我起兵之由，明我奉天之意。恐天下人不知颠末，怪我狂逞，因此布告，咸宜知闻，特谕。朕每战必胜，每攻必克，虽人事天意两在，朕毫不敢骄纵，今仗天攻下此城，是朕好生一念，实心养活尔等。当衔我再生之恩，勿得惊惶，勿起妄念。若皇天佑朕，得成大业，尔等自然安

①《清太宗实录》卷6，第10页。

康；若朕大业不成，尔等仍事南朝臣子，朕亦毫不忌怪。尔等若不遵朕命，东逃西窜，只自寻死亡，自失囊橐，即至异乡别土，亦虽过活，即行至天涯，朕得成大业，尔等亦无所逃，推诚相告，咸宜遵依。附谕。天聪四年正月日谕。"①

　　请注意，榜文中说："今日抽兵回来，打开山海，通我后路，迁都内地，作长久之计""今仗天攻下此城（指永平城）""若皇天佑朕，得成大业，尔等自然安康"。又要"打开山海，通我后路"，又要"迁都内地，作长久之计"，还要"皇天佑朕，得成大业"，难道这不是十分清楚地宣布了金国汗皇太极有"争主中原之心"，并且在采取行动，想完成入主中原的"大业"吗？

（二）战果辉煌

　　金国汗皇太极亲统大军，于天聪三年（1629年）十月初二日出发，十月二十六日破塞入边，十一月十五日到达离京城40里的通州，二十日与明军交战于德胜门、广渠门，二十七日再战于左安门，十二月二十六日大军东撤。此后，下永平、迁安、滦州，留兵驻守永平、迁安、滦州、遵化四城，于天聪四年三月初二日，大军回到沈阳，前后历时整整5个月。两个月以后，永平四城及其下属地方，被明军大举围攻，五月初九日失滦州，十三日镇守大贝勒阿敏率军弃城撤退回沈。

　　盘点燕京之役，对金而言，可以说是战果辉煌，收获巨大。

　　其一，首次破塞入边。明政府动用巨大人力、财力，重修长城，使之成为一个由镇城、路城、卫城、关城、堡城、敌台、瓮城、烽火台组成，且多设在高山峻岭、深沟峡谷、江河海湾等处的严密的防御体系工程，城关相连，烽火相望，层层布防，步步设险，重兵把守，以达到"一夫当关，万夫莫开"之效。过去金军从未抵达长城墙下，更不用说攻破关塞，进入城内了。而这次金军兵分两路，打下龙井关、大安口，首先驰入长城以内，标志着坚固长城再也不能堵住金军去路，从此金军就一而再、再而三地多次闯入长城以内州县。

　　其二，第一次兵临燕京城下。燕京，是堂堂天朝首都，大皇帝金銮宝殿所在之地，何等威严，哪能容许蛮夷之汗弹丸小邦酋长领兵来临，

---

　　① 木刻榜文现存北京大学。

更不用说兵临城下进攻帝京。皇太极的父汗努尔哈赤虽然多次来到京师，进入皇宫，但那是低头称臣，恭叩天朝大皇帝，所有卫兵皆被挡在城门之外。可是今天，皇太极来了，并且是统领大军数万，由群将护卫，兵临城下，还要向城进攻，大有打进城来、擒拿帝君的架势，金汗威风凛凛，明帝颜面丢尽，洗雪了金昔日两败于宁远的奇耻大辱，彰显了八旗劲旅无敌军威。

其三，计杀克星袁崇焕。从天命三年以"七大恨"书誓天攻下抚顺后，到天命七年，明金先后交战于萨尔浒、开原、铁岭、沈阳、辽阳、西平堡、广宁，明朝统帅经略杨镐、巡抚袁应泰、经略熊廷弼、巡抚王化贞，分别统兵10万、6万、13万，一个个全都败在金国英明汗手下。八旗劲旅攻城略地，所向披靡，明军畏金如虎，战辄溃逃。可是，到了天命十一年，风向变了，金国汗贝勒遇到了克星袁崇焕。身经百战、所向无敌的金国英明汗努尔哈赤，亲统大兵13万进攻宁远，却被领兵2万的区区宁前道袁崇焕打败，退回沈阳，以致伤、气、病交加，七个月以后含恨去世。第二年，金国新汗皇太极统领大军再攻宁远，又败于袁崇焕手下。并且这次袁崇焕不只是凭城抗敌，还派勇将满桂、祖大寿率领精锐将士布兵列阵城外，与金兵拼死"野战"，袁崇焕则"凭堞大呼"，指挥城上守兵，燃放大炮，猛烈轰打。尽管皇太极怒呼："昔皇考攻宁远不克；今我攻锦州，又未克。似此野战之兵，尚不能胜，其何以张我国威耶！"督令金军拼死进攻，然而仍然损伤惨重，不得不撤退，又被袁崇焕打败了。两年以后，金军兵临燕京城下，袁崇焕亲率2万精兵，在广渠门外与金军交战，袁崇焕身先士卒，与祖大寿领兵誓死抗敌，"野战"之时，又打败了金军。守战、野战，袁崇焕都是金军克星，如果崇祯帝倚任袁崇焕，授以关宁军权，那么，不仅宁远、锦州固若金汤，山海关也会更加坚固，迫使金军困居辽东，不能越雷池一步。且如金军绕道破寨入边，袭掠河北、山东、山西，也将被袁崇焕统军断了后路，那时，明军前后左右围攻，金军可就命悬一线了。这次皇太极施用反间计，让昏君朱由检杀了袁崇焕，可就去除了克星，敞开了金军多次欲入袭明国腹地的大门，其对金国而言，真是天大收获。

其四，击杀关宁勇将，歼灭大量明兵。家居宣府的蒙古人满桂，行伍出身，军功累累，历任总旗、百户、守备、参将、副总兵、总兵，"忠勇绝伦"，在两败金军进攻宁远之战中，功勋卓著。袁崇焕下狱后，崇祯帝任满桂为武经略，尽统入卫各军。天聪三年十二月十七日，金军攻永定门，满桂偕总兵黑云龙、麻登云、孙祖寿领马兵4万，列阵永定门外，"四方列栅木，四面列抢炮"。崇祯帝催令进攻，满桂谏阻说"敌劲援寡，未可轻战"，欲图固守，但帝遣太监督催进攻，双方交战，满桂、孙祖寿战死，黑云龙、麻登云被俘，全军覆没。之前，总兵赵率教战死于遵化，总兵朱国彦败死于三屯营，之后副总兵官惟贤战死于遵化波罗湾，兵部尚书刘之纶统兵八营，也败死于遵化。祖大寿撤回锦州。畿内明兵，望风溃逃，八旗军威无敌，明军死伤惨重。

其五，掠获大量人畜财帛。虽然清实录没有具体说明俘获多少，但有几段叙述，也可了解大致情形，天聪三年十一月二十五日，"上命自克遵化以来，所获马骡，均赏兵丁，人各一匹"。①遵化是十一月初三日攻下的，此后，"攻蓟州，取三河、玉田、香河、顺义诸县"，二十四日到达南海子。所掠马骡，均赏兵丁，人各一匹。按金军5万计算，赏了5万匹。十二月初一，取良乡，第二天，"纵略良乡县，俘获甚多"。初四日，"以俘获牛马，兵丁每人马一、牛一，其余骡牛，俱令均分"。②马一、牛一，就有10万匹，还有剩余。天聪四年正月十七日，"命贝勒岳托、豪格率官四十员，兵千人，还沈阳，令留守兵来更替。其从前俘获人口及马匹，以三千计，俱令携还"。③天聪四年四月十二日，"贝勒阿巴泰、济尔哈朗，萨哈廉率所部兵凯旋，我军所获人畜财币器皿等物，悉载以行"。④

这些记述，可以说明，人畜财帛的俘获，数量是非常多的。而命令进行这些掠俘行动的最高指挥者，则是自诩爱恤明朝士民的天聪汗，后来尊称"宽温仁圣皇帝"的爱新觉罗·皇太极。《清太宗实录》卷6，第31、第32页载：天聪四年四月二十一日，午，镇守永平贝勒阿巴泰等，遣吴赖率十六人具疏奏言，金兵往略丰润县界。巴克什吴讷格兵，并蒙古兵，马匹俱瘦，又恐城中亦需防御，因令之还。吴讷格将至永平，会明马步兵共四千人来攻大安口。吴讷格、察哈喇兵奋击尽歼之。又臣等未到时，吴讷格、察哈喇兵于樵采处，用伏兵击敌兵，获马二百

---

①《清太宗实录》卷5，第43页。

②《清太宗实录》卷5，第46页。

③《清太宗实录》卷6，第11页。

④《清太宗实录》卷4，第20页。

三十……

己卯，贝勒阿巴泰、济尔哈朗、萨哈廉军还，次杨石木河……三贝勒具以所行事务，奏闻于上。"上因问达海等，是役俘获，视前二次如何，对曰：此行俘获人口，较前甚多。上曰：金银币帛，虽多得不足喜，唯多得人为可喜耳，金银币帛，用之有尽，如收得一二贤能之人，堪为国家之助，其利赖宁有穷也。且将来休养生息，我国人民，日益繁庶矣。命总兵官额驸杨古利，率兵二千，往掠锦州义州一路。"

第二编　分庭抗礼　大清称帝

一、围攻大凌河城

天聪三年（1629年）十月至四年三月的燕京之役，金国兵临燕京城下，计杀督师袁崇焕，击毙满桂、赵率教、孙祖寿等勇将，歼灭众多明兵，掠获大量人畜，八旗军威大振，士气高涨，斗志昂扬。天聪汗皇太极又吸取了两败宁远遭受红衣大炮猛轰的教训，以掠获的红衣大炮，命汉将仿造，于天聪五年（1631年）正月铸成。《清太宗实录》卷8，第3页记述了此事：

> "造红衣大将军炮成，镌曰：天佑助威大将军，天聪五年孟春吉旦造。督造官，总兵官额驸佟养性；监造官，游击丁启明，备御祝世荫；铸匠王天相、窦守位，铁匠，刘计平。先是我国未备火器，造炮自此始。"

经过反复思考和群臣集议，做好充分准备后，皇太极决定亲率大军数万，往攻大凌河城。明人称其兵数为"东兵六万"。[①]

大凌河城，以临大凌河而为名。大凌河城在锦州之东，离锦州40里，西至宁远140里，再往西到山海关是340里。对锦州而言，是锦州的屏障。

天聪五年七月二十一日，皇太极听说明总兵祖大寿与何可刚等副将十四员，率山海关外八城兵，并修城夫役，兴筑大凌河城，欲乘金兵未至时竣工，尽夜催督甚力。因统大军往征之，檄归附诸蒙古贝勒头目，

各率所部兵，来与大军会合。

七月二十六日，皇太极升殿，集诸贝勒大臣，议设统兵将帅，每固山额真下，两翼各设梅勒额真一员；每甲喇，各设甲喇额真一员，其随营红衣炮、大将军炮四十位，及应用挽车牛骡，皆令总兵官佟养性管理。

七月二十七日，皇太极亲率各贝勒、将帅及大军出发，命贝勒杜度、萨哈廉、豪格留守都城。

第二天，七月二十八日，皇太极召集各将。

"谕曰：沈阳辽东之地，原非我有，乃天所赐也，今不事征讨，坐视汉人，开拓疆土，修建城郭，缮治甲兵，使得完备，我等岂能安处耶。朕是以不惜财帛，及与朝鲜通市所得货物，尽与蒙古，易其马匹，兴师征讨。"[1]

八月初一日，到达旧辽河，蒙古各部贝勒分率所部兵士来会合。

八月初二日，军分两路，命贝勒德格类、岳托、阿济格率兵二万，由义州前进，屯于锦州、大凌河城之间等待。皇太极亲统大军由白土场入，向广宁大道行进，约定于初六日于大凌河城会师。

八月初五日，大军于夜间出发，第二天辰刻抵达大凌河，俘获一名汉人，讯问敌情。汉人说：

"明修筑大凌河城，已经半月，城墙已完，雉堞完其半，有总兵祖大寿及副将八员，参游约二十员，马兵七千，步兵七千，夫役商贾，约万余人在焉。"[2]

于是大军遂以是夜进围其城。皇太极为避免强攻损伤大，判定敌军城内粮草不多，难以持久，故决定掘壕筑墙围攻，召集贝勒大臣，下令说：

"攻城恐士卒被伤，不若掘壕，筑墙以困之。彼兵若出，我则与战，外援若至，我则迎击，于计为便。因命正黄旗固山额真楞额礼率本

---

[1]《清太宗实录》卷9，第18、19页。

[2]《清太宗实录》卷9，第21页。

旗兵围北面之西。镶黄旗固山额真额驸达尔哈，率本旗兵围北面之东。贝勒阿巴泰率护军在后策应。正蓝旗固山额真觉罗色勒率本旗兵围正南面，莽古尔泰、德格类两贝勒，率护军在后策应。镶白旗固山额真伊尔登率本旗兵围东面之南，墨尔根戴青贝勒多尔衮率护军在后策应。正红旗固山额真额驸和硕固率本旗兵围西面之北，大贝勒代善率护军在后策应。蒙古固山额真鄂本兑率本旗兵围正西面，镶红旗固山额真叶臣率本旗兵围西面之南，贝勒岳托率护军在后策应。蒙古诸部落贝勒各率所部兵围其隙处。总兵官额驸佟养性率旧汉兵载红衣炮、将军炮，当锦州大道而营。诸将各固守汛地，勿纵一人出城。于是诸将各遵谕旨，分赴汛地，又环城四面掘壕，深广各丈许；壕外筑墙高丈许，墙上加以垛口，墙内距五丈余地，又环掘壕，广五尺，深七尺五寸。壕上铺秫秸，覆以土，营外亦掘壕，深广各五尺许，防守既固，城内城外之人，遂不能通出入矣。"①

皇太极又命系书于箭，射入城中，劝诱蒙古投降说：

"我满洲与尔蒙古原系一国，明则异国也。尔等为异国效死，甚无谓，予甚惜之。尔等之意，恐我诱降复杀，故不相信耶，予不惟不杀尔蒙古之人，即明人为我仇敌，其拒战而被杀者则有之，来降者无不恩养之。肆行屠戮，予所不忍，一体推恩，是予素志，惟善养人，故人皆归附，予之善养与不，尔辈岂不稔闻，若谓予言为诈，人可欺，天可欺乎。"②

此书所说"我满洲"，原来应系女真，实录作者作了修改。

八月二十六日，锦州副将二员，参将十员，率兵6000来援。金军大败明兵，追杀至锦州城，俘获一员参将。九月初十，遣被俘游击至大凌河城下，绕城大呼："山海关总兵遣我尽率所部兵来援，为满洲往围锦州之兵所败，斩杀已尽，我被擒至此。"③

---

① 《清太宗实录》卷9，第21、22、23页。
② 《清太宗实录》卷9，第24页。
③ 《清太宗实录》卷9，第3页。

九月十八日，皇太极致书城中守将祖大寿，劝其归降说：

"今和议既，绝朕故留兵居守，亲率大军深入，幸遇将军于此，似有宿约，深惬我仰慕将军素志，意者天欲我两人相见，以为后图乎，心窃庆慰，是用遣使，伸悃朕之所以爱将军者。因我起自东陲，但知军旅之事，至于养民驭兵之道，实所不知。山川地势之险夷，亦多未谙，倘得倾心从我，战争之事我自任之，运筹决胜唯将军指示，休戚与共，富贵同享，此朕之愿也。朕前向银住言，尔安得乘间，劝尔主帅与我同谋，将军若不信，银住可问也，倘以朕言为是，幸速示回音。今闻城内士马亡毙殆尽。甚为可惜，惟将军熟思而独断之，勿惑众言。"[1]

一边写书劝降，一边又施诡计，诱敌出城。也就在致书的第二天，九月十九日，《清太宗实录》卷9，第39、40页载：

"上命营内厮卒，执旗帜，向锦州驰骋扬尘，伪为锦州援兵至，距城十里，声炮不绝。上率护军伏于山内，城中见之，祖大寿等遂率兵出城。至西南隅，来攻我兵所得之台。竖梯将攻，宗室篇古及叶臣、鄂本兑、贝勒明安，四营兵齐出进击之，明兵大败。上率所伏军掩至，敌知坠计奔入城，我军阵斩敌兵十七人于台下，生擒一人，敌兵中伤死者百余人。副将石廷柱，复擒蒙古骑兵一人至，上命斩之。自是大寿等闭城，不敢复出。"

九月二十三日，皇太极遣喀木赏谕，回沈阳取军士衣服及火药万斤，并宣示捷音：

"自前遣人宣示捷音后，又有明山海关宋总兵、遵化吴总兵、宁远邱巡抚、山海关以外马步兵，悉入锦州，朕往视之，敌兵七千骑突出，被我军击败两次。至十九日，复诱大凌河敌兵出城，斩其攻台兵十七人。以朕视之，敌困愈已甚，有出城樵采者，我军追之，皆仆，不能

①《清太宗实录》卷9，第39、40页。

奔。擒而讯之，言城中谷穗半堆，以汉斛约计之，不遇百石，原马七千倒毙殆尽，尚余二百，其堪乘者止七十四。夫役死者过半，其存者不过以马肉为食耳。柴薪已绝，至劈马鞍为炊。兹遣取军士衣服者，以汉人故事，有食弓弦尚且固守者，倘敌似此，死守不出，耽误时日，至于严冬，恐我军苦寒，故令往取耳。火药可送万斤来。"①

九月二十四日，明军4万来援大凌河城：

"明太仆寺卿监军道张春总兵吴襄、钟纬等率副将张洪谟、杨华徵、薛大湖、张吉甫、满库、祖大乐、王之敬、赵国志、刘应国、金国臣、张邦才，于永寿，参将姜新、祖邦林、于应选、穆禄、桑阿尔寨、海三代、王弘化，游击李正蓁、涂廓、张汝中、王荫、祖宽、窦勋，都司守备千总共百余员，马步兵四万余，来援大凌河，欲解祖大寿围，过小凌河，即掘壕，列车盾枪炮等器，整列甚严。"

《清太宗实录》卷9，第41、42、43页叙述了此战情形：

"上欲更番迎击，因分军为二，亲率其半先往，令士卒亦列车盾。上见敌壁垒严整，意在必战，恐彼营坚，致伤我众，不宜轻战，欲俟彼军起行前进，乘隙击之，遂引军还。戊戌，明兵四更，起营，趋大凌河，距城十五里。哨卒以闻。上与大贝勒代善、莽古尔泰，贝勒德格类、阿济格，额尔克楚虎尔贝勒多铎、硕托，率满洲蒙古旧汉兵约二万往视之，见敌马步兵合营。四面列大小炮及鸟枪。上虑车兵行迟，于是率两翼骑兵，直冲敌营，敌坚峙不动，比接战，火器齐发，声震天地，铅子如霰，矢下如雨。我右翼兵冲入张春营，敌兵遂溃。明总兵吴襄、副将桑阿尔寨等先奔。我左翼兵因避炮矢，未迎敌冲入，亦踵右翼兵而进，以故敌兵尚拒战，我军复攻破之，截杀大半，追奔三四十里许。吴襄、桑阿尔寨远遁，其余复收溃众立营。我军追敌未还，上命佟养性部众，屯于敌营东，发大炮火箭，毁其营。时有黑云起，且风从西来，向

---

① 《清太宗实录》卷9，第41、42、43页。

我军，敌乘风纵火，势甚炽，将逼我阵，天忽雨，反风向敌，被焚者甚众。少顷雨霁，我追敌兵悉还。是役也，上先遣精锐为伏兵，扼敌归路，而列行营兵车盾于前，护军及蒙古兵于后，于是行营兵推战车近敌，纵骑兵发矢冲阵，敌阵坚，施火炮鸟枪力战，我兵复以矢攻之，敌不能当，遂溃走。我军先杀其步兵，从四向追击，其骑兵间有脱者，复遇我伏军发，悉歼之。生擒张春、张洪谟、杨华徵、薛大湖，及参将、游击、都司、守备总共三十三员，阵斩张吉甫、满库、王之敬及众弁，其吴襄、钟纬、祖大乐、赵国志、刘应国、张邦才、于永寿、金国臣、祖邦林、于应选、穆禄、桑阿尔寨、海三代、祖宽、窦勋等，率所部将士俱遁走，尽获其骆驼牛马车辆甲胄器械。"

皇太极很欣赏明总兵祖大寿及其家族将领所辖兵士的骁勇善战，曾誉之为"明人善射精兵，尽在此城，他处无有也"，[1]故竭力劝其归顺，多次致书招降。天聪五年（1631年）十月初七日，皇太极令俘获张春属下文官武将33员，各以己意写招降书，遣千总姜桂进入大凌河城，劝降。祖大寿坚决拒降说："我宁死于此城，不降。"[2]

十月初九日，皇太极又致书祖大寿招降说：

"满洲国皇帝，致书祖、何、张、窦四大将军。姜桂还，言尔等恐我杀降，故招之不从。夫我国用兵，宜诛者诛之，宜宥者宥之，酌用恩威，岂能悉以告尔。至辽东人被杀，是诚有之，然心亦甚悔，其宽宥者悉加恩养，想尔等亦已闻之矣。现在恩养之人，逃回尔国者亦少，且辽东、广宁各官，在我国者感我收养之恩，不待命令，自整汉兵，设立营伍，用火器攻战，谅尔等亦必知之。至于永平攻克之后，不戮一人，爷子夫妇，不令离散，家属财物，不令侵夺，加恩抚辑，此彼地人民所共见得。只因我二贝勒阿敏，胸怀异志，紊乱军纪，滦州被围三日，竟不遣兵救援，杀我已抚之官民，弃我已得之疆土，二贝勒坐此幽禁，想尔等亦必闻之也。至我之杀蒙古顾特也，因其要杀降我之人，逃向尔国，愿为仇敌，是以遣兵蹑其迹，执而诛之，岂尝以计诱杀之耶。我若无故诛戮良善，则如察哈尔汗之兄弟、敖汉、奈曼、兀鲁特五卫喀尔喀、成吉思汗之第四王、贝勒，何以皆率其属国归我，亦因我恩养之故，斯望风来附耳。即今日之役，各蒙古贝勒，及科尔沁土谢图汗，每部落发兵百名从征，余俱留守，如心不相信，岂肯随我出师乎。不惟顺我者宽宥，即阵获蒙古贝勒、塔布囊等，并尔国麻登云、黑云龙等官，一经归顺，我即加恩养，尔等岂未之闻耶。今大凌河孤城被困，我非不能攻取，不能久驻，而出此言，但思山海关以东，智勇之士，尽在此城，或者，荷天眷佑，俾众将军助我乎，若杀尔等，于我何益，何如与众将军共图大业，故以肝膈之言，屡屡相劝，意者尔等不愿与我共事，故出此支饰之言耶。若实欲共事，可遣人来，我当对天地盟誓，我亦遣人至尔处莅盟，既盟之后，复食其言，独不畏天地乎。幸勿迟疑，伫俟回音。"[1]

此书所说满洲国皇帝应为金国汗，祖乃祖大寿，何为何可刚，张为张存仁。

皇太极让降金汉官、工匠铸造的红衣大炮，在此次作战中发挥了很大作用，攻降于子章台，即系一典型例证。十月十二日，于子章台因被炮轰而降，周围百余台害怕炮轰，亦跟着降顺。《清太宗实录》卷10，第2、5、6页载，十月初九日，"遣官八员，率兵五百人及旧汉兵全军，载红衣炮六位、将军炮五十四位，往攻于子章台"。十二日：

"明于子章台参将王景，携男子二百三十九名，妇女幼稚三百三十九口，牲畜七十，来降。景朝见毕，上以貂裘貂帽赐之。是台峙立边界，垣墙坚固，我军连攻三日，发红衣大将军炮，击坏台垛，中炮死者，五十七人，台内明兵，惶扰不能支，乃出降。是台既下，其余各台，闻风惴恐，近者归降，远者弃走，所遗粮糗充积，足供我士马一月之饷。至红衣大炮，我国创造后，携载攻城自此始，若非用红衣大炮击攻，则于子章台必不易克，此台不克，则具余各台不逃不降，必且固守。各台固守，则粮无由得，即欲运自沈阳，又路远不易致，今因攻克

---

①《清太宗实录》卷10，第2、3、4页。

于子章台，而周围百余台闻之，或逃或降，得以资我粮糗，士马饱腾，以是久围大凌河，克成厥功者，皆因上创造红衣大将军炮故也。自此凡遇行军，必携红衣大将军炮云。"

尽管祖大寿曾表示坚决不降，可是，围城三月，城内"粮绝薪尽，军士饥甚，杀其修城夫役及商贾平民为食，析骸而炊"。又执军士之弱者"杀而食之""且夕不能支"。虽欲突围，金军守围严密，逃不出去；"欲守，则外无援兵，内无刍牧，军民危急已极"。围城前，大凌河城有"骑步兵及工役商贾共三万余人"，战马万匹，"因相继阵亡，或饿死，或互相食，至是，存者止万一千六百八十二人、马三十二匹"。"大寿等力竭计穷"，只得与金军商议归降。[①]

祖大寿遣养子祖可法来金军营，诸贝勒问祖可法："汝等死守空城何意？"祖可法以怕金国杀降人回答。《清太宗实录》卷10，第11页记述了双方问答情形：

"可法答曰：天与尔辽东，永平兵民，若不加屠戮，则天下之民，闻风归顺，因屠戮降民，是以人皆畏缩耳，岳托曰：前杀辽东兵民，此亦当时事势使然，然我等不胜追悔，后杀永平兵民者，乃二贝勒阿敏之事。上以其违命妄杀，已将阿敏论罪幽禁，夺其属员矣，我皇上自即位以后，敦行理义，治化一新，抚养黎民，爱惜士卒，仁心仁政，尔等岂不闻之。可法答曰：上于贫困者赈给衣食，富饶者秋毫无扰，宽仁爱民之德，亦尝闻之，然我国之人，见尔等先年杀戮，肝胆俱丧，今虽言养人，而人犹不信者，职此故也。"

诚心降顺的副将祖泽润秘密从城中射出的书信中，也讲了怕金军杀降的情形：

"招练营副将祖泽润，叩禀汗麾下，前遣人来招降时，虽以一言立决，盖众官不从者甚多，或云，汗非成大事之人，诱降我等，必仍回军，或又云，此特诱降，而杀之耳，是以宁死不肯归顺。我对众言，前

①《清太宗实录》卷10，第7、20页。

日汗所遗书，明言向曾有所杀戮，今则概与安全，此人所共知者，今不信此言，摇惑众心者，惟何可刚、刘天禄、祖泽洪三人。何可刚云，汗非成大事之人，得永平先回，又屠永平人民，我等若降，纵不杀，亦必回军，我等安归。平冀营祖泽洪，诱诳众蒙古，使不降汗，又有逃来人，言汗于敌国之人，不论贫富，均皆诛戮，即顺之，不免一死，以此众议纷纭。"[1]

　　此时，祖大寿乃明军唯一能和金军对阵，能据城坚守的勇将，其弟祖大弼更号称"万人敌"，祖大寿之子祖泽溥、祖泽洪、祖泽清，养子祖可法等，皆骁勇善战。所以，皇太极决心从厚优待，盟誓天地。

　　双方谈好归顺条件，祖大寿与城内各官议定投降，独副将何可刚不从，慷慨就义。十月二十八日，祖大寿遣副将四员、游击二员出城，来金军营，与汗、贝勒对天盟誓，《清太宗实录》卷10，第15、16页记述了双方立誓誓词：

　　"上与诸贝勒对天誓曰：明总兵官祖大寿，副将刘天禄、张存仁、祖泽润、祖可法、曾恭诚、韩大勋、孙定辽、裴国珍、陈邦选、李云、郑长春、刘毓英、窦承武，参将游击吴良辅、高光辉、刘士英、盛忠、祖泽远、胡弘先、祖克勇、祖邦武、施大勇、夏得胜、李一忠、刘良臣、张可范、萧永祚、韩栋、段学孔、张廉、吴奉成、方一元、涂应乾、陈变武、方献可、刘武元、杨名世等，今率大凌河城内官员兵民归降，凡此归降将士，如诳诱诛戮，及得其户口之后，复离析其妻子，分散其财物牲畜，天地降谴，夺吾纪算。若归降将士，怀欺挟诈或逃或叛，有异心者，天地亦降之谴，夺其纪算，显罹国法。如遵守此盟，天地垂佑，寿命延长，世泽久远，安享太平。大寿等誓曰：祖大寿等，率众筑城，遇满洲国兵，围困三月，军饷已尽，率众出降，倾心归汗，毫无猜疑，归顺以后，官军人民家口，俱获保全，若大寿等违心背盟，天地鉴之，殃及其身，死于刀箭之下。倘汗以计诈害，亦唯汗自知之。"

---

[1]《清太宗实录》卷10，第12页。

誓毕，祖大寿即于当天晚上出城，来到金军大营。《清太宗实录》卷10，第17、18页记述了金国汗皇太极与军中诸贝勒隆重接待祖大寿情形：

"上命诸贝勒出迎于一里外，诸贝勒行抱见礼。大寿曰：诸贝勒来迎，何以克当。诸贝勒曰：将军亲至，岂有不迎之理，一鼓尽时，方至御营。上出幄，列炬以俟，大寿欲跪见。上止之，行抱见礼，令大寿先入幄，大寿谢不敢，遂并入，命坐于上左，设馔宴之，以金卮酌酒，亲赐大寿，大寿辞，候上先饮。上先让大贝勒代善饮，次上饮，次命大寿饮，大寿曰：我所携之物，日久已罄，愿借汗酒，奉献御前，于是酌酒跪进，上饮毕。上以御服黑狐帽、貂裘，及金玲珑鞓带、缎靴、雕鞍、白马，赐大寿曰：初来归我，宜拜天地，以礼相见，因暮夜，不能成礼，且在戎行，携物无多，不能以嘉物相赠也。大寿奏曰：蒙皇上优待若此，夫复何言，我虽至愚，岂木石等耶。遂定取锦州之策，大寿辞入城。上送出，俟大寿行，方入幄。"

祖大寿与皇太极议定，伪装为兵败溃逃，混入锦州，日后里应外合，智取锦州。

第二天，十月二十九日，皇太极命贝勒阿巴泰、德格类，墨尔根戴青贝勒多尔衮，贝勒岳托，率梅勒额真8员，官40员，兵4000人，俱作汉装，偕祖大寿及所属兵350人，作溃奔状，袭取锦州。漏下二鼓，大凌河城内炮声不绝，大寿兵起行，阿巴泰等亦率军前往，会天大雾，觌面不相识，军皆失队伍，遂各收兵，及明而还。[①]

第二天，十一月初一，皇太极与诸贝勒商议，欲纵祖大寿回锦州，以作他日内应。皇太极说：

"朕思与其留大寿于我国，不如纵入锦州，令其献城，为我效力。即彼叛而不来，亦非我等意料不及而误遣也，彼一身耳，叛亦听之。若不纵之使往，倘明国别令人据守锦州、宁远，则事难图矣，今纵还大寿

①《清太宗实录》卷10，第18页。

一人，而先携其子侄，及其诸将士以归，厚加恩养，再图进取，庶几有济也。"

议定以后，告之祖大寿。祖大寿遂与皇太极约定内应事宜。当天祖大寿即带着厮卒26人，离开大凌河，进入城西40里的锦州城。

祖大寿告诉明辽东巡抚邱禾嘉，自己是突围回归，隐瞒了降金之事。邱禾嘉知道祖大寿已经降金，遂秘密上奏，崇祯帝欲羁縻这员勇将，遂置之不理，仍让祖任原官。祖大寿照旧统兵，与金作战，不实行原先议定做金军内应的承诺。

皇太极欲用祖大寿做内应的计策虽未奏效，但围攻大凌河之战，仍然收获很大。一是攻下了守备坚固的大凌河城。二是消灭明军3万，歼来援之兵4万，大败锦州来援之兵7000，俘获祖大寿部下的几十员将领及其城中马步兵（原系1.5万人，除战死饿死外，还剩1万人左右）。三是施行了围点打援的新战术，有利于10年以后的松锦决战。四是第一次使用红衣大炮，效果显著。五是俘获了大量明军火器军械，仅大小火炮就有3500位，还有很多鸟枪、火药、铅子。①六是吸取明朝读书明理的优良传统，强调八旗贝勒大臣子弟必须读书明理，忠于清廷。闰十一月初一，皇太极下达汗谕说：

"朕令诸贝勒大臣子弟读书，所以使之习于学问，讲明义理，忠君亲上，实有赖焉。闻诸贝勒大臣，有溺爱子弟不令就学者，得毋谓我国虽不读书，亦未尝误事与。独不思昔我兵之弃济州，皆由永平驻守贝勒，失于救援，遂致永平，遵化、怀安等城，相继而弃，岂非未尝学问，不明理义之故乎。今我兵围明大凌河城，经四越月，人皆相食，犹以死守，虽援兵尽败，凌河已降，而锦州、松山、杏山，犹不忍委弃而去者，岂非读书明道理，为朝廷尽忠之故乎。自今丹子弟十五岁以下，八岁以上者俱令读书，如有不愿教子读书者，自行启奏。若尔等溺爱如此，朕亦不令尔身披甲出征，听尔任意自过，于尔心安乎，其咸体朕意，毋忽。"

---

① 《清太宗实录》卷10，第21页。

二、四次破塞入边　蹂躏明朝腹地

（一）天聪八年　入掠宣大

天聪五年（1631年）的围攻大凌河，虽大振军威，收取大小火炮3500位，但仅得空城一座，无粮无银，士卒没有掠获人畜财帛，颇有不满。阿济格贝勒对此就曾直言："先我兵围大凌河，四越月，尽获其良将精兵，在汗与诸贝勒大臣固有得人之庆，但部下士卒及新附蒙古等，一无所获，皆以为徒劳。"①

此时金国固然兵强马壮，八旗将士斗志高涨，争欲攻城略地，掠取人畜财帛，军威无敌，但是国内经济状况不佳，财政困难，将领皆无官俸，兵士没有饷银，唯一的出路是对外征战，抢掠人畜银帛。

金国之东为朝鲜，虽于天聪元年（1627年）被金军打败，被迫签立城下之盟，断绝与明朝关系，但口服心不服，仍然心向明朝。金国之西是漠南蒙古各部，其宗主察哈尔林丹汗一直与金为敌。金国之南是明朝。三者之中，应以谁为最先进攻之敌？

天聪七年（1633年）六月十八日，皇太极"以征讨明国及朝鲜、察哈尔，三者用兵何先"，征求贝勒、大臣意见。济尔哈朗、阿济格、多尔衮、多铎、杜度、岳托、萨哈廉、豪格、阿巴泰九位贝勒，扬古利、楞额礼、和硕图、叶臣、宗室篇古、伊尔登六位固山额真，分别讲了自己的主张，绝大多数人认为应以攻明为先，但此时时机未至，不能取而代之，而是深入腹地，攻城略地，掳取人畜财帛，蹂躏州县村屯。比如，阿济格贝勒奏：

"汗宜亲驻边外，命诸贝勒将帅，率马步大军进边，边内人民财物禾稼，应杀者杀之，应取者取之，每旗计甲，派带人口，所到之处张示招降，然后相敌形势，酌量缓急而行。"

多铎贝勒奏：

"我国之兵，非怯于斗者，但使所得各饱其欲，则虽死不恤，稍不

①《清太宗实录》卷14，第18、19页。

如意，遂无斗志。若止攻山海关外之城，有如射覆，岂可必得。夫攻山海关以外之城，与攻燕京通州之城，名虽不同，劳苦则一，臣愚以为宜直入长城，庶可餍士卒之心，亦可合汗久长之计。"[1]

固山额真扬古利奏：

"兵贵神速，不可逗绕，若逾年不往，则敌人乘机修备，欲图再举，不特人事难齐，抑且天灾不测，废时失事，职此之由。我国暇则一年两征，不暇亦一年一征乃为善策，若再缓则无及矣。先年怠缓延至今日，亟当深入其境，遇城必克，所克之城，即令已出痘贝勒将帅，率兵屯驻。皇上与贝勒之未出痘者暂且还都。倘不得城堡，则令兵纵略，焚其室庐，敌者杀之，拒者俘之，降者编为户口，所俘各照牛录派数上献。至于兵士所获，不计多寡，听其自取，若此则人人贪得，不待驱逼，而贾勇争先，兵势大振矣。所得城堡，惟贝勒更番驻扎，以下兵将，不得更换，事不经劳苦，岂有能成功拓地者乎。如谓有妨农事，则待农竣兴师，令妇子收获，农事亦无妨也。朝鲜、察哈尔，且置度外；山海关外，宁远、锦州，亦且缓围。但宜深入复裹，腹裹既得，朝鲜皆吾手足，察哈尔自尔归顺，不则远遁矣。"[2]

皇太极采纳了先攻明朝，深入腹地，大掠人畜财帛，蹂躏州县村屯的意见，先后于天聪八年（1634年）、崇德元年（1636年）、崇德三年（1638年）、崇德七年（1642年），四次大举入边攻明。

天聪八年五月十一日，皇太极谕以出师日期，传告都元帅孔有德、总兵官耿仲明、尚可喜，并召集各固山额真、众章京、拨什库等于大殿，传谕行军事宜：

"每牛录下派骑兵二十名，护军八名，各处兵士，期于十九日入城，骑兵于二十日启行，护军于二十二日启行，右翼五旗，由上榆林出口，左翼五旗，由沙岭出口。师行时，勿擅离本纛，勿酗酒，勿践踏田

---

①《清太宗实录》卷14，第20页。
②《清太宗实录》卷14，第24、25页。

禾。……每甲喇出弓匠二名，每牛录出铁匠一名、钁五、锛五、锹五、斧五、锛二、凿二。每人随带镰刀，各备一月糗粮。每牛录纛一杆，每二人共枪一杆，箭五十枝。每甲喇出云梯二架，用预采干木为之，各备冬衣一副。固山额真以下，牛录章京以上，各量力备鲜明衣服凉帽，凡马绊及匙碗，俱书字号，每兵携带帐房一架。"①

另外，又带"随营红衣炮十八位"。②

此次出征，兵士众多。仅金国汗皇太极所率的八旗满洲士卒及孔有德的天佑军、尚可喜的天助兵，在抵阳石木河时，沿河就立下20营。《清太宗实录》卷18，第33、34页载：天聪八年五月二十日，命正黄旗固山额真纳穆泰、镶黄旗固山额真梅勒章京达尔哈、正红旗固山额真梅勒章京叶克书、镶红旗固山额真昂邦章京叶臣、镶蓝旗固山额真宗室篇古、正蓝旗固山额真觉罗色勒、正白旗固山额真昂邦章京阿山、镶白旗固山额真梅勒章京伊尔登、左翼固山额真公吴讷格、右翼固山额真甲喇章京阿代，偕诸梅勒章京、甲喇章京、牛录章京等，并天佑军都元帅孔有德、总兵官耿仲明、天助军总兵官尚可喜等，各率兵前发。丁未（二十二日），上率大贝勒代善，贝勒阿巴泰、德格类、阿济格、多尔衮、多铎、岳托、萨哈廉、豪格，左翼超品公扬古利，与八旗护军统领、护军参领及护军等，于卯刻，出盛京抚近门，谒堂子，列八纛，鸣角奏乐，拜天，大军西行，出上榆林口，至达代塔前，驻营。戊申，大军渡辽河，抵阳石木河，沿河立20营。

同时，还调集了大量外藩蒙古兵。五月二十四日，大军至都尔鼻地方，与前行兵会。喀喇沁土默特部落古鲁思希布、塞冷、石兰图、耿格尔，"率马兵五千来会"。五月二十八日，大军至查布哈克驻营，巴林部落塞冷、满珠习礼、阿玉石，奈曼部落衮出斯巴图鲁等，"各率本部兵来会"。二十九日，大军到纳里特岗"立营，绵亘山野"。六月初一，大军到古尔班图尔哈立营，阿禄部落杜稜济农、东戴青等，"各率本部兵来会"。③六月初七日，札鲁特部落色本达尔汉巴图鲁、恩克

---

① 《清太宗实录》卷18，第24、25页。

② 《清太宗实录》卷18，第20页。

③ 《清太宗实录》卷18，第35页，卷19，第1页。

参、桑噶尔寨、昂阿、戴青、傅尔济、巴特玛、马尼青巴图鲁、寨桑、毕登图、拜浑代、喇巴泰、满朱习礼、永图、额腾、马尼、恩格参、祭尔哈朗、多乐济、额尔古得克、额参特、桑图、俄尔博克、喀巴海、根度尔、常加布、内齐、吴喇忒部落杜巴、绰克托、图虎、阿布尔古、孟古尔代、桑噶尔寨、舒墨尔、和尼海、班第思辖布、土门达尔汉、克什克、阿巴噶尔代、俄木布、塞冷、阿拜图、戴青、多尔济、莫罗寨、阿禄翁牛特部落杜稜济农、额尔德尼寨桑、达尔汉顾实、班第卫徵、达喇海、萨阳、巴木布、满济、海岱塔布囊、得济塔布囊、宜尔札木、绰思熙台吉、布代、毕礼克、博罗和、昂阿塔布囊、达尔汉卓礼克图、琐诺木达尔汉、俄尔和达克桑噶尔寨、多尔济、木舒、顾禄、塔赖楚虎尔、巴尔察、祁他特、海寨古木、阿玉石、穆章、古木、代公、孔果尔、达尔玛、马萨等诸部落蒙古贝勒，各率所部兵来会。[1]

七月初二日，嫩科尔沁国土谢图济农巴达礼、额驸孔果尔、扎萨克图杜稜布塔齐、台吉吴克善、伊尔都齐多尔济、桑噶尔寨、琐诺木、达尔汉巴图鲁满朱习礼、寨冷、或是尔马、古森、扎木巴喇、塞尔固稜等，率兵5000人来会。[2]

以上仅古鲁思希布一行及土谢图济农巴古礼一行，就率蒙古兵1万来会，加上其他几十位贝勒、台吉所率本部兵，至少也有几千名兵士。这就是说，外藩蒙古兵多达2万名左右。

为了鼓励满蒙汉兵奋勇冲杀，皇太极于六月二十三日下谕，允许士兵所获牲畜、布、衣等物，归己所有：

> "谕众军曰：大军远征，念尔等行间劳苦，凡所获牲畜，及布匹衣服等物，听尔等取之，每牛录会同均给，至于金珠缎匹珍贵之物，宜献之各贝勒，毋得擅取。蒙天眷佑，使我军士富足，庶购买马匹，整顿器械，各有所资，不致有误，故逾格加恩，从来出师，无此例也，如违旨隐匿应献之物，必照例治罪，仍没所获之物入官。"[3]

---

①《清太宗实录》卷19，第2、3页。

②《清太宗实录》卷19，第150页。

③《清太宗实录》卷19，第10页。

满蒙汉兵会集后，皇太极将大军分为四路。

第一路军，从独石口进。由德格类率正蓝旗固山额真觉罗色勒、镶蓝旗固山额真篇古、左翼固山额真公吴讷格，及两蓝旗护军将领，蒙古巴林、札鲁特、土默特部落诸贝勒众头目兵，进独石口，遇敌人拒战者，杀之，取其地。规视居庸，会大军于朔州，休兵秣马，以候进取日期。

第二路军，命大贝勒代善、和硕贝勒萨哈廉、硕托，率正红旗固山额真梅勒章京叶克书、镶红旗固山额真昂邦章京叶臣、右翼固山额真甲喇章京阿代、敖汉部落杜稜济农、奈曼部落衮出斯巴图鲁、阿禄部落塔赖达尔汉、俄木布达尔汉卓礼克图、三吴喇忒部落车根、喀喇泌部落古鲁思辖布、耿格尔等兵，自喀喇俄保地方，入得胜堡，东略大同一带，取其城堡，西略黄河，会兵于朔州。

第三路军，命贝勒阿济格、和硕墨尔根戴青贝勒多尔衮、额尔克楚虎尔贝勒多铎等率护军统领，正白旗固山额真昂邦章京阿山、镶白旗固山额真梅勒章京伊尔登、阿禄翁牛特部落孙杜稜、察哈尔新附土巴济农、额林臣戴青、多尔济塔舒尔海、俄伯类、布颜代、顾实等诸军，自巴颜尔格地方，入龙门，会兵于宣府。

第四路军，由皇太极亲自统领，率贝勒阿巴泰，和硕贝勒豪格，超品公扬古利，护军统领、正黄旗固山额真纳穆泰、镶黄旗固山额真梅勒章京达尔哈，汉军固山额真昂邦章京石廷柱、马光远，王世选，天佑兵都元帅孔有德，总兵官耿仲明，天助兵总兵官尚可喜，嫩科尔沁国土谢图济农巴达礼，扎萨克图杜稜，额驸孔果尔，卓礼克图台吉吴克善等，入上方堡，由宣府攻略朔州一带。[①]

议定四路军俱于七月初八日到达。

四路大军分别于七月初八日入边后，攻城略地，关后攻克保安、得胜堡、崞县、灵邱县万全卫等城，攻大同、宣府，未下，纵掠各小城及村屯庄寨，深入至今河北省西北部及山西省北部中部，"蹂躏宣（府）、大（同）逾五旬，杀掠无算"。掠夺了大量人口马牛骡驴，但因未攻下大同、宣府城池，未俘获代王等亲王、郡王，故没有掠到多少金银珠宝。天聪八年（1634年）闰八月初七日，皇太极率军出尚方堡班师。

皇太极于闰八月初七日班师时，遣人赉敕往谕留守贝勒，详述此役战情：

①《清太宗实录》卷19，第8、15、17页。

"朕入边时，定议七月初八日，四路并进，限半月，会兵朔州。朕率两黄旗及汉军、都元帅孔有德、总兵官耿仲明、尚可喜、科尔沁国诸贝勒兵，从尚方堡入边，至宣府南驻营。两白旗翁牛特，喀喇车里克部落，并土巴济农，及新附察哈尔兵千人，从龙门口入，次日会朕于宣府，朕复自宣府新城、东城、西城，趋应州驻营，令两白旗全军，及两黄旗骑兵，每牛录甲士五人，并包衣牛录人，自宣府分兵进保安州，会兵东城，因水涨阻隔，已于应州会朕。两蓝旗、公吴讷格及巴林、扎鲁特、土默特部落兵，由独石口入未至长城，亦随两白旗由保安州，会朕于应州。两红旗、阿代一旗及敖汉、奈曼、四子、塔赖、吴喇忒、喀喇沁诸部落兵，从得胜堡口入，由大同直趋朔州驻营。阿代一旗沿边过杀虎口，绕道至朔州合营。两黄旗护军，攻小西城傍一城，正黄旗先登，克之。贝勒阿济格、阿巴泰、超品公额驸扬古利，率两黄旗、两白旗兵，攻灵邱县，从城垣倾圮处夺击，正黄旗先登，克之，斩其守备、知县各一员。攻王家庄，掘其城，正黄旗复先登，克之。时谭泰等、先与和硕贝勒德格类期约，逾时不至，因率护军二百人，往迎之，城中守备出战，中伤死，其子代守城，亦杀之。朕与和硕墨尔根戴青贝勒多尔衮、额尔克楚虎尔贝勒多铎、贝勒豪格，率科尔沁国为首诸贝勒四旗每牛录护军二名及四旗前锋，往视大同城，其城南有兵结营，因击败之，追及城壕而回，获马百匹。御前侍卫，及前锋将领席特库、纳海、洪科等四十人，击败阳和骑兵九百，斩首二百级，获马六十余匹。两红旗及阿代一旗，攻得胜堡，正红旗先登，克之，斩参将一员。和硕贝勒萨哈廉，出略至崞县，于城圮处攻入，克之，代州城以马步兵三百来挑战，败之，追至城隅而返。镶红旗击败朔州城外骑兵二百，追至城下方还，获马二十余匹。两白旗于入边后，遇马步兵，皆击败之，获马百余匹。两白旗全军，及两黄旗骑兵，每牛录甲士五人，与包衣牛录人，攻保安州，正白旗先登，克之，斩其守备及知州各一员。镶蓝旗攻拔长安岭，尚总兵率七人，击败代州兵三十骑，获马二十匹，复与汉军郎参将、戴都等，败其步兵三百，约斩百级。孔有德部下副将黑成功、佟三等，率三十余人，败代州兵八百人，获马二十四。科尔沁国土晨巴达礼，攻克十堡一台，土谢图济农、扎萨克图杜稜、布塔齐合攻克一堡，土谢图济农复与杜尔伯特部落合克一堡，扎萨克图杜稜克三堡，扎赖特部落克八堡，杜尔伯特部落克十堡，喇嘛斯希克五堡，额驸孔果光疗克二堡一台，卓礼克图台吉吴克善攻克八堡，达尔汉巴图鲁满朱习礼克六堡，伊尔都齐族人克十二堡，绰尔济克二堡一台，大妃兵克三堡，众兵合克一堡，翁牛特部落杜稜济农克三堡，东戴青克一堡一台，塔赖达尔汉克四堡一台，吴喇忒部落克一堡三台，敖汉部落济里额驸琐诺木克一堡，李曼部落巴图鲁衮出斯克一堡，四子部落克四堡，扎鲁特部落内齐克二堡一台，达尔汉巴图鲁色本、内齐合克一堡，达尔汉巴图鲁色本又独克四堡六台，巴林部落阿王石、满珠习礼合克三堡，阿王石又独克五堡，喀喇车里克部落阿喇纳克三堡一台，噶尔马克四堡。八旗及汉军，并两翼诸旗兵，所得寨堡台等，多少不一，书不备悉。时明大同守吏，欲尽杀降明之蒙古，于是蒙古八百九十五名，杀其守备来归。是日，朕自应州还，右翼诸贝勒兵，自朔州还，出略兵后队入长城，越山西代州百余里，至五台山顶。及还，前锋将领图鲁什、待卫扈什布、胡沙、喇都虎、罗硕、穆傲讷、萨哈连、车克等，击败祖大弼等二百五十人，斩首三十四级，生擒把总一员，兵三名，获马三十八匹。又至万全右卫城，造挨牌进攻，八旗四面奋击，正红旗竖梯先登，拔之。是役也，我师战则胜，攻则克，风驰霆击，所向披靡，是以宣大地方，禾稼尽蹂躏，庐舍尽焚毁，台堡之人，俘斩甚众。遇哨卒，辄击败之，军威丕振，明之边吏震恐，来当敢以大兵撄我锋者，我兵计获牲畜无算。"[1]

（二）崇德元年 蹂躏畿辅

崇德元年（1636年）五月二十七日，皇太极召集王、贝勒、大臣会议，宣布决定再次入边攻明。五月三十日，遣武英郡王阿济格、饶余贝勒阿巴泰率满洲八旗、蒙古八旗及汉军将士，破塞入边攻明。

七月十五日，遣官往科尔沁国、敖汉、奈曼、扎鲁特、吴喇忒部落

---

[1]《清太宗实录》卷20，第3、4、5、6、7页。

调兵，汗谕："今欲兴师往征明国，凡外落蒙古诸贝勒，每旗各发兵一百，即于所约之地，与大军会。"第二天，又遣官往阿禄、四子部落及翁牛特、巴林等部落调兵。①

七月十九日，英亲王遣官奏报入长城之前及进边以后的战情说：

"臣等于六月二十七日入边，两黄旗，自巴颜德木地方入，两白旗、正蓝旗，自坤都地方入，两红旗、镶蓝旗，自大巴颜地方入。入边之第八日，相会于延庆州，明人先知我出师之期，出示遍谕居民，有藏匿山谷及洞中者罪之，遂皆收集入城。又我兵前番所过地方，已经残破，故所俘获无多，欲先将所获遣兵护还，恐兵少则途中可虞，多遣又分兵势，是以未果，至讯所获明人，并视所得塘报，有止令固守城池，俟满洲兵出，务出奇计，或击其中，或击其后等语，臣等于未入长城之先，取其二城，败敌七次，俘获人畜共计一万五千二百三十，并于七月初七日，进兵入长城，谨此奏闻。"②

清军于七月初六日入塞内，经延庆入居庸关，攻克昌平，焚烧明天启皇帝之陵天寿山德陵，掠沙河、清河，连克宝坻、定兴、房山、文安、永清、雄县、顺义、安肃、东安、容城等县，"遍蹂畿内，攻掠城堡"，焚毁村庄，掳掠财物，屠杀官民。九月初一日，清军携带所掠大量人畜财帛，从容出冷口（今河北迁安东北）东归。据谈迁的《国榷》卷95载："建虏出冷口。掠我子女，俱艳饰乘骑，奏乐凯归。斫塞上木白而书曰：'各官免送'。"侦骑拾其遗牌，亦书"各官免送"。

此次入边，从五月三十日阿济格奉命出发起，到九月初一日出冷口，二十八日返抵沈阳，历时共117天。如从六月二十七日入边，到九月初一出冷口，共66天。明帝虽紧急调集兵士5万拦阻，但都未奏效，或溃或逃。时明朝顺天府属5州、22县，或被蹂躏，或遭残毁，城镇村庄，官民百姓，全遭劫难，几无幸免。甚至波及保定府属安肃、定兴、雄县，以及延庆州、保安州等。总之，京畿地区，其东西南北，铁骑践

① 《清太宗实录》卷30，第17页。

② 《清太宗实录》卷30，第18页。

踏，似无完土。这是自乙巳之后，北京受到的最严重的掳掠蹂躏。

九月初七日，英郡王阿济格、饶余贝勒阿巴泰奏报战情说："我师所向，明人震詟，莫敢逆拒，遂直入长城，过保定府，至安州，克十二城，凡五十六战皆捷，掠获人口牲畜十七万九千八百二十。"①

九月十四日，皇太极遣官谕告牵制明军的睿亲王多尔衮，转述捷音说：

"近者往征燕京武英郡王，有捷音至，赖天眷佑，威声大振，克获城池，所在敌兵，无不披靡，我国出征将士俱无恙，朕心甚为慰惬，故令尔等知之。总计捷功，克十二城，败敌五十六次，或有获马甚多者，或有获五六匹以上者，共俘获人畜十七万九千八百二十，辎重等物无算，除粗恶外，已令人籍之以归矣。至前者未入长城时，阿山所领旗兵，攻克鹏鹠、长安岭二城，尔等已知。至傅言入长城后，昌平城内蒙古，斩其州官，以城降者，妄也。我兵尽斩昌平城外兵，见城上兵少，合二十旗兵攻之，火炮并发，毁其城楼，城上兵被焚，图尔格一旗兵，乘隙先登，遂克之。两黄旗、两红旗、镶蓝旗满洲蒙古共十旗攻定兴县。谭泰所领一旗兵先登取之。拜尹图一旗兵，独克安肃县。叶臣一旗兵，独克安州。两红、两白及镶蓝旗步兵，及汉军，共十旗兵，合攻宝坻县。叶臣一旗兵，穴其城，取之。阿山一旗兵，独克东安县。图尔格、萨穆什喀，二旗兵，合攻雄县，图尔格一旗兵，先登取之。额驸达尔哈、达赖二旗兵，合攻顺义县，达尔哈一旗兵，先登取之。萨穆什喀、舒纳二旗兵，合攻容城县，萨穆什喀一旗兵，先登取之。镶红旗前锋，独攻克文安县。大军所向，成功如此，尔等闻之，自为欣悦。特谕。"②

九月二十八日，阿济格等凯旋，呈献捷文说：

"臣等奉宽温仁圣皇帝命，统领大军，往征明国，仰蒙上天眷佑，

①《清太宗实录》卷31，第2页。
②《清太宗实录》卷31，第3、4页。

皇上德威，攻克明国边城，长驱而入。燕京附近疆土，纵兵驰突，凡克城十二，摧敌阵五十八，俘获人畜十八万，生擒总兵巢丕昌等，我国出征将士，全军奏凯而归。"①

（三）崇德三年 大掠京畿山东

崇德三年（1638年）八月二十三日，皇太极派睿亲王多尔衮统左翼军，岳托贝勒统右翼军，入边攻明，宣示军律，"抗者戮之，顺者养之，俘获之人，勿褫其衣服，勿离散人夫妇"，②并调外藩蒙古贝勒率兵从征。

十月初八日，岳托遣人来报战情：

"臣等蒙上天眷佑，皇上威福，于九月二十二日，从明境密云东北墙子岭口，拆毁边墙，四路前进。明密云总督率马步兵六千来援，见我军已入边，总督亲率数百人，奔入墙子岭堡内，马步兵分为三队立寨，俱为我军所制。时明副将一员，率马步兵二千逆战，谭泰旗下得特、硕尔兑，杜雷旗下鲁克都、和礼布，两旗夹攻，获马百、驼二十。又明守备一员，率马步兵千余逆战，多罗安平贝勒杜度督汉军墨尔根侍卫李国翰王延祚、恭顺王孔有德、怀顺王耿仲明，所属曹得贤贾世魁、常国芳等击败之，获马三十九。又喀喇沁部万旦、琐诺木击败一队，获马十三，前锋将领硕翁科罗巴图鲁劳萨、努山、布颜、席特库等，追击密云总督溃兵二百余人，获马八十七。近城山险，日且将暮，未得多有斩杀，亦未多获马匹，于关门获大小红衣炮七位，大将军炮十八位。……恐敌兵亦合力一处，未易取胜，故分为四路。令护军统领图赖为帅，率右翼每牛录护军一名及外藩喀喇沁兵，每旗护军参领一员，从岭之右侧，逾越高峰，又恐图赖兵少，复以贝子篇古一旗及叶臣旗下护军、骑兵等，往助之。后兵未至，而图赖等已先入边，攻克台十一座，令阿代、恩格图、古木三旗兵，俱离岭五里自高山上入，而恩格图兵先之。谭泰、杜雷两旗下护军骑兵等，与阿代一旗兵，相距十五里，于高峰无边墙处齐入。巴特玛一旗喀喇沁五旗巴林两旗，敖汉、奈曼两旗，吴喇

---

① 《清太宗实录》卷31，第7页。
② 《清太宗实录》卷43，第18页。

忐一旗，穆章一旗，汉军及孔有德，耿仲明属下兵，俱从边城大门之东小门平坦处，举火炮，竖云楼攻之，巴林阿玉石旗下素尔古先登。时敌兵俱于边界平坦处防守夹攻阿代等兵，故令巴特玛一旗，及外藩诸军，俱从平坦处攻入。"①

第二天，十月初九日，多尔衮遣人奏报战情：

"臣等蒙上天眷佑，皇上威福，自董家口东二十里外，青山关西二里许，步登山冈，由边墙缺处率兵前往，九月二十八日，毁墙而入。青山关，山峻墙坚，问之土人云，青山关内，有明兵二百防守，闻我右翼兵消息，已于九月二十五日往援，我军乘其无备，不伤一人，得其边境，毁墙而进，莫敢撄锋。青山关、董家口、青山营，三处人民，弃城逃走，执其人问之，言青山关东二十里榆木岭口，有步兵二百，与董家口兵，亦以我右翼兵入，同往救援，是以缺兵防守。"②

皇太极为牵制明军，使其不能入内对抗左翼、右翼清军，于十月初十日统兵离开沈阳，向山海关进发，外藩蒙古各部贝勒分率部下从征，二十三日进入明边。三顺王及汉军以神威将军炮攻陷不少台堡，比如：

"乙巳，恭顺王孔有德、怀顺王耿仲明、智顺王尚可喜，以神威将军炮，攻戚家堡、石家堡，克之，俘获人口三百一十七，骡马一十四，牛六十二，驴七十五，俱交户部参政马福塔。戊午，西行十五里驻跸。是日，命三顺王孔有德等，俟大营移后，以神威将军炮，攻锦州城西台，方欲进攻，台内火药自发，台崩，遂克。汉军固山额真石廷柱，马光远，以神威将军炮攻李云屯、柏士屯、郭家堡、开州、井家堡，克之，获人七百有三，马骡四十六，牛二百一十，驴一百三十七，羊一百一十六。三顺王孔有德等，招降大福堡，又以神威将军炮，攻克大台一座，获蒙古汉人男妇共三百七十九，马骡共十六，牛一百一十六，驴三十八，羊八十八，命俱赐孔有德等。庚申，遣官往谕留守多罗武英郡王

①《清太宗实录》卷44，第2、3、4页。
②《清太宗实录》卷44，第5、6页。

阿济格等曰，十月二十日，大军至博伦地方，遣和硕郑亲王、固山贝子硕托等，率镶蓝旗、镶红旗护军及喀喇沁之兵，从前屯卫宁远中间进发，和硕豫亲王，固山贝子博洛等，率正白旗，正蓝旗护军，及土默特之兵，从锦州宁远中间进发，朕率大军从义州进发，渡大凌河，令汉军固山额真石廷柱、马光远等，以神威将军炮，攻李云屯、柏士屯、郭家堡、开州、井家堡，令恭顺王、怀顺王、智顺王等，以神威将军炮攻戚家堡、石家堡，俱克之。又锦州城西十五里，有台一座，方欲攻时，其台上火药自发，人畜俱焚死。又去锦州三十里，大福堡，见我兵将用炮攻，遂降。又以炮攻大福堡所属大台一处，两面俱坏，尽获其牲畜。和硕豫亲王等，从桑噶尔寨旧居之大兴堡入，竖梯攻克之，堡内有守备一员，男子二百余名，俱戮之，各处俘获，共计人口一千九十，马骡七十二，驴二百四十一，牛六百七十二，羊四百八十三。"

左翼、右翼两路大军进展顺利，所向披靡，明兵望风溃逃，不敢迎战、拦截、追击。崇德三年（1638年）九月二十八日，多尔衮和副帅豪格贝勒、阿巴泰贝勒统左翼兵从青山关进入明境，两翼兵会于北京东边通州。明廷大震，诏令各地率兵"勤王"，抵挡清军。明崇祯帝以宣大山西总督卢象升为"督师"，总督天下援军。

卢象升，字建斗，江苏宜兴人，明天启二年（1622年）进士，善骑射，"娴将略，能治军"。崇祯八年（1635年）总理江北、河南、山东、湖广、四川军务，兼湖广巡抚，晋兵部侍郎，加督山西、陕西军务。第二年，迁兵部左侍郎，总督宣、大、山西军务。崇祯十一年（1638年）九月，清兵抵京郊，卢象升率宣、大、山西三总兵杨国柱、王朴、虎大威入卫，帝以卢象升督天下"勤王军"，三赐尚方剑。象升誓死抗清，军心大振。如能让卢象升统辖全军，大力支持，清兵将会遇到劲敌。但此时明大学士杨嗣昌悉帝意，主和反战，与总监高起潜、兵部尚书陈新甲勾结，竭力阻挠，阴谋陷害卢象升，以关、宁诸路援军隶高起潜。卢象升虽名为统率天下兵的"督师"，却只辖有宣、大、山西三将，兵只二万，而且又被陈新甲调走一半，实际上是被杨嗣昌置于死地。这样一来，便为睿亲王多尔衮的进攻创造了有利条件。

崇德三年十二月十一日，清军围卢象升于巨鹿，以数万之众攻明五千士卒，卢象升力战死。清军获胜，分路出略，北京以西千里内六府俱皆蹂躏，西至山西界，转至山东临清州，渡运河，破济南，回经天津，于崇德四年三月返回辽东。多尔衮统领的左翼军，取城三十六座，降六城，败敌十七阵，俘获人畜二十五万七千八百八十。岳托病卒于军中，右翼由杜度代领，取十九城，降二城，败敌十六阵。两翼共斩明总督二名及守备以上官将百余员，生擒一亲王、一郡王，杀五郡王，克济南府、赵州、高唐州、深州，取灵寿、商河、东光、高邑、临城、南宫、新河、青县、庆云、庆都、获鹿、隆平、平乡、高阳、广宗、巨鹿、博平、禹城、长山、行唐、海丰、滦城、盐山、博野、南河、沙河、兴济、无极、宁津、宁晋、元氏、内邱、鸡泽、平原、饶阳、南皮、济阳、清平、任丘、清河、夏津、吴桥、武城、文安等县，共取一府三州五十七县，俘获大量财帛，仅白银就有一百余万两。①

这是清军自天聪三年（1629年）入关抵京以来第三次进入畿内，取城之多，俘获之众，皆超过前两次，而且还第一次生擒了一个亲王和一个郡王。此亲王是德王朱由枢，其七世祖为英宗第二子见潾，景泰三年（1452年）封荣王，天顺元年（1457年）改封德王，岁禄万石，成化三年（1467年）就藩济南。德王府一贯霸占官民田地，赀财巨万。德王朱由枢的被俘，在政治上给予明廷以重大打击。

左翼大军于三月十一日出边，右翼大军于三月二十一日出边，向沈阳进发。此役胜利结束。

（四）崇德七年　纵掠燕齐鲁

崇德七年（1642年）十月十四日，皇太极命饶余贝勒阿巴泰为奉命大将军，内大臣图尔格为副帅，统军征明。

这次征明的军队，有三个特点。一是大帅、副帅智勇双全。阿巴泰是清太祖努尔哈赤第七子，论勇武，稍逊于英亲王阿济格，讲智谋，略差于睿亲王多尔衮，若既讲勇，又讲谋，仅比多尔衮略差一点点，但因其母是庶妃，故既不能当上旗主，封爵亲王，此时还只是一个比郡王低一个大档次的贝勒。副帅图尔格，是开国元勋、常胜将军额亦都第八子，又曾娶努尔哈赤的一位皇女为妻，后因夫妻不和睦而离婚。图尔格有勇有谋，军功累累，久任固山额真，现又系内大臣。二是将勇。此次领兵出征的将领有阿山、谭泰、叶克书、何洛会、吴赖、准塔、马喇

①《清太宗实录》卷30，崇德三年三月初九日；《明史》卷261，《卢象升传》。

希、巴特玛、石廷柱、祖泽润、李国翰、金砺，这12位，各是满洲汉军的固山额真，皆系骁勇善战的大将。三是兵多。此次出征的兵士，人数之多，超过以往任何一次。阿巴泰统率的大军，有满洲八旗、蒙古八旗、汉军八旗共24位固山额真"率将士之半"，还有"外藩察哈尔国八处喀尔喀部落五处，科尔沁国阿禄部落昂邦，主门查萨克图，翁牛特部落杜伦、阿禄科尔沁国习喇汗、敖汉奈曼喀喇沁部落坤杜伦汗，及明国沿边居住俄尔黑喀喇沁部落庄嫩古英，及庄图，土默特部落格根汗，各国之后裔，亦率各处归服蒙古兵之半，往征明国"。

清军虽多，但明军之兵，就人数而言，比清军还多。山海关内外并建二总督，又设昌平、保定二总督，千里之内有督臣四，又有宁远、永平、顺天、密云、天津、保定六巡抚，宁远、山海、中协、西协、昌平、通州、天津、保定八总兵，星罗棋布，事权不一，又有监督太监握重兵牵制之。总督、巡抚、总兵，每人都拥有上万将士，这四位总督、六位巡抚、八位总兵，合共十八位，所辖兵士，不少于20万人，乃一倍二倍于清军。然而，清军几次入边，纵掠畿辅山东，兵临燕京城下，特别是崇德六年至七年初的松锦决战，歼灭蓟辽总督洪承畴所辖13万援军，更使明军吓破了胆，根本不敢和清军交战，皆战辄溃逃，所以，阿巴泰统领大军，就能长驱直入，来去自如。

崇德七年（1642年）十一月三十日，随军官员回沈奏报战情，说清军分为左翼右翼，左翼兵向界岭口，右翼兵向黄崖口前进：

"左翼兵前进，地阔路平，便于行兵。两旗兵并行，敌人沿路哨卒，被我军擒杀七二三人，无一脱者，获马三十三匹，毫无伤损。十一月初五日，从界岭口毁边墙而入，有明大同兵二千五百人，往守山海关，行粮缺之，在抬头营驻扎。我军将入长城，即来拒战，我护军及骑兵，两路击败之，获马四百三十三匹。席特库，胡礼布等奏言，右翼兵前进，地隘路险，俱单骑而进。未入长城时，擒明侦卒问之，言距黄崖口外四十里余，有石城关甚隘，木栅三层，两层用石围砌，内有大炮四位，步兵五十人，三处伏藏地雷。又距二十里有雁门关，用石筑砌，内有大炮四位，步兵一百，两处伏藏地雷。遂遣前锋兵，同汉军每旗兵五名，骁骑校一名，护军四十名，乘夜拆毁两关，取其地雷，守关敌兵，不及施炮，俱为我军所戮。范总督率卢总兵及副将四人，驻巡抚兵道副将各一员，丰润县有曹总兵，率兵驻扎，玉田县有王参将，率兵驻扎，马兰口有总兵白广恩，蓟州有总兵白腾蛟，墙子岭有总兵唐通，通州有张总兵，三屯营有徐总兵，三河县有知县一员。十一月初八日，至黄崖口，将入长城时，辅国公篇古、固山额真谭泰、叶克书、马喇希，定议两路夹攻边口。遂遗满洲蒙古每旗护军二十名，甲喇章京一员，每牛录，骑兵二名，章京一员，外藩科尔沁，敖汉、奈曼、吴喇忒、穆章、巴林、喀喇沁等部落十五旗，章京十三员，兵三百五十名，令蒙古固山额真马喇希，谭泰旗下署梅勒章京事卦喇，率兵从右山路而登，夺其边口，追击山城敌兵至山下，进克其城。诸将各遵所指讯地，从山路攻克长城，先登者镇国公艾度礼旗下燕代牛录下朱成格，次登者，叶臣旗下约詹牛录下绥噶达，又次登者，觉罗阿山扣录穆成格，自上至下，击败长城上敌兵，遂得其城。左翼拔护军参领骑兵章京等，随镶红旗梅勒章京和托，各往视竖梯之处，备梯登城。和托还云，不用竖梯，城自可登。固山额真叶克书，遂令梅勒章京和托率护军四十名，先往登城，后又遣前锋参领，率兵全往，叶克书旗下管梯署章京阿尔海，弃梯不用，率本旗数人，于护军四十名未至之时，先至城下，其首先登城者，爱汤河牛录下舒雅，次登者，席喇布，再次登者，褚库巴图鲁牛录下吉喇里，两翼登城，右翼实居先。边口原有镇将率步兵防守，计参将游击守备各一员，步兵一千四百名，两翼既克长城，斩守备一员，城内兵俱溃走。初九日，闻蓟州各乡民，俱窜入山，遗兵往取粮米牲畜，擒其人问之，言镇守蓟州总兵白腾蛟，闻我左翼兵入边，遂率马兵三百，步兵七百，前往桃森关去，蓟州城内，止有参将三员，招募新兵二千，俱不堪战。遂于初十日，我军自黄崖口向蓟州进发，途次精选将士，遣署前锋统领纳海，署章京侍卫傅喀，甲喇章京布丹，胡礼布，阿尔布尼、席特库、敦兑四侍卫，率兵一百有六名，外藩蒙古前锋参领科尔沁国牛录章京拜喇、甲喇章京阿密尔图奈曼部落甲喇章京萨尔图、科尔沁国署甲喇章京常堪穆章下署章京卓必泰、吴喇忒部落署章京喀喇胡济、巴林部落甲喇章京恩参、喀喇沁部落署章京琐嫩，兵二百三十九名，满洲及外藩章京共十五员。侍卫四员，兵三百四十五名，谭泰旗下署护军统领希尔艮、甲喇章京囊古、绰尔济，叶克书旗下署护军统领布颜、甲喇章京阿吉赖、宜都希及侍卫十员，叶臣旗下护军统领车尔布、甲喇章京吴孙、署甲喇章京罗壁，镇国公艾度礼旗下护军统领德尔得赫、甲喇章京孟俄尔代、吴达纳、署甲喇章京雅巴兰，共护军统领四员，甲喇章京八员，侍卫十员，护军三百二十三名，满洲蒙古察哈尔八旗，骑兵章京共二十二员，兵二百八十三名，令前锋居前，次护军，次骑兵，分为三队，前往蓟州城东围之。仍告之曰，蓟州总兵白腾蛟不知我兵从此路入，闻我左翼兵入长城，已率兵奔桃林，今闻我军既入，彼必复回蓟州，若相遇，即击之，若不遇，可执一人问信。是日，我军将抵蓟州，总兵白腾蛟率本部马兵在前，马兰峪总兵白广恩率马兵三千、步卒三千在后，果奔蓟州，与我军遇，击败之，生擒参将一员，阵斩游击三员，获马六百三十六匹，其余官员，或死或逃，俟侦实续报。"①

　　十一月初十日，清军占领蓟州后，乘胜攻陷迁安、三河，分兵二路，一趋通州，一趋天津。初九日，京师戒严。十六日，清军深入内地，分掠真定、河间、香河等州县。闰十一月上旬，清军相继攻陷霸州、文安。十日起进掠山东临清、景州、河间、莘县、馆陶、清平、章丘等州县。十二月初三，陷阳信，初八陷兖州，此后，相继陷沭阳县（今江苏沭阳县）、忻州、平县（今江苏平县）、蒙阳、泗水、腾县。崇德八年（1643年）正月取开州。二月，陷武定、莱阳，攻德州，不克。三月陷顺德，到保定。四月，北返。"复分为左右翼。左翼大军沿青州府、德州、沧州、天津卫、至燕京城、南过三河县，历三日，抵密云。右翼大军沿东昌府、广平府、彰德府、真定府、保定府过燕京西北，历三月，亦抵密云，两军合攻墙子岭，斩关而出。"左翼于五月二十三日出口，右翼早一些，于五月初一出口，六月十一日回到盛京。

　　此次征战，历时8个月，南去北返，如入无人之地，崇德八年五月十一日，阿巴泰、图尔格遣人以克城败敌及俘获数目奏报说：

　　"臣等蒙天眷佑，皇上德威，率大军直抵明境，至兖州府，莫能拒

――――――――
① 《清太宗实录》卷63，第30、31、32、33、34页。

守，将明国鲁王及乐陵、阳信、东原、安丘、滋阳诸王，及管理府事宗室等官数千人，尽皆诛戮。计攻克三府，十八州，六十七县，共八十八城，归顺者六城，击败敌兵三十九处，所获黄金万有二千二百五十两，白金二百二十万五千二百七十两有奇，珍珠四千四百四十两，各色缎，共五万二千二百三十疋，缎衣、裘衣万有三千八百四十领。貂、狐、豹、虎等皮，五百有奇，整角及角面千有一百六十副，俘获人民三十六万九千名口，驼、马、骡、牛、驴、羊共三十二万一千有奇，外有发窖所得银两，剖为三分，以一分给赏将士，其众兵私获财物莫可算数，谨此奏闻。" ①

崇德八年七月二十日，皇太极以征明克捷，敕谕朝鲜国王说：

"大军毁边入关，所向无敌，师过燕京，连败明各路兵三十九次，生擒白姓汪姓张姓五姓刘姓总兵五员，兵道五员，郎中一员，科臣一员，副将五员，参将八员，游击四员，皆诛之，其余总兵副将参游等官，被戮者无算。克兖州、顺德、河间三府，州十八，县六十七，共克八十八城，归顺者一州五县，生擒兖州府鲁王朱衣珮、乐陵王朱弘治、阳信王朱弘福、东原王朱衣达、安丘王滋阳王等六王，及管理府事宗室，等约十人皆诛之，共俘人畜九十二万三百。" ②

崇德八年六月十二日，皇太极以征明大捷，赏赐将士：

"赐阿巴泰银万两，辅国公博和托及屯齐喀各三千两，内大臣恩格一千五百两，叙随征左翼满洲蒙古、汉军十二旗功，赐护军统领鳌拜巴图鲁、梅勒章京讷尔特，各银五百，缎二十；陈泰，银四百，缎十五；固山额真昂邦章京阿山、固山额真吴赖及布克沙，各银三百，缎十；署护军统领宗室韩代、署梅勒章京萨壁图、梅勒章京赖护及噶尔哈图，达舒，各银二百，缎六；梅勒章京谭拜及佟克申、舍淑、章察、巴兰，各

①《清太宗实录》卷64，第24页。
②《清太宗实录》卷65，第23页。

银百，缎四；索浑、卓布退、托纽、罗实、邦纽、明安达礼，各银六十；萨禄、伊尔德、翁爱、阿巴泰衮出斯、库塞、布当奇里、尼龙阿、得穆图、赵山、商加图、讷尔德、张弩沙津达礼，各银四十；伊木图、安塔哈、各银二十；从征外藩科尔沁国多罗额驸绰尔济、杜尔伯特部落噶尔马，各银二百，貂镶朝衣一袭；科尔沁国图俄讷格，银一百五十；巴尔古、琐诺木、扎赖特部落布达席理，各银百，貂镶朝衣一袭；郭尔罗斯部落桑噶尔，银百；以右翼二旗大臣，不候诸军，先出边口，停其赏赉。"[1]

（五）国富、君富、王富、将富，贫兵所得几何

清军从天聪三年（1629年）第一次绕道蒙古破塞入边，大举攻明以后，又于天聪八年（1634年）、崇德元年（1636年）、崇德三年（1638年）、崇德七年（1642年）四次入边，大肆掳掠、蹂躏京畿、山东、山西。《清太宗实录》对这几次入边用兵的原因和目的，记录了贝勒、大臣的论述。天聪七年（1633年）金国汗皇太极召集贝勒、大臣商议用兵以何为先时，大部分贝勒、固山额真主张先攻明国。济尔哈朗贝勒奏，"宜举兵深入其境，焚其庐舍，取其财物，因粮于敌，此制胜之策也"。阿济格贝勒奏：围攻大凌河城四月，"部下士卒及新附蒙古等一无所获，皆以为徒劳"，今应"大军进边，边内人民、财物、禾稼，应杀者杀之，应取者取之，应蹂躏者蹂躏之"。多铎贝勒奏："我国之兵，非怯于斗者，但使所得各饱其欲，则虽死不恤，稍不如意，遂无斗志"，"宜直入长城，庶可餍士卒之心"。固山额真扬古利奏："亟当深入其境，遇城必克"，"傥不得城堡，则令兵纵略，焚其室庐，敌者杀之，拒者俘之，降者编为户口，所俘各照牛录派数上献，至于兵士所获，不计多寡，听其所取，若此则人人贪得，不待驱逐，而贾勇争先，兵势大振矣"。[2]崇德七年九月初五日，固山额真李国翰、佟图赖、梅勒章京祖可法、张存仁，更总结性地明确指出，入边就是为了掳掠。他们奏称：

"皇上轸念军士贫乏，令其分往略地，盖欲使之宽裕也。窃思往略之事，便于将领，而不便于士卒，便于富家，而不便于贫户，将领从役

---

[1]《清太宗实录》卷65，第2、3、4页。

[2]《清太宗实录》卷14，第18、19、20、21页。

颇众，富家蓄马最强，是以所得必多，贫乏军士，不过一身一骑，携带几何，虽令往略，于士卒无益。"

以往清史学者们根据这些史料，断定这四次入边的目的，是为了掳掠人畜财帛。

济尔哈朗、李国翰等说，大举入边攻明是为了掳掠明国的人口牲畜银布帛，这种说法，虽没有错，但又不完全对。为了掳掠，是说对了，但说是为了贫乏军士，为了士卒的利益，而出兵入边抢夺人畜财帛，表现出金国汗、贝勒、大臣，爱兵如子，或爱贫兵如子，军国大事以贫兵、以士卒利益来决断，则显然是与历史真实大相径庭的。要知道，不管是金国的汗、贝勒、大臣，还是后来改称为大清国的帝、王、帅、将，他们都是拥有大量农奴、庄园的大农奴主，金国（大清国）是大农奴主专权的农奴制国家，对这样多次调遣大军奔驰数千里的用兵大事，是为了贫兵、士卒的利益来采取的吗？谁也不会相信。以往学者们之所以采用了济尔哈朗、李国翰等人的说法，没有进一步深入地分析，很重要的原因是，没有掌握具体的、可靠的详细史料，可予以具体剖析。现以崇德三年（1638年）的入边用兵，来探讨探讨。

关于睿亲王多尔衮、贝勒杜度分统左翼、右翼两路大军，于崇德三年八月至第二年三月入边掠明所获人畜财帛，及分赏情形，《清太宗实录》有三处述述：一为崇德四年三月初九日，左翼多尔衮奏报攻明克城降城40座，俘获人口257880。二为同日右翼杜度奏称，克城降城21座，"俘获人口二十万四千四百二十有三，金四千三十九两，银九十七万七千四百六两"。①三为四月二十五日，两翼以俘获陈列于笃恭殿，"按旗具册献上"及赏银情形：

"征明凯旋左翼奉命大将军和硕睿亲王多尔衮、多罗贝勒豪格、多罗饶余贝勒阿巴泰、右翼多罗安平贝勒杜度、满洲蒙古汉人固山额真等，以所获马、驼、金、银及金银器皿，东珠、珠珠、蟒缎、闪缎等各色缎疋，貂皮、猞猁狲皮、豹皮，虎皮，俱陈列于笃恭殿，按旗具册献上。上酌纳之，赐和硕礼亲王代善雕鞍马一，多尔衮，马五、银二万两，豪格，马二、银万两，阿巴泰马二、银五千两，辅国公和托、博和

① 《清太宗实录》卷45，第22、23页。

托，各银二千两，故右翼扬武大将军多罗贝勒岳托，马五、驼二、银万两，杜度马二、驼一、银五千两，镇国公扎喀纳，辅国公顾尔玛洪、吞齐喀，及故辅国公马赡，各马一、驼一、银二千两，次出征各固山额真，及诸大臣，俱分别功罪赏赉，未出征诸大臣，亦按品赏赉，次攻松山三顺王所属官兵，及汉军将士，亦赏赉有差。"

　　《清太宗实录》的上述记载，至少令人有两点疑惑。一是右翼奏称，俘获金4039两，银977406两，没有左翼奏报俘获金银的数字，是左翼没有抢到金银吗？不像，左翼的正帅是睿亲王多尔衮，副帅是曾系亲王因故降为贝勒的豪格和贝勒阿巴泰，而右翼正帅是原亲王降为贝勒的岳托及其堂兄贝勒杜度，从爵位上看，左翼正帅、副帅皆比右翼高，并且多尔衮是朝野公认的智勇双全的王爷，其所统辖的左翼大军怎能抢掠不到金银？二是《清太宗实录》只写俘获物陈列于殿及出征大臣分别功罪赏赐，没有具体数字，难以知晓俘获物畜多少及分配的详细情形。

　　幸好，41万字的《清初内国史院满文档案译编》（天聪朝、崇德朝）（以下简称《内国史院档》），提供了《清太宗实录》没有记述的大量珍贵史料，可以帮助我们解答许多重要疑问。对于这次俘获物品及赏赐情形，《内国史院档》有多达8200字的记述。现分类引录如下：

　　其一，左翼、右翼王、贝勒、满洲、蒙古、汉军固山额真的"所献物件数目"：

　　"以败敌克城所获马、驼、金、银、金银器皿，东珠、珍珠、蟒缎、闪缎各色缎匹，貂皮、猞猁狲皮、豹皮、虎皮等物，俱陈列于大政殿，按旗具册献圣汗。左右两军所献物件数目：王用金印两颗，重五百九两，银印两颗，重三百三两，银册七册，重二百三十一两，金一千二百五十六两四钱，银六十四万五千九百四十三两，金托碟、顶子三十四根，银碗、碟、托碟、茶酒壶、盆、簪子一千七百八十五个，东珠四颗，大珠二十五颗，小珠共重九百三十五两七钱，嵌珠帽、箍子、匣子共一百五十个，玉托碟、簪子共二百四十四个，玉香墩、茶酒壶、罐子、甲叶子共十五个，琥珀杯、簪子、珍珠、素琥珀共一百七十七个，珊瑚簪子、数珠、素珊瑚共四十四个，绿松石一块，玛瑙簪子、杯共十三个，素朱砂杯六个，雄黄托碟六个，蛋形杯六个，水晶杯、茶酒壶、狮（原档残缺），压书蛤蟆、素水晶共三十二个，嵌石青银簪子、茶酒壶、杯共七个，长玛瑙、玛瑙狮子共九个，雕（原档残缺）杯三个，筷子一双、碟、石（原档残缺）二十个，蟒缎、闪缎及各色整匹缎共一万二千七百二十二匹，蟒缎、闪缎及各色缎衣共四千九百二十件，鲁军门盔甲，雕鞍辔，蛤蚌形砚匣一个，貂、狐、猞猁、水獭、天马等皮衣八十二件，豹、虎等皮一百（原档残缺），整角四百七十三副，角面二百三十一副，妇女二十三口，马、驼、骡共五百一十四。"

其二，太宗阅视和收纳献物及处置情形：

"圣汗览册毕，御崇政殿，阅视左翼军所获进献马匹，次右翼攻克吉安府所获王用金银印二颗，镀金银印二颗，银册、鲁军门盔甲陈案，举献汗阅视，次以败敌所获马驼，进汗阅视。汗阅视毕，纳两翼军败敌克城所获马二百三十六匹，每旗金各十两，蟒缎、闪缎、倭缎、素缎各十匹，鲁军门所用盔甲、蛤蚌形砚匣。赐和硕礼兄亲王雕鞍马一匹。至左翼军满洲、蒙古、汉人所献俘获物，汗共纳金十二两、嵌珠箍子二十个、素珠一束、虎皮三张、豹皮五张、彭缎四匹、绸子二十匹、绫子五十二匹、纺丝八束、纱罗九十匹、补子衣一件。右翼军满洲、蒙古、汉人所献金印二颗，重五百九两，银印二颗，重三百三两，银册七册，重二百三十一两，银三十万两、虎皮一张，俱令存库。"[1]

其三，赏赐出征的王、贝勒、公、固山额真及其以下将领：

"赐左翼奉命大将军和硕睿亲王马五匹、银二万两，多罗贝勒豪格马二匹、银一万两，多罗贝勒阿巴泰马二匹、银五千两，辅国公和托、博和托各银二千两，右翼扬武大将军多罗贝勒岳托马五匹、驼二只、银一万两，多罗贝勒杜度马二匹、驼一只、银五千两，镇国公扎喀纳、辅

①《清初内国史院满文档案译编》第415、417页。

国公顾尔玛浑、马瞻、吞齐喀各银二千两、马一匹、驼一只。次出征各固山额真及诸大臣等，俱分别功罪赏赉：固山额真叶臣、阿山各银一千两，固山额真拜音图银九百五十两；固山额真达尔汉额驸银九百两；固山额真谭泰银八百七十两；固山额真图尔格依银八百五十两；固山额真福达巴图鲁、阿代各银六百两；萨木希喀、琐诺木哲尔门、蒙古恩格图、巴特喇、德参状等五人各银五百两；镶黄旗托尼杜喇尔达尔汉诺彦，正黄旗郭尔图卓礼克图达尔汉诺彦，正蓝旗和罗辉、多罗额驸戴达尔汉，镶白旗和硕额驸古尔布希，镶红旗古木等六人各银四百两；正黄旗和硕额驸古尔布希、镶红旗古木等六人各银四百两；正黄旗明安、噶尔玛伊尔登、巴布海、荞古尔代、巴塞卓尔齐代，镶黄旗古木得车臣、吴赖、拜三、塔希海古鲁克、龚阿代、镶白旗伊林臣戴清、阿希达尔汉，镇国将军唐古代，正白旗伊拜、奇塔特、车尔格依，正蓝旗古木泰希、塞冷车臣，镶红旗硕翁科罗巴图鲁劳萨、叟格杜喇尔等十九人各银三百两；正黄旗格隆、图赖、巴赖达里、荞鼐、昂浑杜稜、阿哈连、瓦色，镶黄旗固纳代、绰尔门，镶白旗辅国将军塔拜、和尼奇、沙吉得尔格尔，正白旗辅国将军吴达海、卓罗，镶红旗塞稜塔布囊，正蓝旗伊孙、镶蓝旗爱音塔木、寨桑达尔汉和硕齐等十八人各银二百两；正红旗下叶克苏银一百五十两；正蓝旗努山、福尔丹，奎痕戴青、额尔毕赫、额尔格寨桑、吴柏勒冰图、安达礼、阿希思、甘都、伊林臣、祁塔特卓礼克图等七十九人，各银一百两；正黄旗札富尼、正白旗景米等一百十六人，各银五十两；镶黄旗窦克特等三人，各银三十三两；正黄旗叟塞等共九十二人，每二人给银五十两；正蓝旗费雅查等四人，各银三十六两，共计赏银八千二百六十三两。"①

其四，赏登城人员：

"次赏登城人等：贝子费扬古旗攻取一城，古木、巴特玛、叶臣、费扬古等四旗合取一城，赏此二城银七百二十五两；谭泰、阿代二旗克

---

① 《清初内国史院满文档案译编》第418、419页。

九城，赏攻城人等银二千九百两；杜雷旗克三城，赏银八百十九两；叶臣旗克四城，赐攻城人银一千四百五十两；恩格图旗克一城，赐登城人银三百六十二两五钱；赐克吉安府固山额真覃泰银一百两，梅勒章京巴布海银五十两，率甲喇攻战之德特银一百两，阿尔九银五十两，先登城之孙达礼银二百两，达里山二百两，苏巴泰一百两，博齐五十两，卓里五十两，宁喀塞四十两，布尔山三十两，察津二十两。"①

其五，赏未出征大臣。塔占公银150两；多尔济、祖泽润等九大章京（即固山额真）各银100两；索尔果等28名梅勒章京，各银50两；讷门等76名甲喇章京，每2人各级银50两；翁阿代12名牛录章京各银20两。喀邦等115名牛录章京，各银15两。②

其六，赏炮攻松山城有功人员：

"次赏贵炮攻松山城有功人员：石廷柱旗八人，以毁城功列为一等，每人以银五两计，共银四十两；二等二十五人，每人以银二两计，共银七十五两；拙城运土步兵二百六十人，每人以银二两计，共银五百二十两。除此之外，尚有一千二百七十三人，每人以银一两计，共银一千二百七十三两。马光远旗拙洞第一，其中田门子列为头等，赏银十两；又九人，每人以银五两计，共银四十五两；十七人挖洞列二等，每人以银三两计，共银五十一两；又步兵二百四十二人于洞内运土运水，俱列三等，每人以银二两计，共银四百八十四两。除此之外，又有一千三百五十人，每人以银一两计，共银一千三百五十两；一等炮手杨栋、任儿、范志可、张策才、赵松贵、王振邦、王著成、于栋、张书科等九人，每人以银五十两计，共银四百五十两；填装火药者韩泽明、刘国栋、张泽、班国臣、范武、周流、姚亮辉、唐成功、崔应泰等九人，每人以银十两计，共银九十两；二等炮手周廉、董天佑、于泽等三人，每人以银三十两计，共银九十两；装填火药者刘世泽、冯文道、刘木匠等三人，每人以银七十两计，共银二十一两；三等刘成恩、王达二人，每人以

---

① 《清初内国史院满文档案译编》第419、420页。
② 《清初内国史院满文档案译编》第420、421页。

银二十两计，共银四十两；填药者思有功、张泽奎二人，每人以银五两计，共银十两。石廷柱旗下一等炮手李顺新、邓天新、张怀良、李思、曹文生、张泽成、思文义、韩（原档残缺）等八人，每人以银五十两计，共银四百两；一等填药手邱有、李儿、杨德泽、波天顺、邦儿、刘达、沈得功、薛廷美等八人，每人以银十两计，共银八十两；二等炮手于承德、刘泽成、杨超祥、李进等四人，每人以银三十两计，共银一百二十两；装填火药者邓泽、于大汉、俄尔博、黄保少等四人，每人以银七两计，共银二十八两；三等炮手张凤春银二十两，填药者李立夫银五两。恭顺王下炮手一人，赏银五十两；助手一人，赏银十两；挖洞甲士三十一人，各银五两；二等挖洞人十七名，各赏银三两；洞内运土人十一名，各赏银二两；运火药车兵四百四十七人，各赏银一两，共计银七百三十五两。怀顺王炮手一人，赏银五十两；助手一人，赏银十两；洞内运土人一百名，各赏二两；运火药车兵三百二十六人，各赏银一两，共计银五百八十六两。志顺王下炮手一人，赏银五十两；助手一人，赏银十两；洞内运土人一百三名，各赏银二两；运火药车夫三百八人，各赏一两，共计银五百七十二两"。[1]

其七，左翼王、公献物：

"左翼奉命大将军和硕睿亲王多尔衮献琥珀玉簪子三十一个，玉壶一个、小玉碗二个、玉香炉一个、玉杯二十个、朱砂杯二个、单琥珀玉三十二个、水晶珠一束、托碟、花簇、素金等共三百三十八两，珠箍子二十个、素珠一百八十两、大珠匣二个、小珠匣四个、珠罐二个、银壶七个、银托碟四十对、银二万三千两、金黄色五爪蟒缎一百二十六匹，素蟒缎九匹、厚蟒缎六匹、纱蟒缎六匹、大缎一百三十三匹、石青素缎五匹、大闪缎六匹、花彭缎二十匹、片金五匹、妆缎二匹、妆缎三疋、倭缎十四匹、青缎三十匹、彭缎一百六十二匹、褐子五十七匹、线绸十匹、绸子二百七十四匹、绫子二百八十八匹、纺丝一百七十二束、补子纱十九匹、素纱罗四百三十匹、杭绢七十八匹、蟒缎一千八百四十六匹、蟒衣十七件、字缎衣四件、缝衣二件、片金衣二件、纱蟒缎衣十五件、倭缎衣十五件、补子衣八十件、彭缎羊缎衣共一百四十件、毡衣二件、细毡七块、衣二百七十八件、毛牛角一千四百对、茶二十五小口袋、银朱三十二匣、黄丹一匣、柜八个、匣十一个、大瓷瓶子二十三个、瓷盆一个、太监八员。

多罗贝勒豪格献补子缎七十一匹、花彭缎十六匹、锦缎十四、褐子十七匹、彭缎二百三十八匹、绸子三百三十匹、纺丝三百八束、绫二百四十匹、杭绢五十匹、纱罗五百匹、整匹缎二千二十一匹、蟒四件、厚缎衣二十五件、倭缎衣九件、倭缎裤七件、妆缎小裤二件、片金衣十四件、龙缎衣一件、妆缎马褂一件、缝衣二百十九件、青素缎衣二十九件、褐子衣五件、彭缎羊缎衣共四百三十件、绸子衣二百十件、纺绫衣一百六十件、纱罗衣二百十件、貂皮袄一件、天马皮袄二件、狐肷皮袄三件、衣服一千三百五十件、整匹缎衣共三千三百六十一件、金杯、花簇共三百一十九两、银三万二百三十两、珠箍子五十九个、素珠二百四十五两、玉杯十个、玛瑙杯二个、银杯一百八十一个、小碟子九十二个、佛头青布二百八十匹、银壶一个、虎皮三张、豹皮六张、太监十二员、白兽角十三对、毛牛角九百九十八对、细茶二口袋、包子茶四口袋、大盘子一个、碗六十六个、茶碗一个、马十三匹。

多罗饶余贝勒献金一百二两、金簪子三十七个、金杯一个，素珠一百五两、珠箍子三十六个、银杯三个、玛珀杯七个、玛瑙杯五个、玉杯四个、玉石杯三个、银壶六个、银杯一百四个、银碟八十一个、银花一匣、银一万二百八十两、蟒缎九匹、片金一匹、素缎八匹、石青素缎二匹、青素缎九匹、宫绸一匹、补子缎五匹、初子纱五匹、裙蟒缎一匹、褐子二匹、绉绸一匹、黄闪缎二匹，羊缎一百五匹、绸子一百三十六匹、纱三百七十六匹、纺丝二百七束、绫子、杭绢共二百二十一匹、锦九匹、倭缎衣二件、无袖齐肩女长褂一件、倭缎裤八件、石青素缎衣一件、缝衣一百四十八件、蟒缎衣十二件、羊缎衣一百五十件、片金衣七件、绸子衣一百五十件、女裙一百八十件、蟒缎裙十七件，豹皮三张、马十匹、人一百名、兽角五百对。

公博和托献金四十五两、珠子七两、银五千两、银托碟三十对、蟒缎二匹、纱蟒缎二匹、补子缎七匹、洋缎四十匹、绸子八十匹、纺丝绫子八十匹、杭绢五匹、纱六十匹、蟒缎衣三十件、补子衣三十件、缎衣五十件、绸子衣一百件、虎皮二张、马五匹，人三十名、兽角六十对。

和托公献金四十一两、银七百两、珠子三十五两、补子大缎二匹、大素缎十匹、闪缎四匹、洋缎彭缎十六匹、褐子二匹、绸子三十四匹、补子纱五匹、罗纱五十匹、纺丝绫子五十八匹、蟒衣七件、妆缎衣二件、倭缎衣二件、大补子缎衣二件、补子纱衣三件、缝衣三十一件、缎衣一百件、整角十对，角面五十副、大花瓶子二个、酒海二个，柄碗二个、太监一员、蒙古男童一名、马五匹。"①

其八，右翼王、公献物：

"右翼多罗安平贝勒献玉杯三个、玉筷子三双、琥珀杯四个、玻珀八块、朱砂人一个、珠子四十二两，（原档残缺）珊瑚七钱、金一百二十四两、银七千（原档残缺）百六十两、托碟一百十八个、银碗一个、银壶四个，银匣三个、银人二个、绿松石二个、蟒缎一匹、补子缎十九匹、大缎四十匹、纺丝、绫子、绸子共六百三十匹、褐子二十五匹、共计缎七百十五匹、缎衣二千九百四十件、无袖齐肩胧皮女长褂三件、羊皮袄一件、无袖齐肩灰鼠皮女长褂一件、豹皮十七张、虎皮五张、猞猁狲皮一张、狐皮八张、红毡二十五块，大花瓶子、罐子共二十六个，碗二十五个、炳碗八个、红花小碗二十个、天池茶四金斗、象牙十枚、整毛牛角十二对、角面十副、人一百四名、马骡四十匹。

镇国公扎喀纳献赤金十两、银锅一个、大银瓶子一个、银托碟十三个、银六百三十四两、素缎六十四匹、衣二百件。

辅国公顾尔玛浑献金杯一个、金花（原档残缺）、琥珀杯一个、银碟二个、杯九个、缎三十七匹、衣服二百件、银四十两。

辅国公吞齐喀献银七百两、银人二个、银杯八个、碟二个、缎匹五

①《清初内国史院满文档案译编》第423、424页。

十三匹，衣服一百九件。"①

对于出征所获人畜金银珍贵物品，金国汗贝勒（清国帝王）皆制定了规章条例。

一系珍贵物品应该归公。崇德元年十月初六，宽温仁圣皇帝皇太极重申此例说：

"谕曰：向来定例，凡出兵所获一切珍重之物，应归公者，即送该管固山额真，隐藏者罪之，此外别有所得，方许入已。近闻诸人所得之物，不赴该管固山额真牛录处交纳，竟自隐藏及诩言此系我所得，此系我家人所得，意欲取媚，各图私献，如此之人，所献者少，所隐者多，乃假公济私，巧诈之谋也，况阵获诸物皆为公家所应得，私受者固失大体，私进者亦由侵欺，今后凡有所得送该管固山额真总收籍记当，如拜尹图择人收藏，敬谨归公，方为合理。"②

二是明确规定，金银只能归于"八家"所有，禁止将士私拿私有：

"（崇德八年）六月十七日。祖大寿家人获金五两、银六百八十两、银器三百二十两、贡银一千两，银镶杯二个、缎袖纱罗共三十匹、袖子杭绢衣三百件、马十六匹、骡六头、牛四十头、驴五十八头。大学士希福、学士詹霸、额塞黑奏闻。上谕曰：'我国定例，凡征战所获金银，除八家外，不得分取。该项金银，尔既得之，恩赏与尔。'"③

按照俘获分配规定及内国史院档上的上述记载，可以得出五个结论。

其一，金国汗（大清国帝君），是分取俘获物最多之人。俘获物中，最贵重、最值钱之物是金银。此次所得金银，右翼有金4039两，银977406两，左翼未报。魏源说，此战获"白金百余万"。④姑按左翼所

①《清初内国史院满文档案译编》第424、425页。

②《清太宗实录》卷31，第12页。

③《清初内国史院满文档案译编》第513页。

④魏源：《圣武记》卷1，《开创》。

掠相当于右翼的三分之二计算，估计为白银150万两。"八家"，即八旗旗主，每家（每旗之主）可分银近20万两。皇太极是正黄旗、镶黄旗的旗主，可拿银近40万两，他又是金国汗和大清国帝，八个旗都要向他呈献金银人畜财帛，此次仅"右翼军满洲、蒙古、汉人所献金印二颗，重五百九两，银印二颗，重三百三两，银册七册，重二百三十一两，银三十万两"。另外，多尔衮等九位王、贝勒、公，都分别献银，合计77840两。在崇德三年这一次入边掠明战役中，仅白银一项，皇太极就可收80万两，他还收了数以万计的蟒缎、狐皮、蟒缎衣、金银杯壶，尚且不论他自己那两个旗及包衣的贡献。崇德八年六月十七日皇太极的一次帝谕，也可说明这个问题：

"谕诸王贝勒贝子公等曰：此番出征各旗王贝勒贝子公等家人获财物甚多，而各旗将士所获财物甚少，想各固山额真大臣等，各让其本旗王贝勒贝子公等多取以致将士，少获开报归公之物，反行减少耳，前多罗武英郡王，帅师往燕京，和硕睿亲王，过燕京往山东时，归公财物，朕皆赐出征之王贝勒及各官等，即少有所留，不过欲养新附之人，及给穷乏之兵，以为国家经费之用，故皆寄之外帑，朕未当私为己有，亦未不过于多取也，内帑积储，朕躬行节俭，用之有余，时时辄行赏赉，又加以两旗及包衣人等所获，岂虑不敷所用耶，蒙天庇佑，财物丰阜。"[1]

其二，王、贝勒、公是仅次于汗的最大获利人员。此时，礼亲王代善、克勒郡王岳托、豫亲王多铎、郑亲王济尔哈朗、肃亲王（一度降为贝勒）豪格、睿亲王多尔衮，皆系一旗之主，英郡王阿济格、贝勒阿巴泰等王、贝勒、公，各自辖有若干牛录，他们既可按照"八分"分领金银珍贵物品，属下将领、包衣也要向他们呈献俘获。仅看他们呈献帝君的巨量物品，就可想见他们掠取之多，何况帝、汗还要赐予他们成千上万银两。早在崇德四年（1639年）五月二十五日，帝就谕"诸王、贝子、大臣"，"常愿诸王、贝子、大臣俱仰荷天麻、长享富贵，今尔等不已臻富贵乎"。[2]

①《清太宗实录》卷65，第5、6页。

②《清太宗实录》卷46，第23页。

其三，"财物丰阜""文绣锦绮无不备具"。崇德四年五月二十五日，皇太极谕王贝勒贝子大臣，晓示今昔国家富庶贫瘠，对比情形说：

"太祖时，以人参与明人互市，明人不以贵美之物，出售于我，止得粗恶片金绸带绫缎匹，其时贝子大臣家人，有得明国私市好缎一匹者，阿敦阿格奏请将其人处死，所以华整之服，亦不可得。尔等岂不知之，今朕嗣位以来，励精图治，国势日昌，地广粮裕，又以价令各处互市，文绣锦绮，无不备具，尔诸王贝子大臣，所被服者非欤，往时亦尝有此否也。朕之为众开市，岂属无益，尔英俄尔岱、索尼等，不见昔日库中余布，尚无十匹之贮乎。"①

崇德八年六月十七日，皇太极又说："内帑积储""用之有余""蒙天庇佑，财物丰阜"。②

国家之所以能"富"，来源于俘获太多，俘获的一部分必须"归公"，而"归公"之中的一部分俘获物品，进入了国库。③同时，皇太极将王、公、将领呈献与己的一部分献品，谕命"存库"。比如，此次崇德三年，"右翼军满洲、蒙古、汉人所献金印二颗，重五百九两，银印二颗，重三百三两，银册七册，重二百三十一两，银三十万两、虎皮一张，俱令存库"。④

其四，将领获利丰厚。固山额真、梅勒章京、甲喇章京、牛录章京，虽然名义上不能私拿金银，但一则还可按官论功领取赏银，再则，金银之外还有许多人畜财帛，按照规定，各级将领还是可以在归公以后，拿到很多俘获。因为，"定例"规定，归公以外，"此外别有所得，方许入己"，所以，各级将领还是大有所得。并且，他们还倚仗官职权势，强行夺取士兵、包衣的俘获银物。比如，牛录章京都伦，夺巴尔噶孙牛录下和拜所获之人，得银1900两，只与和拜银50两，骡1头；都伦又夺汉军所获1人，得银1700两；都伦又夺金砺旗下章京范文程的家人康六所获银一千两。⑤

①《清太宗实录》卷46，第22、23页。

②③《清太宗实录》卷65，第5、6页。

④《清初内国史院满文档案译编》第417页。

⑤《清太宗实录》卷65，第34、35页。

其五，贫乏兵士，"不过一身一骑"。虽然清军大肆掳掠，但兵士所得甚少，即使少数兵士，偶抢到银子百多两，也会被豪横将弁强行夺走。至于合法所得赏银，满洲八旗出征兵士数万，他们平时没有饷银，此次征战所得百多万两银子，王爷、贝勒爷每人赏银5000两至20000两，公爷每人赏银几百两，固山额真多者每人赏银1000两，少者每人亦赏银几百两。没有建立功劳的普通兵士，分文未得，拼命冲杀首先登上城墙攻克19座城的9个旗的"登城人员"，按一座城20人计算，这9个旗的"登城人"当为200名，共领赏银6256两，平均每人30两；如果"登城人"不止200名，若有300，则每人20两。几万名满洲八旗士兵，只有区区几百人领银6000余两，仅比阿巴泰贝勒爷一人的赏银5000两略多一点。至于汉军士兵，一般人分文未领，只有参加松山城的兵士，因为挖地道、挖洞、运土、运水，共3000余人，每人分别领赏银1两、2两。简而言之，不管是满洲士卒，还是汉军士兵，比起王爷、贝勒、公爷，比起固山额真等高级将领，掠明所获，双方真是天壤之别，他们只是"所得几何"。因此，固山额真李国翰等四位大臣，才总结性地提出"略地便于将领，而不便于士卒"。当然，根据以上史料和分析，应对其说法予以补充和更正，即掠明，不利于士卒，而有利于金国、大清国，有利于帝、王、将帅。国富、君富、王富、将富，贫兵所得几何，这就是金军清军大举入边攻明的原因和目的。

三、松锦决战

崇德六年（1641年）八月，一场决定明、清命运的松锦大战发生了，此战以清胜明败而结束，奠定了清军席卷关外的基础，为三年以后的入主中原创造了充分的条件。

松锦之战，系明、清于锦州、松山进行的一场大战，决战的时间只有几天，而前后持续却长达两年。

锦州，是明朝辽西的军事重镇，城南18里是松山城，西南40里是杏山城，杏山西南20里为塔山城，另一重镇宁远在锦州西120里。宁远、锦州不取，山海关就难以攻克，山海不下，清军便很难打进关内，入主中原。皇太极虽曾屡派大军入塞，几次直逼北京城下，纵横于畿内与山东诸府，但皆不得明朝寸土（曾一度攻占永平四府州县，旋即失守），皆由于山海关阻隔，因此，皇太极决定先取关外四城，便首先要把锦州打下，为攻取山海关做准备。

此时锦州守将，是明朝第一勇将、挂征辽前锋将军印的前锋总兵祖大寿。他据城固守，城坚炮利，清军屡攻不克。

皇太极总结历次攻锦经验教训，决定采取长期围攻的方针，于崇德五年（1640年）三月，命和硕郑亲王济尔哈朗为右翼主帅、多罗贝勒多铎为左翼主帅，带兵至离锦州90里的义州城，驻扎屯田，骚扰明境，使山海关外宁远、锦州地方不得耕种。第二月皇太极还亲往巡察，命令军士抢收锦州城东、城西庄稼，围锦官兵，三月一换。

崇德五年六月十五日，命和硕睿亲王多尔衮、和硕肃亲王豪格、多罗安平贝勒杜度、多罗饶余贝勒阿巴泰，率其属下将士的一半，换防和硕郑亲王济尔哈朗等，于义州筑城屯田，围困锦州。多尔衮到达后，即督令士卒火速收割锦州城西禾稼，两日就收割完毕。明以锦州被围，遣兵来援，军至杏山，多尔衮率兵往击，皇太极闻知，即遣前锋统领吴拜率属下兵士一半，迅速前往助攻。从此，多尔衮与明兵多次交战。九月，郑亲王换防，多尔衮返沈阳。十二月，多尔衮、豪格、杜度、阿巴泰再度率兵往围锦州。

崇德六年三月，郑亲王济尔哈朗换防，多尔衮等率部回辽。未到之前，因多尔衮等曾遣部分军士还家，皇太极勃然大怒，指责多尔衮私遣擅归，松懈疏忽，影响围城效果，命令查出主使人员，从重议处。出征王、贝勒、公、固山额真、梅勒章京、护军统领及议政大臣以上官将，俱驻辽河傍舍利塔，不许入城，不准返家，听候治罪。

皇太极还特遣内大臣昂邦章京图尔格、固山额真英俄尔岱、大学士范文程等，往问出征王、贝勒。《清太宗实录》卷35载录了帝对诸王的责问。其谕问多尔衮的话如下：

"朕待尔与诸子弟不同，良马任尔乘，美服任尔服，肴馔任尔食，所以加恩于尔者，盖欲尔勤劳国政，不违朕命耳。今违朕命，屯兵远居，遣兵回家，如此，朕焉能以尔为可倚。"

帝谕问肃亲王豪格说：

"肃亲王，尔明知睿亲王失计，如何缄口不言。"

帝谕问阿巴泰、杜度、硕托说：

"饶余贝勒、安平贝勒、芍托公，尔等何为事不关己，是曰然，非亦曰然，如宾客路人相待。无论尔等，即新附蒙古，尚知为国出力，尔等不忧国竭忠，漠不相关，皇天列祖岂不鉴之。"

并令：

"凡此谕旨，皆与众固山额真、大臣，王、贝勒、大臣等将倡兵回家之人举出，若是睿亲王部下虾大臣所言，令睿亲王即行拿送，不可轻应此罪，当议定来奏。"

皇帝震怒，谕令严查，看来将遭重惩，灾祸难逃了。皇太极这样大发雷霆，实为欠妥。事情并不如他所说那样严重，说什么明兵已经自由出入搬运粮草等。多尔衮之所以两次遣兵回家，一次是每牛录三名，另一次每牛录五名，有其客观原因，那就是明军拼死反击，其兵多势大，清军死伤累累，人疲马乏，不得不轮班回家"整顿盔甲，喂养马匹"，略事休整，即行返军。明军仍被围困，运输基本断绝。多尔衮这样做，没有什么大错，不知道是什么人上了密折，夸大其词，激怒了皇太极。多尔衮据实回奏，说明情由，皇太极更加发怒，指责所奏皆系"巧辩之词"，令各王、贝勒自定其罪。[①]

当此紧急关头，多尔衮挺身认错，全揽在自己头上，不诿过于人，自议其罪说："我既掌兵权，又先令兵回家，违命之罪甚重，应死。"肃亲王豪格也表现很好，像个大丈夫，告诉审案大臣说："睿亲王乃王，我亦王耳，既与叔父睿亲王共掌兵权，彼既失计，我亦随之，应死。"安平贝勒杜度、饶余贝勒阿巴泰自议贬黜为民，拨出所属牛录。罗托贝子、硕托公、屯齐公皆自议革爵罚银二千至五千两。阿山、谭泰、叶克书三位固山额真，俱自议当死。蒙古固山额真和洛惠、梅勒章京曹亥等高级官将三十余人，俱自议革职。[②]

①《清太宗实录》卷35，崇德六年三月初四日、二十日、二十一日。

②《清太宗实录》卷35，崇德六年三月二十一日。

也许是皇太极感到处理过分，或者是因为牵涉到这样多的王、贝勒、贝子、公和大臣，皆是统兵治政的主要人员，若依本人自议之罪，则将杀掉和革掉一半以上的军政要人，今后谁来治理国政统兵远征？总之，不管是什么原因，他终于决定从宽发落。崇德六年（1641年）三月二十二日，皇太极下诏与图尔格等，定诸王大臣的罪：睿亲王多尔衮降为郡王，罚银1万两，拨出部下2牛录；肃亲王豪格降为郡王，罚银8000两，拨出1牛录；饶余贝勒、安平贝勒各罚银2000两，贝子罗托、辅国公硕托、屯齐各罚银1000两。固山额真谭泰、阿山、叶克书各罚银1000两。其余30余员官将罚银50两、100两不等。[①]多尔衮差点被从重惩处，险被错斩。但是多尔衮毕竟是个有胆识、足智多谋的俊杰，事情一过，并未沉浸在不满、忧伤的生活中，立即振作精神，全神贯注地投入到攻灭明军的大战中去。

三月二十四日，因锦州外城蒙古贝勒诺木齐等密约降清，郑亲王济尔哈朗、英郡王阿济格等率军攻取了外城。五月初三日，郑王奏报，明经略洪承畴率总兵6员，带兵6万来援锦州，屯于松山北岗。郑王率军往击，失利，伤亡不小。十五日，皇太极遣内三院大学士希福、刚林等，前往锦州、阅视郑王所掘壕堑，查看屯营形势。

六月初四日，多尔衮与豪格率军前往锦州，更换郑王军队，皇太极出地载门，送五里而返。

八月初六日，多尔衮、豪格自锦州军中，遣人奏报：明国会集各省兵，来援锦州，"来兵甚多"。初八日，皇太极"因明朝援兵众多"，命固山额真英俄尔岱、拜音图率每牛录兵10名，前往增援，并遣学士额色黑前往传谕。十一日额色黑从军中回，奏报说：敌兵"实众"，"欲和硕郑亲王领兵前去，合营拒敌"。[②]多尔衮的奏请增兵，十分正确。如果他不及时上报真情，要求援兵，皇太极不会感到问题的严重性，不会立即调兵往援，并亲统大军前往，那么，松锦之战可能又是另一结局了。因为，此时多尔衮面临的对手，不是凡夫俗子，而是颇有才华、军功累累的少有的劲敌，这人就是明蓟辽总督洪承畴。

洪承畴，字彦演，号亨九，福建南安人，明万历四十四年（天命元年，1616年）进士，初任刑部江西清吏司主事，天启时升至陕西布政使

①《清太宗实录》卷35，崇德六年三月二十二日。
②《清太宗实录》卷36，崇德六年八月初六日、初八日、十一日。

参政。崇祯初年（1628年），因镇压陕西农民军，"剿御有方"，屡次奏捷，擒获闯王高迎祥，连败李自成部，迫使李自成以18骑逃居商洛，陕西义军"略尽"，而不断擢升。数年之内，由督粮参政一跃而为延绥巡抚、陕西三边总督，后又加太子太保、兵部尚书，兼督河南、山西、陕西、四川、湖广军务，随改蓟辽总督。崇祯十四年（清崇德六年，1641年），率东协总兵曹变蛟、辽东总兵王廷臣、援剿总兵白广恩、山海关总兵马科、宁远总兵吴三桂、宣府总兵杨国柱、大同总兵王朴、密云总兵唐通，共8总兵官、兵13万、军马4万匹，集宁远，救援锦州。八月初，洪承畴率军至松山，与锦州守军相呼应，充分发挥火器的长处，猛攻清军。

多尔衮虽然率军奋勇冲杀，但敌众我寡，前后受敌，初战失利。直到四年以后回忆松锦之战时，多尔衮还心有余悸地说：当时"洪军于南山向北放炮，祖大寿从城头向南放炮，我兵存身无地，神器实为凶险"。[①]

这样的局面，对多尔衮来说，是一个严峻的考验。如果他据实上报，奏请增兵，有可能遭到朝廷的耻笑。这几年清军屡败明兵，八旗劲旅所向无敌，现在突然告称失利求援，既有损个人威严，又可能落个胆怯畏敌的罪名，或许不仅不增援，还将革职问罪。但是，设若谎报军情，讳败为胜，孤军迎战，必将惨败，严重威胁到清国的盛衰兴亡。聪明的多尔衮，很快下了决心，据实上奏，乞请援兵。

皇太极得到了围锦清军"屡战败衄，势将败北"的真实消息后，立即决定，全力以赴，"悉索沈中人丁，西赴锦州"。[②]

八月十四日，皇太极统率大军亲征，十五日渡辽河，十九日晚至戚家堡下营，传谕多尔衮、豪格，欲至高桥，合困松山、杏山。多尔衮、豪格回奏，建议皇太极不参加战斗，驻营于松杏之间。这个奏章，颇为重要，摘录如下：

"（睿王、肃王）令学士刚林、罗硕复奏云：蒙皇上威武，臣等岂敢畏敌，但恐以臣等为怯，若不奏闻，于理不当。今皇上亲至，臣等勇气益增，皆不以敌为意，惟以冲击为事，一心为国，故不敢不以所知实

---

① 《摄政亲王起居注》，顺治二年闰六月初七日。
② 吴晗：《朝鲜李朝实录中的中国史料》第3686页。

奏。汉兵果众，当同臣等先至兵，围困锦州。况先番上阵，颇有中伤，今如再战，恐力不及。今皇上令屯营高桥截路，倘敌兵为我所迫，约锦州、松山人外夹攻，舍死冲战，万一有失，如之奈何。皇上即欲发兵来援，亦必待胜负决后，方可赶至。以臣愚见，皇上若肯驻松、杏之间，臣等大有益矣。"①

多尔衮讲明了明军众多，清军前曾失利，双方交战，颇有危险，为保皇太极安全，建议其驻松杏之间观战，由多尔衮率众军猛攻。即使皇太极要上阵，也等胜负决定后再加入冲击。真是一片赤忱，为主效劳，保主安宁。皇太极采纳了这个建议，驻于松山杏山之间观战。

明军见清兵大至，营垒森严，"各个丧胆"。二十日晨，明八总兵来攻，为清军击败，二十一日再战，又败。二十一日晚，明军突围，遭清军猛攻，溃不成列。多尔衮遵帝命，率四固山护军从锦州大路至塔山大路截杀。八旗官将各按信地，奋攻明军，只杀得明军"尸横遍野，自杏山沿海，直至塔山，投波入海，如同鹅鸭，尸蔽水面，死者不可胜计"。②洪承畴和曹变蛟、王廷臣二总兵及巡抚丘民仰，困守松山孤城，吴三桂等总兵，先率残兵入杏山，二十六日逃往宁远。几天之内，明军大败，死53783人，清军大胜。③

因宸妃病危去世，皇太极于九月离松山，回沈阳，留杜度、阿巴泰、阿济格等围锦州、松山、杏山。

十一月初三日，多尔衮奉命出发，往围锦州，不久，郑亲王济尔哈朗亦往。崇德七年（1642年）二月二十一日，围守松山的肃郡王豪格等攻下松山，生擒洪承畴、丘民仰及副将游击等官100余员，尽杀守兵3000余人。三月初十日，祖大寿粮尽援绝，率部至济尔哈朗、多尔衮营前投降。四月初九和二十一日，先后攻下塔山、杏山。至此，著名的"松锦之战"，以明军惨败、清军大胜而告终，从此明国一蹶不振，清军士气高涨，积极为入主中原做准备。

①《清太宗实录》卷36，崇德三年八月十九日。
②《清太宗实录》卷36，崇德六年八月二十一日、二十二日、二十四日、二十六日。
③《清太宗实录》卷36，崇德六年八月二十九日。

四、统一漠南蒙古

（一）三角鼎立 "以西虏制东夷"

蒙古人数众多，部落千百，大体上分为漠南内蒙古、漠北外蒙古、漠西厄鲁特蒙古、青海蒙古，散牧于今内蒙古、外蒙古、青海、新疆等辽阔地域。

明末清初，漠南蒙古分有25部。察哈尔、敖汉、奈曼、乌珠穆沁、浩齐特、苏尼特、土默特右翼、鄂尔多斯、巴林、扎鲁特、克什腾、喀尔喀左翼、喀尔喀右翼，皆系元太祖十五世孙达延东臣汗（简称达延汗）的后裔。科尔沁、扎赉特、杜尔伯特、郭尔罗斯、阿鲁科尔沁四子部落、茂明安、乌拉特、阿拉善，是元太祖之弟哈萨尔的后裔。喀喇沁部与土默特左翼，系元太祖的功臣济拉玛的后裔。翁牛特部是元太祖之弟谓楚因的后裔。

从明初到万历四十七年（1619年），辽东地区流行着一种说法："八十万尼堪，四十万蒙古，水滨三万诸申"。它比较形象、真实地反映了这个地区存在着三股势力及其强弱情形。"八十万尼堪"讲的是幅员辽阔官军百万的明朝，"四十万蒙古"指的是漠南蒙古各部，"水滨三万诸申"说的是女真各部。在这漫长的两百余年里，辽东地区是蒙明对峙、蒙攻明守，女真只是一个毫不起眼、不屑一顾的弱小民族。

当时，漠南蒙古的一些部的汗贝勒，兵强马壮，掠夺成性。漠南蒙古各部中，以达延汗及其子孙后裔的几个部最强。达延汗名叫巴图蒙克，是元太祖成吉思汗十五世孙，于明正德五年（1510年）即位。达延汗"贤智卓越"，控弦之骑10万，打败桀骜不驯酋长，统一蒙古各部，自称大汗。达延汗在漠南、漠北，分封诸子，建左翼右翼6万户。左翼6万户是，察哈尔万户、喀尔喀万户、兀良哈万户。右翼6万户是，鄂尔多斯万户、土默特万户、应绍不万户。察哈尔万户由达延汗及长子的长孙博迪统领，并兼统左翼3万户，为元之正宗嫡系、诸部之长。明嘉靖二十二年（1543年）达延汗卒，嫡孙博迪继位。三年后，博迪去世，其子打来孙汗继位。因受其叔父土默特万户俺答汗欺压，率部十万东迁，居"辽、蓟之间"。嘉靖三十六年（1557年），打来孙汗卒，其子20岁的土蛮（图门）即位，为土蛮汗，人们又称其为"小王子"。土蛮汗在位35年，骁勇精干，"子孙生聚日蕃衍，众可四十万，有八大部"，其从父吉囊，有十个儿子，"各万骑"。万历二十年（1592年），土蛮汗殁。第二年其子彻辰汗继位，万历三十一年（1603年）殁，第二年其孙林丹汗即位，明人称其为虎墩鲁汗，察哈尔部为插汉。林丹汗既贪财帛，"垂涎各部之赏"，又好掠掳，经常袭夺各部人畜财货，还非常骄横狂妄，宣称"南朝止一大明皇帝，北边止我一人"。林丹汗最盛之时，"东起辽东，西至洮行"，皆受其"约束"，拥有8大部、24营，自称"统四十万蒙古国主巴图鲁成吉思汗""帐房千余"。阿鲁科尔沁部、四子部落、乌拉特部、茂明安部、翁牛特部、阿巴噶部、阿巴哈纳尔部、敖汉部、奈曼部、扎噜特部、克什克腾部、乌珠穆沁部、浩齐特部、苏尼特部等部，皆曾"服属于察哈尔"。

蒙古各部人数多，兵精马壮，长于骑射，剽悍善战，兼之各部首领常追忆其先祖成吉思汗、忽必烈，曾驰骋三大洲，纵横数万里，君临四海，入主中原，"威震华夷"。不料后嗣顺帝，竟被一个曾经沿村乞食的贫僧朱元璋赶出大都，逐回漠北。要报仇、要恢复祖业的志向，促使蒙古各部首领，尤其是强部之主，经常发动战争，进掠明境，并图谋夺取辽东霸权，或进逼明都，甚至欲图入主中原。自从明朝建立以后，不管是漠北蒙古鞑靼部还是漠西蒙古瓦剌部，都在不同程度上和明朝政府发生过征战。不管元帝嫡系还是臣僚后裔，都有打败明军、恢复"祖业"的愿望。正德、嘉靖年间，漠南蒙古的达延汗、土蛮汗、俺答汗，都有扩大疆土，与明抗衡的企图，皆曾多次大举入边攻掠明朝。达延汗后裔中的一房，衍化为内喀尔喀五部之扎鲁特部、巴林部、瓮吉喇部、巴岳特部、和乌齐叶特部，五部的酋长乌巴什、苏巴海、炒花等，都勇悍好掠，多次攻掠明边。终明一代，蒙古皆系明朝边患。

明帝和蒙古汗、贝勒竭力争夺辽东霸权。女真族则因人口稀少、部落分散，难举大事，所以基本上成为二强的附庸，有时也勾结蒙古贝勒，入边掠夺明朝州县、人畜财帛。

明朝对待各个少数民族的总方针是"分而治之"。具体到东北地区，由于明初到万历四十七年（1619年）以前，蒙古各部汗、贝勒长期入边掠明，为明大患，所以一直采取"以东夷（女真）制西房（蒙古）"的政策。但是，万历四十七年以后，由于金国兴起，英明汗率军于万历四十七年以"七大恨"誓师伐明，当年取抚顺、掠清河，击杀率兵1万的明朝副将颇廷相。第二年，又大败10万明军于萨尔浒，下开原，克铁岭，灭叶赫，生擒内喀尔喀五部骁勇凶横的斋赛贝勒，震惊明朝、蒙古，结束了两百年来辽东地区蒙、明争霸两雄对峙格局，代之以明、金、蒙三角鼎立的新格局。明朝政府不得不改"以东夷制西虏"的传统方针，实行"以西虏制东夷"策略。过去200年内，蒙古各部频繁入边，所掳人口、牲畜动辄上万，明朝损兵折将，财力、物力、人力、兵力都受到严重损失，又要调遣重兵防御，本已疲于奔命，应接不暇了。而后金的勃兴，使辽东危在旦夕，京师安全也难确保，明既不可能两面出兵，分战强敌，又想避免"夷、虏"会合的危险，再考虑到蒙古不愿丢弃"市赏"厚利，又不甘心屈服于后金之下，二虎相争，势不两立，有可能助明抗金。因此，明廷采取了与过去相反的方针，就是"以西虏制东夷"。不惜重金厚赏，竭力拉拢蒙古汗、贝勒，共同对付后金。尤其是天启元年（1621年），辽阳、沈阳失守，第二年春广宁又失陷，在此严重关头，明廷更把希望寄托在蒙古身上，幻想依靠蒙古汗、贝勒，来挡住八旗劲旅，守住辽河以西地区。曾经一度执掌防金军事大权的辽东巡抚王化贞，以抚"西虏"为唯一急务，声称"虎墩兔汗助兵四十万"，想以不战取胜。他于天启元年九月奏报明帝说："虎墩兔汗调兵四十万，助攻努尔哈赤。"当时，察哈尔林丹汗（虎墩兔汗）等蒙古部首领，确实表示愿助明攻金，"哈喇汉炒巴等五营盟结于东，插汉八大营效欸于西，已有平吞逆奴之势"。可是，双方因发生争执，哈喇汉炒巴等移营远走。①

尽管这次行动没有结果，王化贞抚"西虏"以制后金的策略未能奏效，但到天启二年（1622年）正月，广宁失守后，明廷仍然念念不忘"西虏"之威，还是决定联蒙古抗后金。明兵部侍郎王在晋上奏："蒙古各部抚赏马市，在广宁镇远关，镇静堡等处，广宁失，则市罢赏绝。"明失掉广宁，固然对明朝不利，同时也对蒙古不利，趁后金还没有联合蒙古之时，明廷必须抓紧时机，不惜重赏，引诱蒙古首领，与其联合抗金，就可得到"树奴之敌，以张羽翼，养我之力，以卫根本"的好处。②明熹宗接受这一主张，任王在晋为辽东经略，与蓟辽总督王象乾一起，积极推行招抚蒙古的政策。

王象乾对依靠蒙古以制后金的决策，信之如磐石，行之若梦寐，他

---

① 《明熹宗实录》卷14，《明史》卷259，《王化贞传》。

② 《明熹宗实录》卷19。

认为只有依靠蒙古，明朝政府才能得救，相信蒙古骑兵是明朝"天皇帝"的可靠支柱。他上奏疏强调蒙古的作用，说蒙古部哈喇慎大酋长罕孛罗势等人，朵颜卫36家首领速不的等人，各自带领兵马，于宁前、中前等处列营驻扎，为我侦探敌情，送还逃离后金的人口回到家乡，运送各项器械物品。蒙古人带来木柴、大米、黄豆卖给汉民，正好接济山海关上军民的急需。从山海关至连山的数百里内，蒙古各部人员络绎不绝。罕孛罗势愿出帐房300项，又令其属下出帐房1000顶。为我防守宁前一带地方，"谓是皇爷肉边墙"。

王象乾根据这些情况，准备每月发给防守的蒙古兵士，一个人3斗米和8尺布，约值银1.5两。这样，宁前就可以固守，可免除金兵冲突抢掠之患，蓟门也可安然无事，这就使明廷既省下大量经费，又可以保证安全。[①]

两年以后，王象乾再上奏疏，回顾"抚虏"之利说：两年前辽河以西广宁等城失陷以后，溃兵逃民昼夜哭泣呼喊，犹如山鸣海沸，实在目不忍睹，耳不忍闻。当时，蒙古罕孛罗势率领铁骑2万余，驻入各地，大军压境。自山海关以西，人心惶惶，关门日夜紧闭，官员、兵丁、居民、士子和商人，改换服装往南奔逃者，络绎不绝，形势万分紧急，眼看就要酿成大乱，难以收拾。只好派遣都司阎守信、"番僧"王喇嘛等，手持谕帖，前往罕孛罗势，宣扬朝廷的威德，请求帮助。罕孛罗势听后十分感动，立即发帐房300顶，又传令属下人员发帐房1000顶，前来把守关门，所以关上形势迅速好转。重新开放关闭已久的关门，蒙古与汉民之间，买卖柴米，犹如一家。在那段时间里，蒙古各部为明运送过大小铳炮177位和红黄铜铝10万余斤，营救并护送难民8000余人，接送牛、驴400余匹（头）。乘此机会，明方出去侦探敌情的人马，才敢于离关前往，逐渐由中前而达于宁远、广宁。这样一来，山海关外，得以抢修城堡，耕种田地，经商行贾，民间安居乐业，才使山海关外200余里的河山，"还我祖业版图之旧"。

回想当初危难之时，明廷没有一个文官提出过一条防守御敌之策，也没有一个武将向敌兵发射过一箭一弹。假如没有蒙古为明保护关门、侦察敌情，明兵怎敢往东边金兵方向前行一步。两年以来，"烽烟消失"，确是蒙古的力量和作用。[②]

①《明经世文编》卷463；王象乾：《诸房协力助兵俯准量力犒赏疏》。

②《明经世文编》卷464；王象乾：《遵旨抚处属夷报竣事》。

王象乾的奏疏，详细叙述利用蒙古的力量反抗后金的侵扰，是为表述自己的功劳、反驳一些言官而写的，这就难免有粉饰夸张之处。但当时关外一片混乱，无兵可用，无将可调，确是蒙古哈喇慎诸部"声言助守边"，据有宁远以西5城72堡，才为明廷赶派援兵稳住局势提供了有利条件。就此而论，不能不说招抚蒙古以抗后金的政策，在此时是收到了一定的效果。

王象乾又上疏呈请发下帑金，"抚赏"蒙古。他详细阐述了招抚蒙古林丹汗等汗、贝勒，以抵挡金兵的必要性和可能性，讲了一些情况和问题。

首先，说明察哈尔部林丹汗，人马多，势力大，与哈喇慎诸部首领一样，愿意领厚赏，助明抗后金。林丹汗是元帝嫡裔，称汗于蒙古各部，地位"最为尊贵"。他能号召八大营，拥有骑兵数十万，势力最强。王象乾领取"抚赏"于团山、正安堡等处，得银巨万，获利最大。在已察知林丹汗聚兵10万，很快就要到达山海关，商定"抚赏"条件后，就去与后金国主努尔哈赤交锋，争夺广宁。哈喇慎白言台吉等首领想约其他大部，"聚族而东"，消灭努尔哈赤。这是关系到明朝安危的一大关键，应当招抚他们，并派其兵马为明朝防守城池。考虑到察哈尔部原在广宁领赏，所以将其部之兵，留该地防守。哈喇慎部原在宁前领赏，就在宁前一带留哈喇慎兵1万防守。

其次，建议明朝每年用银100万两来"抚赏"林丹汗等蒙古汗、贝勒。计有察哈尔部、哈喇慎诸部"抚赏"银20万两，"领兵犒赏、进兵功赏"银30万两，守边蒙古2万人的兵饷36万两，以及上一年秋季应给察哈尔的赏银。这还不包括作战时的"首功银"。

最后，王象乾针对有人反对用蒙古以制建州的策略，提出了蒙古之"可信者五"和必须抚赏蒙古的理由。王象乾认为，根据明和后金交战后的形势判断，蒙古是可以信任的。第一，当明朝失掉广宁之时，蒙古人皆向西而泣说："破我饭碗，坏我一条白道。"因为金银财帛，只有从明廷来取，蒙古贝勒、台吉都念念不忘于此，怎能甘心丢弃，置之不理？第二，后金努尔哈赤兼并各部，林丹汗等蒙古汗、贝勒不会袖手旁观。第三，女真和蒙古皆好争雄称霸，林丹汗是蒙古之王，努尔哈赤以势相逼，他怎能甘居其下，或退避三舍？第四，明抚蒙古、联合蒙古，以壮声势，以得支援，蒙古亦想借明为后盾，希望明和蒙古联合，一起消灭后金努尔哈赤，正如像明朝想结交蒙古、制服建州一样。第五，察哈尔部林丹汗虽沉湎于酒，其部下深思熟虑之人，皆因逼近强敌，恐被吞并，而急欲消灭后金。从各方面情况可知，蒙古是助明抗金的可靠力量。

蓟辽总督王象乾又强调必须信任蒙古，其理由是：我不用蒙古，蒙古则投奔建州，为努尔哈赤所用；我不联合蒙古，则广宁之逆党不能驱除，根蒂既固，枝叶蔓延，将逐渐迫近山海关门前，谁能抵挡；我不"抚赏"蒙古，它便聚族策马，要挟我给予金银财帛。给予，则运载北去；不给，必派遣兵马像努尔哈赤一样自行夺取；我兵刚召集齐，士气还未振作，借用林丹汗、罕孛罗势之力，形成掎角之势，"以养我全力"，努尔哈赤必然不敢发兵西向，掠我土地。因此，王象乾做出结论：今天下大势，抚蒙古则安，远蒙古则危，要求安去危，只有"抚赏"蒙古一策，别无他法。如果蒙古部确有助明抗金的诚意，则我可获其实利，假若他们用诈，明也可以借其虚声，"夷情有一日之安，便是边氓一日之福"。只有"抚赏"和使用蒙古力量，才能化险为夷，否则，危不堪言。①

王象乾对招抚蒙古以抵挡后金以拯救危辽的必要性、可能性讲得十分详细，当时的辽东经略王在晋，以及明廷决策者，都赞同这一主张，更大规模地执行"以西虏制东夷"的政策，每年抚赏蒙古林丹汗等汗、贝勒上百万两白银。蒙古林丹汗等也表示要助明击金，共同打击努尔哈赤势力。这就结束了200多年来明、蒙争雄于东北的局面，代之以双方联合抗击劲敌——新兴的强大金国。

（二）满蒙联盟 四十九位贝勒朝盛京

北有蒙古，西接明朝，处于二强之中的女真国主努尔哈赤及其继承人皇太极，如何分析时局，驾驭局势，采取什么样的方针？这是一个关系到后金兴衰的重大问题。

素怀大志的"清太祖"努尔哈赤，彻底地摈弃了左右观望、畏缩不前、徘徊于二者之间的模棱两可态度，毅然确定了力挫二雄的方针和联合蒙古抗击明朝的策略，以达到称霸辽东的宏伟目标。努尔哈赤走过的历程，表明了他是采取以武力为后盾，以招抚为主、征剿为辅，大力争取蒙古的方针，对主动来归、睦邻友好的蒙古贝勒、台吉，额外优待，

①《明经世文编》卷463；王象乾：《请发帑金以充抚赏疏》。

其战败降顺或求和修好的蒙古人员，也给予优厚待遇，对一些领兵来攻的坚决为敌者，则迎头痛击。形势很清楚，问题很明确，努尔哈赤要想北敌蒙古百万之众，西抗统治亿万臣民的明朝"天皇帝"，称霸辽东，只靠几万女真士兵是绝对办不到的。蒙古兵骁勇剽悍，又与女真同被明廷蔑称为"夷"，因而，既可争取蒙古为后金国效力，又可增补八旗兵丁，加强军力。努尔哈赤的主要目标，是进攻明朝，占据辽东，再图大举，明朝是主攻方向。把蒙古各部，至少是漠南蒙古吸引过来，使其从助明转为助金，就解除了后金的后顾之忧，摆脱了被西、北夹攻的危险，削弱了明朝的力量，壮大了后金国的声势。这是直接影响到明朝和金国力量对比的一个重要因素。

在蒙古各部中，努尔哈赤首先是与邻近的科尔沁蒙古联系，极力争取，再及内喀尔喀五部，然后对付察哈尔部。一般认为，努尔哈赤争取蒙古的主要手段，是许以官职，联姻婚娶，采取和平的、友好的方式，而不是以武力相胁。这是一种错觉，这种看法与历史实际出入很大。努尔哈赤确实是非常希望通过友好往来，进行联姻婚娶，把蒙古各部贝勒、台吉吸引过来。然而，他也清醒地看到只靠这种方式，很难达到目的，必要时非动干戈不可。蒙古各部的贝勒、吉台，是否愿意与后金联合，是否归顺努尔哈赤，只靠联姻是绝对不行的。这不是个人愿望所能决定的，而是实力在起作用。要使"四十万蒙古"从高居女真之上的盟主，下降为"三万女真"的臣僚或附庸，是不容易的，蒙古汗、贝勒哪能轻易接受这一转变，怎肯仅仅因为与努尔哈赤结为亲家，就愿弃尊趋卑，在昔日的下属面前俯首称臣，跪拜朝贺？早在天命四年十月二十二日，即八旗劲旅破开原、下铁岭、灭叶赫后不久，察哈尔部林丹汗遣使致书努尔哈赤，以上对下、强对弱的高傲口气，威胁后金，不准后金进攻广宁。该信称道：

　　"蒙古国统四十万众英主青吉汗（原注：青吉汗乃大元始祖之号，故称之），谕问水滨三万人英主安否。大明于吾二国，乃仇仇也。吾闻自戊午年来，大明始受兵于汝国。今夏吾已亲往广宁，招抚其城，取其贡赋，倘汝兵往图之，吾将不利于汝。吾二人原无交恶，若吾所服之城为汝所得，吾名安在？设不从吾方，二人之是非，穹苍鉴之。"①

---

① 《武皇帝实录》卷3，第22、23页。

　　在这里，林丹汗摆出数十倍于后金的强国大元可汗的架子，训诫弱小国主努尔哈赤，不准他攻打广宁（实际上是不许他攻取辽东），否则，将干戈相见，"不利于汝"。此时的林丹汗，乃"控弦数十万"的蒙古之主，连连击败其他蒙古部，兵强势盛，咄咄逼人。他的威胁，非同小可，不能等闲视之。

　　对于林丹汗的威胁信，努尔哈赤毫不畏惧，复信痛加驳斥。回信中一开始就指出，林丹汗在撒谎，明明是蒙古祖先惨败于洪武皇帝朱元璋之手，"四十万蒙古摧折几尽"，林丹汗部众不及3万，仅是蒙古各部中的一部之长，却侈谈为"四十万蒙古"之主的大元可汗。紧接着努尔哈赤奚落林丹汗两败于明的惨状，宣扬后金的赫赫武功，指出明之厚赏于蒙古，乃是由于女真人之金国兴起，才以利相诱，使其助明反金。最后，努尔哈赤还劝林丹汗与后金和好，同谋伐明。[①]

　　犀利的文笔，固然可以把对手揭露得淋漓尽致，一泄心中之愤，但并不能逼迫或诱使骄傲的蒙古贝勒停战言和，更谈不上归顺乞降了。起决定性作用的，仍然是无敌军威与强大的国力。正是由于击败九部联军的重大胜利，才使一些蒙古贝勒、台吉开始转变态度，以平等身份派遣使者前来访问，互通婚娶。

　　由于努尔哈赤执行了以武力为后盾、以抚为主的"恩威并行"的方针，加之以八旗劲旅取辽、沈，下广宁，屡败明军，连克蒙古的无敌军威，使科尔沁、喀尔喀以及察哈尔的一些贝勒、台吉感到新兴的后金前途无量，明朝在关外势难立足。兼之察哈尔林丹汗恃强凌弱，不断发兵攻打科尔沁、喀尔喀，乃至察哈尔内部的蒙古贝勒、台吉，掠夺人口、牲畜，吞并其部。因此，从天命六年（1621年）起，科尔沁等部蒙古贝勒、台吉，纷纷率领部民、牲畜归顺后金。天命七年（1622年）三月十六日，科尔沁部明安、兀尔宰图、锁诺木、绰乙喇札尔、达赖、密赛、拜音代、噶尔马、昂坤、多尔济、顾禄、绰尔齐、奇笔他尔、伊林齐、特灵，以及喀尔喀部石里那胡克等贝勒、台吉，率所属军民3000余户，驱赶牲畜来投后金，喀尔喀五部又有1200户民来归。天命八年（1623年）正月，喀尔喀五部拉巴斯布台吉、琐诺木台吉、莽古塔布囊、鄂博和塔布囊、达赖台吉等，各率所属军民并各处蒙古500户来归。

　　对于那些留居原地未入后金国，而又与金友好的蒙古贝勒，努尔哈

---

① 《武皇帝实录》卷3，第22、23页。

赤采取了联盟政策，在政治上、军事上予以支持和援助，保护他们不受强部的欺凌。当时，察哈尔部林丹汗正在兴兵，攻打科尔沁各部，科尔沁贝勒难以抵挡，希望得到后金的帮助，努尔哈赤也不愿意察哈尔蒙古势力过分强大，危害后金利益，所以特别注意争取科尔沁部。天命九年（1624年），他派遣使者前往科尔沁蒙古，与其首领奥巴等结盟，立誓表明后金国要与科尔沁奥巴贝勒共同对付察哈尔。第二年十一月，奥巴贝勒受到察哈尔林丹汗的大军侵扰，遣使向后金国汗告急，努尔哈赤派莽古尔泰、皇太极、济尔哈朗、阿济格、硕托、萨哈廉等贝勒，率领精骑5000往助，林丹汗听到金军来到，急忙退兵，遗下驼马无数。天命十一年（1626年），奥巴来谒见，努尔哈赤以贵宾礼相待，特予优礼，设大宴，以侄孙女敦哲格格嫁与其为妻，并于六月初六日，宰白马乌牛与奥巴盟誓，永久和好，共同对付察哈尔林丹汗的侵扰和大明的欺凌。

蒙古各部纷纷归顺后金，证明努尔哈赤创定的争取蒙古的政策，对后金的发展和满族的兴起，起了重大的促进作用，成为有清一代的一项基本国策。

天命十一年（1626年）八月，努尔哈赤去世，四贝勒皇太极即位，尊为天聪汗，继续贯彻执行其父汗所定的联蒙抗明的国策，而且加以创造性的发挥，收到了更大的成效，实现了统一东北的目标。

皇太极坚决执行父汗努尔哈赤所定的以武力为后盾，剿抚兼用，以战求抚的基本方针。尤其是在即位初期，形势不太稳定的时候，更是大兴挞伐之师，以伸张军威，慑服观望动摇欲叛后金的蒙古贝勒。喀尔喀五部蒙古贝勒，虽与后金盟誓友好，但是，联盟并不巩固，形势稍有变化，立即就有不利于后金的转变。当天命十一年正月努尔哈赤兵败于宁远之后，一些蒙古贝勒认为后金败于明军之手，八旗劲旅惨遭伤亡，立即违背誓盟，改变态度，"专意助明，移师相逼"，多次劫杀金国之使者。[1]努尔哈赤对表面与金结盟，背后又领明厚赏，助明抗金的蒙古部，给以重重的惩治。[2]天命十一年努尔哈赤去世之后的第三个月，即十月初十日，天聪汗皇太极又命代善、阿敏、德格类、济尔哈朗、阿济格、岳托、硕托、萨哈廉、豪格九位贝勒率精兵1万，往征喀尔喀蒙古扎鲁特部，并遗书列举其背盟忘义、一再与全国为敌之事，声讨其罪。

① 《清太宗实录》卷2，第6页。
② 《清太宗实录》卷4，第26页。

另外，又遣副将冷格里、参将阿山，率兵进掠喀尔喀巴林部。大贝勒代善等痛歼喀尔喀扎鲁特部，生擒巴克贝勒，尽获其子女、人口、牲畜而还。冷格里也大败蒙古军，俘获人、马、头号、牛、驼等420余。①这些斗争是为了稳定持观望态度的蒙古部。

此时，察哈尔蒙古林丹汗正是兵强势盛，不仅攻掠蒙古科尔沁等部，欺凌属部，并每年索取明朝赏银一百万两，助明抗金，屡生事端。皇太极面临着宁远失败后的急转形势，尤其是察哈尔蒙古部林丹汗的公开帮助明朝，打击金国，严重地危害了金国的发展。刚刚即位的皇太极，左右思量，决定继承父汗努尔哈赤遗志，不畏强敌，善于斗争，仍然执行"剿抚兼施"、联蒙抗明的政策，对与金国为敌的蒙古贝勒，则狠狠打击，以战求抚。

天聪二年（1628年）二月，皇太极亲自率领精骑，突然袭击察哈尔蒙古所属的多罗特部，俘获11200人。九月，他又统率大军，西征察哈尔，驰奔席尔哈、席伯图等处，一直追到兴安岭，俘获人口、牲畜无数，"抗拒者杀，降者编户"。②

这两次战役的胜利，扭转了局势，加之林丹汗对喀尔喀部的攻掠，迫使喀尔喀蒙古诸部彻底归服于金国，也为争取奈曼、敖汉诸贝勒"举国内附"，奠定了基础。

天聪六年（1632年），皇太极又率领八旗劲旅和归顺的蒙古各部，驰骋千余里，杀向察哈尔部，使其"举国惊恐无措"，林丹汗被迫"弃故业"，渡黄河，西奔图白忒部落，牲畜死者甚多。其臣民离散，食尽粮绝，部众自相屠杀，牲畜、财物相继离散。③

林丹汗忧愤交加，病死在青海大草滩。天聪九年（1635年）金军第三次西征察哈尔，林丹汗之子额哲率领臣民1000余人降顺，其他贝勒、台吉先后陆续来归，号称"蒙古之王"的察哈尔部彻底臣服于金。八旗军的无敌军威，为皇太极执行争取蒙古的政策，实现其辖治蒙古各部的宏伟计划，奠定了坚实的基础。

当然，纯恃军力，滥施杀戮，是难成大业的。人心不顺，哪怕是百万大军，也无济于事，最终是迅速崩溃。元朝之速亡，即是明证。皇太

---

① 《清太宗实录》卷1，第15页。
② 《清太宗实录》卷4，第7、21页。
③ 《清太宗实录》卷11，第27页；卷19，第4页；《皇朝藩部要略》卷1，第20、21页。

极深知此意，一贯强调"以力服人，不如令人中心悦服之为贵"，[①]所以，在用武力慑服之时，大力推行厚遇蒙古的招抚政策。

皇太极还特别强调满洲与蒙古"语言虽异，衣冠相同"，满洲与蒙古"原系一国"应当厚待以招其来归。天聪五年围攻明国大凌河城时，八月十一日，皇太极"命系书于矢，射入大凌河城"，谕城内诸蒙古曰：

> "我满洲与尔蒙古，原系一国，明则异国也，尔等为异国效死，甚无谓，予甚惜之。尔等之意，恐我诱降，复杀，故不相信耶，予不唯不杀尔蒙古之人，即明人为我仇敌，其拒战而被杀者有之，来降者无不恩养。肆行屠戮，予所不忍，一体推恩，是予素志，唯善养人，故人皆归附，予之善养与否，尔辈岂不稔闻，若谓予言为诈，人可欺，天可欺乎！"[②]

天聪八年（1634年）五月十一日，皇太极又谕曰：

> "遣使招抚驻牧明边境察哈尔国诸蒙古，示以书曰：皇帝赐书于察哈尔国遗众，尔掌部落寨桑，未审为谁，是以未书姓名，朕闻自察哈尔西迁以来，所遗部众，俱驻明边外，此大误矣，与其居于彼处，何若归我，凡尔寨桑等，不拘众寡，有举国来降者，即命掌其国事，成全录用，如不审度事势，欲于明境安居，独不思以全盛之察哈尔，尚不能自存，而逃往西海地方，尔等又焉能久居于此乎。若不归我而归明，明与我两国之强弱，尔试忖度之，当自明也。我与尔两国，语言虽异，衣冠则同，与其依异类之明人，何如来归于我，不惟尔等心安，即尔祖父世传之衣冠体貌，亦不烦变易矣。且彼先附明国之右翼土门蒙古等，穷年累月，不得家居，妻子不能相见，屡为我兵所戮，其存者，明人犹驱之使战，委命疆场，此皆尔等所目亲者，尔等若不从联言，亦任尔自便，但我大军一出，倘蒙天佑，以地与我，彼时欲求抚养，言之无及矣。"[③]

天聪元年（1627年）七月，以蒙古敖汉部、奈曼部"诸贝勒举国来

---

① 《清太宗实录》卷30，第17页。

② 《清太宗实录》卷9，第24页。

③ 《清太宗实录》卷18，第26页。

附",皇太极特别隆重接待,亲自率领八旗贝勒大臣至都尔鼻山冈,渡辽河相迎,设大宴,行抱见礼,让奈曼部衮出斯巴图鲁坐于右,敖汉部琐诺木杜稜、塞臣卓礼克图坐于左,并偕代善、阿敏、莽古尔泰、阿巴泰、德格类、阿济格、杜度、岳托、硕托、萨哈廉、豪格诸贝勒与来归的蒙古贝勒,告天盟誓:"敖汉、奈曼部落诸贝勒与察哈尔交恶,来归于我,我若不加轸念,视若编氓,勒迁内地者,上天鉴谴,夺其寿算。"皇太极赐封琐诺木为济农,以姐莽古济公主嫁与为妻;又将长女固伦公主嫁与其子班弟,并封班弟为郡王。又赐衮出斯巴图鲁贝勒为达尔汉,塞臣卓礼克图为都喇尔巴图。[①]对其他来归或友好联合的蒙古贝勒、台吉,也隆重接待,赠赐爵号,互为婚娶。皇太极有14个女儿,又抚养岳托、图伦各1女,这16个公主中,有12个嫁与蒙古贝勒、台吉。而他的2个皇后和3个贵妃,都是蒙古博尔济吉特氏。皇太极的兄、弟、子、侄等诸贝勒,也多与蒙古贝勒嫁娶联姻,代善、阿敏、莽古尔泰三大贝勒,以及阿巴泰、阿济格、多尔衮、多铎、岳托等贝勒的福晋,都是蒙古格格。特别是蒙古科尔沁部,与清帝的联亲更为紧密。以天聪汗、宽温仁圣皇帝清太宗皇太极来说,他的第一个皇后孝端文皇后,是科尔沁部贝勒莽果思之女,他最宠爱的敏惠恭和元妃,是科尔沁寨桑贝勒之女。寨桑的另一女为庄妃,生福临,当福临继位皇帝之后,就尊封庄妃为孝庄文皇后。寨桑贝勒的两个孙女都嫁与福临,一个是清世祖福临初封为皇后,后降为静妃,另一个则是孝惠章皇后。寨桑的两个孙子,一个是弼尔塔尔,娶皇太极之长公主,另一个孙子奇塔特也娶皇太极之女靖端长公主。[②]

由于联姻关系,许多蒙古贵族成为皇亲国戚,如莽古思追封为和硕福亲王,寨桑追封为和硕忠亲王,寨桑之子满珠习礼封和硕达尔汉巴图鲁亲王。因此,《清史稿》卷518载称:"科尔沁(蒙古部)以列朝外戚,荷国恩独厚,列内扎萨克之首,有大征伐,必以兵从。"魏源在《圣武记》卷3中也指出:"科尔沁从龙佐命,世为肺腑,与国休戚。"

在皇太极大力争取蒙古的政策的促进下,在八旗劲旅连败明军,降服察哈尔部的军事威胁的影响下,漠南蒙古各部贝勒、台吉、大臣、属民,纷纷归顺,定居金国,编入满洲八旗,辖领牛录,身任官职。清军入关前夕,满洲八旗内有蒙古35个佐领和2.5个份佐领。皇太极又按满

①《清太宗实录》卷3,第27、43页;卷4,第17页。

②《清史稿》卷166,《公主表》;卷209,《藩部世表一》;卷518,《藩部一》。

洲八旗编制，把原有蒙古两个旗增编为"八旗蒙古"。崇德末年，蒙古八旗有117个佐领和5.5个份佐领。[①]更多的蒙古部是留居故地，皇太极遣官前往将其人丁编立牛录，50户设1牛录，若干牛录编为1旗。到清崇德七年（1642年），已编漠南蒙古27旗。[②]这一编制与"八旗蒙古"是有区别的，一般称之为"外藩蒙古"。"外藩蒙古"必须遵守清之"国制"，凡遇出征，违犯军纪，按法惩处，如若谋逆，则"叛者必诛"。蒙古骑兵随清军出征，击败明军，攻城略地，开拓清国疆土，建立了不朽功勋。清廷还遣派大臣前往各部，"查户口，编牛录，会外藩，审罪犯，颁法律，禁奸盗"，划分牧地，禁止越界侵犯他部，裁处各部之间的纠纷。[③]皇太极特立蒙古衙门（后改为理藩院），专门管理外藩蒙古事务。通过政治、军事等方面的约束和调配，漠南蒙古贝勒悉为金国天聪汗——大清国宽温仁皇帝皇太极的臣僚，漠南全部统一于清国之下。

皇太极又继承父汗努尔哈赤遗志，陆续招抚和征服黑龙江各女真部落。索伦巴尔达齐、孔恰泰、哈拜、叩拜、京古济、吴都汉等部长，相继率众到了沈阳，向天聪汗皇太极叩拜，建立了政治上的隶属关系。过了一些时间，各部的态度又有变化。天聪八年（1634年），派遣梅勒章京霸奇兰、甲喇章京萨穆什喀等，领兵2500人，往征黑龙江地方。皇太极告诉二将说：应先向那里的女真部落人说明，黑龙江地方的人，语音和金国之人相同，祖先就是一国之人，应"幡然来归"。[④]天聪九年（1635年）三月，梅勒章京霸奇兰、甲喇章京萨穆什克等，胜利归还，获人丁万余。[⑤]

清崇德五年（1640年），清军征索伦、虎尔哈等黑龙江的部落，生擒索伦部势力较强的首领博穆博果尔，俘获人口6956名，把一些归顺的人口编为牛录，授其中能为首领者为牛录章京，令其民众安居耕种。至此，基本上统一了黑龙江地区。[⑥]

---

① 光绪《大清会典事例》卷1111。

② 《清太宗实录》卷31，第16页；卷32，第6页；卷59，第2页。

③ 《清太宗实录》卷21，第2、3页；卷31，第16页。

④ 《清太宗实录》卷21，第14—15页。

⑤ 《清太宗实录》卷23，第7页。

⑥ 《清太宗实录》卷51，第10、14、32页；卷53，第20页。

　　经过努尔哈赤、皇太极和八旗贝勒、大臣、官兵几十年的不懈努力，东北地区民族关系发生了巨大变化，以明朝皇帝为主，明蒙争雄的局面一去不复返了。代之而起的是，新兴的满族昂首阔步于幅员广阔的东北地区（辽宁、吉林、黑龙江），明帝缩居山海关，仁圣皇帝皇太极君临东北，形成了以满族为主，蒙、汉等族为辅的新的民族关系格局。《清太宗实录》的两段叙述，对这一变化讲得非常清楚。一是"外藩蒙古"49位贝勒，于清崇德元年（1636年）二月，致朝鲜国王的信。蒙古众贝勒在信中说：我们与明国和好，已有200余年。只因明朝文武大臣欺诈奸诡，贿赂公行，蒙蔽其主，明帝茫然不知，以致人心解体。兼之，将领怯懦，兵士衰弱，"纵寇殃民"，连吃败仗，丧失领地，从天意来看，明朝气数已尽，与在我"满洲国皇帝"仁智双全，恩威并行，招徕异国，抚爱黎民，将勇兵强，所向无敌，万民拥戴，皇天保佑，兴邦建业的时候已经到来，因此，我们仰承天意而背明投金。我们已决定，要给"满洲国皇帝"恭上尊号，希望你们派遣王子来此，与我们"共为呈奏"，同心"拥戴"。

　　在这封信上署名的有：四十万蒙古太子孔果尔、科尔沁部土谢图济农、卓礼克图台吉、孔果尔秉图、扎萨克图杜稜、达尔汉巴图鲁、喇嘛斯希墨尔根台吉、东果尔伊尔都齐、扎赖特部落蒙夸、达尔汉和硕齐、昂阿伊尔都齐、杜尔伯特部落塞冷达尔汉台吉、郭尔罗斯部落古森哈谈巴图鲁、布木巴衣尔登、敖汉部落额驸班第、琐诺木杜稜、奈曼部落衮出斯巴图鲁、巴林部落满珠习礼台吉、阿玉石台吉、土默特部落格根汗之孙俄木布楚虎尔、琐诺木墨尔根台吉、耿格尔古英塔布囊、单把塔布囊、扎鲁特部达尔汉巴图鲁、内齐、坤杜伦戴青、喀巴海卫徵、郭畀尔图杜稜、青巴图鲁、际尔哈朗、察哈尔部土巴济农、阿禄部落达尔汉卓礼克图、宜尔扎木墨尔根台吉、达赖达尔汉诺颜、穆章台吉、翁牛塔部落杜稜济农、东额尔达屁戴青、达赖海寨桑台吉、班第卫徵台吉、喀喇里克部落噶尔马台吉、阿喇纳诺木齐、喀喇沁部落古鲁思希布杜稜、塞冷塞臣、万旦卫徵、马济、都里户、吴喇忒部落土门达尔汉、土巴额尔赫台吉、塞冷伊尔登。同时，商议决定，蒙古各部约会于盛京，恭上尊号。[①]

　　这封信里以蒙古大汗察哈尔喀哲为首的漠南蒙古16部49位贝勒，说明了他们从与明交好，依随明帝，转而投向清国的基本原因是，明朝日衰，清国勃兴。联系前面曾经引录的流行语："八十万明国，四十万蒙古，三万女真"，便可以清楚看出，东北的局面发生了多么大的变化！"四十万蒙古"背离"八十万明国"，而拥戴"三万女真"的天聪汗皇太极，这就是1636年东北地区民族关系形成的新格局。

过了6年，宽温仁圣皇帝皇太极的一道谕旨，对这一问题，也表达得同样明白无误。崇德七年（1642年）三月十六日，皇太极敕谕诸王贝勒说：

> "朕蒙皇天眷顾，昔时金国所属，尽为我有。沿海一带，自东北以迄西北，至使犬、使鹿、产黑狐、黑貂等国，及厄鲁特国，在在臣服，元裔、朝鲜、悉入版图，所获明国官民，不啻数百万，恩威远播，所向无敌。"[①]

明朝由盛而衰，满洲从弱变强，昔日弹丸之地的建州"夷酋"之子皇太极，登上了大清国宽温仁圣皇帝宝座，与"天皇帝"明君分庭抗礼，并且正在秣马厉兵，准备率领八旗劲旅和蒙古骑兵，冲进山海关内，夺取大明天子的宝座。主从颠倒，强弱易位，这就是清军进关以前东北民族关系发生的巨大变化。

五、东北地区尽隶大清

（一）"将远居他路之同一语言之诸申部众收居一处"

明朝末年，女真分为建州女真、海西女真和"野人女真"三大体统，其下又分成许多大大小小部落。"野人女真"包括东海女真和黑龙江女真两大部分。

东海女真是"野人女真"的重要一支，主要居住在黑龙江支流松花江和乌苏里江流域及乌苏里江以东滨海地区。东海女真主要有三部，东海之渥集部、瓦尔喀部、库尔喀部。渥集部又称窝集部、兀吉部，主要居住在松花江与乌苏里江汇流处以上，两江之间的广大流域地区。它东濒乌苏里江，西接乌拉部，南界朱舍里部等，北临使犬部。瓦尔喀部土

---

①《清太宗实录》卷59，第20页。

要居住在图门江流域及乌苏里江以东滨海地区，东迄海滨及沿海岛屿之地。库尔喀住在乌苏里江以东滨海地区。其实，库尔喀、虎尔喀、胡儿胯、瑚里哈等在《满文老档》中作hurha，即虎尔哈。在文献记载中，常出现"黑龙江虎尔哈""渥集虎尔哈""东海虎尔哈"以及"松花江虎尔哈"等。它的分布，区域很广。大体说来，黑龙江虎尔哈部主要居住地区，东邻渥集部，西接索伦部，南界乌拉部，北抵萨哈连部。东海女真主要是女真族，此外还有一些赫哲人。

黑龙江女真是"野人女真"的另一支，因居住在黑龙江及其支流地域而得名。在黑龙江流域居住着黑龙江虎尔哈部、萨哈连部、萨哈尔察部、使犬部、使鹿部、索伦部和茂明安部等。他们分属多种民族，而不仅是女真。这个广大的地域里，分布着许多村屯，居住着女真人、达斡尔人、鄂伦春人等，因为他们生活在黑龙江及其支流地带，所以统称他们为黑龙江女真。

明万历十一年（1583年），建州女真支部酋长塔克世之子努尔哈赤，为报父、祖被明朝官兵杀害之仇，发誓起兵之时，只有遗甲13副和诸申、古楚、阿哈30人。此后，为了报仇，为了对抗长期欺凌女真的大明朝，为了壮大自己的实力，扩大自己的辖区，在三十多年的征战中，努尔哈赤陆续制定了三项基本国策，即以女真为核心，满蒙联盟和满汉一家，"实即以汉治汉"。

以女真为核心的基本国策，在其对待东海"野人女真"的言行中，显示得十分清楚。因为，他把东海女真视为是"我等乃一国也"，故要将"远居他路之同一语言之诸申部众收居一路"。此有二例为证。

一为对斐优城主的招抚。

明万历三十五年（1607年），东海瓦尔喀部的斐优城主策穆特赫拜，谒努尔哈赤时说："吾地与汗相距路遥，故顺乌拉国主布占泰贝勒。彼甚虐吾辈，望往接吾等眷属，以便来归"。努尔哈赤遂派舒尔哈齐、褚英、代善领兵3000，往斐优城搬接家眷。到达斐优城后，"收四周屯寨，约五百户"，返回建州。途中遭布占泰领兵1万截杀。褚英、代善领兵打败乌拉军，杀3000人，获马5000匹、甲3000副。

努尔哈赤派人去劝降东海窝集部说："我等乃一国也。只因地方窎远，且为乌拉国所阻，故尔等附于乌拉国为生。今我一国之汗，已兴师击败乌拉兵，尔等应降我一国之汗矣。"但"彼等不从"。因此，努尔哈赤于这年的五月，派幼弟雅尔哈齐，大将额亦都、费英东，领兵1000"往征东海窝集部赫席、鄂谟和苏鲁、伟讷赫拖克索等路，尽取之""获人畜二千而回"。[①]

二为对东海渥集部瑚尔哈（虎尔哈、呼尔哈）的征抚。明万历二十七年（1599年），东海渥集部内的瑚尔哈（虎尔哈）二路长王格、张格，率百人来贡土产黑、白、红三色狐皮，黑白二色貂皮。其中，路长博济里等六人乞婚，努尔哈赤以六大臣之女嫁与。自此，渥集瑚尔哈部所居之人，"每岁入贡"。但是，过了17年，博济里聚众议定杀建州往彼贸易的商人，叛乱。努尔哈赤遣兵征服。《满文老档·太祖》卷5记述了此事：

"（天命元年七月）黑龙江之萨哈连部与乎尔哈部于呼尔哈部博济里处会议曰：'将来我地贸易之三十人及前来领其兄弟之四十人，皆杀之，然后我等叛乱，与之为敌！'五月，杀其七十人时，有九人逃出。六月二十八日，闻其杀人之信后，大英明汗愤曰：'遣兵征讨之！'……谕曰："晋达尔汉侍卫，硕翁科罗巴图鲁率兵二十起行。抵兀尔简河后，命一千四百兵乘二百刳舟由水路进发，其余六百名马兵，由陆路前进。"七月十九日起兵，第八日抵造刳舟之地。达尔汉侍卫、硕翁科罗巴图鲁率众乘舟，乃由乌拉河进发，其马兵由陆路前进，第十八日，水陆两军会后，兼行二昼夜，八月十五日抵，取河北岸莫克春大臣镇十六寨，取河南岸博济里大臣镇守之十一寨，取黑龙江南岸萨哈连部九寨，共取三十六寨，于大乌拉河南岸之佛多罗衮寨扎营。知自寨逃出之人进入河中大岛之柳林，火攻二次，尽取之。博济里本人，因于兵来之前欲迁移家业，至使犬部借刀船，得以逃脱。继之又招服使犬、诺洛、锡拉欣三部，收其大臣四十人而还。十一月初七日，乃返抵汗城。先是呼尔哈部投顺大英明汗，常来朝见，进贡貂皮，汗念彼等投诚后远程来贡之甚为嘉许，故送女与呼尔哈部各寨主为婚，荣以为婿。至是变心反叛。"

天命二年正月十八日，努尔哈赤又遣兵四百，"收取东海沿岸散居未附之国人"。三月，"造大刀船，驶渡海湾，将依凭海岛不服之国人，尽取之"。"六月，将逃亡者尽取之，俘获三千，编百户，班师。"

---

①《满文老档·太祖》卷1；《满洲实录》卷1。

天命三年正月，博济里依附先降的三部之四十大臣降顺。二月，赏来归之东海附近使犬部人，以妻子、奴仆、马、牛、衣物、粮食、房舍、楼阁及碗碟瓦瓶、柜子、马机子等诸物至足。

额尔德尼大巴克什于天命三年正月评述此事说：

"该呼尔哈部自招降后，每岁贡貂前来叩见之，并娶女为婿，已二十年。后其杀前往贸易之人，挑起衅端者，乃上天为使远居他路之同一语言之诸申部众收居一处，而不得不使呼尔哈部人怀以恶心，杀前往贸易之六十人，使之杀者，亦乃上天为我征服东海附近可耕地方之呼尔哈部，而惩其杀之也！呼尔哈部倘不杀前往贸易之六十人，则大英明汗为何征讨呼尔哈部？若不征讨，则东江附近之呼尔哈部，因何来此归之？"

额尔德尼对此次用兵的原因，画龙点睛地指出，努尔哈赤要将"远居他路之同一语言之诸申部众收居一处"。

正是因为努尔哈赤制定了以女真满洲为核心的基本国策，所以对主动归顺及征抚归顺的建州女真、海西女真、"野人女真"，皆特别厚待。

"（天命三年）十月初十日，闻东方之呼尔哈部大臣纳喀达率百户来归，遂遣二百人往迎。其百户呼尔哈于二十日至。英明汗御衙门，呼尔哈部众叩见毕，以会见礼，具盛宴。嗣后命愿返家者立一处，愿永留者列一处。赐为首八大臣各奴仆十对，以供役使，马十四以供乘骑，牛十头以供耕田，及豹皮镶边蟒缎面皮袄，皮褂子，貂皮帽，皂靴，雕花腰带，春秋穿之蟒缎无扇肩朝衣，蟒缎褂子，四季衣衫裤子被褥等，一应物件至足。赐其次者奴仆五对、马五匹、牛五头、衣五袭。赐再次者各奴仆三对、马三匹、牛三头、衣三袭。赐末等者各奴仆一对、马一匹、牛一头、衣一袭。百户归顺之民无分长幼，逐一厚赏。汗亲临衙门行赏五日。又厚赏住房及锅、席、缸、大小瓷瓶、杯碗碟匙、筷子、木桶、毛簸箕、木盆等家用物件。" ①

看到归顺者受到这样的厚待，那些曾表示要回故地的呼尔哈女真的许多人，改变了态度，决定留下来，定居金国。他们寄信与各自（在家

①《满文老档·太祖》卷7。

乡的）兄弟说：“国中之小军士，以为征讨我等，及欲作俘获，再取财物，然汗之心乃欲招聚国人，予以恩养，收之为僚友，如此恩养，实非所料也。”①

天命四年六月初八日，往东方收取呼尔哈部遗民之穆哈连1000兵返回。携户1000、男丁2000、家口6000。将至，汗出城接迎，搭凉棚8座，备席200，宰牛20头，具大筵宴之。明阵获之朝鲜大员2人，各小官及朝鲜王之来使皆请往观迎兵之阵势，汗遂命携往。是日晨时起行，朝鲜各官依次相见，次领兵诸大臣相见，次降户中各村之大人依次相见。随即进宴，无分长幼及主仆、妇孺，皆得酒足饭饱，宴毕而回。携归之人户、俘获，皆一一办理停当，次日，令其入城。其降民中之一等诸大人，各赐人10对并马10匹、牛10头、衣5袭及帽靴腰带、鞍辔弓矢、撒袋诸物。次者各赐人5对、马5匹、牛5头、衣服3袭及帽靴腰带，弓矢箭袋诸物等。户人应用器物皆充足赐给之。②

皇太极继续执行汗父制定的三项基本国策，并创造性地有了很大的发展，他十分重视招抚“野人女真”的事情，多次遣兵前往黑龙江、东海招抚。

天聪八年（1623年）十二月初十日，皇太极派梅勒章京霸奇兰、甲喇章京萨穆什喀，率章京40员、兵2500名，前往黑龙江，征抚黑龙江女真。皇太极特别强调黑龙江女真“皆我一国之人”“本我国所属”。《清太宗实录》卷21，第14、15页载：

“命管步兵梅勒章京霸奇兰，甲喇章京萨穆什喀，率章京四十一员，兵二千五百人，往征黑龙江地方，谕之曰：尔等此行，道路遥远，务奋力直前，慎毋惮劳而稍怠也。俘获之人，须用善言抚慰，饮食甘苦，一体共之，则人无疑畏，归附必众，且此地人民，语音与我国同，携之而来，皆可为我用。攻略时宜语之曰，尔之先世，本皆我一国之人，载籍甚明，尔等向未之知，是以甘于自外，我皇上久欲遣人，详为开示，特时有未暇耳，今日之来，盖为尔等计也。如此谕之，彼有不幡然来归者乎，尔等其勉体朕意。大丈夫凡受委任，当图报称，语云少壮

---

① 《满文老档·太祖》卷7。

② 《满文老档·太祖》卷9。

不努力，老大徒伤悲，诚哉是言。若此时不力图建树，异日虽悔何益耶。谕毕，赐食。又谕曰，入略之后，或报捷，或送俘，必令由席北绰尔门地方经过为便，将来遣人往迎，及连送军粮，亦必于此处相待，其应略地方，须问乡道人，有夏姓武因屯长喀拜，从役二人，库鲁木图屯长郭尔敦，从役三人，及纳屯一人，适已偕至，今俱令其从军矣。尔等可率之以往，经行道路，询彼自知，若彼处已经略定，此归附三屯，不可稍有侵扰，宜令留于本处。仍谕以因尔等输诚来归，故使复还故土，自后宜益修恭顺，倘往来稍间，必谴责立至矣。若所略不获如愿，则不必留此三屯，当尽携来。凡器用之属，有资军实者，亦无使遗弃军还，务令结队而行，不可分散，尔等其凛遵焉。"

谕示完毕以后，皇太极命贝勒萨哈廉、杜度，固山额真纳穆泰，额驸达尔哈，及叶克书、叶臣、阿山、伊尔登、色勒、篇古，兵部承政伊孙、车尔格，并参政等官，送于2里外，按旗分列，简士卒，阅器械，毕集出征诸将，宣读敕谕，仍各给将帅一道，遂令起行。

也就在这一天，十二月十日，皇太极召屯长喀拜、郭尔敦等，及其从人进宫，赐食。既出，命沙尔虎达、穆成格，传谕喀拜等曰："尔地方僻陋鄙野，不知年岁，何如率众，来居我国，共沾声教，朕久欲遣人往谕尔部，但国务殷繁，未得暇耳。人君自统其属，理也，尔等本我国所属，载在往籍，惜尔等未之知耳，今尔诸人率先归附，若不遣尔还，留居于此，亦惟朕意，朕知尔等贤，故遣归，此行可引我军前往，凡各屯寨其善指示之。"喀拜对曰："诚如上谕。"遂受命而去。[①]

其实，努尔哈赤、皇太极之所以特别重视招抚女真各部人员，尤其是大力吸收"野人女真"，除了因其与己是同一民族这个根本因素以外，还有现实需要的缘故。这就是女真——满洲八旗人员不仅没有逐月逐年增加，反而在大量减少。按照人口自然规律，除了大灾大难，人口是会自然地不断增长，三五十年以可增加1倍或者更多。明万历四十三年（1615年）正式确立八旗制度时，八旗共有男丁6万丁。过了20年，天聪八年（1635年）按照人口自然增长规律，至少要增加3万丁，也就是说，应该有9万丁或者更多。并且，这20年里，天命四年（1624

①《清太宗实录》卷21，第16页。

年），灭叶赫，收了海西女真1万户，又收朝鲜境内虎尔哈女真1000户。天命十年，宗室汪善、副将达珠瑚、车尔格领兵1500名征瓦尔喀，"俘获甚众"。博尔晋辖领兵2000，"征剿近东海而居之瓦尔喀"，招降500户。噶尔泰招降呼尔哈男丁112丁，瓦尔喀男丁222丁。雅虎招降卦勒察1900人、男丁540人，塔拜等人招降东部沿海居住的虎尔哈男丁600丁，户人1500人，除去汪善之"俘获甚众"未写明人数外，有数字可记的东海女真已有1500户和1474丁及3400人。也就是说，天命年间增收了海西女真1万户和瓦尔喀、呼尔哈女真2500户及1500丁。按1户1丁算，当有15000丁。

天聪元年到八年（1627—1634年），皇太极多次征抚东海女真及黑龙江女真，带回大量人口，现简要列述于下：

天聪五年二月征瓦尔喀的大臣孟阿图"奏俘获人数：男子千二百十九名，妇女千二百八十四口、幼丁六百三名"。[1]

天聪六年十二月，出征兀札喇的巴图鲁吴巴海奏，"获人口五百六十五"。[2]

天聪八年九月十五日，季思哈、吴巴海奏，"俘获（黑龙江）虎尔哈部男丁五百六十六名、妇女幼稚九百二十四口，共一千四百九十名口"。[3]

天聪八年十二月，遣吴巴海领兵400名，往征东海瓦尔喀。三个月后吴巴海奏，"收抚壮丁五百六十人，妇女五百口，幼稚九十口，又俘获妇女六十六口"。[4]

天聪八年十二月，遣霸奇兰领兵2500名，往征黑龙江虎尔哈。三个月后霸奇兰奏，"收服编户壮丁二千四百八十有三，人口共七千三百有二"，"又俘获妇女稚一百十六人"。[5]

以上天聪三年到八年，共收东海女真、黑龙江女真男、女、幼共13795名口，其中有男丁4828人。

从天命四年到天聪八年（1619—1634年），出征收获东海女真、黑龙江女真7802丁，又收海西女真叶赫1万户，还有几次来记具体数字的俘获，总加起来，估计共增收女真2万丁。

这样，出征收获2万丁，20年内从6万丁的人口繁殖可增3万丁，两

---

① 《清太宗实录》卷8，第16页。

② 《清太宗实录》卷12，第41页；卷13，第10页。

③ 《清太宗实录》卷20，第24页。

④ 《清太宗实录》卷21，第22页；卷23，第8页。

⑤ 《清太宗实录》卷21，第14页；卷23，第7页。

者相加，自1615年确定八旗制定的6万丁，到天聪八年（1634年）八旗女真满洲当有男丁11万丁。可是，天聪八年，八旗只有240个牛录，每牛录300丁，应为7.2万丁，足足少了3.8万丁，少了一半以上。

为什么少了这么多丁？答案很清楚，这20年内，萨尔浒大战、辽阳、沈阳大战、西平堡大战、宁远大战、宁锦大战、大凌河城大战、一征朝鲜、两征察哈尔、两次绕道入边攻入明国腹地、兵临燕京城下等战争，虽然大败明军、蒙古和朝鲜，但金兵也有不少伤亡。努尔哈赤就曾公开承认，攻克辽阳、沈阳时，"我兵士亦多有死亡"[1]。如果不攻下叶赫，不用兵"野人女真"，那么1615年确定八旗制度的6万男丁，就只能剩下一半了。

收抚东海、黑龙江"野人女真"，以增加满洲八旗人丁，保证以女真、满洲为核心的基本国策得以继续贯彻执行，扩大金国疆土，加强对东北地区的统治，这就是金国汗多次用兵"野人女真"的原因和目的。

（二）"野人女真"悉为清帝子民

金国天聪汗及随后改尊为大清国宽温仁圣皇帝的皇太极，在位17年里，多次对东海、黑龙江"野人女真"征抚。现将一些比较重要的征抚，简要叙述。

天聪三年（1629年）七月十一日，命孟哈图率官8员、兵300人，往征东海瓦尔喀。皇太极谕告孟哈图："尔等行军，宜严纪律，毋妄杀，毋劫掠，归附之众，皆编为民户携还。其所产貂皮，及一切诸物，毋得纤毫私取，若克建功迹，自将升赏。"后来孟阿图自宁古塔遣人奏捷说："俘获人数，男子千二百十九名，妇女千二百八十四口，幼丁六百三名，人参皮张甚多。"孟阿图、吴巴海班师回京时，皇太极十分高兴，亲迎于10里外，拜天。孟阿图、吴巴海觐见时，"抱膝相行"。孟阿图"以所获貂皮、猞猁狲诸裘并人口、马、牛，以次献上"。皇太极与诸贝勒设宴招待出征将士，并以"孟阿图、吴巴海出征劳苦，特彻御膳赐之。宴诸将士，并及所获人口"。以前，孟阿图原是副将，"因多取田土，又以余地私给汉官，及择各处腴地，别立庄屯，为本旗大臣阿山所劾，坐削职。至是，以其善于用兵，擢为游击"[2]。这次用兵，表

---

①《满文老档·太祖》卷20。

②《清太宗实录》卷5，第17页；卷8，第16、34页。

明了四个问题。一是金国汗谕令将领招抚女真归顺，编为民户携还。二是收取貂皮等物，拿回交公。三是重赏将士，不仅让主将与汗行抱见礼，设宴招待将士，还将曾患罪革职的废官重新起用，授为游击。四是出兵少，俘获多。

天聪七年（1633年）十一月二十日，金国汗皇太极遣甲喇额真（后之参将）季思哈、吴巴海，率官8员、兵300人，往征朝鲜接壤之处的东海女真虎尔哈部落，谕告二将说：

"兹命尔等往征朝鲜接壤之国，及岛中余孽，尔等至彼，如所获克足则已，否则量力再取。随征新人，有凡弟亲戚者，勿令独往，必遣兵同行，尔等如此以俘获为念，听信谗言，害及无辜降人，致令已顺已获之人，复叛逃而去，即将该管将领，照奸淫妇女例治罪。所俘妇女，当择谨厚之人守护，若有奸淫，事觉领兵固山额真与奸淫之人，俱从重治罪。其无夫之妇，各将卒分领看守，其余皮张等物，不许分给，收于公处。至将领士卒，身欲休息，止许弛弓昼寝，昏夜不可怠忽，务抔甲上弦，将俘获人等严加巡逻能遵令行者论功。违令乱行者坐罪。其八贝勒家人遇用兵处，皆令入伍。听调遣，凡所俘获，令各自立营，以无父母之子女，分给守视，查检时，勿论贝勒家人，一概严加查检，尔领兵诸将，宜朝夕严饬军士，不许任意乘马，马正行时，勿饮以水，恐致生病，驻营时，须散放滚尘，先令食草，后饮以水。至宁古塔、喇发二处人，可分为三，以一分随征，以二分留守，兀喇部落编户人等，亦令随征，伊等有所俘获，任其自取，若无俘获，又无妻室者，尔等当给予妻室，其男子分给尔等养之。"①

天聪八年七月十九日，季思哈、吴巴海遣人到盛京奏捷说：

"俘男子，五百五十人，妇女幼小，共一千五百人，获有主马一百五十六，牛一百八十三，无主马三十八，牛二十一，貂、猞狸狲、狐、水獭、黄鼠、灰鼠、貉等裘，共一百六千有奇。貂、猞狸、儿孙、狐、狼、水獭、黄鼠、灰鼠、虎、貉、海獭等皮，共二千二百五十有奇，貉

---

① 《清太宗实录》卷16，第16、17页。

褥二、布一百二十、缎四，人参二驮。"①

一个多月后，九月十五日，留守盛京的济尔哈朗贝勒，遣人向正在征讨察哈尔前线的天聪汗奏报说：

"征瓦尔喀部落主将季思哈、吴巴海等，俘获虎尔哈部落男子五百六十六名，妇女幼稚九百二十四口，马牛一百五十一，犬三十九，貂、黄鼠、青鼠、猞狸狲、狐、貉、獭裘，共一百六十三领。猞狸狲、虎、狼、狐、獭、水豹、骆、貂、青鼠、黄鼠等皮，共二千二百三十张。貉皮褥三，银三十六两，人参八十斤，布一百二十，缎四，缎衣二，俱寄留于宁古塔。"②

皇太极收到济尔哈朗奏报后，十分高兴。第六天，即九月二十一日，谕令英俄尔泰、龙什、穆成格与诸贝勒商议改变俘获分配规章。《清太宗实录》卷20，第28、29页记述了汗谕、诸贝勒商议及执行情形：

"上以季思哈征瓦尔喀，所俘人民，未经分拨，遣英俄尔岱、龙什、穆成格，与大贝勒代善，及诸贝勒等会议，谕之曰：此俘获之人，不必如前八分均分，当补壮丁不足之旗，八旗制设牛录，一例定为三十牛录，如一旗于三十牛录之外，余者即行裁去，以补各旗三十牛录之不足者，如有不满三十牛录旗分，择年壮堪任牛录之人，量能补授，统领所管壮丁，别居一堡，俟后有俘获，再行补足。朕意旧有人民不便均分，新所俘获，理应拨补旗分中不足者，若八旗不令划一，间有一旗多于别旗者，其意欲何为乎。代善等皆曰：如此分拨最当，重分旧人，似属未便，今后俘获之人，自应分补不足旗分。于是英俄尔岱等还奏。上命户部和硕贝勒德格类，兵部和硕贝勒岳托，会同分拨，二贝勒于户部，拣妇人五口，女子五口，貂裘四领，貂皮百，猞狸狲皮五，供应内廷。上曰：察哈尔新附蒙古甚众，八家费用甚繁，朕止留一人，余皆发还，分给八贝勒可也。二贝勒复固请曰：蒙古虽有供应，但皇上统为抚养，较之臣等费用更多，即分给八家，其何能遍。上终不纳，命以无夫

---

①《清太宗实录》卷18，第28页。

②《清太宗实录》卷20，第24页。

之妇，及皮张等物，八分均分，以所编户口五百五十七丁，拨补不足旗分。"

这次征抚，相当重要，作用显著，影响很大。以上实录的记述，包括了三个部分。

第一部分是军律军纪及用兵事宜。如禁止将领虐待降人俘获，行军住宿谨慎小心，保护战马，允许归顺女真从征，听其自取俘获，等等。这次训谕、军律，在以后各次征抚中，亦常颁示。

第二部分是俘获情形。出征之兵虽仅区区300人，且在零下二三十摄氏度的严寒季节征战，但却顺利凯旋，俘获众多，有男丁500余，连带家口，多达1500人，还有马牛400多、貂狐等裘160余，貂狐獭虎等皮2200余张，可以说是战果辉煌。这与两位领兵将领的骁勇善战是分不开的。季思哈很早就投奔清太祖努尔哈赤，天命四年征明有功，从牛录额真升任游击，天命六年围攻辽阳时"树云梯先登"，授游击世职，升甲喇额真。

吴巴海，是努尔哈赤1583年起兵攻打尼康外郎时从征的诸申，授牛录额真。太宗时，一征朝鲜，攻义州，先登克城。天聪元年攻锦州时，金兵失利，撤退，吴巴海殿后，"督战败敌"。天聪五年，偕孟阿图征瓦尔喀，收降人数千，被金国汗赐以"巴图鲁"嘉号。

第三部分是分配俘获情形。根据上引实录所述情形，表明了三个问题。一是划一八旗牛录。在此之前，八旗的每一个旗，所辖牛录，有多有少，现在一律划一为每旗30个牛录，裁去超逾规定数额的牛录，不足30个牛录者，予以补足。二是一定程度上打破了行之多年的"八分均分"祖制。新俘之人，新的编户男丁，不再按"八分均分"，而是用以拨补不足30个牛录的旗。三是使人们弄清楚了此时八旗的牛录数字，一个旗有30个牛录，八旗合共是240个牛录。

天聪八年十二月二十一日，皇太极又遣吴巴海、荆古尔代率每旗将领一员，每牛录甲士1名，共400人，往征瓦尔喀，命兵部和硕贝勒传谕说：

"兹命尔等往征瓦尔喀，所至之处，务谨慎后事，各员委任，不可怠忽。闻尼满地方有千余人，在彼筑城屯驻，尔等宜往略之，至各屯户口多少，吴巴海尽知，可与计议，其可取者，量力取之。有分达里所居之屯，宜率乡导前往，先取此屯，余可次第略定。凡此诸屯，非有统帅哨防，不过贸贸然散处各村落耳，然其人虽愚昧，耳目颇众，尔等自宁古塔启行之日，即宜防范，毋令彼知觉，多设侦探，伺其所在，以智取之。所有俘获，当加意监守，如遇天寒，则给以火，不可令彼冻伤，若得食物，必均给之，前所遣达朱户，以疏忽遇害，念其效力年久，著有劳绩，方令承袭世职，尔等未能如达朱户之功，倘不自慎，欲希格外之恩，不可得也。夫攻略之后，或俘人逋逃，或自被杀害，皆由与彼同处日久，漫无防范，以及僇辱其妇女所致。前者董鄂魁满征瓦尔喀时，所为多不义，尔等切毋效尤。亦毋以其物力丰足，妄行侵取，彼既服从，秋毫不可侵扰，尔等其毋违朕命。"①

天聪九年四月二十五日谕曰：

"往征东海瓦尔喀吴巴海，荆古尔代，自宁古塔遣噶尔珠报捷，奏称收抚壮丁五百六十人，妇女五百口，幼稚九十口，又俘获妇女六十六口，马六十匹，牛百头，貂、猞猁狲、虎，并水獭、青鼠、黄鼠等皮六百六十有奇，貂裘、貂镶青鼠裘、猞猁狲裘、貉裘、黄鼠、青鼠等裘，三十八头。"

天聪九年六月十一日，吴巴海、荆古尔代携所招降虎尔哈部落至。皇太极命礼部官员出迎，设大宴。六月二十六日，赐吴巴海、荆古尔代所招降虎尔哈部落分得黑蟒缎朝衣并缎褂，其余诸人，依次分给房舍衣服诸物。仍以所获貂皮及各色皮张，赐吴巴海等。

六月二十九日，升赏有功将士：

"丁未，以三等甲喇章京吴巴海，前征兀扎喇部落，俘获甚多，今又征阿库里屁满部落，收其人民，编为户口，携至，劳绩可嘉，升为一等甲喇章京，加世袭二次，准袭六次。二等甲喇章京荆古尔代，征阿库里尼满部落，俘获甚多，编为户口，携至，以功升为一等甲喇章京，加

①《清太宗实录》卷21，第22、23页。

世袭二次，准袭八次。默默里，随吴巴海荆古尔代，征阿库里尼满部有功，原系半个牛录章京，复加半个前程，升为牛录章京，准再袭二次。汤舛，亦随吴巴海、荆古尔代，征阿库里尼满部落有功，原系半个牛录章京，复加半个前程，升为牛录章京，准再袭二次。席尔泰，先经革职，以征大同时，率本甲喇兵攻长安岭，继俄赫、伊喇喀、阿牙克塔等第四登城功，记录一次，今随吴巴海、荆古尔代，征阿库里尼满部落有功，授牛录章京，准再袭二次。满都户，原以白身管牛录事，因取抚顺时，攻连刀湾先登，攻占领城又先登，今随吴巴海、荆古尔代，征阿库里尼满部落有功，授半个牛录章京，准再袭二次。噶尔珠，原系喇发地方小拨什库，因随车尔格，征阿里库部落有功。波木博，自盛京逃走，复追杀人，又明兵侵辉发时，进战有功。塔克都，自盛京逃走，复追杀之，又随孟阿图，征虎野部落有功，今又随吴巴海、荆古尔代，征阿库里尼满部落有功，升为半个牛录章京，准再袭二次。阿福尼，先经革职，因取旅顺口时，驾船夜入，攻城有功，今又随吴巴海、荆古尔代，征阿库里尼满部落有功，因授为牛录章京准再袭二次。"①

梅勒章京霸奇兰、甲喇章京萨穆什喀于天聪八年十二月初十日奉汗谕率兵2500名，往征黑龙江地方"野人女真"后，历经艰辛，奋勇征战，于天聪九年四月十三日奏报捷音说：

"收服编户壮丁二千四百八十有三，人口共七千三百有二，所有牲畜，马八百五十六，牛五百四十三，驴八，又俘获妇女幼稚一百十六人，马二十四，牛十七，及貂皮、狼皮、狐皮、猞狸狲皮，并水獭、青鼠、黄鼠、白兔等皮三千一百四十有奇，皮裘十五领。"②

过了九天，四月二十三日，霸奇兰、萨穆什喀携带降人及牛马皮张到达盛京。《清太宗实录》卷23，第24页载称：

"霸奇兰，萨穆什喀于四月二十二日至，所得壮丁二千四百八十三

---

① 《清太宗实录》卷23，第38、39、40页。

② 《清太宗实录》卷23，第8页。

人，已分与新编牛录，此番招降，虎尔哈内幼小甚多，每牛录给不入册之幼丁，约二百人，共计户口七千三百有二，马八百五十六匹，牛五百四十三头，驴八头，俘获妇女幼稚一百一十六人马二十四匹，牛十七头，貂狼、狐、猞狸狲、水獭、黄鼠、青鼠、白兔等皮张三千一百四十有奇，皮裘十五领，以上俘获诸物皆分赐出征大臣。"

霸奇兰、萨穆什喀征服黑龙江，收获很大。所得壮丁2483丁，"分与新编牛录"，许多幼小虎尔哈也分给各牛录，共收户口7302人，给满洲八旗增添了大量人口。并且，第一次在黑龙江的索伦部显示了大金国军威、国力，使索伦部的许多屯长纷纷纳贡称臣，归附金国。黑龙江萨哈尔察地方的索伦大头目巴尔达齐，于天聪九年四月二十三日"率二十二人来朝，贡貂、狐皮等物"。皇太极对其来朝十分重视，特命礼部丞政（后之尚书）满达尔汉"迎于五里外，设宴宴之"。[1]巴尔达齐在盛京停留了一个多月。六月初九日，皇太极"赐萨哈尔察部落来贡貂狐皮头目巴尔达齐、额内布、萨泰三人蟒缎朝服、衣、帽、玲珑鞓带、鞍马、缎布有差。其从役六十三人，各衣一袭"。[2]噶尔达苏屯、戈博尔屯、额苏里屯、阿里岱屯、克股屯、吴鲁苏屯、榆尔根屯、吴蓝屯，等等屯寨，先后来贡归顺。[3]

皇太极对这次征抚，十分满意，高度肯定此战成效，厚待将士，隆重款待，升赏有功人员，赐给降人四房衣物。《清太宗实录》卷23，第9、10页载：

"（天聪九年五月初六）出征黑龙江虎尔哈部落诸臣，以所招降头目人等朝见。上御殿，凯旋诸臣将朝见，上以诸臣出师勤劳，命主将霸奇兰、萨穆什喀行抱见礼，霸奇兰、萨穆什喀，出班至上前，叩头，行抱见礼。次招降二千人叩见。次索伦部落朝贡头目巴尔达齐等，叩见毕。命招降军士俱较射，设大宴。上召霸奇兰、萨穆什喀，以金卮酌酒，上亲赐之。次饮各旗出征署旗务大臣。次饮以下诸臣，并招降头

①《清太宗实录》卷23，第8页。

②《清太宗实录》卷23，第29页。

③《清太宗实录》卷23，第27页。

目，宴毕上回宫。叙出征诸臣功，以三等梅勒章京霸奇兰，一等甲喇章京萨穆什喀，征黑龙江，尽克其地，所获人民，全编氓户，携之以归，劳绩懋著，擢霸奇兰为一等梅勒章京，纪录一次，加世袭二次，共袭十二次。萨穆什喀，为三等梅勒章京，加世袭二次，共袭十二次。季思哈、商鉴和洛、巴斯翰、喀柱、沙尔虎达、黑什尼、艾木布、旗敏、富喀纳、伊、何洛、随何多、翁阿岱、真楚肯球、阿喇纳、丰雅里、塔海、库拜、代松阿、扎富尼、雅赖、尼雅汉、库尔禅、英格讷、噶布喇舒球、烈烈浑、纳穆泰俄济黑、托克屯珠、贾龙阿、库尔泰、益喇尼穆尔泰、阿囊阿、杜敏等章京共三十六员，随霸奇兰、萨穆什喀，出师有功，各升世职一级。丙辰初七，霸奇兰、萨穆什喀籍俘获人口一百一十六名，马二十四匹，牛三千一百五十张，虎裘十五领，奏闻。上念出征将士劳苦，即分赐右翼五旗主师霸奇兰，左翼五旗主帅萨穆什喀，以下章京四十四员，并赏赉有差，其霸奇兰、萨穆什喀，招降七千三百人，俱赐房屋田地，衣食，器皿等物。"

天聪九年十月初六日，皇太极又遣八旗满兵蒙古兵1200余名及当地壮丁3000名，往征瓦尔喀。《清太宗实录》卷25，第26、27页载称：

"癸未，出征瓦尔喀，每旗派官各三员，每牛录兵各五名，旧蒙古各二名。每兵二名，用马三匹，每旗三眼鸟枪五杆，指授进兵地方，两旗合进一路，共分四路。两黄旗以吴巴海为帅，副以昂金、默默里、叟塞、俄屯、伊礼布、孟格，率兵二百九十七名，进额黑库伦，厄勒约锁二处，携其地壮丁七百五十人，及虎尔哈乡导人、艾道、严都里、张瑠、常提里、多尔周以往。两红旗以多济里为帅，副以方全，布尔萨海、雅尔堪、聂努克、户什，率兵三百五名进鸦蓝、细林，户野三处，携其地壮丁七百五十七人，及虎尔哈乡导人、内莫里、傅禄、图球、戚习纳、益努喀以往。两蓝旗以扎福尼为帅，副以特木禄、诺木威、多兰托密善、塞格，率兵二百九十八名，进阿库里、尼满二处，携其地壮丁四百八十人，及虎尔哈乡导人、图必善、齐布绰、马喀达以往。两白旗以吴什塔为帅，副以汤纠、贺尔多、拜萨汉、胡心泰、满代、宜尔海、率兵三百三十七名，进诺垒、阿湾二处，携其地壮丁一千一十四人，及虎尔哈乡导人，自宁古塔来归之哈斗、瓦礼察以往，仍命更传宁古塔数人随征。其出征主帅，各授以军律一道。律文曰：兵部和硕贝勒岳托传谕往征瓦尔喀大臣，尔等所到之处，身勿偷安，心勿懈怠，加意防备，不可疏忽，勿离人父子夫妻，勿淫人妇女，勿掠人家赀，俘获俱携以还，其后人或有一二逃走者，与尔无涉。若彼之首领，率众携财物而逃走，皆因离其夫妻，滥行奸淫所致，必罪其主帅。以下诸将，勿违主帅号令，主帅亦不得隐匿部将功罪，必登记于册。至于马匹，不可于驻营时，即行牧放，勿急饮以水，待其汗干饲草，方可饮水，既至分路进兵之地，勿即以谷喂马，先饲以草，方可饲谷。尔等诸将，勿忘此律，当时时申饬尔部众也。其应带取壮丁，及乡导姓名，俱载四主帅军律中。又吴巴海，吴什塔军律内，另增一款云，凡扎喇部落百壮丁家，勿得抢掠，现有伊等兄弟塞痕卜克沙等在宁古塔，可遣往招降之。出征大臣既各受军律，及起行之日，承政车尔格、伊孙，率出征大臣等进见。上谕曰：凡谕尔等之言，俱载军律内，尔等当熟记勿忘也。昔正红旗辉满，恣淫所俘妇女，此人若在，必正典刑，尔等切勿效彼所为，人同此心，反观自见，试思若尔等之妻，为他人所淫，尔心当如何耶。至此番马匹，较前更肥，尔等自京城以至出边，须令缓行，至休息已久，即急行勿疑。四路进兵，或有脱逃者，回时当记其数。尔多济里所往之地，岛屿甚多，有可取者，造船取之，如不可取，当识之，以为后图。至其中有从我国逃去者，可遣人往招之，谕以昔时，因年岁不登故尔等逃亡，今瓦尔喀、蒙古，俱来内附，尔等可速来归。如此开谕，自可招复流亡也。谕毕，诸将出。上复谓兵部承政车尔格、伊孙曰：此番出师诸将，离家远征，许于俘获妇女内，各量取一口，不得概行淫乱。车尔格等，奉旨传谕毕，于是车尔格等往送，集诸将谓之曰：此番马肥，可令士卒步行，酌量乘骑，亦不可沿途围猎。遂遣之。"

四个月后，四路主将分别遣人奏报捷音。天聪十年（1636年）三月十五日，两白旗主将吴什塔奏："八旗俘获壮丁一千一百六十名，妇女一百四十口，共计户口一千三百，马二百二十七，牛百八十。所获貂、

狐、猞狸狲等皮及人参无算。" ①

四月十六日，两红旗主将多济里、扈习，"往征瓦尔喀部落，获壮丁三百七十五名，妇女幼小共八百三十口，马牛共十七，貂皮百张，猞狸狲、狐狸各种皮张以还"。皇太极命礼部官员迎于5里外，设宴款待，"以赏出征将士有差"。②

四月二十四日，两蓝旗主将扎福尼、道兰，"往征瓦尔喀部落，获壮丁二百九十五人，妇女幼小共六百九十三口，牛马共二十九，貂、狐、猞狸狲等皮以还。因赐出征将士有差"。③

崇德元年（1636年）五月初三，两红旗将领俄屯、昂金，"往征瓦尔喀部落，俘获男子三百六十一，妇女三百六十二，幼稚一百四十七，马牛一百有二，人参、貂、猞狸狲、狐、獭等裘以还"，"命赏军士银各八两"。④

这次征抚，意义重大。除了俘获人丁户口参貂很多以外，特别值得注意的是，八旗兵士1200余名兵分四路，每两旗为一路，每路各有"进"路，各"携其地壮丁"。比如，两黄旗兵士，"进额黑库伦、厄勒约锁二处，携其地壮丁七百五十人及虎尔哈乡导人"。这就表明了，额黑库伦、厄勒约锁二处，已经归顺金国，男女老少为金国臣民，其地为金国属地，遇逢金国汗出军征战，壮丁必须奉命从征。

崇德四年（1639年）十一月，金国汗皇太极谕命派遣骁勇将领率兵征讨黑龙江索伦大头人博穆博果尔。索伦，是黑龙江上游中游诸部的一个泛称。索伦部是清朝初年，达斡尔族和鄂温克族、鄂伦春族和布里亚特人等部族的统称。他们共同信奉萨满教，具有相互联姻的近亲关系。"索伦"是达斡尔人对鄂伦春人的称呼，意为"生活在山林的人"，因鄂温克人英勇善战，所以其周边部族同被称为索伦部。索伦部并非一个民族实体，而是周边各部族集团的统称，清朝将他们编入布特哈旗。他们分散到松花江、黑龙江和乌苏里江沿江一带，长期定居了下来，以打猎和捕鱼为生。后来，人们把当时在江边居住下来的叫"奇楞"（沿江住的人），沿江往西走的叫"索伦"（西边住的人），沿江往东走的叫"赫金"（东边住的人），到了清代，才统一为族称。

① 《清太宗实录》卷28，第4、5页。

② 《清太宗实录》卷28，第41页。

③ 《清太宗实录》卷28，第52页。

④ 《清太宗实录》卷29，第3页。

索伦部人员居住的辽阔地域，有许许多多大小不等的屯寨，其中以博穆博果尔和巴尔达齐两位头人的势力最大。

巴尔达齐于天聪八年（1634年）五月初一日，第一次来到盛京朝贡，"贡貂皮一千八百一十八张"。①以后多次来朝，皇太极很赏识和重视巴尔达齐，以皇室格格嫁与巴尔达齐，使其成为金国额驸。

博穆博果尔是黑龙江索伦部乌鲁苏穆丹屯长，崇德二年（1637年）闰四月十二日，第一次来到盛京，率8人贡马匹貂皮。②住了一个多月，六月初五日，"遣来朝索伦部落博穆博果尔、褚库尼等还，赐以鞍马、蟒衣、凉帽、玲珑鞋带、撒袋、弓、矢、甲、胄、缎、布等物有差"。③

崇德三年十月十七日，博穆博果尔第二次来朝，"贡貂皮、猞狸狲物"。十二月初五日，皇太极御殿，召见黑龙江巴尔达齐额驸，博穆博果尔等九拨朝贡人员，"赐宴，仍命七家各宴一次"。④

在此前后，清国与黑龙江虎尔哈部（索伦）人员之间的贸易及虎尔哈人来朝贡物及交易情形，相当频繁，仅据内国史院档案记载，崇德三年十一月二十六日：

"虎尔哈部落克宜克勒氏达尔汉等十三人，来朝贡貂皮十二张、交易貂皮端罩五件、貂皮桶五十二件、貂皮袄十件、素貂皮一百二十八张、黑狐皮一张、元狐皮二十三张、元狐皮被一床、黄狐皮被三床、黄狐皮一张、狐皮袄两件、灰鼠皮桶五件、貂皮灰鼠皮相间袄一件。

呼尔哈部落胡习哈礼氏纳木达礼等十人，来朝贡貂皮五十九张、狐皮一张、交易貂皮端罩一件、貂皮袄五件、貂皮桶四十三件、素貂皮五十一张、元狐皮七张、貂皮灰鼠皮相间袄一件、黄狐皮六张、灰鼠皮桶十二件、猞狸狲皮袄一件、黄鼠狼皮袄一件。

邓舒携诺洛户下男子十二名、四十二口、济布球携萨哈廉户下男子二十名、四十五口，共男子三十二名、八十七口、马十七匹至。

呼尔哈部落赖达库等四人来朝，贡海獭皮二十六张。

---

① 《清太宗实录》卷18，第20页。
② 《清太宗实录》卷35，第3页。
③ 《清太宗实录》卷36，第8页。
④ 《清太宗实录》卷44，第10、21页。

先是，往黑龙江地方贸易，至是携货物至：正黄旗貂皮四百有六张，镶黄旗貂皮三百八十九张，余佛头青布十一匹。正红旗貂皮一百一十四张，又自嫩江地方易得貂皮七十八张，余佛头青布二十三匹。镶白旗貂皮二百三十一张，又自嫩江地方易得貂皮五十五张，余佛头青布四十八匹。正白旗貂皮一百三十三张，又自嫩江地方易得貂皮一百八十二张，余佛头青布八匹。镶蓝旗貂皮二百二十四张，又自江地方易得貂皮八十四张，余佛头青布十一匹。正蓝旗貂皮一百八十二张，又自嫩江地方易得貂皮五十九张，余佛头青布一百一十二匹。共貂皮两千四百七十八张。

进贡貂皮者：大河地方沃勒（were）屯七十张、吴鲁孙（ulus-un）屯五十八张、额苏礼（esuli）屯一百五十张、胡尔台（hultai）屯十八张、库努（kunu）屯五张、杜尔塔尔（durtal）屯九张、忽斌（bubin）屯二十张、敖喇（ooia）屯十张、格根（gegen）屯二十张、苏都礼（suduli）屯五十张、额尔杜（eldu）屯一百六十五张、小河地方吴尔库尔（urkul）屯八十张、博霍礼（bohori）屯九十张、额驸巴尔达齐下九屯三百七十九张，两河地方贡貂皮一千一百二十四张，索伦部落窦特依贡貂皮二十张，萨哈勒察本部之交易貂皮一千二百五十张。

是日，外藩克宜克勒氏达尔汉额驸夫妇等十三人、虎习哈尔氏纳木达礼等十人，共二十三人来朝贡貂皮，迎于正红旗习射馆，命分得博硕库胡希吞宰猪一头，备酒一瓶宴之。"[1]

这样一种和平的贸易、朝贡、双方互利的大好局面，可惜未能延续，被博穆博果尔打断了。

博穆博果尔，骁勇剽悍，精于计谋，骄横傲妄，野心勃勃，势力强大。他以自己的乌鲁苏穆丹屯（有时又写为兀鲁苏屯）为核心，与杜拉尔、敖拉、墨尔央勤、布喇穆、涂克冬、纳哈他等部落，组成部落联盟，他为首领。他在两次朝贡之后，看到索伦许多屯寨纷纷归顺清国，朝贡、贸易，影响了他统一全索伦，建立大索伦汗国，成为黑龙江大汗的计划，所以他串通屯寨头目，谋划叛清，并向其他屯征收赋米。按照

---

[1]《清初内国史院满文档案译编》第392、393页。

当时习惯，凡对清国朝贡的屯寨，就表示其屯其部落便系清国的辖地，该屯该部落以外的其他头目，无权向这些已经归顺清帝称臣入朝纳贡的屯寨征收米谷皮张，这显然是叛逆不道的罪行。

黑龙江当时没有开发，居民主要靠采集、捕鱼、狩猎为生，贫困落后，更兼非常寒冷，冬天很长，经常是零下三四十摄氏度，江河都要冰冻，又远离沈阳，交通不便。在这样的条件之下，境外强部或大国，很难派兵来攻。兵少了，难以取胜，也不能征服散居各处的部落；兵多了，上万人马不能就地取粮，哪能维持口粮马料的供应，又兼人地生疏，严寒难熬，时日稍长，便会粮尽矢绝，只能被迫狼狈撤军。所以，博穆博果尔才敢公然与屡败明军、吞并察哈尔、统一漠南蒙古、臣服朝鲜、军威无敌的大清国为敌，许多屯寨部落也才敢附和作乱。

但是，博穆博果尔的算盘打错了，他万万没有想到，大清国宽温仁圣皇帝是位具有雄才大略、用兵如神的常胜统帅。皇太极既决策果断，又熟谙兵法，多次指挥大战胜利，不仅很快就下谕派兵征讨博穆博果尔，并且制定了正确的战略战术，任用勇将，派遣精兵，虽然人马不多，但必能歼敌克寨。

崇德四年（1639年）十一月初八日，皇太极谕派索海、萨穆什喀领兵"往征索伦部落"，命兵部贝勒多铎、固山额真英俄尔岱传谕用兵事宜。《清太宗实录》卷49，第7、8页载：

"辛酉，遣索海、萨穆什喀、穆成格、叶克书、雍舜、拜、伊孙、罗奇等率官属兵丁，往征索伦部落。兵部多罗贝勒多铎、固山额真多罗额驸英俄尔岱传谕曰：尔等师行所经屯内，有已经归附纳贡之屯，此屯内又有博穆博果尔取米之屯，恐尔等不知，误行侵扰，特关列屯名数目付尔，毋得违命，骚扰侵害。行军之际，宜遣人哨探于前，防护于后，加意慎重，勿喧哗，勿参差散乱，勿忘纪律。尔等此行，或十八牛录新满洲，或添补缺额牛录之新满洲，各固山额真、梅勒章京、甲喇章京、牛录章京，详加查阅，视其有兄弟，及殷实者，令从征，尔等亦应亲加审验。左翼主将萨穆什喀、副将伊孙，右翼主将索海、副将叶克书，或两翼分行，则各听该翼将令，或同行，则总听两翼将令，凡事俱公同酌议行之。"

在实录所书明的8位领兵将领中，右翼主将索海，是开国元勋被太祖赞为"万人敌"的众额真、一等公、太祖之孙女婿费英东第六子，袭父总兵官世职（后子之爵），时任刑部承政（尚书）。左翼主将萨穆什喀，是开国元勋、五大臣之一、太祖之养子、位列八和硕贝勒之固山额真、三等总兵官世职之扈尔汉的弟弟，时任梅勒章京兼工部承政。穆成格，开国元勋、太祖亲女婿，众额真"位列八贝勒""超品公"扬古利之亲侄，时任固山额真。叶克书，历任兵部承政、固山额真，因过降职，时任梅勒章京。雍舜、拜、伊孙、罗奇，皆系梅勒章京。这八位将领皆系勇将，军功累累。

虽然领兵8将，皆系清军高级将领（满洲八旗只有8位固山额真和16位梅勒章京），但出征兵士并不多，从下述战情看，每牛录兵2名、3名、5名，按240个牛录计算，满兵只有1000余名，且多次叙述某某将领，只领兵20人、90人，就奋勇败敌，可见兵并不多。

索海、萨穆什喀一行将士从十一月出发，历经寒冬三四个月的行军征战，面对几倍于己之敌，包括号称所向无敌的博穆博果尔亲自率领的6000名索伦勇士，毫不惧怕，奋勇冲杀，"击败敌兵""斩杀甚众"，大获全胜。

《清太宗实录》卷51，第8、9、10页，载录了征战情形。崇德五年（1640年）三月初八日，往征虎尔哈部落萨穆什喀、索海等，遣牛录章京法谈、宜尔格得等奏报：

"臣等至忽麻里河分兵，各旗照派定地方攻取，因道路辽远，公同议定，四十日至镶蓝旗派定兀蓝海伦屯，乃令梅勒章京承政伊孙率每旗章京一员，每牛录下兵二人，往喇里阐地方。萨穆什喀、伊孙既行，有铎陈、阿撒津、雅克萨、多金四木城人，拒敌不降，因令右翼梅勒章京率兵来助，叶克书、拜、阿哈尼堪、谭布、蓝拜、吴巴海率每旗章京二员，并各旗有俘获者，每牛录下兵二人，无俘获者，每牛录下兵三人，助战，遂克雅克萨城。当攻城时，焚烧城南关厢绥黑德汛地，先举火，因获其地。八旗章京各一员，各率兵二十人前进，时和旗率蠹先入，朱玛喇次进，俱以火攻克之。时有违达布尼、阿恰尔都户、白库、都汉必尔代四人，聚七屯之人于兀库尔城，萨穆什喀、伊孙、穆成格、拜令众军乘旦攻城，嘉隆噶汛地举火，至晚克之。及至铎陈，力攻一日，至次日，复欲进攻，闻各路报博穆博果尔、索伦之兵来战，恐伤我兵，遂还。兀鲁苏屯之博穆博果尔、索伦、俄尔吞、奇勒里、精奇里、兀赖江额尔图屯以东，阿里关以西，两乌拉兵共六千，来袭正蓝旗后队。索海率每牛录兵五人设伏，萨穆什喀护辎重殿后，二人率众章京击败敌兵，斩杀甚众，生擒四百人。既败博穆博果尔后，随攻取其营，营内敌兵单弱，正白旗先入，正红旗、镶黄旗，俱相继驰入，敌遂遁。又萨必图、卓布退、吴班宜尔格得，率兵九十人，往助萨穆什喀，时有铎陈、阿撒津二城兵四百人阻截，我兵击败之，斩五十人，萨穆什喀，令伊孙率章京五员，兵一百三十人，于铎陈地方设伏，斩敌七十人，又遣阿哈尼堪、巴山、郎图、萨禄，率两甲喇兵，往攻挂喇尔屯。屯内人来诣索海云，屯内有索伦兵五百。索海、喀喀森、甘都，率兵往攻，夺栅而入，斩二百人，生擒一百三十人。八旗共获男子二千二百五十四人，妇女幼稚共四千四百五十名口，貂、猞狸狲、狐、狼、水獭、青鼠等皮，共三千一百有奇，貂、猞狸狲、狐、狼等裘，共二十领。额驸巴尔达齐于三月十八日来会云，惟我多科屯人，未曾附逆，其小兀喇各处兵，皆往助博穆博果尔，及我兵大捷后，果博尔屯之温布特、博和里屯之额尔喷、噶尔塔孙屯之科奇纳、木丹屯之诺奇尼、都孙屯之奇鲁德、兀喇喀屯之博卓户、得都尔屯之科约布鲁，七屯之人，已归额驸巴尔达齐，别屯之人皆逃，据巴尔达齐曰，逃者亦必来归，无劳再举耳，谨此奏闻。"

皇太极大喜，立命派每旗章京1员，每牛录下兵1名，往迎出征索伦将士。

三月二十四日，索海、萨穆什喀又遣党习奏报续获人、畜、皮张消息说："臣等前奏，获二千二百五十四人，复自额苏里屯以西，额尔土屯以东，又获九百人，共获男子三千一百五十四人，妇女二千七百一十三口，幼小一千八十九口，共六千九百五十六名口，马四百二十四，牛七百有四。又先后获貂、猞狸狲、狼、青鼠、水獭等皮五千四百有奇，貂、猞狸猁、狐、狼等裘共二十四领。"①

皇太极十分高兴，四月二十四日，以出征索伦的索海、萨穆什喀等将士凯旋归国，命礼部承政满达尔汉迎至十八里台，设宴。又命多罗安平贝勒杜度、多罗饶余贝勒阿巴泰，迎至平鲁堡，设宴。索海等将至盛京，大清国宽温仁圣皇帝皇太极亲率和硕亲王大臣，到实胜寺北馆，"率凯旋官员祭纛，行礼毕，索海、萨穆什喀率凯旋诸将朝见，行三跪九叩礼毕，赐宴"。②

崇德五年五月十八日，听闻以前索海出征索伦时未降者337户，共男子481人，现在来降，皇太极很高兴，谕命官员前往迎接，从厚收抚，赐予缎布，编设牛录。他谕命理藩院参政（后之侍郎）尼堪及每旗护军参领各1员，率每牛录护军各1人，携蟒缎、素缎、梭布往迎之。谕曰：

"尔等可令索伦来归之众，同我国外藩蒙郭尔罗斯部落，于吴库马尔，格伦额勒舒，昂阿插喀地方，驻扎耕种，任其择便安居，其中有能约束众人，堪为首领者，即授为牛录章京，分编牛录，尔等将携去缎布，以次给赏之。于是尼堪等各遵谕给赏，分编为八牛录，乃还。"③

崇德五年七月初一，议叙出征索伦诸将功劳，升官并赐予人口貂皮。《清太宗实录》卷52，第6、7页载：

"秋七月，庚辰朔，叙征索伦部落各官功。赐领翼主将索海、昂邦章京穆成格，各貂皮七十七，人口四。领旗事梅勒章京叶克书、雍舜、拜、谭布、蓝拜等，各貂皮四十七，人口三。其从征将士，各照军功大小，赏给貂皮人口有差，又量授各官世职。以二等甲喇章京雍舜，为一等甲喇章京；半个牛录章京索海，三等甲喇章京绥黑德，俱为二等甲喇章京；牛录章京加半个前程朱马喇，为三等甲喇章京；牛录章京萨必图，加半个前程；谭布、阿哈尼堪、蓝拜、叶克书、禅珠、拜，及半个牛录章京英古，二分章京何旗，俱为牛录章京；卓布退，为二分章京；

①《清太宗实录》卷51，第14、15页。

②《清太宗实录》卷51，第23页。

③《清太宗实录》卷51，第32页。

吴班，为半个牛录章京。追赠阵亡之牛录章京加半个前程阿尔休，为三等甲喇章京，以其子阿库里袭；职郎图，为牛录章京，以其子阿喇希袭职，穆佑为牛录章京，以其子莫罗袭职；穆奈，为牛录章京，以其子穆尔赛袭职；一等昂邦章京穆成格病故，以其子穆赫林袭职；牛录章京公袞病故，以其弟喇都浑袭职；牛录章京噶布喇病故，以其侄孙达木图袭职；牛录章京吴先达礼病故，以其子宜鲁尔袭职，二分章京尹布病故，以其子宜尔德黑袭职。"

过了三天，七月初四，兵部议处出征各将获罪情形及拟处办法：

"癸未，部议出征索伦领翼主将萨穆什喀等罪，萨穆什喀，本旗所得三屯人民，不加抚辑，其弓矢不行收取，又不齐集三屯人民并归一处，又不严饬兵将留守，每屯止留章京二员，兵五十人，其余兵将俱擅带还，违命不守汛地，竟往正蓝旗地方，以致三屯人叛，罪一。既知三屯欲叛，复调还章京三员，及众兵，止留章京三员，兵六十人于后，护送疲敝人马，及三屯作叛时，章京二员，兵三十七人，俱被杀，罪二。追攻作叛之都达陈屯，七旗皆即时运木，萨穆什喀本旗，迟至次日方运，罪三。博穆博果尔兵，攻掠正蓝旗辎重，彼坐视不救，以致甲士二十二，厮卒二十四，为敌所杀，罪四。萨必图之甲，为敌所夺，索海、伊孙、叶克书，问临阵时，曾否抔甲，萨穆什喀对曰：萨必图曾抔甲。及该部复问，又曰：未尝抔甲。改变言词，罪五。萨穆什喀，应革职，籍其家产人口入官。正蓝旗梅勒章京伊孙，既见博穆博果尔兵，攻掠本旗辎重，不急入援，坐待叶克书至，以致本旗甲士、厮卒，共四十六人，为敌所杀。伊孙，应革职，籍其家产之半。正蓝旗伊勒慎，既获噶凌阿，防守不严，以致脱逃，罪一。噶凌阿余党，及俘获二百二十人，又不严行系禁，及博穆博果尔来攻，遂失其地，又先塔哈布败走，罪二。及击败博穆博果尔时，镶红旗依汛地，追击余军，伊勒慎不于汛地邀截，坐视博穆博果尔及余众二百遁去，罪三。伊勒慎，应论死，籍其家。镶蓝旗席林，获噶凌阿之媳，收留帐内，不防守噶凌阿，以致脱逃，及博穆博果尔来攻，不坚守营寨为敌所夺，败走被杀。席林，应籍其家，妻子入官。梅勒章京罗奇获噶凌阿，不严行系禁，以致逃去，及博穆博果尔来攻，不坚守营寨，为敌所夺，拒战被杀。罗奇，应革职，籍其家产之半。巴图鲁俄黑督造监狱，不加意防范，身不抔甲，止执弓矢，致噶凌阿突出时，被杀。巴图鲁俄黑，应革职。塔哈布，监守噶凌阿不严，以致脱逃。噶凌阿余党，及俘获之众，共二百二十人，不严加系禁，以致博穆博果尔来攻时，尽被夺去，遂弃地败走。及八旗合击之，博穆博果尔兵，逃奔于山，镶红旗依汛地击杀，塔哈布不于汛地邀截，坐视博穆博果尔，及二百余众遁去。塔哈布，应革职，鞭一百，贯耳鼻。正红旗图尔哈所守监禁之人，白昼毁垣逃出。图尔哈并甲士二人，厮卒一人，俱被杀。图尔哈应籍家产。阿尔吉禅、俄黑讷，白昼往查所守监禁人众，并不抔甲，不带兵器，遂被杀。阿尔吉禅、俄黑讷，应籍其家。镶黄旗公衮，不遵领翼主将索海之令，不往席俄陈村，与郎图合营，及敌兵来攻郎图，始往救援，以致被杀。公衮，应革职，籍家产三分之一。镶白旗章京雅布喀，与穆祜、和托，率兵六十人，收管疲敝人马，遇三屯叛人伏发，和托及兵三十七人被杀，穆祜谓雅布喀曰：和托既死，吾等亦当死战，遂冲入被杀，雅布喀率六人战脱。以其弃穆祜而走，雅布喀，应鞭一百，贯耳鼻。正白旗额布特，不严守俘获之人，于当直之夕，擅宿于家，以致系禁者逃出，围其居室。同旗库尔禅预知之，击散敌人，额布特始得出。额布特应论死，籍其家。库尔禅，不严加监守，以致脱逃，亦应鞭一百……"

皇太极念出征将领辛苦，且已败敌凯旋，减轻处罚：

"命革萨穆什喀三等昂邦章京职，免籍家产，所属人口入官，罚银六百两。伊孙，免革职，免籍家产，罚赎银三百六十两，所属人口入官。伊勒慎，革职，鞭一百，籍其家。席林，妻子入官，籍没家产，交与本旗王，酌量给散。罗奇，革职，免籍没，不叙其阵亡功。巴图鲁俄黑，革职，亦不叙阵亡功。塔哈布，革职，罗管牛录事，其鞭一百贯耳鼻罪，准折赎。图尔哈阿尔哈、阿尔吉禅、俄黑讷，皆免籍其家，亦不叙其阵亡功。公衮，免籍家产，念其父功，免革职亦不叙阵亡功。雅布喀，救出六人，遇萨必图、吴班、卓布退，复同率兵转战败敌，斩四十人，准免罪，亦不叙功。额布特免死，免籍家产，罗管牛录事，解部任，鞭一百，贯耳鼻。库尔禅，曾与博穆博果尔兵力战，免罪，仍给赏，不叙其功。"①

也就在这一天，七月初四，皇太极将新收壮丁，均编牛录、隶属八旗，或补各旗披甲之缺额者：

"以索海、萨穆什喀，所获新满洲壮丁二千七百九人，妇女幼小二千九百六十四口，共五千六百七十三人，均隶八旗，编为牛录；以萨尔纠、英古，往征库尔喀部落时，所获新满洲壮丁四十二人，充补各旗披甲之缺额者。又从前库尔喀归降进贡一百四十九人，并新获二百九十二人，俱留置鄂朱屯中，令每年进贡貂皮海豹等物。又以多济里、喀柱，所获四十三人，亦补各旗披甲之缺额者。"②

索海、萨穆什喀等将士的这次出征，大败博穆博果尔及其从敌的许多屯寨头目，威震黑龙江，索伦部大小屯寨头目、人员均皆惊畏慑服，博穆博果尔四处逃窜躲藏，以致皇太极于七月仅派梅勒章京席特库、济席哈率40名护军及外藩蒙古兵240名，就将博穆博果尔擒获。《清太宗实录》卷53，第20页载：

"崇德五年十二月十三日，出征索伦部落席特库，济席哈、遣归痕戴青、孟格图、艾达汉、迈图等，以擒获博穆博果尔奏报，于甘地，获男子一百七十四名，斩十一人，死者七人，逃一人。于齐洛台地方，获博穆博果尔，及男子八十人，斩二人，死者二人，共计见存二百三十一人，见在妇女幼稚共七百二十五名口，二处共得马七百一十七匹，今止存六百五十四，牛一百二十七头。"

---

① 《清太宗实录》卷52，第7、8、9、10、11页。
② 《清太宗实录》卷52，第12页。

区区40名护军和外藩蒙古兵240名，合共不过300人，就把曾经横行黑龙江索伦部最大的头人博穆博果尔擒获，真乃喜讯，皇太极十分欢欣，从厚礼遇和升赏出征将士。崇德七年（1642年）正月十七日：

"召凯旋梅勒章京席特库、济席哈，及护军四十人，并外藩随征穆章下阿玉石台吉等三十七人，赐宴，仍令诸王贝勒各宴一次，擢一等梅勒章京席特库，为三等昂邦章京，赐穆章下阿玉石台吉、马尼台吉、固山额真舒班、甲喇章京奎恩、俄莫克，扎鲁特部落桑古尔台吉，吴喇忒部落布达席台吉、和洛齐、巴拜、四子部落固山额真布内，敖汉部落固山额真塞木，扎鲁特部落固山额真阿玉石、虎赖，甲喇章京阿尔舒户、岳博果，奈曼部落固山额真扎丹，及喇嘛斯希布、乡导岳隆果等，蚨缎朝衣、貂裘、猞猁狲裘、狐裘、豹裘、帽带、甲、胄、腰刀、撒袋、弓矢、银两、缎布等物有差。"①

皇太极趁热打铁，乘胜进击，于崇德八年三月十七日，遣护军统领阿尔津、哈宁噶率护军、甲士1000余名及部分外藩蒙古兵，"往征黑龙江虎尔哈部落"，五月二十五日，阿尔津自军中遣人奏称：

"臣等军至彼地，所向克捷，其波和里、诺尔噶尔、都里三处，俘获男子七百二十五名，小噶尔达舒、大噶尔达舒、绰库禅、能吉尔四处，投顺来归男子三百二十四名，妇人二十九口，又俘获妇女幼稚一百九十九口，获马共三百十有七，牛共四百有二，貂、狐、猞猁狲等裘共四领，貂、狐、水獭、青鼠等皮共一千五百有奇。"②

七月初七日，阿尔津、哈宁噶率师回到盛京，皇太极重赏有功将士，其携来男子，"按丁披甲，编补各旗缺额者"。《清太宗实录》卷65，第15、16页载：

"往征黑龙江部落护军统领阿尔津、哈宁噶等率师还，携来男子妇

---

① 《清太宗实录》卷54，第10页。
② 《清太宗实录》卷64，第25、26页。

女幼稚，共二千五百六十八名口；马、牛、驴，共四百五十有奇；外又俘获妇女幼稚，共二百四十九口；牛八头，猎犬十六；貂皮、貂尾、貂蹄，共千有六百；貂尾护领二；貂狐、猞狸狲、青鼠等裘，共十三；狐、水獭、狼、青鼠等皮，共六百五十有奇。其携来男子，命按丁披甲，编补各旗缺额者。其余俘获，分别赏给出征将领，赐护军统领阿尔津、哈宁噶，各貂皮七十，银百；齐墨克图、格尔特、董阿赖、达舒巴兰、哈凝噶、哈尔萨、和尔托，各貂皮五十，银六十；刘仲金貂皮五十，银五十；赵国祚，貂皮四十，银五十。又赏八旗护军校五十六员，军士三百三十二名，厮卒四百二十六名，每护军校各银四十，每军士各银三十，每厮卒各银十五，计共银一万八千五百九十两。又给阵亡被伤者，共银二千五百六十两。赐随征外藩科尔沁国左翼，将领舒门得里，右翼将领格塞里，各银三百；固山额真哈尚、巴颜、吹木，科尔沁国图章、特木德、右翼，将领拜音代，杜尔伯特部阿布代，科尔沁国噶尔图布尔哈图、都尔敦，各银二百。甲喇章京洪果代、阿巴泰、旗克托和、郭尔罗斯部落门图克特、噶尔图，右翼甲喇章京扎赖特部落布都马尔、杜尔伯特部落孟格、额尔孙、安达尔、额墨克，各银百。牛录章京达济虎、满都、布泰、布当朝济喀、劳章、马楚海，郭尔罗斯部落巴萨奈代、都尔达哈，杜尔伯特部落拜达尔图尔贝、额马尼雅、巴特玛、扈巴哈、叟塞、噶尔马，达雅扎赖特部落博璏、内里特，各银五十。又赏左翼军士四百八十名，厮卒四百七十三名，右翼军士四百七十九名厮卒四百六十五名，计共银一万四千二百三十两。”

六、二征朝鲜

天聪元年（1627年）金军进攻朝鲜，逼迫朝鲜签订城下之盟，金、朝结为“兄弟之邦”，以后朝鲜暗中仍然心向明朝，痛恨金国汗、贝勒。国内言谈及政府的官方文献，包括《李朝实录》等书，都指金国为“虏”“胡”，甚至斥金为“贼”“夷”，并不真正配合金国对明的征伐。

天聪十年（1636年），天聪汗皇太极已经统一漠南蒙古各部，吞并了察哈尔，征抚了大批东海、黑龙江"野人女真"，计杀明朝督师袁崇焕，四次进攻明朝，屡败明军，军威无比，国力强大，便决定改国号为"大清"，尊称"皇帝"，要求朝鲜上表，尊汗为帝。

天聪十年二月，皇太极借吊祭朝鲜王妃的名义，命户部承政英俄尔岱出使朝鲜，带去三封书信，一为慰问书及祭文一道，一为八和硕贝勒、十七固山大臣致朝鲜国王书，一为漠南蒙古以"四十万众蒙古"太子孔果尔（即额哲）为首的49位贝勒致朝鲜国王书。三书皆述欲尊金国汗为皇帝，约朝鲜国王上表劝进。朝鲜拒绝受书，接待官员严词驳斥，英俄尔岱等官大怒，迅驰回国。途中还截获朝鲜国王给平安道观察使的"斥和主战"谕书。

皇太极十分气愤，于天聪十年四月称帝以后，决定亲统大军征朝。

崇德元年（1636年）十一月十九日，皇太极命兵部贝勒岳托集众于笃恭殿，谕命简阅甲士，金兵出发说：

"尔等简阅甲士，每牛录各选骑兵十五人，步兵十人护军七人，共甲三十二副。昂邦章京石廷柱所统汉军，每甲士一人，箭五十枝，甲士二人，备长枪一杆，二牛录备云梯一，挨牌一，穴城之斧钻锹镢俱全，马匹各烙印系牌，一应器械各书号记，携半月行粮，于二十九日来会。"①

过了五天，十一月二十五日，皇太极率百官祀天，宣告征朝祝文。同日，又祭告太庙，宣读征朝祝文。

十一月二十九日，皇太极谕告众将士：

"今者往征朝鲜，非朕之乐于兴戎也，特以朝鲜败盟纳我逃人，献之明国。孔耿二王，来降于我，彼兴兵截杀，我师既至，彼仍抗拒，且遇我使臣，不以旧礼，贵去书词，拒而不视。又贻书于平安道洪观察使云，丁卯年权许讲和，今已永绝，当谨备关隘，激励勇士，其书为英俄尔岱等遇而夺之，是彼之毁弃盟好，乐祸怀奸，将未有已，不得已兴兵

① 《清太宗实录》卷32，第12页。

伐之。若嗜杀殃民，朕心有所不忍，上天以好生为德，人命岂可轻视，屠戮无辜，实为不仁，妄杀已降，实为不义。今与尔等约，大军所过，不许毁拆寺庙，逆命者诛之，不逆命者勿杀，以城降者勿侵其城，以堡归者勿扰其堡，俱令剃发，有逃亡来归者，恩养之。凡阵获官兵，彼既拒战，杀之勿养。所克获城堡人民，勿离其夫妇，勿夺其衣服，即老者瞀者，残疾不堪取携者，亦勿夺其衣服，仍令安居于家，勿使弃于道路。妇女勿得淫乱，违者军法从事。谕毕又传谕曰：有不遵谕妄行擅离部伍，杀降劫物者，必治以军法。从前野战攻城之际，往往有托词捉生，规避不进者，今除前锋哨军外，不许捉生，其有托捉生而规避不进者，罚无赦。"①

同日，皇太极谕告朝鲜国官、民、士卒征朝缘故。

十二月初一，外藩蒙古王、贝勒各率所部从征兵士，集会于盛京。

朝鲜国王李综于二月拒绝上表尊金国汗为帝以后，多次向明帝奏述拒金行为，请求明帝派军来援。但是，此时明朝境内大顺、大西农民军迅速发展，攻城略地，明军屡败于金国八旗劲旅，根本无力援朝，所以清军进攻以后，顺利前进。

崇德元年（1636年）十二月初十日，皇太极率军渡过鸭绿江，直趋朝鲜王京汉城。十三日大军到达平壤，朝鲜国王李综派人将庙社主、王宫妃嫔、王子、风林大君、麟平大君送往江华岛。十四日李综逃离王京，潜往南汉山城。

南汉山城在王京汉城之东30里，地势险要，城墙坚固，易守难攻。清军前锋兵300名于十五日追到南汉山城。十六日，豫亲王多铎、成亲王岳托率兵4000赶到，围攻南汉山城。

十二月二十五日，皇太极在安州收到多铎派人呈报李综遁居山城的奏疏，立命镶黄等五旗各派章京1员，率每牛录甲士3人，往助多铎，又派护军统领巩阿岱率每牛录护军1人前往。第二天，十二月十六日，皇太极又命护送红衣炮等枪炮的杜度贝勒速运大炮前往围攻说：

①《清太宗实录》卷32，第16页。

"尔等速携红衣大将军炮，及一切火器前来，其汉军及三王下，士卒羸马，可运之炮鸟枪铅子火药，令昂邦章京石廷柱，选择汉军官员，赍之前来。在三王下炮与鸟枪，可用马匹驮载前行者，令三王携之同来，其红衣大炮，非马羸可运，尔多罗安平贝勒与昂邦章京石廷柱，在后运红衣将军炮车而来。其汉军及三王士马，可酌量简阅，以强壮者居前，羸弱者居后，三王下红衣大将军炮车，亦令其部下才能官员，同尔运来。"①

朝鲜国王李综一面催促各道官将率兵前来勤王护驾，一面据险守城，但疲弱怯战兵将哪能挡住清军，遂连吃败仗。

十二月二十九日，皇太极率领大军抵达南汉山城，于城西驻营。豫亲王多铎面奏围城情形说：

"臣奉命围朝鲜王京城，十六日卯刻，至其地，朝鲜王弃城遁，门闭，我兵舍云梯，直入城上，军士不敢御，悉奔窜，即穿城追其王，至四十里南汉山城，立寨图之。先有瓦尔喀人在朝鲜者二百户，今已归顺，其巡抚一员。率兵万八千人来援，随遣固山贝子硕托、尼堪、博和托、罗托、国舅阿什达尔汉等，率兵逆敌，悉斩之。又副将一人，率兵五千来援，仍遣硕托等击败之。色勒、阿尔津，堵截要隘，复遇其副将一人，率兵五百来，击败之。又有援兵将入南汉城，遇劳萨，吴拜等截杀二百余人，南汉城中有兵四百余出城迎战，劳萨复击败之，现在声援俱绝云。"②

崇德二年（1637年）正月初一辰时（上午7—9时），皇太极出营，"环视""南汉山城形势"，足足看了三个多时辰（六七个小时）。见其地势险要，城墙坚固，硬攻，伤亡必大，决定围城打援，城内人多粮少，必难持久。

崇德二年正月初四日，恭顺王孔有德等，携大炮到达南汉山城。初

---

①《清太宗实录》卷32，第27页。

②《清太宗实录》卷32，第29页。

七日，豫亲王多铎，超品公、额驸扬古利率军击败来援李综的全罗道、忠清道巡抚总兵，扬古利中敌军鸟枪，伤重去世。

正月初十日，杜度贝勒护送的"红衣炮、将军炮、火药、重器等车"到达山城。

同一天，原先从宽甸路进入朝鲜国内进攻的睿亲王多尔衮统领的左翼军，来到山城，与大军会合。多尔衮奏述二十余天来的战情说：

"我军既入朝鲜境，长山昌州城军民，知不能御，皆弃城奔山立寨，我正白、镶白、正蓝三旗护军骑兵，攻克之。值朝鲜安州总兵，黄州元帅，率兵五百，出宁边城，臣等亲军，败之于城下。又安州兵二百，亦为臣等护卫所败。寻宁边城李元帅，率参将三员，游击四员，备御十五员，率马兵七百，步兵三百来战，为蒙古固山额真额驸苏纳，梅勒章京吴塔齐、宜木图、陶海、得馨德、阿兰都、昂阿代、吴巴什、额墨尔齐、古鲁虎、桑噶尔寨等所败。生擒李元帅时我军五十人，至宣屯村，于朝鲜下营处捉生问之，云彼元帅与黄州总兵，闻伊国王，为大军所围，率兵一万五千，前往救援，已去三日。是夜，即选镶白旗、正蓝旗，两旗护军骑兵，每牛录下甲士五名，蒙古两旗每牛录下甲士五名，行一书夜，至日出，追及之，乘其未觉遂击败之。"[1]

皇太极于正月初一日起，几次遣使，劝胁朝鲜国王称臣纳贡、断绝明朝关系，降顺大清。朝鲜君臣意见分歧，未能及时决定降清，仅以书函往来，力求维持原来"兄弟之邦"，回避"尊号称臣""决绝明朝"的问题。

皇太极了解到朝鲜王妃、王子俱在江华岛，如果攻克此岛，俘获王妃、王子，断了朝鲜死守待援念头，若"得其妻子，则（南汉山城）城内之人，自然归顺"。于是在正月十六日，派劳萨赍敕，往谕留守盛京的郑亲王洛尔哈朗，命其速造船20艘及遣派造船工匠前来。敕谕说：

"得人，问之，有云国王与长子，及君臣，俱在南汉，其余妻子，在江华岛。又有云王与妻子，俱在一处，朕意欲造船先攻此岛，若得其

①《清太宗实录》卷33，第7页。

妻子，则城内之人，自然归顺。若犹不顺，然后攻城，计亦未晚。观此岛亦似易取，但天之助我与否，未可知也。又谕曰：使到之日，即拣选谨慎能干官二员，带领每甲喇骁骑校一员，每牛录甲士一名，每牛录采取木植白身人一名，及八家各首领一名，再选造船工匠各五名，前来瑷阳河边，依佟克申式样，造船十艘，依朝鲜式样，造马船十艘，可令和硕豫亲王多铎家人托木布路，察有向日曾与佟克申造船，及知造朝鲜马船之工匠，遣之前来。其监造官员，须于瑷阳河边择地方坚固，可达义州江者，令其驻彼营造，至于造船所需铁匠，亦按数发来，更须分发哨卒，善为防守。"①

皇太极又谕命睿亲王多尔衮自己造船，进攻江华岛。正月二十二日，多尔衮遣人来到南汉山城，奏报攻打江华岛情形说：

"我军至岛，朝鲜有兵船四十余，于渡口迎战，我军用红衣炮攻击，敌不能当，东西逃散。黎明，我军乘船进攻，入江华岛，杀鸟枪手百人，又击杀伏兵千余。癸亥……和硕睿亲王多尔衮，自江华岛，遣法楚浑、必杨古、穆成格、善都喀，以图江华岛城来奏，既而复遣布赖、雅布兰，奏称江华岛城已降，岛内获朝鲜王妃一、王子二、阁臣一、侍郎一，其城内财物，及君臣妻子家口，俟察明再奏。"②

不久，皇太极根据睿亲王的奏疏，向留守盛京的王贝勒叙述攻打江华岛战情说：

"令八旗造小船八十艘，遣和硕睿亲王多尔衮、多罗安平贝勒杜度，率每牛录甲士十人，取朝鲜王妻子所居之江华岛。和硕睿亲王等，于正月二十二日，至江华岛，我丹师将渡海时，江华岛敌船，约有百艘，列为两翼，我舟师从中冲入，连发红衣炮，敌船兵役，不能抵敌，逃去。于是我兵登岸，朝鲜兵来迎，败之，又击败其兵约千人，遂夺其

①《清太宗实录》卷33，第13、14页。

②《清太宗实录》卷33，第23页。

城门，克之。朝鲜王妃及宫女，约百人，其长子之妻、次子、三子、及其妻，俱在岛中，其宗室大臣，内阁尚书诸臣，并妻子家属、太监，及与朝鲜王同在南汉城被围之宗室大臣内阁尚书诸臣妻子，悉俘之。"①

皇太极十分高兴，于正月二十四日，敕谕朝鲜国王立即降顺说：

"故十八日暂停攻江华岛城之师，尔又违命不来。朕始有速攻江华岛城之命，本月十九日，我军用车轮驾所造小船八十，陆地曳行。二十二日，至江华岛渡口，乘船渡江，尔兵用大船三十余，分两路拒战，为我红衣将军炮所击，尔船兵俱各逃溃……我军既入岛城，即令人守视城门，护尔家室，凡物一无所扰。尔二子来见朕弟和硕睿亲王，即令同处，又命尔阁臣及一侍郎，善护尔妃家室，勿令纷扰，君臣亦各保聚其妻子宗族。据先奏者所云如此，俟江华岛人来后再报。"②

南汉山城，有守兵14000，全城有12个门，守兵不够分配，只能把守4门，其余8门堵塞。城中粮食仅够1月之用。从清军于崇德元年十二月十六日围城起，"每兵二人，只给一人之粮""将士之马皆饥毙"。而清国大军围城，环绕城垣，布设火炮，"炮名虎蹲，一名红夷，丸子如木瓜，能飞数十里，每向行宫而放之，终日不绝。落于司仓，凡家贯穿三重，入地底尺许"。"大炮中望月台，大将旗柱折，又连中城垛，一隅几近破坏，女墙则已无所蔽"。"一丸之落于城中者相继，人皆畏惧"。③兼之，江华岛失陷，人心更加慌乱。

朝鲜国王李综面临危如累卵之局势，再也坚持不下去了，只有上书求降。

崇德二年正月十八日，皇太极敕谕朝鲜国王李综，允其降顺称臣，提出投降条件十六项：

（一）去明国年号，绝明国之交往，献纳明国所给予的诰命册印。

（二）躬来朝谒。

---

① 《清太宗实录》卷34，第4页。

② 《清太宗实录》卷33，第24页。

③ 李肯翊：《燃藜室记述》卷27；《清入关前史料选辑》第3辑，第509页。

（三）以长子及另一子为质。诸大臣有子者以子，无子者以弟为质，尔有不谦，则朕立尔质子嗣位。

（四）一应文移，奉大清国之正朔。

（五）万寿节、中宫千秋、皇子千秋、冬至、元旦及庆吊等节事，俱行贡献之礼，并遣大臣、内官奉表。

（六）所进往来之表，及朕降诏敕，或有事遣使传谕，尔与使臣相见之礼，及尔陪臣谒见并迎送馈使之礼，毋违明国旧例。

（七）朕若征明国，降诏遣使，调尔步骑舟师，或数万，或刻期会处，数目限期，不得有误。

（八）朕今移师，攻取皮岛，尔可发鸟枪弓箭手，兵船五十艘。

（九）大军将还，宜备礼献犒。

（十）军中俘获，过鸭绿江后，若有逃回者，执送本主，若欲赎还，听从两主之便，盖我军以死战俘获之人，尔后毋得以不忍缚送为词。

（十一）尔与内外诸臣，缔结婚媾，以固和好。

（十二）新旧城垣，不许擅筑。

（十三）尔国所有瓦尔喀，俱当刷送。

（十四）日本贸易，听尔如旧，当导其使者来朝，朕亦将遣使与彼往来矣。

（十五）其东边瓦尔喀，有私自逃居于彼者，不得复与贸易往来，尔若见瓦尔喀人，便当执送。

（十六）每年进贡一次，其方物数目，黄金百两、白银千两、水牛角二百对、豹皮百张、鹿皮百张、茶千包、水獭皮四百张、青黍皮三百张、胡椒十斗、腰刀二十六口、顺刀二十口、苏木二百斤、大纸千卷、小纸千五百卷、五爪龙席四领、各样花席四十领白宁、布二百匹、各色绵绸带二千匹、各色细麻布四百匹、各色细布万匹、布千四百匹、米万包。”①

正月三十日，朝鲜国王李综率群臣来朝。《清太宗实录》卷33，第32、33、34页叙述了朝见及赐还江华岛被俘王妃、王子、群臣妻子等情形：

“庚午，朝鲜国王李综，以汉江口滨海之地，及江华岛城既失，妻子及君臣，尽被俘获，身复受困南汉，旦夕城陷，八道人民，流离四

①《清太宗实录》卷33，第30、31、32页。

散，各道援兵，皆被击败，宗社将覆，无计可免。上降敕晓谕，赦过宥罪，许其归降，于是弃兵器，服朝服，率文武君臣，献上明国所给敕印，自南汉山城来朝觐。礼臣于汉江东岸三田渡地方筑坛，设黄幄毕，上于辰刻出营，旗纛森列，奏乐，渡汉江，登坛端坐，设卤薄如常仪，将士皆环甲列队，李综率文武君臣，离南汉山五里许，步行来朝。上命户部承政英俄尔岱，马福塔等，迎于一里外，指示礼仪，引至仪仗下立，上离座。率李综，及其诸子文武君臣，拜天，行三跪九叩头礼毕，上还座，李综率君臣伏地请罪，求我国诸臣代上曰：皇帝天心，赦臣万罪，生已死之身，存已亡之国。俾得重立宗社。缘臣罪过多端，故加之罚，今臣服罪，来谒皇上，自兹以后，改过自新，世世子孙，不忘厚泽。于是我国诸臣以其言转奏。上谕曰：朝鲜国王，既知罪来降，岂有念旧恶苛责之理，今后一心尽忠，不忘恩德可也，前事毋再言及。李综及其君臣，闻言大悦曰：皇上万岁恩德，小邦不胜顶戴。于是令李综朝见，礼臣赞礼，李综在前，诸子及君臣，以次列于后，行三跪九叩头礼毕，复位。礼部官引至仪仗下立，奏请李综班次，上谕曰：以威慑之，不如以德怀之，朝鲜王虽迫于兵势来归，亦一国之王也，命近前，坐于左侧。礼部官从仪仗外，引王由北向入，至坛下，东坐西向。其次左侧则和硕亲王、多罗郡王、多罗贝勒等依次坐，李综长子坐于贝勒之下，右侧和硕亲王，多罗郡王，多罗贝勒等，依次坐，李综次子、三子，亦坐于贝勒之下。坐定大宴毕，江华岛所获李综妻子、子妇，及君臣妻子，俱行三跪九叩头礼，上命尽还李综妻子、子妇，及君臣家属。赐李综黑貂皮套，雕鞍马，赐王妃及第三子黑貂皮套，大臣等各赏貂皮套。李综率众谢恩，行两跪六叩头礼毕，令李综及君臣，各与其妻子、子妇相见，皆相抱痛哭曰：稍缓数日，我等皆为灰烬炉矣，今日幸遇皇帝宽恩，普天均被，我等方得完聚。因哀痛弗止，英俄尔岱、马福塔等劝止之。上命英俄尔岱、马福塔送李综妃及其第三子，并家口七十六人，君臣妻子家口百六十六名，入王京城，惟留长子，次子，为质，上于申刻，还营。"

皇太极又命英郡王阿济格率八旗兵、三顺王兵，朝鲜兵乘自造小船及征召的朝鲜船，往攻皮岛，崇德二年四月十二日，阿济格奏报攻克皮岛战情说：

"辛巳，多罗武英郡王阿济格，报攻克皮岛捷音疏云。臣等遵奉皇上指授方略，于崇德二年四月初八夜，遣八旗甲喇章京，率领护军，以步军固山额真萨穆什喀督之，续遣步军章京，率领步兵，以固山额真昂邦章京阿山、叶臣督之，乘我国所造小船，攻皮岛西北隅，遣八旗骑军章京，率领骑兵，四边城章京，率领全军四百人，及汉军，三顺王兵、朝鲜兵，乘巨舰，兵部承政东尔格统领前往进攻，又令汉军固山额真昂邦章京石廷柱，户部承政马福塔，从皮岛北隅督战。时乘我国所造小船兵先进，遂克其岛，斩其守岛总兵沈世奎。臣等仰赖皇上天威赫濯，克成大功，谨先驰报，其所获人口财物，俟察实另疏再奏。"①

四月十七日，阿济格遣人奏报俘获情形：

"多罗武英郡王阿济格，遣内国史院大学士刚林，奏报皮岛俘获数目，皮岛原有总兵沈世奎标兵一万二千，来援金总兵标兵六百六十，天津卫董游击兵一千七百，登州王游击兵二千，柏副将、刘副将、吴三化兵二百八十，吴参将兵四百五十，惟沈世奎、金总兵、储副将、屈游击等官兵，被我军斩杀甚众，所获蟒素缎匹四万二千八百八十，衣服三千四百一十七，银两三万一千，银器玉罍及朱砂、玛瑙、琥珀、水晶等杯，共二百五十三件，琥珀三枚，犀牛角二千一百四十对，布匹、毡条共十九万一千有奇，水手三百五十六名，妇女幼稚三千一百一十六口，驼、马、牛、骡共六百四十有奇，大船七十二艘，红衣法熕、西洋炮，共十位。"②

遭受了清军沉重打击的朝鲜国王、大臣，不敢再和清帝公开对抗，只有含恨忍痛，按照降顺条件规定，出兵出船出枪炮从征，按时进贡朝见。现举三例为证，崇德三年十月二十五日，万寿节：

"是日，万寿节，朝鲜国王遣陪臣锦阳君朴弥谨奉表称贺，贡礼

---

① 《清太宗实录》卷34，第19、20页。
② 《清太宗实录》卷34，第20、21页。

物。贡圣汗礼物数目：细黄夏布十匹、细白夏布二十匹、细黄绵绸三十匹、细紫绵绸二十匹、细白绵绸二十匹、金黄细绢二十匹、龙席两块、黄花席二十块、满花方席二十块、各色花席二十块、豹皮十张、水獭皮二十张、白纸两千张、六合上漆厚纸十张；献皇后礼物数目：细红夏布十匹、细白夏布二十匹、细紫绵绸二十匹、细白绵绸十匹、金黄细绢二十匹、黄花席十块、满花席十块、各色花席十块。"

崇德三年十一月十七日，冬至：

"是日，冬至，朝鲜国王遣陪臣锦阳君朴弥奉表庆贺，贡礼物，进圣汗礼物数目：细黄夏布十匹、细白夏布二十匹、细黄绵绸二十匹、细白绵绸二十匹、金黄细绢二十匹、龙席两块、黄花席二十块、满花席二十块、花方席二块、各色花席二十块、豹皮十张、白纸两千张。进皇后礼物数目：嵌蛤蚌木梳匣一个、细红夏布十匹、细白夏布二十匹、细紫绵绸二十匹、细白绵脑十匹、金黄细绢十匹、黄花席十块、满花席十块、各色花席十块。谨奉笺皇太子庆贺，并献皇太子礼物数目：细白夏布十五匹、细白绵绸十匹、金黄细绢十五匹、黄花席十块、满花席十块、满花方席十块、各色花席十块、豹皮六张、白纸五白张。所贡诸物，于大政殿高案，上铺红毡，陈列之。"

崇德四年十月，献万寿节、冬至的贡物及每年一次的贡物：

朝鲜国世子臣李涅五花糖十斤、大刀一口、小刀一口、苏木王十斤、胡椒五匣、白腊灯百盏；捧林大郡五花糖九斤、大刀一口、小刀一口、苏木五十斤、胡椒五匣、白腊灯百盏。朝鲜国王臣李综遣陪臣吉城卫官金达新、郭宁府事务官郑子煜等来献礼物数目：献圣汗黄细高丽夏布十匹、白细高丽夏布二十匹、黄细绵绸三十匹、紫细绵绸二十匹、白细绵绸二十匹、金黄细绢二十匹、龙席二张，黄花席二十张、清茶花席二十张、各色花席二十张、豹皮十张、水獭皮二十张、白纸二千刀、油纸十张；进皇后红细高丽夏布十匹、白细绢二十匹、黄花席十张、满花席十张、各色花席十张。以冬至礼，进献物品数目：献圣汗黄细高丽夏布十匹、白细高丽夏布二十匹、黄细绵绸二十匹、白细绵绸二十匹、金黄细绢二十匹、龙席二张、黄花席二十张、满花席二十张、满花方席二十张、各色花席二十张、貂皮十张、白纸二千刀；进国君福晋嵌蛤蚌木梳匣一个、红细高丽夏布十五、白细高丽夏布二十匹、紫细绵绸二十匹、白红绵绸十匹、金黄细绢十匹、黄花席十张、满花席十张、各色花席十张；进皇太子白细高丽夏布十五匹、白细绵绸十匹、金黄细绢十五匹、黄花席十张、满花席十张、各色花席十张、豹皮六张、白纸五百刀；以大贡礼进献金百两、银千两、白高丽夏布二百匹、红绵绸二百五十匹、绿绵绸二百五十匹、白绵绸一千五百匹、细绢四百匹、佛头青布一千四百匹、红布五百匹、蓝布五百匹、青布四百匹、白布一千四百匹、绿布七千二百匹、五爪龙席四张、各色花席四十张、豹皮百张、鹿皮百张、水獭皮四百张、绿斜皮三百张、水牛角二百对，好刀二十六口、顺刀二十口、苏木二百斤、胡椒十匣、茶千包、上等大纸千刀、上等小纸一千五百刀、米万篓。"[1]

皇太极于崇德元年亲统大军进攻朝鲜，在政治、经济、军事等方面，收效很大。政治方面，清与朝鲜由"兄弟之邦"，变为君臣之盟，从兄弟之间平等关系，改为君臣之间的隶属关系。自此朝鲜永绝明朝，奉大清为正朔。朝鲜与清国成为宗主国与臣属国的关系。

经济方面，朝鲜向清朝的进贡，品种多，数量大，清朝还经常额外向朝鲜征调粮食、枪炮、弹药、布帛、船只，并规定双方在会宁互市，这对于崇德年间清国经济衰败的局势，有所裨益。

军事方面，从此清国永远解除了后顾之忧，且使朝鲜由金国的敌人转化成金国攻明的帮手。

七、六大疑案

（一）大福晋阿巴亥殉汗

皇太极从被立为汗后，他心中非常明白，这个汗位是诸贝勒"任置"的，是最有可能继承为君的大贝勒代善不愿当而任置自己的，这个新汗与绝对掌握金国大权的汗父努尔哈赤不一样，实质上君汗仅是四个

---

[1]《清初内国史院满文档案译编》（上册），第382、388、389、436页。

联合统辖金国的大贝勒之一，汗权有相当大一部分被三大贝勒夺走了，要采取的任何重大军政、财经、外交行动，都得与三大贝勒商议共定，权力受到了很大限制。而且汗父生前确定的八贝勒共治国政制，使统一的后金国实际上被分解为八个独立的小国，旗中内部事务天聪汗无权干预，汗不能重惩旗主贝勒与执政贝勒，不得没收其旗分牛录。当这样备受限制、实仅为自己之旗之主的汗，有何益处？智勇双全雄才大略的皇太极，怎能甘心长期屈处这一被动处境？各和硕贝勒、执政贝勒又怎能不争权夺利？因此，继位之时汗与贝勒的五份誓词规定的汗要尊兄长爱子侄，诸贝勒要"忠心事君"等誓言，最终必然是一句空话，随之而起的是诸贝勒之间的争执与汗和贝勒之间的斗争。

皇太极的根本方针是不断增强汗权，抑制贝勒权势，最终南面独尊，辖治诸贝勒。由于力量有限，面临共治制的障碍和诸贝勒现有的强大势力，他深知不能冒昧从事，只能逐步地见机而行，各个击破，先对付力弱之人。于是，几大要案便陆续发生了。

大福晋阿巴亥之殉葬，就是最早发生的一件大案。

阿巴亥是海西女真乌拉国主满泰贝勒之女，于明万历二十九年（1601年）嫁与努尔哈赤，为侧福晋，生有阿济格、多尔衮、多铎三个阿哥。天命五年（1620年）大福晋富察氏被休离后，阿巴亥晋为大福晋。

天命十一年（1626年）八月十一日未时努尔哈赤去世，第二日辰时，阿巴亥殉葬。《武皇帝实录》卷4这样记载说：

"（阿巴亥）饶丰姿，然心怀嫉妒，每致帝不悦，虽有机变，终为帝之明所制，留之恐后为国乱，预遗言于诸王曰，'俟吾终，必令殉之。'诸王以帝遗言告后，后支吾不从。诸王曰：'先帝有命，虽欲不从，不可得也。'……于是，后于十二日辛亥辰时自尽，寿三十七，乃与帝同柩，巳时出宫。"

上述记载清楚地表明了，阿巴亥不愿从汗夫于地下。这不仅因为她想活命，而且还因为她的爱子多尔衮、多铎才是14岁、12岁的孩子，亲娘一死，这两个孤儿处在那几位杀人不眨眼的兄贝勒之间，能健康成长吗？并且还有更重要的原因是，她不相信有什么逼她殉葬的"先帝遗命"。

从努尔哈赤病危至去世的时间，可以发现所谓先帝遗命，存在着不少问题。据《高皇帝实录》卷10记载，努尔哈赤于天命十一年七月十三日身体不适，至清河温泉沐养，八月初七日病重，欲还京，"遂乘舟顺太子河而下，遣人请后迎之，于浑河相遇"，八月十一日至瑷鸡堡去世。从初七帝后相会，到十一日去世，足足有四天，二人朝夕相处。如果努尔哈赤要阿巴亥殉葬，他完全可以亲口谕述，说明从殉的理由和意义，安排其子的生活等问题。努尔哈赤十分疼爱儿女，六年前他本欲将大福晋富察氏诛戮，但因念其子女无人照顾而免死休离，何况彼系犯了"欺夫"大罪。而阿巴亥既无大过，又美丽机警，甚受汗夫宠爱，病危之时还专使往迎，最后相见同聚，其子多铎又系幼童，母死之后，谁来关照？由此看来，努尔哈赤是不会让阿巴亥殉葬的。

　　如果退一步说，努尔哈赤真有让爱妻同死的遗命，而且瞒着阿巴亥，那么，便出现了一个问题，即人到病重时，很难控制自己的言语行动，很难保持绝对秘密，聪明机智的阿巴亥不会猜不出汗夫的内心想法。如果她发现了有此危险，四天之内，完全可以做些必要的应急准备。长子阿济格已经长大成人，几年之内驰骋疆场，在取辽沈、击蒙古等战争中，英勇冲杀，屡建军功，多尔衮也懂事了，且三个儿子领有汗夫的两个旗，又事先已经知晓，一定可以和诸贝勒较量一番，不会像《武皇帝实录》所记那样突然得悉这一意外"遗命"而毫无作为。联系到代善是于八月十二日黎明前卯时通知诸贝勒议立皇太极，不到一个时辰，辰时即迫使阿巴亥自尽，其行动的迅速，事机的突然，不难表明，这是代善、皇太极等人策动的突然政变，将阿巴亥软禁起来，强制她殉葬。

　　至于诸贝勒必将母妃置于死地的真正原因，恐怕只有从"恐后为国乱"上去考虑。阿巴亥母子已有两个旗，努尔哈赤生前谕示诸贝勒，要让多尔衮也成为"全旗之主"，三个旗主贝勒在聪明机智的亲母大福晋的指挥下，其他哪一个旗主贝勒可以抵挡？哪一个新汗能坐稳宝座？只要三两年，多尔衮、多铎长大，金国政局就会动荡。何况阿巴亥已当了六年大福晋，甚受夫君宠爱，一定知道许多军政机密，尤其是努尔哈赤对诸贝勒的看法。特别是临死前四天，只有阿巴亥在身边，谁知努尔哈赤给妻子留下了多少"遗命"？阿巴亥完全可以利用这一唯一的、特殊的优越条件，口传遗旨，封谁、贬谁、诛谁，而被整的贝勒是无法招架的，说不定她还真的拥有选立多铎或多尔衮为嗣子继承汗位的"遗命"呢。因此，对于皇太极，对于代善，对于诸贝勒来说，阿巴亥是当时最危险的政敌，是最大的祸根，不除掉她，金国不宁，诸贝勒睡不安枕。

　　这就是大福晋阿巴亥殉葬的真正原因，皇太极顺利地渡过了第一关，除掉一大政敌。

（二）废黜阿济格旗主

阿济格是努尔哈赤的第十二子，生于明万历三十三年（1605年）。天命末年，他与幼弟多铎原本分袭汗父亲领的正黄、镶黄二旗，皇太极辖正白旗，褚英之长子杜度领镶白旗。不知是什么时候、什么原因，皇太极继承汗位后，便增加了一旗，且将自己这二旗改名为正黄、镶黄，多铎与阿济格之二黄旗易称为正白、镶白。

汗父死时，阿济格虽刚及弱冠之年，但性格倔强，脾气暴躁，甚至相当粗鲁，遇有欺凌，便愤怒力争。天命十一年（1626年）十二月二十九日，他因德格类贝勒遣得特来拘捕投奔于己的蒙古台吉恩参，而据理力争，违抗汗命，怒伤得特，被天聪汗罚交银、马。

天聪二年初，阿济格遣人向舅舅阿布泰提亲，求要其女为弟弟多铎之妻。诸贝勒以阿济格未和诸贝勒商议，处罚阿济格，"革其固山贝勒，以弟墨尔根岱青（即多尔衮）为固山贝勒"。为什么多铎想要娶舅舅阿布泰之女为妻，为什么阿济格极力赞成并遣人提亲，为什么汗和诸贝勒要定阿济格之罪，革阿济格的"固山贝勒"，即夺其旗主之权？原来，阿布泰系乌拉国满泰贝勒第三子，天命四年来到金国。第二年姐姐阿巴亥晋为大福晋，从此阿布泰就一帆风顺，迅速升迁。天命七年已升为固山额真。第二年正月，被姐夫英明汗封授三等总兵官，二月又荣任督堂，名列八位督堂的第二名，六月在晋为第一督堂，成为具体主持和处理全国军政事务的最高长官。努尔哈赤去世及大福晋阿巴亥殉汗以后，阿布泰降为游击。

阿济格、多尔衮、多铎三弟兄有两个旗，有将有兵有甲胄弓箭战马，还有地盘（各旗皆有自己的驻戍地区），可是年龄较小，缺乏经验。如果有一位曾任要职，多谋善算，习于征战，为新汗所厌所惧，而对己却十分可靠的亲人来当军师、当大将，运筹帷幄，广招谋臣猛将，训练士卒，这将使他们三兄弟拥有一股强大势力，必然威胁新汗的统治，威胁代善等三大贝勒的现有特权地位。阿布泰正好符合这个条件，故如让阿济格三兄弟与阿布泰进一步紧紧结在一起，攀为亲家，后果恐不堪设想。

这次事件和前述恩参之案，都显示了阿济格倔强、鲁莽、不愿受压、勇于争斗的性格，这样的危险人物，不能当旗主，否则，新汗与三大贝勒很难安宁。因此，新汗与三大贝勒才不顾家训（共治国政）国法，违背一年半以前的誓词，侵犯了旗主贝勒阿济格的合法权益，以聘亲细故定为大罪，剥夺了阿济格的旗主贝勒。

（三）幽禁二大贝勒阿敏

二大贝勒是阿敏，系舒尔哈齐贝勒第二子。他很早就领兵征战，屡立军功，天命元年（1616年）与代善、莽古尔泰、皇太极并授和硕贝勒，号称"四大贝勒"，在汗之下佐治国政，称"二大贝勒"。阿敏统领本旗镶蓝旗官将士卒，参加了萨尔浒、沈阳、辽阳、扎鲁特蒙古等一系列战役，为统一女真各部建立后金国立下了汗马功劳。

论旗分，阿敏只有一旗，按家族，他系努尔哈赤之侄，无论如何他是登不上金国汗宝座的。但是阿敏却不安分，很想南面称孤，若不能遂愿，就割地称雄。努尔哈赤去世以后，这种想法就更加严重，不时暴露出来。天命十一年（1626年）十月他偕大贝勒代善率兵征讨扎鲁特部蒙古时，"率领一支军，其语言行事俱变，且声说谁畏谁，谁能如何我"。及报捷时，"与大贝勒争闹，大贝勒容忍，以善言抚之，方遣使以捷闻"。[1]

天聪元年（1627年）正月，阿敏奉汗谕，与济尔哈朗、阿济格、杜度、岳托、硕托贝勒统领大军进攻朝鲜，进展迅速，很快就逼近朝鲜都城，国王弃城避居江华岛。由于八旗军主力入朝，辽东兵力薄弱，害怕明军乘机来袭，辽民武装起义，皇太极亲率诸贝勒巡边，沿辽河驻营，"以张兵威"。因此，军中领兵贝勒大臣力主速与朝鲜议和，尽快回辽，朝鲜也愿遵金国之命求和，于是抚顺额驸总兵官李永芳建议还兵。阿敏"阴怀异志，军中一切事务皆不议于众。骂李永芳曰：奴才，将你杀之便了，那里有你说处"。骂毕，督军前进，硬要攻下王京。岳托、济尔哈朗等贝勒大臣皆有异议，阿敏仍力主前进。岳托遂首先反对说："吾等此番兵来，事已有成，我国中兵少，蒙古、南朝皆是敌国，倘一旦有事，不亦难乎""即可回兵"。[2]

阿敏拒绝说："汝等若忙，任回，吾必到王京。"若朝鲜国王不从其言，"即在彼屯种。吾等所爱妻子，有不从吾来者乎？尔众有愿回者听，杜度阿哥可与我同住"。[3]阿敏的目的很清楚，金国境内兵少与否，

---

[1] 顺治修《清太宗实录》卷1，第11页。

[2] 顺治修《清太宗实录》卷2，第24页。

[3] 顺治修《清太宗实录》卷2，第25页。

和他没有直接利害关系。他是第一次统领八旗军队主力的统帅，过去皆是领部从征，这一千载良机不能放过。利用此次进攻，掌握军权，割据地盘，时机一到，另建一国，称汗自尊。这和他十几年前同父舒尔哈齐离地出走，另居黑扯木，摆脱努尔哈赤控制，是同样性质。但是，此举得逞，金国可就遭灾了，明朝必会乘虚大举来攻，蒙古亦会相机配合，只留下少数军队的天聪汗及诸贝勒，怎能抵挡，金国极有灭亡的危险，至少也是要元气大损，在朝鲜之军，陷于朝鲜人民包围之中，也很难长期存在下去。这是亡国毁军之策，金国将因阿敏的野心私心而惨遭挫折。

在这紧急关头，岳托挺身而出，力挽狂澜，先命八旗大臣各在本旗商议，七旗皆主议和撤军，仅阿敏之旗大臣赞同本旗旗主之议。岳托遂对济尔哈朗说："汝兄所行非正，汝盍谏止之"，"汝欲去则去，我领二固山兵回矣，若两红旗旋，两黄旗、两白旗亦随我而旋矣。"济尔哈朗转告其兄阿敏，阿敏被迫同意与朝鲜议和撤军。[①]

天聪四年（1630年）五月，阿敏统军驻守永平、遵化、迁安、滦州四城，明兵来攻，阿敏杀降民，弃城而回，兵士死伤甚多。

皇太极大怒，于六月聚诸贝勒大臣，谴责阿敏。诸贝勒大臣"议大贝勒阿敏十六罪状具奏"。皇太极命贝勒岳托宣示于众。其中十一条是阿敏轻视皇太极、欲谋汗位、据地自尊、"自视如君"的罪过。皇太极革其二大贝勒及旗主贝勒，幽禁终身，没其人畜财物，以其弟济尔哈朗继为镶蓝旗旗主。

皇太极对阿敏的处罚未免过重。阿敏弃守永平，固系有错，但他只统兵1万，分守4城，而明军众达20万，且有大批枪炮。五月十日，明军先攻滦州，"人斫一柳，立平其堞"，发射大炮，摧毁城堞，金兵不能抵挡，突围而走，阿敏如不撤退，恐致全军覆没。阿敏战功赫赫，可以因功减罪，而不应如此严惩。天聪汗此举的目的是，既申严军纪，提高君威，又去掉一个野心勃勃威胁汗位的可怕政敌，为进一步彻底废除共治国政制，创造有利条件。从后来的结果看，这一目的是完全达到了。

（四）三大贝勒莽古尔泰死后籍没

三大贝勒是努尔哈赤第五子莽古尔泰，因于天命元年（1616年）与代善等同授和硕贝勒，号称"四大贝勒"，按序排列第三，故名。莽古

---

① 顺治修《清太宗实录》卷2，第25页；卷5，第35页。

尔泰与皇十子德格类及莽古济格格同为努尔哈赤第二位大福晋富察氏所生。

莽尔尔泰亦久经征战，攻乌拉，大战萨尔浒，取辽沈，首逼明都等战役，他都率领本旗正蓝旗将士从征，立下功劳。莽古尔泰对皇太极之处事，颇有意见。天聪五年（1631年）八月十二日金军攻明大凌河时，各旗主贝勒分统本旗兵丁围城一面，莽古尔泰率正蓝旗军围攻正南面，猛攻不下，伤亡甚多，次日莽古尔泰对皇太极说：“昨日之战，臣等固山将领受伤者多。今兵力寡薄，本旗摆牙喇兵有随阿山哨探者，有随达尔汉额驸营者，可取回营。”

这一请求并不过分。摆牙喇是精兵，后来定名为“前锋”。各旗的摆牙喇都在本旗行走，而正蓝旗却要在他旗行走，而且人数相当多，仅随皇太极镶黄旗固山额真达尔汉行走的就有10个牛录摆牙喇，约为正蓝旗士卒的三分之一了。此时正蓝旗将士死伤惨重，把随外旗行走的摆牙喇调回来，对进行下次征战自有裨益，理应取得汗的谅解和同意。

不料，皇太极却置此不理，而另举他事相责说：“予闻尔等所属之兵，凡遇差遣，每致违误。”莽古尔泰回答：“我部下人，凡有差遣者，每倍于人，何曾违误。”皇太极恼羞成怒地说道：果如此，是告者诬言矣，待追究，“若告者诬，则诛诬告之人，若告者实，则诛不听差遣者”。莽古尔泰亦发怒说：“为汗之人，宜从公开谕，为何独与我为难！我为汗一切承顺，仍不中意，是欲杀我也。”言毕，“遂执佩刀之柄前向，频摩视之”。皇太极默然，返回己营后，痛骂莽古尔泰弑其亲母，讨好汗父，并严厉斥责众侍卫说：“我恩养尔等，有何用处，彼手出佩刀欲斫我，尔等何不拔刀来予左右侍立耶？”[1]

随后，大贝勒代善集诸贝勒议处莽古尔泰“向汗挥刀”之罪，“革去其大贝勒号，降为和硕贝勒”，夺5牛录，罚银万两及马匹。[2]莽古尔泰于天聪六年（1632年）领兵从征察哈尔及明宣府大同，十二月初二日病故，年仅44岁，其正蓝旗由弟德格类继领。

德格类是努尔哈赤第十子，从征辽沈、大凌河、旅顺、蒙古，久经沙场，屡立战功。天聪九年十月初二日因病去世，年仅40岁。

天聪九年（1635年）十二月初五日，莽古尔泰属人冷僧机首告于刑部贝勒济尔哈朗，言称莽古尔泰生前曾与其妹莽古济、妹夫蒙古敖汉部

①《满文老档·太宗·天聪》卷40；顺治修《清太宗实录》卷7，第24、25页。

②《满文老档·太宗·天聪》卷42；顺治修《清太宗实录》8，第5、6页。

索诺木贝勒、德格类贝勒，以及冷僧机、爱巴礼等人，对佛跪焚誓词。贝勒誓云："我莽古尔泰已结怨于皇上""（我）将不利于汗，尔等其力助我，事济，视尔如己，食此言者，天必鉴之。"莽古济夫妇亦誓曰："吾侪阳以心许汗，而阴以力助尔，言之不衷，天其弃予。"索诺木亦自首于达雅齐。皇太极知悉，遣人分告诸贝勒。诸贝勒大臣议拟，经汗裁定：莽古尔泰、德格类等"叛君乱国，罪恶重大"，莽古济"甘心从逆，谋国危主"，将两贝勒户口产业籍没，以正蓝旗附入汗之旗，赐豪格贝勒8个牛录、阿巴泰贝勒3个牛录，斩莽古济，磔爱巴礼等人于市，贬莽古尔泰之迈达里等6子为属人。豪格杀其妻，因其系莽古济之长女，欲害汗父。①

此案审定之后，迄至清末，无人异议，似乎铁证如山，然而加以推敲，则不免疑窦丛生。莽古尔泰仅有一个正蓝旗，而天命五年以后，皇太极不仅有正黄、镶黄二旗，谋臣勇将如云，而且因施政得当，军威远扬，国势大振，威望增高，莽古尔泰弟兄哪有力量夺其汗位！最多也不过是自卫性质，约集少数亲信，在遭汗擒捕时予以反抗而已。考虑到天命五年（1620年）十月莽古尔泰被惩办后，仅1年零2个月，这位身经百战的勇将，才44岁即突然病卒，便可以想见其很可能系忧愤而死。曾系皇太极之亲信，为推其为汗做出了重大贡献的岳托贝勒，便曾对莽古尔泰之处境表示同情和不平。他说："正蓝旗贝勒独坐哭泣，情实可悯，尔（指皇太极）与彼有何怨恨耶！"②

当天聪九年（1635年）十二月初五日皇太极传告各贝勒以德格类弟兄叛逆之事时，岳托竟"变色而作曰：德格类贝勒焉有此理，必妄言耳，岂予亦在议论之中乎！"③又一次表述了他对此案之怀疑。

联系到此案之前三月，大贝勒代善被皇太极痛斥，被诸贝勒大臣加上四大罪状，拟议革其大贝勒、和硕贝勒，夺10牛录，夺其子萨哈廉贝勒2个牛录。此案之后半年多，诸贝勒又遵旨议处成亲王岳托不尊重皇上、不满汗对莽古尔泰的压抑，拟议诛戮或籍没，特别是此时正紧张筹办皇太极登基称帝之事，便可看出，这不外是皇太极乘机消除两个政敌而已，是为了抑制诸贝勒权势，取消八贝勒共治国政的制度，以达到集中军政大权于己手，独自南面称尊。这种做法，虽难称赞，但它对金国

---

① 顺治修《清太宗实录》卷21，第6、10页。

②《满文老档·太宗·天聪》卷24。

③ 顺治修《清太宗实录》卷21，第7页。

的巩固和强大，却还起了积极作用。

（五）惩治成亲王岳托

崇德改元以来，皇太极与八旗王公的矛盾继续存在，主要是他为继续提高君威，而压抑各旗主的权势。在相当长的一段时间里，皇太极打击的目标，是针对代善系统的。首先是惩治岳托，然后是处罚代善，将其排出政界之外。

岳托是大贝勒代善的长子，很早就统军出征，辅佐汗祖父努尔哈赤治理国政。天命六年（1621年）就名列誓词，成为"十固山执政贝勒"之一。岳托与皇太极的交情很深，努尔哈赤去世以后，是岳托与其弟萨哈廉贝勒倡议，劝动其父，议立皇太极继位为汗，对皇太极是立下了大功的。兼之，天聪末年（1636年），岳托已是镶红旗旗主。因此，论资格，论地位，论势力，论功劳，岳托都应得到很高的封爵。崇德元年四月十一日皇太极即帝位，二十三日论功封授弟兄子侄爵位时，岳托被封为"和硕成亲王"，成为六个和硕亲王之一。而且在这六个亲王中，岳托与其父代善占了两位，就此而言，这时代善、岳托与皇太极的关系，还是比较正常、融洽的。但是，政治斗争中，个人的恩怨感情起不了太大的作用，决定性的因素是利害关系。皇太极必然要不断提高帝威，抑制王权，代善、岳托自然不会放弃自己利益屈服于君，何况本家人多势众又有大功于帝，料想君主不会忘怀，过分苛求，因而傲慢不驯。这样一来，双方矛盾必然不断激化，终于公之于众。

就在登基大典和封授王爵以后的第四个月，皇太极就对岳托下手了。崇德元年八月初十日，皇太极谕令和硕睿亲王多尔衮、和硕郑亲王济尔哈朗、和硕豫亲王多铎、和硕肃亲王豪格及多罗安平贝勒杜度，集议岳托之过。主要是以下五罪：一是岳托遣人奏帝说："我父不悦，可将黄马给我，复还我父。"二是岳托不满皇太极对莽古尔泰的压抑，支持天聪五年八月三贝勒对天聪汗的指责，竟直接对皇太极说："正蓝旗贝勒独坐而哭，甚是可悯，皇上与彼有何怨恨？"三是郑亲王济尔哈朗属下绰通从马上跌死，岳托对郑王说"料是中伤而死"，郑王答应是。岳托据此上奏，欲使帝怀疑郑王袒护部下。四是庇护二弟硕托。五是离间郑王与肃王。

以上所谓罪状，皆难成立。可是，多尔衮等四亲王及杜度贝勒，竟然定此为大罪，"有议杀者，有议监禁籍家者"。领头审案的多尔衮之所以这样表态、这样断案，原因可能有三，一为遵从帝谕，二为兼报私仇（报代善、岳托当年立汗之仇），三为压抑政敌。但不管是什么原因，这样做是不公正的，是不符国法、不合情理的。果然，皇太极并不想处死岳托，那样办未免太过分，他决定："免死释放，革王爵为多罗贝勒，罚银一千两。"①

过了一年，岳托又出事了。崇德二年八月十八日，帝观两翼王、贝勒、贝子比赛射箭，命岳托放矢，岳托奏称："我执弓不得，不能射箭。"帝不从，连谕三次，岳托起射，"弓落五次，将弓向外藩蒙古哈赖古顶上弃掷"。诸王贝勒议定其罪说："岳托贝勒志大骄傲""不可复留""议斩"。此时，睿亲王多尔衮为左侧领头之王，右侧领头之王为豫亲王多铎，这两位王爷自然是参与审案的诸王之二，而且很可能是为主之王。诸王对岳托的如此裁处，显然也是太重了，完全是希图讨帝之宠而加重惩处。皇太极对岳托的这种表现，固然很不满意，但也不好因此而斩杀一旗之主，下令降贝勒为贝子，革去统摄兵部之职，罚银五千两，"不许出门"。②

（六）压抑礼亲王代善

对于代善，皇太极更要压抑打击。崇德二年（1637年）六月二十七日，追论攻朝鲜时违犯军纪之过，对代善定了六条罪状：违令多收十二名虾（即侍卫）；诬称系吏部臣车尔格令其多收；明知多收虾而说不知；以戴翎之虾充当使令下役；违制在朝鲜王京养马；遣本旗之人于造船处。议定"革亲王"，罚银一千两，拨出多收之人。皇太极表示宽厚，集亲王、郡王、贝勒、贝子和群臣于笃恭殿，"将兄礼亲王罪，宣谕众知"，如此羞辱之后，虽免其罚，却斩庇护其主的大臣恩克。③

尽管这次代善保住了王爵，未被惩处，但对作为长期统军治政的太子、大贝勒、和硕礼亲王来说，确实也算丢尽了脸面。回想当年以国事为重，从大局出发，主动让位，推立皇太极，到今日汗却翻脸不认人，忘了前恩，一再压抑逼辱，怎不令人伤心和生气。皇太极要压压代善，代善很不满意，这已成为八旗王公大臣周知的公开"秘密"了。因此，不到一年，风暴又向代善袭来。

---

① 顺治修《清太宗实录》卷23，崇德元年八月初十日。
② 顺治修《清太宗实录》卷26，崇德二年八月十八日。
③ 顺治修《清太宗实录》卷28，崇德三年五月十三日。

　　崇德三年五月十三日，追论三月征喀尔喀时礼亲王属下觉善之罪。那时，军队行至宜扎儿，因草场无马，众议军马疲乏，御马二匹亦困，欲停一二日再行。觉善说："若如是，何不将御马，以轿抬去。"领队大臣向刑部报告，本来这是觉善之过，与远在千里之外留驻沈阳的礼亲王代善没有什么关系。可是，统摄刑部的和硕郑亲王济尔哈朗，却要借此株连代善，竟裁断说：先征朝鲜时，宜希达来献马，竟将已睡之帝托人请起；恩克被斩前，为己和代善辩解多收侍卫之过时说："不独我固山多收，两黄旗亦有之。"查看册籍，黄旗并未增人；今觉善"又出此言""一固山中，有此三大事，我部难审，必待公议"。①

　　济尔哈朗遂聚八旗王贝勒、众固山额真、议事大臣及梅勒章京，将此事告于众，实即暗示代善对上不敬，欲图重惩代善。王、贝勒、大臣对济尔哈朗的意图非常明白，彼此心心相印，遂众口同声地说："一固山中有此三大事，王必无尊上之心，故大人出言如此，别固山曾有此事否？"一致议定："革本固山王爵，拨出牛录。觉善议斩。"②

　　此事真是滑天下之大稽。属下官员在行军途中出言不逊，就事论事，该罚就罚，该斩就斩，为什么要株连及千里之外一无所知的旗主礼亲王代善？为什么要将前已处理完毕之案重新提及，并夸大其词，加在一起，构成"罪头"？显然，这些"根据"太贫乏无力了，不过是济尔哈朗揣摩君心，希功求宠，欲图陷害代善的托词而已，真是欲加之罪何患无辞！包括多尔衮在内参与会议的王、贝勒、大臣，不会不知道此事的是非，更不会不知道革王爵、没牛录是极为严重的处罚。对于一个南征北战几十年、军功累累的老亲王来说，如此处理，实太无情、太过分了。须知，没有代善，大清国有无今天，也是很难说的。他们这样议罚议革，不过是附合为帝宠信执掌刑法大权的睿亲王，迎合君意而已，哪里是什么秉公审断。

　　这样的问案和定罪，太离奇了，太缺乏说服力了，连皇太极也觉得难以接受。他宣布说：

　　"此与和硕兄礼亲王何干。尔等所议，无乃谓王不乐国政，故固山中常有此大事乎？虽然，觉善在新安得罪，岂可累及在家亲王。觉善常出无知之言，似此小人，何足论罪。"③

------

　　①②③《清太宗实录》卷28，崇德三年五月十三日。

这次暴风雨虽然过去了，代善平安无事，但这并不是一场虚惊，这次发生的事件，使他感到坐卧不安，使他清楚地认识到环境的艰险。济尔哈朗如此媚君邀宠，仗势横行，谋加陷害。王、贝勒、大臣唯知保身保爵，听从帝命，曲法加罪，自己势孤力弱，怎能应付这多变之秋，看来只有闭门韬晦虚度时光了。可是，心有不满，总难完全掩盖，不知道什么时候，牢骚就会泄露出来。三个月以后的一场官司，就是一例。

崇德三年八月十一日，吏部遣派官将，往追阿哈亮牛录下潜行逃走的新满洲。这时是该镶黄、镶蓝二旗班次，遂遣镶蓝旗海色，镶黄旗无官，便令镶白旗满都护代替前往。随后，吏部才考虑到海色、满都护没有才能，就"遣次班"，命正红旗宜希达、镶白旗宜喇尼同往。笔贴式摩罗洪（正红旗人）私将此情告诉宜希达，宜希达向本主礼亲王报告。代善很不高兴，遣人对吏部承政（相当于后来的吏部尚书）阿拜说："该他人班次"，为何遣宜希达？并且在孙子阿达礼郡王府中赴宴时，当面质问统摄吏部的和硕睿亲王多尔衮说："他人班次，遣我固山人，不亦误乎？"

此事代善没有什么错误。既然八旗各派官将轮班办事，本来就应该依次调遣，为什么该镶黄旗班次时，会没有候差的值班官员？就此，镶黄旗便犯了错误，有关官员要受重惩，应当值班而无官候差，贻误了军机，后果不堪设想，这应当算是一条大罪。与此类似的是，因镶黄旗无官而令镶白旗满都护代往，可是，刚下达命令，又以"海色、满都护无能"，而改遣次班。人们不禁要问，为什么要派无能之人充当值班官将？误了要事，怎么办？镶白、镶蓝旗对此负有不可推卸的严重责任。这样看来，是非曲直已经清楚了，镶黄、镶蓝、镶白三旗的固山额真都犯了错误，都该惩处，吏部官员也有过失。代善对此提出质问，没有欠妥之处。

对这一过错，也应承担治下不严、疏忽失察责任的吏部王和镶白旗旗主多尔衮。照理说，他该向兄长礼亲王赔礼道歉，引咎自责，处置有关人员，这才是正当的做法。可是，多尔衮此时已非昔日听人摆布的幼小台吉，已经高居诸王、贝勒之上，成为威震国中的赫赫王爷，他哪能自我指责而损威严？并因代善原系仇敌，当时又已势衰力弱，皇太极极力压抑，使其处境异常困难，何不利用此事，以攻为守，报复一番？多尔衮就借此大做文章了。

顺治修《清太宗实录》卷28载述此事的审断结案如下：

"（崇德三年八月十一日）……睿亲王遂告于诸王、贝勒、贝子、固山额真、议政大臣等曰：遣人之事，原听该部相其人而用之，今王不悦，岂另有一部耶？遂议罚银五百两，拨出部下五牛录，宜希达议斩，摩罗洪泄本部事，亦论斩。奏闻，上以为礼亲王年迈颠倒，姑赦其罪。宜希达处斩，摩罗洪鞭一百，箭穿耳鼻，革衔门。"

《清太宗实录》的文字虽不多，不过150个字，可是，反映的问题却不小，表示出判案的错误也不少。

第一，多尔衮的告状，本身就是强词夺理，纯系诡辩。判案的根本依据是事实，查清事情的真相，辨明其是非曲直，才能定案，哪能离开案件本身，涉及其他之事而上告和裁决。统摄吏部长达八年之久的吏部王多尔衮，偏偏不谈这一事件本身，更不谈镶黄、镶蓝、镶白三旗的过失，却牵涉风马牛不相及的事，控告代善对君不敬，不服从吏部差遣，自作主张，欲"另有一部"，成为国中之国、国中之主。其逻辑之荒唐，捏造之罪的牵强，确实罕见。

第二，诸王、大臣媚帝希宠，乘机打击代善。对于多尔衮不堪一驳的理由，诸王明知其非，但是，如果仗义执言，则必然要谴责和惩处镶黄三旗，镶黄旗旗主是至高无上的宽温仁圣皇帝，镶蓝旗旗主是统摄刑部的和硕郑亲王济尔哈朗，镶白旗旗主是多尔衮（崇德四年以后，多尔衮与多铎对换，成为正白旗旗主），常言"打僧看佛面，打狗看主人"，议政王大臣怎能为代善而开罪清帝和睿、郑二王？当然只有随声附会，共责礼王。

第三，皇太极巧施手段，一举两得。皇太极素以聪睿名世，又久经风霜，屡审大案，他岂不知此事的是非曲直及其带来的后果（埋怨断案不公），但他更重视的却是政局的变化。如果就事论事，公正审理，他就要判处镶黄三旗有过，也就是要涉及本人和睿、郑二王，他就冷落了诸王、大臣"敬上"的一片忠诚，从而招致埋怨，影响到今后王、大臣的忠君，并且也失去了一次压抑政敌的机会。左思右想，妙计突生，他首先肯定，礼亲王代善是有罪的，但念其"年迈颠倒，故赦其罪"，而将其属员斩首穿刺。既指责代善犯了罪，采纳了忠君敬上的王大臣意见，让他们今后继续如此行动；又表示宽厚，宣布礼王"年迈颠倒"，既年迈，又颠倒，哪能理政治国，哪能统军出征，只有回家去享福，坐食厚禄，观花自如了。这就是比较巧妙地谕告群臣，礼亲王代善应该退居林下，勒令他休致了。

从此以后，代善确实是闭门静坐，不问朝政。这是皇太极十几年来苦心经营多次斗争的结果，除去了与君并尊的政敌。这也是多尔衮长期梦寐以求的结局，他帮助皇太极，也利用皇太极，打败了阻碍自己揽权的政敌，初步报了十二年前的大仇。他当了摄政王掌权以后，还要继续排挤、压抑代善及其子孙，彻底清算旧账，为母为己报仇泄恨。

八、改汗称帝　国号大清

（一）"南面独坐"

随着阿济格旗主贝勒的废黜，二大贝勒阿敏的幽禁，三大贝勒莽古尔泰被革去大贝勒降为和硕贝勒，汗权有了很大的提高。汗与唯一尚存的大贝勒代善及其他旗主贝勒、小贝勒之间的关系与地位也有了很大的变化，相差悬殊，汗权已经远逾旗主之权，汗与贝勒之间，已经形成了真正的君臣关系。因此，在朝会仪式上也就必然要发生变化，必然要制定出新的朝会仪式。

天命七年（1622年）三月初三日，英明汗努尔哈赤向"八子"（即八和硕贝勒）宣布，今后要实行"八和硕贝勒"（即八旗的八个旗主）共治国政制度，新汗由"八王任置"和罢免，国政由八王集会后入见新汗，"商议国政，处理事务"。"国主一月内，于初五、二十日两次升殿。新年初一，向堂子叩首，向神主叩首完毕之后，国主先向众叔兄叩首，然后，坐汗之宝座，使受汗亲身叩首之众叔兄等，皆齐坐于一处，受国人之叩首。"①

天命十一年（1626年）九月，原来的第四位大贝勒皇太极，被大贝勒代善倡议立为新汗后，根据天命七年三月共治国政制中国主与八和硕

---

① 《满文老档·太祖》卷38。

贝勒同坐一处，同受国人朝拜的规定，略作修改，改为三位大贝勒与汗并坐齐尊，同受官将朝拜，蒙古各部贝勒来朝时，"亦跪谒汗后，依谒汗之礼，会见三大贝勒"。[①]

从继位为新汗起，直到天聪五年末，足足五年多，都是这样朝会。"凡国人叩拜，汗与三大贝勒南面列坐受之"，等于是四位国汗"排排坐"，显示不了汗与三位大贝勒应该是君臣关系。皇太极受不了汗父规定的"祖制"的束缚，决心将它废除。

《清太宗实录》卷10，第36、37、38页记述了此制废除的过程：

天聪五年（1631年）十二月二十八日，"上以元旦朝贺届期，谕八旗诸贝勒大臣曰：礼部参政李伯龙疏奏，我国朝贺行礼时，不辨官职大小，常有随意排列，逾越班次者，应请酌定仪制等语，此言诚是。今元旦朝贺，应令八旗诸贝勒，独列一班行礼，外国来归蒙古诸贝勒大臣次之，八旗文武官员次之，各照旗序行礼。至贝勒莽古尔泰，因其悖逆，定议治罪。革大贝勒称号，自朕即位以来，国中行礼时，曾与朕并坐，今不与坐，恐他国闻之，不知彼过，反疑前后互异，彼年长于朕，可否仍令并坐，着巴克什达海、库尔缠、觉罗龙什、索尼与大贝勒代善，及诸贝勒，会议具奏，寻会议时，诸贝勒执不可并坐者半。代善曰：上谕诚是，彼之过，不足介怀，即仍令并坐亦可。顷之，又曰：我等既戴皇上为君，又与上并坐，恐滋国人之议，谓我等奉上居大位，又与上并列而坐，甚非礼也。礼本人情，人心所安，即天心所祐，各遵礼而行，自求多福，斯神佑之矣。自今以后，上南面中坐，以昭至尊之体，我与莽古尔泰，侍上侧，外国蒙古诸贝勒，坐于我等之下，如此，方为允协。诸贝勒皆曰善，于是以其议奏闻，上从之。是日，谕曰：元旦朝贺，堂陛之仪，宜于整肃，兹允众议，先令八旗诸贝勒行礼，察哈尔、喀尔喀诸贝勒次之，满洲、蒙古、汉官，率各旗官员次之，官员行礼时，先总兵官、固山额真，次副将，次参将、游击、护军纛额真、侍卫，又次备御，各分班序行礼，至诸贝勒给众官皮裘朝衣，虽系暂用，亦宜各按品级，依次与之。"

①《满文老档·太宗·天聪》卷6。

这340余字，表明了三个问题。

一是礼部参政（后之侍郎）李伯龙只是奏请革除朝贺行礼之时班次混乱旧习，订立按官职高低排列参见秩序仪制，根本没有涉及汗与大贝勒南面并坐祖制，并且，他也不敢谈论先汗的祖制应否修改之大事。

二系官将朝贺仪制，本来与汗和大贝勒同坐受朝祖制，没有什么关系。对官将朝拜时的混乱情形进行整顿，定个规定，或按官职高低，或按旗别，或按内属外藩，具体规定一下，再派官员监督，违规者，处罚，也就轻而易举地解决了，不用，也不应该和努尔哈赤所定汗与八王共坐受朝的祖制挂钩。但是，皇太极不仅用他汗权之巨臂，将这风马牛不相及的两个问题联在一起，还特别强调要废除三大贝勒莽古尔泰根据祖制与汗多年并坐受朝之规定，而且必然也会延伸到大贝勒代善是否也该走下殿来，屈居官将座席。尽管他以提议方式，征求诸贝勒意见，并非按诏、敕、谕、旨的形式，勒令诸贝勒必须服从和执行。但是，司马昭之心，路人皆知，诸贝勒不会不知道他是要将莽古尔泰和代善请下殿去，自己一人高踞宝座，独自南面称尊，显至尊无上的天子威风。

三是虽然此时皇太极已是威风凛凛的金国大汗，已经连续惩治了一个旗主贝勒和两个大贝勒，照说其之废除莽古尔泰与己坐受朝的旨意，应是言出必行，各贝勒必会遵旨服从了。不料，回应令他大失所望，只有一半贝勒附和他的提议，大贝勒代善公然提出"仍令（莽古尔泰）端坐亦可"，这一下，可难办了。所谓一半贝勒是指贝勒总数的一半，还是指旗主贝勒总数的一半，有点含糊。但是，此时八旗有八个旗主，其中正黄、镶黄二旗旗主是皇太极，正白旗主多尔衮、镶蓝旗主济尔哈朗一向是以汗马首是瞻，当然会附和汗意。正红旗主代善，已表明不同意。镶红旗主岳托向来有强烈的独立自主精神，认理不认势，定会持反对意见。正蓝旗主是莽古尔泰，他正为被冤枉、被不公正地削除大贝勒尊号而愤怒，当然反对汗要把他赶下殿去不再与汗同坐受朝的旨意。何况，这是汗父定的祖制，只要是"八王""八子"，即八旗的旗主，就有资格，高坐殿上与汗同受国人朝拜！镶白旗旗主是多铎，这位年仅18岁的年轻旗主，有勇有谋，经常冲动越轨，屡与兄汗唱反调。这四位旗主如果坚决反对，特别是此时的代善，是朝野公认为保爱新觉罗江山而将汗位让与皇太极的贤王，德高望重，有一言九鼎的影响力，万一他要坚持己见，必会形成八旗内讧的僵局，怎么下台？也是皇太极颇有好运，代善感到汗意难违，弄僵了，国运有损，便放弃己见，并还进一步谦让，主动提出自己也要走下殿去，与诸贝勒同坐一处，让皇太极独坐宝座，南面独尊，顿即化解了尴尬局面。

《满文老档·太宗·天聪》卷45，记述了天聪六年（1632年）正月坐殿朝贺情形：

"天聪六年壬申正月初一日，汗率诸贝勒拜天祭神毕，入殿陞座。汗两旁横设二榻，大贝勒在右侧，莽古尔泰贝勒在左侧，两贝勒横向而坐。坐毕，诸贝勒、台吉等先叩拜。叩拜毕，即命议政诸台吉等入殿内两侧列坐，次外部归附察哈尔、喀尔喀诸贝勒叩拜。第三由明国前来归附之西乌里额驸率众汉官叩拜。次正黄旗总兵官扬古利额驸率本旗诸臣叩拜，次镶黄旗总兵官达尔汉额驸率本旗诸臣叩拜，次正红旗总兵官和硕图额驸率本旗诸臣叩拜，次正白旗总兵官喀克都里率本旗诸臣叩拜，次镶红旗总兵官叶臣率本旗诸臣叩拜，次镶白旗副将伊尔登率领本旗诸臣叩拜，次镶蓝旗费扬古阿哥率本旗诸臣叩拜，次正蓝旗固山额真病，该旗诸臣叩拜，次总兵官乌讷格率蒙古诸臣叩拜，次大凌河新降各官叩拜，次阿鲁部主塔赖楚呼尔率其随员叩拜，次儒、道、佛三教各官叩拜，次朝鲜国贡春季方物之使臣总兵官郑义将所携之物陈于桌上并呈书拜见汗。众人叩拜毕，汗以兄礼至大贝勒家拜之。汗即位以来，已有五年。凡国人叩拜，汗与三大贝勒均南面列坐受之。自壬申年更定，汗始南面独坐，以尊重之。初八旗诸贝勒率各旗大臣叩拜。叩拜时，不论旗分，唯以年龄为序。自是年始改定照旗分，以次叩拜。是宴也，每旗各设席十，鹅五。总兵官职诸员设席二十，鹅二十。共一百席，备烧酒一百大瓶，煮兽肉宴之。"

（二）政府机构与满蒙汉八旗

大清国的中央机构，是内三院与六部二院，军事制度则是满洲八旗、蒙古八旗、汉军八旗，一般统称为八旗。

皇太极是位胸怀雄才大略，颇能高瞻远瞩的英明君汗。他知道女真、蒙古旧制，有利有弊，且弊大于利，特别是进驻以汉民为主的辽东地区以后，尤其是要想更上一层楼，问鼎中原，更要参仿大明国制，考虑金国特点，逐步建立起皇权高于主（旗）权，以皇权为主，主权相辅的新的国家政权机构和军事制度。于是第一步便是建立文馆。

文馆，又称书房，天聪三年（1629年）四月初一，皇太极谕命：

"儒臣，分为两直，巴克什达海，同笔贴式刚林、舒开、顾尔马浑、托布戚等四人，翻译汉字书籍；巴克什库尔缠，同笔贴式吴巴什、查素喀、胡球、詹霸等四人，记注本朝政事，以昭信史。初太祖制国书，因心启造，备列轨范，上躬秉圣明之姿，复乐观古来典籍，故分命满汉儒臣，翻译记注，欲以历代帝王得失为鉴，并以记己躬之得失焉。"①

其实，这时文馆（书房）的官员，还有范文程。乾隆朝修订的《清太宗实录》卷5，第37页载：天聪三年十一月十一日，"命参将英俄尔岱、游击李恩忠、文官范文程，统备御八员、兵八百人，留守遵化"。顺治修《清太宗实录》（稿本）卷4，第28页称范文程为"书房官范文程"。其后生员王文奎、李棲凤、杨方头、高士俊、马国柱、马鸣佩、雷兴等皆入值文馆，屡疏建言。顺治年间，任至总督、巡抚。

天聪十年（1636年）三月初六，皇太极命政文馆为内三院。

"辛亥，改文馆为内三院，一名内国史院，一名内秘书院，一名内弘文院，分任职掌。内国史院职掌，记注皇上起居诏令，收藏御制文字，凡皇上用兵行政事宜，编纂史书，撰拟郊天告庙祝文及陛殿宣读庆贺表文，纂修历代祖宗实录，撰拟矿志文，编纂一切机密文移，及各官章奏，掌记官员陛降文册，撰拟功臣母妻诰命，印文，追赠诸贝勒册文，凡六部所辩事宜，可入史册者，选择记载，一应邻国远方往来书札，俱编为史册。内秘书院职掌，撰与外国往来书札，掌录各衙门奏疏，及辩冤词状，皇上敕谕，文武各官敕书，并告祭文庙，谕祭文武各官文。内弘文院职掌，注释历代行事善恶，进讲御前，侍讲皇子，并教

———
① 《清太宗实录》卷5，第12页。

诸亲王，颁行制度。"①

过了两个月，崇德元年（1636年）五月初三日。

"议叙内院官员，升三等甲喇章京内国史院承政希福，为二等甲喇章京，内弘文院大学士；三等甲喇章京内秘书院承政范文程，为二等甲喇章京，仍为内秘书院大学士；二等甲喇章京鲍承先，为内秘书院大学士，举人内国史院承政刚林，为牛录章京，仍为内国史院大学士，其顶戴服色，及随从人役，俱与梅勒章京同；罗硕、罗绣锦，为内国史院学士，詹霸，仍为内秘书院学士；胡球、王文奎为内弘文院学士，其顶戴服色，及随从人役，俱与甲喇章京同。内秘书院举人恩格德，仍同九人入内院办事。"②

崇德元年的内三院大学士是：内国史院大学士刚林，内秘书院大学士范文程，内弘文院大学士希福，内秘书院大学士鲍承先。崇德二年至八年，皆是刚林、范文程、希福三人任大学士，鲍承先在崇德三年七月改任吏部右参政。

天聪五年（1631年）七月初八日，皇太极又参仿明制召集贝勒、大臣，议定官制，设立六部。

"集诸贝勒大臣议，爰定官制，设立六部，命墨尔根戴青贝勒多尔衮，管吏部事；图尔格，为承政；满朱习礼为蒙古承政；李延庚，为汉承政，其下设参政八员，以索尼为启心郎。贝勒德格类，管户部事；英俄尔岱、觉罗萨壁翰，为承政；巴思翰，为蒙古承政；吴守进，为汉承政，其下设参政八员，以布丹为启心郎。贝勒萨哈廉管礼部事；巴都礼、吉孙为承政；布彦代为蒙古承政；金玉和为汉承政，其下设参政八员，以祁充格为启心郎。贝勒岳托，管兵部事；纳穆泰、叶克书为承政；舒纳为蒙古承政；金砺为汉承政，其下设参政八员，以穆成格为启

---

① 《清太宗实录》卷28，第2、3页。
② 《清太宗实录》卷29，第2页。

心郎。贝勒济尔哈朗,管刑部事;车尔格、索海为承政;多尔济为蒙古承政;高鸿中、孟乔芳为汉承政,其下设参政八员,以额尔格图为启心郎。贝勒阿巴泰,管工部事;孟阿图、康喀赖为承政;囊努克为蒙古承政;祝世荫为汉承政,其下设满洲参政八员,蒙古参政二员,汉参政二员,以苗硕浑为满洲启心郎,罗绣锦、马鸣珮为汉启心郎。其余办事笔贴式,各酌量事务繁简补授。"①

崇德六年设都察院,置承政、参政。五月十四日,皇太极谕都察院诸臣:

"尔等身任宪臣,职司谏诤,朕躬有过,或奢侈无度,或误谴功臣,或逸乐游畋,不理政务,或荒耽酒色,不勤国事,或废弃忠良,信任奸佞,及陟有罪,黜有功,俱当直谏无隐。至于诸王贝勒大臣,如有荒废职业,贪酒色,好逸乐,取民财物,夺民妇女,或朝会不敬,冠服违式,及欲适己意,托病偷安,而不朝参入署者,该礼部稽察,若礼部徇情容隐,尔等即应察奏。或六部断事偏谬,及事未审结,诳奏已结者,尔等亦稽察奏闻。凡人在部控告,该部王,及承政,未经审结,又赴告于尔衙门者,尔等公议,当奏者奏,不当奏者公议逐之。明国陋规,都察院衙门,亦通行贿赂之所,尔等当互相防检,有即据实奏闻,若以私仇诬劾,朕察出,定加以罪。其余章奏,所言是,朕即从之,所言非,亦不加罪,必不令被劾者,与尔面质也,尔等亦何惮而不直陈乎。至于无职庶人,礼节错误,不必指奏,我国初兴,制度多未娴习,尔等教诫而宽释之,可也。"②

崇德六年六月,设蒙古衙门,从尼堪为蒙古衙门承政,管理蒙古诸部事务。③

尼堪,纳喇氏,世居松阿里乌拉,太祖时来归,赐号"巴克什",

①《清太宗实录》卷9,第12页。
②《清太宗实录》卷27,第30页。
③《清太宗实录》卷30,第9页。

旗制定，隶满洲镶白旗。初以说降蒙古科尔沁部，授守备。天命十年，偕侍衙博尔晋等率师伐虎尔哈部，收五百户以远，上郊劳赐宴。

天聪初，擢一等侍卫，从皇太极伐明，攻锦州，有功。七年，从诸贝勒按狱蒙古诸部，牛录额真阿什达尔汉以所赍敕二十道付尼堪，尼堪以授从者，失其九，所司论劾，罚如律。蒿齐忒部台吉额林等来归，命尼堪往迎，八年正月，收其部落户口、牲畜以还。七月，上伐明，道遇察哈尔部众来归，命尼堪还盛京安置，时郑亲王济尔哈朗留守，使尼堪偕卦尔察、席特库率兵十二人侦明兵，明兵适至，奋击败之，逐至辽河，凡三战，斩首百余，明兵引退。九年，从贝勒岳托成归化城，土默特部私与明通，岳托使尼堪及参领阿尔津伺塞上，得明使四辈、土默特使十辈，皆执以归，寻与英俄尔岱等使朝鲜。

崇德元年六月，授理藩院承政。①

崇德三年六月二十九日，更定蒙古衙门为理藩院。七月二十五日，更定各部院官员名额。过去，六部二院满洲蒙古汉人、承政、每衙门各三四员，其余官员为参政，官止二等，现改为每衙门止设满洲承政一员，以下设左右参政、理事、副理事、启心郎、主事等官。

"以阿拜为吏部承政，色勒、祖泽洪，为左参政，萨壁翰、满朱习礼、鲍承先，为右参政；理中官四员，库拜、巴达、朱玛喇、喀喀木；副理事官六员，克宜福、席特库、褚库巴图鲁、阿玉石、屯泰、虚登科；启心郎三员，满洲索尼，汉人董天机、焦安民；主事二员，宁古里、费齐。以英俄尔岱为户部承政，马福塔、吴守进，为左参政，塞冷，车臣、郑长春，得穆图，为右参政；理事官十员，绰拜、崔应泰、马光辉、喀恺、贾隆阿、库里、俄屯、塞冷、海萨海、塞赫；副理事官十五员，孙塔、昂金、吴鲁喀、车克、罗洛、纳尔泰、特森鲁木户、殷达礼、吴勒森、伊木布、钟古、布舒库、克什图、巴雅木；启心郎三员，满洲布丹，汉人张尚、舒弘祖；主事二员，吴尔朱、克衣克德。以满达尔汉为礼部承政，巴颜，超哈尔为左参政，阿赖库鲁克达尔汉，陈邦选，俄莫克图，为右参政；理事官四员，图尔塞、朱世起、郭汝极、喇玛；副理事官七员，哈尔松阿、尼堪、瓦户达、哈什谈、温都里、高

①《清史稿》卷228，《尼堪传》。此处之理藩院，应为蒙古衙门。

修极、高俊；启心郎三员，满洲祁充格，汉人二员；主事二员，马尔汉、尔山。以伊孙为兵部承政，祖泽润、穆成格，为左参政，古尔布什、叶克书、佟图赖，为右参政；理事官十员，甘都、明安达礼、董世神妙、俄莫克图巴图鲁、尼喀里巴图鲁、郎绍祯、叶赫朱玛喇、达尔泰、萨必图、喀喇尔代；副理事官十六员，巴尔泰、喀森戚哈、孟库鲁、卦喇、傅喀、宜理布唐贵、辉山、塞古德、巴牙尔图、金维城、满关、顾鲁户、席林、阿尔机关、孟格；启心郎三员，满洲詹霸，汉人丁文盛、赵福星；主事二员，松爱、商家图。以郎球为刑部承政，吴达海、孟乔芳，为左参政，布当、李云、星讷，为右参政；理事官六员，邹占、张大献、李国翰、纳尔赛、罗奇、色哈纳；副理事官八员，袭衮、康喀赖、邦纽、阿萨里、宜尔喀、蓝泰、耿格、得特；启心郎三员，满洲额尔格图，汉人申朝纪、王廷选；主事二员，劳察、穆成格。以萨穆什喀为工部承政，车尔格、裴国珍为左参政，囊拿克、吴善、杨文魁，为右参政；理事官八员，哈尔萨、星鼐国祚、傅喀纳、西尔都、阿福尼、巴山、塞纽克；副理事官十员，法谈乌朱昂邦、海塞、佟国阴、舒宁阿、阎代、萨哈纳、万塔西、阿尔赛、吴泰、双理事官额舒图；副理事官翁阿岱、任名世；启心郎三员，满洲喀森图，汉人马名珮、王来用；主事二员，阿尔泰、吴什巴。以贝子博洛为理藩院承政，塞冷，为左参政，尼堪为右参政；副理事官八员，诺木图、希福讷、胡什格、扈什布、罗毕、阿布达理、艾松古、罗多里；启心郎敦多惠。以阿什达尔汉为都察院承政，索海、多尔济达尔汉诺颜，为左参政，福可法、张存仁，为右参政；理事官六员，满洲汉人蒙古各二，库尔缠、马喇希、马国柱、雷兴、巴郎、阿济。"①

其实，除这些行政衙署以外，还有一个军国大事决策组织，那就是还未正式命名的"议政王、贝勒、大臣会议"。

清太祖努尔哈赤起兵以后，设"理政听讼五大臣"，有费英东、额亦都、何和礼、扈尔汉、安费扬古，军国重务皆与诸贝勒偕坐共议，但仍以诸贝勒意见为主。

①《清太宗实录》卷42，第21、22、23页。

天命七年三月努尔哈赤宣布今后实行"八子""八王"（即八旗旗主、八和硕贝勒）共治国政制。军国大事由"八王"议处，八旗的八位固山额真也会与议，但以八王旨意而定。

皇太极经代善倡议诸贝勒议立为新汗，于天命十一年（1626年）九月初一，继位为汗。九月初八日，皇太极"以经理国务，与贝勒定议设八大臣"：

"上以经理国务，与诸贝勒定议，设八大臣，正黄旗以纳穆泰，镶黄旗以额驸达尔哈，正红旗以额驸和硕图，镶红旗以侍卫博尔晋，镶蓝旗以顾三台，正蓝旗以拖博辉，镶白旗以车尔格，正白旗以喀克笃礼，为八固山额真，总理一切事务。凡议政处，与诸贝勒偕坐，共议之，出猎行师，各领本旗兵行，凡事皆听稽查。"①

八旗的固山额真正式被规定在"凡议政处，与诸贝勒偕坐共议"的大臣，即议政大臣。

崇德二年（1637年）四月二十八日，皇太极又谕令"每旗各设议政大臣三员"。《清太宗实录》卷34，第23、24页载：

"上御翔凤楼，集和硕亲王、多罗郡王、多罗贝勒、固山贝子、固山额真、都察院承政，及新设议政大臣，谕之曰，向来议政大臣，或出兵，或在家有事谘商，人员甚少，倘遇各处差遣，则朕之左右，及王贝勒之前竟无议事之人矣，议政虽云乏人，而朕不轻令妄与会议者，以卑微之人，参议国家大政，势必逢迎取悦，夫，谄佞之辈，最误国事，岂可轻用。今特加选择，以尔等为贤，置于议事之列，殚心事主，乃见忠诚，为国宣劳，方称职业。尔等大要有三，启迪主心，办理事务，当以民生休戚为念，遇贫乏穷迫之人，有怀必使上达，及各国新顺之人，应加抚养，此三者，尔等在王贝勒前议事，皆当各为其主言之，朕时切轸念者，亦惟此三事耳。"

顺治年间，这个组织形式正式命名为"议政王大臣会议"。

皇太极又继承和扩大了八旗制度，在原来以女真为主，吸收少量蒙古、汉人建立的八旗以后，又建立了蒙古八旗和汉军八旗，原来那八个旗命名为满洲八旗。

天聪七年（1633年）七月初一，命满洲各户有汉人十丁者，授绵甲一，共一千五百八十户，命旧汉军额真马光远等统之，分补旧甲喇之缺额者。①

《清史列传》卷79《马光远传》对此事的记述更清楚一些，记为："（天聪）七年，诏于八旗满洲佐领分出汉人一千五百八十户，每十丁授绵甲一，以光远统辖。"此旗名称为旧汉兵，天聪八年五月初一，皇太极将"旧汉兵"改名为"汉军"。②其满文的音译为"乌真超哈"，乌真，意为重，超哈意为兵，即重兵，因为汉军主要负责运送、演放大炮等重型兵器。崇德二年七月二十九，分汉军为两旗，以昂邦章京石廷柱为左翼一旗固山额真，昂邦章京马光远为右翼一旗固山额真。照满洲例，编壮丁为牛录。③崇德四年六月初十日，再分汉军二旗为四旗，每旗设牛录十八员（即十八个牛录），以马光远、石廷柱、王世选、巴颜（李永芳之第五子）四人分为二黄、二白、二蓝、二红旗的固山额真。④崇德七年六月初六日，再增汉军为八旗，以祖泽润、刘之源、吴守进、金砺、佟图赖、石廷柱、巴颜、李国翰八人为固山额真。⑤总计汉军八旗有157个牛录和5个半分牛录。

天命七年（1622年）始编蒙古旗，天聪三年（1629年）扩编为二旗，天聪九年（1635年）再扩编为八旗，崇德末年，蒙古八旗有117个牛录和5个半分牛录。此时，满洲八旗有309个牛录和18个半分牛录。⑥

中央政府机构的建立和八旗的扩大，是皇太极继承和发展了汗父努尔哈赤创立的三项基本国策，即以女真——满洲为核心，满蒙联盟，"满汉一家"，以保证金国（大清国）的巩固、加强和扩大，与此同

---

① 《清太宗实录》卷14，第32页。

② 《清太宗实录》卷18，第21页。

③ 《清太宗实录》37，第30页。

④ 《清太宗实录》卷47，第14页。

⑤ 《清太宗实录》卷61，第7页。

⑥ 光绪修《大清会典事例》卷1111。

时，又不断提高汗权帝权，压抑王权、旗主贝勒权，逐步建立起以汗（帝）为首的中央专制集权国家，改变八旗旗主各君其人，各主其旗的分裂涣散格局。皇太极的心血没有白费，他的努力取得了成功，金国（大清国）空前强大，统一了大东北地区，他也成为辖地200万平方公里、军威无敌的大国之君。

（三）登基大典

屡败明军，吞并察哈尔，统一漠南蒙古，用兵东海、黑龙江女真，臣服朝鲜，建立文馆、六部、蒙古衙门，扩大八旗，疆域辽阔，军威无敌，汗权提高，主（旗主）权削弱，新的大好形势出现了，旧的国号汗号已经不能适应新局面，必须改变了。金国汗皇太极抓紧这一有利时机，迅速采取几项得力的措施，实现自己的宏伟规划。

天聪十年（1636年）三月初六日，皇太极谕将文馆改为内三院。过了半年，又命取消原有女真、诸申的族名，改定族名为满洲。

"谕曰：我国原有满洲、哈达、乌拉、叶赫、辉发等名，向者无知之人，往往称为诸申，夫诸申之号乃席北超墨尔根之裔，实与我国无涉。我国建号满洲，统绪绵远，相传奕世，自今以后，一切人等，止称我国满洲原名，不得仍前妄称。"[1]

诸贝勒、大臣定议，给汗敬上尊号，于天聪十年十二月二十八日命文馆儒臣奏请。《清太宗实录》卷26，第25、26页载称：

"先是，诸贝勒大臣以远人归附，国势日隆，孔、耿、尚诸人，率众来降，察哈尔之众，又全归附，边外诸国，俱奉声教，定议，令文馆儒臣希福、刚林、罗硕，礼部启心郎祁克格奏上言上功隆得懋，克当天心，四方慕义之从，延颈举踵，喁然乡风。前者臣等广集众谋，合辞陈奏，请上进称尊号，乃上谦德弥尊，虚怀若谷，辞以未知天意，不允众请，必待上天眷佑，式廓疆图，大业克成之时，然后郊礼践阼，躬受鸿名。臣等伏思，众望不可以久虚，大命不可以谦让，今察哈尔汗太子，

---

[1]《清太宗实录》卷25，第29页。

举国来降，又得历代相传玉玺，是天心默佑，大可见矣，所当仰承天意，早正大号，以慰舆情。"

再三陈请，皇太极仍不允从。礼部贝勒萨哈廉令希福奏称，皇上之所以不愿允从，咎在诸贝勒不克尽忠，如诸贝勒誓改前非，竭忠辅国，皇上始受尊号，皇太极"称善"。于是诸贝勒皆书誓词，皇太极才答应。《清太宗实录》卷26，第27、28、29、30、31页载：

"管礼部事贝勒哈廉，复令希福、刚林、罗硕、祁充格等奏言，臣等屡次陈请，未蒙皇上俯鉴下忱，夙夜悚惶，罔知所措。伏思皇上不受尊号，其咎实在诸贝勒，诸贝勒不能自修其身，殚忠信以事上，展布嘉猷，为久大之图，徒勤皇上早正大号，是以皇上不肯轻受耳。如诸贝勒皆克殚忠尽，彼莽古尔泰、德格类辈，又何以犯上而作乱耶。今诸贝勒宜誓图改行，竭忠辅国，以开太平之基，皇上始受尊号可也。上称善，曰：贝勒萨哈廉，开陈及此，实获我心。翼日，萨哈廉复集诸贝勒于朝曰：吾等各宜誓图改行，以慰上意。众皆从之，各书誓词奏上。上览之曰：大贝勒年已迈，其免誓，萨哈廉誓词暂存之，待其病愈，然后立誓可也。其余诸贝勒，不必书从前并无悖逆事等语，但书自今以后，存心忠信，勉图职业，遇有大政大议，勿谋于闲散官员，及微贱小人，并其妻妾等，即以此言为誓，若谋及此辈，彼言不及义，必将私为身谋不顾国家，所失多矣。至若莽古尔泰、德格类之邪逆者。天已诛之，可为明鉴矣，诸贝勒即不似彼之逆状显然，而阴怀异志者，亦必遭谴，迨遭谴之时，朕岂不痛惜乎。遂命誓词内，不必载入已往悖逆事。……于是诸贝勒各遵上谕，更定誓词，焚香跪读毕，遂焚书。代善誓词曰：代善誓告天地，自今以后，若不克守忠贞，殚心竭力，而言与行违，又或如莽古尔泰、德格类，谋逆作乱，天地谴之，俾代善不得令终，若国中子弟，或如莽古尔泰、德格类，谋为不轨，代善闻知，不告皇上者，亦俾代善不得令终。凡与皇上谋议机密重事，出告于妻妾旁人者，天地谴之，亦俾代善不得令终。若愚昧不知，以致或有愆尤者，亦惟天地鉴之。代善若能竭尽其力，效忠于上，则天地庇我，寿命延长。诸贝勒亦誓告天地曰：自今以后，若有二心于上，及己身虽不作乱，而兄弟辈有悖逆之事，明知隐匿，或以在上前所议国事，归告于妻妾，及不与议之闲员仆从，并云我意原欲如此，因而谤讪者，天地谴责，夺其纪算。若能竭力尽忠，当荷皇上洪慈，天地庇佑，寿命延长。"

外藩蒙古各贝勒亦来京劝进。内外贝勒齐劝进，皇太极遂允从，但命通告朝鲜，让朝鲜参加，朝鲜不从命。

天聪十年四月初四日，代善等九位贝勒，超品公额驸扬古利、谭泰等八位满洲八旗固山额真，蒙古八旗固山额真，六部大臣，都元帅孔有德，总兵官耿仲明、尚可喜、石廷柱、马光远，外藩蒙古各贝勒，以及满洲蒙古汉人文武官员，恭请皇太极受尊号。皇太极允从。

天聪十年四月十一日，举行恭上尊号大典，国号"大清"。《清太宗实录》记述了大典情形：

"上以受尊号，祭告天地，受宽温仁圣皇帝尊号，建国号曰大清。改元为崇德元年。是日，黎明，上率诸贝勒满洲蒙古汉官，出德盛门，至坛，上下马立，陈设祭物毕，导引官满洲一员，汉人一员，引至坛前。上东向立，导引官复从西侧，引至坛西南，上自西南升阶，在东侧西向立，赞礼官赞就位，上至正中，向上帝神位立，赞礼官赞上香，上从东阶升至香案前跪，导引官奉香，上亲三上香毕，从西阶下，复位，北向正立。赞礼官赞跪，上率诸大臣行三跪九叩头礼，赞礼官复赞跪，上率诸大臣皆跪，东侧捧帛官三员，跪奉上帛，上献毕，授西侧捧帛官三员，一官跪受，从中阶升，置香案上，东侧捧爵官三员，以酒三爵，相继跪奉上，上三献毕，授西侧捧爵官，皆跪受。亦从中阶升，置神位前祭品案上，执事官俱于坛内西侧东向立，赞礼官赞跪，赞叩，俱行三跪九叩头礼。赞礼官赞跪，上率诸大臣皆跪，读祝官捧祝文至坛上，北向跪，读祝文，其文曰：维丙子年四月十一日，满洲国皇帝臣皇太极敢昭告于皇天后土之神曰：臣以眇躬，嗣位以来，常思置器之重，时深履薄之虞，夜寐夙兴，兢兢业业，十年于此，幸赖皇考降佑，克兴祖父基业，征服朝鲜，混一蒙古，更获玉玺，远拓边疆。今内外臣民，谬推臣功，合称尊号，以副天心，臣以明人尚为敌国，尊号不可遽称，固辞费获勉徇群情，践天子位，建国号曰大清，改元为崇德元年。穷思恩泽未布，生民未安，凉德怀惭，益深乾惕，伏唯帝心昭鉴，永佑邦家，臣不胜惶悚之至，谨以奏闻。读毕，读祝官置祝文案上，退西侧东向立。赞礼官赞跪，赞叩，上率众行三跪九叩头礼毕，赞礼官赞复位，上退至东侧西向立，诸贝勒大臣左右序立，捧帛官、读祝官、捧爵官，各捧祭物，以次自中阶而下，捧至西侧燔燎所，捧帛读祝官皆跪，焚帛及祝文。捧爵官亦以酒跪尊于前，于是撤祭物，置坛前，上于坛东侧西向坐，命诸贝勒大臣文武各官，各依次列，上钦福受胙毕，诸贝勒大臣均赐食。撤馔。赞礼官赞排班，上率众排班，赞跪，行一跪三叩头礼，祭告天地毕，乃行受尊号礼，筑坛于天坛之东，备大驾卤簿、玉玺四颗，黄伞五柄，团扇二柄，蠹十杆，旗十杆，大刀三对，戟三对，立瓜一对，卧瓜一对，星一对，吾杖三对，马十匹，金交椅金机香盒，香炉，金水盆，金唾盒，金瓶，乐器全设，导引官引上由中阶升坛，御金椅诸贝勒大臣，左右序列毕，奏乐，赞礼官赞跪，赞叩，众行三跪九叩头礼，赞礼官复赞跪，众皆跪。左班和硕墨尔根戴青贝勒多尔衮，科尔沁贝勒土谢图济农巴达礼捧宝一；和硕额尔克楚虎尔贝勒多铎，和硕贝勒豪格，捧宝一；右班和硕贝勒岳托，察哈尔汗之子额驸额尔克孔果尔额哲捧宝一；贝勒杜度，都元帅孔有德，捧宝一，各以次跪献于上，上受宝，授内院官置宝盒内。方奉宝时，即进仪仗，列于上左右，奉宝诸贝勒等复位，赞礼官赞跪，赞叩，众行三跪九叩头礼毕，赞礼官复赞跪，众皆跪。以上称尊号建国改元事，宣示于众曰：我皇上应天顺人，聿修厥德，收服朝鲜，统一蒙古，更得玉玺，符瑞昭应，鸿名伟业，丕扬天下，是以内外诸贝勒大臣同心推戴，敬上尊号曰：宽温仁圣皇帝，建国号曰大清，改元为崇德元年。宣谕毕，赞礼官赞跪赞叩，复行三跪九叩头礼，赞官赞复位诸贝勒大臣各复位立。"

　　第二天，四月十二日，宽温仁圣皇帝皇太极率诸贝勒诣新建成的太庙，追尊始祖为"泽王"，高祖为"庆王"，曾祖为"昌王"，祖为"福王"，上皇考（努尔哈赤）为"承天广运圣德神功肇纪立极仁孝武皇帝"，追封功臣费英东为"直义公"、额亦都为"弘毅公"。

第二天，四月十三日，以上尊号礼成，颁诏大赦，并定宫殿名，中宫为清宁宫，东宫为关雎宫，西宫为麟趾宫，次东宫为衍庆宫，次西宫为永福宫，台东楼为翔凤楼（即凤凰楼），台西楼为飞龙阁，正殿为崇政殿，大门为大清门，大殿为笃恭殿（即大政殿）。

四月二十三日，分叙诸兄弟子侄军功。册封大贝勒代善为和硕礼亲王，贝勒济尔哈朗为和硕郑亲王，墨尔根戴青贝勒多尔衮为和硕睿亲王，额尔克楚虎尔贝勒多铎为和硕豫亲王，贝勒豪格为和硕肃亲王，岳托为和硕成亲王，阿济格为多罗武英郡王，杜度为多罗安平贝勒，阿巴泰为多罗饶余贝勒。

也就是在这一天，四月二十三日，分叙外藩蒙古诸贝勒军功。封科尔沁国巴达礼为和硕土谢图亲王，吴克善为和硕卓礼克图亲王，固伦额驸额哲为和硕亲王，布塔齐为多罗扎萨克图郡王，满朱习礼为多罗巴图鲁郡王，奈曼部落衮出斯巴图鲁为多罗达尔汉郡王，孙杜棱为多罗杜棱郡王，固伦额驸班第为多罗郡王，孔果尔为永图王东为多罗达尔汉戴青，俄森布为多罗达尔汉卓礼克图，克鲁恩辖布为多罗杜棱，单把为达尔汉，耿格尔为多罗贝勒，各赐雕鞍、甲胄金银器皿、彩缎、文绮有差。

过了三天，四月二十七日，叙都元帅孔有德，总兵官耿仲明、尚可喜军功。封孔有德为恭顺王，耿仲明为怀顺王，尚可喜为智顺王，赐宴崇政殿，并赐银两有差。其部下官员，亦论功陛赏有差。

此后，大清臣服朝鲜，统一黑龙江女真索伦，四攻明国，消灭了明军主力，奠定了入主中原的军事基础。崇德七年（1642年）三月十六日，身为大清国宽温仁圣皇帝的皇太极宣称：

> "朕蒙皇天眷顾，昔时金国所属，尽为我有。沿海一带，自东北以迄西北，至使犬、使鹿、产黑狐黑貂等国，及厄鲁特国，在在臣服，元裔朝鲜悉入版图，所获明国官民，不啻数百万，恩威远播，所向无敌。"[1]

正在这疆域辽阔、军威无敌，即将大举兵马，出兵伐明，夺取中原的大好时机，皇太极却突然"圣躬违和"，于崇德八年（1643年）八月初九亥时，"无疾而终"（疑系脑卒中），享年52岁。

---

[1]《清太宗实录》卷59，第20页。

崇德八年十月，上尊谥为"应天兴国弘德彰武宽温仁圣睿孝文皇帝"，庙号太宗。康熙、雍正两朝均加上尊谥，乾隆定谥为"应天兴国弘德彰武宽温仁圣睿孝敬敏昭定隆道显功文皇帝"。

崇德八年十月，皇太极葬于沈阳城西北10里处隆业山的昭陵，俗称沈阳北陵。康熙、乾隆年间有所扩建，陵区总面积为200平方公里。

九、盛京皇宫

努尔哈赤于明万历十五年（1587年）在呼兰哈达筑费阿拉城，启建楼台，定国政，在此居住了16年。到万历三十一年（1603年），迁至5里之外的赫图阿拉，筑城，兴建衙署，成为清朝在关外兴建的第一个都城，后来尊称为兴京。为了便于对明作战，天命三年（明万历四十六年，1618年）九月初四日，努尔哈赤召集诸贝勒大臣商议于界藩筑城之事。他说：今与明为难，我仍居国内之地，西向行师，则迤东军士道远，马力困乏，"须牧马于沿边之地，近明界，筑城界藩居之"。众人赞同，遂于此营基址，运木石，不久天寒停工。第二年四月初三日，努尔哈赤又谕告诸贝勒大臣："战马羸弱，当趁春草喂养，吾欲据界藩筑城，屯兵防卫，令农夫得耕于境内。"他亲往卜基筑城。"据险筑城五所，数旬而毕，各屯兵马，且耕且守"。到了六月，"帝行宫及王臣军士房屋皆成"。[1]

天命五年（1620年）九月二十六日，努尔哈赤又从界藩移居于萨尔浒，"筑军民庐舍，至十一月乃成"。此城实际上是从三月兴建，第二年（天命六年）闰二月"筑撒儿浒城毕"。努尔哈赤将界藩和萨尔浒城作为"居住之所"，或"帝行宫"。

天命六年三月二十一日打下辽阳，努尔哈赤进驻经略衙门。当时，努尔哈赤即召集诸贝勒大臣商议去留之事。他说："辽阳乃天赐我者，可迁居于此耶，抑仍还本国耶？"此话表明，努尔哈赤虽在征求诸贝勒大臣意见，是去是留，让众人各抒己见，但已有倾向，所谓"辽阳乃天赐我者"，意味着他倾向于留此不归，不然，为何要抬出"天赐我者"来表述。

但是，诸贝勒留恋故土，遂"俱以还国论"，这样一来，给倾向于

① 《满洲实录》卷5。

留驻辽阳的英明汗以强大压力。坚持留驻，违反众人心愿，如果贝勒、大臣都想回家，其他将领士卒更会心向故乡，这样一来，即使以汗之威严，强迫他们留下，也必然影响斗志士气，怎能动用他们的力量来安定辽东。

尽管面临强大的反对留驻的浪潮，努尔哈赤毕竟不愧为"英明汗"，他顶着压力，列举理由，巧言劝解，坚持留驻。他谕告诸贝勒、大臣：

"若我兵一还，则辽阳必复固守，凡城堡之民必逃散于山谷，不为我用矣。弃所得之疆土而还国，后必复烦征讨。且此处乃明国、朝鲜、蒙古三国接壤之地，天既与我，即宜居之。"[1]

诸贝勒见汗意已决，且理由充分，遂表示"此言诚然"，拥护汗的决定，并遣人回建州，迎诸福晋及诸子来辽阳居住，且一行于四月初五日来到辽阳。[2]关系到后金盛衰的迁都辽阳大问题，就这样因努尔哈赤的果断决策而解决。

但是，有些大臣仍然留恋故土，担心不能站稳脚跟，难以长据辽阳，因此仍将儿子遗骸送回萨尔浒安葬。四月十一日，努尔哈赤以扬古利额驸欲将其子归葬萨尔浒，于衙门召集诸贝勒，再次详述迁都辽阳的必要。他说：

"和何必归葬于萨尔浒，彼处之尸骨亦将移葬于此矣。天既眷我哉，尔等诸贝勒大臣却不欲居此辽东城，劝尔等毋存疑虑。昔日吾国阿哈之遁逃，皆以无盐之故也！今且有之。自辽河至此，各路皆降，何故舍此而还耶？昔日，我处境困窘，犹如出水之鱼，呼气艰难，困于沙石之上，苟延残喘，遂蒙天佑，授以大业。昔金国阿骨打汗兴兵征宋及蒙古，未尽征服，后为其弟乌齐汗将其国尽征服之。蒙古成吉思汗征而未服之余部，亦由其子鄂格德依汗悉行征服之。为父我为诸子创业而兴兵，尔等诸子岂有不能之理。"[3]

---

① 《满洲实录》卷7。

② 《满洲实录》卷7；《满文老档·太祖》卷20。

③ 《满文老档·太祖》卷21。

在努尔哈赤这样苦口婆心的劝说与坚持下，诸贝勒当然只能遵从汗父的旨意，"乃定居辽东城"。①

迁都辽阳之后不久，努尔哈赤又提出于辽阳城东兴建东京的意见。《满洲实录》卷7载，天命七年（1622年）三月，努尔哈赤召集诸贝勒、大臣商议筑城之事。他说：

> "辽阳城大，且多年倾圮，东南有朝鲜，西北有蒙古，二国俱未服。若舍此而征明国，难免内顾之忧，必另筑城郭，派兵坚守，庶能坦然前驱，而无后虑矣。"②

诸贝勒、大臣以劳民力而谏阻说：

> "若舍已得之城郭，弃所居之房屋，而更为建立，毋乃劳民乎？"③

努尔哈赤不听谏言，坚持修建新城说：

> "既征明国，岂容中止，汝等惜一时之劳，我惟远大是图，若以一时之劳为劳，前途大事何由而成！可令降民筑城。至于房屋，各自建之可也。"④

诸贝勒大臣只好服从汗谕，"遂于城东五里太子河边筑城，迁居之，名其城曰东京"。⑤努尔哈赤此举甚为不妥，在评述筑城之是非以前，先讲讲筑城的时间及宫殿。

《高皇帝实录》卷8的记述，与《满洲实录》大同小异，只是把时间记于三月初三日。康熙、雍正、乾隆修订的《盛京通志》和康熙修订的《辽阳州志》等书，则均载天命六年筑建东京城，"同时建宫殿"。

以上说法，都不太确切。东京城既不始建于天命七年三月，也不是建成于天命六年，而是于天命六年中开始，到天命七年三四月筑成。

---

①《满文老档·太祖》卷21。

②③④⑤《满文实录》卷7。

《满文老档·太祖》卷23载，天命六年六月十五日，"汗（从原岗）回城。修筑辽东城内汗居住之小城，已于十三日施工"。同书卷25载："（八月）二十八日，汗率众福晋、诸贝勒、众汉官及其妻室诣筑新城之地。八旗宰八牛，各设筵十席，大宴之。又每旗各以牛十头赏筑城之汉人。八旗八游击之妻，各赏金簪一枝。"

虽然《满文老档》说六月十三日开始施工的小城，系"筑辽东城内汗居住之小城"，似乎不是在辽阳城外五里（或八里）的东京城，但是，至今为止，并未在辽阳城内发现有"汗居住之小城"，很可能这是编写者的笔误，把城外误写为城内。联系到第二条材料所记八月二十八日汗率众福晋、贝勒、众汉官前往"筑新城之地"，写的是"新城"，而非小城。可以说明，这个新城就是从六月十三日开始施工的小城，即在城外筑建的东京城。

最能说明问题的是《满文老档·太祖》卷26的一段记载。它在叙述天命六年八月十四日致爱塔副将的汗谕和十五日致新城游击书的中间（即意味此记载是十四日），记述了汗、贝勒大臣关于筑东京城的对话，以及汗的决定和施工。这段记载是这样的：

> "汗曰：该辽东城年代久远，业已老朽，且城垣广大，我若出征，必致守城之人陷于危难矣。东有朝鲜，北有蒙古，此二国皆与我陌生，若舍此西征大明，则必有后顾之忧。需更筑坚城，酌留守兵，以解后患，即可安心南征。
>
> 诸贝勒大臣谏曰：若弃所得城郭所居之室庐，于新地筑城建房，恐力所不能，劳苦国人也。
>
> 汗曰：我与大国构兵，岂能即图安逸乎？尔惟虑一时之小劳苦，而我所图者大也，若惜一时之小劳，何能成将来之大业耶？可令汉人筑城，至于庐舍，可令各主营建，如此，其劳无几也！
>
> 自八月始，于太子河北岸山岗建城池。"

这段记载，与前述《满洲实录》卷7所记天命七年三月汗、贝勒大臣议建东京之事基本一样。唯一不同的是，《满文老档》在记完汗决定建东京之后，又明确写道，"自八月始，于太子河北岸山岗建城池"。可见"东京城"的确是在天命六年八月开始兴建的（也许六月是准备施工），《满洲实录》卷7的记述，是把时间写错了。

《满文老档·太祖》卷38又载："（天命七年三月）初四日，汗与众福晋率蒙古来归之贝勒、福晋，前往新移之地宴劳之。汗命将为诸贝勒修房舍、喂养官牛之人放还耕田，当差人留之。"可见此时东京城已经修建完毕，才能将为贝勒修房之人"放还耕田"，而不是如《满洲实录》《清太祖实录》等所记此时方才议修新城。同书卷40又载：四月初四日，"汗于筑新城之地，召集察哈尔、喀尔喀前来之诸贝勒，及广宁之官员等，大宴之，赐蒙古为首之九贝勒各伞一柄、旗四面。汗于筑城之前，由辽阳城迁来"。这更说明在此之前东京城已修建完毕了。

东京城在太子河东，离辽阳城8里。"城周围六里零十步，高三丈五尺，东西广二百八十丈，南北袤二百六十二丈五尺"。有8个城门，东、南、西、北各两个城门，东门叫抚近门、内治门，西门是怀远门、外攘门，南门为德胜门、天祐门，北门系福胜门、地载门。[①]

东京城内有汗宫及贝勒、大臣府第。汗的宫和殿分设两处。汗的殿堂，即办事的"大衙门"，为八角形，俗称"八角金殿"或"八角殿"，内外有排柱16根，殿顶系用黄琉璃瓦镶绿釉瓦边的黄绿两色琉璃瓦铺成，殿内和丹墀铺满六角形绿釉砖。汗宫在距八角殿西一百余米处的全城制高点上，它建立在人工修建的高约7米、面积约256平方米的土台之上。据海城县黄瓦窑世袭盛京工部五品官的掌窑主的《侯氏宗谱》记载，其曾祖侯振举曾"随任关东，以辅大清高皇帝兴师北伐以得辽阳，即建都东京。于天命七年修造八角金殿，需用琉璃龙砖彩瓦，即命余曾祖振举公董督其事，特受夫千总之职"。[②]

龙砖彩瓦由于出自黄瓦窑的琉璃厂，才使东京城的宫殿辉煌壮观。

简要叙述了东京城兴建的时间及其基本情形后，便可以评论努尔哈赤兴建此城的是非得失了。努尔哈赤所举建城的理由，是因为辽阳旧城处于朝鲜、蒙古、明朝之间，形势不好，必修坚城，才能放心伐明。这个理由，初看起来，似乎说得头头是道，根据充分，但略加推敲，便知此说犹如水上浮萍，完全站不住脚。蒙古、朝鲜、明朝确都很讨厌金国，都想削弱其力消灭其国，但是，他们有这个力量吗？没有，朝鲜既小又弱，蒙古各部分裂互斗，明王朝腐朽之极，自保尚且不暇，哪能派

---

① 杨镳：康熙二十年《辽阳州志》卷1，《京城志》。

② 沈阳故宫博物院编：《盛京皇宫》，紫禁城出版社1987年版。

遣大军进攻、歼灭金国？进驻辽沈以后十几年的历史实践，证明了努尔哈赤的推测是错误的，没有必要舍弃旧城，另建新城。

何况，金军入占辽沈，本已引起辽民反抗，再加上筑城大工，金派役夫成千上万，残酷鞭打督责，害得多少百姓家破人亡，阶级矛盾、民族矛盾更加尖锐。这个劳民伤财祸害辽民的新城兴建，实在是既无必要，也得不偿失，反致民心的背弃。努尔哈赤之所以要建新城，不过表明此时他的信心不够，进取精神差了一些，故采取保守、守卫政策而已。

东京建好后，不到四年，努尔哈赤又提出迁都沈阳的主张。天命十年（1625年）三月初一日，努尔哈赤欲迁都沈阳，与诸贝勒大臣商议。诸贝勒大臣皆不同意，谏阻说："迩者筑城东京，宫室既建，而民之庐舍尚未完缮，今复迁移，岁荒食匮，又兴大役，恐烦苦我国。"①

努尔哈赤很不高兴，"不允"诸贝勒大臣之谏，宣布决定迁都沈阳说：

> "沈阳，四通八达之处，西征明国，从都尔弼渡辽河，路直且近。北征蒙古，二三日可至。南征朝鲜，自清河路可进。沈阳浑河通苏克素护河，于苏克素护河上流处伐木，顺流而下，材木不可胜用。出游打猎，山近兽多，且河中水族亦可捕取矣。吾筹虑已定，故欲迁都，汝等何故不从？"②

三月初一日，努尔哈赤宣布迁都沈阳。初三日，"辰时，出东京，谒父、祖之墓，祭扫清明"。祭扫完毕，前往沈阳，宿于虎皮驿堡。初四日未时（13—15时），进入沈阳城。③

五年之内，三易其地，一由赫图阿拉迁都辽阳城，再由辽阳旧城迁住东京城，又由东京移都沈阳。迁移虽三次，原因和意义却有所不同。第一次迁都辽阳，充分体现了努尔哈赤胸怀大志，要长期驻镇辽东，且要继续前进，占据明朝更多领地。第二次迁居东京，则主要是着眼于守住辽东，没有进取关内的想法。这次要迁都沈阳，则和第一次迁都辽阳有相同之处，这就是67岁的努尔哈赤宝刀不老，壮志凌云，想要尽踞全

---

① 《高皇帝实录》卷9。

② 《满洲实录》卷8。

③ 《满文老档·太祖》卷64。

辽，并要打进关内。他很可能是想仿效老祖先金国太宗皇帝完颜晟，赶走明朝天启皇帝，定都燕京，君临北部中国，这从他10个月以后大举进攻宁远上可以看得出来。因此，他力排众议，宣布"吾筹虑已定，故欲迁都，汝等何故不从"，显然是对贝勒大臣加以斥责了。并且，不等沈阳宫殿是否修建及完工，便于第三天，三月初三日即率领福晋、贝勒、大臣军民人等出发，初四日进入沈阳，仅仅三天的时间，就从商议到移居，完成了迁都的工作，可见其决心之大，办事之果断。这样勇于进取的精神，远远超过了当时的诸贝勒、大臣。努尔哈赤此举是十分正确的，对金国的发展起了重大作用。

努尔哈赤迁都沈阳后，住居在汗宫的沈阳城北的镇边门里，并非盛京皇宫大内的清宁宫。汗宫是一座长方形两进院落组成的建筑，南向，正南为山门，入门为第一进院落，东西无对称建筑。第二进院落的建筑是筑在高台之上，正面是一座三间的正殿，殿顶由黄、绿两色琉璃瓦铺成。正殿东西两侧各有面阔为三间的配殿一座。汗宫为硬山高台建筑，墙、门、配殿均用绿色琉璃瓦。正殿则为黄琉璃瓦加镶绿琉璃瓦边。汗的办公殿堂是大政殿与十王亭。

大政殿建在约1.5米高的"须弥座"上，台基上绕以雕刻精细的荷叶、净瓶状石栏杆，周围出廊，各间为"斧头眼"式隔扇门，内为"彻上明造"斗栱倒藻井天花，外檐为五踩双下昂斗横栱，殿顶为八角重檐攒尖式，满铺黄琉璃瓦绿剪边。现今的大政殿虽经历代修缮，多次油饰彩画，陛石栏杆等部分或许为后来所增建，但大政殿与十王亭等建筑仍保存盛京皇宫早期建筑的风貌。

大政殿，最早称为大衙门，满文写作"amba yamun"。清入关前，满文将"殿"均写成"衙门"，意为办事的衙署。而将宫室则写成"boo"，意为寝所居处，称"房子"或"家"，康熙初年依然如此。后来由于借用汉语词汇，才将"殿"和"宫"改写为"deyen"或"gung"。

在大政殿的东西两侧，依序排列着十座亭，其中最靠近大政殿向前略为突出的两座亭子，为左、右翼王亭。其余八亭则按八旗旗序呈燕翅状排开。其东侧为左翼王和镶黄、正白、镶白、正蓝四旗王亭；西为右翼王和正黄、正红、镶红、镶蓝四旗王亭，合计十亭，人称"十王亭"或"八旗亭"。这些亭子与大政殿构成东路一组院落，是努尔哈赤时期殿宇建筑的重要部分。从大政殿与十王亭的建筑布局看，殿与亭形成一个不可分割的整体，显得雄伟壮观而又十分和谐。

"八旗亭"的建筑形式，是清初建立的八旗制度，确立以八和硕贝勒共治国政的具体反映，这在中国宫廷建筑史上是空前绝后的。

综观盛京皇宫的早期建筑，当分为努尔哈赤时期创建的汗宫、大政殿与十王亭，以及皇太极续建的大内宫阙，即中路纵深建筑。天命十一年（1626年）皇太极赞承大统后，在其原建王府的基址上拓建皇宫，形成今日沈阳故宫的中路建筑。

皇太极继努尔哈赤之后续建的皇宫部分，由南至北，为今沈阳故宫大清门外越马路约百米处的南琉璃照壁墙和它以北的东西各五间的朝房、奏乐亭、内三院（后改为内务府）以及宫墙外的东西下马碑、西下马碑北的轿马场。崇德二年（1637年）又立了文德、武功二坊，并做了街门（俗称东、西华门）。

进大清门向北，为崇政殿、凤凰楼、清宁宫等高台五宫、两小配宫，之后便是宫廷生活所需的附属建筑，诸如御膳房、宫仓、肉楼等。此外，还在大内宫阙内外建有果楼、熬蜜房、粉子房、炭楼以及存储金银绸缎和奇珍异宝的库房、亲军值宿的"堆子房"等。

皇太极续建皇宫的主体建筑，即大内宫阙的大清门、崇政殿、凤凰楼及清宁宫等高台五宫，最早当成建于天聪六年（1632年）迟至天聪十年（1636年）改元以前。其余的建筑最迟完成于崇德二年。天聪十年四月为宫殿命名，说明上述建筑已全部竣工。但实际上从天聪六年起始，主体建筑已陆续建成。

进入大清门，中间为御路，沿御路向北不过百米，登上月台，便是金碧辉煌的皇宫正殿——崇政殿，俗称金銮殿。崇政殿居皇宫大内中路建筑的正中，是一座面阔五间、硬山前后廊建筑，周围有石栏杆围绕，雕有麒麟、狮子和梅、葵、莲等纹饰。其山墙顶端和正脊上镶嵌着做工精美、栩栩如生的五彩琉璃赶珠龙，两端为"蚩吻"。

崇政殿的廊柱、殿柱皆髹以朱红色，十分耀眼。廊柱为方形，殿柱为圆形。两柱间用一条雕刻精细的整龙连接，而将龙头探出檐外，龙尾直入殿中。这种构造，使实用与装饰融为一体，既增强了皇家殿宇的神秘气氛，且对整个金銮宝殿建筑也起到了美化作用。殿内顶棚为"彻上明造"，不饰天花。望板上用和玺彩画的手法彩绘蓝地白云，给人一种高洁之感。梁檩椽枋，又依材之大小，彩绘云龙、仙桃等等，美不胜收。在殿堂正中，则建有"凸"字形堂陛，全部为木结构。脊梁椽柱，一应俱全，色彩鲜艳，绚丽多姿。殿内四根金柱，为沥粉贴金的金龙蟠柱，金龙姿态生动，做工精细。殿内设有屏风、宝座。

凤凰楼是坐落在崇政殿后，建在人工堆砌的近4米高台上的3层单檐黄琉璃瓦绿剪边式建筑。它高耸矗立，雕梁画栋，别具风姿。凤凰楼，前有殿，后有宫，穿过楼下中门直通高台上的后妃生活区。这一组建筑构成了一座城堡式的独特建筑群。高台下砌有高墙围绕，墙下为更道。每当夜幕降临，皇宫大内万籁俱寂，各宫烛灯高挑之时，值更的禁卫军披挂整齐，便开始了紧张的巡更守夜。夜深人静，不断传来梆声和铜锣声，这座红墙环绕的大内宫阙更显得森严而静谧。

凤凰楼既是后宫的大门，又是整个宫殿建筑的制高点，在当时的盛京城亦堪称最高的建筑物。每当东方现出鱼肚色时，登上凤凰楼，便可看到喷薄欲出的一轮红日从东方冉冉升起。极目远眺，则盛京城的诸般美景尽收眼底，令人心旷神怡。当年的凤凰楼曾以"凤楼晓日"被誉为"盛京八景"之一。

清宁宫在台上五宫中，居中面南，为五间硬山前后廊式建筑，屋顶满铺黄琉璃加绿剪边，正脊为五彩琉璃，其纹饰中间为五彩火焰珠，两侧有作前进状的行龙、展翅欲飞的凤凰、含苞待放的荷花及莲藕，四条垂脊亦为五彩琉璃。整座建筑显示出居住者的贵宠地位及皇家气派。

清宁宫四周绕以较低矮的女墙，东次间开门，为正门。内东间亦有一小门。正门口面高7尺1寸5分，宽3尺1寸2分。东间称"暖阁"，是皇太极与皇后博尔济吉特氏哲哲的寝宫。暖阁正中有一道间壁，把寝宫分为南北二室。二室各有炕，称"龙床"。房屋皆不大，南炕临窗，炕长1丈2尺2寸5分，宽5尺4寸；北炕长1丈2尺2寸5分，宽5尺6寸。这种设计极为巧妙，完全适于北方气候温差较大的特点。由于"胡天八月即飞雪"，漫长的冬季气候寒冷，此时移住南炕，既明亮，又有充足的阳光照晒，自然十分暖和；而时至炎夏酷暑，避住北炕，则很凉爽，因此这是理想的起居之处。

清宁宫西四间，为宽敞的堂屋，一进正门，南西北有成"匚"形的"万字炕"，炕上铺红白毡条，有炕桌，冬季还添置火盆。①

---

① 沈阳故宫博物院编：《盛京皇宫》，紫禁城出版社1987年版。

十、治国无方　虐待辽民
田荒人逃　百业凋敝

（一）辽东经济民生明金对比

这里说的辽东、辽东地区，指的是明王朝辽东都司直接辖治的地方，不包括在广义上说也是明朝子民的建州、海西、野人女真居住的地区，是抚顺关等关边墙以内的地区。这里说的金、金国，是包括天命、天聪、崇德年间努尔哈赤、皇太极父子相继执政的后金国、金国、大清国，具体的时间是天命元年到崇德八年（1616－1643年）。

天命六年（1621年）金军攻占辽阳、沈阳，七年正月轻取广宁，明军退宁锦州以内，从此辽东成为金国辖区。皇太极宣称，"我朝兵强国富"。在他辖制之下，辽东地区的经济、民生是否真的有这样好？国家富强，经济真发达，满汉人民殷实？辽东经济、民生究竟是什么样的状况？现有论著对此没有论述。本书想做些探索。史料表明在天命七年（天启元年1622年）以前明国的辽东辖区，人口众多，经济发达。

明嘉靖十六年重修的《辽东志》卷3，《兵食志》载，辽东都司定辽左等25卫2州，户口275155，马队额军52282名，步队额军37495名，召集军13627名，屯田军18603名，煎监军1174名，炒铁军1548名，寄籍民7109名，操马55198匹，边墩1067座。

明嘉靖十六年（1537年），官府人丁册簿上登记的户口275155名，加上寄籍民7109名，还有马军、步军、屯田军、召集军、盐军、铁军124729名，连带家口，有上百万人了。并且，这只是官府簿册登记的必须纳粮当差的人口数，还有许许多多未曾登记在册的人，恐怕其人数还将倍于册上之人呢！

这不是无根据的妄测，请看以下几条史料。过了28年，嘉靖四十四年修的《全辽志》卷2，《赋役志》载，辽东都司，"户九万六千四百四十一，口三十八万一千四百九十六"，仅比《辽东志》的户口275155名，加上寄籍民7109名，多了10万人。可是，万历末年、天启初年，除了遭受金军屠杀和逃往朝鲜的几十万人以外，仅逃入山海关内的"军民

溃入者，且二百八十万矣"。^①

天命七年（1622年），将广宁、锦州等9卫居民，迁住沈阳、金州、复州、辽阳等地，其中，锦州有男丁8728丁，20550口，右屯卫男丁4537丁，家口8864人，白土厂、镇安堡有男丁9238丁，人口21150人。^②仅这三处已知之数，就有22503丁和50564口。如果算上这9个卫迁走之人，当在10万人以上。

再加上河西沈阳、辽阳、开原、铁岭、复州、海州、盖州、金州、镇江等大片地区未逃之人，把明末辽东地区的人口数，定在500万以上，应该是有根据的。

明嘉靖四十四年修的《全辽志》卷2，《赋役》载：

"田赋，辽东都司定辽中等二十五卫永宁监额田三万八千四百一十五顷三亩，额粮三十七万七千七百八十九石七斗，额草三百五十三万二千六百六十一束，额监三百七十二万七千一百七十七斤，额铁四十二万一百五十斤，额贡五味子三百斤，人参五百斤，鱼课银六百二十九两，苇炭银六百两，盐课银无定数，课程银无定数，铜钱五十二万二千一百六十文，金复盖海草豆价银一万一千八十两五分，清河等堡开垦荒田科粮准作年例银四百三十一两九钱四分，马价银一万四千七十两，定辽中卫野猫湖书院官田三顷佃户岁租粟七十二石，柴三十车。"

此时，军屯有田38415顷，即384万余亩。嘉靖四十四年（1565年）辽东巡按李辅称辽东是"土宜稼穑"之"沃土"，辽民既多达数百万，必会大力垦种田地，到了明末，军田、民田当有数百万到千万亩了。

《辽东志》卷3引时人评述说：嘉靖年间，辽东"家给人足，都鄙廪庾皆满，货贿羡斥，每岁终辇至京师，物价为之减半"。

巡按李辅说：

"余按部所至，时时召父老为余言，土宜稼穑，泽宜鱼鲜，山之东南者宜材木，虽豚牛羊狗马之利，富豪以十百数，编户亦自给焉。民非

① 王在晋：《三朝辽事实录》卷9，五月戊辰，王在晋奏。

②《满文老档·太祖》卷34、35。

甚窳惰即能自食其力，固古之所谓沃土软。"①

《全辽志》卷4，《方物志》又写道：

"薛子曰：按周礼，东北曰：幽州。出山镇曰：医亚闾。其泽薮曰：鸡养。其川河沸其浸蓄时，其利鱼盐，辽物产之丰，由来尚矣。国初疮癣新果愈，民习勤苦，百余年来兵戢不试，事简俗质，是故田人富谷，泽人富鲜，山人富材，海人富货，其得易，其直廉，民便利之。"

"家给人足"，仓库"皆满"，"田人富谷，泽人富鲜，山人富材，海人富货"，这就是嘉靖年间辽东地区"物产之丰"，民生之裕的写照。到了天启元年（天命六年，1621年），金州、复州、盖州，"素为膏腴之地"。开原"城大而民众，物力颇饶""金钱财货，何止数百万"。沈阳、辽阳，兵民众多，商贾云集，相当繁华。金军于天命六年三月攻下辽阳时，"辽之商贾，死者四五万人"，可见辽阳及全辽商人之多，商业之发达。明辽东经略熊廷弼说，如果努尔哈赤"全有辽镇，所获金钱财货，何止数千万"。②

这就是明朝辖治之下辽东地区人多、田多、粮多、物多、钱多，富裕的真实情形。

金天命六年（明天启元年，1621年）三月，金军攻下辽阳、沈阳，第二年正月轻取广宁以后，锦州以东的主要辽东地区成为金国辖地，辽东的经济、民生，又是什么样情形呢？

金国汗及随后改称宽温仁圣皇帝的皇太极先后两次作了总结性的论述。

崇德三年（1638年）七月十六日，皇太极说："朕蒙天垂佑，各国臣服，财用饶裕。当时之际，我国新旧人等，有穷困无妻奴马匹者。""今养此穷困之人，财物牲畜，何物不有。"③

崇德七年三月十六日，皇太极谕诸王、贝勒：

①《全辽志》卷4，《方物志》。
②熊廷弼：《河东诸城溃陷记》；《明经世文编》卷480；王在晋：《三朝辽事实录》卷4；《明熹宗实录》卷90。
③《清太宗实录》卷42，第12页。

"朕蒙皇天眷顾，昔时金国所属，尽为我有，沿海一带自东北以迄西北，至使犬，使鹿，产黑狐黑貂等国及厄鲁特国，在在臣服，元裔朝鲜，悉入版图，所获明国官民，不啻数百万，恩威远播，所向无敌。……唯是我朝，兵强国富，尚且谆谆愿和。"①

按照皇太极所说，"各国臣服，财用饶裕""财物牲畜，何物不有""我朝兵强国富"，那么大清国所辖辽东地区，远比明朝时的辽东更好，不仅"国富""财用饶裕""何物不有"，比明朝时的辽东更富，而且"兵强""各国臣服"，不像明朝屡被金军打败，还被蒙古侵扰，此时的辽东，当是福地乐土了！

辽东的经济、民生，真有皇太极所说的那样好吗？

其实，要解答这个问题，本来并不难，甚至可以说是很容易的。只要大清国的户部提供金国人丁、田地、赋银和财政收支数目，就可以明了金国经济、民生的基本情形了。可是，虽然金国从天聪五年（1632年）就设立了吏户礼兵刑工六部，但迄今为止，没有发现有这方面的资料，看来只有从崇德八年（1643年）以后的文献，寻找可靠史料了。

明朝辽东都司直接辖治的大部分地方，清朝顺治年间改称为奉天府。以下三个方面的情形，有助于了解金国辽东地区经济、民生情形。一是从天命六年（1621年）金军进据辽东起，直到顺治元年（1644年）清帝入主中原。这20多年里，尽管努尔哈赤、皇太极多次遣军征战，但打仗的战场都在国外，在明朝、朝鲜、蒙古、吉林、黑龙江野人女真地区。顺治年间，清帝先后派遣18位大将军，南征北战，统一金国，也未在奉天府打仗，因此，辽东地区没有遭受战争的直接破坏影响，不致因长期打仗出现家破人亡、田荒城坏的悲剧。二是从天命六年到顺治十八年（1661年）的40年里，辽东地区没有发生赤地千里，一片汪洋，淹没多个州县的大旱灾大水灾。三是顺治元年清帝下诏，"免盛京满洲，汉人额输粮草布匹"。②辽东居民不交粮赋，不致因赋重难交，而卖儿卖女，流离失所，背井离乡。

①《清太宗实录》卷59，第20页。
②《清世祖实录》卷6，第8页。

在这样的条件之下，顺治年间奉天府的经济、民生情形，应该和崇德七年、八年的状况无甚差别，可以作为崇德八年以前情形的真实反映了。现在请看三个数字和一道奏疏。

三个数字是奉天、锦州二府的人丁、田地、赋银数目。《清朝文献通考》卷1载：顺治十六年，"天下田地共五百四十九万三千五百七十六顷四十亩，田赋银二千一百五十七万六千六两，粮六百四十七万九千四百六十五石，各有奇"。"奉天、锦州二府，计六百九顷三十二亩有奇。田赋银一千八百二十七两有奇"。同书卷19载：顺治十八年，"总计直省人丁二千一百有六万八千六百有九口"，"奉天人丁五千五百五十七"。奉天、锦州二府，即原来明朝全部辽东都司直接辖治的地区，当时曾有田地几百万亩到一千万亩，现在只有60900亩，只为明朝田地的1%。奉天人丁5557丁，也仅为明朝人丁的1%。减少太多了。

一道奏疏，是顺治十八年五月初九日奉天府府尹张尚贤的奏疏。张尚贤奏：

"盛京形势，自兴京至山海关，东西千余里，开原至金州，南北亦千余里，又有河东、河西之分。以外而言，河东北起开原，由西南至黄泥洼、牛庄，乃明季昔日边防。自牛庄，由三岔河，南至盖州、复州、金州、旅顺，转而东至红嘴、归复、黄骨岛、凤凰城、镇江、鸭绿江口，皆明季昔日海防，此河东边海之大略也。河西自山海关以东，至中前所、前卫、后所、沙河、宁远、连山、塔山、杏山、松山、锦州、大凌河，北面皆边，南面皆海，所谓一条边耳，独广宁一城，南至间阳驿，拾山站，右屯卫海口，相去百余里，北至我朝新插之边，相去数十里。东至盘山驿，高平沙岭，以至三岔河之马圈此河西边海之大略也。合河东河西之边海，以观之，黄沙满目，一望荒凉，倘有奸贼暴发，海寇突至，猝难捍御，此外患之可虑者。以内而言，河东城堡虽多，皆成荒土，独奉天、辽阳、海城三处，稍成府县之规，而辽、海两处，仍无城池。如盖州、凤凰城、金州，不过数百人，铁岭、抚顺，惟有流徙诸人，不能耕种，又无生聚，只身者，逃去大半，略有家口者，仅老死此地，实无益于地方，此河东腹裏之大略也。河西城堡更多，人民稀少，独宁远、锦州、广宁，人民凑集，仅有佐领一员，不知于地方如何料理，此河西腹裹之大略也。合河东河西之腹裹观之，荒城废堡，败瓦颓垣，沃野千里，有土无人，全无可恃，此内忧之甚者。臣朝夕思维，欲弭外患，必当筹划提防，欲消内忧，必当充实根本，以图久远之策，下部议。"①

男丁只有5000多，田地才60900亩，"黄沙满目，一望荒凉""荒城废堡，败瓦颓垣，沃野千里，有土无人"，昔日人口数百万，良田数万顷（1顷为100亩），商贾数以万计，"物产之丰""廪庾皆满"的辽东，竟沦落到如此悲惨景状。可见，皇太极之圣谕，完全是谎言。

如果辩解说，此乃顺治十六年、十八年之情，不能当作是大清国当时的境况，那么，请看看下述金国辽东经济、民生实情的七大证据。

（二）金国辽东经济、民生实情的七大证据

金国辽东经济、民生的实际情形，可以从七个方面来叙述，也可以说是七大证据。

其一，满洲男丁减半。满洲男丁是金国大清国的国家根本。从明万历四十三年（1615年）努尔哈赤建立八旗制起，到清朝顺治五年（1648年）满洲男丁减少了很多。1615年建八旗时，八旗有200个牛录（佐领），每个牛录有丁300名，共60000丁。此后，并叶赫，征抚吉林、黑龙江的野人女真，收编了三四万丁。从1615年到1648年，为34年，应该滋生多少男丁呢？

看看入关以后管户部的亲王、大学士之三道题本奏本，有助于了解这个问题。

顺治十四年（1657年）十月十八日，大学士管户部事务车克题称，顺治十一年，满洲八旗有男丁49660丁，十四年有男丁49695丁。

雍正元年（1723年）五月初四日，总理户部事怡亲王允祥奏，顺治五年《八旗编审男丁册》载，满洲八旗有男丁55300丁。

①《清世祖实录》卷2，第25、26页。

雍正二年十一月初七日，允祥又奏，康熙五十九年（1720年）满洲八旗有男丁154117丁。①

以这三道题本奏为主，结合有关史料，可以看出两个问题。一是从顺治五年到康熙五十九年的67年间满洲男丁增长的数字看，顺治五年是55300丁，康熙五十九年是154117丁，增加了近2倍，平均每年增加1475丁，每10年增加14750丁。

二是清崇德八年（1643年）八旗有309个佐领，每佐领200丁，共约62000丁。自清太祖1615年定八旗制度起到崇德八年，足足有28年，若按顺治五年到康熙五十九年的平均增长男丁数推算，应滋生增加41300丁，再加上并叶赫、野人女真增加的三四万丁，则崇德八年，应有满洲男丁14万丁，应比1615年增加8万丁，可是崇德八年只有62000丁，这就是说，按正常条件看，满洲男丁减少了一半还略多一点。

其二，辽民人口剧减。明末辽东约有500万人口，天命七年（1622年）正月金军轻取广宁后，一下子逃入关内的军民就有280万，加上之前杀戮和逃往朝鲜、沿海岛屿、登州的辽民，又有几十万。

努尔哈赤于天命六年（1621年）三月二十一日打下辽阳后的9个多月里，占据了辽河以东地区。天命七年正月初四日，金国汗努尔哈赤将"河东汉人"分赐满汉官将辖领。"给女真督堂、总兵官三千丁，副将各一千七百丁，参将、游击各二千丁"。②

照此推算，八旗240多个牛录的女真督堂、总兵官、副将、参将、游击、守备，辖领二十三四万丁，加上总兵官李永芳、佟养性，副将金玉和、刘兴祚，游击李思忠，等等，汉官辖领的汉民几万丁，总数是二十七八万丁。

天命七年正月二十四日下广宁，二月初三日，努尔哈赤下达汗谕，命将河西广宁等九卫汉民移往河东盖州等地。其中，锦州二卫驻广宁，右屯卫迁金州、复州，义州一卫迁盖州，义州另一卫迁威宁营，广宁四卫之中，三卫迁沈阳，一卫迁奉集堡。过了23天，二月二十七日又改定，广宁四卫之人安置于沈阳、奉集堡、威宁营、蒲河，锦州之人安置于岫岩、青苔峪、析木城。③

①《历史档案》1988年第10期，《清初编审八旗男丁满文档案选编》。
②《满文老档·太祖》卷32。
③《满文老档·太祖》卷34、35。

广宁等河西九卫汉民迁往河东的总的人数，没有史料说明，但其中的一些地方，迁移的人口，在《满文老档》里有记载，比如：二月初五日起程的"锦州城之户口"，"经查点有妇孺七千六百三十四人，男丁六千一百五十人，共一万三千七百八十四口"①，"右屯卫所属男丁共四千五百三十七人，家口八千八百六十四人"。二月初十日，"移白土丁二万户口，居于广宁"。②二月十七日，"锦州卫男丁数八千七百二十八人，人口数二万零五百五十口"。③姑以每卫男丁5000计算，河西九卫迁到河东沈阳、盖州等地居住的汉民，可能有四五万丁。

这样一来，天命七年春，金国辖区的汉民在30万丁左右。此后，天命年间，辽民不断地大量逃走。天聪、崇德年间，辽民也继续逃亡，姑举数例。天聪四年（1629年）初十日，皇太极谕大小诸臣："此番所俘之人，当使衣食赡足，毋致失所，盖抚养有法，彼焉肯逃亡。"④

《清太宗实录》卷12，第16、17页载，天聪六年八月初一日：

"上以旋师以来，大凌河归降汉人，逃者甚众，召额驸佟养性，及文馆诸臣，宣谕大凌河归降官员曰：尔等被围三月，天以与我，我不忍加诛，故携尔等至此，给以衣食，与以妻室，厚加抚恤，使我兵为尔等所获，岂特不加养赡，即首领其能保乎。尔等当孩赤之时，养之者父母也，今朕衣食以养之，朕即尔等之父母也，鞠养之恩，如何可忘。尔等在明国，统属千万人，今所与尔统属者，约不过四五十人，或二三十人耳，有何繁多，而不各加训饬抚养，竟任其逃亡也。岂以此番出兵，从宣府议和而还，恐不得与妻子相见，故如此耶。"

天聪七年六月初二，皇太极下达汗谕，严禁扰害辽民，违者处死。《清太宗实录》卷14，第10页载：

"上谕曰：乡者我国将士，于辽民多所扰害，至今诉告不息，今新附之众，一切勿得侵扰，此辈乃攻克明地，涉险来归，求庇于我，若仍

①《满文老档·太祖》卷35。
②③《满文老档·太祖》卷36。
④《清太宗实录》卷7，第3页。

前骚扰，实为乱首，违者并妻子处死，必不姑恕。"

明参将孔有德、耿仲明于天聪七年五月率部降金，几个月后，耿仲明所辖归顺官兵，已经逃走数百人。①

天聪九年正月二十七日，副将、文馆官鲍承先上疏，力言不应对都元帅孔有德、耿仲明过于优遇。皇太极不以为然，谕告鲍承先："此奏未是，辽东汉人相继逃遁，而元帅率众航海，远来投诚，厥功匪小。"②半年多以后，皇太极更封孔有德为恭顺王，耿仲明为怀顺王。

天聪八年十一月二十日，甲喇章京殷廷辂因所辖汉民耗损太多等罪，被皇太极谕令斩杀。《清太宗实录》卷21，第10页载：

"时考察管辖汉民各官，以抚养之善否，户口之繁减，分别优劣。甲喇章京殷廷辂所辖，耗损甚多，诘其故，则称俱在诸贝勒大臣，及民人之家，已造汉人姓名，及容留人姓名册籍，送于考察大臣，后复伴为遗忘，更改一册，诡称逃亡病故，与前册绝不相符，所司校对，知属假造。事闻，上以其不善抚恤，既致民数耗损，且素行诡谲，遂诛之。笔贴式席喇布，为廷辂改造册籍，亦鞭一百，贯耳鼻。"

天聪九年七月二十五日，甄别管理汉人的官员所辖壮丁增减情形及赏罚处理。《清太宗实录》卷24，第7、8、9页载：

"分别管理汉人官员，以各堡生聚多寡，黜陟之。一等甲喇章京李思忠，原管壮丁六百一十五名，凡七年，增丁一百一十三名，陞为三等梅勒章京。牛录章京杨子渭原管壮丁九百八十六名，凡七年增丁一百六十一名，陞为三等甲喇章京。废官佟三，原管壮丁九百二十三名，凡五年，增丁七十八名，生聚虽少，以其革职后，能实心任事，优陞为三等甲喇章京。牛录章京吴裕原管壮丁二百二十名，凡三年，增丁一百六十名，生聚甚多，陞为三等甲喇章京。三等梅勒章京李国翰，原管壮丁三百六十名，凡四年增丁二百四十三名，又曾输捐粮米五十五石，以养贫

---

① 《清太宗实录》卷17，第31页。

② 《清太宗实录》卷22，第12页。

民，虽值歉岁，仍生聚繁衍，陞为二等梅勒章京。高鸿中，原管壮丁六百七名，今减一百四十一名；张士彦，原管壮丁四百五十名，今减一百二十八名；金玉和，原管壮丁八百四十四名，凡八年，减一百六十九名；李时馨原管壮丁七百七十六名，今减一百三名；张大猷原管壮丁六百名，今减一百八十一名；祝世荫原管壮丁八百名，今减二百六十名；吴守进，原管壮丁七百八十一名，今减三百六十六名，各罚银百两。高拱极，原管壮丁二百六十八名，今减一百五十一名，蒲时雍，原管壮丁一百九十九名，今减一百一十二名，俱革职为民。杨兴国，原管壮丁八百名，今减三百七十二名，革职为民，仍罚银百两。马如龙死，金海塞接管壮丁，减二百八十七名，罚银百两，革去旗鼓，永与本贝勒为奴。"

此处实录列举了16名官员，加上8个多月前甲喇章京殷廷辂所辖汉民"耗损甚多"，并谎称系"逃亡病故"，而被斩杀。[①]则一共是17员官员。17位管辖汉民官员中，写明辖丁具体数量的有16位，其中还有一位只有减少丁数，没有原来丁数。从上述记载，可以表明两个问题。一是增丁的官员很少，只有5位，占总数17位的39%，而减丁之官有12位，占官员总数的70%强。二是在写明壮丁原有数和减丁数的10位官员中，原有丁6115丁，现减丁1983丁，占壮丁总数的30.8%，已减得够多了。加上还有一位官员只有减丁数而无原有丁数的金海塞，因减丁287名，被革职，且罚永远给本贝勒为奴，则减丁的比率还要增加一点。

既名为"壮丁"，不是年老幼小，那么在五年六年七年之中，应该说是不会统统因病而死吧。那么，缘何减少，并且减少很多，减丁比例高达原有壮丁总数的30.8%，其故安在？看来只能说是与大量逃走有关了。

其三，君富、王富、将富。金国、大清国"兵强国富"了，辖地广达一二百万平方公里，但是，哪些金国人员，能够享受到"兵强国富"的成果？最简单也是最准确的答案是六个字"君富、王富、将富"。清太祖努尔哈赤原先是建州左卫女真之中一个小部头人的儿子，"自幼贫苦"，19岁与父分家时，"（其父）给予阿哈、牲畜甚少"。至于努尔哈赤的子孙侄儿，即所谓的宗室，皇太极揭他们的老底说：你们当年也不富裕，出征行猎之时，"仆从甚少""各自看守马匹，煮饭，敷陈马鞍而行"。①然而今非昔比，皇太极尊为天聪汗、宽温仁圣皇帝，宗室们接连成为亲王、郡王、贝勒，姑且不说他们拥有众多阿哈、庄园，单就出征所获人畜财帛而言，金银珠宝人口马牛就多得不得了。一是金国汗规定，征战所获珍重之物，皆为"公家"应得之物：《清太宗实录》卷31，第2、12页载：崇德元年（1636年）英郡王阿济格，统军往征明国，入长城，过保定府，至安州，"克十二城，五十六战皆捷，共俘获人口牲畜十七万九千八百二十"。九月二十八日，阿济格等将士凯旋。十月初五：

"多罗武英郡王阿济格，多罗饶余贝勒阿巴泰，进献所获金玉蟒缎等物。十八固山额真，进马匹、蟒缎、文绮、玉壶、酒卮等物，时固山额真等，以所获诸物，陈于笃恭殿前。上命部臣察验大臣进献诸物美恶，部臣察验奏闻，上曰：凡臣下进献之物，无论大小，皆当将以诚敬之心，朕闻拜尹图，不忘君上，俘获之时，即拣择收藏，携归进献，具见敬忱，甚为可嘉。吴赖、谭泰、阿代、阿山、伊拜、舒纳、篇古、萨穆什喀等所献，亦属可嘉，其余叶克书、恩格图、布彦代、叶臣、图尔格、扈什布、达尔哈、达赖等，不念君上，止图利己，并未加谨拣择，仅于中途逼索军士所得，苟且塞责，甚不合理。"

十月初七日：

"谕曰：向来定例，凡出兵所获，一切珍重之物，应归公者，即送该管固山额真，隐藏者罪之，此外别有所得，方许入己。近闻诸人所得之物，不赴该管固山额真牛录处交纳，竟自隐藏，反讦言此系我所得，此系我家人所得，意欲取媚，各图私献，如此之人，所献者少，所隐者多，乃假公济私，巧诈之谋也。况阵获诸物皆为公家所应得，私受者固失大体，私进者亦由侵欺，今后凡有所得送该管固山额真，总收籍记，当如拜尹图择人收藏敬谨归公，方为合理。"

①《满文老档·太宗·天聪》卷23；《清太宗实录》卷30，第21页；《满洲实录》卷1，满文体。

早在天命四年（1619年）金军攻下开原时，努尔哈赤就规定，金银只归八家贝勒所有。《满文老档·太祖》卷10载："开原一战，获金银、缎绸、蟒缎等物甚多，余物众军士平分之，金银则未分与外人，皆由八家诸贝勒得之。至于未得金银之诸大臣，赐一等总额真大臣，各银二百两，金五两，二等固山额真大臣，各银百两，金二两；三等大臣，各银三十两；四等大臣，各银十五两；五等大臣，各银十两；六等大臣，各银五两；七等牛录额真，各银三两；八等精锐巴雅拉兵之小旗额真及牛录章京，各银二两。"

天聪六年（1632年）五月，皇太极统军进攻察哈尔林丹汗，顺道攻掠明国归化城等地。六月初四日：

"分略诸路大兵，所至村堡，悉焚其庐舍，弃其粮糗，各籍所俘获，以闻于上，共计人口牲畜十万有余，其金银缎帛，分给八贝勒。又每贝勒各牛十羊百。军中有马毙者，以马及偿之。时新附总兵官麻登云等，及大凌河官员祖可法等，自游击以上皆从军，各按品级，以人口牛羊厚赏之。羊数万，悉以犒军士。"①

请看，"金银帛缎，分给八贝勒"，又"每贝勒各牛十羊百"，而将领则"各按品级，以人口牛羊厚赏之"。

后来更明确规定，金银尽由"八家"收取。

皇太极在位17年，两征朝鲜，八攻明朝，掠获金银无数。仅崇德三年九月至四年三月的第四次入边征战，攻陷9府70余城，右翼获银97万余两、金4039两，人口204423口，下城21座；左翼军下城40座，获人口257840口，但未报获金、银数字，②但相信金银不会比右翼少。崇德七年十一月至八年五月阿巴泰统军的攻明之战，获金12250两，银220万余两，人口36万余口，马牛驼骡驴羊32万余匹头。只是这两次，宽温仁圣皇帝皇太极和多尔衮等亲王、郡王、贝勒们，就分取俘获之金1万余两，白银三四百万两。君、王焉得不富。

---

① 《清太宗实录》卷12，第5、6页。

② 《清太宗实录》卷45，第22、23页。

至于牛录章京、甲喇章京、梅勒章京、固山额真（或改称总兵官、副将、参将、游击、都司、守备）等将领，一是按职论功领取赏银。在崇德四年（1639年）掠明得获白银97万两的那一次征战，出征的叶臣等8位固山额真，分别领赏银1000两，950两、900两、870两、850两、600两。梅勒章京萨穆什喀、图赖等100余人，分别得银500两、400两、300两、200两、100两。未出征的9位固山额真各银100两，28位梅勒章京各银50两。①二是带领士卒、包衣征战之时掠取金银人畜布帛。三是仗势夺取别人已获金银物品。智顺王尚可喜的家人李小子，在崇德二年随军攻打皮岛之时，"得金20两、银880两，绸段64匹，段衣160领，人130名，马骡12匹头"，俱为尚可喜取去，"亦不献出归公"。②游击范文程在天聪五年攻打大凌河城时，招降一座台，"得男子七十二名，妇女十七口，马二，牛二十四，骡二十一"，金国汗皇太极即谕"付文程养之"。③崇德七年、八年攻明之时，范文程的家人康六，"获银一千两"，包衣牛录章京都伦夺走康六之银。都伦又"夺巴尔噶孙牛录下和拜所获之人，得银一千九百两，止与和拜银五十两，骡一头"。"都伦又夺汉军所获一人，得银一千七百两"。④

因此，将也富了。

其四，满汉人民负担沉重。金国辖区的满人，基本上分为三类，一类是汗、贝勒、大臣，人数不多；一类是诸申，后来叫正身旗人；一类是阿哈，或叫包衣，为奴仆身份，早先是奴隶，现在是农奴性质。汉人基本上分为两类，一类是官将，一类是平民，一些官将与平民还有自己的家人。这里讲的满汉人民，指的是满洲诸申及其阿哈和汉人的平民。

汉人的平民和满人的诸申、阿哈的负担，是金国经济、民生情形的基本内容，现有论著对于这样至关重要的问题，基本上无人论述，因为，他们所依据的《清太宗实录》没有这方面的典型的、总结性资料。幸好，国史院的满文档案记述了丁丑岁（天聪十年，1636年）旗丁、庄屯的征赋情形，是份非常珍贵的史料，现引录如下，作些分析。

---

① 《清初内国史院满文档案译编》上册，第417—420页。

② 《清太宗实录》卷36，第42页。

③ 《清太宗实录》卷9，第24页。

④ 《清太宗实录》卷65，第34、35页。

"初八日。丁丑岁，八旗纳官粮丁三万一千八百八十九人，每丁以粮三金斗、草二十捆计之，共收粮九千五百六十六仓石七金斗、草六十三万七千七百八十捆。八旗以官用犁一百具于席巴尔台地方耕田，获粮七千三百仓石三金斗，每具以粮六十仓石计，共收六千仓石。以多收一千三百仓石三金斗，赐谭泰旗下胡希、拜音图旗下拜朱虎、都雷旗下陡登格、叶臣旗下康古礼、阿山旗下塔克泰、图尔格依旗下尼雅翰、额驸达尔哈旗下瓦依木布等七人。以费扬古旗下发都所收粮每具不足六十仓石，杖之。八旗纳布匹汉民四千七百四十二丁，每丁以六尺布二匹计之，共收布九千四百八十四匹。章京丰氏所辖官屯，有旧屯十四座，每屯纳粮一百仓石，新屯五座，每屯纳粮五十仓石，合计应纳一千六百五十仓石，其实收粮一千四百一十九仓石，合计应纳一千六百五十仓石，尚欠二百三十一仓石。故将庄头赵梦道、金森匠、崔和图、张绍道、扬古子、卷魁、陆木匠、袁泽、王麻子、崔诚、宋考彪、赵四文、丁超陈、翁精继、王三、方五、赵胡子、拜音岱等十八人皆杖之，唯有庄头耿计瑶无罪。章京赵氏所辖官屯，有旧屯十六座，每屯纳粮一百仓石，新屯一座，纳粮五十仓石，合计应纳一千六百五十仓石，其实收粮一千三百九十九仓石，尚欠二百五十一仓石，故将庄头赵山、大清芳、高沙瑶、孔德赛、扣巴、丁达、宋高清、浩帅子、刘有才、李四、张应守、杨四等十二人皆杖之，另有庄头崔和图、张山二人无罪，杨四、端明、曹印三人受赏。拨硕库黄氏所辖官屯，有旧屯十四座，每屯纳粮一百仓石，新屯三座，每屯纳粮五十仓石，合计应纳一千五百五十仓石，其实收粮一千三百五十四仓石，尚欠一百九十六仓石，故将庄头董阴、林麻子、李英明、唐幽光、王升仙、郑义儿、楞山、连自孙、张木匠、张麻子、宋昌、朱世遥、舒森匠等十三人，皆杖之，另有庄头王有路、陈达翰二人无罪，杨山、于杨星二人受赏。拨硕库皮氏所辖官屯，有旧屯十二座，每屯纳粮一百仓石，合计应纳一千二百仓石，其实收粮七百四十一仓石，尚欠四百五十九仓石，故将庄头周文德、崔振宋、金达、张达、胡沙瑶、张沙瑶、胡金彪、扎吉贯、宋义儿、毛国锥、李山等十一人皆杖之，庄头高义儿一人无罪。拨硕库金氏所辖种棉官屯十座，每屯以棉一百斤计之，应纳一万斤，其实收棉一万二百斤，多二百斤，庄头张达、黄通子二人受赏，高达、陈伟关、周胡子、卞大福、刘义儿、歪彤陈、门胡子、劳胡子等十八人无罪。煮盐官屯三座，每屯以一万五千斤计之，共纳盐四万五千斤，庄头邵洪吉、杨代管、沈世昭三人无罪。旧官屯六十九座，每屯以猎二十头、鹅十只、鸡四十只、鸡蛋二百个、马蹄莲一斤、席子两块、粗绳两银、青麻二十斤、葫芦瓢十个、笤帚十把计之，新屯九座，每屯以猪十头、鹅五只、鸡二十只、鸡蛋一百个、马蹄莲八两、席子一块、粗绳一根、菁莲十斤、葫芦瓢五个、笤帚五把计之，共纳猪一千四百一十头、鹅七百三十五只，鸡二千九百四十只，鸡蛋一万四千七百个、马蹄莲七十三斤有半，席子一百四十七块、粗绳一百四十七根、菁麻一千四百七十斤、葫芦瓢七百三十五个、笤帚七百三十五把。"①

先讲满人的诸申情形。档案说："丁丑岁，八旗纳官粮丁三万一千八百八十九人，每丁以粮三金斗，草二十捆计之，共收粮九千五百六十仓石七金斗，草六十三万七千七百八十捆。"这里的仓石，系金石之误。这50多个字非常重要，至少可以说明两个重要问题。

一是为丁丑岁（天聪十年，1636年）八旗满洲男丁的总数，提供了重要的参考数字。按规定，金国所有满洲八旗的男丁皆须缴纳"官粮"，只有金国汗批准官将和有功之人可以免纳官粮，但免官粮的男丁，只占全部男丁的一部分。可见此时满洲八旗男丁的总数不太多。

二是表明此时诸申的赋粮负担相当重。诸申每丁纳粮3金斗，折合汉斗，当为汉斗1石零8升。诸申还要三丁抽一当兵，有时还是二丁抽一。刀、枪、弓、箭、马、驴的饲料等征战必需东西，皆要诸申自备，更折磨人的是名目繁多的各种差役（详后），压得诸申透不过气。

再看看阿哈情形。阿哈的大多数编隶在农庄（拖克索）劳作，十名八名或十几名阿哈编在一个农庄，从阿哈之中签派一人当庄头。金国的汗、贝勒、阿哥、将领，大多辖有几个或几十个农庄。早在努尔哈赤在位时期，就是"自奴酋及诸子，下至卒胡，皆有奴婢（互相买卖）、农庄（将胡多至五十余所），奴婢耕作，以输其主"。②这次档案还载明，八旗有官屯，旧官屯69座，新官屯9座，旧屯每屯纳粮100仓石，新屯纳粮50仓石，旧官屯每屯还要交"猪二十头，鹅十只、鸡四十只、鸡蛋二

① 《清初内国史院满文档案译编》上册，第308、309、310页。
② 李民寏：《建州闻见录》。

百个、马蹄莲一斤、席子两块、粗绳两根、菁麻二十斤、葫芦瓢十个、笤帚十把计之，新屯每屯以猪十头、鹅五只、鸡二十只、鸡蛋一百个、马蹄莲八两、席子一块、粗绳一根、菁莲十斤、葫芦瓢五个、笤帚五把计之，共纳猪一千四百一十头、鹅七百三十五只、鸡二千九百四十只、鸡蛋一万四千七百个、马蹄莲七十三斤有半、席子一百四十七块、粗绳一百四十七根、菁麻一千四百七十斤、葫芦瓢七百三十五个、笤帚七百三十五把。"因为负担太重，交不足额，本来规定要交7350仓石，但54名庄头欠交1137仓石，将这54名欠粮庄头"杖之"。①

欠粮的旧官屯庄头，占庄头总数69名的78%，欠粮的比例何等之高。

对于诸申和汉民来说，最难应付的是繁重的差役。这在天聪八年正月十六日众汉官向汗申诉求减差役及汗之训谕上，显示得十分清楚。《清太宗实录》卷17，第10、11、12、13、14、15、16、17页载：

"众汉官赴管户部事贝勒德格类前诉称，我等向蒙圣恩，每一备御免丁八名，止免其应输官粮，其余杂差，仍与各牛录下堡民三百一十五丁一例应付。穷思我等本身，照官例赡养新人，较民例更重，所免八丁，复与民例一体当差，本身又任部务，所有差徭，从何措办，徭役似觉重科。况生员外郎，尚有免丁，望上垂怜，将所免八丁，准照官例当差，余丁与民同例。德格类奏闻。上遣巴克什龙什，希福察讯差役重科之由，奏称所诉皆虚，惟前此买妇女，配给新人，众皆一体出价，未经给还，众遂籍以为词耳，上命将原价发还，谕管礼部事贝勒萨哈廉曰，此辈皆忘却得辽东时所受苦累，而为此诳言耳，若不申谕，使之豁然晓畅，则此些少之费，动为口实矣。于是萨哈廉奉命，集众官于内廷，传谕曰：尔众汉官所诉差徭繁重，可谓直言无隐，若非实不得已，岂肯迫切陈诉，然朕意亦不可隐而不言，当从公谕之。朕意以为尔等苦累，较前亦稍休息矣。初尔等俱分隶满洲大臣，所有马匹，尔等不得乘，而满洲官乘之，所有牲畜，尔等不得用，满洲官强与价而买之，凡官员病故，其妻子皆给贝勒家为奴，既为满官所属，虽有腴田，不获耕种，终岁勤劬，米谷仍不足食，每至鬻仆典衣以自给，是以尔等潜通明国，书信往来，几蹈赤族之祸。自杨文朋被讦事觉以来，朕姑宥尔等之罪，将尔等拨出满洲大臣之家，另编为一旗，从此尔等得乘所有之马，得用所

①《清初内国史院满文档案译编》上册，第309、310页。

畜之牲，妻子得免为奴，择腴地而耕之，米谷得以自给，当不似从前之典衣鬻仆矣。……我国家地土未广，民力维艰，若从明国例，按官给俸，则势有不能，然蒙天眷佑，所获财物，原照官职功次，加以赏赉，获地土，亦照官职功次，给以壮丁……欲令尔等与满洲一例应差，尚恐致累，今尔等反言苦累过于满洲，满汉官民，虽有新旧，皆我臣庶，岂有厚薄之分乎。满洲出兵，三丁抽一，今令尔等亦与满洲一例，三丁抽一为兵，尔等以为何如乎。且满洲之偏苦于汉人者，不但三丁抽一也，如每牛录下，守壹淘铁，及一切工匠，牧马人，旗下听事人役等，所出不下三十人，当差者，凡十有四家，又每年耕种以给新附之人，每牛录，又出妇人三口，又耀州烧盐，猎取禽兽，供应朝鲜使臣驿马，修筑边境四城，出征行猎后，巡视边墙，守贝勒门，及派兵防守巨流河，在在需人，皆惟每牛录是问。又每牛录设哨马二匹，遇有倒毙，则均摊买补，遇征瓦尔喀时，又各喂马二三匹从征，每牛录复派护军十名，兵丁二三名，往来驰使，差回，又令喂养所乘马四匹。遇各国投诚人至，发给满洲现住屯堡房屋，令满洲展界移居，又分给粮谷，令其舂米酿酒解纳。每年猎取兽肉，分给新附之人，又发帑金，于朝鲜贸易布匹，仍令满洲负载运送。边城满洲，又有窖冰之役。每年迎接新附之虎尔哈，于教场看守皮张，运送薪水，朝鲜蒙古使至，驻沈阳护军甲喇额真，各出一人，运给水草，若夏月至，更有采给青草之役。又每年采参，并负往朝鲜货卖。每旗以一户驻英格地方，巡缉踪迹，又以一户驻沈阳渡口，看守船只，此皆满洲偏苦之处，若不向尔等详切言之，尔等亦未必深信。今满汉均属一国人民，尔等何竟不知差徭之少，倍减于满洲，而满洲差徭之多，实逾尔等三十余项也。尔等试将朕言，与尔等所言，从公忖量，果尔等偏苦乎，抑满洲偏苦乎。"

名目繁多，并且有些差事还要出银出粮，的确是苦累不堪，所以汉民或死或逃，人口剧减。满洲诸申还要披甲上阵，拼死厮杀，伤亡累累，以致满洲男丁减半，存者亦多贫困。崇德七年二月十四日，正是皇太极宣称"我朝兵强国富""财用饶裕"之时，户部却奉命查出"48个牛录俱贫"。《清太宗实录》卷54，第20页载：

"己未（二月十四日），先是上命户部，察满洲蒙古十六旗下牛录，各以人口牲畜注册，分别贫富具奏。至是部臣奏覆，查出宗室拜尹图旗下之吴赖、翁阿岱，谭泰旗下之得特、舒宁噶，叶克书旗下之济席哈、觉善、敦拜、布颜、塔思户礼、旗克退、克布图、法谈、褚库巴图鲁、代松阿、噶布喇、黑叶内、祈明阿、布丹、吴勤木、吴尔塞，叶臣旗下之胡球、夸詹、阿囊噶、邦钮、喀拜、朱世起、俄黑内、康喀赖、纳尔赛、库乐古礼、洪尼喀、英古德、胡席，和硕额驸达尔哈旗下之舒尔德、喀尔塔喇、德布忒伦、宜成格、索浑、硕塞、毕黑忒、绥孙、叶赫朱玛喇、瓦尔喀朱马喇，宗室镇国公艾度礼旗下之托敏、根特、格尔特、布喀、海赛等四十八牛录俱贫。"

其五，饥荒频仍，粮缺价昂。天聪、崇德年间，金国虽然没有发生特大旱灾水灾，但因穷兵黩武，长年征战，差役沉重，人逃田荒，所以昔日"田人富谷"之沃土，饥荒频仍。天聪元年六月出现了"国中大饥，斗米价银8两，人有相食者"的悲剧。天聪元年十二月初九日，皇太极遣使前往朝鲜，以"米粟不敷"，要求在朝鲜"市籴一年，以济窘乏"，刚被金军打败的朝鲜国王，只得送上米3000石，1000石卖，2000石送。[1]第二年、第三年，日子也不好过，饿殍相望，生者菜色，"孑遗残民，饥馑已极"。[2]

天聪九年（1635年）三月，耕种愆期，皇太极赶忙谕令严禁滥派民人差役。他召集群臣，谕诫说："朕昨出，见民间耕种愆期，盖因牛录章京，有事城工，欲先时告竣，故额外派来，致误耕作。筑城固为正务，然田地荒芜，民食阿何。嗣后有滥役民夫，致妨农务者，该管牛录章京、小拨什库等，俱治罪。"[3]

果然，金国又遭饥荒了。崇德元年十月二十九日，皇太极谕禁有谷之人屯谷不卖：

"上命户部承政英俄尔岱、马福塔，传谕曰：米谷所以备食，市籴所以流通，有粮之家，辄自收藏，必待市价腾贵，方肯出籴，此何意耶。今当各计尔等家口足用外，有余者即往市耀籴，勿得仍前壅积，致

---

①《清太宗实录》卷3，第41页；卷4，第3页。

②《李朝仁祖大王实录》卷18。

③《清太宗实录》卷23，第2页。

有谷贵之虞。先令八家各出粮一百石，诣市发卖，以充民食，至树艺所宜，各因地利，卑湿者可种稗稻高粱，高阜者可种杂粮，勤力培壅，乘地滋润，及时耕种，则秋成刈获，户庆充盈，如失时不耕，粮从何得耶。"

崇德二年二月二十三日，皇太极又谕令有谷之人卖粮：

"癸巳谕户部曰：朕闻巨家富室，有积储者多期望谷价腾贵，以便乘时射利。此非忧国之善类，实贪吝之匪人也。此等匪人，自谓人莫己知，殊不知众谁汝掩，必至败露。向者因国赋不充，已令八家各输藏谷，或散赈，或粜卖，令八家有粮者，无论多寡，尽令发卖，伊等何不念及于此。今后固伦公主、和硕公主、和硕格格，及官民富饶者，凡有藏谷，俱着发卖。若强伊等输助，或不乐从，今令伊等得价贸易，而或不听从，是显违国家之令，可乎。又谕户部曰，昨岁春寒，耕种失时，以致乏谷。今岁虽复春寒，然三阳伊始，农时不可失也，宜早勤播种，而加耘治焉。夫耕耘及时，则稼无灾伤，可望有秋，若播种后时，耘治无及，或被虫灾，或逢水涝，谷何由登乎。凡播谷必相其土，宜土燥则种黍谷，土湿则种秫稗。各屯堡拨什库，无论远近，皆宜勤督耕耘，若不时加督率，致废农事者，罪之。" [1]

闰四月初二，皇太极又谕令有粮之家卖粮：

"庚子，命户部承政英俄尔岱，兵部承政伊孙，集众臣于笃恭殿，传上谕曰，东京米价，近颇昂贵，多罗武英郡王，所获皮岛米粮，已令朝鲜船只，运至义州，可令每牛录下殷实之家，有朝鲜马驴骡者，各出六头，运至东京，赈济贫苦乏粟之民。若不足，令各牛录下有粮之家，均卖与本牛录下人，取其值，或借给取息，如再不足，各旗王可周给之。" [2]

崇德六年十一月初五日，由于歉收，都察院参政祖可法、张存

①《清太宗实录》卷34，第13页。
②《清太宗实录》卷35，第2页。

仁、理事官马国柱、雷兴等奏请禁止造酒，开纳粟之例。皇太极允从其奏说：

"戊寅，都察院参政祖可法、张存仁，理事官马国柱、雷兴等条奏，臣等叨居言职，凡有见闻，敢不入告。今岁禾谷未收，秋霜早陨，迫收积之时，恐米粮未能丰足，价值日渐腾贵，市粜稀少。伏乞皇上预为筹画，或借资外藩，或节省搞赉，或赈发仓库，或减价平粜，或暂缓工程，在圣明自有睿谟。臣等尚有管见四条，敢敬陈之。一，申严沽酒之禁，本京及大小城堡庄屯，计造酒米数，每日不下数百石。切思曲蘖不能疗饥，与其为沉湎无益之资，不若省民间有益之物，停止一年，可省米数十万石，望明旨严禁，至来秋收成，方许沽卖，不以为例。一，杜塞囤积之弊，有粮之家，或卖或借，俾得有无相济，卖则从市平粜，借则从时起息，不许坐壅多储，妄希长价。一，疏溶河渠之路，东土以辽沈为肥饶，夹河六屯，尤为沃壤，近年每被水涝者，因新开河年久不溶，故河壅而水不流，雨泽偶多，遂至泛溢，沿河一带良田，悉委弃矣。夫向之所以成沃壤者，由于每岁之修溶，今之所以被潦灾者，由于水道之壅塞，皇上敕谕挑修，用力不多，为益最大，即民间夫役，亦所乐从也。一，请开纳粟之例，或论罪之大小，限以米数捐赎，或无罪之平人，有急公输粟者，量加奖录，因荒而用转移之法，遇饥而沛权宜之令，俟秋成丰稔，即行停止，不以为例。此臣等愚见浅识，冒读天听德，伏乞圣裁。疏入，上览奏曰：这所奏俱是。我国人民，偶值歉年，着暂止沽酒，待年丰，仍许沽买。获罪之人，无银纳赎，愿输粮者，准依时价算收。有余粮助者，量给奖赏，愿卖者许其自粜。"①

为了筹办粮食，皇太极强迫朝鲜进贡大量米粮。崇德二年正月攻下朝鲜国都，逼迫朝鲜国王称臣纳贡之时，皇太极谕令朝鲜国王每年贡米万包。②此外，还多次另外索要米粮，仅崇德五年六月，朝鲜国王就被迫命总兵林庆业率兵5000名，押船115艘，载运贡米万包和"军粮一万七千余石"，运往金国。③可见金国粮食之紧缺。

①《清太宗实录》卷58，第12、13、14页。
②《清太宗实录》卷33，第32页。
③《清太宗实录》卷52，第2、20页。

其六，百业凋敝。关于金国各行的生产、营销及物品多少的情形，以下几个方面的资料，可以提供一些情况。

一是金国收税的品种。天命十一年八月初三日，"诸贝勒为收取税课定曰：人、马、牛、骡、驴、羊、山羊七项，一两取税一钱"。[①]早在六七十年以前的明朝万历初年，辽东收税的物品，就有炭、火麻、碗、枣、盐缸、漆器、锅、山香、花椒、杂货、棉花、皮硝、瓷器、家机布、鱼、席、房税、田地税等等，当然也有牛、马、猪、骡等牲畜。[②]品种远比诸贝勒所定更多。

二是从税银数量看。《清初内国史院档案译编》载称，崇德三年五月初三日，"到八处贸易四个月，获税银一千三百二十四两一钱"。[③]这个"八处"，在另外的地方译写成"八门""八处集市"。"八门"是沈阳的八门，也就是进出沈阳收税处，娄似于入关以后京师的崇文门税关。四个月收税银1324两，推而广之，一年可收税银5200余两。堂堂一个国家，而且是"兵强国富"的国家，其政治中心、经济中心、文化中心、军事中心的国都，一年所收税银才5000余两，太少了，可见其商品交易规模不大，交易的商品种类不多。

三是从贡物看。崇德元年臣服朝鲜时，皇太极规定朝鲜在清国"万寿节及中宫千秋、皇子千秋，冬至、元旦及庆吊等事，俱行贡献之礼"，并且，每年进贡一次：

"其方物数目，黄金百两，白银千两，水牛角二百对，豹皮百张，鹿皮百张，茶千包，水獭皮四百张，青黍皮三百张，胡椒十斗，腰刀二十六口，顺刀二十口，苏木二百斤，大纸千卷，小纸千五百卷，五爪龙席四领，各样花席四十领，白学布二百匹，各色绵绸二千匹，各色细麻布四百匹，各色细布万匹，布千四百匹，米万包。"

从形式上看，万寿节等节及岁贡，是循"明国旧例"。明朝时，朝鲜国王也是要每年进贡一次，万寿节（皇帝生日）等，要行贡献之礼，但是实质却不大相同。过去朝鲜国王对明帝的岁贡及万寿节等的贡献，主要是体现双方的君臣之别、宗主国与藩国之别，贡献是朝鲜的方物，

---

① 《满文老档·太祖》卷72。

② 辽宁省档案馆编：《明代辽东档案汇编》第731-736页，辽沈书社1985年版。

③ 《清初内国史院满文档案译编》上册，第306页。

每一样品种，数量很少，而现在朝鲜国王向清帝贡献的东西，除系朝鲜国的"方物"土特产外，还要交大量纸、布、白米，要交大纸1000卷、小纸500卷，各种布14000匹，米1万包。这哪里是贡方物，分明是逼征赋税。

至于万寿节等贡献之礼品，《清太宗实录》没有记载，内国史院档案倒有叙述。

崇德三年十月二十五日：

"是日，万寿节，朝鲜国王遣陪臣锦阳君朴㳽谨奉表称贺，贡礼物。贡圣汗礼物数目：细黄夏布十匹、细白夏布二十匹、细黄绵绸三十匹、细紫绵绸二十匹、细白绵绸二十匹、黄金细绢二十匹、龙席两块、黄花席二十块、满花方席二十块、各色花席二十块、豹皮十张、水獭皮二十张、白纸两千张、六合上漆厚纸十张；献皇后礼物数目：细红夏布十匹、细白夏布二十匹、细紫绵绸二十匹、细白绵绸十匹、黄金细绢二十匹、黄花席十块、满花席十块、各色花席十块。"

崇德三年十一月十七日：

是日，冬至，朝鲜国王遣陪臣锦阳君朴㳽奉表庆贺，贡礼物，进圣汗礼物数目：细黄夏布十匹、细白夏布二十匹、细黄绵绸二十匹、细白绵绸二十匹、金黄细绢二十匹、龙席两块、黄花席二十块、满花席二十块、花方席二十块、各色花席二十块、豹皮十张、白纸两千张。进皇后礼物数目：嵌哈蚌木梳匣一个、细红夏布十匹、细白夏布二十匹、细紫绵绸二十匹、细白绵脑十匹、金黄细绢十匹、黄花席十块、满花席十块、各色花席十块。谨奉笺皇太子庆贺，并献皇太子礼物数目：细白夏布十五匹、细白绵绸十匹、金黄细绢十五匹、黄花席十块、满花席十块、满花方席十块、各色花席十块、豹皮六张、白纸五白张。所贡诸物，于大政殿高案，上铺红毡，陈列之。[①]

此处又增加了绸、布390匹和白纸2500张。可见金国辖区急缺布帛和纸张。

四是从外贸看，看到其他地方买什么东西，拿什么东西去交换。努

[①]《清初内国史院满文档案译编》上册，第382页、388页。

尔哈赤是明帝的建州女真都督和龙虎将军时，其辖地主要是与明朝抚顺、开原的马市和京师朝贡之时在北京，与明人贸易，另外也和朝鲜、蒙古交易。现在明金交战，对明贸易断绝了，只有和蒙古交易，而蒙古则是同明朝地方官员进行贸易。

崇德三年七月初一，听说阿鲁喀尔喀扎萨克图汗来侵土默特归化城，皇太极派兵往征，并"自朵云博硕堆地方遣人携八家银两万五千六十六两、貂褂四件、貂皮一百二十二张、雕鞍三副，往土默特贸易，易得蟒缎五十二匹、衣二十件、妆缎七百二十二匹四尺、衣十一件、倭缎五百四十一匹两尺、石青素缎八十四尺、洋缎六十八匹、龙缎四十三尺、衣十一件、秋稍铁牌十三个、剑两把、衣六件、片金三十一匹二尺、衣二件、缎三百三匹、衣十三件、闪缎六十二匹三尺、褐子九件、衣二件、绸子一匹、彭缎三十三匹、帽缎六十匹、佛头青布一千匹、衣十件、金线七十五束、布八十五匹、红毡一块、卧柜二个、绿斜皮六十四张、狼皮两张、沙狐皮九张、獭儿皮四张、金银纸五百七十块、草纸十一筒有两千张、菲金四千五十三刀、粉七十四斗、大料五十斤、雄黄五十斤、黄丹五十斤、藤黄两斤、石青一斤、银珠三十斤、硫磺五十五斤、乌蘑三十包有三千、茶八十袋有一万三千八百十九包、马一百八十九匹、驼三十只，自公以下、梅勒章京以上银九千三百六十九两、貂皮端罩三件、鞍一副。易得蟒缎两匹、衣四件、妆缎一百三十七匹、龙缎十二匹、闪缎十四匹、石青素缎十八匹、衣一件、倭缎一百四匹、青缎一百六十一匹、衣三件、片金六匹、衣一件、彭缎八匹、衣一件、帽缎四十六匹、褐子衣一件、缎七十五匹、衣二十件、佛头青布四百五十四匹、布十一匹、金线二十八束、草纸六百张、金银纸三百三十一块、菲金二千张、绿斜皮十六张、茶四十袋有一万三千二百六十包、羽翎两个、沙皮二十张、狼皮八张、马三百六十九匹、驼二十二只、牛两头"。①

现以汗所遣人"携"八家银两及貂皮、雕鞍往土默特贸易，买回的物品看，大宗数量的物品有缎、布、纸、茶，计有蟒缎、妆缎、倭缎、石青素缎、洋缎、龙缎、缎、闪缎、彭缎、帽缎1841匹，还有公以下、梅勒章京以上买的各种缎597匹，共2438匹。布有1550匹、茶120袋有27979包，以及大量草纸、金银纸，奇怪的是，"八家"还相继8次买衣75件。早在108年以前的明嘉靖十六年（1537年）修的《辽

---

① 《清初内国史院满文档案译编》上册，第323、324页。

东志》卷1就载称：

> "货盐、铁、丝、白麻、蜜、黄蜡、棉花、红花、靛、弓、箭、葛布、花绢、麻布、白蜡。"

　　有丝，就可以织出各种缎；有棉花，就可以织布；有竹子、树木，就可以造纸。一百多年前努尔哈赤的祖父觉昌安带领部众，到抚顺马市，就以买卖和领赏的方式，获得缎布等物，所以辽东地区过去的造纸业、印刷业、织布业、织缎业、制茶业、制衣业等行业，都很发达，商人很多，产品也多。现在到了需与明朝联系密切的土默特部蒙古那里去大量采买布、缎、茶、纸，以及买衣服，可见此时金国辖区的这些行业已经萧条了。总观以上四个方面的情形，说金国辖区此时是百业凋敝，应该说是有根据的。

　　其七，农奴制庄园急剧增加。皇太极于天命十一年九月初一日，继立为汗。第八天，九月初八日，即下汗谕宣布，取消汗父一年前逼令全部辽民沦为奴仆，隶庄劳作的命令，规定"按品级，每备御止给壮丁八，牛二，以备使会""其余汉人，分屯别居，编为民户"。当时金国有700多个守备，应留壮丁5648名汉丁，其余大量沦为阿哈的汉人，取消了低贱的相当于牲畜的阿哈身份，成了平民、凡民、良民，是一大好事情。因此，现有论著对此高度肯定，并实际上认为皇太极执政时期的金国，编丁隶庄劳作的农奴制剥削方式已经消失，至少是数量很少，在社会经济中占有比重很小。我认为，这是误解，实际情形远非如此，农奴制的剥削方式不仅继续存在，并且还在不断扩大和发展，农奴性质的阿哈数量非常的多。根据或例证有四。

　　一是皇太极的这次释放农奴的壮丁，只涉及天命十年十月努尔哈赤大杀辽民之后编立的农庄，只将这批农庄中的一部分阿哈性质的壮丁释放为民，至于汗、贝勒、大臣，各级将领的农庄，即天命四年金国辖区"自奴酋及诸子，下至卒胡，皆有奴婢（互相买卖）、农庄（将胡多至五十余所），奴婢耕作，以输其主"[①]的庄子、阿哈，并未涉及，它们仍旧照样存在和延续。

　　二是皇太极不断地将阿哈、庄子赐给定居金国的降顺蒙古贝勒台吉。天聪九年正月二十二日，以察哈尔国来归各官并壮丁3211人，"均

---

① 李民寏：《建州闻见录》。

隶各旗"。赐察哈尔来归之德参济王、多尔济、古木德塞臣等127人貂镶朝衣、貂裘、猞猁狲裘、貂帽、凉帽、鞋、蟒缎、素缎、玲珑鞍辔、玲珑鞋带、撒袋、弓矢、银器、甲、胄、牛、羊、马匹、奴仆、屯庄，"又赐祁他特台吉庄屯四所，每年人十名，牛六头"。①崇德六年三月三十日，锦州来降的诺木齐塔布囊、吴巴什台吉，携来蒙古男子1753名、汉人129名、妇女幼稚2653口，编为9牛录，每三丁一人披甲，授诺木齐、吴巴什梅勒章京品级，并赐诺木齐、吴巴什及其属将阿桑吉等20余员以顶戴、朝衣、鞍、马、弓、矢、甲、胄、白金，"庄田、人口、牲畜、布匹等物有差"。②

三是赐予满汉官员人口，编入庄屯。天聪五年十月明朝大凌河城祖可法、祖泽润等众将归降。大凌河之役，汉人归降及俘获者甚众，悉令民间分养。天聪六年二月二十九日，更定永远安插之制。皇太极：

> "谕管户部事贝勒德格类曰：大凌河汉人，可分隶副将下各五十名，参将下各十五名，游击下各十名，尽令移居沈阳，以国中妇女千口分配之，其余令国中诸贝勒大臣，各分四五人，配以妻室，善抚养之，倘蒙天佑，大业克成，仍计口偿还，否则既为伊等恩养，即付伊等使令可也。"③

三月初一，皇太极又谕：

> "赏大凌河归降诸将，一等副将张弘谟、祖可法、祖泽润、祖泽洪、曹恭诚、刘天禄、张存仁，二等副将韩大勋、裴国珍、孙定辽，三等副将杨华徵、李云、薛大湖、陈邦选、郑长春，参将张廉、姜新、段学孔、吴良辅、刘士英、盛忠、韩栋、高光辉，游击杨名世、吴奉成、李一忠、刘良臣、蒋怀良、方一元、涂应乾、胡弘先、陈变武、方献可、刘武元等，缎匹、银两、雕鞍、撒袋、鞓带，器用等物有差。"④

天聪八年二月初八日，皇太极谕命：

---

① 《清太宗实录》卷22，第6、7页。
② 《清太宗实录》卷55，第20页。
③ 《清太宗实录》卷11，第17页。
④ 《清太宗实录》卷11，第18页。

　　"赏一等副将祖泽洪、韩大勋、曹恭诚、刘天禄、孙定辽、张存仁等，各男妇四十口，牛十二头，二等副将陈邦选、郑长春、薛大湖、李云、裴国珍等各男妇三十二口，牛八头，参将张广、刘士英、盛忠、姜新、高光辉、韩栋、吴良辅、段学孔等，各男妇二十口，牛六头，游击刘武元、涂应乾、李一忠、刘良臣、方一元、杨名世、陈变武、蒋怀良、实承武、胡弘先、吴奉成等，十四吴，守备李世魁等五十六员，各男妇八口，牛二头，署都司曹天寿、署守备顾昌武等五十五员各男妇四口，牛一头。以一等副将祖可法，曾赏以巴匹家口，祖泽润，曾赏以黑云龙家口，俱不加赏。可法等奏，前赏人口牛只俱死。上加赏可法，男妇十四口，牛十一头，泽润，牛二头，以上各官俱编入庄屯，给以房地器用等物，其赏赐众官所余人口牛只，俱存留公用。"①

　　四是金国汗因银钱不多，不发官俸，"所获土地照官职功次，给以壮丁"。②加上汉官采取非法行动，掠取、隐匿，到天聪八年之时，他们向汗奏称，"今臣等上等之家，不下千丁，下等之家，不下二十八丁"。③这些丁，怎么安排？总的情况，不得而知，但有些例子，还是有参考价值的。例如范文程家。范文程是金国及入关以后清朝初年的特大名人，荣任崇德顺治朝大学士19年，政绩卓著，德高望重。然而这位被尊谥为"文肃"公的文臣，却曾在天聪年间披甲上阵，挥刀杀敌，"以火器进攻"，解除了明军对金兵所占的大安口之围，又在金兵驻守遵化时，"率先力战"，击败攻城的明军，迫其败走，因而"以功授世职游击"。天聪五年金军围攻明朝大凌河城时，范文程单骑劝降城西一台，得"生员一人、男子七十二名、妇女十七口，获马二、牛二十四、驴二十一"，皇太极"即付文程养之"。④此后，范文程也多次从征，但大都随天聪汗、崇德帝，很少亲上战场，他的家人（阿哈）代主冲杀，得到不少人畜财帛。范文程将他的阿哈（家人）编置在自己论职计丁领得的

①《清太宗实录》卷17，第29、30页。
②《清太宗实录》卷17，第18页。
③《清太宗实录》卷17，第14页。
④《清太宗实录》卷9，第24；《清史稿》卷232，《范文程传》。

土地上，耕田种地。顺治元年清军入关以后，范文程的阿哈照旧留在沈阳附近，继续劳作，向主人纳粮交银服役。范文程的子孙所修造的《关东地亩人丁册》和《范宅老地账》载称，范府在关外的庄地，分布在沈阳、辽阳、牛庄、海城等州县，"有红册地三千六百九十七日半"和"马厂地一千零三十三日田亩八分"，有"户下家奴"137户，其中具体载明包衣数字的，有119户，"户下家奴共五百六十四名口"。①

五是瓦克达的例子。瓦克达是礼亲王代善第四子，与他的三位哥哥相比，长兄岳托，镶红旗旗主，封成亲王；三哥萨哈廉追封颖亲王，二哥硕托，封贝勒，可是瓦克达却只是一个未封名号爵位的普普通通的台吉。他天聪元年18岁时开始从征，参加攻明宁远之战，第一次打仗，就受了伤。此后7年，既未上阵，又未任职，文武皆无建树。就是这样一位平凡普通的王爷之子，天聪九年因奸淫等罪，部议：

"应夺瓦克达仆从，满洲一百五十八人，蒙古二十人，并汉仆一百九十六人，马二百九十二、骆驼十三、牛二十、羊三百二十，并库中财物，及在外所属满洲蒙古汉人牛录，俱给贝勒萨哈廉。瓦克达夫妇，止给侍妾并现在衣服，令其与贝勒萨哈廉同居。仍罚瓦克达马八匹、雕鞍马二匹，给色勒阿格。其应入官银四千两、庄田二十三处，所有汉人一百九十九人，各色匠役人等三百四人，并其家口，俱付户部承政英俄尔岱、马福塔、吴守进，内还其匠役人等一百八十六人。又瓦克达所弹翁阿岱之妻，曾以无辜被弹之由，白贝勒杜度，杜度隐匿不告于众，应罚杜度银五百两。"②

皇太极批准部议。

瓦克达这样一位无官职、无爵位、无战功，因而也不会有抢掠多少人口的王爷之子，竟然有满洲仆人158人、蒙古仆人20人、汉人仆人196人，合计多达374人，还有各色匠役304人，连带家口有一两千人。当时没有王禄，不像入关以后亲王每年有禄银万两及米5000石，那么，他的开支怎样解决呢？看来，至少有相当大的收入是靠那23处庄田了。

① 东北档案馆藏《关东地亩人丁册》《范宅老地账》。
②《清太宗实录》卷25，第22页。

瓦克达有庄田23处，仆人数百，他的二哥硕托贝勒多次领兵征战，三哥萨哈廉贝勒深受父王代善、天聪汗皇太极宠爱，不久封亲王，是正红旗旗主的继承人。大哥岳托是镶红旗旗主，他们又会有多少仆人庄田呢？这样数以千计的庄子，都是役使阿哈耕种，都是农奴制的剥削方式。

综上所述五个方面，可以看出，皇太极执政时期，金国的农奴制庄子，比他刚即位宣布释放父汗大批庄丁为民时，增加了很多，农奴制庄子的剥削方式有了很大的扩张。

结　语

　　清太祖努尔哈赤，25岁时父、祖被明军杀害，仇敌威逼，危如累卵。努尔哈赤顶住泰山之大的压力，无畏无惧，以遗甲13副，阿哈、诸申、古楚30人，奋举报仇雪恨义旗起兵。他英勇苦斗，善用智谋。南北征战38年，完成了统一建州、海西女真各部的伟大事业，促成了新的民族——满族的形成，建立了金国；他率领八旗劲旅，以少敌众，大败明军于萨尔浒，抗击了明王朝的民族压迫；他进据辽沈，多次向吉林、黑龙江"野人女真"用兵，为完全统一黑龙江、吉林创造了有利条件。努尔哈赤对中华民族的发展，建树了不朽功勋。但是，努尔哈赤不该实行错误的"豢养尼堪"政策，压迫辽民，更不该滥杀汉民，逼民为奴，破坏了辽东经济，致"国中大饥""人有相食者"。

　　清太宗皇太极，只是八旗之中正白旗旗主，在父汗兵败宁远、士卒怯战、内忧外患之时，临危受命，继位为汗。他胸怀壮志，革除弊政，凝结人心，激励士气，定族名为满洲，扩大八旗，吞并察哈尔，统一漠南蒙古和辽阔的黑龙江地区，创立了大清国，功勋卓著。他又臣服朝鲜，八攻明朝，兵临燕京城下，计杀督师袁崇焕，大胜松锦，消灭了明朝官军主力，奠定了入主中原的军事基础。但是，他穷兵黩武，虐待辽民，虽君富、王富、将富，却致辽民人口剧减，满洲男丁减半，辽东田荒缺粮，百业凋敝。

　　简而言之，努尔哈赤、皇太极父子，皆是意志坚强不畏险阻的勇士，都是叱咤风云威名远扬的常胜统帅，俱是具有雄才大略的开国君汗。他俩虽然做了某些错事，特别是不该大杀辽民，但毕竟功大于过，瑕不掩瑜。